高等院校法学课程专用教材

民事诉讼法学

MINSHI SUSONG FAXUE

（第四版）

主　编　杨秀清

副主编　纪格非　史　飚

中国政法大学出版社

2024・北京

图书在版编目（CIP）数据

民事诉讼法学 / 杨秀清主编. -- 4 版. -- 北京 ：中国政法大学出版社，2024. 8. -- ISBN 978-7-5764-1637-4

Ⅰ. D925.101

中国国家版本馆 CIP 数据核字第 2024ZC5347 号

出 版 者　中国政法大学出版社

地　　址　北京市海淀区西土城路 25 号

邮寄地址　北京 100088 信箱 8034 分箱　邮编 100088

网　　址　http://www.cuplpress.com (网络实名：中国政法大学出版社)

电　　话　010-58908586(编辑部) 58908334(邮购部)

编辑邮箱　zhengfadch@126.com

承　　印　固安华明印业有限公司

开　　本　787mm×1092mm　1/16

印　　张　39.25

字　　数　850 千字

版　　次　2024 年 8 月第 4 版

印　　次　2024 年 8 月第 1 次印刷

定　　价　109.00 元

民事诉讼法学（第四版）
编写组成员

主　编　杨秀清

副主编　纪格非　史　飚

撰稿人（按姓氏拼音为序）

杜　闻　郭晓光　韩　波　纪格非　康万福

刘金华　刘君博　李　响　欧元捷　邱星美

史　飚　史明洲　石春雷　谭秋桂　王秋兰

汪　蓓　杨秀清　张　弘　赵言荣　庄诗岳

编写说明

爱因斯坦曾经说过："教育的唯一职能就是打开通向思考和知识的道路。"大学教育是一种具有专业性质的高等教育，同时，也是一种较为典型的基础性教育。这种基础性教育的特点系以基本知识点为起点和坐标，以相关的知识结构为纽带，以呈放射状的知识体系为框架构造的。由此在课堂教学过程中，通过三大要素即教师、教材以及教学方法的完美、有机的结合，将特定化专业领域内的基本概念、基本原理、价值取向、知识内质与思想体系融会贯通，形成培养高素质人才的合力，以便实现预期的教学目的与效果。我们编写这本教材的目的，系根据本科生的自身特点、课堂教学的一般规律以及专业课程的特质属性，实施基础性、系统化、多角度、全方位的教学战略，不断提升高等教育的品质。本教材及时吸纳了一些最新的法律规定及司法解释的内容。本教材除了供大学本科法律专业学生使用外，同时还作为考研教材以及作为国家统一法律职业资格考试的参考用书。对于编写本教材，中国政法大学民事诉讼法研究所十分重视，几乎全体教师都参与其中，奉献了诸多智慧，付出了很大心力。因此，本教材是我们多年来从事教学工作经验的积累和科研投入结出硕果的一部分。但由于撰写时间及水平所限，其中的谬误或者不足之处在所难免，故诚恳欢迎广大读者不吝批评、指正。

本教材篇章结构的设定及修改、统稿由主编负责。因部分章节的原作者退休，经本人同意，进行了作者调整。本教材的写作，调整作者后的具体分工如下（以撰写章节先后为序）：

韩　波　第一章、第二章、第三章
杜　闻　第四章
庄诗岳　第五章
汪　蓓　第六章
杨秀清　第七章、第十二章
史　飚　第八章
石春雷　第九章

纪格非　第十章

欧元捷　第十一章

王秋兰　第十三章、第十四章

郭晓光　第十五章

刘金华　第十六章、第十七章

赵言荣　第十八章

李　响　第十九章

刘君博　第二十章、第二十一章

康万福　第二十二章

谭秋桂　第二十三章、第二十四章、第二十五章、第二十六章、第二十七章、第二十九章

邱星美　第二十八章

张　弘　第三十章

史明洲　第三十一章

自本教材出版以来，我国有关法律及司法解释相继出台或修订，为此，我们曾对本教材进行过相应的补充、修改与完善。2023 年 9 月 1 日，第十四届全国人民代表大会常务委员会第五次会议对《民事诉讼法》进行了第五次修正，自 2024 年 1 月 1 日起施行。故此，我们再次对教材的相关内容进行了修订。

特此说明。

杨秀清

2024 年 5 月 10 日

本书涉及的法律及司法解释全称与简称对照表

序号	全　称	简　称
1	《中华人民共和国宪法》	《宪法》
2	《中华人民共和国民事诉讼法》	《民事诉讼法》
3	《中华人民共和国未成年人保护法》	《未成年人保护法》
4	《中华人民共和国仲裁法》	《仲裁法》
5	《中华人民共和国人民调解法》	《人民调解法》
6	《中华人民共和国人民法院组织法》	《人民法院组织法》
7	《中华人民共和国人民检察院组织法》	《人民检察院组织法》
8	《中华人民共和国刑法》	《刑法》
9	《中华人民共和国法官法》	《法官法》
10	《中华人民共和国公证法》	《公证法》
11	《中华人民共和国人民陪审员法》	《人民陪审员法》
12	《中华人民共和国律师法》	《律师法》
13	《中华人民共和国国家赔偿法》	《国家赔偿法》
14	《中华人民共和国民法典》	《民法典》
15	《中华人民共和国公司法》	《公司法》
16	《中华人民共和国票据法》	《票据法》
17	《中华人民共和国反不正当竞争法》	《反不正当竞争法》
18	《中华人民共和国环境保护法》	《环境保护法》
19	《中华人民共和国海洋环境保护法》	《海洋环境保护法》
20	《中华人民共和国消费者权益保护法》	《消费者权益保护法》
21	《中华人民共和国刑事诉讼法》	《刑事诉讼法》
22	《中华人民共和国电子签名法》	《电子签名法》
23	《中华人民共和国土地管理法》	《土地管理法》
24	《中华人民共和国劳动法》	《劳动法》
25	《中华人民共和国劳动争议调解仲裁法》	《劳动争议调解仲裁法》

续表

序号	全　称	简　称
26	《中华人民共和国著作权法》	《著作权法》
27	《中华人民共和国专利法》	《专利法》
28	《中华人民共和国企业破产法》	《企业破产法》
29	《中华人民共和国涉外民事关系法律适用法》	《涉外民事关系法律适用法》
30	《中华人民共和国立法法》	《立法法》
31	《中华人民共和国全国人民代表大会和地方各级人民代表大会选举法》	《选举法》
32	《中华人民共和国香港特别行政区基本法》	《香港特别行政区基本法》
33	《中华人民共和国澳门特别行政区基本法》	《澳门特别行政区基本法》
34	《中华人民共和国海事诉讼特别程序法》	《海事诉讼特别程序法》
35	《中华人民共和国英雄烈士保护法》	《英雄烈士保护法》
36	《中华人民共和国个人信息保护法》	《个人信息保护法》
37	《最高人民法院关于适用〈中华人民共和国民事诉讼法〉的解释》	《民诉法解释》
38	《中华人民共和国人民法院法庭规则》	《人民法院法庭规则》
39	《最高人民法院关于审理民事级别管辖异议案件若干问题的规定》	《民事级别管辖异议规定》
40	《最高人民法院关于民事诉讼证据的若干规定》	《民事证据规定》
41	《最高人民法院关于人民法院民事调解工作若干问题的规定》	《法院调解规定》
42	《最高人民法院关于适用简易程序审理民事案件的若干规定》	《简易程序规定》
43	《最高人民法院关于人民法院办理财产保全案件若干问题的规定》	《财产保全规定》
44	《最高人民法院关于人民法院办理执行异议和复议案件若干问题的规定》	《办理执行异议和复议案件规定》
45	《最高人民法院关于人民法院执行工作若干问题的规定（试行）》	《执行规定（试行）》
46	《最高人民法院、最高人民检察院关于办理虚假诉讼刑事案件适用法律若干问题的解释》	《办理虚假诉讼刑事案件解释》
47	《关于进一步加强民事送达工作的若干意见》	《加强民事送达意见》
48	《民事诉讼程序繁简分流改革试点实施办法》	《繁简分流试点办法》
49	《最高人民法院关于审理环境民事公益诉讼案件适用法律若干问题的解释》	《环境公益诉讼司法解释》

续表

序号	全　称	简　称
50	《最高人民法院关于审理消费民事公益诉讼案件适用法律若干问题的解释》	《消费公益诉讼司法解释》
51	《最高人民法院关于审理生态环境损害赔偿案件的若干规定（试行）》	《生态环境损害赔偿规定（试行）》
52	《最高人民法院、最高人民检察院关于检察公益诉讼案件适用法律若干问题的解释》	《两高检察公益诉讼解释》
53	《最高人民法院关于适用〈中华人民共和国民事诉讼法〉若干问题的意见》（已失效）	《民诉法适用意见》
54	《最高人民法院关于民事经济审判方式改革问题的若干规定》（已失效）	《审判方式改革规定》
55	《最高人民法院关于适用〈中华人民共和国民事诉讼法〉审判监督程序若干问题的解释》	《审判监督程序解释》
56	《最高人民法院关于受理审查民事申请再审案件的若干意见》	《再审案件意见》
57	《最高人民法院关于适用〈中华人民共和国民事诉讼法〉执行程序若干问题的解释》	《适用执行程序解释》
58	《最高人民法院关于执行案件立案、结案若干问题的意见》	《执行立案结案意见》
59	《最高人民法院关于严格规范终结本次执行程序的规定（试行）》	《终结本次执行规定（试行）》
60	《最高人民法院关于高级人民法院统一管理执行工作若干问题的规定》	《高院统一执行规定》
61	《最高人民法院关于加强和改进委托执行工作的若干问题的规定》（已失效）	《委托执行规定》
62	《最高人民法院关于委托执行若干问题的规定》	《委托执行若干规定》
63	《最高人民法院关于民事执行中财产调查若干问题的规定》	《执行财产调查规定》
64	《最高人民法院关于人民法院民事执行中查封、扣押、冻结财产的规定》	《查封、扣押、冻结规定》
65	《最高人民法院关于人民法院民事执行中拍卖、变卖财产的规定》	《拍卖、变卖规定》
66	《最高人民法院关于限制被执行人高消费的若干规定》	《限制被执行人高消费规定》
67	《最高人民法院关于公布失信被执行人名单信息的若干规定》	《公布失信被执行人名单信息规定》
68	《最高人民法院关于执行程序中计算迟延履行期间的债务利息适用法律若干问题的解释》	《计算迟延履行期间债务利息解释》

续表

序号	全　称	简　称
69	《最高人民法院关于刑事裁判涉财产部分执行的若干规定》	《刑事裁判涉财产部分执行规定》
70	《关于正确适用暂缓执行措施若干问题的规定》	《暂缓执行规定》
71	《最高人民法院关于人民法院强制执行股权若干问题的规定》	《执行股权规定》
72	《最高人民法院关于民事执行中变更、追加当事人若干问题的规定》	《变更追加当事人规定》
73	《最高人民法院关于执行和解若干问题的规定》	《执行和解规定》
74	《最高人民法院关于执行担保若干问题的规定》	《执行担保规定》
75	《最高人民法院关于网络查询、冻结被执行人存款的规定》	《网络查询、冻结规定》
76	《最高人民法院关于人民法院网络司法拍卖若干问题的规定》	《网络司法拍卖规定》
77	《最高人民法院关于人民法院办理仲裁裁决执行案件若干问题的规定》	《仲裁裁决执行规定》
78	《最高人民法院关于人民法院确定财产处置参考价若干问题的规定》	《确定财产处置参考价规定》
79	《最高人民法院关于公证债权文书执行若干问题的规定》	《公证债权文书执行规定》
80	《最高人民法院关于人民法院对注册商标权进行财产保全的解释》	《商标保全解释》
81	《最高人民法院关于执行案件移送破产审查若干问题的指导意见》	《执转破指导意见》
82	《最高人民法院关于审理涉港澳经济纠纷案件若干问题的解答》（已失效）	《涉港澳问题解答》
83	《最高人民法院关于涉外民事或商事案件司法文书送达问题若干规定》	《涉外送达若干规定》
84	《最高人民法院关于适用〈中华人民共和国涉外民事关系法律适用法〉若干问题的解释（一）》	《涉外法律适用法解释（一）》

CONTENTS 目录

第一编　民事诉讼的基本理论

第二编　基本原则与制度

第三编　诉讼主体与客体

第四编 证据与证明

第五编 诉讼程序

第七编　执行程序

第八编　涉外民事诉讼程序

第一编

民事诉讼的基本理论

第一章 民事诉讼

学习目的与基本要求 从了解民事诉讼纠纷的起源与概念入手，分析民事纠纷的主要类型；正确界定民事纠纷的属性，把握好民事纠纷解决的方式；对民事诉讼的本质与基本特征有充分的认识，科学认识民事诉讼法律关系的基本要素和内在规律。

第一节 民事纠纷

一、民事纠纷的起源与概念

在我国，有三种诉讼形式，即民事诉讼、行政诉讼和刑事诉讼。民事诉讼因民事纠纷而引发，而民事纠纷又是利益纷争的外显形式。利益分为个体利益、社会利益和国家利益。因国事与民事的内在区分，民事纠纷系个体利益与社会利益纷争难以化解而形成的冲突。近代社会，民事纠纷以个体利益引起的个体间冲突为主。现代社会，纳入民事纠纷的社会利益冲突日益增多，如劳动者权益保护、消费者权益保护、居民环境利益保护引起的社会冲突以及反垄断、反不正当竞争引起的社会冲突。不过，个体利益引起的个体间冲突仍是当代社会民事纠纷的基础和主体，侵权纠纷、合同纠纷、婚姻纠纷、继承纠纷、股东与公司利益纠纷来自每个社会成员的日常生活、日常交易，也直接影响着社会成员的正常生活、正常生产与经营。

民事活动的参与者，即民事主体，在日常生活与生产经营过程中会形成多种关系。在这多种关系中，合作关系是常态。没有合作，正常的生活与生产经营是难以维持的。不过，因为民事主体的认知差异、道德水准差异、兴趣差异、综合能力差异，民事主体之间也时常会发生见解上的分歧、言语上的争执，进而形成彼此不能互相包容的对立关系。如果对立关系不能及时消解，就会形成影响民事主体日常生活、生产经营的冲突。概言之，所谓民事纠纷，是指民事主体基于对立关系形成的影响到各方面社会关系的正常运行和既成秩序维持的冲突。

在人类历史的长河中，冲突是推动社会发展进步的动力源。冲突与社会进步的正相关关系来自人类社会解决纠纷、化解冲突的智慧累积。民事诉讼制度，就是人类在社会发展过程中不断累积的智慧积淀所不可或缺的部分。

二、民事纠纷的类型

从其内在构成而言，民事纠纷可分为个体利益纠纷与社会利益纠纷两类。个体利益纠纷又因引发争执的利益性质不同而可区分为财产利益纠纷、人身利益纠纷以及混合利益纠纷。

财产利益纠纷可分为物权纠纷、债权纠纷。物权纠纷还可进一步分为所有权纠纷、担保物权纠纷、用益物权纠纷；债权纠纷还可进一步分为侵权纠纷、合同纠纷、无因管理纠纷、不当得利纠纷。人身利益纠纷可分为人格权纠纷与人身关系纠纷。除此之外，民事纠纷中还有财产利益与人身利益难以分离的混合纠纷（如交通事故纠纷、离婚纠纷）。民事纠纷的分类有助于我们为每一类纠纷找到最适宜的纠纷解决办法，设计与纠纷特征相适应的民事诉讼制度。比如，人身关系纠纷中，情感因素是对纠纷圆满解决的重要影响因素，因此，应重视此类案件中的调解工作；交通事故纠纷中的人身损害赔偿请求与财产损害赔偿请求；离婚纠纷中解除婚姻关系请求、共同财产分割请求、子女抚养权请求要自然合并，而不能要求当事人分割成两个甚至三个案件进行诉讼。

我国最高人民法院根据每类纠纷解决过程中应适用的法律及相应的法律关系属性，对案由作出规定，事实上对民事纠纷的类型作出了界定。根据《最高人民法院关于印发修改后的〈民事案件案由规定〉的通知》（法〔2020〕347号）结合《民法典》《民事诉讼法》等民事立法及审判实践，现已将案由的编排体系划分为人格权纠纷，婚姻家庭、继承纠纷，物权纠纷，合同、准合同纠纷，劳动争议与人事争议，知识产权与竞争纠纷，海事海商纠纷，与公司、证券、保险、票据等有关的民事纠纷，侵权责任纠纷，非讼程序案件案由，特殊诉讼程序案件案由，共计十一大部分，作为第一级案由。通过总分式四级结构的设计，实现案由从高级（概括）到低级（具体）的演进。如物权纠纷（第一级案由）→所有权纠纷（第二级案由）→建筑物区分所有权纠纷（第三级案由）→业主专有权纠纷（第四级案由）。在第一级案由项下，细分为54类案由，作为第二级案由（以大写数字表示）；在第二级案由项下列出了473个案由，作为第三级案由（以阿拉伯数字表示）。第三级案由是司法实践中最常见和广泛使用的案由。基于审判工作指导、调研和司法统计的需要，在部分第三级案由项下又列出了391个第四级案由［以阿拉伯数字加（）表示］。

在十一类基础纠纷之下，根据法律规定的不同层次，对民事纠纷再进行三层细化，是对抽象的、理念化的民事法律关系具体化、实用化的有益的制度探索；这一有益探索日渐成熟，不仅促进了审判统计、审判管理的科学化，也为民事诉讼审判对象的确定提供了明确的法律指引。该《民事案件案由规定》是我们了解民事纠纷、探寻各类民事纠纷特殊属性的基础。这是我国法院在民事审判过程中积累的宝贵的实践经验结晶。不过，也需要注意，民事活动纷繁复杂、变化万千，有些纠纷可能还没有被《民事案件案由规定》所涵盖，需要结合纠纷事实与相关法律加以确定。

三、民事纠纷的属性

基于民事纠纷产生的多种社会关系和人性基础，民事纠纷具有下列属性：

（一）民事纠纷主体关系的平等性

在刑事案件中，一方是代表国家的公诉机关，另一方是被追诉的个人或单位；在行政案件中，一方是作为行政相对人的个人或单位，另一方是代表国家的行政机关。在这两类案件中，代表国家的公诉机关、行政机关具有天然的强势地位。这种强势地位的基础是代表国家的公诉机关、行政机关可以支配的权力资源。在当代，对民事行为主体的基本假设是每一个民事主体都是对其行为后果有合理预期的理性人，各方平等是家庭生活、市场交易、日常活动中的基本要求，也是当代社会的社会共识。平等是民事关系的基本关系形态，也是民事纠纷主体关系的基本预设。民事活动中，不承认一方因其社会地位高、经济收入高、文化水平高而具有相对于另一方的强势地位。民事活动中，在个体利益冲突层面，围绕个体利益形成的民事主体关系是平等的。在当代社会，每个民事主体在民事活动中都具有平等参与的资格。每一方民事主体都应该在民事纠纷解决过程中获得平等对待。每一方民事主体都应平等享有权利、平等承担义务与责任。在社会利益冲突层面，主体关系的基本预设也与此相同。民事纠纷主体关系的平等性预设是民事纠纷解决制度、民事诉讼制度的重要支柱之一，直接影响到制度设置的内容。比如，在证明责任分配方面，刑事诉讼中公诉方负有证明犯罪嫌疑人触犯被指控罪名的证明责任，行政诉讼中行政机关负有证明自己的行政行为具有合法性、合理性的证明责任。而在民事诉讼中，基于民事主体平等性的关系预设，通常要求主张权利的一方要对权利成立的要件事实承担证明责任，否定权利的一方要对权利不存在或者权利成立有障碍的要件事实承担证明责任。

另一方面，由于受教育水平、经济收入水平、身体状况的差异是现实存在的，民事纠纷中的各方民事主体的实际能力存在差异性。这种差异性直接影响到民事主体的认知与行动的合理性，这种差异性也构成理性人假设之下的有限理性假设的现实依据。据此，平等性基本预设之下也应有例外性预设。例外性预设承认在民事活动的具体情境中可能存在实质不平等的状况。基于例外性预设，平等对待民事纠纷中各方民事主体的同时，也需要关注会影响实质平等的差异性因素。考虑到民事主体实际能力的差异性，我国实施的法律援助制度、诉讼风险告知制度，就体现了平等性基本预设下的例外性预设。在社会利益冲突中，民事主体之间的实际能力差异性往往十分显著。比如，在环保纠纷、消费者权益保护纠纷中，一方是资本实力雄厚、技术力量强大的知名企业，一方是收入有限、对相关技术知之甚少的居民。在这样的纠纷中，检察机关、社会组织就有必要介入，来平衡纠纷中民事主体实际能力的差异，维护实质平等。这也是平等性基本预设之下的例外性预设的体现。

当代社会的平等观是一种形式平等与实质平等并重的平等观，理念中平等与实践中平等共进的平等观，趋进实质平等的例外性预设受到越来越多的关注。在运用平等性预设分析诉讼制度时，需要慎重区分究竟是平等性基本预设还是例外性预设是其恰当的解释与分析工具，比如，对于非法证据排除，如果基于平等性基本预设加以分析，可能会得出——刑事诉讼、行政诉讼中非法证据排除制度是合理的，因为代表国家的一方当事人具有天然的强势地位，而民事诉讼中双方是平等的所以不需要非法证据排除——的结论。这种分析结论忽略了一点，非法收集行为客观上营造了非法收集者在诉讼中的不正当的强势地位。这种不正当的强势地位，已经破坏了双方当事人平等性的基本预设，应将其纳入例外性预设的解释、分析范畴，进而形成民事诉讼中也应当排除非法证据的结论。

（二）民事纠纷客体的可处分性

在刑事案件、行政案件中，处分的自由受到极严格的限制。因为刑事案件、行政案件的客体是国家利益、重大的公共利益、公共秩序，在一般意义上是不具有可处分性的。个体冲突是民事纠纷的基础和主体，它的客体是个体利益。个体利益是可以被自由处分的。

民事纠纷是源自私人生活关系、交易关系的纠纷。在个体活动与个体之间的交易中，每个民事主体都是自己利益的最佳守护者、自己行为的最佳选择者。个体的“人”对自己利益的维护、对自己行为的选择，需要自主决定在民事活动中坚持还是放弃利益、增加还是减少利益、以此种方式还是彼种方式实现利益、经由此种途径还是彼种途径化解冲突。处分包含着生活与交易的智慧。在生活与交易中，在关键的环节与场合，没有处分就没有利益分配的最佳状态。一句“你可以说不”的流行语彰显的就是自主处分的个性以及对自主处分的信心。自主处分不仅在私人生活关系和交易关系中存在，这些关系产生民事纠纷后，也会自然地延伸到民事纠纷的解决过程中。比如，在民事诉讼中原告可以变更诉讼请求、被告承认原告诉讼请求、双方可以磋商变通解决办法并达成调解协议或和解协议。

社会利益冲突形态的民事纠纷的客体是社会公共利益。社会公共利益不能由其代表者按照代表者的意思来处分，代表者只有权按照体现公义的法律来维护社会公共利益。只有在法律就特定的社会公共利益作出可以由其代表者进行处分时，社会公共利益的代表者才能在法律规定的范围内按照法律规定的方式进行处分。比如，我国民事诉讼法规定，在消费者权益公益诉讼、环境保护公益诉讼中可以进行调解。公益诉讼当事人可依法在法定途径内进行调解活动。

（三）民事纠纷的可诉性

可诉性这一法学术语，近年来应用极其广泛。我们可以看到法的可诉性的表述方式，如经济法的可诉性、法律原则的可诉性，实际上是指一部法律或法律的某构成部分是否具有裁判依据的属性；我们也可以看到权利的可诉性的表述方式，比如受教育权或劳动权的可诉性，实际上是指某项权利是否具有通过诉讼程序获得保护的属性；我们还可以看到行为的可诉性的表述方式，如内部行政行为的可诉性、抽象行政行为的可诉性、交通事故认定行为的可诉性，实际上是指某种行为是否具备诉诸法院、通过诉讼程序确定其合法性并产生相应责任的属性。目前可诉性概念应用最多的是对行为可诉性的探究领域。

民事纠纷的可诉性是指民事纠纷所具有的民事纠纷主体就民事纠纷可以运用诉讼

程序化解自己与他方冲突的属性。一般意义上，民事纠纷应该具有可诉性。如果民事纠纷不能进入国家设立的诉讼程序，意味着国家对民事纠纷拒绝回应。这会引起社会上对国家职能有效性的质疑。因为，国家应当能够解决社会成员发生的纠纷是当下对国家职能的基本共识；这也会引起社会上就国家对各种自行解决纠纷方式的立场的质疑。因为，放弃国家对纠纷解决方式进行集中控制，通常会被认为是国家治理松弛的表现。

民事纠纷的可诉性是民事纠纷的应然属性，却非其实然属性。在各种对可诉性概念的应用场合中，可诉性都不是必然结果。易言之，不是每一种法律规范都可以作为裁判依据，这要看法律规范的性质与内容；不是每一种权利都可以诉诸法院，这要看权利的属性；不是每一种行为，都可以通过诉讼判断它的合法性，这也需要看它的性质。民事纠纷主体能否运用民事诉讼程序与相关法律规范是否可以作为裁判依据、相关权利主张能否通过诉讼程序确定、相关行为可否被法律评价具有不同程度的关联。一起纠纷没有可以适用的法律依据，不能作为法院拒绝此纠纷进入诉讼程序的理由，但会影响对此纠纷解决的实际效果。对纠纷所涉利益的法律评价可行性、对纠纷所涉行为的法律评价可行性，直接影响着法院对是否接纳一起纠纷进入诉讼程序的判断。此外，纠纷事实的法律指涉性也直接影响法院是否接纳一起纠纷进入诉讼程序的判断。

民事诉讼的法律适用构造是民事纠纷可诉性的现实制约物。民事诉讼中的法律适用构造由纠纷事实呈现——具有法律指涉性事实的发现——法律检索——确定可适用法条（法律评价的大前提确定）——纠纷事实分解（剥离无关事实）——发现法条适用的要件事实（法律评价的小前提确定）——涵摄——得出法律适用的结论。法律适用构造中，首先要根据纠纷当事人呈现给法院的纠纷事实发现法律指涉性事实。所谓法律指涉性事实是指依据纠纷当事人的陈述可以大致明确法律检索的线索与方向的事实。如纠纷当事人陈述："我赠送给弟弟一套房，我弟弟毫无感恩之情，反倒是恶意陷害我。害得我进了监狱。现在法院判我无罪。我想把这套房要回来。"这段事实给出合同撤销的法律检索的线索，结合细节性事实可以进一步明确可用法条为赠与合同撤销法条的法律检索方向。这起纠纷中就有了法律指涉性事实，法律适用构造可以启动。根据法律指涉性事实，找到相关法条，就一定可以进行法律适用吗？例如，根据某16岁少年就父母经常出差不关心他的法律指涉性事实，可以检索到我国《未成年人保护法》第16条[1]，据此能够作出"原告父母应该减少出差次数、多关注未成年原告生理、心理状况和行为习惯，以健康的思想、良好的品行和适当的方法教育和影响未成年原告"的判决吗？这种疑问潜藏的就是纠纷所涉利益的法律评价可行性、对纠纷所

---

〔1〕《未成年人保护法》（2020年修订）第16条规定："未成年人的父母或者其他监护人应当履行下列监护职责：（一）为未成年人提供生活、健康、安全等方面的保障；（二）关注未成年人的生理、心理状况和情感需求；（三）教育和引导未成年人遵纪守法、勤俭节约，养成良好的思想品德和行为习惯；（四）对未成年人进行安全教育，提高未成年人的自我保护意识和能力；（五）尊重未成年人受教育的权利，保障适龄未成年人依法接受并完成义务教育；（六）保障未成年人休息、娱乐和体育锻炼的时间，引导未成年人进行有益身心健康的活动；（七）妥善管理和保护未成年人的财产；（八）依法代理未成年人实施民事法律行为；（九）预防和制止未成年人的不良行为和违法犯罪行为，并进行合理管教；（十）其他应当履行的监护职责。"

涉行为的法律评价可行性的障碍。因此，我们可以认为民事纠纷的可诉性是民事纠纷的应然属性，却非其实然属性。法治进步的重要方面就体现在民事纠纷的可诉性范围不断扩展，以满足“人民群众对美好生活的向往”。

第二节　民事诉讼

当代社会最常见、最频繁的冲突就是民事纠纷。一旦发生民事纠纷，就应当及时地、妥当地予以解决。如果不能及时、妥当地解决，轻则损害的是个体利益，重则影响社会稳定、降低人民的生活质量、减少企业的经济效益。民事诉讼是解决民事纠纷的重要方式，不过解决民事纠纷还有其他方式。了解民事诉讼，首先应了解它所在的民事纠纷解决体系。

一、民事纠纷解决体系

自行解决方式、社会解决方式、国家解决方式是解决民事纠纷的三种纠纷解决方式，以下依次介绍：

（1）自行解决方式，也被称为自力救济，是指通过个体自身的力量而不凭借国家、社会的力量来解决纠纷的纠纷解决方式。自行解决方式又可分成两类，第一类是自行暴力解决方式。这种自行暴力解决又被称为自决，是通过个体自身能采用的直接暴力或冷暴力手段迫使对方屈服从而解决纠纷的纠纷解决方式。自行暴力解决是社会黑恶势力常用的“解纷”方式。在“扫黑除恶”的专项斗争中，黑恶势力的罪行中一般都会有运用暴力手段逼债的罪行。其后果是非常严重、非常恶劣的。不堪其扰的被逼债人因之而走上绝路的不在少数。我们要深刻认识到自行暴力解决方式的社会危害性。第二类是自行和解解决纠纷方式。和解是纠纷双方当事人在没有中立第三方介入的情况下，自行通过赔礼道歉、利益上的让步、情感沟通、利害关系分析等活动自行化解纠纷的方式。“和为贵，忍为高”是我国流传久远的处世格言。重和气、和睦、和谐，厌恶争执、争斗、争抢，是我国社会文化很重要的一个方面。和解是与我国社会文化高度契合的、值得提倡的一种纠纷解决方式。

（2）社会组织解决纠纷方式。我国有非常丰富的社会解决纠纷网络。在全国各地，从大都市到村镇，都有解决纠纷的社会组织。根据解决纠纷组织的类型，社会组织解决方式分为三类：第一类是群众自治性组织的纠纷解决方式。城市的居民委员会、乡村的村民委员会都设有人民调解机构。它们组织的人民调解化解了大量民事纠纷。人民调解就是由群众自治性组织作为中立第三方，通过讲法律、讲政策、讲道理、论交情、摆事实，对当事人进行教育、说服、劝解，赢得当事人的妥协、让步，进而化解纠纷的一种纠纷解决方式。第二类是仲裁委员会的纠纷解决方式。我国20世纪50年代设立专门的涉外商事仲裁机构，1994年颁布《仲裁法》，目前我国已经成为运用仲裁方式解决民商事纠纷最多的国家之一。司法部统计数据显示，从《仲裁法》实施的

1995年起，我国仲裁机构的受案量连续23年保持增长，年均增长率超30%，其中，2018年全国仲裁机构共处理案件54万多件，比2017年增长127%；案件标的总额近7000亿元，比2017年增长30%。截至2018年底，全国共设立255家仲裁委员会，工作人员6万余人，累计处理各类民商事案件260万余件，标的额4万多亿元，案件当事人涉及70多个国家和地区。[1]可见，专门解决商事纠纷的仲裁委员会已经在纠纷解决领域取得了令人鼓舞的业绩。仲裁是仲裁机构对合同纠纷、财产权益纠纷，通过仲裁庭的审理、裁决或者仲裁化解纠纷的方式。仲裁在纠纷解决的社会工程中担当着越来越重要的“角色”。第三类是其他社会组织的纠纷解决方式，中国贸易促进委员会下设的调解中心、其他专业性协会的调解组织（如律师协会下设的调解中心）也以调解的方式在进行纠纷解决活动，因其专业性较强，获得社会认同度较高。

（3）国家机关解决纠纷方式。在民事纠纷解决体系中，国家机关承担着纠纷解决的重责。根据我国《宪法》第128条的规定，人民法院是国家的审判机关。民事诉讼、行政诉讼与刑事诉讼是法院的职责所在、工作重心所在。民事诉讼是民事纠纷解决的主要渠道，也是其他纠纷解决方式的保障（裁定并实施财产保全与行为保全、确认调解协议的效力、仲裁协议效力的确认、仲裁裁决的撤销与不予执行都要由法院实施），还是整个民事纠纷解决体系的最后屏障。民事诉讼是法院通过审理、判决或者调解等方式解决纠纷的活动。除法院之外，我国的行政机关通过行政裁决、劳动争议仲裁的方式也发挥着在特定范围内的纠纷解决功能。

二、民事纠纷解决体系中的民事诉讼

如果将民事诉讼放置于民事纠纷解决体系中，将其与自行暴力解决纠纷方式之外的其他五类纠纷解决方式进行比较，我们就会发现民事诉讼有其明显的纠纷解决优势，也有其局限性。

（一）民事诉讼的优势

首先，在法律适用的严格性、专业性上，民事诉讼具有显著优势。自行和解、群众自治性组织的纠纷解决、其他社会组织的纠纷解决过程，都不要求严格适用法律。若做如此要求，其他纠纷解决办法可能难以充分发挥作用。仲裁委员会的纠纷解决过程中在适用法律之外，也会以商业惯例作为裁决或调解的依据。行政机关行政裁决或劳动争议仲裁中的法律适用是严格的，但是，行政机关与法院的法律适用在专业性上还是有一定差距的。其次，在纠纷解决的强制保障力方面，民事诉讼也具有显著优势。在纠纷解决体系内就强制保障力进行比较，就会发现，社会组织解决纠纷比个体解决纠纷有保障，国家机关解决纠纷比社会组织解决纠纷更有保障。法院的审判与调解具有最强保障力。这种差异的原因在于，在我国，只有国家才有强制力量。社会组

[1] 魏其濛：《2018年全国仲裁机构处理案件54万余件 标的总额近7000亿元》，载http://shareapp.cyol.com/cmsfile/News/201903/28/toutiao200589.html?tt_group_id=6673369629068362248，访问日期：2021年1月1日。

织只有借助于国家机关才能使自己的行为获得一定的强制力量的支持。在程序保障程度方面，在法院进行的民事诉讼，以程序严密的民事诉讼法作为依据，因此，其程序保障程度最高，具有明显的比较优势。人民调解委员会组织的人民调解与仲裁委员会进行的仲裁，其程序规则偏向宽松，程序保障程度较弱；自力救济几乎无程序保障可言。

（二）民事诉讼的局限性

首先，民事诉讼的诉讼成本是最高的。在我国的纠纷解决体系中，和解是以最低成本获得“双赢”结局的纠纷解决方式。人民调解委员会组织的人民调解是免费的。仲裁委员会进行的仲裁实行一裁终局，相应的时间与费用耗费较少。目前看来，民事诉讼的案件受理费还是过高，一审案件受理费、二审案件受理费、再审案件受理费（部分案件）、诉讼保全费，这些常规的收费项目给当事人带来的经济压力是极大的。如果进行完诉讼全程（一审、二审、法院再审、检察院抗诉再审），时间上的耗费也不少。其次，民事诉讼对人际关系的损害度相对较强。很少见到，经历连年讼战还能“相逢一笑泯恩仇”的当事人。对抗“烈度”极强的民事诉讼容易在当事人内心留下难以消除的“心结”。在对抗“烈度”极弱的人民调解、仲裁、和解中，对人际关系的“修补”超越了可能残存的“伤害”。

（三）民事纠纷解决体系中的审判终局性

对于民事诉讼在民事纠纷解决体系中的地位与作用，有必要确立关于审判终局的观念。审判终局性在内涵界定上汲取并融合了关于司法最终解决原则的界定与合理阐释，所要表达的基本内涵实质上是对法院审判活动的功能性期待。就民事纠纷解决程序而言，审判终局性有三方面的内涵：

（1）审判终局性是指法院审判具有对民事纠纷的普遍回应能力，即无论是有关平等主体之间财产关系与人身关系的初始纠纷，还是经过非诉讼的其他纠纷解决途径之后的后续争议都可以在法院的审判程序中获得回应。

（2）审判终局性是指法院审判具有对民事纠纷的实质终结能力，即无论通过民事诉讼程序还是其他纠纷解决方式的法院确认、监督、审理程序，一起民事纠纷可以通过法院的审判活动得以实质性地解决。

（3）审判终局性是指法院审判具有对民事纠纷的终极确定能力，即无论通过民事诉讼程序还是其他纠纷解决方式的法院确认、监督、审理程序，一起民事纠纷可以通过法院的审判活动获得最终确定的状态。

习近平总书记指出：“法治建设既要抓末端、治已病，更要抓前端、治未病。我国国情决定了我们不能成为‘诉讼大国’。我国有14亿人口，大大小小的事都要打官司，那必然不堪重负！要推动更多法治力量向引导和疏导端用力，完善预防性法律制度，坚持和发展新时代‘枫桥经验’，完善社会矛盾纠纷多元预防调处化解综合机制，更加重视基层基础工作，充分发挥共建共治共享在基层的作用，推进市域社会治理现代化，促进社会和谐稳定。”[1]调解、仲裁、谈判、中立评估等可选性纠纷解决机制具有相对独特的有别于民事诉讼的运行逻辑。它们在诉源治理层面解决民商事纠纷的作用日益彰显。我国有深厚的民间调解的法文化根基，仲裁制度近年来也取得了突飞猛进的发展，它们在诉源治理进程中必将发挥更加重要的作用。不过，从纠纷解决体系结构合理性角度观之，有必要协调好民事诉讼与可选性纠纷解决机制的关系。

审判终局的协力纠纷解决机制可以妥适协调民事诉讼与可选性纠纷解决机制的关系。审判终局的协力纠纷解决机制是指在确保法院的审判权具有终局性的前提下，充分发挥可选性纠纷解决机制的纠纷解决功能，审判活动与各种可选性纠纷解决机制相互依存、相互支撑、共同协力面对纠纷的纠纷解决机制。[2]习近平总书记指出，“公正司法是维护社会公平正义的最后一道防线”。[3]审判权的终局性表达的就是“最后一道防线”的意涵。不少民事纠纷是可以在到达“最后一道防线”前得到令纠纷当事人满意的解纷效果的。习近平总书记用“固根本、稳预期、利长远”九个字，对法治在国家治理中具有哪些重要作用的问题给出了一个科学而简明的答案，有助于全社会更好地理解法治的重要性。“固根本”，是指法治通过确立国家的根本制度、基本制度、重要制度，并将这些制度转化为具有强制力、执行力的法律规范，确保国家根基稳固、国家政权稳定。“稳预期”，是指法治通过确立起完备的行为规范体系，使社会成员知道自己和他人如何行为，从而对未来形成稳定的预期。“利长远”，是指法治通过提供一整套有长远考虑、长期适用的制度，保障社会长远利益、子孙后代利益，确保社会可持续发展、国家长治久安。[4]我国是当今世界最大的发展中国家，法治建设也在发展过程中。审判终局的协力纠纷解决机制有利于彰显法院审判权在纠纷解决体系中的司法公信力与权威性，可以更好地发挥法治“固根本、稳预期、利长远”的作用。

三、民事诉讼的本质与基本特征

（一）民事诉讼的本质

从纠纷解决体系视角看，民事诉讼具有强大的纠纷解决功能，在国家的纠纷解决体系中具有终局性位置。似乎可以说，纠纷解决方式就是民事诉讼的本质。可是，本质是足以区分此事物与彼事物的内在规定性或根本属性。如果认为民事诉讼的本质就是纠纷解决方式，是难以在国家层面的纠纷解决方式、社会层面的纠纷解决方式和个体层面的纠纷解决方式中凸显民事诉讼的根本属性的。深入思考，我们就会发现民事诉讼在程序运转的严肃性、确定事实的严谨性与法律适用的严格性方面与其他纠纷解决方式存在明显区别。产生这种区别的根本原因是，纠纷解决过程中的中立第三方享

〔1〕 习近平：《坚定不移走中国特色社会主义法治道路　为全面建设社会主义现代化国家提供有力法治保障》，载《求是》2021 年第 5 期。

〔2〕 韩波：《审判终极性：路径与体制要素》，法律出版社 2013 年版，第 59 页。

〔3〕 习近平 ：《论坚持全面依法治国》，中央文献出版社 2020 年版，第 66 页。

〔4〕 黄文艺：《习近平法治思想原创性贡献论纲》，载《交大法学》2022 年第 4 期。

有的权力，在属性上存在差异。法院行使的审判权是其他纠纷解决方式中的中立第三方不享有的国家权力。比如，仲裁委员会行使仲裁权的直接依据是仲裁协议，社会自治组织行使调解权的直接依据是调解协议。在审判过程之外，就具体的纠纷解决达成的程序协议显然是不能形成国家权力的。因此，理解民事诉讼的本质需要围绕民事审判权的国家权力属性展开。纠纷当事人诉诸法院是因为彼此在权利义务关系上产生争议，只有通过法院行使审判权裁决他们产生争议的权利义务，民事诉讼才有实际功用。在此意义上，民事审判权不仅仅是一种判断权，在判断之后，还要行使对纠纷当事人发生争议的权利义务的裁判权 。

在民事诉讼过程中汇聚了多种属性的行为。在民事诉讼中既有个体行为，如当事人的起诉、预缴案件受理费、申请财产保全、取证、举证、质证、辩论等行为，又有法院行使审判权行为，法院的受理、送达文书、主持审前准备活动、主持庭审、制裁诉讼中的不法行为、判决或裁定。在民事诉讼中还有证人、鉴定人等其他诉讼参与人进行的诉讼协助行为。这些行为对于民事诉讼的展开都是必要的，因此，不能将民事诉讼简化为一种国家行为或者是一种社会行为抑或个体行为。民事诉讼是汇聚个体行为、社会行为、国家行为的复杂的社会实践。参与者行动是社会实践中的能动力量，但是，社会实践还有其客观条件要素，否则无法展开。具体而言，在参与者行动之外，社会实践还有规范和资源两个层面的构成要素。申言之，没有相应的规范（包括实体裁决依据规范与程序运行规范），争议当事人无法明确纠纷中的争点，审判机关也无法行使其权力；没有相应的资源，如没有法院、没有审判人员、没有必要的法院运营经费，诉讼也是无法展开的。除了规范、资源形成的社会结构与参与者行动之外，诉讼这种社会实践中还有一项不可或缺的中介要素——法意识。包含参与主体的法理论、法知识、日常观念、决策心理在内的法意识，具有解释功能与反思功能。法意识的解释功能指引参与者适应特定社会结构，反思功能弥补和调整特定社会结构的缺陷与行动者稳定的行为倾向中的偏差，推动规则重构与资源配置更新、促进特定社会结构的积极建构。民事诉讼法与诉讼资源共同构成民事诉讼的社会结构，民事诉讼法对民事实践的引导、规制，是保持该社会结构稳定性的基本前提。

综上所述，在本质意义上，民事诉讼是通过当事人讼争行为与审判行为确定，重新分配发生争议的民事权利与义务的社会实践。基于社会实践外延的考量，民事诉讼这种社会实践涵盖规范（包括实体裁判依据规范与程序运行规范）、诉讼资源形成的特定社会结构与诉讼参与者行为以及作为中介要素的参与者法意识，是诉讼参与者行为与特定社会结构之间的互动过程。诉讼参与者既是既定的诉讼社会结构的适应者，也是改善既定的诉讼社会结构的推动者。诉讼参与者的主体性地位，是经由法意识这一中介要素的解释功能与反思功能实现的。

（二）民事诉讼的基本特征

基于对民事诉讼的本质性界定，不难发现，民事诉讼应具有积极的当事人讼争与理性的法院回应两个基本特征。当事人诉求决定民事诉讼是否需要启动，当事人诉讼主张也锁定了审判机关裁判的对象（即诉讼标的）以及证据调取与审查的范围。同时，当事人对具体适用的民事诉讼程序也具有选择权。质言之，当事人积极的讼争行为是启动、推动民事诉讼运行的基本力量。没有当事人的积极讼争就没有民事诉讼的正常运行，当事人也很难从民事诉讼中实现其公正的价值诉求。另外，当事人提起民事诉讼的直接目的是获得审判机关的审判。审判机关的审判应具有回应性。一方面，对当事人诉求的回应是审判机关的职责。既为职责，审判机关的回应就应当具有应然性与法定性。另一方面，审判机关履行职责的方式不是主动追诉、不是纠问，而是对当事人诉求及其作为诉求基础的事实主张与证据的回应。正是在这个意义上，审判机关的回应具有被动性，当事人在民事诉讼中具有主动性。审判机关的回应不仅具有被动性，还必须是理性的，因为理性不足公正难保、理性不足效率不高、理性不足权威难树。[1]从辩证法的角度看，把握民事诉讼的基本特征，便于我们把握民事诉讼这种社会实践活动中的主要矛盾以及矛盾的主要方面，有利于明确认识和行动的方向，也可以为全面认识民事诉讼这一复杂的社会实践活动铺设基石。我们可以从民事诉讼运行的形式上归纳出民事诉讼具有审判机关中立、当事人双方平等对论的程序结构特征，程序运行中严格的程序规范性，程序效果的国家强制保障性等特征。究其根底，这些特征大都源自从本质意义上对民事诉讼及其基本特征的省思。

第三节　民事诉讼法律关系

一、民事诉讼法律关系的基本定位

法律关系是根据法律规范产生、以主体之间的权利与义务关系的形式表现出来的特殊的社会关系。法律关系是社会内容与法律形式的统一；法律关系是根据法律规范建立并得到法律保护的关系；法律关系是主体之间的法律上的权利和义务关系。[2]依此理，民事诉讼法律关系可以界定为，根据民事诉讼法律规范产生的，以人民法院、人民检察院、当事人及其他诉讼参与人、利益相关方之间与民事诉讼相关的权利义务关系形式表现出来的特殊的社会关系。民事诉讼法律关系是民事诉讼活动与民事诉讼法律规范的结合。据此界定，可从三个方面理解民事诉讼法律关系：第一，在性质维度，民事诉讼法律关系是经由民事诉讼法律规范调整而形成的法律关系；第二，在主体维度，通常而言，民事诉讼法律关系发生在人民法院、人民检察院、当事人及其他诉讼参与人之间。在案外人寻求救济等特定情境中，民事诉讼法律关系主体还会涵盖当事人之外的其他利益相关方；第三，在内容维度，民事诉讼法律关系是与民事诉讼相关的权利与义务关系。

作为实在社会关系的民事诉讼法律关系是社会生活的重要组成部分，作为思想社

〔1〕参见韩波：《当代中国民事诉讼思潮探究》，华中科技大学出版社 2015 年版，第 80~81、91~96 页。
〔2〕《法理学》编写组编：《 法理学 》，人民出版社、高等教育出版社 2010 年版 ，第 106~109 页

会关系的民事诉讼法律关系对于全面认识、省察民事诉讼、民事诉讼法也意义重大。在民事诉讼这一社会实践中，法规范、诉讼资源、参与者的诉讼行为、法意识交相作用。法规范、诉讼资源构成制约诉讼参与者行动的相对稳定的结构。法意识作为能动的中介要素，一方面促使诉讼参与者顺应既存结构的要求，另一方面以反思形式发现既存结构与参与者行为的冲突，进而形成有望推动对既存结构改善的新的理念与意识。新的理念与意识对诉讼法规范的修正、诉讼资源的合理分配、诉讼行为的调整产生“辐射”效应，一旦诉讼法规范因之而修正、诉讼资源因之而获得更为合理的分配，新的诉讼结构就产生了，诉讼制度的变革就发生了。民事诉讼这一社会实践中的法意识要素，是诉讼参与者、立法机关、学者以及社会公众在一定时期的诉讼理念与意识的集合体。进行有实践意义的分析与反思，需要有一定的分析工具。在各种分析方法中，民事诉讼法律关系分析法是非常重要的一种分析工具。

民事诉讼法律关系是民事诉讼的“显示器”，是民事诉讼实践的“指示器”。作为分析工具，民事诉讼法律关系通过权利、义务与权力、责任的概念框架来全景显示民事诉讼法律规范的系统特征。[1]从民事诉讼法律关系视角分析，可以从整体上全局性地把握民事诉讼法律规范在指引民事诉讼活动、调整民事诉讼参与者各种关系的过程中形成的关联路径与关联方式。

民事诉讼法律关系分析法以有效法律规范为分析对象，以权利、义务与权力、责任这些法学范畴展开分析，可以明确在法律规范体系内某具体法律规定的文义，可以使诉讼参与者对应有权利（或权力）及不当行为的不利后果有清晰的意识，从而产生行为指引作用。比如，民事诉讼法规定，当事人要在举证期间内举证，逾期举证有不利后果。当事人知悉这一法律规定，通常会积极地在举证期内向法院提交证据；民事诉讼法规定，当事人申请法院调查收集证据，符合条件的，法院应当调查收集。如果法院对应当依申请调查收集的证据不进行调查收集，在裁判文书生效后，当事人可以将这一事实作为再审事由申请再审。法官知悉这一法律规定，在现实条件允许的情况下通常会依申请调查收集证据。上述情形体现的是民事诉讼法律关系分析法的解释功能。

在解释功能之外，民事诉讼法律关系分析法还具有反思功能。还以上述举证期限的规定为例，有的当事人注意到，根据上述规定，证明基本事实的证据即便逾期提交法院也必须接收，最大的不利后果不过是训诫或者罚款。对此不利后果，当事人认为这点儿不利后果与给对方突然袭击可能带来的“收益”相比，完全可以接受，他就会故意当庭提交一份重要证据令对方处于被动状态。在此种情形下，分析者就不能不思考目前规定对于那些故意逾期提交证据的当事人的不利后果设定是否过轻？可见，民事诉讼法律关系分析法的反思功能与民事诉讼法律关系分析法的解释功能是同样重要的。

---

〔1〕 宋朝武主编：《民事诉讼法学》（第6版），中国政法大学出版社2021年版，第47页。

民事诉讼法律关系分析法的解释功能使民事诉讼法由“纸面上的法”转化为实践中的法，民事诉讼法律关系分析法的反思功能则会推动对丧失合理性的法律规范的优化，带来诉讼制度的进步。发挥民事诉讼法律关系分析法的反思功能，需要将法律规范的规定与民事诉讼中的其他要素相互结合。比如，我国民事诉讼法对于法院依申请调查收集证据有明确规定，但是，法院的人力资源、办案经费、时间资源相对比较紧张，许多法院根本无力依申请进行调查收集证据，或借故拖延或婉言拒绝或人为提高对依申请调查收集证据条件的审查“门槛”。分析者对此现象就不能不考虑，这样与目前诉讼资源配置极不协调的法律规定合理不合理？为什么不从法律职业共同体可以支配的诉讼资源的层面来进行制度设计，排除律师取证障碍，让律师全面展开调查收集证据活动呢？本教材主要从解释功能视角对民事诉讼法律关系分析法的基本知识加以阐述。

二、民事诉讼法律关系的基本要素

随着现代社会功能分化的展开，法律全面负责规范性预期的稳定化。在现代社会中，司法与立法的分离体现为两种“程序”的分化，得到包括宪法在内的制度保障。立法程序贯彻民主原则，取向于协商、共识；司法程序贯彻竞争原则，取向于辩论、对抗。〔1〕在交易活动中（经济系统）一旦出现金钱迟延支付情形，人们自然而然就会要求法律系统以其“贯彻法律规范预期”这一固有的功能进行处置。但是，法律系统不可能无条件地解决任何纷争。法律系统只能按照自身固有的条件运行。〔2〕系统思维的关键在于整体地、依层次地、关联地、发展地观察、分析事物，其展开方式与路径是多样的。通过法律关系构成要素、形成与发展要素和法律效果的联结结构，法律关系范畴也可以用于系统思维，也可以实现稳定规范性预期的法律系统功能。通常认为，民事诉讼法律关系的基本要素是指构成民事诉讼法律关系必备要素。民事诉讼法律关系由三种基本要素构成，即主体、内容和客体。所谓民事诉讼法律关系的主体，是指在民事诉讼法律关系中民事诉讼权利的享有者和民事诉讼义务的承担者；审判权的行使者、审判职责的担当者；检察监督权的行使者、检察监督职责的担当者。民事诉讼法律关系的主体包括：当事人、人民法院、人民检察院、律师及其他类型诉讼代理人、证人、鉴定人、有专门知识的人等诉讼协助人。所谓民事诉讼法律关系的内容，是指当事人、律师等诉讼代理人、证人等诉讼协助人依据民事诉讼法律规范所享有的诉讼权利和承担的诉讼义务、诉讼责任；人民法院、人民检察院依据民事诉讼法律规范所享有权力、担当的职责、承担的责任。民事诉讼的内在功能是发现真实与法益确定。程序保障功能又是当代民事诉讼不可或缺的功能。〔3〕民事诉讼的内在功能、程序保障功能以及由之而生的社会功能是社会公众对民事诉讼系统规范性预期在纠纷解决场域

---

〔1〕 陆宇峰：《系统论法学新思维》，商务印书馆 2022 年版，第 52~53 页。

〔2〕 顾祝轩：《民法系统论思维：从法律体系转向法律系统》，法律出版社 2012 年版，第 34 页。

〔3〕 参见韩波：《当代中国民事诉讼思潮探究》，华中科技大学出版社 2015 年版，第 110~116 页。

的具体化。通过主体资格、权力、义务、权力、职责、责任等“代码”，民事诉讼法律关系这种体现要素稳定关联的结构也可以用以展开系统思维，对民事诉讼功能发挥状况进行整体性的、联系性的分析。层次性观察与分析有赖于民事诉讼法律关系的客体，发展性观察与分析则有赖于民事诉讼法律关系的形成与变动要素。

所谓民事诉讼法律关系的客体，是指民事诉讼中当事人、人民法院、人民检察院、诉讼代理人、证人等诉讼协助人之间的民事诉讼权利和诉讼义务所指向的对象。有学者认为，在实体和程序法律关系中，实体法律关系是第一性法律关系（主法律关系），程序法律关系是第二性法律关系（从法律关系）。[1]从对民事实体法、程序法相互依赖、相辅相成的关系来看；另外从正当程序在实现实体法规定的功能之外还影响实体裁决结果正当化功能的视角看，这一观点值得商榷。不过，民事诉讼法律关系与民事法律关系确实存在明显差异，二者的客体差异尤为显著。从法律关系内容的差异看，不宜将物、人身、非物质财富或者精神产品此类诉讼标的物直接作为民事诉讼法律关系客体。在法理学界，对行为、行为结果、行为或行为结果何者为法律关系客体有不同观点。行为是法律关系形成、变动的要素，从逻辑严密性的一般要求出发，不宜以行为作为法律关系的客体。从民事诉讼、民事诉讼法律关系的特征看，从行为结果视角界定民事诉讼法律关系客体较为适宜。例如，人民法院与当事人及其诉讼代理人之间的诉讼权利义务关系的客体，是诉辩行为形成的争议焦点。人民检察院监督人民法院的审判活动并提出检察建议或抗诉，其权利义务所指向的对象系人民法院生效裁判认定事实和适用法律是否具有《民事诉讼法》所规定的情形，调解书是否损害国家利益和社会公共利益，以及审判人员在审判监督程序以外的其他审判程序中的行为是否合法。

民事诉讼过程中参与者构成的是立体关系网络。这一立体关系网络，以诉权与审判权的互动为主动力机制，以诉讼协助者的参与为辅动力机制。在我国，主动力机制中还有法律监督权的介入。诉讼参与人基于不同的目的，通过民事诉讼的动力机制参与到民事诉讼中并推动民事诉讼的产生、发展、结束。因此，民事诉讼法律关系除审判法律关系、争讼法律关系之外，还有法律监督法律关系与诉讼协助法律关系。民事诉讼法律关系是由这四类法律关系构成的有机系统。[2]民事诉讼法律关系是由争讼法律关系、审判法律关系、诉讼协助法律关系、法律监督法律关系“四重”法律关系有机组合而成的。民事诉讼法律关系的内在构成要素包括民事诉讼法律关系的主体、客体与内容。争讼法律关系、审判法律关系、法律监督法律关系、诉讼协助关系均可依据法律关系主体具体的诉讼行为结果确定客体。“四重”法律关系在主体和内容方面亦各有不同，现依类分述如下：

（一）争讼法律关系中的主体与内容

争讼法律关系的主体是当事人。只有符合法律规定的条件的民事主体才能成为民

[1] 葛洪义主编：《法理学》（第3版），中国政法大学出版社2017年版，第351~352页。

[2] 宋朝武主编：《民事诉讼法学》（第6版），中国政法大学出版社2021年版，第49~50页。

事诉讼中的当事人。确定当事人资格，分为两个层面，一个层面是一般意义上的进入民事诉讼的资格，即民事诉讼权利能力。根据我国民事诉讼法的规定，只有公民、法人、其他组织具有民事诉讼权利能力，公民在生命存续期间具有民事权利能力，法人及其他组织在其合法存续期间具有民事诉讼权利能力。比如，动物、死者就不具有民事诉讼权利能力。民事主体对立关系有双方对立关系格局与三方对立关系格局。可将双方对立关系格局下的民事诉讼称为原型民事诉讼，将三方对立关系格局下的民事诉讼称为复合民事诉讼。在原型民事诉讼中，当事人由原告与被告双方组成。原告是民事诉讼的启动者，被告是被动应诉者。在原型民事诉讼中，根据发生冲突的民事主体人数多少，又可分为双主体争议民事诉讼与多主体争议民事诉讼。在多主体争议民事诉讼中，当事人分为代表人与被代表人。代表人与被代表人都属于当事人，只是代表人享有直接的诉讼实施权。代表人被选出后，代行被代表人的诉讼权利。需要注意，在我国民事诉讼中并没有选出代表人后被代表人脱离民事诉讼的规定。在复合民事诉讼中，在原告与被告之外，当事人的构成中出现了第三人。基于《民事诉讼法》第 59 条的规定，第三人分为有独立请求权的第三人与无独立请求权的第三人两种。

争讼法律关系的内容，是各类当事人依法享有的诉讼权利与依法应履行的诉讼义务。根据我国《民事诉讼法》第 52 条至第 54 条的规定，当事人有权委托代理人，提出回避申请，收集、提供证据，进行辩论，请求调解，提起上诉，申请执行。当事人可以查阅本案有关材料，并可以复制本案有关材料和法律文书。双方当事人可以自行和解。原告可以放弃或者变更诉讼请求。被告可以承认或者反驳诉讼请求，有权提起反诉。在众多人争议民事诉讼中，代表人变更、放弃诉讼请求或者承认对方当事人的诉讼请求，进行和解，必须经被代表的当事人同意。在复合民事诉讼中，有独立请求权的第三人可以提起以正在进行的诉讼中的原告与被告为被告的参加之诉，在参加之诉中其享有原告权利。无独立请求权的第三人有权参加正在进行的诉讼。两种第三人都没有提出管辖权异议的权利。

当事人的义务是，必须依法行使诉讼权利，遵守诉讼秩序，履行发生法律效力的判决书、裁定书和调解书。还需要注意，我国《民事诉讼法》第 13 条规定，民事诉讼应当遵循诚信原则。因此，当事人进行民事诉讼应当诚实守信，不得实施欺诈行为。

（二）审判法律关系中的主体与内容

在审判法律关系中，审判权的行使者和有权获得公正审判的当事人是该法律关系的主体。根据我国《宪法》《人民法院组织法》《法官法》《民事诉讼法》的规定，在民事诉讼中，在国家机构层面，民事审判权由人民法院行使；在审判组织层面，审判职权由合议庭或独任庭行使。合议庭中的审判人员（包括法官与人民陪审员）、独任庭法官具体行使审判职权。需注意的是，我国《人民法院组织法》第 36 条规定："各级人民法院设审判委员会。审判委员会由院长、副院长和若干资深法官组成，成员应当为单数。审判委员会会议分为全体会议和专业委员会会议。中级以上人民法院根据审判工作需要，可以按照审判委员会委员专业和工作分工，召开刑事审判、民事行政审判等专业委员会会议。”在重大疑难案件审理中，审判委员会发挥着重要作用。

从民事司法角度看，法院职权包括民事审判权与执行权。民事审判权包括程序控制权、程序事项裁决权、调查取证权、释明权、事实认定权、实体争议裁判权。[1]依权力、责任一致性原理，审判权行使者依法行使审判权、履行审判职责、承担审判责任。

1. 民事诉讼中法院所承担的国家赔偿责任。我国《国家赔偿法》第 38 条规定：“人民法院在民事诉讼、行政诉讼过程中，违法采取对妨害诉讼的强制措施、保全措施或者对判决、裁定及其他生效法律文书执行错误，造成损害的，赔偿请求人要求赔偿的程序，适用本法刑事赔偿程序的规定。”据此规定，在民事诉讼中，人民法院承担国家赔偿责任的要件可概括为职权行为违法或错误、特定案件范围、造成损害后果、赔偿请求人要求赔偿四个要件。只有符合上述四个要件，才产生民事诉讼中人民法院的国家赔偿责任。

2. 审判人员的法律责任。关于民事诉讼中的审判人员的法律责任的规定，一类是对包括法官、人民陪审员的审判人员的审判责任的概括规定，如《民事诉讼法》第 46 条规定：“审判人员应当依法秉公办案。审判人员不得接受当事人及其诉讼代理人请客送礼。审判人员有贪污受贿、徇私舞弊、枉法裁判行为的，应当追究法律责任；构成犯罪的，依法追究刑事责任；另一类是对法官审判责任、人民陪审员法律责任的具体规定。”如《法官法》第 46 条规定了追究法官纪律责任与刑事责任的情形。据此规定，法官不得有下列行为：“（一）贪污受贿、徇私舞弊、枉法裁判的；（二）隐瞒、伪造、变造、故意损毁证据、案件材料的；（三）泄露国家秘密、审判工作秘密、商业秘密或者个人隐私的；（四）故意违反法律法规办理案件的；（五）因重大过失导致裁判结果错误并造成严重后果的；（六）拖延办案，贻误工作的；（七）利用职权为自己或者他人谋取私利的；（八）接受当事人及其代理人利益输送，或者违反有关规定会见当事人及其代理人的；（九）违反有关规定从事或者参与营利性活动，在企业或者其他营利性组织中兼任职务的；（十）有其他违纪违法行为的。”《法官法》第 46 条对法官责任的规定与该法对法官的政治立场要求、职业道德要求（第 3-6 条）、法官履职保护（第 7 条）、法官职责（第 8 条）、法官义务（第 10 条）、法官权利（第 11 条）的规定形成体系完整、逻辑严密的法官基本行为规范。我国《人民陪审员法》第 27 条规定，人民陪审员无正当理由，拒绝参加审判活动，影响审判工作正常进行的或者违反与审判工作有关的法律及相关规定，徇私舞弊，造成错误裁判或者其他严重后果的，经所在基层人民法院会同司法行政机关查证属实的，由院长提请同级人民代表大会常务委员会免除其人民陪审员职务；可以采取通知其所在单位、户籍所在地或者经常居住地的基层群众性自治组织、人民团体，在辖区范围内公开通报等措施进行惩戒；构成犯罪的，依法追究刑事责任。我国《民事诉讼法》第 40 条第 3 款规定，人民陪审员在参加审判

[1] 张卫平：《民事诉讼法》（第 6 版），法律出版社 2023 年版，第 85~96 页。

活动时，除法律另有规定外，与审判员有同等的权利义务。人民陪审员在参加审判活动时享有与审判员同等的权利，也应该履行相应的义务，承担相应的责任。在未构成犯罪时，人民陪审员承担责任的方式是被免除人民陪审员职务、被以公开通报等措施惩戒。

关于司法工作人员的刑事责任，我国《刑法》第九章渎职罪中有三个具体罪名与民事审判职权行使过程有关。一个罪名是“民事、行政枉法裁判罪”，另外两个罪名分别是“执行判决、裁定失职罪”及“执行判决、裁定滥用职权罪”。对于这三个罪名的适用，首先要注意这三个罪名的犯罪主体与徇私枉法罪的犯罪主体一致，都是特殊主体只有司法工作人员才会触犯这些罪名。我国《刑法》第 399 条第 2 款规定的“民事、行政枉法裁判罪”的主观要件是“故意”，客观方面的行为要件是“违背事实和法律作枉法裁判”。我国《刑法》第 399 条第 3 款规定的“执行判决、裁定失职罪”及“执行判决、裁定滥用职权罪”的客观方面的行为要件表现为：“不依法采取诉讼保全措施、不履行法定执行职责，或者违法采取诉讼保全措施、强制执行措施，致使当事人或者其他人的利益遭受重大损失。”特别需要注意，司法工作人员收受贿赂，有前述行为的，同时又构成《刑法》第 385 条规定的“受贿罪”，要依照处罚较重的规定定罪处罚。

3. 法院人员的纪律责任。为了规范人民法院工作人员行为，促进人民法院工作人员依法履行职责，确保公正、高效、廉洁司法，最高人民法院 2009 年 12 月 31 日公布《人民法院工作人员处分条例》。该条例总计 111 条，在总则中对条例的制定目的、依据、原则和适用范围；处分的种类和适用；处分的解除、变更和撤销违反政治纪律的行为作出明确规定。在分则中，该条例对违反政治纪律的行为、违反办案纪律的行为、违反廉政纪律的行为、违反组织人事纪律的行为、违反财经纪律的行为、失职行为、违反管理秩序和社会道德的行为的纪律责任作出详细规定。该条例规定的“人民法院工作人员”是指人民法院行政编制内的工作人员。在民事诉讼中的法官，法官助理，法院行政编制内的书记员、法警、翻译人员、勘验人员都应遵守该条例。该条例为保障法官规范行使审判职权、法官助理以及其他法院工作人员依法开展工作夯实了纪律约束基础，营造着风清气正的工作氛围与工作环境。

（三）诉讼协助法律关系中的主体与内容

诉讼代理人、证人、鉴定人、翻译人员、有专门知识的人等协助诉讼开展的人员，是民事诉讼活动的诉讼协助人。民事诉讼中的诉讼协助人，在民事诉讼中发挥着非常重要的作用。在法律规定越来越精细、法律体系日益复杂化的当代诉讼中，没有诉讼代理人的代理活动，当事人很难自行维护自己的合法权益。比如，第三人撤销之诉与案外人申请再审这两种救济途径的选择，一般当事人是无从准确理解与把握的。没有代理人的协助，当事人很难选择最适合自己案件的救济途径。他们履行相应义务，享有相应权利。一些案件事实，甚至是关键性的案件事实，没有证人、鉴定人对证明活动的参与，就无从揭示“真相”。诉讼协助人在民事诉讼活动中与当事人和法院共同形成诉讼协助法律关系。

在诉讼协助法律关系中，诉讼协助人与当事人之间通常会形成诉讼中的合同关系，如诉讼代理人、鉴定人与当事人签订委托合同后形成委托合同关系，委托方与被委托方要依据合同行使权利并履行义务；诉讼协助人与法院形成的法律关系中既有法定义务，也有相应权利。如《民事诉讼法》第 75 条规定，凡是知道案件情况的单位和个人，都有义务出庭作证。有关单位的负责人应当支持证人作证。不能正确表达意思的人，不能作证。这是对证人出庭法定义务的规定。《民事诉讼法》第 77 条规定，证人因履行出庭作证义务而支出的交通、住宿、就餐等必要费用以及误工损失，由败诉一方当事人负担。当事人申请证人作证的，由该当事人先行垫付；当事人没有申请，人民法院通知证人作证的，由人民法院先行垫付。这就是对证人权利保障的规定。

（四）审判监督法律关系中的主体与内容

在我国民事诉讼中，对于审判活动有法院监督与检察院监督两种监督方式。法院监督又分为本法院内部监督和上级法院、最高人民法院监督两类。在本法院的内部监督法律关系中，法院的院长、庭长是监督者，法官通常是被监督者；在上级人民法院、最高人民法院监督法律关系中，上级人民法院、最高人民法院是监督者，下级人民法院是被监督者。在法院监督法律关系中，通过审判监督程序的具体规定，确定了监督过程中的上级人民法院、最高人民法院的审判监督权。《最高人民法院关于完善人民法院司法责任制的若干意见》第 27 条规定，负有监督管理职责的人员等因故意或者重大过失，怠于行使或者不当行使审判监督权和审判管理权导致裁判错误并造成严重后果的，依照有关规定应当承担监督管理责任。追究其监督管理责任的，依照干部管理有关规定和程序办理。

根据《民事诉讼法》第 14 条与第 219 条的规定，最高人民检察院、上级人民检察院对下级人民法院符合再审事由且已经发生法律效力的判决、裁定，或者损害国家利益、社会公共利益的调解书，应当抗诉。地方各级人民检察院对同级人民法院符合再审事由且已经发生法律效力的判决、裁定，可以向同级人民法院提出检察建议，并报上级人民检察院备案。各级人民检察院对审判监督程序以外的其他审判程序中审判人员的违法行为，有权向同级人民法院提出检察建议。可见，人民检察院通过抗诉、检察建议的方式对人民法院的民事审判工作和审判人员的违法行为实施监督。民事诉讼中法律监督关系主体中的监督者是人民检察院，被监督者是人民法院、审判人员。

《民事诉讼法》对检察监督权及其行使方式作出了明确、具体的规定。该法第 220 条规定了检察监督权启动的条件；该法第 221 条规定了检察监督调查核实权；该法第 222 条规定了接受抗诉的人民法院的再审职责；该法第 224 条规定了人民检察院在再审时的派员出席法庭权；该法第 223 条规定了人民检察院在决定对人民法院的判决、裁定、调解书提出抗诉时的制作抗诉书义务。《最高人民检察院关于完善人民检察院司法责任制的若干意见》第 36 条规定，负有监督管理职责的检察人员因故意或重大过失怠于行使或不当行使监督管理权，导致司法办案工作出现严重错误的，应当承担相应的司法责任。

三、民事诉讼法律关系形成与变动要素

民事诉讼法律关系与其他法律关系一样，也有其形成、变动的过程。民事诉讼法律关系形成即民事诉讼法律关系的产生，民事诉讼法律关系的变动包括民事诉讼法律关系的变更与消灭。民事诉讼法律关系构成理论使民事诉讼法律关系范畴能够整体地、依层次地观察、分析民事诉讼现象、民事诉讼法、民事诉讼法实施功能。民事诉讼法律关系形成与变动理论则使民事诉讼法律关系范畴能够在动态过程中发展性地观察、分析民事诉讼现象、民事诉讼法、民事诉讼法实施功能。这就使得民事诉讼法律关系范畴可以在民事诉讼法与正在发生的民事诉讼实践之间建立起有效联结，有力支撑民事诉讼法学研究和民事诉讼实务分析。法律规范和权利主体是法律关系产生的抽象的、一般的条件，而法律事实则是法律关系产生的具体条件。法律关系只有在一般与具体的条件都具备的情况下才能产生。民事诉讼法律关系的形成、变动也以民事诉讼法律规范的规定、民事诉讼法律关系主体的存在为一般条件，以民事诉讼法律事实为具体条件。所谓民事诉讼法律事实，是指根据民事诉讼法律规范的规定，能够引起民事诉讼法律关系形成、变动的具体情况。依据不同分类标准，可以对法律事实做不同的类型划分。其中最为基础的是民事诉讼行为、民事诉讼事件的分类。这一分类的依据是某种发生在民事诉讼中的具体情况是不是由民事诉讼参与人主观意志决定。一种是由民事诉讼参与人的主观意志决定且能产生民事诉讼法规定的法律效果的，为民事诉讼行为；另一种不是民事诉讼参与人的主观意志所能决定且能产生民事诉讼法规定的法律效果的，则为民事诉讼法律事件。

（一）民事诉讼行为

民事诉讼法律行为既包括实现权利的行为，如起诉、调查收集证据；也包括产生法律责任的行为，如当事人虚假诉讼应受到法律制裁；法官枉法裁判要被追究刑事责任。民事诉讼行为是引起民事诉讼法律关系形成、变动的“能动要素”。民事诉讼法律关系主体可以通过安排、调整自己的行为使民事诉讼活动符合其对法律的理解与自己的选择。民事诉讼行为主要有以下四类：

1. 当事人诉讼行为

当事人诉讼行为是启动、推进、消灭民事诉讼的最主要的法律行为。没有起诉，就没有民事诉讼；没有证据的调查收集与证据交换、庭前会议，就无法开展有效的庭审活动；没有充分的辩论，就没有公正的审判。当事人的诉讼行为具有自主性、后果可预期性、时限特定性的特征。当事人在民事诉讼中有自主性，可以在法律规定的范围内行使处分权，可以自主选择自己的诉讼行为并为之接受相应的法律效果。当事人的诉讼行为具有后果可预期性，是指民事诉讼法通常会规定采取不合法的诉讼行动将产生的不利后果，例如，错误申请先予执行给对方当事人造成损害的，要承担损害赔偿责任；当事人的诉讼行为具有时限特定性，是指当事人的诉讼行为要遵循民事诉讼法

上关于期日、期间规定的要求，例如，举证要在举证时限内完成；反诉，要在法庭辩论结束前提出。

2. 审判行为

司法活动具有特殊的性质和规律，司法权是对案件事实和法律的判断权和裁决权，要求司法人员具有相应的实践经历和社会阅历，具有良好的法律专业素养和司法职业操守。[1]狭义的司法活动就是审判行为。审判行为可以理解为对案件事实加以判断，运用法律进行裁决的行为。具体而言，审判行为可以包括程序事实判断行为与程序裁决行为和实体事实判断行为与实体裁决行为。审判行为（如受理、裁定保全、制裁、裁定中止诉讼、判决）与民事诉讼行为交相作用，产生一系列民事诉讼法律效果（如启动程序、被保全人财物被扣押、妨害民事诉讼行为人受到制裁、中止程序、一审程序结束或本案审判终结），推动民事诉讼法律关系形成、变动。审判行为引发的民事诉讼法律效果直接关系到当事人应受保护的程序权利、实体权利能否实现，也可能使诉讼程序发生重大变化（如回避决定会引起审判人员更换），因此，切须严格审查民事诉讼法律效果的行为要件构成以及每一要件的确切意涵及事实基础。如我国《民事诉讼法》第146条规定："原告经传票传唤，无正当理由拒不到庭的，或者未经法庭许可中途退庭的，可以按撤诉处理；被告反诉的，可以缺席判决。"在这一法条的规定中，要从法解释学的角度对其消极诉讼行为构成要件进行分析，可以按撤诉处理的行为要件是"无正当理由"且"拒不到庭"，"拒"指的是"明确拒绝"。在诉讼实践中，只有确切把握、认真省察这些要件是否具备，才能明确本案情形是否应当产生按撤诉处理或者缺席判决的法律效果。在我国民事诉讼中，公开审判、回避等基本制度，主管与管辖、保全与先予执行、对妨害民事诉讼行为人的强制措施制度等重要制度，庭审制度、审理期限、程序运转中特殊情形处理制度等具体制度对审判行为作出全面、细致的规定。从审判行为视角理解并运用这些制度时，既要重视审判行为产生积极法律效果的程序要求，依法开展审判，推动民事诉讼法律关系正向展开；也要注意产生消极法律效果的审判行为类型与特征，如审判人员该回避而不回避或者未合法组成审判组织而进行审判活动或者遗漏诉讼请求，避免民事诉讼法律关系负向运行。

3. 诉讼协助行为

诉讼代理人、证人、鉴定人员、翻译人员、勘验人员、有专门知识的人等诉讼协助人是民事诉讼能够顺利运行的重要条件。通过对诉讼代理人、证人、鉴定人员等诉讼协助人产生积极法律效果的正确行为或有效行为与产生消极法律效果的不当行为或无效行为的类型化规定，我国民事诉讼法以及其他相关法律、司法解释发挥着法律规范应有的规制功能。从诉讼协助行为视角理解并运用民事诉讼制度以及相关制度时，既要重视产生积极的诉讼协助法律效果的行为要件（如律师积极履职，按时出庭；证

---

[1] 习近平：《在中央政法工作会议上的讲话》，载中共中央文献研究室编：《习近平关于全面依法治国论述摘编》，中央文献出版社2015年版，第102页。

人签署保证书后作证；鉴定人依照法定程序鉴定等）促使诉讼协助法律关系正向发展；也要注意产生消极的诉讼协助法律效果的行为要件（如鉴定人不出庭；鉴定人提供违背科学依据的鉴定意见等），避免诉讼协助法律关系发生负向变动。

4. 审判监督行为

审判监督行为包括法院实施审判监督权行为与检察院实施监督权行为。根据《民事诉讼法》第 209 条的规定，在法院监督关系上，在本法院监督过程中，监督行为有院长的发现行为、提交审判委员会行为、审判委员会讨论决定行为、再审行为；在最高人民法院、上级人民法院的监督过程中，监督行为是提审或者指令再审。根据《民事诉讼法》第 210 条、第 211 条的规定，当事人申请再审的案件中，法院实施监督权的行为有再审申请审查、裁定再审、再审行为。

根据《民事诉讼法》第 215 条至第 220 条的规定，在检察监督法律关系中，主要的监督行为有抗诉、检察建议（申诉）申请审查；下级人民检察院提请上级人民检察院抗诉、上级人民检察院抗诉、派员出庭。在当事人申请监督行为启动之外，再审也可以通过人民检察院职权发现行为、抗诉行为或检察建议行为发生。

（二）民事诉讼法律事件

民事诉讼法律事件包括不可抗拒的事由（如山崩、海啸、龙卷风、地震、塌方、泥石流等自然灾害）、自然人的死亡或者丧失行为能力、法人或其他组织的终止等民事诉讼中发生的具体情况。民事诉讼法律事件在民事诉讼中会产生期限顺延、诉讼中止、诉讼终结、诉讼承担等法律效果。我国《民事诉讼法》第 86 条规定，当事人因不可抗拒的事由或者其他正当理由耽误期限的，在障碍消除后的 10 日内，可以申请顺延期限，是否准许，由人民法院决定。这是关于法律事件引起期限顺延的规定。我国《民事诉讼法》第 153 条规定，有下列情形之一的，中止诉讼：①一方当事人死亡，需要等待继承人表明是否参加诉讼的；②一方当事人丧失诉讼行为能力，尚未确定法定代理人的；③作为一方当事人的法人或者其他组织终止，尚未确定权利义务承受人的；④一方当事人因不可抗拒的事由，不能参加诉讼的；⑤本案必须以另一案的审理结果为依据，而另一案尚未审结的；⑥其他应中止诉讼的情形。中止诉讼原因消除后，恢复诉讼。这是法律事件引起诉讼中止的法律规定。我国《民事诉讼法》第 154 条规定，有下列情形之一的，终结诉讼：①原告死亡，没有继承人，或者继承人放弃诉讼权利的；②被告死亡，没有遗产，也没有应当承担义务的人的；③离婚案件一方当事人死亡的；④追索赡养费、扶养费、抚育费以及解除收养关系案件的一方当事人死亡的。这是法律事件引起诉讼终结的法律规定。

从上述规定以及诉讼实践看，民事诉讼中的法律事件也是民事诉讼法律关系发生变动的重要原因，会直接改变民事诉讼程序的进程与走向。对于期限顺延、诉讼中止、诉讼终结、诉讼承担等法律事件相关型制度的适用，要针对本案概略情形，依据民事诉讼法规定，依循归纳案情、配比法律效果的思维逻辑初步确定与本案案情匹配度最高的法律效果，然后，依循法律效果——条件——条件事实的思维逻辑排除不相关法律效果、审核本案是否产生该初定法律效果。比如，民事诉讼中代理人主张其代理的当事人死亡。与这一案情匹配的法律效果有诉讼中止、诉讼终结。这时进一步检视这两种法律效果的条件，会发现诉讼终结适用于特定案件类型，诉讼中止适用于一般案件。本案属于离婚案件，符合诉讼终结的条件，则可确定本案应产生诉讼终结法律效果。至于一方当事人死亡的条件是否成立，则需检视是否有证据证明该条件事实或以其他法定方式确定该事实。如果该代理人只是根据当事人下落不明已数月的实际情况提出当事人已死亡的推断性主张，并无相应证据，则本案既不能适用诉讼中止，也不能适用诉讼终结。如果该代理人提供其代理的当事人的死亡证明，则本案应适用诉讼终结。

【思考题】

一、概念题

民事诉讼　民事纠纷的可诉性　民事诉讼法律事件

二、简答题

1. 简述民事纠纷的解决体系。
2. 简述民事纠纷解决体系中的审判终极性。
3. 简述民事诉讼的基本特征。
4. 谈谈对民事诉讼本质的认识。

三、论述题

试述民事纠纷的属性。

第二章
民事诉讼法

学习目的与基本要求 正确把握民事诉讼法的基本范畴，明确界定民事诉讼法的性质；了解民事诉讼法的试行、制定与修改涉及的基本内容和要领，掌握民事诉讼法效力的基本指向。

民事诉讼法是规定民事诉讼程序的法律，属于国家的基本法之一，它既是人民法院审理民事案件的操作规程，也是当事人和其他诉讼参与人进行诉讼的行为规范。[1]民事诉讼法律规范的本体是我国立法机关制定的《民事诉讼法》。我国《宪法》中与民事诉讼相关的规定，我国《人民法院组织法》《人民检察院组织法》中与民事诉讼相关的规定，我国《人民调解法》《仲裁法》《公证法》中与民事诉讼相关的规定，最高人民法院、最高人民检察院以及最高人民法院与其他机关联合发布的司法解释，其他规范性文件中关于民事诉讼的规定，行政法规、地方性法规、部门规章中与民事诉讼相关的规定与《民事诉讼法》这一民事诉讼基本法，共同构成我国民事诉讼法律规范体系。

第一节 民事诉讼法的性质

一、兼具公法、私法要素的部门法

所谓民事诉讼法的性质，是指民事诉讼法所具备的社会属性。就其社会性质而言，民事诉讼法有以下三方面的特性：

（一）民事诉讼法是部门法

根据法律调整的社会关系不同，一个国家的法律体系分为许多各自独立的法律部门。民事诉讼法是其中一个专门用于调整民事诉讼法律关系主体的诉讼行为及其相互关系的独立的部门法。

（二）民事诉讼法是基本法

根据法律地位和作用不同，可以将有关法律分为根本法、基本法和一般法。我国民事诉讼法处于国家根本法即宪法之下的国家基本法的地位，是我国基本大法之一。

---

〔1〕 全国人大常委会法制工作委员会民法室编著：《〈中华人民共和国民事诉讼法〉释解与适用》，人民法院出版社 2012 年版，第 1 页。

它是人民法院、人民检察院、诉讼当事人及其他诉讼参与人进行民事诉讼所必须遵循的准则，是各个诉讼法律关系主体行使诉讼权利、履行诉讼义务的法律依据。

（三）民事诉讼法是程序法

根据法律调整的社会关系的不同，可以将法律分为实体法和程序法。民事诉讼法、刑事诉讼法和行政诉讼法都属于程序法。民事诉讼法规定了民事诉讼法律关系中各个主体的民事诉讼权利、民事诉讼义务、民事诉讼责任，是确保民事诉讼运行程序正当性的重要依据。

长期以来，人们在法理上认为民事诉讼法属于公法范畴。但是，将民事诉讼法理解为公法，无法解释民事诉讼法中大量存在的当事人合意的行为规范，如调整当事人之间管辖协议、和解行为的法规范。将民事诉讼法理解为私法，无法解释民事诉讼法中不可或缺的关于审判行为、审判监督行为的法规范。因此，公法与私法二元界定无法适用于民事诉讼法的界定。所以要从公法、私法角度给民事诉讼法定性，必须寻找新的思考路径。

从受民事诉讼法调整的主体看，既有人民法院、人民检察院这样的公权力主体；证人这样的公法义务主体，也有通常民事案件中当事人这样的私权利主体；从受民事诉讼法调整的法律关系看，既有审判法律关系、法律监督法律关系这样的公法法律关系，也有当事人争讼法律关系这样的主要受私权保障原理支配的法律关系。诉讼协助法律关系中的委托代理关系具有私权法律关系属性，而证人、翻译人员协助法律关系具有公法法律关系属性，鉴定人协助法律关系既有公法法律关系的因素，又因当事人与鉴定机构之间因委托合同而发生法律上的关联而具有私法属性的法律关系；从受民事诉讼法调整的利益看，主要是当事人之间的私的利益，但是现在也开始调整社会公共利益。如是观之，当代民事诉讼法兼具公法、私法要素，其属性具有“二重性”特征。据此，可将民事诉讼法视为兼具公法、私法要素的部门法。

二、程序与实体区分之中的“程序基本法”

在我国，民事诉讼法是由全国人民代表大会通过的，属于法律体系中的基本法。与《民法典》《公司法》等民事实体法主要调整实体权利义务关系不同，民事诉讼法主要调整民事诉讼程序中的程序性权利义务关系，因此，可以说民事诉讼法是“程序基本法”。

第二节　我国民事诉讼法的试行、制定与修改

一、我国民事诉讼法的“雏形”及其试行法

中华人民共和国成立后，国家为制定民事诉讼法做了许多准备工作。1950 年 12 月，中央人民政府法制委员会草拟了《中华人民共和国诉讼程序试行通则（草案）》。

1951 年 9 月，中央人民政府通过并颁布了《法院暂行组织条例》。1954 年 9 月，第一届全国人民代表大会通过并颁布了《人民法院组织法》《人民检察院组织法》。1956 年 10 月，最高人民法院印发了《各级人民法院刑、民事案件审判程序总结》，并于 1957 年将这个总结条文化，制定了《民事案件审判程序（草案）》。1979 年 2 月，最高人民法院于第二次全国民事审判工作会议，制定了《最高人民法院人民法院审判民事案件程序制度的规定（试行）》（已失效）。这些工作都为制定《民事诉讼法》奠定了基础。1979 年 9 月，全国人民代表大会常务委员会法制工作委员会正式成立了民事诉讼法起草小组，开始了《民事诉讼法（草案）》的起草工作。[1]1982 年 3 月 8 日，第五届全国人民代表大会常务委员会第二十二次会议通过《民事诉讼法（试行）》。同日，全国人民代表大会常务委员会令第八号公布《民事诉讼法（试行）》。这部试行法自 1982 年 10 月 1 日起试行。这部试行法共五编（第一编“总则”；第二编“第一审程序”；第三编“第二审程序，审判监督程序”；第四编“执行程序”；第五编“涉外民事诉讼程序的特别规定”）共 23 章、205 条。这部改革开放伊始制定的“试行版”民事诉讼法具有三大特点：第一，对诉讼程序与非讼程序未予区分，没有为非讼程序专门设编；第二，对通常救济程序与特殊救济程序未予区分，审判监督程序与二审程序同在一编；第三，重视涉外民事纠纷的解决，区分国内诉讼程序与涉外诉讼程序，专门为涉外民事诉讼的特别规定设一编。

二、我国民事诉讼法的制定

在《民事诉讼法（试行）》试行后的几年，我国改革开放事业突飞猛进，经济、社会、法律制度方面都取得重大进展。特别是我国《民法通则》（已失效）等民事实体法的制定改变了改革开放前仅有一部《婚姻法》（已失效）的民事法律制度立法状况，在民商事领域为诉讼提供了基本的裁判依据。在 20 世纪 80 年代末，民事审判依据齐备程度、我国民事纠纷数量、民事纠纷类型、民事诉讼理念都发生了巨大变化。在此背景下，民事诉讼法由“试行法”转为正式的“制定法”的立法活动已迫在眉睫。1991 年 4 月 9 日，第七届全国人大第四次会议通过了《民事诉讼法》。这部《民事诉讼法》也在这一天生效。

这部正式的“制定法”分为四编，共 29 章、270 条。第一编总则之下是第一章任务、适用范围和基本原则；第二章管辖；第三章审判组织；第四章回避；第五章诉讼参加人；第六章证据；第七章期间、送达；第八章调解；第九章财产保全和先予执行；第十章对妨害民事诉讼的强制措施；第十一章诉讼费用。第二编审判程序之下是第十二章第一审普通程序；第十三章简易程序；第十四章第二审程序；第十五章特别程序；第十六章审判监督程序；第十七章督促程序；第十八章公示催告程序；第十九章企业法人破产还债程序；第三编执行程序之下是第二十章一般规定；第二十一章执行的申

---

〔1〕 常怡主编：《民事诉讼法学》（第 3 版），中国政法大学出版社 2013 年版，第 11 页。

请和移送；第二十二章执行措施；第二十三章执行中止和终结；第四编涉外民事诉讼程序的特别规定之下是第二十四章一般原则；第二十五章管辖；第二十六章送达、期间；第二十七章财产保全；第二十八章仲裁；第二十九章司法协助。可见，这部正式的“制定法”在立法体例上追求“简约风格”，将“试行法”中的第二编“第一审程序”与第三编“第二审程序，审判监督程序”合并为审判程序。延续诉讼程序非讼程序不分的体例“风格”。

1991 年《民事诉讼法》将“调解”“财产保全和先予执行”纳入第一编总则部分，对于实现从“调解为主”到“自愿调解”的原则性转变、提升财产保全和先予执行制度在民事诉讼法中的“地位”，具有积极意义。在第二编审判程序的内容设置上，1991 年《民事诉讼法》将“特别程序”一章，后置于第二审程序。新增“督促程序”“公示催告程序”“企业法人破产还债程序”于审判监督程序之后，体现了在诉讼程序与非讼程序之间的区分意识。

在具体制度安排上，1991 年《民事诉讼法》强化当事人的举证责任、强化对当事人权利的保护，设立了审理期限制度、代表人诉讼制度等诉讼制度。这些制度与时俱进，符合时代的要求。

三、我国民事诉讼法的修改

在新世纪，为适应民事纠纷状况变化以及民事实体法的立法发展状况，我国对《民事诉讼法》又进行了 2007 年、2012 年、2017 年、2021 年、2023 年的修正。这五次修正都是在 1991 年《民事诉讼法》立法体例内的局部修改。

（1）第一次修正。2007 年 10 月 28 日，第十届全国人民代表大会常务委员会第三十次会议通过《关于修改〈中华人民共和国民事诉讼法〉的决定》。我国于 2007 年对《民事诉讼法》的修改，在妨害民事诉讼的强制措施方面增强了惩戒力度；对再审制度进行了修改；对申请执行期间等执行制度进行了修改，增加了执行行为异议制度、执行延滞情形下向上一级人民法院申请执行的制度、通过审判监督程序对不服异议裁定的案外人及当事人进行救济的制度，还增加了被执行人报告财产制度等增强执行力度与保障的制度；删去了第十九章“企业法人破产还债程序”。

（2）第二次修正。2012 年 8 月 31 日，第十一届全国人民代表大会常务委员会第二十八次会议通过《关于修改〈中华人民共和国民事诉讼法〉的决定》。通过这次《民事诉讼法》修改，在基本法层面确立了民事诉讼诚实信用原则，规定了公益诉讼制度、举证时限制度、恶意串通行为惩戒制度、审前准备、小额诉讼、第三人撤销之诉、确认调解协议案件程序等新制度。通过这次《民事诉讼法》修改，管辖、证据、诉讼代理人、保全、送达、第一审程序、第二审程序、审判监督程序也得到了进一步完善。就其革新力度、影响深度而言，2012 年的《民事诉讼法》修改“亮点”纷呈，在我国民事诉讼法沿革史上留下了浓墨重彩的一笔。

（3）第三次修正。2017 年 6 月 27 日，第十二届全国人民代表大会常务委员会第二十八次会议通过《关于修改〈中华人民共和国民事诉讼法〉和〈中华人民共和国行政诉讼法〉的决定》。根据这一决定，第十二届全国人民代表大会常务委员会第二十八次会议对《民事诉讼法》进行了如下修改：第55条增加一款，作为第2款："人民检察院在履行职责中发现破坏生态环境和资源保护、食品药品安全领域侵害众多消费者合法权益等损害社会公共利益的行为，在没有前款规定的机关和组织或者前款规定的机关和组织不提起诉讼的情况下，可以向人民法院提起诉讼。前款规定的机关或者组织提起诉讼的，人民检察院可以支持起诉。"此次修改确立了人民检察院在民事公益诉讼中的适格当事人地位。

（4）第四次修正。2021年12月24日，第十三届全国人民代表大会常务委员会第三十二次会议通过了《关于修改〈中华人民共和国民事诉讼法〉的决定》。这次民事诉讼法修改确立了在线诉讼等效原则，重新界定了独任制适用范围并规定了独任制转为合议制的条件，扩充了电子送达范围，缩短了公告送达的公告期，增加了简易程序审理期限延长规定，重新界定了小额诉讼程序的适用条件并增加了适用小额诉讼的具体规定，优化了确认调解协议案件程序。

这次在最高人民法院"繁简分流"试点改革经验基础上进行的民事诉讼修正，兼顾了公平与效率的民事诉讼价值追求，平衡了集约利用审判资源与保障当事人程序权利的民事诉讼制度目的，回应了民事诉讼案件数量持续增长态势下民事诉讼必须"提质增效"的迫切需求以及与在线民事诉讼快速发展相伴而生的诉讼信息化、智能化需求。

（5）第五次修正。2023年9月1日第十四届全国人民代表大会常务委员会第五次会议通过并公布《关于修改〈中华人民共和国民事诉讼法〉的决定》。这一修改决定共计26条。这一修改决定，将人民陪审员与审判员有同等的权利义务的条件由"在执行陪审职务时"改为"在参加审判活动时，除法律另有规定外"；明确了法官助理在民事诉讼中的回避义务；增加单方捏造型民事诉讼的规定；就应诉管辖条件，增加提出反诉的规定；在特别程序案件中增加指定遗产管理人案件并对这类案件的程序作出规定。这一修改决定以第8条至第26条对《民事诉讼法》第四编"涉外民事诉讼程序的特别规定"进行了修改。具体而言，这一修改决定将因合同纠纷或者其他财产权益纠纷提起涉外民事诉讼的管辖规定改为身份关系以外的涉外民事诉讼的管辖规定，修改了涉外民事诉讼中送达、调查取证、期间的规定，仲裁裁决、生效裁判文书承认和执行的规定，申请承认和执行在中华人民共和国领域外作出的发生法律效力的仲裁裁决的管辖规定。这一民事诉讼法修改决定增加了身份关系以外案件在不能根据合同签订地、合同履行地、诉讼标的物所在地、可供扣押财产所在地、侵权行为地、代表机构住所地确定管辖时可采用适当联系管辖确定标准的规定，涉外民事诉讼协议管辖与应诉管辖的规定，不方便法院原则的规定，增加了平行诉讼规定，裁定不予承认和执行外国法院作出的发生法律效力的判决、裁定的条件的规定，人民法院认定外国法院对案件无管辖权的条件的规定，申请承认和执行外国法院作出的发生法律效力的判决、裁定程序与审理程序竞合时裁定中止诉讼的规定，当事人对承认和执行或者不予承认和执行的裁定不服时可复议的规定，涉及外国国家豁免如何适用法律的规定。

这次民事诉讼法修正进一步完善了民事诉讼审判组织方面的规定，增加了单方捏造型虚假诉讼类型的规定，增设了指定遗产管理人案件特别程序，意义重大。这次民事诉讼法修正在习近平法治思想指引下，“坚持统筹推进国内法治与和涉外法治”，对涉外民事诉讼制度进行了系统修改，为我国涉外民事诉讼的新发展、新格局奠定了制度基础。

第三节　民事诉讼法的效力

一、民事诉讼法对人的效力

所谓民事诉讼法对人的效力，是指我国民事诉讼法在纠纷主体层面发生的法律效力。对人的效力范围，是指民事诉讼法在纠纷主体层面所发生法律效力的范围。我国《民事诉讼法》第 4 条规定：“凡在中华人民共和国领域内进行民事诉讼，必须遵守本法。”根据这一规定，在我国进行民事诉讼的我国的自然人、法人和其他组织以及外国人、外国组织、无国籍人都应当依据我国《民事诉讼法》进行民事诉讼活动。

根据我国《民事诉讼法》第 272 条的规定，对享有外交特权与豁免的外国人、外国组织或者国际组织提起的民事诉讼，应当依照中华人民共和国有关法律和中华人民共和国缔结或者参加的国际条约的规定办理。易言之，上述人员和组织一般享有民事司法豁免权，不受我国民事诉讼法约束，与他们相关的民事纠纷可通过外交途径解决。不过，根据我国法律和我国缔结或者参加的国际条约的规定上述人员和组织不具有民事司法豁免权的情形下，他们参加民事诉讼也应受我国民事诉讼法的约束，如《民诉法解释》第 526 条规定，外国驻华使领馆官员，受本国公民的委托，可以以个人名义担任诉讼代理人，但在诉讼中不享有外交或者领事特权和豁免。在此情形下，外国驻华使领馆官员也应依据我国民事诉讼法代理民事诉讼。

二、民事诉讼法对事的效力

所谓民事诉讼法对事的效力，是指民事诉讼法在纠纷事项层面所发生的法律效力。对事的效力范围，是指民事诉讼法在纠纷事项层面发生法律效力的范围。这一概念用来解决何种纠纷事项争议应当依照民事诉讼法的规定进行审理的问题。这一问题就是民事诉讼中必须解决的法院主管问题。根据《民事诉讼法》第 3 条和其他有关法律、法规的规定，法院依照民事诉讼法规定的程序审理的案件有两大类：一是平等主体之间因民事法律关系发生的争议，如民法典、劳动法等调整的财产关系、人身关系发生的争议；二是法律规定适用民事诉讼法审理的其他案件，如非讼案件。[1]公益诉讼的

---

〔1〕 江伟主编：《民事诉讼法》（第 6 版），中国人民大学出版社 2013 年版，第 17 页。

出现，扩大了民事诉讼法的对事效力。经历了工业化浪潮之后，人类社会进入科技革命的互联网时代，经济形态、利益格局都在发生着日新月异的变化，民事诉讼的对事效力范围也应随着民众诉求多样化而逐渐扩大。

三、民事诉讼法的空间效力

所谓民事诉讼法的空间效力，是指我国民事诉讼法在何种物理空间发生的法律效力。空间效力范围，是指民事诉讼法在物理空间发生法律效力的范围。《民事诉讼法》第 4 条规定："凡在中华人民共和国领域内进行民事诉讼，必须遵守本法。"根据这一规定，我国《民事诉讼法》发生法律效力的空间是我国领域，领域包括我国领土、领海、领空以及领土的延伸部分。如我国驻外使领馆、航行或停泊于国外或公海上的我国飞行器或船舶等。根据《民事诉讼法》第 17 条的规定，民族自治地方的人民代表大会有权制定变通或补充规定。这些变通或补充规定，应当遵循宪法和民事诉讼法的基本原则，仍属于我国民事诉讼法的有机组成部分。因此，不能误认为民事诉讼法的空间效力不包括民族自治地方。〔1〕

四、民事诉讼法的时间效力

所谓民事诉讼法的时间效力，是指我国民事诉讼法在何时产生法律效力。时间效力范围，是指民事诉讼法具有法律效力的时间区间。我国《民事诉讼法》第 291 条规定："本法自公布之日起施行，《中华人民共和国民事诉讼法（试行）》同时废止。"1991 年 4 月 9 日第七届全国人民代表大会第四次会议通过了我国《民事诉讼法》。这部法律也在同日被公布施行，亦即我国《民事诉讼法》是从 1991 年 4 月 9 日起具有法律效力的。修改《民事诉讼法》，必须依据全国人民代表大会常务委员会会议通过的修改决定进行修改。每一次修改决定的修改内容，从修改决定确定的该修改决定施行日开始发生法律效力，如 2012 年 8 月 31 日第十一届全国人民代表大会常务委员会第二十八次会议通过的《关于修改〈中华人民共和国民事诉讼法〉的决定》，自 2013 年 1 月 1 日起施行；2017 年 6 月 27 日第十二届全国人民代表大会常务委员会第二十八次会议通过的《关于修改〈中华人民共和国民事诉讼法〉和〈中华人民共和国行政诉讼法〉的决定》，自 2017 年 7 月 1 日起施行；2021 年 12 月 24 日第十三届全国人民代表大会常务委员会第三十二次会议通过的《关于修改〈中华人民共和国民事诉讼法〉的决定》，自 2022 年 1 月 1 日起施行；2023 年 9 月 1 日第十四届全国人民代表大会常务委员会第五次会议通过的《关于修改〈中华人民共和国民事诉讼法〉的决定》自 2024 年 1 月 1 日起施行。

---

〔1〕 齐树洁主编：《民事诉讼法》（第 4 版），中国人民大学出版社 2015 年版，第 14 页。

【思考题】

一、概念题

民事诉讼法　民事诉讼法对人的效力

二、简答题

简述民事诉讼法的性质。

三、论述题

试述民事诉讼法的效力。

第三章 民事诉讼法学

学习目的与基本要求 充分认识民事诉讼法学作为一门科学在相应学科当中的定位，正确地把握对民事诉讼法学的界定；掌握民事诉讼法学的构成与基本研究方法，深刻领会民事诉讼的法实践研究的重要意义，了解我国民事诉讼法学研究的未来走向与展望。

第一节 民事诉讼法学的界定

法学是一门科学吗？这是近些年来我们常常谈论到的话题。解释这个问题要先从什么是科学说起。关于科学，我国有代表性的词典都有界定。有的辞书认为，科学可从三个方面界定：一是积累的公认的就普遍真理的发现或普遍定理的运用而言已系统化和公式化了的知识；在工作、生活、探求真理的过程中经过分类并变得有用的知识，综合的、深奥的或具有哲理性的知识，尤指通过应用科学方法获得并被验证过的知识。二是涉及对事实的观察和分类的一门科学，尤指这样的科学：它主要通过归纳和假设的方法确立可证实的一般规律，并严格地用数量的公式将其表达出来（数理科学）。三是旨在以科学原理为基础的体系：将科学原理用于实际的或实用的目的的方法。[1]有的辞书认为科学是以一定对象为研究之范围，依据实验与推理，作理论之分类，而于其间求得统一确实之知识者，为科学。[2]在大多数辞书中，科学被界定为反映自然、社会、思维等的客观规律的分科的知识体系。[3]《古今汉语词典》中不仅将科学界定为反映自然、社会、思维等客观规律的知识体系，还明确科学分为自然科学、社会科学两大类，哲学是二者的概括和总结。[4]关于法学，有的辞书将法学界定为社会科学的一个重要组成部门，是以法律现象为主要研究对象的科学，亦称“法律学”。[5]有的辞书将法学界定为法律学，认为法学是以法律现象为研究对象的科学。法学属于社

---

〔1〕 王同亿主编：《语言大典》（上册），三环出版社 1990 年版，第 1971 页。

〔2〕 中国大词典编纂处编：《汉语词典》，商务印书馆 1937 年版，第 391 页。

〔3〕《新华汉语词典》编纂委员会编：《新华汉语词典》（彩色版），商务印书馆 2004 年版，第 545 页；《现代汉语辞海》编辑委员会编：《现代汉语辞海》，中国书籍出版社 2003 年版，第 602 页；中国社会科学院语言研究所词典编辑室编：《现代汉语词典》（增补本），商务印书馆 2002 年版，第 711 页；罗竹风主编：《汉语大词典》（第 8 卷），汉语大词典出版社 1995 年版，第 57 页。

〔4〕 商务印书馆辞书研究中心编：《古今汉语词典》，商务印书馆 2004 年版，第 797 页。

〔5〕 栗劲、李放主编：《中华实用法学大词典》，吉林大学出版社 1988 年版，第 1204 页。

会科学。[1]有的辞书将法学界定为“法律学”，认为法学是法律科学（science of law）的通称，是以法律现象及其规律性为研究对象的科学体系，是社会科学的重要组成部分。[2]有的辞书认为法学是以法律、法律现象及其规律性为研究内容的科学。[3]还有的辞书将法学界定为研究国家和法的科学。[4]各代表性辞书中对法学的研究对象是有分歧的，或认为法学的研究对象就是法律现象；或认为法学的研究对象是法律、法律现象及其规律性；或认为法学的研究对象是国家和法。不过，将法学界定为科学、社会科学是各代表性辞书的共识。

申言之，法学是社会科学的一个分支。民事诉讼法学又是法学中的一个部门法学分支。

将法学的研究对象界定为法律、法律现象及其规律性是较为全面的认识。不过，仅仅研究以外部联系、外在形式呈现的法律现象能揭示法律运行的规律吗？答案显然是否定的。只有将法律与法律制定主体、实施主体的法律实践结合起来研究，才能揭示法律制定与实施的规律。因此，法学的研究对象是法律、法律实践及其规律性。作为法学的一个部门法学分支。民事诉讼法学的研究对象也可以确定为民事诉讼法、民事诉讼法律实践及其规律性。

民事诉讼法学也是一门科学。民事诉讼法学是反映民事诉讼实践以及规制民事诉讼的民事诉讼法的制定、实施、修改、废止的客观规律的专门性知识体系。民事诉讼实践的客观规律与民事诉讼法制定、实施、修改、废止的客观规律是不可分割的。民事诉讼法的制定、实施应当符合民事诉讼实践的客观规律。不符合民事诉讼实践规律的民事诉讼法，即便一时获得权力机关通过，在实施过程中也会障碍重重、遭遇“异化”。民事诉讼法实施中如果发现在实践中长期被“搁置”的法条、产生明显非预期性效果的法条、造成民事诉讼法体系混乱的法条，就应当及时修改、废止这些法条。民事诉讼实践规律是民事诉讼法制定、实施、修改、废止的前提依据。符合民事诉讼实践规律是民事诉讼法制定、实施、修改、废止的终极目标。民事诉讼法制定、实施、修改、废止本身也有其内在规律。民事诉讼法制定的体例合理性、规则定位应具合理性。具体而言如将特别程序、公示催告程序、督促程序等非讼程序置于审判程序编中是否合理？一审程序、二审程序与再审程序在程序性质上大相径庭，应否一并置于审判程序中？将第三人撤销之诉这种特别救济程序置于一审普通程序的体系内是否恰当？民事诉讼法实施至少应当做到主体正当、运行程序正当、法律适用方法正当、判后救济方式正当。民事诉讼法的修改与废止也有其内在规律可以探寻。

---

〔1〕乔伟主编：《新编法学词典》，山东人民出版社1985年版，第635页。

〔2〕曾庆敏主编：《法学大辞典》，上海辞书出版社1998年版，第1091页。

〔3〕中国社会科学院语言研究所词典编辑室编：《现代汉语词典》，商务印书馆2006年版，第371页。

〔4〕罗竹风主编：《汉语大词典》（第5卷），汉语大词典出版社1995年版，第1048页；王同亿主编：《语言大典》（上），三环出版社1990年版，第947页。

第二节　民事诉讼法学的构成与基本研究方法

民事诉讼法学主要由民事诉讼学理研究、民事诉讼法规范研究与民事诉讼实证研究三部分构成。

一、民事诉讼学理研究

与其他学科一样，民事诉讼法学也是由基本原理、基础范畴、具体理论构成的学理体系。民事诉讼法规范、民事诉讼实践都有特定的学理支撑。理论是规范的基石，实践的先导。展开民事诉讼法学研究，首先要厘清民事诉讼是什么？国家设立民事诉讼制度的目的是什么？民事诉讼制度应当实现的价值及诸价值之间关系应当如何？何为民事诉讼运行最恰当的模式等基本原理，要理解诉权、诉、诉讼标的、证明责任、既判力等基本范畴，要洞悉起诉与受理、案件实体形成、诉讼运行程序保障、诉讼实际效果保障、诉讼救济、裁判文书生效等制度的理论基础。具体研究内容依各理论范畴的内在属性而定，如民事诉讼价值分析要分析一部法律、一项具体制度、一个具体程序，应该体现的价值是什么？目前的规定是否具有价值相符性？如何提升一部法律、一项具体制度、一个具体程序的价值相符性？公正是诉讼制度的最高价值。公正价值包含实体公正与程序公正两个层面，能否分解为公平与效率两个向度？程序安定是否是民事诉讼的价值？人的尊严是否应当确立为民事诉讼的价值？程序安定、人的尊严与公正价值的关系应当如何处理？展开价值分析能为研究过程提供方向性指引。我国民事诉讼法学研究已经有较为丰厚的积累，理论共识正在逐步凝聚，不过，因为研究视角、逻辑思维的差异，学者们的理论分歧仍然存在。在有些理论问题上，分歧还比较明显。规范研究、实证研究的研究取向、研究效果、研究结果都会受到研究者学理立场的直接影响，因此，民事诉讼法学初学者要能够弥纶群言、辩证然否，形成正确的学理立场。

我国的民事诉讼是有中国特色的社会主义法治体系的有机组成部分，它既涉及法律规范、法律实施，也涉及法治监督和法治保障等法治体系基本构成内容。民事诉讼法学研究，应该以习近平法治思想为根本遵循和行动指南，因为，“党的十八大以来，习近平总书记关于全面依法治国的一系列重要论述中所蕴含的各种法治思想特征，分别表现为法哲学、法价值论、法制度论、法规范论、法行为论、法社会学等不同法知识学形态，构成了习近平法治思想的具体内涵”；〔1〕还因为“作为在新时代中国特色社会主义实践中发展出来的理论体系，习近平法治思想不仅具有鲜明的时代特征和现实意义，而且为新时代中国特色社会主义法学理论的建构，乃至整个法学理论的发展，

〔1〕 莫纪宏：《习近平法治思想的法知识学特征分析》，载《求是学刊》2021年第1期。

提供了思想指引和理论范式”。[1]习近平法治思想是在民事诉讼法学研究中凝聚共识、化解分歧的精神指引、理念利器、判断指针。比如，在应对“案多人少”问题时不可避免地会触及公正与效率的价值位阶争议。就此，从习近平法治思想的人民性立场出发来分析则可果断化解争议。习近平同志指出：“必须牢牢把握社会公平正义这一法治价值追求，努力让人民群众在每一项法律制度、每一个执法决定、每一宗司法案件中都感受到公平正义。”[2]无论民事诉讼的规则优化还是规则实施过程改进，在实现效率价值时要以不损害公正价值为前提，采取提升效率的举措一定要关注这一举措是否导致当事人不能被平等对待、当事人不能充分参与、当事人程序选择权被搁置等偏离程序正义的偏差，是否会引致实体分配的不公正。如果存在这样的风险，应当在确保公正的前提下重新探寻提升效率的路径与方式。在民事诉讼的学理研究中，研究者应该自觉将习近平法治思想的核心要义融入研究过程，形成正确的学理立场。

二、民事诉讼的法规范研究

民事诉讼的法规范研究，是以民事诉讼法律规范为研究对象展开的研究活动。其研究目的在于不断提升这部法律的科学“品性”，亦即不断提升其合规律性的“品性”。在社会科学的学术范式下，民事诉讼法的合规律性的“品性”具体体现在民事诉讼法的价值相符性、逻辑合理性、体系自洽性等方面。民事诉讼的法规范研究，可以在全局层面展开，也可以在局部层面展开。比如，对民事诉讼立法体例的研究就属于全局层面的研究。局部层面的研究常以一个具体制度、具体程序为研究内容。在法应用维度，在某法律规定存在释义分歧时，可采取文义解释、体系解释、目的解释等解释方法化解分歧。在法规范研究过程中可以用到的研究方法有如下几种：

（一）概念分析法

概念分为法律概念与法学概念。这两种概念具有互通性。在法学研究领域的概念界定通常会尊重法律概念的基本要义。获得共识的法学概念也有可能成为法律概念。概念是有逻辑性的分析过程的起点与基础，展开民事诉讼的法规范分析也应当以概念分析为基础。对概念的不同的界定方式，会使分析逻辑呈现不同进路。

（二）学术史分析法

在民事诉讼的发展过程中，形成了一系列具有专门性的理论范畴。这些理论范畴以诉、诉权、诉讼标的、诉讼主张、证明责任、既判力等法学概念为核心与基础，形成了积淀深厚、延绵久远的学术研究传统范式，也形成了民事诉讼法学研究者的专业话语平台。围绕这些理论范畴展开的学说论争史中蕴含了丰富的诉讼法思想，具有专业化的法规范解释力。学习、研究民事诉讼，应当熟练应用学术史分析的方法，掌握专门的分析话语与解释方法。

---

〔1〕 邱水平：《论习近平法治思想的法理学创新》，载《中国法学》2022年第3期。

〔2〕 习近平：《加强党对全面依法治国的领导》，载《求是》2019年第4期。

（三）法律关系分析法

民事诉讼法律关系理论自近代创立于德国，但其获得大的发展则在苏联民事诉讼法学中，我国由于受到苏联法学的影响，各种教科书均将诉讼法律关系论作为民事诉讼法学的一个基本理论加以阐述，很多学者也对民事诉讼法律关系论表现出极大的关注。这种状况，无疑在很大程度上促进了我国民事诉讼法律关系理论的形成。与诉权论一样，民事诉讼法律关系论是我国传统民诉理论中的“宠儿”。[1] 法律关系分析法是展现法律规范的主体、客体、权利与义务关系以及变动原因的分析方法。前文对我国民事诉讼中“四重性”法律关系构成的论述是对我国民事诉讼法律规范具体规定的总结。在衡量法律规范的逻辑合理性、体系自洽性时，法律关系分析方法是非常重要的。法律规范设定的权利义务相当则具备逻辑合理性，法律规范设定的权利义务不相当乃至产生权利冲突或者义务冲突则不具备逻辑合理性，也会损害法规范体系的逻辑合理性。基于这一原理，法律关系分析方法可以被用于对民事诉讼法律规范逻辑合理性、体系自洽性的初步判断。

此外，法规范沿革的历史分析法、比较分析法等研究方法，对于分析、研判民事诉讼法的价值相符性、逻辑合理性、体系自洽性也是有效的研究方法。

三、民事诉讼实证研究

民事诉讼研究，是以民事诉讼的运行实践为研究对象的研究活动。其研究目的在于反馈民事诉讼法实施效果、揭示民事诉讼参与者的法意识状况及群体性、惯常性的行动倾向、发现民事诉讼的资源配置状况。仅仅依靠法规范研究方法不足以对民事诉讼法的价值相符性、逻辑合理性、体系自洽性作出准确、全面的判断。比如，2007 年我国对《民事诉讼法》进行了修改，力图解决申诉难、执行难、强制措施弱的问题。这些问题的发现很大程度上得益于民事诉讼分析方法的应用。在 2017 年、2021 年、2023 年《民事诉讼法》修改过程中，实证分析方法在发现问题、验证试点方案或者实践经验等方面也发挥了重要作用。在制度、程序的运行过程中，研究方法也可以起到发现程序漏洞、及时弥补的作用。

进行实证研究，可以采用社会调查方法、数据分析方法、法经济学分析方法等研究方法。

第三节　我国民事诉讼法学研究展望

有学者指出，我国民事诉讼法学取得了重要成就，但也存在“色盲症”“贫血症”和“功能麻痹症”等不足。为此，需要加强对我国民事诉讼法学现代化转向的研究。首先，应当树立程序哲学观的二元论，在日益注重程序本位主义指导理念的同时，也

[1] 江伟：《市场经济与民事诉讼法学的使命》，载《现代法学》1996 年第 3 期。

不能忽视程序工具主义的理论价值；与此同时，在民事诉讼法学研究方法上应当在多元并重的前提下更加注重理论法学的研究。[1]另有学者指出，与改革开放之初相比，毫无疑问，我国民事诉讼法学已经有了相当大的发展。对民事诉讼法学发展状态的上述认识主要是基于三个维度的考察和判断：其一是研究成果产出的规模化，其二是研究范围的广度，其三是研究的深度。但我们也应当清醒地认识到，我国民事诉讼法学还远远不能适应我国民事诉讼发展的需要。如果更细致、深入地考察，可以清晰地发现民事诉讼法学实际上处于一种相对贫困化的状态，并非像外在表现得那样光鲜和丰满。民事诉讼法学贫困化的表征是多方面的，大体上可将其归纳为四个方面：一是民事诉讼法学理论与实践的脱离；二是程序与实体的背离；三是研究自主性失位；四是研究方法的缺失与失范。这四个方面构成了我国民事诉讼法学贫困化的成因及相互影响的症候群（Syndrome），这些表征同时也是导致民事诉讼法学贫困化的直接原因。[2]

有学者认为，21 世纪的我国民事诉讼法研究将有多重因素的挑战：第一，知识经济时代的挑战。第二，人民法院审判方式改革实践的挑战要求专家学者应当以极大的热情关注审判实践、参与审判实践，以及时总结司法实践经验，进行理论的超前性研究。第三，其他自然科学、社会科学学科发展的挑战。在研究方法与手段上，民事诉讼法学手段与方法应不断创新。依托科学技术手段，民事诉讼研究资料的交流手段、频率将更加提高，民事诉讼法学研究将出现人员的密集化、研究资料的区域化与国际化并存、比较研究方法将在民事诉讼研究中得到普遍运用。同时，民事诉讼法学研究应当重视量化理论研究，教学、科研人员在进行纯粹理论研究的同时，应当适时地深入司法实践，对民事诉讼课题进行定量分析，搞好数据收集、资料调查，从而实现民事诉讼理论研究与司法实践有机结合、相互促进的良好学术氛围。[3]另有学者认为，民事诉讼法学基本理论的体系由诉讼目的论、诉权论、既判力本质论、诉讼标的论和诉讼法律关系论五部分构成。民事诉讼法学的科学化是与整个法学的科学化以及社会科学的科学化要求相适应的。民事诉讼法学科学化的第一步又是法学方法的科学化，亦即科学的民事诉讼法学必须仰赖相应的法学方法。在建立现代民事诉讼法学体系的过程中，民事诉讼法学的重要使命则是系统地研究我国社会主义诉讼制度的基本价值、基本理念，并依此对现行诉讼制度进行评价，因而在法学方法论上，必须超越注释法学，而走向理论法学。[4]

到 2018 年，我国的改革开放国策已经实施了 40 年。我国也已经成为世界上第二大经济体。21 世纪以来，互联网科学技术与网络经济一日千里的发展，使我们的生活方式、交易方式、交流方式都发生了巨大变化。这是一个改革深化、社会加速转型的时

---

〔1〕 汤维建：《我国民事诉讼法学的现代化转向》，载《清华法学》2013 年第 5 期。
〔2〕 张卫平：《对民事诉讼法学贫困化的思索》，载《清华法学》2014 年第 2 期。
〔3〕 常怡等：《新中国民事诉讼法学五十年回顾与展望》，载《现代法学》1999 年第 6 期。
〔4〕 江伟：《市场经济与民事诉讼法学的使命》，载《现代法学》1996 年第 3 期。

代。法院人、财、物省级统管改革与立案登记制改革、员额制改革、司法责任终身制改革的实施以及民事案件数量规模不断递增、律师规模不断扩大的现实状况、民事诉讼法经历的五次修改，深刻改变了民事诉讼运行的“场域”，也给民事诉讼法的研究者带来很多迫切需要研究的重大课题。对于民事诉讼法学的初学者而言，在初学民事诉讼法学时，应注意理解民事诉讼所负载的价值、形成恰当的民事诉讼程序价值观并掌握价值分析的方法；应注意民事诉讼法学的概念、体系与具体规定的语义的准确理解与把握，应明白这是展开研究的基石；应对诉、诉权、诉讼标的、证明责任、既判力等民事诉讼法学传统范式下的基本理论范畴有系统性的认知和发展性的认知，要初步形成运用这些理论范畴分析民事诉讼问题的能力；应保持对民事诉讼实践的关注热情，逐步培养自己观察实践并发现规则与实践、理论的关系状态（契合或背离）、探索实践规律的兴趣与能力。

【思考题】

一、概念题

民事诉讼法学

二、简答题

简述民事诉讼的法实践研究。

第四章
民事诉讼的基础理论

学习目的与基本要求 深入了解民事诉讼的价值及基本取向，明确把握诉讼模式对诉讼主体地位及程序结构造成的影响；深刻掌握诉讼标的的基本含义及其运用功能，明辨诉讼标的与相近概念之间的区别；初步认识和了解有关既判力理论的基本学说，明确界定既判力的客观范围与主观范围。

第一节 民事诉讼价值

一、民事诉讼价值的含义

所谓价值，讲的是关系问题。它是指客体对主体的积极效应。民事诉讼价值，是指社会主体与民事法律制度之间的需要与满足需要的特殊的效应关系。在民事审判中，法院、包括当事人在内的各种诉讼参与者以及社会公众为价值评价的主体，而承载特定价值追求的客体有两个：一个是用以处理案件实体纠纷的民事实体法，另一个是用以操作该案审理过程的民事诉讼法。由于民事审判是民事实体法与民事诉讼法共同作用的“场”，因此，我们对民事诉讼价值的定位和考察也就不能偏废其中的任何一个部门法。“一方面，诉讼的结果是否不折不扣地保证了实体法的贯彻、实施，也即是否实现了实体公正、维护了实体法秩序，必然会成为构建民事诉讼程序和进行诉讼运作时的一个价值标准，同时也必定会成为评价和衡量诉讼程序制度之优劣及司法行为之好坏的一个价值标准。另一方面，在实体法内容不变的条件下，不同的诉讼程序制度往往会产生不同的甚至截然相反的实体法律后果，或者虽然达到了相同的实体法律后果，但却在投入的时间、精力、金钱等方面存在很大的差别。而且，程序制度的不同还会产生其他方面的功能差异。”[1]因而，民事诉讼价值论所要研讨的对象既含有实体法因素，也含有程序法因素。其具体内容有三：作为程序外在性价值的实体正义价值，作为程序内在性价值的程序正义价值及程序效益价值。

二、实体正义价值

实体正义也称为结果公正或裁判公正。其具有两方面的含义：一是指立法者对民事主体的实体权利和实体义务进行一种较为恰当、较为公平的立法性分配。此为实体

---

〔1〕 江伟主编：《民事诉讼法专论》，中国人民大学出版社 2005 年版，第 58 页。

正义的一般性价值；二是指司法裁判者根据实体正义一般性价值的要求，通过在具体的民事诉讼程序中行使司法裁判权而达成的公正裁判结果。这是实体正义的个别性价值。前者是民法学研究的内容，后者则是民事诉讼法学所研究的对象。检验实体正义的个别性价值是否得以实现的标准有两个：一是要正确地解释和适用相关的实体法规范；二是要查清案件事实。在此需要注意：由于受认识能力、认识手段等主客观条件的限制，裁判绝对地以客观真实的事实为裁判依据，有时是不可能的。法院裁判依据的事实实际上是通过法庭调查、法庭辩论等环节而被法院认定的“法律真实”。这种“法律真实”是以客观真实为基础的，经过严格的法定程序所确定的，由此可以获得法律上的正当性。

实体正义个别性价值的追求体现在一些具体的诉讼制度中：如法院依职权调查取证制度、依职权进行诉中财产保全的制度、各种诉讼救济制度（如申请异议制度、申请复议制度、上诉制度、审判监督程序等）。

三、程序正义价值

所谓程序正义，是指程序的正当性，它要求人们在司法审判中要公正地展开活动的过程，正当地进行交涉，使程序利益的分配和程序权利义务的安排符合公平正义的要求。“程序正义本质上是‘过程价值’，它主要体现于程序的运作过程中，是评价程序本身正义与否的价值标准。”〔1〕我们认为，审判程序是否正义的具体检验标准主要有以下几个：

（一）法官中立

法官不应与其审理的民事案件存在利害关系；法官也不得对任何一方当事人持有个人价值偏向，对其有意歧视或偏爱。回避制度集中体现了该价值标准的要求。此外，在案件的审理中，法官还应避免作出不当释明或在调解中偏袒一方当事人。

（二）当事人平等

一般认为，当事人平等有两方面的含义：一是当事人享有平等的诉讼权利；二是法院平等地保护当事人诉讼权利的行使。前者是“静态的平等”，指的是当事人双方诉讼权利和诉讼义务在立法上的合理配置；后者是“动态的平等”，指的是法官在诉讼过程中给予各方当事人平等参与的机会，对各方的主张、意见和证据给付同等的尊重和关注。

（三）程序参与

“所谓程序参与，从权利的角度来说，是指当事人及第三人所享有的‘程序参与权’；从职责的角度来说，则要求法院保障当事人及相关第三人的程序参与权，禁止‘突袭裁判’。”〔2〕程序参与有两项基本要求：一是当事人对诉讼程序的参与必须是自

〔1〕 肖建国：《民事诉讼程序价值论》，中国人民大学出版社 2000 年版，第 159 页。

〔2〕 王福华：《民事诉讼法学》，清华大学出版社 2012 年版，第 30 页。

主、自愿的，而非受强制的、被迫的行为。二是当事人必须具有影响诉讼过程和裁判结果的充分的参与机会，这是程序参与原则的核心内容。“因为各方一旦能够参与到程序过程中来，就更易于接受裁判结果；尽管他们有可能不赞成判决的内容，但他们却更有可能服从它们。”〔1〕

（四）程序公开

程序公开的含义是：民事案件的审理、裁判要在公开的法庭上进行，只有在可能损及更重大利益（如公序良俗等）时，方可作为例外不公开进行。程序公开包括三种：一是指法院开庭审理的案件，应向社会公众公开。根据《民事诉讼法》及《人民法院法庭规则》的规定，公民可自由到庭旁听，以监督司法权的公正行使。二是指诉讼程序及案件证据资料应向当事人公开，以确保获得当事人对程序操作的信任，真正做到“案结事了”。三是指法院裁判结果及裁判理由的公开，以及公众有机会、有条件查阅发生法律效力的裁判文书。这种公开方式将司法过程置于当事人和社会公众的监督之下，更有利于实体正义及程序正义价值的实现。

（五）程序安定

所谓程序安定，又称为程序维持，是指诉讼行为一旦生效之后要尽量维持其效力，不能轻易否定其既定的内容。在民事案件审理过程中，程序安定具有排斥恣意反复的功能。“程序具有操作过去的可能性，程序启动之时，程序主体具有最大的意志自由和行为自由。然而，随着程序的展开，人们的操作越来越受到限制。具体的言行一旦成为程序上的过去，即使可以重新解释，但却不能推翻撤回。经过程序认定的事实关系和法律关系，都一一被贴上封条，成为无可动摇的真正的过去，而起初预期的不确定性也逐步被吸收消化。一切程序参与者都受自己的陈述与判断的约束，事后的抗辩和反悔一般都无济于事。”〔2〕上诉、申请再审等程序虽可以创造新的不确定状态，但选择的余地已经大大缩小了。

四、效益价值

所谓效益，是指投入与产出间的最佳函数关系，即以最少的投入取得同样多的产出，或用同样的投入使产出量得以最大化。民事诉讼中的效益价值也包括两个基本要素，即诉讼成本和诉讼收益。诉讼成本是指程序主体在实施诉讼行为时所消耗的人力、物力、财力和时间等资源的总和。对不同程序主体而言，诉讼收益的含义则是不同的。对法院而言，经济收益有两方面的内容：一是指其收取的诉讼费用的数额多少；二是指通过公正审理案件所获得的公民（含当事人）对其司法权威的认可和信任。这是一种非金钱性的收益。对当事人而言，则是指预期利益的实现或预期不利益的避免。

程序效益价值在一些民事诉讼制度中有所体现。如举证时限制度、审限制度、诉

〔1〕肖建国：《民事诉讼程序价值论》，中国人民大学出版社 2000 年版，第 184~185 页。

〔2〕肖建国：《民事诉讼程序价值论》，中国人民大学出版社 2000 年版，第 189 页。

的合并制度、共同诉讼制度、代表人诉讼制度、第三人制度、一审简易程序、小额诉讼程序、先予执行、督促程序、既判力制度等。

民事诉讼的基本价值追求有三个：作为程序外在性价值的实体正义价值，作为程序内在性价值的程序正义价值及程序效益价值。就通常的民事诉讼而言，国家在设计诉讼制度时，不能为了一味追求诉讼的效益，而忽视诉讼的正义价值。司法的灵魂在于正义性。因此，当这两大价值追求发生抵触时，我们应遵循的处理原则是：正义优先，兼顾效益。

第二节　民事诉讼模式

一、民事诉讼模式的含义

有学者认为，所谓“模式”，是“对某类事物或行为特征的概括。‘模式’是通过揭示该事物与他事物的本质属性来说明或表明此事物与彼事物的差异的”。[1]而民事诉讼模式则是对民事诉讼体制及其运行特征的概括。它是关于法院和当事人在民事诉讼中的地位及相互关系的综合表述。有时也称为诉讼结构或构造。

参与民事诉讼活动的主体很多，但居于核心地位的只有三个：一是行使司法裁判权的法院；二是发生私权纠纷却无法自行解决，从而将其提交法院审理的双方当事人。这三个主体之间的关系实际上反映一国诉讼制度对当事人诉权与法官审判权的配置方式。一般认为，区分不同民事诉讼模式的标准是：在诉讼程序中，是当事人起主导作用，还是法院起主导作用。如是当事人起主导作用，则为当事人主义诉讼模式。相反，如是法院起主导作用，则是职权主义诉讼模式。

二、当事人主义诉讼模式

所谓当事人主义诉讼模式，是指一种在民事案件的审理过程中，当事人的诉权能够有效制约法院审判权的诉讼构造。当事人主义诉讼模式具有四个基本内容：①直接决定法律效果发生或消灭的必要事实必须在当事人的辩论中出现，法官不能以当事人没有主张的事实作为裁判的依据；②法官应将双方当事人之间无争议的事实作为判决的事实依据；③原则上，民事诉讼程序（包括民事诉讼中各种附带程序和子程序，例如财产保全程序、先予执行程序等）的启动、继续进行依赖于当事人，法官不能主动依职权启动和推进民事诉讼程序；④法官对证据事实的调查只限于当事人双方在辩论程序中所提出的事实。对于当事人没有在辩论中所主张的事实，即使法官通过职权调查得到了心证，该事实依然不能作为裁判的依据。在大陆法系诉讼法理上，上述①②③的内容合起来，被称为“处分权主义”。其作用的对象有两个：①和②的处分对象为属于实体法领域的涉案民事权益。而③的处分对象则为程序法领域的各项诉讼权益。

---

〔1〕 张卫平：《诉讼构架与程式——民事诉讼的法理分析》，清华大学出版社 2000 年版，第 5 页。

"处分权主义"在理论上的对立物为"国家干预主义"。上述④的内容则被称为"辩论权主义"。其作用的领域为民事证据法领域。"辩论权主义"在理论上的对立物为"职权探知主义"。

"处分权主义"加"辩论权主义"是当事人主义诉讼模式的本质内容和精神实质。在这个世界上，只要是搞市场经济的国家或地区，其民事诉讼法必定原则上采取当事人主义模式。所谓"原则上"是指该诉讼模式在适用范围方面存在着一个例外：其仅适用于那些只涉及金钱或其他物质利益的民事案件，而不适用于那些不能简单以金钱来加以变现和计量的民事案件。涉及婚姻、亲子、收养、抚养等因素的身份权案件为其典型。

当事人主义诉讼模式充分体现了以下两个理念，即各级法院是为市场经济顺利发展"保驾护航"的"服务部门"；法院要尊重当事人的"意思自治"。从这个角度看，不论是大陆法系国家，还是英美法系国家，其民事诉讼法（规则）在原则上都是当事人主义诉讼模式的。尽管因法律体系形成和法律文化传统的差异，英美法系与大陆法系的当事人主义在理解和具体表现上略有不同，"但两大法系民事诉讼体制在法院（法官）或陪审团裁决所依据的诉讼资料是由当事人提出，判断者必须受当事人主张的约束这一点上是完全相同的"。〔1〕在目前情况下看，两大法系的民事诉讼构造还有进一步接近的趋势。为此，日本比较法学家大木雅夫曾言："拉贝尔（Ernst Rabel）很早就指出：'大陆法和英美法是相距不远的亲族，而且越走越近'，最近，莱恩斯坦（Max Rheinstein）也指出'大陆法和普通法实体上的差异程度绝不像看上去那么大'。"〔2〕

三、职权主义诉讼模式

在诉讼学理上，作为当事人主义诉讼模式的对立物，职权主义诉讼模式是指法院在诉讼程序中拥有较大的控制权。具体来说，其内容有：①尽管当事人对程序的开始、终了以及诉讼对象的选定拥有控制权，但该权利在一定程度上受制于法院的审判权；②出于保护更重大利益的考虑，法官既可以当事人没有主张的事实作为裁判的依据，也可拒绝将双方当事人无争议的事实作为判决的事实依据；③受诉法院可不受限于当事人提交的证据资料，主动依职权调查证据；④受诉法院对诉讼的进行拥有主导权。上述①②的内容合起来，叫作"受限的当事人处分权"。③的内容在学理上则被称为"职权探知主义"。而④的内容在学理上被称为"职权进行主义"。

在职权主义诉讼模式的四项内容中，"受限的当事人处分权"加"职权探知主义"为职权主义诉讼模式的本质内容和精神实质。作为对比，"诉讼进行的职权干预不具有模式的质的界定意义"。〔3〕原则上，体现"职权进行主义"的各种诉讼制度仅为一类

〔1〕张卫平主编：《民事诉讼法教程》，法律出版社1998年版，第21页。

〔2〕［日］大木雅夫：《东西方的法观念比较》，华夏、战宪斌译，北京大学出版社2004年版，第31页。

〔3〕张卫平：《诉讼构架与程式——民事诉讼的法理分析》，清华大学出版社2000年版，第15页。

价值中立的技术操作手段。“职权主义诉讼模式”能利用它，“当事人主义诉讼模式”也能利用它。作为一对价值中立的诉讼操作技术范畴，“职权进行主义”在学理上的对立物是“当事人进行主义”。英美法系民事诉讼的进行体现出比较鲜明的“当事人进行主义”的特点，而大陆法系的民事诉讼则适用“职权进行主义”进行操作。

在大陆法系，“诉讼指挥权”是其“职权进行主义”在诉讼制度方面的一个集中体现。所谓诉讼指挥权是法院为了保证程序的进行而依据职权运行诉讼程序的权能。“诉讼指挥权的主要内容包括：（1）指挥程序进行的权能，含指定或变更期日、期间、中止诉讼程序等；（2）在庭审中指挥当事人进行合理、有效的辩论；（3）根据辩论的实际情况，调整辩论顺序，对辩论进行限制，分离或者合并；（4）对当事人之间不明确、不清楚的陈述及主张行使释明权，促使当事人补充或完善自己的主张。”〔1〕从内容看，诉讼指挥权绝非对当事人提供审理对象及提供相关证据资料的“代替”或“包办”。它只是协助及推动当事人正确及恰当行使自己处分权及辩论权的一种司法技术手段。

如上文所述，在市场经济各国及各地区，作为例外，对涉及婚姻、亲子、收养、抚养的身份权纠纷等案件，并不适用当事人主义诉讼模式进行审理。对这些涉及婚姻、家庭、情感及伦理等既不适合以金钱来计算和衡量，又不能允许当事人任意处分的案件，其审理模式应为“职权主义”。

苏联及东欧原社会主义国家的民事诉讼模式并非上述“职权主义”，而是“国家干预主义”。其在案件证据资料的调查收集方面实行“职权探知主义”，而在诉讼程序的进行方面则适用“职权进行主义”。这种独特诉讼模式的出现深受其官方意识形态的影响：“对民事诉讼实行国家干预，这是社会主义民事诉讼法的一个根本特点。在社会主义国家中……国家利益与人民的利益是一致的，行使这些权利，往往都会涉及国家和人民的利益，所以，国家必须进行干预。”〔2〕例如，《苏俄民事诉讼法典》第179条规定：法院为了贯彻客观真实原则，可以依据“审理时发现之情事，超过原告请求数额之范围而为判决”。〔3〕又如，从外观上看，在苏联民事诉讼法理的阐释中也存在所谓的辩论原则，但该辩论原则的基本含义却与大陆法系民事诉讼中的辩论权主义在本质上大相径庭。苏联民事诉讼法学者一般认同的基本含义是：“当事人有权引证案件的实际情况和处分证据；检察长有权证明案件的情况，而法院则有权调查对案件有意义的事实和收集证据……”再如，苏联民事诉讼法学家阿·阿·多勃罗奥里斯基更明确地指出：“苏联诉讼的证明制度的一个突出特征就在于不仅当事人（原告人、被告人、参加诉讼的检察长或者被吸收参加案件的第三人）等有责任向法院提出能够证明自己要求的证据，而且法院也有权自己主动收集证据以便查明当事人真实的相互关系。”〔4〕

---

〔1〕 江伟主编：《民事诉讼法学原理》，中国人民大学出版社1999年版，第197页。
〔2〕 常怡主编：《民事诉讼法学》，中国政法大学出版社2005年版，第66页。
〔3〕 陈刚：《支持起诉原则的法理及实践意义再认识》，载《法学研究》2015年第5期。
〔4〕 张卫平：《绝对职权主义的理性认知——原苏联民事诉讼基本模式评析》，载《现代法学》1996年第4期。

四、协同主义诉讼模式

进入 20 世纪后，在西方大陆法系国家和地区，“由于经济的高度社会化，使得过去私法和公法领域划分已经不那么清晰，国家权力已经逐渐地渗透到私法领域，形成国家对私法领域的干预。在民事诉讼领域就表现为法院或法官对当事人处分行为的干预。”〔1〕这一趋势在立法上有所体现。例如，在德国，1924 年《德国民事诉讼修正法》和 1933 年《德国民事诉讼修正法》都强化了法官的职权，取消了当事人对期日和期间的支配权，规定了有关法官期日准备和法官有讨论义务的内容。最突出的是导入了对于事实的说明义务（《德国民事诉讼法》第 138 条）、1965 年的《德国民事诉讼法》修改更进一步规定了法官的“释明义务”（《德国民事诉讼法》第 139 条）、“加快诉讼程序”（《德国民事诉讼法》第 272 条）及“法官对期日准备的积极干预和指挥”（《德国民事诉讼法》第 136 条及第 273 条）等。〔2〕

就上述修法内容，奥地利学者佛兰茨·克莱茵及德国学者鲁道夫·巴萨曼认为，这代表着一种既非当事人主义模式，也非职权主义模式的新型诉讼模式的崛起。在学理上，这种模式被称为“协同主义”或“协动主义”（Kooperationsmaxime）。所谓协同主义诉讼模式，是指在民事诉讼中法院（法官）运用职权发挥能动作用，与当事人实现充分的相互沟通与协作，从而使法官和当事人在案件真实情况查明、程序促进等方面共同推进民事诉讼程序的一种诉讼构造。协同主义诉讼模式的适用对象有两个：①单纯金钱、财产纠纷案件；②不适合以金钱来计算和衡量，又不能允许当事人任意处分的人事及家事等案件。

一般认为，协同主义诉讼模式的主要内容有：“（1）法官有阐明权（义务）；（2）法官为形成心证、发现真实所必要的一些权力，如德、日民事诉讼法中规定法官可以询问当事人、可以依职权勘验等权力；（3）法官有指出要适用的法律的义务；（4）当事人有真实陈述的义务；（5）当事人有诉讼促进义务等。”〔3〕在上述“主要内容”中，（1）（2）及（3）实际上是“职权进行主义”的组成部分。如上文所述，“职权进行主义”并不负载特定的价值判断，乃是一种单纯的诉讼技术操作手段。因此，该（1）（2）及（3）并非“协同主义诉讼模式”的本质内容。体现该模式本质的乃是第（4）和第（5）项内容，即“当事人的真实陈述义务”及“当事人的诉讼促进义务”。所谓“当事人的真实陈述义务”，是指：其一，不允许当事人主张自己明知不真实或不确信的事实；其二，不允许他辩驳对方当事人的主张，如果他知道或者确信该主张是正确的。真实义务在我国的功能主要体现在事实认定的领域。真实义务并不具有积极的成就法官心证的功能，而仅具有不妨碍法官心证的消极功能。而所谓“当事人的诉讼促

〔1〕张卫平：《诉讼构架与程式——民事诉讼的法理分析》，清华大学出版社 2000 年版，第 71 页。

〔2〕有关《德国民事诉讼法》第 136 条、第 138 条、第 139 条、第 272 条和第 273 条的内容，参见丁启明译：《德国民事诉讼法》，厦门大学出版社 2016 年版，第 35~36，62~63 页。

〔3〕肖建华：“构建协同主义的民事诉讼模式”，载《政法论坛》2006 年第 5 期。

进义务”，是指双方当事人都应基于善意，积极配合法院完成有关的程序操作，从而查清案件真相。当事人滥用其诉讼权利、故意拖延诉讼等行为属于对该法定义务的违反。从其内容看，“当事人真实陈述义务”及“当事人诉讼促进义务”为民事诉讼法“诚实信用原则”的组成部分。在此需要注意的是：由于“诚实信用原则”还具有处理“当事人恶意串通，虚假诉讼”的功能，加上该原则适用的主体还包括证人、鉴定人等与本案审理结果没有直接利害关系的“其他诉讼参与人”，因此，“诚实信用原则”包含但不限于上述第（4）项和第（5）项内容。

“从西方资本主义国家的发展来看，并不能认为国家干预就已经达到了十分普遍的程度，或者说个人对财产的处分就完全受到了限制，没有了处分自由。私法领域的边界也许不像过去那样明显，但在私法领域仍然排斥国家权力的干预，在私法领域当事人自治的原则并没有被抛弃和否定。西方社会也没有像有的学者说的那样，从过去的个体本位转变为社会本位。国家的福利化也没有改变市场经济中经济主体的自由处分财产原则。”〔1〕在这种大背景下，笔者认为，西方大陆法系国家及地区在本质上还是“当事人主义模式”，只不过该模式在某些方面做了局部修正而已。换言之，所谓“协同主义模式”不过是对“传统当事人主义模式”的一种改良和修正，而非对“传统当事人主义模式”的颠覆或完全替代。〔2〕

就我国而言，计划经济时代的民事诉讼模式为“国家干预主义”加上“职权探知主义”和“职权进行主义”。改革开放40多年来，情况发生了很大的变化。当前，我国正处于社会转型过程中。在诉讼模式选择上，我国司法改革的目标是：对单纯的金钱及财产纠纷适用“当事人主义诉讼模式”，而对人事及家事等案件适用“职权主义诉讼模式”。此外，随着法律的修改、新司法解释的出台，我国民事诉讼程序也开始带有个别的“协同主义模式”色彩了（如2015年《民诉法解释》第110条、《民事证据规定》第65条和第66条等）。

第三节　诉讼标的

一、诉讼标的传统含义

所谓“诉讼标的”，又被称为“诉的标的”或“诉讼客体”。它是诉的要素之一。按照我国学界的传统定义，它“是指当事人之间发生争议、提交法院予以审理并作出裁判的民事法律关系”。〔3〕与诉的要素类似，所谓民事法律关系在静态上是由主体、内容和客体三个要素所组成的。从民法理论看，无论民事法律关系的主体、内容还是客

〔1〕张卫平：《诉讼构架与程式——民事诉讼的法理分析》，清华大学出版社2000年版，第77页。

〔2〕基于其一贯的司法经验主义，英美法系并不热衷于“诉讼模式论”的研究。然而，不可否认的是，英美法系近年来在诉讼规则及证据规则的修改方面也体现出一种类似于“协同主义诉讼模式”的发展趋势。但其本质上还是“当事人主义诉讼模式”的，这一点也同样没有质的改变。

〔3〕王福华：《民事诉讼法学》（第2版），清华大学出版社2012年版，第179页。

体（物、智慧财产、行为、人身利益等）都是围绕“民事权利”及“相应的民事义务”展开的。因此，也可将诉讼标的理解为交由法院审理的，双方当事人之间发生争议的民事权利（及其相对义务）。在此需注意的是：未发生争议的实体法律关系或实体权利不是诉讼标的；而通过诉讼外调解或仲裁等 ADR 方式加以解决的民事纠纷也不是诉讼标的。

传统定义将双方之间发生争议的民事法律关系或民事权利（及其相对义务）识别为诉讼标的。这种做法固然带来一些好处：例如，操作方面简便易行及法院审理对象明确等，但该传统观点也是存在缺陷的。例如，该说明显是以给付之诉为出发点来看待诉讼标的的。这就使其难以解释形成之诉和确认之诉中的诉讼标的问题。例如，在解释消极的确认之诉时，该说就遭遇了无法克服的障碍（起诉的原告本身并无实体法上的权利）。此外，该说直接将原告所主张的实体权利识别为案件的诉讼标的。此时，只要原告主张的实体权利不同，则就算原告请求给付的目的相同，也会被识别为是不同的诉讼标的。这不但不利于防止重复起诉的发生，而且也无法解决民法上的实体请求权竞合的问题。本书不采用该定义。

二、诉讼标的识别的意义

根据《现代汉语词典》的解释，“意义”是指一个事物的作用和价值。而“价值”则是指事物对主体需求的“积极作用”。由此看来，所谓“意义”实际体现了研究客体对主体的有用性或有益性。诉讼标的识别对研究主体的有用性或有益性主要体现在两个方面：其一，该研究到底能够解决哪些与司法实践有密切联系的技术性问题？其二，在诉讼学理上，诉讼标的识别具有哪些基本功能？

我们认为，诉讼标的识别可以解决三项技术性问题：第一，识别“一个民事案件中有几个诉讼标的”，从而进一步确定案件受理费的收取方式和数量；第二，识别“前诉的诉讼标的与后诉的诉讼标的是否相同”的问题；第三，从诉讼法的角度较好地解决“实体请求权竞合”的问题。

上述三项技术性问题的解决不但有利于推动民法上公平原则及禁止权利滥用原则在民事审判中的实现，而且也有利于以下诉讼标的基本功能的实现。

（一）确定当事人在诉讼中的攻击防御对象

我国《民事诉讼法》第 12 条规定：“人民法院审理民事案件时，当事人有权进行辩论。”第 54 条规定：“原告可以放弃或者变更诉讼请求。被告可以承认或者反驳诉讼请求，有权提起反诉。”第 67 条第 1 款规定：“当事人对自己提出的主张，有责任提供证据。”第 71 条前半段规定：“证据应当在法庭上出示，并由当事人互相质证。”该法第 141 条及第 144 条则分别规定了法庭调查及法庭辩论程序。这些法条均涉及庭审中双方当事人攻击防御的问题。当事人的攻击防御必须围绕该案的诉讼标的进行。偏离诉讼标的的攻击防御是无效的诉讼行为。只有诉讼标的才能成为当事人攻击防御的焦点所在。

（二）确定受诉法院审理裁判的事项范围

不告不理是民事诉讼法的重要原则。根据该原则的要求，只有在当事人提起诉讼的情况下，法院才能行使审判权，法院不能依职权主动介入到当事人之间的纠纷中去。而对当事人已经起诉的案件，法院只能对当事人起诉时确定的诉讼标的进行审理和裁判，不能随意扩大或缩小审判对象的范围。申言之，作为原则，法院的审判结论不能超出诉讼标的的范围。具体而言，诉讼标的对法院审判权的约束表现在两个方面：一是质的方面，即请求的种类和形式。法院的审判须针对当事人请求的种类和形式，不能改变诉讼标的的种类和形式。二是量的方面，也即法院的审判一般不能超出诉讼标的所确定的请求数量范围。

（三）有效防止重复起诉现象的发生

"禁止重复起诉"是我国民事诉讼上的一项基本原则。《民诉法解释》第 247 条对该原则有较为明确的规定。"禁止重复起诉"有两方面的含义：其一，当事人已就某一纠纷提起诉讼后，如果再以同一案件向一国内的同一法院或其他法院起诉，由于诉讼标的及当事人等均相同，因此，法院禁止后诉的提出。其二，法院对某一案件作出生效判决后，当事人一方对此又向该国法院起诉的，如前后两诉的诉讼标的及当事人等均相同，由于既判力的影响，后诉的诉讼标的受前诉生效判决的拘束。此时，当事人不得就该同一案件再次起诉。与此同时，对方当事人也可以既判力为抗辩理由阻止该再次起诉。而判断前诉与后诉是否构成"重复起诉"，最为关键的一点便是判断两案的诉讼标的是否同一。

（四）诉讼标的的识别是正确适用诉的合并及变更制度的必要前提

我国《民事诉讼法》第 54 条规定："原告可以放弃或者变更诉讼请求。被告可以承认或者反驳诉讼请求，有权提起反诉。"第 143 条规定："原告增加诉讼请求，被告提出反诉，第三人提出与本案有关的诉讼请求，可以合并审理。"《民诉法解释》第 232 条也规定："在案件受理后，法庭辩论结束前，原告增加诉讼请求，被告提出反诉，第三人提出与本案有关的诉讼请求，可以合并审理的，人民法院应当合并审理。"上述诸法条均涉及"诉的合并"及"诉的变更"两种法律制度的适用。实际上，不论是诉的合并，还是诉的变更，其适用的前提必须是个案中存在着多个不同的诉，否则该两种法律制度就无法使用。而以不同的理论为判断依据时，同一案件的诉讼标的识别结论常常判然有别。

（五）诉讼标的的识别是确定既判力客观范围的必要前提

我国《民事诉讼法》第 127 条第 5 项中，关于"对判决、裁定、调解书已经发生法律效力的案件，当事人又起诉的，告知原告申请再审"的规定体现了既判力的拘束效果。所谓裁判的既判力，是指民事裁判一旦生效，即具有一种公法上的强制性通用力，也即禁止当事人就同一案件（当事人相同+诉讼标的相同等）再行起诉，或者在其他诉讼中提出与生效判决主文内容相反的请求或主张。既判力只及于法院审理裁判过的主文判项，未经法院裁判主文处理的事项，原则上不具有既判力。由于法院只能以本案诉讼标的为裁判对象，因此，既判力的客观范围原则上须与本案诉讼标的的范围保持一致。

三、有关诉讼标的识别的学说和理论

（一）旧实体法说

该学说由德国学者赫尔维格（Hellwig）提出。该说认为，所谓诉讼标的，就是原告在诉状上所提出的具体实体法权利主张。判定一个案件中有几个诉讼标的，须以原告所享有的实体法上所规定的实体权利之多少为标准。换言之，实体法上有多少个请求权，则诉讼上就存在多少个诉讼标的。[1]在同一个诉讼中，单一民事事件同时产生两个或两个以上实体请求权的，构成诉的合并。由主张一个请求权变更为主张另一个请求权时，则构成诉的变更。如果一个请求权遭遇法院败诉判决后，原告可以另一请求权起诉。该情况并不违反“一事不再理”原则（既判力的消极效果）。

作为第一种有关诉讼标的识别的学说，旧实体法说具有以下三大优点：①便于法院裁判。根据该说，诉讼标的既然只是当事人在诉讼中提出的实体权利主张，法院就只需对此具体的主张加以裁判。由于当事人未提出的实体法上的权利不是本案的诉讼标的，因此，法院不将其作为审理裁判的对象。②便于当事人的攻击防御。根据该说，诉讼标的既然限于原告提出的具体实体法权利主张上，双方当事人的攻击防御，只需集中于此。对原告所没有提出过的权利主张，双方无须理会。③法院判决效力的客观范围明确。一般而言，法院裁判的客观范围以诉讼标的（即法院裁判对象）为限。那些未经法院审理裁判的事项，不是生效裁判法律效力的作用范围。

然而，该说并非完美，其存在三大缺点：①增加当事人的诉累。针对一个民事事件产生的多数实体请求权，原告可多次分别起诉。这必然意味着原告、被告要支出更多的诉讼成本和费用，以及时间和精力。②增加法院的工作负担。明明可以一次合并解决的争议，当事人却有权分别起诉主张之。实质上的一个案件被人为分成几个案件。这容易造成法院进行不必要的诉讼程序重复，浪费有限的司法资源。③对被告不公平。例如，某甲在乘坐电车时，因电车突然刹车而受伤。就甲乘坐电车受伤这一具体事件，他同时享有依侵权法律关系而产生的侵权损害赔偿请求权和依运输合同而产生的违约损害赔偿请求权。依据旧实体法说，当原告获得前后两次胜诉判决时，被告就会因同一事件支付两次损害赔偿金。这在实体上对被告是不公平的。此外，如原告在同一诉讼程序中主张合并审理竞合的几个实体请求权时，该做法也明显有违涉案的真实情况（一次损害，却须多次赔偿）。

（二）二分支说

从上述旧实体法说的缺陷来看，该说并未圆满地解决诉讼标的识别的三大问题。

---

〔1〕 在诉讼法意义上，当事人向受诉法院所主张的此类“实体请求权”并非民法意义上的“请求权能”，而是作为民事权利内容之一的“诉讼权能”的体现。参见江平主编：《民法学》，中国政法大学出版社2000年版，第81~82页。

为克服该说的缺陷，德国学者罗森贝克（Rosenberg）等人提出：不以实体请求权作为识别诉讼标的的依据，而以“诉的声明”和“原因事实”两者作为识别的依据。是为“二分支说”。其中，“诉的声明”是原告向法院提出的请求内容。而“原因事实”则表现为单纯的生活事实，而不是民法上的法律要件事实。

在诉讼标的的识别和判断上，“二分支说”的作用机制是：当“原因事实”和“诉的声明”都为单一时，本案的诉讼标的只有一个。当两者都为复数时，或一个为单一，一个为两个或两个以上的复数时，则本案的诉讼标的应为复数。仍以前述电车事件为例，乘客因乘车受伤而请求作为被告的电车公司给付赔偿费用的案件中，尽管存在着“不法侵权行为”和“合同违约”两个实体请求权，但由于诉的“原因事实”（即乘客乘车受伤——这一生活事实），以及原告“诉的声明”（即请求对方赔偿给付若干元）都是一个（单一的），因此，该案中只存在着一个诉讼标的，不会发生诉的合并、追加、变更以及重复起诉的问题。此外，根据该说，在诉讼过程中，如原告将原先主张的“损害赔偿请求权”变更为“合同违约请求权”，则不构成诉的变更，而只构成“攻击方法”的变更。所谓“攻击方法”是指人们对涉案事实所做的不同实体法评价而已。

从“二分支说”的内容来看，它属于一种脱离实体法，只依靠程序法来解决诉讼标的识别问题的理论。该说虽然解决了请求权竞合的难题，避免了“一事两诉”的困境，但其缺点也是较为明显的：①该说无法解释确认之诉的诉讼标的为什么也是实体法上的权利或法律关系。②该说也无法解释下列问题，即基于几个不同的“原因事实”而请求同一给付时，诉讼标的如何判断？如在离婚诉讼中，以离婚的不同“原因事实”来识别诉讼标的，有多个离婚的“原因事实”就构成多个诉讼标的，这显然是荒唐的。③该说的适用涉嫌“对当事人处分权及辩论权的滥用”。“根据二分支说，原告以同一事实，变更诉讼标的的要素之一也就是诉的声明后，即构成另一诉讼标的。换言之，前述判决已经确定的事实，还可以再受裁判。这是否合理，是存在疑问的。”[1]

为克服“二分支说”的上述缺点，德国学者伯特赫尔（Botticher）和施瓦布（Schwab）又创制出“一分支说”。该说主张，舍弃“原因事实”这一分支，仅以原告提出的“诉的声明”来识别案件的诉讼标的。但该学说的缺陷也很明显：第一，在很多情况下，案件诉讼标的识别还是要用到“原因事实”的，仅靠“诉的声明”难以完成这一任务。例如，“诉的声明”是“请求法院判决被告向原告支付20万元”。该诉请背后的“原因事实”有：①偿还到期借款本金和利息12万元；②偿还到期的房屋和土地租金4万元；③支付到期的股东红利4万元。按“一分支说”，本案中有“一个诉讼标的”。该判断明显违背案件的实际情况。按“二分支说”来看，本案中有三个诉讼标的。本案可适用“诉的合并审理”。第二，“一分支说”未能妥当处理诉讼标的识别的标准与既判力客观范围的一致性问题。该说一方面“认为识别诉讼标的的异同的标准

〔1〕 江伟主编：《民事诉讼法学》（第2版），北京大学出版社2014年版，第26页。

是原告诉的声明，但在决定既判力客观范围时，则突然改变态度，按其事实关系的多寡来决定既判力的范围”。[1]此外，对于一些解除身份关系的民事案件，可能根据不同情况，须分别适用“二分支说”或“一分支说”来进行诉讼标的的识别。例如，以丈夫甲“有外遇”为由，妻子乙向法院提起离婚之诉。败诉后，乙又以“遭受家庭暴力”为由，再次向法院提出离婚之诉。此时，本案不应用“一分支说”来识别诉讼标的，而应用“二分支说”来进行识别。又如，乙对甲向法院提起离婚之诉，乙提出了4项不同的离婚理由。此时，本案不应用“二分支说”来识别诉讼标的，而应用“一分支说”来进行识别。

为补救“二分支说”及“一分支说”的缺陷，德国学者哈布斯切德（Habscheid）又提出了所谓的“三分支说”，即除了“原因事实”“诉的声明”外，还包括一个新的要素——“程序主张”（Verfahrens Kehauptuhg）。该说主张以“原因事实”“诉的声明”和“程序主张”三者共同构成诉讼标的的识别标准。然而，哈布斯切德关于“程序主张”这一要素在识别诉讼标的方面究竟起什么作用尚不清楚。可以认为哈布斯切德的“三分支说”仍然是实质上的“二分支说”，其存在的缺陷依然没得到彻底的解决。

（三）新实体法说

从“二分支说”“一分支说”及“三分支说”遭遇的困境可以看出：诉讼标的识别的问题虽是由诉讼法学者首先提出的，但并非单靠诉讼法学者就能解决。因而在处理此问题时，也不应忽视实体法的相关内容。在此背景下，以尼克逊（Nikisch）教授为代表的德国学者又提出了“新实体法说”。该说认为，所谓的“实体请求权的竞合”实质上只是“诉讼法意义上的请求权基础的竞合”。在同一民事事件产生不同“实体请求权竞合”的表象下，实际上的“诉讼请求权”是单一的。换言之，虽然民事事件导致产生了两个或两个以上的“观念上的实体请求权”，但只要该民事事件是单一的，则案件的诉讼标的即为单一。例如，在前面提到的“电车事件”中，基于侵权行为的赔偿请求权和基于债务不履行的赔偿请求权的所谓竞合，并不是真正的竞合，不过是请求权基础的竞合而已。那些所谓“竞合的观念上实体请求权”在诉讼法上仅被识别为“独立的攻击防御方法”，它们的变更和增加不构成诉的变更或诉的合并。

“新实体法说”只将涉案民事事件的多寡作为识别诉讼标的的唯一标准。该说试图以此来彻底解决困扰大陆法系民事诉讼法学界多年的诉讼标的识别问题。但该学说也存在着一定的缺点。其主要表现是：①该说主张，当事人主张的“实体请求权”并不是案件中的“诉讼请求权”。但“诉讼请求权”的具体含义是什么，其与“实体请求权”的具体区别到底有哪些等问题，主张该说的学者却又言说不明。②所谓“实体请求权的合并”实际上只是“请求权基础的竞合”，而民法意义上“竞合的实体请求权”在诉讼法上仅被识别为“独立的攻击防御方法”等观点并未得到民法学界的响应和肯

[1] 张卫平：《民事诉讼：关键词展开》，中国人民大学出版社2005年版，第197页。

定，处于诉讼法学界自说自话的状态中。③该说会导致确定判决既判力的客观范围发生扩张。这样做，固然有利于纠纷的一次性解决，但同时也会剥夺当事人以其他发生竞合的实体请求权另行起诉的机会，涉嫌违背“程序保障原理”。

（四）本教材的观点

诉讼标的识别标准统一化的问题在德国争论了一个世纪，在日本也争论了近半个世纪。从目前情况看，该问题远未在学界取得统一的见解。[1]笔者认为，“诉讼标的的识别标准统一化”可能是一个永远都无法完成的任务。法院审理的对象是民事纠纷，而民事纠纷则产生于异常复杂、丰富多彩、变化无常的日常生活中。面对生活，任何理论都是一种简单化，因此带有片面性。再复杂、再高深的理论也不例外。在我们看来，试图以一套理论学说来涵盖所有的诉讼标的识别情形的想法确有不自量力之嫌。实际上，学界一些有见地的学者对此早有认识：“尽管诉讼标的还未丧失作为一个标准的地位，但也已经不是一个绝对的标准……关于诉讼标的理论目前尚未见到有统一结论的迹象，而且有不少人正越来越怀疑这种统一的必要性和可能性。”[2]

在此情况下，较为合理的思路应该是放弃“以统一诉讼标的识别标准为内容的路径依赖”，转而以诉的种类为前提，探索分别适用于给付之诉、确认之诉及形成之诉的诉讼标的识别标准。具体而言，给付之诉的诉讼标的应当是当事人关于对方履行给付义务的“诉的声明”，再加上支持该给付诉求的具体事件或行为的数量多寡。例如，“诉的声明”是“请求判决被告给付款项若干元”，而该请求的“原因事实”有两个：一是“基于不当得利返还”；另一个是“偿付到期借款本金及利息”。申言之，在一般情况下，识别给付之诉的诉讼标的之方法应为“二分支说”。就给付之诉的诉讼标的识别而言，存在着一个法定例外，即在实体请求权竞合的情况下，因为只发生了一个行为或民事事件，则只存在一个诉讼标的。换言之，在该“例外”情形下，则应转用“新实体法说”来识别给付之诉中诉讼标的的多寡。如承租人在租赁关系终了拒不返还租赁物时，出租人既可以基于所有权，主张所有物返还请求权；也可以基于租赁关系债权，主张租赁物返还请求权的情形。

对确认之诉和变更之诉，因为不存在请求权竞合所带来的问题，所以对诉讼标的可统一界定。且由于我国民事诉讼理论中的变更之诉并没有强调其形成权与请求权的联系，也就没必要单独考虑变更之诉的特殊性。确认之诉和变更之诉的诉讼标的应当是当事人要求法院关于确认和变更实体法律关系的“诉的声明”。识别确认之诉和变更之诉的标准是“双方当事人之间有争议的实体法律关系”。[3]

---

〔1〕 基于其一贯的司法经验主义，英美法系民事诉讼法学中没有“诉讼标的”的概念，也没有有关诉讼标的识别标准的学说争论。其只有一个类似的范畴，即“诉讼原因”（cause of action）。“诉讼原因”含义模糊空泛，且英美法系学者从未对其做过逻辑严谨的定义。

〔2〕 张卫平：《民事诉讼：关键词展开》，中国人民大学出版社 2005 年版，第 196 页。

〔3〕 以上关于按诉的种类来识别诉讼标的的阐述，主要参考了张卫平教授在《民事诉讼：关键词展开》一书中第 199 页至第 200 页的内容。不同之处：为避免“诉讼标的”及“诉讼请求”发生概念上的混淆，本书将该部分有关“诉讼请求”及“请求”的表述统一更换为“诉的声明”。

行文至此，可对何为“诉讼标的”做出定义了。我们认为，“诉讼标的”的概念，可以从两个层次上加以把握：（1）从广义角度上看，诉讼标的，是指当事人与法院之间诉讼权利和诉讼义务所指向的客观对象。即由原告以起诉的方式提交法院，要求法院加以审理判定的特定民事纠纷。（2）从狭义的角度看，所谓诉讼标的是指：①原则上，给付之诉的诉讼标的应当是当事人关于对方履行给付义务的诉之声明，再加上支持该给付请求的具体事件或行为的数量多寡。②确认之诉和变更之诉的诉讼标的应当是当事人要求法院关于确认或变更实体法律关系的诉之声明。

四、诉讼标的与相近概念之间的区别

诉讼请求和诉讼标的之间的区别。所谓诉讼请求是当事人通过人民法院向对方当事人所提出的具体主张。诉讼请求也可称为“诉的声明”。两者的区别表现在以下四个方面：①诉讼请求是具体的，诉讼标的是抽象的。②大多数诉讼请求都是实体性质的，但也有程序性的诉讼请求（如请求法院判决对方负担诉讼费用，请求法院驳回对方的程序性上诉请求等）。而诉讼标的全都是实体法性质的，没有程序法性质的诉讼标的（但有程序法性质的“案由”）。③当事人主义诉讼模式要求：原告必须在其诉状中写明各项诉讼请求。对于当事人未写明的事项，法院不得作为审理裁判的对象。没有法律要求当事人将案件的诉讼标的写在诉状中。④诉讼程序终结前，当事人有权变更、增加或减少诉讼请求，但各国法律原则上都禁止当事人对诉讼标的进行变更。

诉讼标的和诉讼标的物之间的区别。诉讼标的指由原告以起诉的方式提交法院，要求法院加以审理判定的特定民事纠纷。而诉讼标的物则是指原告诉求所指向的客体物，只有财产案件才有诉讼标的物。任何一个诉讼都至少有一个诉讼标的，但很可能却没有诉讼标的物。例如，关于侵害荣誉权和名誉权的案件中就只有诉讼标的，而没有诉讼标的物。

（1）诉讼标的与民法上标的之间的区别。其表现是：民法上的标的是指民事主体间权利义务共同指向的对象，包括物、行为、人身利益和智慧财产。诉讼标的是指当事人和法院之间诉讼权利和义务指向的对象，既不是物，也不是行为、人身利益或智慧财产，而是原告以起诉方式提交法院裁判的具体民事纠纷。两者不属于同一个法律学科，是不同法律关系的客体。

（2）诉讼标的与执行标的之间的区别。其表现是：所谓执行标的是指法院强制执行时针对的客观对象。原则上，强制执行的对象仅限于财产（存款、现金、债券、股票、基金份额、土地使用权、房屋、交通运输工具、产品、原材料、知识产权等。作为例外，个别情况下债权可成为强制执行的对象，如代位执行中被执行人对第三人享有的到期债权）和行为（作为或不作为），但不及于人身。

第四节　既判力

一、既判力的含义

“判决一经成立即不容许再轻易地加以改变，而作为其对象的纠纷也被视为得到了最终解决，一般情况下已不能再次成为司法审查的对象，这种性质就是判决的终局性。”[1]判决的终局性是一种状态，而体现和维护这一状态的则是一系列的公法性拘束力。其中，最重要的就是既判力。在大陆法系学理上，既判力分为两种：一种是形式的既判力（形式的确定力）；另一种是实质的既判力（实质的确定力）。民事判决已经达到通常的司法不服救济方法（如上诉）不能改变其实质内容的法律状态称为“判决的确定”。我们把确定判决这种不可撤销性叫作形式的既判力。作为对比，实质的既判力（实质的确定力）（Res Judicata/Claim preclusion/Materielle Rechtskraft）是指形成确定的终局判决内容的判断的通用力。它实际上是指生效民事判决就本案诉讼标的作出的认定对法院和当事人的强制性拘束力。这是一种公法性的拘束力。下文所讨论的“既判力”，仅指实质上的既判力（实质上的确定力），而不含形式的既判力（形式的确定力）。

既判力具有两项作用：①用公法上的裁判终局性确定了双方当事人之间的民事争议；②划定了前诉对后诉的拘束范围。这两项作用又体现为两种法律效果，即既判力的积极效果和消极效果。所谓积极效果，是指后诉法院的裁判必须以前诉法院判决的内容为下判的必要前提。积极效果拘束的对象是法院。例如，前诉判定“涉案合同合法有效”，相关后诉的“诉求”为“被告是否就该合同承担违约责任”。此时，后诉法院对“涉案合同是否有效”的判断受到前诉生效判决主文内容的拘束。所谓消极效果，又称为“一事不再理”，它是指当事人不得在后诉中提出与前诉有既判力的判断相矛盾的诉求。与此同时，后诉法院也不得作出与前诉有既判力的判断相反的判决。消极效果既拘束当事人，也拘束法院。前者例如，前诉法院已经判决被告应当给付原告50万元，该生效判决的既判力对原告产生如下效果：原告不得在后诉中主张超过该额度的债权。与此同时，该生效判决的既判力也对被告产生如下效果：其既不得在后诉中申请确认同一债权债务关系不成立，也不得提出该同一债权因诉讼时效届满而归于消灭的抗辩主张。后者例如，《民诉法解释》第289条规定，公益诉讼案件的裁判发生法律效力后，其他依法具有原告资格的机关和有关组织就同一侵权行为另行提起公益诉讼的，人民法院裁定不予受理。

关于既判力与“一事不再理”的关系问题，我们认为，后者是前者的一部分。既判力与“一事不再理”不是交叉关系，而是前者包含后者的关系。存在交叉的两个范畴：一个是既判力，另一个是“一事不两诉”。所谓“一事不两诉”具有两个内容：

〔1〕 江伟主编：《民事诉讼法专论》，中国人民大学出版社2005年版，第77页。

①同一案件（相同的诉讼标的+相同的诉讼主体等）不得同时或先后起诉到一国内两个以上的法院。当发现多个案件实为同一案件时，除了已受理该案件的第一个法院外，该国其他法院不得再次受理该同一案件的起诉。②既判力的消极效果（一事不再理）。从其内容看，“一事不两诉”原则的第一个内容实际上是“案件受理的法律效果”。在我国，“一事不两诉”也被称为“禁止重复起诉”。如本章第三节所述，《民诉法解释》第247条对“禁止重复起诉”有较为明确的规定。其中，“在诉讼过程中”指的是“案件受理的法律效果”；而“裁判生效后”则指的是“一事不再理”。

在我国，民事裁判发生既判力一般应具备以下三项条件：①诉讼标的相同。例如，在确认房屋所有权请求中胜诉的原告，在面临对方当事人于后诉中提出的腾空房屋及协助办理房屋过户手续的诉求时，不能提出该房屋不属于自己所有的主张。与此相反，“债权人执行异议之诉”的诉讼标的为“某个或某些涉案财物就是执行债务人的财物，因此可以强制执行（积极的确认之诉）”。而“案外人执行异议之诉”的诉讼标的则是“因案外人对某个或某些特定财物享有自物权或他物权，因此有权排除相关的强制执行（积极的确认之诉）”。因而，这两个诉的诉讼标的“并不相同”。②当事人相同。既判力除拘束原案的双方当事人（包括“有独立请求权的第三人”），以及“被法院判决承担本案实体责任的无独立请求权的第三人”外，对其权利义务的承受人、管理者、继承人或通过合法方式获得涉案民事权益的有关主体也发生拘束效果。③涉案各方当事人在司法审判中获得了充分的程序保障。其依据为“程序保障原理”（Due Process of the Law），也即“由于在民事诉讼中当事人必须在败诉后被迫承受不可再次争议之不利益，因此作为接受这种强制性结果的前提，民事诉讼必须采用所谓的对审之构造，即对等地赋予双方当事人参加诉讼程序的机会，并且对等地赋予其作为程序主体提供用于裁判之资料、充分陈述自我主张的机会，而居于公正立场的法官必须以当事人所提出的判断材料为依据来得出结论”。〔1〕如法院对民事案件的审理违背了上述要求，则可能导致审判监督程序的启动。我国《民事诉讼法》对此有明确的规定。〔2〕

民事裁判发生既判力除应满足上述三项条件外，就给付之诉而言，当其不涉及“实体请求权竞合”时，还应符合第四项条件，即“诉的原因事实”相同。其理由在于：根据本章第三节的观点，不涉及“实体请求权竞合”问题的给付之诉，对于其诉讼标的的识别应采取“二分支说”，而非“新实体法说”。

---

〔1〕［日］新堂幸司：《新民事诉讼法》，林剑锋译，法律出版社2008年版，代译序第8页。

〔2〕例如，我国《民事诉讼法》第211条规定：“当事人的申请符合下列情形之一的，人民法院应当再审：……（八）无诉讼行为能力人未经法定代理人代为诉讼或者应当参加诉讼的当事人，因不能归责于本人或者其诉讼代理人的事由，未参加诉讼的；（九）违反法律规定，剥夺当事人辩论权利的；（十）未经传票传唤，缺席判决的；……”

二、既判力的本质

既判力的主要功能，是为避免法院对同一案件形成相互矛盾的判决。根据既判力制度的要求，在法院的终局判决确定后，不论该判决是否存在不当或错误之处，在未以法定程序加以变更或撤销前，案件当事人及法院都应受到该判决的拘束。对前者而言，不得再就该判决已判定的诉求再起争议。对后者而言，不得作出与该判决内容相异的新判断。为此，人们不禁要问：确定判决为什么具有这种拘束力？其拘束当事人及法院的根本依据何在？为什么不当或者错误的确定判决还会具有这种拘束力？这些都是既判力本质论欲加以解答的问题。

关于既判力的本质，理论上存在着一系列的学说，如实体法说、诉讼法说、权利实在说、新诉讼法说、新实体法说、双重性质说、分类既判力说、综合既判力说等。由于篇幅所限，本书仅选取其中三种较为重要的学说加以介绍。

（一）实体法说

实体法说认为，法院作出的民事判决是以宣告有无实体法上的权利为内容的。同样，实体法律关系已经通过判决被确定。在这种情况下，对同一案件再次起诉，当然要适用“一事不再理”而加以禁止。在此必须回答的一个问题是：当存在错误判决时，判决的既判事项就与实际存在的民事权利状态发生矛盾，怎么化解这种矛盾？该说认为，判决是基于国家权力而由法院作出的意思表示。因此，判决的实质既判力可归结为一种特殊的法的“权利创制力”。换言之，法院可以通过民事判决对民事权利进行创制。

实体法说的主要缺陷有：①该说违背了判决既判力相对性原理，将使所有的确定判决都成为具有对世效力的“形成判决”；②法院是不能创设民事权利义务的，该说将导致“法官造法”，进而损害各个国家权力机关之间的合理分工及职责划分；③既判力为民事诉讼法上的一种公法制度。只能由法院依职权主动调查，不是当事人辩论权和处分权行使的对象。如果单纯以实体法来解释既判力，则当事人必然可对既判力进行处分（比如，合意排除既判力等），而这显然是违法的。

（二）诉讼法说

诉讼法说认为，前诉判决对后诉在内容上的拘束力只是诉讼法上的效力（即“一事不再理”的效力）。该说否认法院判决具有创制实体权利义务的“创制力”。主张民事判决只是对实体法上权利是否存在的认定，既不创造新权利，也不消灭原有权利。实体判决作为一种权威，即使该判决和案件事实真相不完全一致，也要承认其具有既判力。换言之，判决的既判力源于诉讼程序法所具有的公法强制性。

该说存在的主要缺陷有：①忽视实体法规范的存在，完全不考虑实体法因素对既判力的影响，显得过于片面；②只考虑正当判决对实体权利关系产生的影响，忽视不当判决对实体权利的影响。

（三）综合既判力说

综合既判力说认为，应从实体法和诉讼法两方面来考察既判力的本质问题。法院判决具有一种“能力”，即将带有抽象性及普遍适用性特点的实体法规范转变为个案中的“具体个别规范”。这种“具体个别规范”仍然具有实体法的性质，并且是以实体法为依据才具备法的妥当性。依据这种法的妥当性，使作为诉讼标的的权利或法律关系争议得到确定，从而对后诉产生一种诉讼法意义上的拘束力。此为既判力的实体法含义。

与此同时，既判力也具有程序法含义，其表现为：第一，既判力制度为诉讼法所规定。第二，法院作出之生效判决只对有限的主体和客体发生法律效力。换言之，法院确定判决只具有一种具体、相对和有限的拘束力，而绝非“实体法规范”那种抽象、普遍的拘束力。第三，由于诉讼法具有公法的权威性。因此，只要经过正当程序的审理，法院作出的生效判决就应具有既判力。即便确定判决存在错误，在程序法上仍然保持其强制性和拘束力。要想改变误判，当事人等主体只能以合法方式来启动审判监督程序。

该说平衡性较好，我们认同该说。

三、既判力的客观范围

既判力的客观范围是既判力制度理论和实践中最重要的问题。既然既判力是对后诉的拘束，而对后诉的拘束，实际上就是对后诉诉讼标的的拘束，那么，就存在着对哪些法律关系或实体请求权有拘束力的问题，也就是既判力的客观范围问题。[1]

所谓既判力的客观范围，是指确定判决中哪些判断事项具有既判力。大陆法系诉讼法理论认为，原则上，既判力的客观范围仅限于判决主文。判决主文，是指就本案当事人提出的各项诉讼请求（原告的本诉请求、被告的反诉请求，以及有独立请求权第三人的参加之诉请求），受诉法院在其确定判决中有针对性地作出的判项结论。在民事案件中，各项诉讼请求体现和反映该案的诉讼标的。因此，一方面，可以说判决主文与本案诉讼标的是对应关系。另一方面，也可以说判决主文的内容与本案各项诉讼请求存在一一对应的关系。如法院在判决主文中漏判了某些诉讼请求，则应适用补充判决制度。而在单纯的金钱、财产纠纷案件中，如法院在判决主文中超出诉讼请求范围做判定的，则明显有违处分原则及辩论原则，案件当事人可通过上诉、启动审判监督程序等方式加以救济。

如上段所述，既判力的客观范围原则上局限于本案诉讼标的的范围，但也存在一些例外。在这些例外下，既判力的客观范围会大于本案诉讼标的的范围。这被称为既判力客观范围的扩张。例如，当给付之诉存在“实体请求权竞合”现象时，其识别诉讼标的的理论是“新实体法说”。该说认为，所谓“实体请求权的竞合”实际上仅为

---

〔1〕 江伟主编：《民事诉讼法》，高等教育出版社、北京大学出版社2000年版，第277页。

“实体请求权基础的竞合”。此时，识别诉讼标的的标准不是这些“竞合”的“实体请求权”，而是涉案民事交易或事件数量的多寡。当涉案民事交易或事件为单一时，本案中只有一个诉讼标的。当原告以发生竞合的一个“实体请求权”为依据，获得胜诉或败诉的确定判决后，该原告不得再以其他“竞合的实体请求权”再次向法院提起诉讼。此时，既判力不但拘束原告在诉讼中主张过的“实体请求权”，也拘束那些未主张过，但发生竞合的其他“实体请求权”。由于此说涉嫌违背“程序保障原理”，学界多有批评。因该问题在本章第三节已有阐释，故不在此赘述。

另一种涉及既判力客观范围扩张的情形为法院对抵销抗辩所做的判断。大陆法系学理及法律规定将诉讼中的债务抵销视为一种积极抗辩，而非反诉。其原因在于：被告的抵销主张和本诉之间并不存在“事实上或法律上的牵连性”。此外，抵销抗辩是一种实体性抗辩。该种抗辩具有“最后备用性”的特点。其原因在于：提出抵销主张（“主动债权”）的前提是：承认“受动债权”（本诉诉讼请求）是成立的。法院对抵销抗辩所做判断，不写在判决主文中，而是写在判决理由中。

目前通说认为，作为原则，判决理由部分的判断是没有既判力的。例如，在卖方请求买方支付房屋买卖价款纠纷的诉讼中，法院对买方应支付一定数量价款作出了判决，并发生法律效力。在此后的另一诉讼中，其他当事人以前诉的卖方为被告，对该房屋主张所有权。尽管前诉法院作出支付房屋买卖价款的判决当然是在卖方具有合法处分地位的前提下作出的，但该前提只是前诉判决的理由，因而没有既判力，所以后诉法院可对该房屋所有权的争议进行审理。

各国和各地区立法之所以未规定判决理由的既判力，其主要原因有三：一是判决理由只是法院对诉讼标的的判断前提和手段，并非判决的对象，未经当事人作为争点在诉讼中认真加以辩论，为了避免对未经当事人认真对待的请求作出判断而造成突然袭击，不能认可判决理由具有既判力；二是如果允许法院对当事人没有认真争执的争点作出的判断产生既判力，当事人就丧失了在此后其他诉讼中就未经争执的争点展开争执的可能，而且也不能提出与被作出了判断的争点相矛盾的主张；三是判决理由不具有既判力，法院可以在后诉中迅速且有效地进行诉讼指挥。〔1〕

与此同时，大陆法系通说也认为，如成功做了诉讼抵销，则有关该抵销的判决理由部分应例外地发生既判力。该例外的合理性何在？因为“如果不承认既判力，就会造成不当的结果”。〔2〕该“不当结果”具体表现为：第一，当因抵销主张（“主动债权”）不存在而使抵销抗辩被驳回时，有关“主动债权”不存在的判断产生既判力。如若不然，被告将可以另行诉求“主动债权”。如果允许被告提起这种诉，那么将使“否定被告主动债权，进而认可受动债权（本诉诉讼请求）”的前诉判决实质性地被推翻。第二，当法院认可抵销抗辩，并在该限度内驳回原告请求时，不仅原告“受动

〔1〕 江伟主编：《民事诉讼法学原理》，中国人民大学出版社 1999 年版，第 290 页。
〔2〕 江伟主编：《中国民事诉讼法专论》，中国政法大学出版社 1998 年版，第 197 页。

债权”不存在的判断，而且被告的“主动债权”存在的判断也都将产生既判力。如若不然，被告就可以有关“主动债权”存在与否的判断不产生既判力为由，另行提起以“主动债权”为诉讼标的的诉讼。

就抵销抗辩所做判断发生既判力的前提是：为了判断抵销主张当否，法院必须对“主动债权”存在与否作出实质性的判断。换言之，该种既判力发生的必要前提也是“充分的程序保障”。另外，当抵销主张大于本诉诉讼请求时（如“主动债权”为200万元，而“受动债权”仅为140万元时），超过部分（60万元）不发生既判力。

如前文所述，既判力不及于判决理由是划定既判力客观范围的基本要求。判决的主要内容有两个：一个是被裁判的诉讼标的；另一个是裁判的理由。由于判决理由中的判断没有既判力，因此，即使在判决发生法律效力之后，当事人也仍然可以对判决理由中的判断事项提起诉讼，所以就有可能发生后诉法院判决的结果与前诉判决理由相矛盾的情形。为了解决这一矛盾，适用既判力制度的国家的学者提出了既判力客观范围扩张的思路。德国学者认为，应当将既判力的客观范围加以扩张，当判决理由中所涉及的法律关系是作为判决诉讼标的的前提的法律关系时，该判决的既判力就应当及于作为前提的法律关系。也就是前诉判决理由中对该法律关系的判断，当事人不得质疑、提起诉讼，后诉法院的裁判也要受该判断的拘束。〔1〕既判力客观范围的扩张，其实质就是突破既判力客观范围仅限于诉讼标的的原则，但其最大的问题是，实际上原告与被告之间的诉讼标的也强制性地加以扩张，超出了当事人双方的意思范围，使当事人没有纳入诉讼标的加以裁判的事项也受到既判力的拘束，致使当事人不能对这些事项进行诉讼。为了使争议一次性得到解决，防止前诉与后诉的矛盾，日本学者新堂幸司提出了另一种思路，即在既判力之外提出一种效力。这种效力不同于既判力，既判力的范围仍然只及于判决的主文，而这种新的效力及于判决的理由。确切地讲，应当是判决理由中各争点的判断在后诉中不得加以争论。这种效力就称为“争点效力”或“争点效”。这样，前诉判决对后诉的拘束力就包含了既判力和争点效力两种。〔2〕

四、既判力的主观范围

按照既判力理论，既判力不仅对某一裁判的诉讼标的有拘束力，而且对某些主体有拘束力。因为判决对哪些主体之间的法律关系有实质确定力，实际上就包括了主观范围和客观范围两个方面。判决对哪些主体有既判力就是既判力的主观范围。〔3〕

所谓既判力的主观范围，是指该公法效力对哪些人发生拘束效果。因诉讼是在双方当事人之间进行的，只有参与其中的当事人才获得了较为充分的程序保障，因此，原则上，除法院外，既判力只对双方当事人发生拘束效果。如果任意扩大到其他人，

---

〔1〕参见张卫平：《既判力的客观范围》，载樊崇义主编：《诉讼法学研究》（第4卷），中国检察出版社2003年版，第147页。

〔2〕参见张卫平：《民事诉讼法》（第4版），法律出版社2016年版，第424~425页。

〔3〕江伟主编：《民事诉讼法》，高等教育出版社、北京大学出版社2000年版，第278页。

因其并未参与该诉讼，没有机会提出自己的诉请、抗辩及相关证据，也未享有其他程序保障措施，可能会导致实体不正义的结果。

然而，为了保障通过司法程序解决纠纷的实效性，在某些特定情况下，也确有必要将既判力拘束的主体范围扩张到本案当事人之外的其他主体上。这在学理上称为“既判力主观范围的扩张”。这些具体情况有：

（1）法庭辩论终结后本案一方或双方当事人权利义务的承担人。此类主体虽未参与前面的诉讼程序，但仍须受既判力的约束。此类主体既包括因当事人死亡而概括性承担原当事人权利义务的一般继承人，也包括因买卖、赠与、借贷等原因而承担原当事人法律地位的特定继承人。

（2）生效判决要求败诉方交付的有关财物的持有人、保管人、管理人或受托人等。在诉请交付特定物的诉讼中，为履行或强制执行的方便，既判力有必要扩张至为被告利益而持有或控制涉案标的物的案外主体上。

（3）法定诉讼担当中的被担当主体。在法定诉讼担当的情况下，参与诉讼的是法定的诉讼担当人，如代位权诉讼中的主债权人、遗产管理人、遗嘱执行人、股东派生诉讼中提起诉讼的“其他股东”等。但这些主体实际保护的是被担当人的民事权益。如果被担当人不受既判力的约束，则不但诉讼担当制度会丧失存在的意义，而且会导致被担当主体就同一诉讼标的“重复起诉”，从而引发“矛盾判决”。

（4）人数不确定的代表人诉讼中，起诉时未登记成为当事人的主体。人数不确定的代表人诉讼，其诉讼标的为同一种类，且当事人一方人数众多，是由法院在受理案件后发布公告，通知权利人在一定期间内进行登记，从而参加诉讼。法院对案件作出的判决及裁定，对参加登记的全体权利人当然发生拘束力。此外，根据《民事诉讼法》第 57 条第 4 款的规定，未参加登记的权利人在诉讼时效期间提起诉讼的，人民法院对他们裁定适用已作出的判决、裁定。此为一种典型的既判力主观范围的扩张。

（5）其他主体。例如，具有对世效力的确定判决，其既判力不仅拘束双方当事人，而且还及于案外第三人。此为既判力向不特定第三人的扩张。确认收养关系无效的判决、解除婚姻关系的判决，以及宣告股东大会决议无效的判决等为其典型。在这些判决生效后，无论是原案当事人，还是其他任何案外主体，都不得就同一诉讼标的另行提起诉讼。又如法院就民事公益诉讼作出确定判决后，其既判力主观范围发生扩张。《民诉法解释》第 289 条规定，公益诉讼案件的裁判发生法律效力后，其他依法具有原告资格的机关和有关组织就同一侵权行为另行提起公益诉讼的，人民法院裁定不予受理，但法律、司法解释另有规定的除外。

五、既判力的标准时

既判力的标准时，又称为既判力的时间范围，它是指既判力以案件事实审言辞辩论终结时为基准点产生拘束效果。在此时间点上，双方当事人之间的权利义务关系被确定下来，以后不得再起争执。换言之，“在后诉中，禁止当事人对前诉确定判决中具有既判力的判断进行争议，因而也不允许其基于前诉基准时之前存在的事实，提出攻击防御方法”。[1]例如，“前诉”法院作出了被告应当给付原告60万元的确定判决。法院认定的原告存在60万元给付请求权的判断是在既判力标准时间的判断。该判断具有既判力。因此，在相关的“后诉”中，当事人就不得再提出与上述法院判断相抵触的主张。如“被告不欠原告该60万元”“义务人已经在该标准时之前自愿清偿了债务”“原告诉讼请求的诉讼时效已届满”“涉案合同为无效合同”“该笔债务已经被免除”等。实际上，既判力标准时的概念在我国现行司法规范性文件中已有体现。[2]

在此，需要注意两点：第一，发生此类排除效或遮断效的前提是：该主张在“前诉”审理程序中提出过；或者该主张可在“前诉”审理程序中提出，但由于当事人的原因而未能提出，如因“故意”或“过失”而未能及时提出。第二，原则上，既判力标准时为（事实审）言辞辩论终结之时。其原因在于：判决所判定的是本案最后辩论终结时的实体权利义务关系状态，在本案最后辩论终结之后新发生的实体争议，由于未经当事人的起诉和正当程序的审判，故不应受既判力的拘束。例如，驳回原告（出租人）提出的迁出租屋之诉的确定判决并不阻止该出租人根据房客（被告）新发生的违约情形再次提出迁房之诉。即使前后两诉牵涉的有争议解约情形存在着延续性，也照样可以另行提起后诉。这一点在《民诉法解释》中也有体现。该司法解释第248条规定，裁判发生法律效力后，发生新的事实，当事人再次提起诉讼的，人民法院应当依法受理。

【思考题】

一、概念题

程序正义价值　程序效益价值　当事人主义诉讼模式　职权主义诉讼模式　协同主义诉讼模式　特别程序非讼案件的模式　当事人真实陈述义务　一事不再理　既判力的标准时　民事案件的诉讼标的　诉讼请求

二、简答题

1. 简述程序公开的含义和内容。
2. 简述以制度来确保双方当事人在案件审理过程中享有“动态的平等”。
3. 简述在审理案件的过程中法官不得私下单方接触一方当事人的程序要求。
4. 简述民事裁判发生既判力的前提条件。

---

〔1〕［日］新堂幸司：《新民事诉讼法》，林剑锋译，法律出版社2008年版，第479页。

〔2〕例如，《民诉法解释》第248条规定，裁判发生法律效力后，发生新的事实，当事人再次提起诉讼的，人民法院应当依法受理。又如，《最高人民法院关于人民法院立案、审判与执行工作协调运行的意见》（法发［2018］9号）第14条规定：“执行标的物为特定物的，应当执行原物。原物已经毁损或者灭失的，经双方当事人同意，可以折价赔偿。双方对折价赔偿不能协商一致的，按照下列方法处理：（1）原物毁损或者灭失发生在最后一次法庭辩论结束前的，执行机构应当告知当事人可通过审判监督程序救济；（2）原物毁损或者灭失发生在最后一次法庭辩论结束后的，执行机构应当终结执行程序并告知申请执行人可另行起诉。无法确定原物在最后一次法庭辩论结束前还是结束后毁损或者灭失的，按照前款第二项规定处理。”

5. 简述“禁止重复起诉”与实质既判力之间的关系。
6. 简述“判决的确定”与“判决的生效”之间的关系。
7. 简述法院作出生效裁定的既判力。
8. 简述法院作出生效民事调解书的既判力。
9. 简述民事案件中的诉讼请求与诉讼标的之间的关系。
10. 简述“民事案由”与诉讼标的之间的关系。

三、论述题

1. 试述民事诉讼价值论研究的实践意义。
2. 结合实务试述识别诉讼标的的理论。
3. 试述“对抗制”（the Adversary System）与当事人主义诉讼模式之间的关系。

第二编

基本原则与制度

第五章
民事诉讼法的基本原则

学习目的与基本要求 全面理解和认识民事诉讼法的基本原则与若干具体原则之间的有机联系，悉心洞察民事诉讼法基本原则的体系和分类的基本脉络；系统了解包括各诉讼法共通性原则和民事诉讼法特有原则之间的类属关系，深入掌握民事诉讼法所规定的各基本原则的内容以及在实践中的运用。

第一节 民事诉讼法基本原则概述

在法学中，法律原则是指可以作为规则的基础或本源的综合性、稳定性原理和准则。[1]民事诉讼法的基本原则作为法律原则的下位概念，是构成民事诉讼法的基础与本源的原理性规范，也是民事诉讼程序和各项制度运行过程中具有普遍约束力的宏观指引。

一、民事诉讼法基本原则的含义及意义

民事诉讼法的基本原则，是指在民事诉讼全过程或在民事诉讼的重要阶段起指导性作用的基本准则。它直接体现了民事诉讼法的立法精神和价值定位，是指导法院、当事人及其他诉讼参与人进行民事诉讼活动的根本性准则。

民事诉讼法的基本原则是宪法原则在民事诉讼法中的体现和具体落实。宪法作为国家根本法，宪法原则作为根本法原则，充分体现了对整个法律体系的指导意义，更加抽象和具有广泛的涵盖性。民事诉讼法原则对民事诉讼活动而言是在宪法原则指导下对民事诉讼法律关系主体及诉讼活动的指导准则。

民事诉讼法的基本原则既不同于民事诉讼的目的与价值，也有别于民事诉讼的具体规则和制度，具有根本性、至上性、抽象性、稳定性和法域性等特征。

（1）根本性。“民事诉讼法基本原则的根本性体现在它对民事诉讼法最基本的问题作出了高度抽象的规定，对如何进行民事诉讼提出了基本要求。”[2]民事诉讼法的基本原则规定了当事人的诉讼地位、当事人与法院在诉讼中的职责配置等民事诉讼中最根本的问题，确立了民事诉讼法的基本性质和整体框架，决定着诉讼各阶段的结构和形式，对诉讼主体如何展开民事诉讼活动提出了基本要求。

---

〔1〕张文显：《二十世纪西方法哲学思潮研究》，法律出版社2006年版，第329页。

〔2〕张卫平：《民事诉讼法》（第6版），法律出版社2023年版，第51页。

（2）至上性。民事诉讼法的基本原则在民事诉讼法律规范体系中处于最高位阶，具有最高法律效力，民事诉讼法的各项具体规则都是从基本原则中派生出来的，不得与之相抵触，否则将不能发生效力。这种具有至上性的规范指导着民事诉讼立法和司法活动的有序展开，并引导着民事诉讼法律关系主体诉讼行为的有效实施。

（3）抽象性。民事诉讼法的基本原则并不直接规定法院、当事人及其他诉讼参与人的具体权利义务，也不具体规定民事诉讼的某项制度或规则，而是以导向性的语言规定普遍适用的原则性规范。基本原则的具体操作性相对较弱，但其抽象性的规定在内容上具有更大的涵盖面，赋予法官较大的解释和裁量的空间，因而在实际问题的处理中具有更强的指导性。

（4）相对稳定性。民事诉讼法的基本原则集中反映了民事诉讼的本质和规律，是构建民事诉讼具体制度和规则的基础，在内容和形式方面都具有相对稳定性，不会轻易发生变动，否则将改变民事诉讼的架构和本质。当然，这种稳定性并不意味着民事诉讼法的基本原则是一成不变的，其内涵也应随着社会的进步和民事诉讼的发展而作出相应的调整。法官可以在立法者所确定的程序根本性价值的基础上适当行使自由裁量权，根据时势变化和新价值观对基本原则的内涵作出创造性的解释。

（5）法域性。法律传统、法律渊源等因素的不同，决定了不同法域所确立的民事诉讼法基本原则是存在差异的。尽管不同法域之间关于基本原则存在差异，但需要着重强调的是，存在差异并非意味着两个不同的法域之间关于民事诉讼法的基本原则毫无共同之处。民事诉讼作为解决纠纷的重要手段，即使是在不同法域之下，关于民事诉讼法中具有基础性和本源性的规则也有其共通之处。

民事诉讼法基本原则所具有的上述特征使其区别于一般的诉讼规范而在民事诉讼法中居于根本性的支配地位，也使其在民事诉讼立法以及司法活动中发挥着独特的作用。具体而言，在民事诉讼法中确立各项基本原则具有重要意义：

首先，指引民事诉讼立法的科学进行。基本原则的根本性和至上性决定了其具有立法准则的功能，民事诉讼法具体规则的制定必须在基本原则的框架下进行，以保持整个民事诉讼立法的协调一致。只有以基本原则为准则构建各项具体制度和规范，才能保证民事诉讼立法的体系性和科学性。

其次，对民事诉讼具体规定的理解及适用具有指导意义。民事诉讼法由抽象的原则性规定和明确的具体规定共同构成，而关于民事诉讼程序、制度及当事人权利义务等内容的具体规定是基本原则精神实质的落实和具体化。对基本原则实质性内容的把握，有利于民事诉讼法律关系主体更好地理解相关程序和制度，从而更准确地适用具体规定，保证民事诉讼法的有效实施和民事诉讼活动的顺利展开。

再次，克服现行民事诉讼立法的有限针对性。法律规范具有相对稳定性，而现实生活是千变万化的，实践中经常会出现相关问题缺乏法律规定而无法可依或相关规则互相冲突的情形。当出现“法律空白”或规则互相冲突的情形时，法官可以在民事诉讼法基本原则的指导下合理行使自由裁量权，对诉讼过程中出现的各种问题进行较为灵活的处理。民事诉讼法包含数量众多的规则，因而有时难以避免出现规则相互冲突的情形，此时则需要具有基础性和本源性的基本规则解决互相冲突的情形，以保证民事诉讼法规则内部的协调。

最后，限制法官自由裁量权的行使范围。一方面，基本原则的抽象性为法官行使自由裁量权、进行创造性司法提供了空间；另一方面，基本原则的相对稳定性又明确了法官进行自由裁量的界限。即法官自由裁量权的行使不是绝对的，必须在与民事诉讼法基本原则的精神实质相一致的前提下进行，而不能超越基本原则的实质性内涵进行任意裁量。

二、民事诉讼法基本原则的体系和分类

民事诉讼法的基本原则是由若干具体原则构成的一个有机整体，各项原则在共同价值目标的指引下各自独立并相互作用。要透彻地理解民事诉讼法的基本原则，不仅要单独理解各项原则的内容和性质，还要将其置于整个基本原则的体系中，解读各原则相互之间的关系。

我国《民事诉讼法》明确规定的基本原则共有 13 项，具体为：第一，同等原则和对等原则；第二，民事审判权独立行使原则；第三，以事实为根据，以法律为准绳原则；第四，诉讼权利平等原则；第五，法院调解原则；第六，使用本民族语言文字进行诉讼原则；第七，辩论原则；第八，处分原则；第九，诚信原则；第十，检察监督原则；第十一，支持起诉原则；第十二，民事诉讼活动可以通过信息网络平台在线进行原则；第十三，民族自治地方制定变通或者补充规定原则。

对于民事诉讼法的基本原则可以从不同角度进行不同分类，目前学界较为统一的分类标准是，依据各项原则由何种法律加以规定进行区分。在上述民事诉讼法的各项基本原则中，有些原则是由《宪法》和《人民法院组织法》确立的，是宪法性原则、法院组织法原则在民事诉讼法中的具体体现，普遍适用于民事诉讼程序、刑事诉讼程序以及行政诉讼程序中，是三大诉讼法一些共通性特征的体现；有些原则则是《民事诉讼法》所规定的，仅适用于民事诉讼程序的基本原则，有别于刑事诉讼法、行政诉讼法中的基本原则，体现着民事诉讼质的特征，如民事诉讼中的处分原则。前者可归结为各诉讼法共通性原则，后者可归结为民事诉讼法特有原则。因此，民事诉讼法的基本原则可大致归为以下两类：

（1）各诉讼法共通性原则，共包括 5 项：第一，民事审判权独立行使原则；第二，以事实为根据，以法律为准绳原则；第三，检察监督原则；第四，使用本民族语言文字进行诉讼原则；第五，民族自治地方制定变通或者补充规定原则。

（2）民事诉讼法特有原则，共包括 8 项：第一，同等原则和对等原则；第二，诉讼权利平等原则；第三，法院调解原则；第四，辩论原则；第五，处分原则；第六，诚信原则；第七，支持起诉原则；第八，民事诉讼活动可以通过信息网络平台在线进行原则。

第二节　民事诉讼法的共通性原则

一、民事审判权独立行使原则

（一）民事审判权独立行使原则的意义及内容

审判权是对案件进行审理和裁决的权力，其作为一项司法权力，是国家权力的重要组成部分。审判独立是现代法治国家普遍遵循的一项基本原则，对于促进审判公正、树立司法权威以及增强国民法律信仰具有重要意义。审判独立原则是依法治国的基本要求，因而在我国被规定在宪法以及诉讼法律中。只有审判独立，才能有效地保证审判公正的实现。民事诉讼作为解决纠纷的基本手段和方式，需要依靠公正的审判起到彻底化解纠纷的作用，从而实现其基本功能。在审判实现了其解决纠纷的功能后，才能真正树立起司法权威和公民的法律信仰。我国《宪法》和《民事诉讼法》中都有关于民事审判权独立行使原则的规定，《宪法》第 131 条是该原则的宪法依据，《民事诉讼法》第 6 条则是该原则在民事诉讼领域的具体体现。

我国《民事诉讼法》第 6 条规定："民事案件的审判权由人民法院行使。人民法院依照法律规定对民事案件独立进行审判，不受行政机关、社会团体和个人的干涉。"该原则体现为以下两方面内容：

（1）排他性。排他性是指人民法院是行使民事审判权的唯一合法主体，任何其他国家机关、社会组织和个人都不能行使民事审判权。

（2）自主性。自主性是指民事审判权由人民法院自主行使，行政机关、社会团体和个人不得进行不当干预。

民事审判权的排他性和自主性是密切联系、不可分割的两个方面，二者共同构成完整意义上的民事审判权独立行使原则。

（二）正确理解民事审判权独立行使原则

首先，我国的政体决定了我国的审判独立是人民代表大会制度下的审判独立。根据《宪法》规定，中华人民共和国的一切权力属于人民，人民行使国家权力的机关是各级人民代表大会，而国家审判机关由人民代表大会产生，对它负责，并受它监督。因此，人民法院在独立行使民事审判权的同时要受到各级人民代表大会及其常委会以及人大代表的监督。

其次，我国的政党制度决定了审判独立是中国共产党领导下的审判独立。中国共产党作为执政党，代表着最广大人民的根本利益，领导我国社会主义建设的各项事业。因此，人民法院独立行使民事审判权要在党的领导下依法进行。

再次，我国的审判独立要受到媒体和舆论的监督。随着网络时代的到来，法院的审判工作受媒体监督的程度正日益加深。如何在审判独立与媒体监督之间寻求平衡，既保障群众和媒体的监督权，又保障审判的独立性与公正性，已成为人民法院面临的一大挑战。

最后，我国的审判独立是指人民法院作为一个整体对外独立地行使审判权，而法院内部的上下级法院之间则是监督与被监督的关系。对外，人民法院独立行使审判权，不受行政机关、社会团体和个人的干涉；对内，最高人民法院监督地方各级人民法院和专门人民法院的审判工作，上级人民法院监督下级人民法院的审判工作。

二、以事实为根据，以法律为准绳原则

我国《民事诉讼法》第 7 条规定："人民法院审理民事案件，必须以事实为根据，以法律为准绳。"该条规定将事实和法律确定为人民法院审理民事案件的客观依据，明确了法官行使审判权的标准和尺度。

以事实为根据，是指在民事审判中，审判主体应在查明案件事实的基础上进行审理和裁判。需要注意的是，此处的事实是指法律事实而非客观事实。客观事实是指民事争议产生和发展的不以人的意志为转移的客观真实情况，法律事实则指经过法定的证明程序由证据支撑起来的事实。由于受特定时空下技术条件和认识能力的限制，民事审判所依据的事实应为经法定证明程序所证实的法律事实。

以法律为准绳，是指在民事审判中将法律作为判断是非和分配权利义务的尺度和依据。此处的法律既包括实体法，也包括程序法。一方面，审判主体要严格按照民事诉讼法的程序性规定对案件进行受理、审理和裁判；另一方面，审判主体还要依照民事实体法的规定对当事人之间的实体权利义务进行裁判。

以事实为根据，以法律为准绳，作为民事诉讼法的一项重要原则，贯穿于民事诉讼的全过程。事实是适用法律的前提和基础，法律是在查明事实的基础上进行审理裁判的准则和依据，二者相辅相成，缺一不可。在具体适用中，只有既注重事实与法律的结合，又注重以事实为根据，以法律为准绳原则与民事诉讼法其他基本原则的统一，才能增强裁判的公正性和信服力，实现民事诉讼法的立法目的。

三、检察监督原则

（一）检察监督原则的含义

检察监督原则，是指人民检察院有权对人民法院的民事诉讼活动进行依法监督的原则。《民事诉讼法》第 14 条规定："人民检察院有权对民事诉讼实行法律监督。"根据《宪法》及《人民检察院组织法》等相关法律规定，人民检察院是国家法律监督机关，对民事诉讼活动进行法律监督是法律赋予人民检察院的重要权力与职责。

（二）检察监督的对象

根据《民事诉讼法》第 14 条的规定，检察监督的对象是民事诉讼活动，既包括对民事审判活动的监督，即对审判机关作出的生效判决、裁定、调解书是否合法以及审判监督程序以外的其他审判程序中审判人员的违法行为进行监督，也包括对民事执行活动的监督，即对执行人员在执行过程中的违法行为进行监督等。我国《民事诉讼法》

第 246 条特别规定了“人民检察院有权对民事执行活动实行法律监督”，这是对检察监督原则的补充和完善。这一规定修正了检察监督的对象仅限于对民事审判活动监督的局限性，赋予人民检察院法律监督权更为广泛的权力。

（三）检察监督的方式

《民事诉讼法》规定的人民检察院进行检察监督的法定方式，包括提起民事抗诉和提出检察建议。

所谓抗诉，是指人民检察院对人民法院已经发生法律效力的判决、裁定发现有提起抗诉的法定情形，或者发现调解书损害国家利益、社会公共利益的，依法提请人民法院对案件进行再次审理的诉讼行为。根据《民事诉讼法》第 219 条的规定，最高人民检察院对各级人民法院已经发生法律效力的判决、裁定，上级人民检察院对下级人民法院已经发生法律效力的判决、裁定，发现有法定抗诉情形之一的，或者发现调解书损害国家利益、社会公共利益的，应当提出抗诉。地方各级人民检察院对同级人民法院已经发生法律效力的判决、裁定，发现有法定抗诉情形之一的，或者发现调解书损害国家利益、社会公共利益的，也可提请上级人民检察院向同级人民法院提出抗诉。

所谓检察建议，是指人民检察院对人民法院已经发生法律效力的判决、裁定发现有提出检察建议的法定情形，或者发现调解书损害国家利益、社会公共利益的，或者基于审判人员的违法行为，而向人民法院提出的建议和意见。根据《民事诉讼法》第 219 条第 2、3 款的规定，地方各级人民检察院对同级人民法院已经发生法律效力的判决、裁定，发现有法定抗诉情形之一（第 211 条规定情形之一）的，或者发现调解书损害国家利益、社会公共利益的，可以向同级人民法院提出检察建议，并报上级人民检察院备案；地方各级人民检察院对审判监督程序以外的其他审判程序中审判人员的违法行为，有权向同级人民法院提出检察建议。在法定情形下，当事人也可以向人民检察院申请检察建议或者抗诉。

检察监督原则在促进依法审判、维护当事人合法权益及保障法制统一等方面具有积极意义。

四、使用本民族语言文字进行诉讼原则

我国《宪法》第 4 条明确赋予了各民族使用和发展自己的语言文字的自由，《宪法》第 139 条对诉讼语言作出了进一步规定：“各民族公民都有用本民族语言文字进行诉讼的权利。人民法院和人民检察院对于不通晓当地通用的语言文字的诉讼参与人，应当为他们翻译。在少数民族聚居或者多民族共同居住的地区，应当用当地通用的语言进行审理；起诉书、判决书、布告和其他文书应当根据实际需要使用当地通用的一种或者几种文字。”《民事诉讼法》第 11 条也规定：“各民族公民都有用本民族语言、文字进行民事诉讼的权利。在少数民族聚居或者多民族共同居住的地区，人民法院应当用当地民族通用的语言、文字进行审理和发布法律文书。人民法院应当对不通晓当地民族通用的语言、文字的诉讼参与人提供翻译。”据此，使用本民族语言文字进行诉

讼原则主要包括以下三方面的内容：

（1）各民族公民都有使用本民族语言、文字进行民事诉讼的权利。当事人及其他诉讼参与人在民事诉讼过程中，有权使用本民族的语言接受法庭调查、进行法庭辩论，也有权使用本民族的文字书写起诉状、答辩状、申请书等诉讼文书。

（2）在少数民族聚居或者多民族共同居住的地区，人民法院应当使用当地民族通用的语言、文字进行审理和发布判决书、裁定书等法律文书。

（3）人民法院应当对不通晓当地民族通用的语言、文字的诉讼参与人提供翻译。

使用本民族语言文字进行诉讼原则是我国民族政策的重要体现，也是宪法原则在民事诉讼法中的具体体现。我国是统一的多民族国家，各民族公民在国家生活中享有平等的法律地位，各民族都有使用和发展本民族语言文字的自由。坚持使用本民族语言文字进行诉讼的原则，有利于保障少数民族当事人充分行使诉讼权利，也有利于促进民族平等，增强民族团结。

五、民族自治地方制定变通或者补充规定原则

《民事诉讼法》第 17 条规定："民族自治地方的人民代表大会根据宪法和本法的原则，结合当地民族的具体状况，可以制定变通或者补充的规定。自治区的规定，报全国人民代表大会常务委员会批准。自治州、自治县的规定，报省或者自治区的人民代表大会常务委员会批准，并报全国人民代表大会常务委员会备案。"据此，民族自治地方制定变通或者补充规定的原则主要包括以下内容：

（1）民族自治地方的人民代表大会有权在不与宪法和民事诉讼法相抵触的前提下，结合当地民族政治、经济和文化等方面的具体特点，制定自治条例和单行条例对民事诉讼法中的相关规定作出变通或补充规定。

（2）自治区依法制定的变通或补充规定报全国人民代表大会常务委员会批准后，在本自治区内发生法律效力；自治州、自治县依法制定的变通或补充规定报省或者自治区的人民代表大会常务委员会批准，并报全国人民代表大会常务委员会备案后，在本自治州、自治县内发生法律效力。

（3）各自治区、自治州、自治县人民法院在依法审理当事人双方属于本行政区域内的民事纠纷案件时，可以使用该民族自治地方的人民代表大会依照当地政治、经济和文化特点所制定的自治条例和单行条例，并可在制作法律文书时加以引用。

民族自治地方制定变通或者补充规定原则的贯彻，不仅有利于尊重少数民族地区的风俗习惯和发展特点，激发各族人民管理本民族事务的积极性和创造性，从而增强民族团结，也有利于促进我国社会主义法制的民主化、规范化和程序化，提高法律的实效性。

第三节　民事诉讼法的特有原则

一、同等原则与对等原则

同等原则与对等原则主要是针对涉外民事诉讼所确立的一项重要原则，其意义是通过在涉外民事诉讼中对外国当事人和我国当事人进行同等保护和对等限制，来实现维护我国司法独立和促进纠纷有效解决的目的。

同等原则，即诉讼权利义务的同等，主要体现为同等保护，是指外国人、无国籍人、外国企业和组织在我国人民法院起诉、应诉时，同我国公民、法人和其他组织有同等的诉讼权利和义务，即赋予国外一方当事人与我国当事人同等的诉讼地位，既不限制其诉讼权利或加重其诉讼义务，也不增加其诉讼权利或减轻其诉讼义务；使其既不受到歧视，也不享有特权。我国《民事诉讼法》第 5 条第 1 款规定："外国人、无国籍人、外国企业和组织在人民法院起诉、应诉，同中华人民共和国公民、法人和其他组织有同等的诉讼权利义务。"同等原则是基于国家间的平等互惠原则而确立的，也是国民待遇原则在涉外民事诉讼中的体现。这一原则的确立符合当代民事诉讼立法的总趋势，既有利于涉外民事纠纷得到公正解决，也有利于发展我国同世界各国人民之间的友好关系。

对等原则，即诉讼权利义务的对等，主要体现为对等限制，是指外国法院对我国当事人的民事诉讼权利加以限制的，我国法院也对该国当事人在我国进行民事诉讼时所享有的权利加以同样的限制。《民事诉讼法》第 5 条第 2 款规定："外国法院对中华人民共和国公民、法人和其他组织的民事诉讼权利加以限制的，中华人民共和国人民法院对该国公民、企业和组织的民事诉讼权利，实行对等原则。"对等原则是基于主权国家间在司法上应享有的平等地位而确立的，也是国际上公认的一项民事诉讼基本原则。在民事诉讼中确立这一原则，对于维护我国的主权尊严和司法主权的独立性，以及保护我国公民、法人和其他组织的合法权益，正确处理国与国之间的关系，具有深远意义。

适用诉讼权利的同等原则和对等原则，并不意味着我国人民法院可以首先对外国公民、法人和其他组织的诉讼权利加以限制，但如果其他国家法院对我国公民、法人和其他组织采取歧视政策及对我国公民、法人和其他组织的诉讼权利加以限制的，我国人民法院也将对该国公民、法人和其他组织的诉讼权利加以限制。

二、诉讼权利平等原则

诉讼权利平等原则，是指当事人在民事诉讼中平等地享有和行使诉讼权利、平等地承担和履行诉讼义务的准则。《民事诉讼法》第 8 条规定："民事诉讼当事人有平等的诉讼权利。人民法院审理民事案件，应当保障和便利当事人行使诉讼权利，对当事人在适用法律上一律平等。”根据该条规定，诉讼权利平等原则具体包含以下内容：

（1）民事诉讼当事人享有平等的诉讼权利。这种平等既超脱于当事人的诉讼地位，超脱于当事人的经济、文化与社会地位，也超脱于案件争议的大小，即不允许任何一方当事人享有诉讼上的特权。当事人享有平等的诉讼权利，是公民在法律面前一律平等的宪法原则在民事诉讼中的体现，是民事诉讼法律关系主体平等性的反映，也是民事诉讼程序正义的必然要求。但是，民事诉讼当事人诉讼权利的平等并不意味着双方诉讼权利的绝对等同。在民事诉讼中，有些诉讼权利是双方当事人所共有的，如原、被告双方都享有委托诉讼代理人的权利，申请回避的权利，收集、提交证据的权利，进行辩论的权利，进行和解、请求调解的权利，提起上诉、申请再审的权利，等等；而有些诉讼权利则属于相对产生的权利，即专属于具有特定诉讼地位的当事人，如原告享有起诉权，享有放弃、变更诉讼请求的权利，被告则享有答辩权，享有承认、反驳原告诉讼请求、提出反诉的权利。这种基于当事人不同的诉讼地位而产生的具体诉讼权利上的差异是为了保证双方当事人享有平等的攻击防御机会，从而实现其在诉讼中实质上的平等。

平等的诉讼权利的行使，也意味着诉讼义务的平等承担，双方当事人都具有承担诉讼义务的责任，任何一方不履行诉讼义务，都会承担法律责任。

（2）人民法院应保障和便利当事人行使诉讼权利。停留在法律规定层面的诉讼权利平等只能是一种价值追求而不具有任何现实意义，立法上的平等只有在司法中真正得以落实，才能真正得到实现。因此，依法保障当事人平等地行使诉讼权利，是人民法院的职责。人民法院在审理民事案件的过程中，应当为双方当事人平等行使诉讼权利提供充分的制度保障，如主动告知双方当事人享有的诉讼权利，保障法律援助制度及诉讼费用缓交、减交、免交等制度的落实，从而给予双方当事人平等的机会和便利。特别是对于缺乏相关法律知识的当事人，法官应在保持中立的前提下恰当行使释明权，引导当事人正确行使权利，保障当事人双方实质意义上的平等。

（3）当事人在适用法律上一律平等。法院在查明案件事实的基础上，需要适用法律以最终确立当事人之间的权利义务关系，因此，人民法院在适用法律时对双方当事人应当一律平等。对当事人适用法律的平等，意味着人民法院在审理民事案件适用法律时，应当秉公适法，不能偏倚，依法作出公正裁决。法官在案件审理过程中适用的法律既包括民事实体性规范，也包括民事诉讼程序性规范。无论当事人的诉讼地位以及社会地位如何，法院对双方当事人都应一视同仁，平等适用法律。

三、法院调解原则

（一）法院调解原则的含义

所谓法院调解，是指在人民法院审判人员的主持下，双方当事人在自愿、平等协商的基础上，互谅互让、达成协议以解决权利义务纠纷的诉讼活动。法院调解是法院行使审判权和当事人行使诉权相结合的产物，贯穿于民事诉讼程序的全过程，且是人民法院审理民事案件、解决纠纷的结案方式之一。

在我国，调解作为纠纷发生之后的社会救济方式之一有着悠久的历史，法院调解也在长期的发展过程中逐渐形成了深厚的社会基础和文化底蕴，并成为我国一项独特的法文化传统。我国的法院调解原则，经历了“着重调解”阶段，并逐渐迈向了“自愿调解、合法调解”阶段。现行《民事诉讼法》第9条规定：“人民法院审理民事案件，应当根据自愿和合法的原则进行调解；调解不成的，应当及时判决。”

（二）法院调解应遵循的原则

（1）自愿原则。自愿原则是指法院对案件进行调解，必须以双方当事人的自愿为前提，不能违背当事人的意志强迫其接受调解。调解的自愿性包括：是否启动调解程序、调解最终能否达成协议以及达成何种内容的协议，均须征得双方当事人的同意，即程序意义上的自愿和实体意义上的自愿。前者指当事人对是否申请或同意以调解方式解决纠纷享有自主决定权；后者指调解协议的达成必须是双方当事人真实的意思表示，调解协议的内容是当事人依法自由处分其实体权利和诉讼权利的结果。

（2）合法原则。合法原则是指法院调解必须符合法律的规定。调解的合法性包括调解程序的合法性和调解协议的合法性，即程序合法和实体合法。程序合法是指调解的启动、调解方式、调解程序的进行、调解协议的确认和调解书的生效、执行等都必须依照法定的程序进行；实体合法则指调解协议的内容应该符合法律、法规的规定。最高人民法院出台的《法院调解规定》第10条规定：“调解协议具有下列情形之一的，人民法院不予确认：（一）侵害国家利益、社会公共利益的；（二）侵害案外人利益的；（三）违背当事人真实意思的；（四）违反法律、行政法规禁止性规定的。”

（3）尽可能适用调解方式结案，但不能久调不决。人民法院审理民事案件，可以通过调解方式结案的，尽可能适用调解结案。诉讼调解贯穿于民事审判程序的各个阶段，但除了一些特殊类型的案件外，诉讼调解并非民事审判的必经阶段，也并非所有的纠纷都能够通过调解的方式加以解决，只有具备调解条件才能适用调解。法律明确规定“调解不成的，应当及时判决”，而不能久调不决。倘若对于一些不适宜调解的案件进行盲目调解、久调不决，必然会损害当事人的程序利益以及实体利益，诱发当事人的不满情绪，甚至动摇司法权威和社会成员的法律信仰。

自愿和合法调解原则有利于维护当事人的诉讼权利，实现司法公正；有利于填补法律漏洞，弥补立法滞后的缺陷；有利于降低诉讼对抗性，彻底解决纠纷，提高诉讼效率。但在司法实践中，必须正确处理好调解与判决的关系，正确认识调判结合的科学内涵，充分保障当事人的合法权益，维护法律的权威。

四、辩论原则

（一）辩论原则的含义及内容

辩论原则，是指双方当事人在民事诉讼中就有争议的事实问题和法律问题，在审判人员的主持下陈述各自的主张和依据，相互进行答辩和反驳以维护自身合法权益的原则。《民事诉讼法》第 12 条规定的“人民法院审理民事案件时，当事人有权进行辩论”，为当事人在民事诉讼中行使辩论权利提供了法律依据。辩论原则主要体现为以下内容：

（1）辩论权是当事人的一项重要诉讼权利。在诉讼过程中，当事人有陈述各自诉讼请求及事实、理由的权利，也有相互反驳对方提出的事实和主张的权利。当事人通过行使辩论权对案件事实及法律问题进行充分辩驳，有利于法官形成相应的心证并作出公正裁决，从而维护其合法权益。

（2）当事人辩论的方式具有多样性。诉讼当事人既可以通过口头方式进行辩论，也可以通过书面方式进行辩论；既可以自行辩论，也可以由诉讼代理人代为进行辩论。其中，口头辩论即言词辩论，主要存在于开庭审理过程中的法庭调查和法庭辩论阶段；而书面辩论主要存在于其他诉讼阶段，如被告提交答辩状是比较典型的书面辩论方式。

（3）当事人辩论的范围具有全面性。一般而言，当事人辩论权的行使包括对案件事实方面的辩论、对适用法律的辩论以及对程序问题的辩论。即当事人既可以围绕案件的实体问题展开辩论，也可以围绕案件的程序问题以及法律适用问题展开辩论。实体问题主要包括事实认定和法律适用两个方面，如相关的民事法律关系是否成立、当事人是否存在免责事由、应适用何种法律等；程序问题则包括当事人是否适格、受诉法院有无管辖权、代理权的授予是否存在瑕疵、相关人员是否应当回避等。

（4）法院在诉讼过程中应保障当事人充分行使辩论权。审判人员在诉讼中应为当事人行使辩论权提供充分的时间和对等的机会，并适当行使释明权和诉讼指挥权，引导当事人围绕争议焦点正确行使辩论权，促使双方当事人之间的辩论有条不紊地进行。例如，2022 年 10 月 15 日，甲诉乙合同纠纷一案在某法院立案，10 月 20 日审理该案的审判员李某通过电话向乙简单询问了案件有关情况后，便口头通知其于 10 月 24 日到庭参加庭审。一审判决作出后，乙认为一审法院未向其送达起诉状副本，未给予其答辩机会，违反法定程序为由提出上诉。根据《民事诉讼法》的规定，当事人有辩论权，辩论权的行使不仅仅表现在法庭上的口头辩论，被告的答辩状同样是一种辩论形式，是被告针对原告起诉状进行的书面辩论。本案中，一审审判员李某未按照《民事诉讼法》的规定向被告送达起诉状副本，导致被告未予答辩的行为，不仅没有为当事人行使辩论权提供保障，反而剥夺了被告在审理前准备阶段的辩论权，背离了辩论原则的内在要求。

（5）辩论原则贯穿于民事诉讼的全过程。除了不存在相互对立的双方当事人的特别程序外，辩论原则适用于民事诉讼的所有程序，包括一审程序、二审程序和审判监督程序。在诉讼的各个阶段即原告向法院起诉时起至判决作出前的所有阶段，当事人双方均可通过法定的形式展开辩论，开庭审理过程中的法庭辩论阶段是当事人行使辩论权最集中的阶段。

（二）民事诉讼法确立辩论原则的意义

《民事诉讼法》确立的辩论原则具有重要意义：首先，当事人通过辩论权的行使，陈述自己的主张并反驳对方的主张，在诉讼过程中据理力争，有利于其合法权益的最终维护。其次，有利于当事人真正参与到诉讼中来，使其获得程序正义的主观感受，并使裁判结果正当化。最后，双方当事人之间的对抗性辩论有利于最大限度地展示案件事实，为审判人员形成正确心证，作出公正裁判奠定基础。

辩论主义，是大陆法系国家民事诉讼有关当事人与法院作用分担的概念，具体指由当事人负责主张事实和提出相应证据资料，并且法院需要以当事人主张的事实和提出的证据为基础进行审理和裁判。也就是说，法院进行审理所需要的主要事实及证据资料，由当事人负责主张和提出。与辩论主义相对应的是职权探知主义，强调的是由法院对诉讼中的事实进行查明和收集证据。辩论主义不仅仅是对当事人有权在诉讼中进行辩论行为的承认和强调，更加强调的是当事人与法院之间的关系。“以什么样的事实来作为请求的根据，又以什么样的证据来证明所主张的事实存在或不存在，都属于当事者意思自治的领域，法院应当充分尊重当事者在这一领域的自由。这就是辩论原则最根本的含义。”〔1〕辩论主义要求法院在诉讼中不得违反辩论主义，即法院不能将当事人未主张的事实作为判决基础，因此有利于避免法院在认定事实时可能出现的突然袭击。

按照通说观点，辩论主义的基本内容包括：①直接决定法律效果发生或消灭的必要事实必须在当事人的辩论中出现，没有在当事人的辩论中出现的事实，不能作为判决的基础和依据。也就是说，法院判决不能以当事人尚未主张的事实为基础。②法院应将当事人间无争议的事实作为判决的事实依据，可以说，法院直接受到当事人诉讼行为的拘束。③法院对证据的调查只限于当事人双方在辩论中所提出来的事实，对当事人没有在言词辩论中主张的事实，即使法院通过职权调查已得到心证，仍然不得作为裁判的基础。

大陆法系国家的辩论主义和我国民事诉讼法中的辩论原则都强调当事人拥有诉讼中的辩论权，但两者存在很大区别。从辩论主义的含义及内容来看，其对民事诉讼中当事人和法院的关系进行界定和规范，所强调的是法院裁判应建立在当事人辩论的基础之上，由当事人提出审理案件所需要的事实和证据，其与辩论原则的具体区别如下：①约束力的差异。辩论原则即使强调双方当事人有权实施辩论行为，却并未规定法院需要受到当事人辩论内容的限制，因为法院仍旧可以通过职权调查进行案件实体问题的判断，当事人对事实的主张和提出的证据对法院的审理判断形成不了实质的约束力；辩论主义则强调法官审理和裁判的基础被限于当事人辩论主张的范围内，对法院产生约束力。总结来看，辩论主义就是具有约束性的辩论原则，对法院形成了实质的约束力。②调整关系的差异。我国的辩论原则强调对当事人辩论权的承认，针对的是对当事人诉讼权利的保护；而辩论主义调整民事诉讼中当事人与法院的关系，指导民事诉

〔1〕［日］谷口安平：《程序的正义与诉讼》，王亚新、刘荣军译，中国政法大学出版社2002年版，第32页。

讼过程顺利开展。③诉讼模式的差异。辩论主义依附的是当事人主义的诉讼模式，强调当事人在民事诉讼过程中的主导作用。目前我国当事人在民事诉讼中的作用尚未形成主导，因而民事诉讼法中的辩论原则更加偏向于是职权主义下对当事人辩论权的承认和保护。④适用范围的差异。我国辩论原则的适用范围较广，也即当事人辩论的范围具有全面性。当事人既可以围绕案件的实体问题展开辩论，也可以围绕案件的程序问题展开辩论。实体问题主要包括事实认定和法律适用两个方面，程序问题则包括当事人是否适格、受诉法院有无管辖权等。而辩论主义主要适用于与诉讼相关的事实和证据。

五、处分原则

（一）处分原则的含义及法律依据

处分原则，是指民事诉讼当事人有权在法律规定的范围内，依法自由支配其享有的民事权利和诉讼权利的原则。《民事诉讼法》第 13 条第 2 款规定："当事人有权在法律规定的范围内处分自己的民事权利和诉讼权利。"这是当事人依法行使处分权的法律依据。

（二）处分原则的内容

民事诉讼法规定的处分原则主要包括以下内容：

（1）依法享有处分权的主体是当事人和具有类似当事人地位的人。当事人与案件审理结果有着直接的利害关系，是处分权的当然主体。此外，法定诉讼代理人和经当事人特别授权的委托诉讼代理人等具有类似当事人地位的人，也能在法定范围内依法处分当事人的实体权利和诉讼权利，其享有处分权的依据在于法律规定或当事人的授权行为。

（2）处分权的对象包括民事权利和诉讼权利。当事人对诉讼权利的处分，主要表现为是否行使起诉权、反诉权、撤诉权、上诉权、再审申请权等，对民事权利的处分则体现在是否变更、放弃、承认对方的诉讼请求等方面。在民事诉讼中，当事人对民事实体权利的处分一般是通过对诉讼权利的处分来实现的，如原告可以通过撤诉的方式放弃对被告的侵权损害赔偿请求权，但当事人处分诉讼权利并不一定同时处分相应的实体权利，如原告的撤诉行为并不意味着他对自己实体权利的必然放弃。诉讼当事人对权利的处分又分为积极处分和消极处分，前者指当事人积极地行使某项民事权利或诉讼权利，如起诉、申请回避等；后者则指当事人消极地不行使某项权利，如放弃上诉的权利等。例如，甲向法院起诉，要求判决乙返还借款本金 2 万元。在案件审理过程中，借款事实得以认定，同时，法院还查明乙逾期履行还款义务近一年，法院遂根据银行同期定期存款利息，判决乙向甲返还借款本金 2 万元，利息 520 元。处分权的行使是当事人的权利，当事人既可以处分其程序权利，也有权处分其实体权利。本案中原告甲仅要求被告乙返还本金而放弃了对利息的追偿，是依法行使处分权的表现。作为法院，无权替代当事人行使处分权，因此法院判决中关于返还利息的内容超出了原告诉讼请求的范围，违反了民事诉讼法的处分原则。

（3）处分权行使的限度是不得违反法律的禁止性规定。不受限制的权利往往有被滥用的倾向，民事诉讼法在赋予当事人处分权的同时，也为其行使范围设定了界限。当事人必须在法律允许的范围内依法处分自己的民事权利和诉讼权利，不得损害国家利益、社会公共利益和他人的合法权益，否则将受到法院的干预。但在我国法院职权较强而当事人权利较弱的大背景下，法院不可过度干预当事人对处分权的行使，否则易使处分原则的立法目的落空。

（4）处分原则贯穿于民事诉讼的整个过程。当事人对处分权的行使存在于民事诉讼的各个阶段：

诉讼开始前，当事人有权决定是否启动诉讼程序。诉讼程序的开始，必须以当事人行使起诉权为前提，即“不告不理”。

诉讼程序开始后，诉讼请求的范围由当事人自行决定。原告可以放弃、变更诉讼请求，也可以撤诉；被告可以承认、反驳诉讼请求，也有权反诉；双方当事人还可以自行和解或请求法院进行调解。

一审程序结束后，上诉程序的发生与否取决于当事人是否行使上诉权。当事人上诉的，法院依法启动第二审程序；当事人不上诉的，一审裁判于上诉期届满后即发生法律效力，第二审程序不会发生。

法律文书生效后，除一些特殊类型的案件由法院移送执行外，执行程序的启动与否也取决于当事人是否向法院申请执行。

法律文书生效后，除法院主动提起和检察院抗诉提起审判监督程序外，当事人有权决定是否申请再审来启动审判监督程序。

（三）民事诉讼法确立处分原则的意义

处分原则建立在权利主体对自身权利进行自由控制和支配的基础之上，该原则在民事诉讼法中的确立与民事权利的性质息息相关。民事权利属于民事主体依法可以自由支配的私权利，意思自治是民事实体法领域最重要的原则，处分原则便是实体法中当事人意思自治和自由处分权在诉讼法领域的自然延伸和体现。处分原则的贯彻有利于保障当事人在民事诉讼中的主体性地位，使法院审判权受到当事人处分权的制约，从而维护当事人的合法权益和法院审判的公正性。

民事诉讼过程中既不能缺少当事人的存在，也不能缺少法院的存在。也就是说，民事诉讼与当事人的处分权以及法院的审判权密切相关。因此，我们必须明晰民事诉讼中处分权与审判权的关系，才能更好地保证民事诉讼程序的有效运作。首先，审判权形成了对处分权的监督。当事人享有对自己民事权利和诉讼权利的处分权，并不意味着可以在不受监督的前提下肆意处分权利，其享有的处分权仍旧要受到法院审判权的监督，否则极有可能带来权利滥用的不利后果。处分权的行使不能违反法律的禁止性规定，不能对国家利益、社会公共利益和他人的合法权益造成损害，否则法院应当进行适当干预。举例来说，当事人在将和解协议提交法院确认后，法院应当审查和解协议的内容，对当事人正当处分权利的结果予以确认。并且，如果当事人的处分行为造成诉讼效率的低下和诉讼程序的不当拖延，法院应当对此进行合理监督和控制，以保证民事诉讼程序的顺利进行。其次，审判权保障和指导处分权的正当行使。在我国法院职权较强的情形下：一方面法院需要注意不可过度干预当事人对处分权的行使，不能不当阻止当事人对自身权利的合理处分；另一方面法院也应当为当事人正确行使处分权提供必要的指导和帮助。在当事人缺乏专业诉讼代理人协助的前提下，法院可适当进行提示和阐明，帮助当事人正确处分自己的民事权利和诉讼权利，也有助于保证民事诉讼程序有效进行。法院在提供指导和帮助时需要注意合理边界，以防其作为中立第三方的地位偏移。最后，处分权形成了对审判权的制约。处分原则确定了民事诉讼当事人有权在法律规定的范围内，依法自由支配其享有的民事权利和诉讼权利。也就是说，在民事诉讼过程中，当事人有权在合理范围内自由处分自己的权利，包括决定诉讼程序的启动和退出、选择管辖法院、变更诉讼请求、行使撤诉、和解方式。法院不得阻碍民事诉讼当事人正当合理地处分自己的诉讼权利和实体权利，应尊重和保障当事人在民事诉讼中的主体性地位。

我国处分原则与大陆法系普遍规定的处分权主义相比存在差异，处分原则规定当事人有权在法律规定的范围内自由处分自己的实体权利和诉讼权利，处分权主义的内容则主要包括：①诉讼的开始由当事人决定，也就是说，仅当事人有权通过起诉启动民事诉讼程序。②审判的范围、限度由当事人的主张决定，法院只能在当事人请求和主张的范围与限度内进行审理裁判。从处分原则和处分权主义各自的内容对比来看，处分权主义同时对法院的审判权产生约束作用，但处分原则更加强调的是当事人对自己的实体权利和诉讼权利享有处分权利，对法院的审判权则尚未形成实质的约束作用。法院的审判权应当尊重当事人对自己权利的正当处分，不可过度干预，否则将违背处分原则的内在要求，造成对当事人合法权益的不当损害。

六、诚实信用原则

（一）诚实信用原则的含义及意义

诚实信用原本属于道德领域中的基本概念，在将其引入到法律领域时，首先适用于私法领域。然而，随着社会的发展，人们在诉讼中对诚信的内在需求逐渐扩展，诚信的理念也即渗透到民事诉讼的公法领域，并逐渐成为一项民事诉讼的基本法律原则。从诚实信用产生和发展的轨迹，我们可以看出诚实信用原则是将道德规则与法律规则合为一体的原则，具有法律调节和道德调节的双重功能。

诚实信用原则，也称诚信原则，是指法院、当事人以及其他诉讼参与人在民事诉讼中应当遵循的诚实、善意和守信的准则。

诚实信用作为民事诉讼的原则，在很多国家的民事诉讼立法中都有直接规定和体现。例如，《日本民事诉讼法》第 2 条规定：“法院应为民事诉讼公正并迅速地进行而努力；当事人进行民事诉讼，应以诚实信用为之。”除此，德国民事诉讼法、奥地利民事诉讼法、匈牙利民事诉讼法等所规定的当事人真实义务、诉讼促进义务等都是诚实信用原则在民事诉讼中的具体体现。我国在2012年对《民事诉讼法》进行修改时，第一次将诚实信用原则作为民事诉讼的基本原则规定在民事诉讼法中，对于引导民事诉讼法律关系主体在进行民事诉讼行为时，遵守诚实和善意具有非常重要的意义。同时，我国民事诉讼诚信原则与处分原则一起被规定在《民事诉讼法》第13条中，并且放置于处分原则之前。不难猜测，其立法本意针对的是当事人在司法实践中不当处分自己权利的行为，现实中不乏部分当事人通过虚假诉讼、恶意诉讼等滥用诉讼权利且不诚信的诉讼行为为自己谋利，造成对他人合法权益的损害以及对法院司法权威的挑战。在减少此种滥用权利行为的发生上，诚信原则具有重要意义。首先，诚信原则规制着当事人和其他诉讼参与人不得滥用诉权和诉讼权利，不得进行恶意诉讼、拖延诉讼、虚假陈述，禁止反言等。在必要情况下可以通过适用诚实信用原则推动民事诉讼程序的有效进行。其次，诚信原则还可以规制法院公正行使审判权，及时、正当地行使诉讼指挥权，不得滥用自由裁量权和进行突袭裁判。再次，诚信原则有利于发现案件事实，该原则要求法院、当事人以及其他诉讼参与人，在民事诉讼中应当遵循的诚实和守信的准则。在民事诉讼过程中，如果当事人及其他诉讼参与人能坚持诚实守信的原则，会进一步减少恶意诉讼和虚假诉讼的存在，从而保证案件事实能够以真实的方式呈现在法院和法官面前，有利于法院明晰案件真实情况。最后，诚信原则有助于填补法律漏洞，在出现相关法律漏洞而无法依据法律规定作出裁判时，可以通过诚信原则进行利益衡量，从而在符合法律规定的前提下作出恰当的裁判。

（二）诚实信用原则在民事诉讼中的适用

诚实信用原则的适用，包括适用主体和内容两方面。

（1）对诚实信用原则在民事诉讼中的适用主体，学界存在不同的声音，一种观点主张，诚实信用原则只对当事人适用，即当事人在民事诉讼中应当遵循诚实、善意和守信的准则，而不约束法院和其他诉讼参与人；另一种观点则认为，诚实信用原则不仅包括对当事人的适用，也包括对其他诉讼参与人和法院的适用，即在民事诉讼中，所有民事诉讼法律关系主体都应当遵循和适用诚实信用原则。我国现行《民事诉讼法》第13条第1款明确规定："民事诉讼应当遵循诚信原则。"从这一规定来看，民事诉讼法对诚实信用原则的规定并没有排除该原则对其他诉讼参与人和法院的适用，但从立法技术角度看，《民事诉讼法》将诚信原则作为一款，与当事人处分权原则置于同一条款中，可以理解为《民事诉讼法》更强调当事人行使处分权应当遵循这一原则。根据《民事诉讼法》的规定，参考其他国家对这一原则的规定和学界的通说观点，诚信原则在民事诉讼中的适用主体应当包括对当事人的适用，对其他诉讼参与人的适用，以及对法院的适用。

（2）诚实信用原则的内容，在不同法系略有不同。英美法系主要通过禁反言原则加以体现，而大陆法系则是通过真实义务、诉讼促进义务等进行规定。禁反言是英美法系重要的法律原则，属于一种衡平法理念，是英美衡平法院给予当事人的衡平救济之一，意在防止一方当事人用前后矛盾的言词或行为损害对方当事人的信赖利益。真实义务观念渊源于罗马法，在大陆法系的适用一般是强调民事诉讼中真实陈述的义务；而诉讼促进义务则指努力而善意地推动诉讼程序的进行。

我们认为，诚实信用原则在民事诉讼中的适用应当包括如下方面：

（1）诚实信用原则对当事人的适用，主要体现为：①禁止滥用诉权和诉讼权利。即禁止当事人违背诉权和诉讼权利设置的目的滥用起诉权、上诉权、申请回避权、程序异议权等，以达到阻挠诉讼，拖延诉讼，损害对方当事人及其他人合法权益的结果。②禁止恶意诉讼。即一方面应当禁止当事人之间恶意串通，或者与他人之间恶意串通，通过诉讼、调解等方式侵害他人合法权益，或者逃避履行法律文书确定的义务；另一方面应当禁止当事人以不正当的手段制造或形成有利于自己的诉讼状态。③诉讼禁反言。在诉讼中，当事人陈述及行为应当前后一致，禁止故意作出前后相互矛盾的陈述和行为。④真实陈述义务。真实义务的内容包括两方面：一是要求当事人在诉讼中，不能主张已知的不真实事实或自己认为不真实的事实；二是不能在明知对方提出的主张与事实为真实，或认为与事实相符时，仍然进行争执。因此，真实义务要求当事人作真实陈述，禁止编造谎言，作虚假陈述。⑤促进诉讼义务。诚实信用原则要求当事人在民事诉讼中，应当促进诉讼的进行，不应怠于行使权利，妨碍诉讼的进行。如果一方当事人怠于行使诉讼权利，致使对方当事人以为其不会再行使时，法院可以确认当事人长期未予行使的权利在诉讼上已经失去效力。

（2）诚实信用原则对其他诉讼参与人的适用，主要体现为：要求其他诉讼参与人在实施诉讼行为时，同样遵守诚实、善意的准则，如证人不得无故拒绝作证，不得提供虚假证言和前后矛盾的证言；鉴定人不得故意或重大过失地作出与案件事实和科学原理不相符合的鉴定结论；翻译人员不得故意或重大过失地作出与原意不符的翻译；诉讼代理人不得滥用和故意或重大过失地超越代理权限等。

（3）诚实信用原则对法院的适用，主要体现在：法院应当遵守诉讼程序，尊重当事人及其他诉讼参与人，公正、合法地行使审判权，解决纠纷。①法院不得滥用司法审判权，应本着诚实、善意行使释明权、程序指挥权、自由裁量权等权力。②禁止突袭裁判。诉讼中，法院应当给予双方当事人充分行使辩论权的机会和攻击、防御的程序性保障，禁止在没有给予或者没有充分给予双方当事人对事实和法律问题进行辩论的情况下作出裁判。

七、支持起诉原则

《民事诉讼法》第 15 条规定：“机关、社会团体、企业事业单位对损害国家、集体或者个人民事权益的行为，可以支持受损害的单位或者个人向人民法院起诉。”这是支持起诉原则的立法根据。支持起诉原则的主要内容是：

（1）支持起诉的前提条件。①支持起诉原则适用的案件，必须是损害了国家、集体或者个人的民事权益的民事案件。通说认为，支持起诉原则适用于侵权诉讼，不适用于违约诉讼。如果属于一般的民事权益之争，当事人可以自行处分，无须其他主体介入。②必须是受损害者没有起诉，但有起诉的意愿，且需要他人支持受害者同这种侵权行为作抗争。如果受害者已经起诉，则无须支持。如果受害人不愿意起诉，其他主体也不能过于热情，挑词架讼。

（2）有权支持起诉的主体。《民事诉讼法》对支持起诉的主体规定为机关、社会团体、企业事业单位，排除了自然人作为支持起诉的主体资格。一般情况下，自然人处于势单力薄的地位，不具有支持他人起诉的实力和条件，另一方面也防止一些人滥用支持起诉原则，故《民事诉讼法》将支持起诉的主体限定为单位。至于何种单位有支持起诉主体资格，《民事诉讼法》未作明确规定。从我国诉讼实践经验来看，有权支持起诉的主体只能是对于受害者负有保护责任的机关、团体和企事业单位。例如，妇联可以支持受害的妇女起诉，共青团可以支持受害青年起诉，企事业单位可对支持本单位职工起诉，工会可以支持本单位职工因劳动争议的起诉，消费者协会可以支持消费者起诉。没有保护责任的单位支持起诉的情形比较少见，人民法院为防止支持起诉原则被滥用，一般也不予准许。

（3）被支持起诉人的诉讼地位。被支持起诉者与本案有直接利害关系，既可以是机关、团体、企事业单位，也可以是自然人，在诉讼中应处于《民事诉讼法》规定的原告的诉讼地位。

（4）支持起诉单位在诉讼中的地位。支持起诉的机关、团体、企事业单位，不是案件的直接利害关系人，不具有《民事诉讼法》规定的原告的主体资格，不以自己的名义起诉。支持起诉单位也不是委托代理人的身份。

（5）支持的方式。《民事诉讼法》没有规定支持起诉的方式，通说认为包括精神上的支持和物质上的支持。精神上的支持包括向受害者宣传法律知识，帮助其解除思想顾虑，帮助其寻找法律援助等。物质上的支持包括为其提供一定的费用支持和人员支持。

我国《民事诉讼法》确立支持起诉原则，有利于运用社会力量维护国家、集体和个人的合法权益，体现“得道多助、失道寡助”的社会传统，鼓励全社会行动起来，拒绝违法行为的发生，维护社会主义法制，从而建立社会主义社会人与人之间新型的法律关系。

在正确理解支持起诉原则的同时，还要厘清支持起诉原则与人民法院独立行使审判权原则的关系。支持起诉与法院独立行使审判权是我国《民事诉讼法》中两个不同的基本原则，但二者并不相悖，是相辅相成的关系。实行支持起诉原则，可以帮助受害者更好地保护自己的合法权益，维护社会主义法治，这与人民法院行使审判权的目的是一致的。因此，不能把支持受害者起诉与非法干涉法院审判混为一谈。因为这二者在性质上是完全不同的。前者是对违法行为的干预，其目的是保护国家、集体和个人的合法权益不受损害，维护社会主义法治；后者则是对合法行为的非法干涉，其目的是干涉人民法院独立审判，破坏社会主义法治。

由于在立法上没有相应的具体条文适用于支持起诉原则，支持起诉原则在审判实践中适用不多，甚至没有适用。从法理上分析，我国的支持起诉原则值得检讨：一是该原则不符合《民事诉讼法》基本原则的基本要求，不应当成为《民事诉讼法》的基本原则，而成为民事诉讼的一项制度则更为妥当。二是支持起诉原则过于原则、抽象，欠缺具体、细化、可操作的法律规范配套，导致该原则在民事诉讼中处于名存实亡的境地。三是该原则的适用范围应当作一些调整。从民事诉讼的发展趋势看，支持起诉原则应当限定于弱者诉讼和公益诉讼，不分其是侵权诉讼还是违约诉讼。因为在违约诉讼中需要支持的也不在少数。四是有必要整合支持起诉原则、法律援助制度、检察机关提起的民事公诉制度。这三个原则（制度）都是有着良好初衷的制度，但都成了《民事诉讼法》的“弱项”。由于这三项原则（制度）在理念上具有一定的相通性，如何整合、优化制度资源，使其落到实处，是值得我们研究的课题。

八、民事诉讼活动可以通过信息网络平台在线进行原则

民事诉讼活动可以通过信息网络平台在线进行原则，是 2021 年《民事诉讼法》修正时新增加的一个原则，是指经当事人同意，民事诉讼活动可以通过信息网络平台在线进行。《民事诉讼法》第 16 条规定：“经当事人同意，民事诉讼活动可以通过信息网络平台在线进行。民事诉讼活动通过信息网络平台在线进行的，与线下诉讼活动具有同等法律效力。”民事诉讼活动可以通过信息网络平台在线进行原则，是以科学技术为依托、以便利当事人进行诉讼和便利人民法院审理案件为目的的原则，其主要内容是：

（1）民事诉讼活动可以通过信息网络平台在线进行的前提。是否通过信息网络平台在线进行民事诉讼活动，涉及当事人的程序选择权。根据处分原则的要求，是否行使该项程序选择权，应当由当事人自主决定。各地人民法院信息网络平台的建设参差不齐，当事人通过信息网络平台在线进行民事诉讼活动的能力存在较大差距，如果由人民法院依照职权确定民事诉讼活动是否通过信息网络平台进行，未必能实现便利当事人进行诉讼和便利人民法院审理案件的目的。因此，《民事诉讼法》第 16 条第 1 款规定，民事诉讼活动虽然可以通过信息网络平台在线进行，但前提是经当事人同意。

《人民法院在线诉讼规则》第 4 条进一步就当事人同意问题作出了细化规定，即“人民法院开展在线诉讼，应当征得当事人同意，并告知适用在线诉讼的具体环节、主要形式、权利义务、法律后果和操作方法等。人民法院应当根据当事人对在线诉讼的相应意思表示，作出以下处理：（一）当事人主动选择适用在线诉讼的，人民法院可以不再另行征得其同意，相应诉讼环节可以直接在线进行；（二）各方当事人均同意适用在线诉讼的，相应诉讼环节可以在线进行；（三）部分当事人同意适用在线诉讼，部分当事人不同意的，相应诉讼环节可以采取同意方当事人线上、不同意方当事人线下的方式进行；（四）当事人仅主动选择或者同意对部分诉讼环节适用在线诉讼的，人民法院不得推定其对其他诉讼环节均同意适用在线诉讼。对人民检察院参与的案件适用在线诉讼的，应当征得人民检察院同意。”

（2）民事诉讼活动不能通过信息网络平台在线进行的情形。虽然《民事诉讼法》第 16 条第 1 款允许当事人选择通过信息网络平台在线进行民事诉讼活动，但当事人的程序选择权也要受到一定限制，即应当具备行使程序选择权的客观条件、程序选择权的行使应当有利于案件事实的查明且不得损害国家利益、社会公共利益等。《人民法院在线诉讼规则》第 21 条对此作出了明确规定，即“人民法院开庭审理的案件，应当根据当事人意愿、案件情况、社会影响、技术条件等因素，决定是否采取视频方式在线庭审，但具有下列情形之一的，不得适用在线庭审：（一）各方当事人均明确表示不同意，或者一方当事人表示不同意且有正当理由的；（二）各方当事人均不具备参与在线庭审的技术条件和能力的；（三）需要通过庭审现场查明身份、核对原件、查验实物的；（四）案件疑难复杂、证据繁多，适用在线庭审不利于查明事实和适用法律的；（五）案件涉及国家安全、国家秘密的；（六）案件具有重大社会影响，受到广泛关注的；（七）人民法院认为存在其他不宜适用在线庭审情形的。采取在线庭审方式审理的案件，审理过程中发现存在上述情形之一的，人民法院应当及时转为线下庭审。已完成的在线庭审活动具有法律效力。在线询问的适用范围和条件参照在线庭审的相关规则。”

（3）民事诉讼活动通过信息网络平台在线进行的效力。民事诉讼活动能否通过信息网络平台在线进行，取决于当事人是否同意。基于自我责任原理，当事人应当对其程序选择的法律后果负责。且民事诉讼活动通过信息网络平台在线进行时，当事人所获得的程序保障与线下诉讼活动并无本质区别，即享有充分的攻击和防御的权利。因此，《民事诉讼法》第 16 条第 2 款规定，民事诉讼活动通过信息网络平台在线进行的，与线下诉讼活动具有同等法律效力。

【思考题】

一、概念题

民事诉讼法的基本原则　检察监督原则　辩论原则　诚实信用原则

二、简答题

1. 简述民事诉讼中规定共有原则和特有原则的意义。
2. 简述对诉讼权利平等原则的理解。
3. 简述对诚信原则在民事诉讼中意义的理解。
4. 简述处分原则在民事诉讼中的体现。
5. 简述检察监督原则在民事诉讼中的体现。

三、论述题

1. 试述在审判实践中体现诉讼权利平等的路径。
2. 试述辩论原则与辩论主义之间的关系。
3. 试述调解与判决之间的关系。
4. 试述在信息时代协调审判独立与舆论监督之间关系的路径。

第六章
民事诉讼法的基本制度

学习目的与基本要求　明确民事诉讼法的基本制度在法律结构中的位阶，厘清民事诉讼法基本制度与基本原则之间的区别；掌握各个基本制度的要义与实质内涵，了解其基本的应用功能。

我国民事诉讼法基本制度，是指在民事审判重要环节上起基本作用的操作规程，体现了法律对法院民事审判的基本要求，是法院民事审判活动中的基础性制度。

民事诉讼法基本制度与基本原则是不同的，它们二者的主要区别在于：第一，基本原则是抽象的、概括性的，需要结合其他相关具体规定才能够体现出其可操作性，基本原则本身可操作性不强。而基本制度本身就有非常具体的内容和要求，有很强的可操作性。第二，从主体上看，基本原则不仅适用于法院，也适用于当事人和其他诉讼参与人。而基本制度主要是规范调整法院的审判行为，因此，基本制度中的大多数内容仅对法院适用。第三，基本原则对整个民事诉讼活动过程都有客观的指导作用，因此，基本原则通常贯穿整个民事诉讼过程，无论是一审，还是二审，或是再审，也无论是审判程序，还是执行程序，基本原则都起到非常重要的作用。而基本制度通常只适用于民事审判中的某些重要阶段或者环节。

实际上，我国民事诉讼法中规定的制度很多，比如管辖、诉讼代理、保全等，都是很重要的民事诉讼制度，只不过我们此处讲的民事诉讼法基本制度，着重是从法院审判行为这一角度上讲的，对法院审判活动起到重要作用的制度就成为基本制度，从这一角度出发，我国民事诉讼法基本制度包括公开审判制度、两审终审制度、合议制度、陪审制度和回避制度。

第一节　公开审判制度

所谓公开审判，是指除非法律另有规定，民事审判的过程和结果都应当依法向社会和当事人公开。

审判不是生来就是公开进行的，在古代社会，审判通常是秘密进行的，直到现代社会，才逐步建立起完善的公开审判制度。公开审判是现代社会各国的通常制度，我国也不例外。在我国，公开审判的作用是巨大的，首先，公开审判使得法院民事审判的过程和结果公开、透明，这样有助于保障和促进民事审判的公平和公正。其次，实行公开审判制度，使得法院民事审判活动被置于当事人和社会监督之下，从而有助于增强审判人员的责任感，正确行使法律赋予的审判权，提高办案质量，防止司法专横，杜绝司法腐败，最终实现司法公平公正。再次，通过公开审判，还可以提高民事审判的公信力，使广大人民群众相信民事审判的过程及其结果。最后，公开审判还有法治宣传、教育的功能，人民群众可以通过公开审判获取民事审判的常识，并接受生动、形象的法律教育。

与民事审判不同，仲裁是不公开进行的。我国《仲裁法》规定，仲裁不公开进行，当事人协议公开的，可以公开，但涉及国家秘密的除外。这样规定主要是因为大多数仲裁事件都会涉及商业秘密，如果公开，对保护当事人的商业秘密不利。当然，如果案件涉及国家秘密，就算当事人同意公开仲裁，也不能公开仲裁。仲裁不公开进行是国际商事仲裁的惯例。

一、公开审判的内容

根据我国民事诉讼法及其司法解释的规定，我国公开审判具体包括以下六个方面的内容，也就是说，在民事审判活动中，贯彻公开审判制度，要依法落实执行以下六个关于公开审判的具体规定。

（1）公告。法院应当在开庭 3 日之前发布开庭公告，公告的内容包括案由、当事人姓名或者名称、开庭的时间和地点，此公告通常在法庭门口的公告栏里进行，根据需要也可以在其他地点公告或者在媒体上公告，随着科技的进步，现在越来越多开庭公告通过网络进行。公告的目的是让广大人民群众知晓案件开庭的具体时间和地点，以便安排时间前去旁听。至于再次开庭是否需要再次发开庭公告，法律无明确规定。

（2）群众旁听。法院开庭审理过程应当向群众公开，即允许群众全程旁听。允许群众旁听民事案件开庭审理的全过程是公开审判的重要内容，无论是中国人，还是外国人或者无国籍的人，都可以旁听开庭审理。但是，下列人员不得旁听：证人、鉴定人、勘验人、专家辅助人、精神病人、醉酒的人、未获得法院批准的未成年人、拒绝接受安全检查的人，以及其他有可能妨害法庭秩序的人。群众旁听要事先申请，凭证件领取旁听证后进行旁听。受到法庭旁听席位数量的限制，对于很多群众申请旁听的案件，法院可以通过申请的先后顺序或者抽签、摇号等方式发放旁听证。群众在旁听过程中要遵守法庭规则，否则，轻者责令退出法庭，重者可以罚款，甚至司法拘留。

群众有权旁听开庭审理，但无权查阅、复制开庭审理过程中的诉讼资料。

（3）对媒体公开。媒体有权监督法院的审判活动，法院应当主动接受媒体的监督，并为之提供各种便利条件。首先，对媒体公开，意味着开庭过程允许媒体记者进行记录、录音、录像、拍照或者使用移动通信工具等传播庭审活动。媒体的上述行为必须事先经过法院许可，并在法庭指定的区域内进行，不得妨碍庭审活动的正常进行。对于公众关注度高、社会影响较大或者法治宣传教育意义较强的案件，法院可以通过电视、互联网或者其他公共媒体进行图文、音频、视频直播和录播，让更多群众可以通过便捷的方式知晓庭审的情况。对庭审过程进行直播或者录播，有些国家是不允许的，如美国；有些国家虽然允许，但要对关键画面做特殊处理，以防止隐私泄露，如日本。

其次，对媒体公开，意味着允许媒体记者采访法院，法院的审判人员或者其他人员要对案件相关情况进行披露或者说明。对于正在审理的案件，法院的审判人员及其他人员不得擅自接受媒体的采访。对于已经审结的案件，法院可以通过新闻宣传部门协调决定由有关人员接受采访，对于不适宜接受采访的，法院可以决定不接受采访并说明理由。

最后，对媒体公开，意味着媒体有权对民事案件及其审判过程、内容、结果等情况进行报道，但报道必须坚持客观的原则，不能歪曲或者虚构事实，特别是在案件尚未审结之前，不应当对案件结果进行主观臆断，否则，会在一定程度上影响法庭的独立判断，有悖我国民事诉讼中的独立审判原则。

（4）对当事人公开。对当事人公开，法院应当保障当事人在诉讼中的知情权。当事人在诉讼中的知情权，是指当事人有权知悉诉讼中与自己利益相关的信息的权利，为了贯彻当事人的知情权，对方的诉讼请求应当及时对当事人公开，对方的辩驳理由也要对当事人公开，对方的证据材料要对当事人公开，任何证据没有经过开庭质证都不能作为定案的根据。哪怕是在不公开审判的案件中，质证也是必需的，如果证据涉及国家机密、商业秘密或者个人隐私，应当进行不公开开庭质证。

（5）宣判公开。无论是公开审判的案件，还是不公开审判的案件，宣告裁判结果都应当公开进行。对于不公开审判的案件，法院宣判时不能宣告涉及不公开审判的内容。宣判公开，意味着宣判过程允许群众和记者旁听，也允许媒体进行报道。

（6）裁判文书公开。法院作出的已经发生法律效力的判决书和裁定书依法都应当通过多种途径向社会公开，公民、法人和其他组织有权申请查阅已经发生法律效力的判决书、裁定书，申请应当以书面方式提出，并提供具体的案号或者当事人姓名、名称。对于查阅判决书、裁定书的申请，法院根据下列情形分别处理：判决书、裁定书已经通过信息网络向社会公开的，应当引导申请人自行查阅；判决书、裁定书未通过信息网络向社会公开的，且申请符合要求的，应当及时提供便捷的查阅服务；判决书、裁定书尚未发生法律效力的，或者已经失去法律效力的，不提供查阅并告知申请人；发生法律效力的判决书、裁定书不是本院作出的，应当告知申请人向作出生效裁判的法院申请查阅；申请查阅的内容涉及国家秘密、商业秘密、个人隐私的，不准许查阅并告知申请人。

法院的调解书、决定书不属于裁判文书公开的范围，不能申请查阅。

法院在互联网公布裁判文书时，应当删除下列信息：自然人的家庭住址、通讯方式、身份证号码、银行账号、健康状况等个人信息；未成年人的相关信息；法人以及其他组织的银行账号；商业秘密；以及其他不宜公开的内容。

二、不公开审判的案件

公开审判固然有许多益处，但是，对于某些特殊的民事案件来讲，如果公开审判，它所带来的好处少于可能产生的坏处。因此，在权衡利弊大小之下，对某些特殊的民事案件实行不公开审判是合理的，是程序最优化选择的结果。根据规定，我国不公开审判的民事案件分为两类：一类是应当不公开审判的案件；另一类是可以不公开审判的案件。无论是哪类不公开审判的案件，对当事人还是要公开的，宣告判决也是要公开进行的，不能因为不公开审判而当然产生对当事人也不公开或者宣判也不公开的后果。

（一）应当不公开审判的案件

所谓应当不公开审判，是指案件必须无条件一律不公开审判，是绝对不公开审判。根据规定，涉及国家秘密的案件和涉及个人隐私的案件都属于应当不公开审判的案件。

国家秘密是关系国家安全和利益，依照法定程序确定，在一定时间内只限一定范围的人员知悉的事项，包括：国家事务重大决策中的秘密事项；国防建设和武装力量活动中的秘密事项；外交和外事活动中的秘密事项以及对外承担保密义务的秘密事项；国民经济和社会发展中的秘密事项；科学技术中的秘密事项；维护国家安全活动和追查刑事犯罪中的秘密事项；以及经国家保密行政管理部门确定的其他秘密事项。国家秘密分为绝密、机密和秘密三级密级，无论民事案件中涉及哪一级密级的国家机密，都是应当不公开的。涉及国家秘密的案件之所以不公开审判，是因为国家秘密一旦泄露，会给国家、社会带来巨大损害，与公开审判所带来的利益相比，显然弊大于利，所以，这种案件不公开审判是必要的。

所谓个人隐私，是指自然人个人生活中不愿为多数他人公开或者知悉的个人信息。个人隐私是受法律保护的，自然人个人的隐私一旦泄露，会给该自然人或者与其关系亲近的人带来损害。因此，为了保护自然人个人的隐私权，如果民事案件涉及个人隐私的，这种案件也是应当不公开审判的。但是，与国家机密有比较清楚的范围界定不同，个人隐私的范围目前我国法律尚没有明确的范围界定。因此，司法实践中并没有统一的适用标准，具体到某个民事案件是否涉及个人隐私，审判实践中容易出现意见分歧。由于这个原因，再加上个人隐私是属于自然人个人的，与公共利益无关，如果自然人个人愿意公开审判，也是合情合理的，法院没必要不公开审判。综合上述两个原因，将涉及个人隐私的民事案件纳入可以不公开审判的范畴显得更加合理。

（二）可以不公开审判的案件

所谓可以不公开审判，属于相对不公开审判，如果案件当事人申请不公开审判，法院可以决定不公开审判，如果当事人没有申请不公开审判，法院应当将案件进行公开审判。涉及商业秘密的案件和离婚案件属于可以不公开审判的案件。

我国《反不正当竞争法》规定，商业秘密，是指不为公众所知悉、具有商业价值并经权利人采取相应保密措施的技术信息、经营信息等商业信息。我国《民诉法解释》对商业秘密的内涵和外延进行了较完整的界定，根据该解释，我国民事诉讼法中的商业秘密是指生产工艺、配方、贸易联系、购销渠道等当事人不愿公开的技术秘密、商业情报及信息。民事案件涉及商业秘密，有些当事人认为该商业秘密一旦泄露，会给企业带来损失，有些当事人则不以为然，不认为商业秘密的泄露会给企业带来什么不利后果。因此，这种案件要想不公开审判，首先必须当事人申请不公开审判。

离婚案件是指当事人一方向法院起诉要求与另一方当事人解除婚姻关系的诉讼。离婚案件的当事人，有些人不愿意将婚姻内幕公之于众，有些人则不然，不在意将婚姻情况公开。因此，离婚案件是否公开审判，也取决于当事人是否申请不公开。其他婚姻案件，如婚约财产案件、离婚后财产纠纷案件、离婚后损害责任纠纷案件、婚姻无效案件、撤销婚姻案件、同居关系案件等，不属于可以不公开审判的范畴，如果上述案件涉及个人隐私，按规定应属于应当不公开的范围。

涉及商业秘密和离婚案件不公开审判需要两个前提条件：一是当事人申请不公开审判，可以是一方当事人申请，也可以是双方当事人申请；二是法院决定不公开审判，当事人申请后，法院可以根据案件的具体情况，决定不公开审判，如果法院认为没有必要的，也可以驳回当事人的不公开审判申请，将案件进行公开审判。在审判实践中，当事人如果申请不公开，法院通常都会决定不公开审判，体现尊重当事人的意愿。如果法院决定不公开审判，另一方当事人表示反对，要求公开审判的，法院不予支持。

第二节　两审终审制度

一、两审终审概述

所谓两审终审制度，是指一个民事事件经过两级法院裁判后就宣告终结的制度。比如，一个民事案件的一审法院是基层法院，经过基层法院裁判后，当事人如不服，有权上诉至中级法院，该案件经过中级法院二审裁判后，即产生法律效力，当事人如果还不服，是无权再提起上诉的。当事人可以通过其他程序进行救济。

审级制度是我国民事诉讼法的基本制度，审级制度实际上包含两个方面的内容，一是各级法院的职能，我国目前有四级法院，各级法院都有审判民事案件的职能，除基层法院只能审判一审民事案件外，其他级别的法院都有权审判二审民事案件。二是一个民事案件要经过几级法院的审判才最终产生法律效力，依照目前的规定，我国一个民事案件经过两级法院的审判后最终产生法律效力。

在目前我国四级法院的体制之下，究竟采用什么样的审级制度，主要是要平衡好诉讼公正与效率之间的关系。从理论上讲，如果追求公正，不顾及效率，那么，四级四审制就会成为最佳的选择，因为一个民事案件经过的审级越多，趋向公正的可能性就越大，但是如果这样的话，诉讼就没有效率，对法院和当事人都不利。如果追求效率，不顾及公正，那么，一审终审就成为必然的选择，因为这样效率最高。我国现在选择的两审终审制，显然是平衡诉讼公正与效率的结果。从世界范围来看，主要有四级三审制（如日本）和三级三审制（如美国）两种审级模式，实行两审终审制度的国家较少。

二、两审终审的内容

中华人民共和国成立之初，我国法院只有三级，即县级法院、省级法院和最高法院，那时实行的是三级两审终审制。1954 年的《人民法院组织法》正式确立了四级两审终审制度，即我国设立四级法院，实行两审终审制度。

在我国现有的四级法院中，级别最高的是最高人民法院。最高人民法院本部设在北京。

高级人民法院设在各省、自治区和直辖市，全国共有 33 个高级人民法院，除了 31 个省、自治区和直辖市各有一个高级法院外，解放军军事法院和新疆维吾尔自治区高级人民法院生产建设兵团分院也都属于高级人民法院的级别。对高级人民法院一审民事裁判不服的，当事人有权上诉至最高人民法院。

中级人民法院是在各省、自治区和直辖市内按照地区设置的。根据统计，我国共有中级人民法院 409 个，这个数字会随着时间的变化而变化。对中级人民法院一审民事裁判不服的，当事人有权将该案件上诉至所在省区市的高级人民法院。

基层人民法院设在县、县级市、自治区、旗、市辖区。根据统计，我国共有基层人民法院 3117 个，这个数字也会随着时间的变化而增减。当事人不服基层人民法院一审民事裁判的，有权上诉至所在地的中级人民法院。各基层人民法院根据具体情况，可以设置数量不等的人民法庭。我国目前的人民法庭数量有接近 1 万个。人民法庭的裁判是基层人民法院的裁判，当事人不服提起上诉的，应当由所在地的中级人民法院进行二审，而不是由基层人民法院进行二审。

除了上述的最高人民法院和地方各级人民法院外，我国还有许多专门负责审判某些特殊类型案件的专门法院，如军事法院（有基层、中级、高级法院之分）、海事法院（属于中级法院）、知识产权法院（属于中级法院）、互联网法院（属于基层法院）、金融法院（属于中级法院）等。这些专门法院都有各自特定的上诉法院，如北京市知识产权法院的上诉法院是北京市高级人民法院，北京市互联网法院的上诉法院是北京市第四中级人民法院，但涉及互联网著作权属纠纷和侵权纠纷案件，上诉法院则是北京市知识产权法院。

目前，我国两审终审制度存在的主要问题是：第一，由于法律规定的上诉条件过于宽松，造成民事案件的上诉率非常高，上诉率高的直接影响就是中级法院的案件数量过多。第二，由于大部分二审案件都在中级法院，又由于我国中级法院很多，再加上法官水平参差不齐，经常出现同类案件不同裁判的情况，造成法律适用不统一。第三，在两审终审制度下，二审法院相对来说距离当事人较近，与当事人可能会存在各种各样的关系，容易发生地方保护主义现象。第四，由于我国民事诉讼法中存在再审制度，造成两审终审制不是真正意义上的最终终审，给当事人造成法律关系的不稳定。由于两审终审制度存在一些问题，在理论上有许多关于改革两审终审制度的意见和建议。

三、两审终审的例外

在我国，并非所有的民事案件都实行两审终审，下列几种案件是一审终审，即第一审法院裁判后就发生法律效力，当事人不能上诉。

（1）调解案件。民事案件经过法院调解，当事人达成调解协议后，法院通常情况下会给当事人制作并送达调解书，双方当事人都签收调解书后或者都在调解协议上签字后，调解即发生法律效力，当事人不能上诉。因为调解是当事人自愿的，如果当事人反悔，可以拒收调解书或者拒绝在调解协议上签字，如果这样的话，法院应当进行裁判，当事人对裁判不服的，可以上诉。

（2）最高人民法院一审裁判的案件。依照《民事诉讼法》关于级别管辖的规定最高人民法院也有权审判第一审民事案件。如果最高人民法院审判了第一审民事案件，那么，其作出的裁判，当事人不得上诉。最高人民法院设立的巡回法庭以及国际商事法庭所作出的一审裁判，也是最高人民法院的一审裁判，也是无法上诉的。

（3）小额诉讼程序的案件。凡是适用小额诉讼程序进行审理的案件，都实行一审终审，裁判一经宣告即发生法律效力，当事人不能上诉。小额诉讼程序中驳回起诉和管辖权异议的裁定也是不能上诉的。至于不予受理的裁定，因为该裁定是在案件立案之前就作出的，此时尚未确定该案件是否适用小额诉讼程序，因此，不予受理的裁定都是可以上诉的。

（4）非讼案件。非讼案件，是指无利害关系人双方讼争的案件，由于非讼案件本身的性质，决定了这种案件是不能上诉的。非讼案件包括特别程序、督促程序和公示催告程序中的案件，这些案件都是不能上诉的。

由于我国有审判监督程序，所以，两审终审制并不意味着一个民事案件经过两级法院裁判后就一定不会被再次审判，恰恰相反，已经发生法律效力的判决、裁定或者调解，有可能通过审判监督程序进行再审，从而撤销或者变更原裁判或者调解的内容。

第三节　合议制度

所谓合议制度，是指由 3 名以上单数的审判人员组成的审判庭对民事案件进行审判的制度，通过合议制度组成的审判庭叫合议庭。我国民事案件审判组织有两种：一种是合议制；另一种是独任制。独任制就是由一名审判人员代表法院对民事案件进行审判。2021 年《民事诉讼法》修正扩大了独任制的适用范围。2021 年以前，除了简易程序和某些非讼程序实行独任制外，其余民事案件的审判都实行合议制。自 2021 年起，独任制在第一审普通程序和第二审程序中均拥有了一定的适用空间。根据《民事诉讼法》第 40 条第 2 款的规定，基层人民法院审理的基本事实清楚、权利义务关系明确的第一审民事案件，可以由审判员一人适用普通程序独任审理。根据该法第 41 条第 2 款的规定，中级人民法院对第一审适用简易程序审结或者不服裁定提起上诉的第二审民事案件，案件事实清楚、权利义务关系明确的，经双方当事人同意，可以由审判员一人独任审理。值得注意的是，独任制在一审和二审中的适用并非是必然结果，法院需要根据案件的具体情况进行判断。即便满足上述情形，法院仍然有可能不适用独任制。对于合议制而言，实行合议制是世界各国立法的通例，因为合议制可以充分发挥审判人员的集体智慧，还可以防止个人独断专行和徇私舞弊，最大限度提高民事审判的质量。

一、合议庭的组成

合议庭的人数是 3 名以上单数，之所以规定必须是单数，是因为合议庭表决实行少数服从多数的原则，虽然偶数也能够形成多数意见，但其概率要小于单数。在我国目前的司法实践中，绝大多数的合议庭都是由 3 名审判人员组成的，但如果案件重大、疑难或者影响大，也可以组成 5 名、7 名，甚至 9 名审判人员的合议庭。当然，合议庭人数如果过多的话，从整体上看，可能弊大于利，因此，合议庭人数不宜过多。

审判员可以成为合议庭的组成人员，审判员是由同级人民代表大会常务委员会任免的，审判员有审判的职权。助理审判员也可以成为合议庭的组成人员，助理审判员是由本级法院院长任免的，其职责是协助审判员进行工作，但是经过本法院审判委员会通过，助理审判员可以代行审判员职务，在他代行审判员职务时，他的权利义务与审判员一样，所以也可以成为合议庭的组成人员。助理审判员代行审判员职务时，在法律文书中都表述为代理审判员。法官是个通称，是指依法行使国家审判权的审判人员，包括最高人民法院、地方各级人民法院和军事法院等专门人民法院的院长、副院长、审判委员会委员、庭长、副庭长、审判员和助理审判员。人民陪审员也可以成为合议庭的组成人员，人民陪审员参加合议庭进行审判活动，除法律另有规定外，同法官享有同等权利。合议庭除了组成人员外，还需要数量不等的法官助理、书记员等司法辅助人员协助进行工作，这些司法辅助人员并不是合议庭的组成人员，他们没有审判职权，只承担一些辅助性的工作。

第一审民事案件合议庭的组成可以有两种方式：一种是单独组成，即合议庭组成人员全部都是法官；另一种是共同组成，即合议庭成员部分是法官，部分是人民陪审员。如果合议庭是共同组成的，只能由法官担任审判长，可以组成 3 人合议庭，也可以组成法官 3 人和人民陪审员 4 人的 7 人合议庭。第二审法院发回原审法院重审的案件，原审法院应当按照一审的规则另行组成合议庭，“另行”的含义就是原合议庭成员不能成为新合议庭的成员。

第二审民事案件的合议庭只能由法官单独组成，人民陪审员不能成为二审合议庭的组成人员。这是由于二审法院除了对上诉案件进行审判外，还承担对一审法院的审判活动进行法律监督的职责。

依照审判监督程序进行再审的案件，如果是按照一审程序再审的，依照一审程序的规则组成合议庭；如果是按照二审程序再审的，依照二审规则组成合议庭。

在我国司法实践中，合议庭的人员构成有固定模式和临时模式（也称随机模式），固定模式是指在相对较长的一段时间内，合议庭的人员是固定不变的，临时模式是指每一个民事案件临时随机组成一个合议庭，这个案件审结后该合议庭就解散。上述两种模式各有利弊，法院应当根据具体情况灵活掌握。

合议庭组成人员确定后，除因回避或者其他特殊情况，不能继续参加案件审理的之外，不得在案件审理过程中更换。需要更换合议庭成员，应当报请院长或者庭长决定。合议庭成员的更换情况应当及时通知当事人。

二、合议庭的职责

合议庭承担下列职责：①根据当事人的申请或者案件的具体情况，可以作出财产保全、证据保全、先予执行等裁定；②确定案件委托评估、委托鉴定等事项；③依法开庭审理第一审、第二审和再审案件；④评议案件；⑤提请院长决定将案件提交审判委员会讨论决定；⑥按照权限对案件及其有关程序性事项作出裁判或者提出裁判意见；⑦制作裁判文书；⑧执行审判委员会决定；⑨办理有关审判的其他事项。

合议庭的审判活动由审判长主持，全体成员平等参与案件的审理、评议、裁判，共同对案件认定事实和适用法律负责。

三、审判长的产生及其职责

审判长是指负责组织合议庭审判工作的审判人员，每一个合议庭都有一名审判长。由院长或者庭长指定一名法官担任审判长，院长或者庭长作为合议庭成员时，院长或者庭长自己担任审判长。人民陪审员不能担任审判长。助理审判员在代行审判员职务时可以担任审判长，但如果合议庭成员有审判员时，助理审判员不能成为该合议庭的审判长。

担任审判长，应当具备以下条件：①遵守宪法和法律，严守审判纪律，秉公执法，清正廉洁，有良好的职业道德。②身体健康，能够胜任审判工作。③最高人民法院、高级人民法院的审判长应当是有高等院校法律本科以上学历；中级人民法院的审判长一般应当是有高等院校法律本科以上学历；基层人民法院的审判长应当是有高等院校法律专科以上学历。④最高人民法院和高级人民法院的审判长必须担任法官职务从事审判工作 5 年以上；中级人民法院的审判长必须担任法官职务从事审判工作 4 年以上；基层人民法院的审判长必须担任法官职务从事审判工作 3 年以上。⑤有比较丰富的审判经验，能够运用所掌握的法律专业知识解决审判工作中的实际问题；能够熟练主持庭审活动，并有较强的语言表达和文字表达能力，能够规范、熟练制作诉讼文书。

审判长只是审判活动的组织者，在案件事实认定和法律适用上，审判长并不比其他合议庭成员拥有更多的权力。审判长除承担由合议庭成员共同承担的审判职责外，还应当履行以下职责：①指导和安排审判辅助人员做好庭前调解、庭前准备及其他审判业务辅助性工作；②确定案件审理方案、庭审提纲，协调合议庭成员的庭审分工以及做好其他必要的庭审准备工作；③主持庭审活动；④主持合议庭对案件进行评议；⑤依照有关规定，提请院长决定将案件提交审判委员会讨论决定；⑥制作裁判文书，审核合议庭其他成员制作的裁判文书；⑦依照规定权限签发法律文书；⑧对合议庭遵守案件审理期限制度的情况负责；⑨办理有关审判的其他事项。

在司法实践中，审判长同承办法官可能是同一个人，也可能不是同一个人，承办法官是指日常具体负责该案件审判工作的审判人员。承办法官有时也称主审法官。

四、合议庭评议规则

合议庭评议是合议庭全体成员讨论和议决案件处理结果的活动。合议庭评议案件，必须坚持以事实为根据，以法律为准绳的原则，做到案件事实清楚、适用法律正确、程序合法。

合议庭评议活动由审判长主持。应当在庭审结束后 5 个工作日内进行。合议庭评议案件时，先由承办法官对认定案件事实、证据以及运用法律等发表意见，审判长最后发表意见。审判长作为承办法官的，由审判长最后发表意见。对案件的裁判结果进行评议时，由审判长最后发表意见。审判长应当根据评议情况总结合议庭评议的结论性意见。

合议庭成员进行评议的时候，应当认真负责，充分陈述意见，独立行使表决权，不得拒绝陈述意见和进行表决，也不能仅作同意与否的简单表态，同意他人意见的，也应当提出事实根据和法律依据，进行分析论证。合议庭成员对评议结果的表决，以口头表决的形式进行，评议结果按照少数服从多数的原则，以多数人的意见作为裁判结果，但应当将少数人的意见记入合议庭评议笔录。合议庭评议笔录由书记员制作，合议庭组成人员签名，当事人及其诉讼代理人无权查阅、复制合议庭评议笔录。从我国目前的司法实践来看，一般不会将少数人的意见写入裁判文书中，但有些国家则要求把少数法官的意见也写进裁判文书中，但不作为裁判结果。

合议庭评议意见如果分歧较大，无法形成多数意见的，可以将案件提交本院内部的专业法官会议讨论，专业法官会议的讨论意见仅供合议庭参考。专业法官会议对案件的处理意见与合议庭评议结果不一致的，合议庭应当复议一次，复议后仍然分歧较大的，应按规定提请本院审判委员会讨论决定。与民事审判不同，在商事仲裁中，如果仲裁员之间意见分歧较大，无法形成多数意见的，应当按首席仲裁员的意见裁决。

合议庭会议形成裁判结果后，裁判文书一般由承办法官负责制作。审判长对裁判文书文稿进行审定，就文书格式、语言表达、内容提出修改意见或者建议，并对裁判文书是否执行合议庭或者审判委员会的决定进行审核。审判长审核后，裁判文书文稿由承办法官、合议庭其他成员依次签署后，由审判长签发，特殊情况下可能最终要由庭长或者院长签发裁判文书。

五、合议庭与审判委员会的关系

根据我国《人民法院组织法》的规定，各级人民法院设审判委员会。审判委员会由院长、副院长和若干资深法官组成，成员应当为单数。审判委员会会议分为全体会议和专业委员会会议。中级以上人民法院根据审判工作需要，可以按照审判委员会委员专业和工作分工，成立刑事审判、民事行政审判等专业委员会会议。

审判委员会履行下列职能：①总结审判工作经验；②讨论决定重大、疑难、复杂案件的法律适用；③讨论决定本院已经发生法律效力的判决、裁定、调解书是否应当再审；④讨论决定其他有关审判工作的重大问题。

最高人民法院对属于审判工作中具体应用法律的问题进行解释，应当由审判委员会全体会议讨论通过；发布指导性案例，可以由审判委员会专业委员会会议讨论通过。审判委员会召开全体会议和专业委员会会议，应当有其组成人员的过半数出席。审判委员会会议由院长或者院长委托的副院长主持。审判委员会实行民主集中制。审判委员会举行会议时，同级人民检察院检察长或者检察长委托的副检察长可以列席。

合议庭认为案件需要提交审判委员会讨论决定的，由审判长提出申请，院长批准。审判委员会讨论案件，合议庭对其汇报的事实负责，审判委员会委员对本人发表的意见和表决负责。审判委员会讨论案件的决定及其理由应当在裁判文书中公开，法律规定不公开的除外。

审判委员会开会时参加会议的人数必须超过全体审判委员会委员人数的半数才可以开会，不超过半数开会形成的决议无效，因为审判委员会的决议应当按照全体委员1/2以上多数意见作出。审判委员会讨论案件，合议庭应当提交案件审理报告，案件审理报告应当客观、全面反映案件事实、证据以及双方当事人意见。案件审理报告应当提前发送给审判委员会委员。审判委员会开会时由院长主持，院长因回避或者其他原因不能参加的，由一名副院长或者院长委托一名副院长主持。审判委员会开会讨论时，出席委员都要客观、充分发表意见，院长最后发表意见，并归纳委员的意见，按多数意见拟出决议，付诸表决。审判委员会的决定，合议庭应当执行。

第四节　陪审制度

一、人民陪审员的任免

陪审制度，是指非职业法官的人民陪审员依法参与到合议庭中来行使审判权的制度。我国设立陪审制度的目的一方面是为了促进司法公正，另一方面是为了提升司法公信力。为了进一步规范我国的陪审制度，2018年4月27日第十三届全国人民代表大会常务委员会第二次会议通过了《人民陪审员法》，该法自公布之日起施行。

人民陪审员由基层人民法院所在地的同级人民代表大会常务委员会任免，基层人民法院审判案件需要人民陪审员参加合议庭审判的，应当在基层人民法院的人民陪审员名单中随机抽取确定，中级人民法院、高级人民法院审判案件需要由人民陪审员参加合议庭审判的，在其辖区内的基层人民法院的人民陪审员名单中随机抽取确定。人民陪审员的名额，由基层人民法院根据审判案件的需要，提请同级人民代表大会常务委员会确定，一般不低于本院法官人数的3倍。

公民担任人民陪审员，应当具备以下条件：①拥护中华人民共和国宪法；②年满28周岁；③遵纪守法、品行良好、公道正派；④具有正常履行职责的身体条件；⑤一般应当具有高中以上文化程度。外国人、无国籍的人或者我国港澳台同胞，如果符合上述条件，也可以被任命为人民陪审员。下列人员不能担任人民陪审员：①人民代表大会常务委员会的组成人员，监察委员会、人民法院、人民检察院、公安机关、国家安全机关、司法行政机关的工作人员；②律师、公证员、仲裁员、基层法律服务工作者；③其他因职务原因不适宜担任人民陪审员的人员。有下列情形之一的，不得担任人民陪审员：①受过刑事处罚的；②被开除公职的；③被吊销律师、公证员执业证书的；④被纳入失信被执行人员名单的；⑤因受惩戒被免除人民陪审员职务的；⑥其他有严重违法违纪行为，可能影响司法公信的。

人民陪审员的任期为5年，一般不得连任，人民陪审员有下列情形之一的，经所在基层人民法院会同司法行政机关查证属实的，由院长提请同级人民代表大会常务委员会免除其人民陪审员职务：①本人因正当理由申请辞去人民陪审员职务的；②具有上述不能或者不得担任人民陪审员所列的情形之一的；③无正当理由拒绝参加审判活动，影响审判工作正常进行的；④违反审判工作有关规定，徇私舞弊，造成错误裁判或者其他严重后果的。

二、合议庭中陪审员的数量

根据规定，我国只有第一审民事案件的合议庭才允许有人民陪审员参与其中，第二审民事案件的合议庭是不允许有人民陪审员的。在有人民陪审员参加的合议庭中，由法官担任审判长，可以组成3人合议庭，也可以组成法官3人与人民陪审员4人的7人合议庭。人民陪审员参加3人合议庭审判案件，对事实认定和法律适用都有权独立发表意见，并行使表决权，同法官的权力是一样的。在人民陪审员参加的3人合议庭中，可以由两名法官和一名人民陪审员组成，也可以由一名法官和两名人民陪审员构成。在人民陪审员参加的7人合议庭中，人员结构是固定不变的，法官是3人，人民陪审员必须是4人。人民陪审员参加7人合议庭审判案件时，对事实认定有权力独立发表意见，并与法官共同表决，但对法律适用问题，人民陪审员只能发表意见，不能参加表决。正是由于上述规定，才导致在7人合议庭中法官和人民陪审员的人数是固定的，因为在7人合议庭中，如果人民陪审员数量占少数的话，会导致人民陪审员对事实认定的表决被大幅削弱，造成陪审制度的形式主义，所以人民陪审员的数量必须过半，在7人中过半就是4人。在7人合议庭中，人民陪审员不参与法律表决，因此法律表决就成为职业法官的职责，而表决时又要保障人数为单数的“小合议庭”，所以职业法官的人数至少应该是3人，如此前后评判，将人民陪审员参与的7人合议庭直接限定为法官3人和人民陪审员4人。根据上述逻辑，如果是人民陪审员参与的5人合议庭，人民陪审员必须过半数，即为3人，那么职业法官就只有2名了，显然无法对法律问题进行表决，因为无法形成多数，因此，在有人民陪审员参与的合议庭中，合议庭人数不能为5人。但在没有人民陪审员参加的合议庭，合议庭的人数是可以为5人的。

三、人民陪审员审理案件的类型

何种类型的一审民事案件需要人民陪审员参加合议庭审判，一般由人民法院决定，有下列情形之一的，可以由人民陪审员和法官共同组成合议庭：①涉及群众利益、公共利益的；②人民群众广泛关注或者其他社会影响较大的；③案情复杂或者有其他情形，需要由人民陪审员参加审判的。第一审民事案件的当事人也有权向人民法院申请由人民陪审员参加合议庭审判，是否准许，由人民法院决定。

合议庭评议案件时，人民陪审员同法官的意见有分歧的，应当将其意见记入笔录。人民陪审员有权要求合议庭将案件提请院长提交审判委员会讨论决定。合议庭评议案件时，审判长应当对本案中涉及的事实认定、证据规则、法律规定等事项以及应当注意的问题，向人民陪审员进行必要的解释和说明，但不得妨碍人民陪审员对案件的独立判断。

人民陪审员参加审判期间，所在单位不得克扣或者变相克扣其工资、奖金及其他福利待遇。人民陪审员参加审判活动期间，由法院依据有关规定按实际工作日给予补助，实际支出的交通、就餐等费用，由法院依照规定给予补助。

四、参审制与陪审团制

我国的陪审制度不同于英美法系的陪审团制度。从世界范围上看，陪审制度基本上分为参审制和陪审团制，大陆法系通常是参审制，而英美法系通常是陪审团制，两者之间主要的区别是：第一，产生的原因不同。参审制产生的原因是民众对法官的不信任，所以要求自己也参与到审判中来，从而对法官的裁判权形成制约。而陪审团制产生的原因主要是集思广益、平衡利益、制约权力，英美法系国家把民主制度引入司法，要求在法院审判活动中也实行民主投票，因此产生了陪审团制度。第二，权限不同。参审制中的陪审员的权限同法官基本相同，不仅有权表决事实认定，也有权表决法律适用。而陪审团制中的陪审员只有权表决事实认定，法律适用则是职业法官的权限。第三，陪审员的产生不同。参审制中的陪审员经常由议会任免，而且往往有一定的任期，在任期内都可以成为合议庭中的陪审员，而陪审团中的陪审员是由法院按照一定规则选择产生的，而且没有任期，一案一选，该案结束后陪审员的身份就没有了。第四，人数多少不同。参审制中陪审员较少，而陪审团制中的陪审员人数较多，美国陪审团的人数通常是12人。第五，是否用陪审员不同。在参审制中，通常情况下一个案件是否需要用陪审员参与审判，是由法院决定的。而在陪审团制中，通常案件是否需要用陪审团，是由当事人选择的。通过上述比较，我国的陪审制度应当是参审制而不是陪审团制。

第五节　回避制度

回避制度，是指在民事诉讼过程中，审判人员及其他人员遇有法律规定的特殊情形时，退出对某一具体民事案件审判活动的制度。法律设定回避制度的目的是确保审判的公平和公正，因为如果审判人员或者其他人员同案件有特殊关联，这种情况下很难保障审判的公平和公正，因此他们必须退出对该案件的审判，这是从程序上保证案件审判的公平和公正。回避制度也是法官中立的必然结果，作为拥有审判权力的法官在民事审判中应当保持中立，但是如果法官同案件有特殊关联，法官中立就会大大受到影响，因此必须退出审判活动。

一、回避主体

所谓回避主体，是指在民事诉讼过程中谁需要回避。参与民事诉讼活动的人有许多，根据规定，下列人员是回避主体：

（1）审判人员。审判人员包括参与本案审理的法院院长、副院长、审判委员会委员、庭长、副庭长、审判员和人民陪审员。民事诉讼中除了审判人员外，还有执行人员，执行人员包括执行员、书记员、法警等，执行人员也应当是回避主体。检察院的检察官也有可能参与到民事诉讼中来，虽然他们不是审判人员也不是执行人员，但他们也有可能影响到民事诉讼的公平和公正，因此他们也是回避主体。

（2）书记员。书记员是法院内部担任案件审判记录和其他一些司法辅助工作的人员，其主要职责是审判的记录工作，并办理有关审判的辅助性事项，如开庭准备、保管证据、整理卷宗、司法统计等工作。与书记员不同，法院还有另一种身份的人员叫法官助理，法官助理是专职审判辅助工作的司法人员，他们不负责审判的记录，他们的职责是在法官的督导下，协助法官进行案件审判过程中的过程性工作，如协助法官采取诉讼保全措施、办理委托鉴定、评估、审计等事项。法官助理和书记员都是回避主体。

（3）翻译人员。我国民事诉讼必须使用我国通用的语言和文字，对于不通晓当地运用的语言或者文字的诉讼参与人，就需要翻译人员协助他们进行诉讼。翻译人员依法应当实事求是，如实进行翻译，力求准确无误，不得隐瞒、歪曲或者伪造，如果有意弄虚作假，要承担法律责任。翻译人员对因翻译活动而获取的案件信息，应当保密。翻译人员也有可能影响到民事审判的公平与公正，因此也是回避的主体。

（4）鉴定人。鉴定人是由法院委托鉴定机构指派或者聘请，运用自己的专业知识或者技能，对案件中的专门性问题进行分析判断，并提供鉴定意见的人。司法鉴定中的鉴定人和鉴定机构是不同的概念，司法鉴定人是自然人，而司法鉴定机构则是组织，司法鉴定人是回避主体，司法鉴定机构则不是回避主体。证人不同于鉴定人，证人并不是回避主体，但是如果证人同当事人的关系较为亲近，该证人的证言被法院采信的可能性就大大降低。在一些国家的立法中有关于证人免证权的规定，我国民事诉讼中没有相关规定。证人如果因为免证权而退出该案件的作证，不能说证人也是回避主体，因为此时证人是因免证权的规定而退出作证而不是因为回避的原因而不能作证。在我国民事诉讼中，有一种人叫专家辅助人，是指在科学、技术以及其他专业知识方面具有特殊专门知识或者经验，根据当事人的聘请并经法院准许，出庭辅助当事人对诉争的案件事实所涉及的专门性问题进行说明或者发表意见的人，专家辅助人就专业问题提出的意见，视为当事人陈述，因此专家辅助人不是回避主体。

（5）勘验人。在民事诉讼下，勘验物证或者现场通常是法院在当事人申请之下进行的取证或者固定证据的行为。勘验人可以是法院内部专职的勘验人，也可以是审判庭成员，还可以是在特殊技术领域内聘请的其他人员。勘验人同样是回避主体。

翻译人员、鉴定人和勘验人虽然也是回避主体，但他们同审判人员、书记员的回避在某些规定上是不一样的。比如，审判人员参加过本案的一审程序，就不能再参加本案的二审程序，而翻译人员、鉴定人、勘验人则不受此限制。再比如，翻译人员、鉴定人和勘验人遇有应当回避的情形而没有自行申请回避，当事人也没有提出申请回避的，法院也可以依职权主动决定其回避，此时不是由院长或者审判委员会决定其回避，而是应当由审判长或者独任审判员决定其回避。

二、回避事由

回避事由，即在什么情况下回避主体需要回避，分为以下三种情况：

（一）应当回避

审判人员有下列情形之一的，应当自行回避，当事人有权申请其回避：第一，是本案当事人或者当事人近亲属；第二，本人或者近亲属与本案有利害关系；第三，担任过本案的证人、鉴定人、诉讼代理人、翻译人员；第四，是本案诉讼代理人近亲属；第五，本人或者其近亲属持有本案非上市公司当事人的股份或者股权；第六，与本案当事人或者诉讼代理人有其他利害关系，可能影响案件公正审判的。

上述回避事由有以下四个问题需要特别说明：第一，上述回避事由同样适用于书记员、鉴定人和勘验人。第二，其中的“近亲属”应当包括哪些范围。由于民事诉讼法及其解释并没有对“近亲属”的范围加以特别界定，再加上“近亲属”的概念是实体法的范畴，因此，在没有特别界定的情况下，“近亲属”的范围应当是我国《民法典》规定的配偶、父母、子女、兄弟姐妹、祖父母、外祖父母、孙子女、外孙子女。最高人民法院于2011年6月10日发布了《关于审判人员在诉讼活动中执行回避制度若干问题的规定》，根据该规定，“近亲属”包括与审判人员有夫妻、直系血亲、三代以内旁系血亲以及近姻亲关系的亲属，显然这个范围比较大。虽然该规定并没有被明令废除，但是由该规定在先，而《民法典》及其解释在后，根据“新法优于旧法”的基本原理，在旧的司法解释与新的规定产生冲突时，当然要适用新的规定。第三，“与本案有利害关系”法律上并没有一一举例，因为实际情况比较复杂，法律上很难完全列举什么是与本案有利害关系，所以只能根据具体情况具体判断，以该利害关系是否达到可能影响案件公正审判作为判断标准。第四，本回避事由叫作应当回避的事由，所谓应当回避，也称自行回避，是指回避主体遇有上述情形之一时，应当主动提出回避申请，要求自己退出该案件的审判活动。如果本人没有自行提出回避申请，当事人任何一方都有权申请其回避，申请可以是书面或者口头的。审判人员有应当回避的情形，本人没有自行回避，当事人也没有申请其回避的，由院长或者审判委员会决定其回避，这种回避的方式称为职权回避，即依职权主动决定其回避。综上所述，在上述回避事由之下有三种不同回避方式，即应当回避、申请回避和职权回避。

（二）申请回避

审判人员有下列之一的，当事人有权申请其回避：第一，接受本案当事人及其受托人宴请，或者参加由其支付费用的活动；第二，索取、接受本案当事人及其受托人财务或者其他利益；第三，违反规定会见本案当事人、诉讼代理人；第四，为本案当事人推荐、介绍诉讼代理人，或者为律师、其他人员介绍代理本案；第五，向当事人及其受托人借用款物；第六，有其他不正当行为，可能影响案件公正审判。

（三）重复参审回避

重复参审回避，是指在一个审判程序中参与过本案审判的审判人员，不得再参与该案件其他程序的审判。比如，有的审判人员先是某一民事案件合议庭的成员，后来他调到上一级人民法院工作，该案件刚好又上诉到该上一级法院，在这种情况，该审判人员就需要回避，不能成为该二审案件的合议庭成员。再比如，一个判决生效后由本院进行再审，原来参加过该案件审判的审判人员，都不能再参与该案件的再审审判。遇有重复参审回避的情形时，当事人有权申请其回避，如果当事人没有申请回避，审判人员要自行回避；如果当事人没有申请回避，审判人员也没有自行回避，在这种情况下，本院院长或者审判委员会有权行使职权回避。也就是说，在重复参审回避的情形中，回避的方式有申请回避、自行回避和职权回避三种。

之所以规定重复参审回避，是为了避免在一个审判程序中已经参与其中的审判人员在本案另一审判程序中先入为主，避免在案件作出裁判之前产生预断，充分发挥不同审判程序的功能作用，确保民事诉讼的公平公正。但是，发回重审的案件在一审作出裁判后又进入第二审程序的，原第二审程序中合议庭组成人员不需要回避，因为他们虽然是原二审程序中的合议庭成员，但他们原来并没有对该案件作出实质性的判决，只是将该案件发回重审，将来如果再参与该案件的二审程序，不会产生先入为主和预判的问题，因此无需回避。但是，上述规定仅适用于正常程序中一审案件上诉后二审法院依法发回重审后当事人再上诉的情形，不能适用于再审程序中再审法院（原第二审法院）将案件发回到原第一审法院再审，再审后又上诉至原第二审法院的情形，因为在这种情况下原第二审法院对该案件原来已经作出过实质性判决，如果不回避，也会产生先入为主和预判的问题。

三、回避程序

（一）回避申请的提出

审判人员及其他回避主体在知晓本人存在应当回避的情形时，应当主动提出回避申请，申请提出后，是否需要回避，由规定的有决定权的人决定。在尚未正式作出决定之前，回避主体需要暂停本案的审判工作，但案件需要采取紧急措施的除外。无论案件进行到什么阶段，应当回避的主体发现本人有应当回避的情形的，都要提出回避申请。

当事人如果发现回避主体有需要回避的情形，有权向法院提出要求其回避的申请，申请可以是书面的，也可以是口头的。当事人申请回避应当提出事实并说明理由。当事人最迟必须在法庭辩论终结之前提出回避申请，法庭辩论终结之后，当事人无权申请回避。这样规定的目的是敦促当事人尽快行使申请回避的权利，以提高民事诉讼的效率。为了保障当事人申请回避的权利，法院在合议庭成员确定后，应当在 3 日之内将合议庭成员名单书面告知当事人，以便当事人行使申请回避的权利。合议庭组成人员有调整的，也应当及时告知当事人。在开庭时，审判长还需要口头宣布合议庭组成人员名单，并询问当事人是否申请回避。当事人如果申请回避，被申请人也应当暂停本案的审判工作，但遇有紧急情况除外。

（二）回避的决定

根据规定，院长担任审判长时的回避，由本院审判委员会决定。院长如果参加合议庭，按规定肯定是审判长，此处的院长仅指正院长，不包括副院长，副院长的回避应当由院长决定。审判人员的回避由院长决定，此处审判人员包括副院长、审判委员会委员、庭长、副庭长、审判长、审判员和人民陪审员。执行员虽然不是审判人员，其回避也应当由院长决定。其他人员的回避由审判长或者独任审判员决定，其他人员包括书记员、翻译人员、鉴定人和勘验人。

法院对回避的申请，应当在申请提出后 3 日内以书面或者口头方式作出决定，申请人对决定不服的，可以在接到决定时申请复议一次。复议期间，被申请的回避主体不停止本案的审判工作。人民法院对复议申请，应当在 3 日内作出复议决定，并通知复议申请人。

四、违反回避的法律后果

审判人员应当回避而没有回避，无论是什么原因造成的，都是严重违反民事诉讼程序的行为。根据规定，如果在二审程序中发现一审审判人员应当回避而没有回避的，不论裁判结果是否有错误，二审法院都应将案件发回原审法院重审。同时，审判人员应当回避而没有回避的，也是案件再审的法定理由。上述是违反回避规定所产生的程序上的法律后果。违反回避规定，对回避主体本身来讲，也会产生一定后果，《人民法院工作人员处分条例》规定，违反规定应当回避而不回避，造成不良后果的，给予警告、记过或者记大过处分；情节较重的，给予降级或者撤职处分；情节严重的，给予开除处分。

【思考题】

一、概念题

民事诉讼法基本制度　不公开审理的案件　公开审判制度　两审终审制度　陪审制度　回避制度

二、简答题

1. 简述不公开审判的民事案件。
2. 简述对民事案件一审终审的理解。
3. 简述合议庭的组成。
4. 简述参审制与陪审团制的不同。
5. 简述回避的主体。

三、论述题

1. 试述公开审判的内容。
2. 试述七人制合议庭。
3. 试述合议庭与审判委员会之间的关系。
4. 试述回避的事由。

第三编

诉讼主体与客体

第七章

民事审判权与管辖

学习目的与基本要求 理解法院的内涵，了解我国法院体系的基本脉络并理解民事审判权的基本内涵和主要内容；准确把握民事诉讼主管的概念及其范围，全面了解确定管辖的原则以及管辖的分类，掌握各类管辖的基本应用。

第一节 法 院

一、法院的内涵

法院是法治国家为行使审判权依法设立的国家机关。狭义上的法院是指行使审判权的具体审判组织，即独任法官或者合议庭。广义上的法院，是指行使司法行政事务的机构，由院长（副院长）、庭长（副庭长）、审判员（助理审判员）、书记员、司法警察、行政管理与后勤辅助人员等人员与内部机构组成。法院具有如下基本特征：

首先，法院必须由国家依法预先设立。不仅广义上的法院，而且狭义上的法院即法官也应预先设定，如在每个业务年度，按照案由、当事人名字的开头字母、地域、法官的业务领域将案件分配给法官、合议庭，避免出于任何原因随时为某个案件指定某个法官或者某个合议庭，此种业务分配也不属于司法行政权，属于法官自我管理，使法官保持独立。

其次，法院和法官必须是独立的，即法院和法官独立于国家和社会间的各种势力，包括立法机关、行政机关、上级机关、新闻舆论、社会团体等。与行政机关和立法机关不同的是，法院上下级关系在性质方面具有非行政性，每一级法院都应相互独立。法官之间不存在上下级的分别，院长和庭长只行使一种纯粹行政性的职能。法官之间的平等不仅表现在特定法院的内部，不同级别法院的法官之间也是平等的。

再次，管辖规则具有权威性与严肃性，不得任意违反，违反者应当承担不利的程序后果，如裁判无效、承担程序费用等，甚至故意违反管辖的审判人员应当受到追究。

最后，法院的裁判是社会正义的最后一道防线。习近平总书记在党的二十大报告中指出："公正司法是维护社会公平正义的最后一道防线。"这一重要论述深刻指出公正司法对于全面依法治国、维护社会公平正义的重大意义。法院的权威源于公正的裁判，其裁判具有公正性，法院才具有权威性。

法院与司法机关是同一的。法谚云："司法是公平正义的最后一道防线。"因此，法院在一国的上层建筑体系中具有最为重要的地位。无现代意义的法院，无现代意义上的国家。只有权威、公正的法院，方可保障整个社会的公平正义。

二、我国的法院体系

我国法院组织体系由最高人民法院、地方各级人民法院和专门人民法院组成。地方各级人民法院又分为高级人民法院、中级人民法院和基层人民法院；专门人民法院有军事法院、海事法院、知识产权法院等。各级人民法院由同级权力机关产生，最高人民法院院长由全国人民代表大会选举，副院长、庭长、副庭长和审判员由全国人民代表大会常务委员会任免。地方各级人民法院院长由地方各级人民代表大会常务委员会选举，副院长、庭长、副庭长和审判员由地方各级人民代表大会常务委员会任免。各级人民法院对同级权力机关负责并报告工作，接受权力机关监督。最高人民法院是国家最高审判机关，有权监督地方各级人民法院和专门人民法院的审判工作，上级人民法院有权监督下级人民法院的审判工作。上下级人民法院之间在审判案件上属于审级监督关系，而不是行政隶属关系。上级人民法院应当通过第二审程序或审判监督程序对下级人民法院的审判工作实行监督，纠正其错误裁判，但无权对下级法院正在审理的案件作出有约束力的指示或决定。

（一）最高人民法院及其巡回法庭

最高人民法院是国家最高审判机关，设在北京。为了保障人民法院依法独立行使审判权，保证公正司法，落实司法为民，司法便民原则，深化司法改革和探索人民法院未来的发展模式，最高人民法院从2015年开始设立巡回法庭，审理跨行政区域的重大行政和民商事案件，探索建立与行政区划适当分离的司法管辖制度，以保证国家法律统一正确地实施。根据《人民法院组织法》的规定，最高人民法院可以设巡回法庭，审理最高人民法院依法确定的案件。巡回法庭是最高人民法院的组成部分。巡回法庭的判决和裁定即最高人民法院的判决和裁定。目前，最高人民法院一共设立了六个巡回法庭：第一巡回法庭于2015年1月在广东省深圳市设立，管辖广东、广西、海南、湖南4省区有关案件；第二巡回法庭于2015年1月在辽宁省沈阳市设立，管辖辽宁、吉林、黑龙江3省有关案件；第三巡回法庭于2016年11月在江苏省南京市设立，管辖江苏、上海、浙江、福建、江西5省市有关案件；第四巡回法庭于2016年11月在河南省郑州市设立，管辖河南、山西、湖北、安徽4省有关案件；第五巡回法庭于2016年11月在重庆市设立，管辖重庆、四川、贵州、云南、西藏5省区市有关案件；第六巡回法庭于2016年11月在陕西省西安市设立，管辖陕西、甘肃、青海、宁夏、新疆5省区有关案件。最高人民法院本部直接管辖北京、天津、河北、山东、内蒙古5省区市有关案件。通过以上布局，巡回法庭实现了管辖范围的全覆盖。巡回法庭是最高人民法院派出的常设审判机构，其工作受最高人民法院本部指导和监督，代表最高人民法院行使审判权，作出的判决、裁定和决定，即为最高人民法院的判决、裁定和决定。

巡回法庭的主要职责是审理巡回区法院的有关案件和办理来信来访。在受理案件方面，巡回法庭主要管辖辖区内重大的第一审行政、民商事案件，不服高级人民法院作出的第一审行政或民商事判决、裁定提起上诉的案件以及民商事、行政申请再审和刑事申诉等案件。最高人民法院认为巡回法庭受理的案件对统一法律适用有重大指导意义的，可以决定由本部审理；巡回法庭对于已经受理的案件，认为对统一法律适用有重大指导意义的，可以报请最高人民法院本部审理。巡回法庭受理的案件，由最高人民法院办案信息平台统一编号立案。巡回法庭作出的裁判文书应当上传至中国裁判文书网，依法向当事人和全社会公开。在司法行政管理方面，巡回法庭受本部相关综合部门指导，建立了常态化的信息互通机制。

巡回法庭实行合议庭办案责任制，巡回法庭庭长、副庭长直接审理案件。严格落实办案质量终身负责制和错案责任倒查问责制，防止内部人员干扰办案的机制，防范司法腐败的机制。巡回法庭法官实行轮换制，防止在管辖区域内形成利益关系。巡回法庭将借助信息化手段，依法将立案信息、审判流程、庭审活动、裁判文书面向当事人和社会公开，接受社会监督。

巡回法庭可以减轻部分当事人的差旅负担，但其也有明显的不足：首先，巡回法庭法官数量有限，迫使一些法官必须审理自己不擅长领域的案件，甚至跨专业的案件，不仅导致最高人民法院司法裁判的质量下降，而且各巡回法庭关于不同类型案件的处理可能不同，极易导致最高人民法院裁判尺度不统一。其次，可能会加重部分当事人的差旅负担。

（二）地方各级人民法院

（1）高级人民法院。按省、自治区、直辖市各设立一个高级人民法院。

（2）中级人民法院。中级人民法院包括在省、自治区内按地区、自治州、地级市设立的中级人民法院和在直辖市内设立的中级人民法院。

（3）基层人民法院。基层人民法院包括县人民法院、县级市人民法院、自治县人民法院、市辖区人民法院等。《人民法院组织法》规定，基层人民法院根据地区、人口和案件情况可以设立若干人民法庭。人民法庭是基层人民法院的派出工作机构，不是一级审判机关，而是基层人民法院的组成部分，它的判决和裁定就是基层人民法院的判决和裁定。

（三）专门人民法院

专门人民法院是指根据实际需要在特定部门设立的审理特定案件的法院。专门人民法院的类别主要有军事法院、铁路运输法院、海事法院、知识产权法院、林业法院、农垦法院等。与地方人民法院不同，专门人民法院的设置不是按照行政区划，而是按照自身业务的特点设置的。如铁路运输法院的设置就是根据铁路运输的线路特点设置的，海事法院主要设置在海事、海商案件发生较多的港口城市等。

1. 军事法院

军事法院是基于军队的体制和作战任务的特殊性而设立的。其具体任务是通过审判危害国家与损害国防力量的犯罪分子，保卫国家安全，维护国家法制和军队秩序，巩固部队战斗力，维护军人和其他公民的合法权利。军事法院分设三级：中国人民解放军军事法院、各大军区、军兵种级单位的军事法院、兵团和军级单位的军事法院，分别相当于地方法院中的高级、中级、基层人民法院。依照《最高人民法院关于军事法院管辖民事案件若干问题的规定》，军事法院审理军内民事案件的范围是：双方当事人均为军人或者军队单位的案件；涉及机密级以上军事秘密的案件；军队设立选举委员会的选民资格案件；认定营区内无主财产案件。下列民事案件，根据自愿原则，如地方当事人向军事法院提起诉讼或者提出申请的，军事法院应当受理：军人或者军队单位执行职务过程中造成他人损害的侵权责任纠纷案件；当事人一方为军人或者军队单位，侵权行为发生在营区内的侵权责任纠纷案件；当事人一方为军人的婚姻家庭纠纷案件；《民事诉讼法》第 34 条规定的不动产所在地、港口所在地、被继承人死亡时住所地或者主要遗产所在地在营区内，且当事人一方为军人或者军队单位的案件；申请宣告军人失踪或者死亡的案件；申请认定军人无民事行为能力或者限制民事行为能力的案件。

2. 铁路运输法院

铁路运输法院是设在铁路沿线等的专门人民法院，铁路运输法院主要审理在铁路运输过程中发生的刑事、民事等各类案件。铁路运输法院设铁路运输中级人民法院、铁路运输法院两级，分别相当于地方法院中的中级、基层人民法院。2009 年 7 月 8 日，中央下发关于铁路公检法管理体制改革的文件，要求铁路公检法整体纳入国家司法体系，铁路法院整体移交驻在地省（直辖市、自治区）党委、高级人民法院管理。截至 2012 年 6 月底，全国铁路法院完成管理体制改革，整体纳入国家司法体系。

2015 年 2 月 4 日发布的《最高人民法院关于全面深化人民法院改革的意见——人民法院第四个五年改革纲要（2014－2018）》又指出，根据中央司法改革精神，铁路法院将改造为跨行政区划法院，主要审理跨行政区划案件、重大行政案件、环境资源保护、企业破产、食品药品安全等易受地方因素影响的案件、跨行政区划人民检察院提起公诉的案件和原铁路运输法院受理的刑事、民事案件。

目前，北京铁路运输中级法院、上海铁路运输中级法院已经改造为跨行政区划法院，即北京市第四中级人民法院、上海市第三中级人民法院。

3. 海事法院

海事法院是为行使海事司法管辖权而设立的专门审判一审海事、海商案件的专门人民法院。海事法院主要审理海事、海商案件。海事法院只设一级，相当于中级人民法院，其上一级法院为其所在地高级人民法院。目前，我国在北海、广州、厦门、上海、武汉、海口、宁波、青岛、大连、天津设立了十个海事法院。2016 年 3 月 1 日起施行的《最高人民法院关于海事法院受理案件范围的规定》对海事法院受理案件的范围作了明确规定，就民事案件而言，主要包括以下五大类案件：第一，海事侵权纠纷案件；第二，海商合同纠纷案件；第三，海洋及通海可航水域开发利用与环境保护相关纠纷案件；第四，其他海事海商纠纷案件；第五，海事特别程序案件。

4. 知识产权法院

为进一步加强对知识产权的司法保护，2014 年 8 月，在北京市、上海市、广州市设立了三个知识产权法院，对知识产权的民事案件和行政案件进行管辖。知识产权法院在建制上属于中级人民法院。知识产权法院管辖的第一审民事案件主要包括北京市、上海市和广东省的专利、植物新品种、集成电路布图设计、技术秘密、计算机软件等技术类民事案件；以及涉及驰名商标认定的民事案件。知识产权法院设立后，北京市、上海市和广东省各中级人民法院和基层人民法院不再受理上述案件。知识产权法院的设立，有利于集中司法资源解决知识产权纠纷，是司法改革的一项措施。2016 年 10 月，最高人民法院对知识产权跨区域管辖工作又作出了部署，要求 2017 年 3 月前在南京、苏州、成都、武汉四地设立知识产权案件跨区域管辖法庭。2017 年 1 月 19 日，南京、苏州知识产权法庭在南京、苏州两地正式挂牌成立。江苏省内各市的大部分知识产权案件将分别在这两个法庭进行跨区域集中审理，这意味着跨区域集中管辖技术类案件已成主流趋势。这也是自 2014 年北上广三家知识产权法院相继设立之后，专利等技术类案件集中管辖的又一举措。

5. 金融法院

金融法院是我国司法系统的一大创新。2018 年、2021 年、2022 年，我国先后成立了上海金融法院、北京金融法院和成渝金融法院三大金融法院。上海金融法院是我国首家金融法院，于 2018 年 8 月 20 日正式挂牌成立。负责审理上海市辖区内应由中级人民法院受理的第一审证券、期货、信托等金融民商事纠纷，以金融机构为债务人的破产纠纷，以上海市辖区内金融监管机构为被告的涉金融行政案件，以住所地在上海市的金融市场基础设施为被告或者第三人与其履行职责相关的第一审金融民商事案件和涉金融行政案件等。2021 年 3 月 18 日，北京金融法院作为国内第二家审理金融案件的专门法院正式成立，北京金融法院设立的意义不仅在于将上海金融法院的模式及经验进行复制推广，更为重要的是，北京是国家金融管理中心，服务实体经济、防控金融风险、深化金融改革是北京金融法院的三大任务。成渝金融法院于 2022 年 9 月 28 日正式揭牌成立，是我国第一次在中西部设立的金融法院，也是全国第一家跨省域集中管辖相关金融案件的专门法院。成渝金融法院按直辖市中级人民法院设置，分别在重庆市、四川省成都市设立办公区，管辖包括重庆市全域 38 个区（县），以及四川省属于成渝地区双城经济圈范围内的 15 个市、113 个县（市、区）内的应由中级人民法院管辖的相关金融民商事和涉金融行政案件。相较于北京金融法院和上海金融法院，成渝金融法院最大的特点在于跨省域管辖——管辖面积大，涉及基层法院多，金融案件多。随着《成渝共建西部金融中心规划》的出台，成渝地区金融业的发展与创新将迈出更大的步伐，成渝金融法院可助力成渝地区双城经济圈西部金融中心建设步入“快车道”。

6. 林业、农垦法院

林业、农垦法院主要审理发生在林区、垦区的刑事、民事等各类案件。林业、农垦法院各地情况不一，有的设两级、有的只设一级，主要分布在黑龙江省等林业比较发达的地区。

第二节　民事审判权

一、民事审判权的概念

审判权是国家权力不可分割的组成部分和国家司法权的主要内容，是国家对民事、刑事、行政案件进行审理和裁判的权力。民事审判权，是法院对民事案件进行审理并通过审理对案件作出裁判的权力。此外，民事审判权包括要求当事人服从裁判的权力以及当事人应接受法院的送达、要求证人出庭作证等的权力，这是民事审判权权威性的内在要求。民事审判权通常分为民事争讼审判权与民事非讼审判权，前者以诉讼事件为审理对象，后者以非讼事件为审理对象。

从作用上讲，民事审判权是国家保障私权的一种国家权力；从本质上讲，民事审判权是民众赋予国家通过法院来行使的一种权力，是服务于当事人诉权的一种权力，是保障当事人诉讼权利和实体权利的手段。从形式上讲，它源于国家宪法和法律的规定，来源于国家主权，并由国家法律统一授予司法机构行使。尽管依据我国《宪法》的规定，最高人民法院由全国人民代表大会产生，地方各级人民法院由同级国家权力机关产生并对其负责，除最高人民法院是由中央设置并由中央财政拨付经费外，其他各级人民法院都分别由各级地方政府对同级法院的人财物进行管理。但这并不是说，最高人民法院所享有的司法权与地方各级人民法院所享有的司法权是完全分开的，或者说地方各级人民法院的司法权来自地方权力机构的授予，并应当成为地方的司法权。各级人民法院所享有的司法裁判权都是国家主权的一部分，司法权是国家主权而非地方的自治权。

民事审判权是国家基本权力之一，其特征主要有几个方面：第一，民事审判权主体的唯一性，即国家只赋予人民法院享有审判权，其他任何机关、团体和个人都无权行使审判权。第二，民事审判权行使的独立性。《民事诉讼法》第 6 条第 2 款规定："人民法院依照法律规定对民事案件独立进行审判，不受行政机关、社会团体和个人的干涉。"就我国目前的实际情况而言，民事审判权主要受到来自行政权的干涉，主要是因为法院在人财物等方面未独立于地方行政。第三，民事审判权行使的被动性。民事主体之间发生民事纠纷，对于是否需要法院行使审判权来予以解决，完全取决于当事人。换言之，民事审判权的启动取决于当事人的起诉，法院解决当事人之间的民事纠纷只能在民事审判过程之中，而不能在民事审判程序之前或者之后积极主动地解决当事人之间的民事纠纷。第四，民事审判权的权威性。法院通过行使审判权解决民事纠纷，其最后作出的裁判结果对法院自身、当事人以及社会都具有约束力，这表明法院行使审判权的结果是权威的。此外，司法是维护社会公平正义的最后一道防线，因此，法院行使审判权的结果是最终的结果。

二、民事审判权的内容

民事审判权是法律赋予人民法院对民事案件进行审理和裁判的权力。民事审判权的核心权能是案件审理权和案件裁判权。案件审理权的内容具体包括诉讼指挥权、询问权（询问当事人、证人、鉴定人）、调查取证权、阐明权、证据审查权、事实认定权。案件裁判权的具体内容包括程序事项裁判权和实体争议裁判权。

（一）诉讼指挥权

所谓诉讼指挥权，是指法院为了保障诉讼的顺畅进行而对诉讼程序进行控制、指挥的权力。具体包括：①确定有关诉讼参加人参加诉讼。②指挥整个诉讼过程按法定程序和法定方式进行。③指挥当事人和其他诉讼参与人行使诉讼权利和履行诉讼义务，防止当事人滥用诉讼权利，引导诉讼正常进行。诉讼指挥权代表着法院有权决定是否或者何时进行证据交换，何时开庭审理、诉讼是否应当追加被告、是否同意变更诉讼请求、是否同意被告提起反诉等，这不仅能够使纠纷得到公正的解决，而且还能够尽量降低诉讼程序的成本，做到公正与效率的统一。

（二）询问权

所谓询问权，是指法官通过向当事人、证人、鉴定人进行有针对性的发问，以审查判断证据、查明案件真实，获得内心心证的证据调查方法。民事询问权制度起源于大陆法系，其设置的目的并非强化法官的主导地位，而是为了最大限度地发现案件事实，形成法官心证，促进民事纠纷得到公正合理的解决。询问的对象包括当事人与证人、鉴定人等诉讼辅助人。询问的内容围绕案件的事实进行。询问权行使的主体是法官，询问权行使的功能是为了弥补处分权主义与辩论主义的不足，实现当事人程序上与实体上的真正平等；询问权的价值在于有利于查清案件事实，减少举证不能的适用，减轻适用举证责任的负面作用。

（三）调查取证权

调查取证权，是指法院依法对案件的有关证据进行调查的权力。法院的调查取证权包含两层含义：一种含义是法院依据职权，主动调查和收集证据；另一种含义是法院依据当事人的申请调查收集证据。我国民事诉讼法规定的法院调查取证权包含了上述两种含义。一般情况下证据应由当事人向法院提出，但是当事人及其诉讼代理人因客观原因不能自行收集证据的，可以请求法院帮助申请证据。此外，在涉及可能损害国家利益、社会公共利益的；涉及身份关系的；涉及《民事诉讼法》第58条规定诉讼的；当事人有恶意串通损害他人合法权益可能的；涉及依职权追加当事人、中止诉讼、终结诉讼、回避等程序性事项的，人民法院应依职权主动调查收集证据。

（四）阐明权

阐明权起源于大陆法系，属于诉讼指挥权的重要内容之一。“阐明”指“使不确定的事项变得明确”。阐明权的具体内涵包括当事人的声明和陈述不充分时，使当事人的声明和陈述变得充分；当事人的声明和陈述不适当时，法院促使当事人作出适当的声明和陈述；促使当事人提出证据。阐明权实际上是诉讼指挥权的一种。阐明权既被视为法官的一项诉讼权利，又被视为法官的一项诉讼义务。阐明权的功能在于阐明权能够弥补当事人主义模式下的缺陷，可起到促进实质主义的作用；能够保障当事人的诉讼权利，体现出人权精神，维护了诉讼程序的正当性；此外，阐明权可防止法官突袭判断。我国《民事诉讼法》没有明确规定阐明权，虽然在《民事证据规定》第 2 条第 1 款中对阐明权作了相关的规定，即“人民法院应当向当事人说明举证的要求及法律后果，促使当事人在合理期限内积极、全面、正确、诚实地完成举证”，但是因为法律规定不明确，导致司法实践中法官在行使阐明权时面临着许多问题：①法官阐明权行使的范围规定不够明确，法官在行使阐明权的过程中缺少统一的指导性原则，这就会导致判罚结果较大的差异化，达不到实现实体公正提高司法效率的效果；②现有法律规定中的阐明权也还并不完善；③缺少当出现阐明不当时应当如何救济的措施，容易出现法官对待阐明权消极应付和法官过度地使用阐明权两大问题。

（五）事实认定权

所谓事实认定权，是指法院对当事人提交的证据进行判定，并进而对当事人所主张的事实进行认定的权力。在诉讼中，法院作为中立的第三方居中裁判，通过严格审查原告方的诉讼请求以及双方当事人所提交的证据，在对证据进行判定之后，对案件事实作出认定。换言之，法院对案件事实的认定，实际上是对当事人证明的判定，因此，法院的事实认定权涉及对当事人证据的认定。法官对案件事实的认定离不开法官的主观判断，而不能保证每个法官都是具有高尚道德水平和良好专业素质的人，因此，立法者和最高人民法院尝试制定更加细致的法律和司法解释规定用以弥补法官在认定事实方面的这一缺陷，但是考虑到案件之间存在的差异性，不论怎样细致的规则，都无法避免法官对案件的事实认定离不开法官的主观判断这一过程，鉴于此，心证的公开化又是我们需要考虑的问题，因为心证的公开程度与裁判的公正性相关。

（六）程序事项裁判权

所谓程序事项裁判权，是指法院在审理民事案件过程中对有关诉讼程序上的事项予以裁判的权力。程序事项裁决权涉及的程序事项主要包括以下内容：①具有当事人能力；②当事人适格；③不属于重复起诉；④属于法院裁判权的范围；⑤属于审理本案的法院管辖；⑥实施了有效的送达；⑦具有诉的利益；⑧诉讼程序是否应当启动；⑨诉讼程序的中止、终止，等等。

（七）实体争议裁判权

所谓实体争议裁判权，是指法院通过对案件的审理，对当事人之间的实体权利义务争议作出具有法律约束力的裁决的权力。人民法院对当事人之间的民事纠纷进行审理，最终需要落实的是当事人之间的实体问题，即明确当事人双方之间权利的行使和义务的履行。法院的文书有判决书、裁定书和决定书，而法院实体争议裁判权的行使是通过判决书来体现的。法院对当事人所主张的事实的认定及在此基础上对实体争议的裁判是民事审判权最基本的权能。

三、民事审判权与民事执行权的差异

审判权与执行权都由人民法院行使，但是二者是两项不同的权力，它们的主要区别有以下几点：

（1）审判权与执行权的内涵与外延存在差异。民事审判权指的是法官站在中立的第三方立场，在听取争讼各方主张和证据的基础之上，依据实体法对当事人民事法律关系作出权威性裁判的权力。而民事执行权指的是民事执行机关借以强制债务人履行义务，实现生效法律文书确定的给付内容的国家公权力。审判权与执行权的外延权能也存在差异，审判权主要由审理权和裁判权组成，具体包括程序控制权、调查权、阐明权、证据审查权、事实认定权、程序事项裁判权、实体事项裁判权等，而民事执行权的核心权能包括执行命令权能、执行实施权能和执行裁判权能。

（2）审判权与执行权的目的与价值追求存在差异。在目的方面，民事审判权与民事执行权同为国家公权力对公民私权的救济方式，但二者所追求的目标和体现的价值有所不同。民事审判权的目的在于由国家对案件或争讼作出终局性的裁判，确定当事人之间的民事实体权利义务关系；民事执行权则是为实现生效法律文书确定的权利义务关系，将当事人之间的民事法律关系付诸实践。在价值追求方面，民事审判权为了达到定分止争的目的，需要追求案件真实，因此审判权讲求公平优先，兼顾效率。但民事执行权则以快速、及时、不间断地实现生效法律文书中所确认的债权为己任，尽量避免执行错误，维护法律的权威和尊严，也即以最小的成本实现最大的收益。

（3）民事审判权与民事执行权的运行机制及规律存在差异。民事审判权与民事执行权分别以民事诉讼程序与民事强制执行程序得以实现和运行。但是，二者的作用机制和运行特点具有差异性，主要表现为：首先，民事审判权与民事执行权的权力主体不同。民事审判权只能由法院独立行使，而不能是其他国家机关。而民事执行权则由法院下设的执行机构享有。其次，民事审判权和民事执行权的运行特点不同，例如，审判权运行的多向性与民事执行权运行的单向性。在审判程序这一审判权的主要运行阶段，无论是证据的提出与质证还是法律问题、观点的对抗，原被告始终会存在相互的交锋。审判者则是根据两造当事人的证据与主张进行裁判。而执行权主要通过执行人员的执行行为予以实现，无论是查封、扣押、冻结等控制性执行行为，还是拍卖、变卖等处分性执行行为，均是执行人员依职权或依申请单方面执行债务人责任财产。再次，审判权运行的平等性与民事执行权运行的不平等性。在审判权实现过程中，法院与两造当事人三方是平等关系，其运行的基本模式是“两造对立、法官居中裁判”并形成“等腰三角形”构架。而民事执行权以保护债权人的合法权益为己任，对债务人则是强制其履行，债务人须得忍受。最后，审判权运行的中立性与民事执行权运行的主动性。在审判权的运行过程中，法官必须保持中立的第三方形象，一旦司法者离开中立立场，可能就会产生司法权限僭越的问题，但是执行权的价值追求在于效益，为了能够在最短时间内，以最小成本获得最大收益，执行人员必须审时度势，伺机出击，充分发挥执行权的主动性。

第三节　法院的主管

一、民事诉讼主管概述

所谓民事诉讼主管，指的是民事审判权的范围与界限，即哪些民事纠纷和其他案件由我国法院依照我国民事诉讼法来解决。我国《民事诉讼法》第 3 条规定，人民法院受理公民之间、法人之间、其他组织之间以及他们相互之间因财产关系和人身关系提起的民事诉讼，适用本法的规定。根据民事诉讼法的规定，只要属于平等主体之间的民事纠纷，就属于民事诉讼法的主管范围，但法律另有规定的除外。从法理言之，一切民事纠纷，均属于民事审判权的管辖范围，但民事审判权的行使必须有其内在的限制，司法权在其有效范围内方可发挥其作用，否则不仅会严重损害司法权威，而且极易引发重大社会问题，譬如对于历次政治运动产生的历史遗留问题以及政治性比较强的民事纠纷，在目前司法实践中不宜纳入民事主管范围。

二、民事诉讼主管的范围

人民法院主管的民事案件范围有以下几种：

（1）民法典调整的财产关系及人身关系所产生的民事纠纷案件。如财产所有权、用益物权、担保物权、无因管理、不当得利、身份权、人格权、婚姻、赡养、扶养、抚育和继承等纠纷。

（2）劳动法调整的因劳动关系所发生的纠纷。我国劳动法规定，劳动者与用人单位之间应签订确立劳动关系、明确双方权利和义务的协议。在订立、履行、解除劳动过程中所发生的劳动争议，首先向劳动仲裁委员会申请仲裁解决，对该委员会的裁决不服的可向人民法院起诉。

（3）其他法规调整的社会关系发生的纠纷，法律明文规定（既包括实体法的规定，也包括程序法的规定）依照《民事诉讼法》审理的案件。如环境污染所引起的损害赔偿案件、选民资格案件、宣告失踪人失踪和宣告失踪人死亡案件等。

（4）最高人民法院规范性文件规定的案件。如 2016 年 2 月 24 日公布的《最高人民法院关于海事法院受理案件范围的规定》，将海事法院的受案范围规定为海事侵权纠纷案件、海商合同纠纷案件、海洋及通海可航水域开发利用与环境保护相关纠纷案件、其他海商海事纠纷案件、海商行政案件、海事特别程序案件。

三、人民法院与其他机关、团体主管民事纠纷的关系

人民法院和国家其他机关、社会团体都有权主管一定范围的民事纠纷，这就必然要涉及人民法院与国家其他机关、团体之间主管民事纠纷的关系问题。因此，有必要对人民法院与其他机关、团体之间主管民事纠纷的关系加以研究，以便各自正确、及时行使其职权，防止对民事纠纷的解决相互推诿或争夺。根据我国的实际情况和多年的司法实践经验，在解决人民法院与国家其他机关、团体主管民事纠纷关系的问题上，原则上采取“司法最终解决原则”的办法。司法最终解决原则的内容是，一切社会组织不能彻底解决的纠纷，均由法院通过审判的方式作为解决纠纷的最后手段。法院的裁判具有最高的权威性和法律效力，对其他机关、团体和个人都具有约束力。一件纠纷涉及多个法律关系的，其中有属于法院主管的，该纠纷一并归法院主管，采用审判方式解决。

根据《民事诉讼法》确定的人民法院主管民事案件的范围和“司法最终解决原则”的要求，处理人民法院主管民事纠纷与国家其他机关、社会团体主管民事纠纷的关系，主要采取下列方式：

（一）仲裁和审判由当事人自由选择

此种方式依据法律规定可以分为两种情况：一是仲裁与审判相排斥。即当事人依法选择了仲裁方式解决纠纷的，就不得再向人民法院提起诉讼，但仲裁协议被法院或者仲裁机构确认无效的，当事人可以向法院起诉；当事人选择了诉讼方式解决纠纷的，就不得向仲裁机构申请以仲裁方式解决纠纷。二是仲裁裁决生效后，当事人不服的，不得向人民法院起诉。《仲裁法》第 9 条第 1 款规定：“仲裁实行一裁终局的制度。裁决作出后，当事人就同一纠纷再申请仲裁或者向人民法院起诉的，仲裁委员会或者人民法院不予受理。”

法院审判和仲裁机构仲裁的关系除了对双方都有管辖权的案件，由当事人自由选择外，还有如下特点：其一，法院主管的范围宽于仲裁委员会主管的范围。按照《仲裁法》的规定，仲裁委员会仲裁的范围是平等主体的公民、法人或其他组织之间发生的合同纠纷和其他财产权益纠纷，但婚姻、收养、监护、扶养、继承不属于其主管范围。但上述纠纷，均属于法院民事诉讼管辖的范围。其二，当事人在仲裁裁决被法院依法撤销或裁定不予执行后，对未重新达成仲裁协议的情况下向法院提起民事诉讼时，法院应当受理。其三，当事人之间有仲裁协议，但一方向人民法院起诉未声明仲裁协议，另一方在首次开庭前未提出管辖权异议的，视为放弃仲裁协议。

（二）人民调解不是诉讼的必经程序

《人民调解法》第 3 条第 3 项规定，人民调解委员会调解民间纠纷，应当尊重当事人的权利，不得因调解而阻止当事人依法通过仲裁、行政、司法等途径维护自己的权利。同时，该法第 32 条规定：“经人民调解委员会调解达成调解协议后，当事人之间就调解协议的履行或者调解协议的内容发生争议的，一方当事人可以向人民法院提起

诉讼。”另外，该法第33条规定：“经人民调解委员会调解达成调解协议后，双方当事人认为有必要的，可以自调解协议生效之日起三十日内共同向人民法院申请司法确认，人民法院应当及时对调解协议进行审查，依法确认调解协议的效力。人民法院依法确认调解协议有效，一方当事人拒绝履行或者未全部履行的，对方当事人可以向人民法院申请强制执行。人民法院依法确认调解协议无效的，当事人可以通过人民调解方式变更原调解协议或者达成新的调解协议，也可以向人民法院提起诉讼。”由此可见，当事人因民事权益发生纠纷，根据自愿原则可以向人民调解委员会申请解决。对调解不成，仍可以向人民法院起诉。对调解协议不服或者不履行的，可以向法院起诉，由法院确认调解协议的效力。当事人也可以就该纠纷直接向人民法院起诉；人民法院应当依法受理，不得将人民调解作为诉讼的必经程序。

法院与人民调解委员会在主管问题上的关系是：①法院主管范围宽于人民调解委员会主管范围，后者只能受理人民调解范围内的一般的轻微的民事纠纷。②法院主管优先于人民调解委员会主管。在一方当事人申请人民调解处理，另一方当事人直接向法院提起诉讼的情况下，纠纷由法院主管。③纠纷经人民调解委员会调解处理后，当事人起诉到法院的，仍然作为民事案件由法院主管。

（三）法院主管与劳动争议仲裁

对于劳动争议的处理，我国确立了先裁后审的模式，即劳动者与用人单位发生劳动争议后，可以向劳动争议仲裁委员会申请仲裁，对仲裁裁决不服的，除法律另有规定外，可以向人民法院提起诉讼。

（四）法院主管与人事争议仲裁

所谓人事争议，是指国家机关、事业单位、社团组织与其聘用人员以及军队聘用单位与文职人员之间因解除人事关系、履行聘用合同发生的争议。对于人事争议的处理，同劳动争议一样，适用先裁后审的模式，即人事争议发生后，当事人应先向人事争议仲裁机构申请仲裁，当事人对裁决不服的，可以自收到裁决书之日起15日内向人民法院提起诉讼，期满不起诉的，裁决书发生法律效力。

第四节　管辖概述

一、管辖的概念

所谓民事诉讼中的管辖，是指在法院系统内部，确定各级人民法院之间以及同级人民法院之间受理第一审民事案件的分工和权限。法院依法对某一民事案件进行审判的权限则称为管辖权。在民事诉讼中，只有将人民法院主管的民事案件，在法院组织系统内部确定由具体人民法院行使第一审的审判权限，才能使人民法院依法解决民事纠纷案件的权力得以落实；使当事人能够充分有效地行使诉权，避免因管辖不明导致当事人投诉无门，合法权益无法得到及时保护。

主管和管辖有着密切的关系。主管是确定管辖的前提和基础，管辖则是主管的进一步落实。确定主管在于划分法院与其他国家机关、社会团体的职权范围，明确哪些纠纷可以由法院受理而进入民事诉讼程序；确定管辖则在于将法院主管的民事案件进一步在法院系统内部的各个法院之间进行分工，以确定不同法院对一审民事案件的受诉权限，最终将案件落实到具体的法院。管辖权与审判权也不同。审判权，是国家赋予人民法院审理各类案件的权力，是国家权力的重要组成部分；管辖权，是每个人民法院对于某一具体案件进行审理的权限，即对该案有权行使审判的权力。由此可见，审判权是确立管辖权的前提，而管辖权是对审判权行使的落实。

二、确定管辖的原则

（1）便于当事人进行诉讼、实现实体权利。当事人进行民事诉讼的基本目的是要求法院保护其合法权利，而民事诉讼作为一种保护当事人实体权利的诉讼制度，制度的设计及司法运作都应当以便于人民接近司法、保护权利为出发点。该原则还要求管辖的确定要有利于实现公正，例如，在法院与当事人一方有某种关系将可能影响法院公正判决的情况下，应当允许另一方当事人提出异议或者申请移送其他能够公正审理的法院管辖。

（2）便于法院行使审判权。在确定管辖时应当便于法院进行审判，使诉讼符合效率原则。

（3）兼顾各级法院的职能和工作负担的均衡。我国分为四级法院，上级法院既要审理一审案件，又要审理上诉案件，要负责指导下级法院审判工作的职能，因此在确定管辖时应当兼顾各级法院的职能和审判工作的均衡。

（4）确保案件的公正审理。管辖制度主要是解决异地案件的公正管辖问题。其实从管辖制度发展史来看，管辖制度主要是为异地案件而设。假若没有异地案件，管辖制度至少是地域管辖制度就完全没有存在的必要。从这个意义说，管辖制度是解决异地案件公正管辖的制度。鉴于我国管辖制度主要是面临地缘性因素的威胁，管辖不公是司法实践管辖存在的主要问题，因此，保障管辖制度的公正对于司法公正具有根本性意义。特别是在制度设计上，专门配置审理异地案件的中立法院系统，以杜绝法院对本地当事人的偏爱，也可以解决司法权或者法院地方化的问题。

三、管辖的分类

（一）管辖在法律上的分类

我国民事诉讼法将管辖分为级别管辖、地域管辖、移送管辖、指定管辖四大类。其中，地域管辖进一步分为一般地域管辖、特殊地域管辖、专属管辖、共同管辖、选择管辖和协议管辖。

（二）管辖在理论上的分类

（1）法定管辖和裁定管辖。依管辖是由法律直接规定还是由法院裁定确定为标准，可以将管辖分为法定管辖和裁定管辖。级别管辖和地域管辖均由民事诉讼法直接规定，因此为法定管辖。移送管辖、指定管辖、管辖权转移由法院裁定而确定，因此为裁定管辖。法定管辖是针对诉讼管辖的一般情形作出的规定，而裁定管辖是针对特殊情况而确定的管辖。

（2）专属管辖和协议管辖。依管辖是否由法律强制性规定、是否允许当事人协议变更为标准，可将管辖分为专属管辖和协议管辖。所谓专属管辖，是指法律规定某类案件只能由特定的法院管辖，其他法院无管辖权，当事人也不能以协议方式变更管辖。所谓协议管辖，是指允许当事人以书面协议的方式选择管辖法院的管辖。

（3）共同管辖和合并管辖。这是以诉讼关系为标准对管辖所作的分类。共同管辖，又称为管辖权竞合，是指两个或两个以上的法院对某一案件均享有管辖权。共同管辖可以因诉讼主体的因素产生，也可以因诉讼客体的因素产生。前者如同一诉讼的几个被告住所地在两个或两个以上法院辖区内，后者如不动产纠纷中作为诉讼标的的不动产在不同法院的辖区内。合并管辖，又称为牵连管辖，是指对某一案件有管辖权的法院，因另一案件与该案件存在牵连关系，而取得其他案件的管辖权。合并管辖的实质是对某案件有管辖权的法院基于牵连关系取得另一原本无管辖权的案件的管辖权。适用合并管辖的主要情形是原告增加诉讼请求，被告提出反诉，第三人提出与本案有关的诉讼请求。

（4）普通管辖和专门管辖。专门管辖是和普通管辖相对而言的，是专门法院和普通法院案件管辖范围的职能划分，是法律规定由专门法院管辖某一类型案件。实践中，专门人民法院的类别主要有军事法院、海事法院、知识产权法院、金融法院、林业法院、农垦法院等（专门管辖可参见前述内容）。

四、管辖恒定

所谓管辖恒定，是指确定案件管辖权，以起诉时为标准，起诉时对案件享有管辖权的法院，不因确定管辖的事实在诉讼过程中发生变化而影响其管辖权。这一原则可以避免因管辖变动而造成的司法资源浪费，减少当事人的讼累，推动诉讼迅速、便捷进行，适应诉讼经济的要求。

管辖恒定制度具体表现为：

（1）地域管辖恒定，即原告起诉时，受诉法院依法对该案享有管辖权，则案件受理后，其管辖权不受该案件有关情况变化的影响，始终对其享有管辖权。《民诉法解释》第37条规定，案件受理后，受诉人民法院的管辖权不受当事人住所地、经常居住地变更的影响。《民诉法解释》第38条规定，有管辖权的人民法院受理案件后，不得以行政区域变更为由，将案件移送给变更后有管辖权的人民法院。判决后的上诉案件和依审判监督程序提审的案件，由原审人民法院的上级人民法院进行审判；上级人民法院指令再审、发回重审的案件，由原审人民法院再审或者重审。可见，地域管辖恒定主要是指受诉法院依法受理案件后，其管辖权不受当事人住所地、经常居住地变更的影响，也不受行政区域变更的影响，对该案件始终享有管辖权。

（2）级别管辖恒定，即原告起诉时，受诉法院按照诉讼标的金额确定级别管辖后，其级别管辖权不因诉讼过程中诉讼标的金额的变动超出其级别管辖权限而变动。但下列情形除外：第一，原告增加诉讼请求金额致使案件标的额超过受诉人民法院级别管辖标准，被告提出级别管辖权异议成立的；第二，当事人故意规避有关级别管辖等规定的。

第五节　级别管辖

一、级别管辖概述

所谓级别管辖，是指按照一定的标准，划分上下级法院之间受理第一审民事案件的分工和权限。世界上绝大多数国家都存在着级别管辖，只不过其级别管辖的划分比较简单，往往只在简易法院与普通法院两级法院之间划分民事案件的第一审管辖权，其代表如德国、日本、匈牙利等。只有极少数国家不存在级别管辖，所有的一审案件都划归基层法院受理，上级法院原则上不受理一审案件，如美国联邦法院系统就不存在一审案件的级别管辖。根据《人民法院组织法》的规定，我国人民法院设有四级，即基层人民法院、中级人民法院、高级人民法院和最高人民法院。这四级人民法院都具有第一审民事案件的管辖权。但由于四级人民法院各自的职能不同，受理第一审民事案件的权限范围也存在一定的差异。

划分级别管辖必须有一定的标准，从民事诉讼法的有关规定和司法实践来看，我国划分级别管辖采用的是“三结合”标准，即将案件的性质、繁简程度和影响范围三者结合起来确定级别管辖。但司法实践中一般以诉讼标的价额作为级别管辖的标准，经最高人民法院批准，多数省、自治区、直辖市均制定了级别管辖的数额标准。

二、我国关于级别管辖的规定

（一）基层人民法院管辖的第一审民事案件

《民事诉讼法》第 18 条规定，除法律另有规定外，基层人民法院管辖第一审民事案件。最高人民法院相关解释又规定婚姻、继承、家庭、物业服务、人身损害赔偿、名誉权、交通事故、劳动争议等案件，以及群体性纠纷案件，一般由基层人民法院管辖。由于民事诉讼法规定其他各级人民法院管辖的一审案件相对较少，因而这一规定实际上是将大多数一审案件划归基层人民法院管辖。我国基层人民法院数量多，分布广，而且当事人住所地、纠纷发生地、争议财产所在地都处于基层人民法院的辖区内，由基层人民法院管辖一审案件，既有利于当事人和其他诉讼参与人参加诉讼，又有利于法院行使审判权。

（二）中级人民法院管辖的第一审民事案件

《民事诉讼法》第 19 条规定，中级人民法院管辖的第一审民事案件包括以下三种：

1. 重大涉外案件

涉外案件是指具有涉外因素的民事诉讼案件。在涉外案件中，只有重大的涉外案件才由中级人民法院作为第一审人民法院。《民诉法解释》第1条规定，重大涉外案件，包括争议标的额大的案件、案情复杂的案件，或者一方当事人人数众多等具有重大影响的案件。非重大的涉外案件由基层人民法院管辖。

根据最高人民法院的规定，重大涉港、澳、台地区的民事案件，参照涉外案件处理。

2. 在本辖区有重大影响的案件

本辖区是专指中级人民法院所辖区域。有重大影响，则是指案件自身复杂，涉及面广，其影响已经超出了基层人民法院辖区范围。对于在本辖区有重大影响的案件，《民事诉讼法》只作了原则性规定，实践中由人民法院根据案件的具体情况自行认定。审判实践中判断是否为“有重大影响的案件”，一般从以下三个方面考虑：①案情的复杂程度；②诉讼标的金额的大小；③在当地的影响等。

3. 最高人民法院确定由中级人民法院管辖的案件

这是最高人民法院根据审判工作的需要，以规范性文件所确定的由中级人民法院管辖的第一审案件。根据最高人民法院的有关规定，由中级人民法院管辖的第一审民事案件包括：

（1）知识产权民事案件。

第一，专利纠纷案件。《民诉法解释》第2条第1款规定，专利纠纷案件由知识产权法院、最高人民法院确定的中级人民法院和基层人民法院管辖。根据2021年1月1日施行的《最高人民法院关于审理专利纠纷案件适用法律问题的若干规定》（2020年修正）的规定，专利纠纷第一审案件，由各省、自治区、直辖市人民政府所在地的中级人民法院和最高人民法院指定的中级人民法院管辖。最高人民法院根据实际情况，可以指定基层人民法院管辖第一审专利纠纷案件。

第二，商标纠纷案件。2021年1月1日实施的《最高人民法院关于审理商标案件有关管辖和法律适用范围问题的解释》（2020年修正）第2条第3款规定，商标民事纠纷第一审案件，由中级以上人民法院管辖。但考虑到部分较大城市的一些基层人民法院近年来也处理了不少商标民事纠纷案件，积累了一定的审判经验，该解释同时规定，授权各高级人民法院根据本辖区的实际情况，经最高人民法院批准，可以在较大城市确定1个至2个基层人民法院受理第一审商标民事纠纷案件。例如，北京市的朝阳区和海淀区的基层人民法院可以审理第一审商标民事纠纷案件。

第三，著作权纠纷案件。2021年1月1日实施的《最高人民法院关于审理著作权民事纠纷案件适用法律若干问题的解释》（2020年修正）第2条规定，著作权纠纷案件由中级以上人民法院管辖，但考虑到各地的实际情况和已有的法院管辖经验，又灵活规定各高级人民法院可以确定若干基层人民法院管辖第一审著作权纠纷案件，无须报最高人民法院批准，只需报最高人民法院备案即可。

（2）海事、海商案件。

海事、海商案件由海事法院管辖。海事法院在建制上属于中级人民法院，在管辖事项上具有专门性，属于专门法院。

（3）证券虚假陈述民事赔偿案件。

2003 年 1 月公布的《最高人民法院关于审理证券市场因虚假陈述引发的民事赔偿案件的若干规定》（已失效）第 8 条规定，因虚假陈述引发的证券民事赔偿案件，由省、直辖市、自治区人民政府所在的市、计划单列市和经济特区中级人民法院管辖。2005 年 1 月又公布了《最高人民法院关于对与证券交易所监管职能相关的诉讼案件管辖与受理问题的规定》（2020 年修正），指定上海证券交易所和深圳证券交易所所在地的中级人民法院分别管辖以上海证券交易所和深圳证券交易所为被告或第三人的与证券交易所监管职能相关的第一审民事和行政案件。

（4）期货纠纷案件。

《最高人民法院关于审理期货纠纷案件若干问题的规定》第 7 条规定，期货纠纷案件由中级人民法院管辖。高级人民法院根据需要可以确定部分基层人民法院受理期货纠纷案件。

（5）确认仲裁协议效力的案件和撤销仲裁裁决的案件。

当事人向人民法院申请确认仲裁协议效力的案件和撤销仲裁裁决的案件，由各省、自治区和直辖市人民政府所在地和最高人民法院指定的中级人民法院管辖。

（6）植物新品种纠纷案件。

（7）涉及域名的侵权纠纷案件。由侵权行为地或者被告住所地的中级人民法院管辖。

（8）诉讼标的额大或者诉讼单位属于省、自治区、直辖市以上的经济纠纷案件。

此外，2021 年 9 月 17 日，最高人民法院发布关于调整中级人民法院管辖第一审民事案件标准的通知，当事人住所地均在或者均不在受理法院所处省级行政辖区的，中级人民法院管辖诉讼标的额 5 亿元以上的第一审民事案件。当事人一方住所地不在受理法院所处省级行政辖区的，中级人民法院管辖诉讼标的额 1 亿元以上的第一审民事案件。本通知调整的级别管辖标准不适用于知识产权案件、海事海商案件和涉外涉港澳台民商事案件。该通知于 2021 年 10 月 1 日起实施。

（三）高级人民法院管辖的第一审民事案件

《民事诉讼法》第 20 条规定，高级人民法院管辖在本辖区有重大影响的第一审民事案件。另外，最高人民法院还根据诉讼标的额的大小规定了各省、自治区、直辖市高级人民法院受理第一审民事案件的范围。

（四）最高人民法院管辖的第一审民事案件

《民事诉讼法》第 21 条规定，最高人民法院管辖的第一审民事案件有两类：一类是在全国有重大影响的案件；另一类是认为应当由最高人民法院审理的案件。

三、诉讼标的额的确定

大陆法系民事诉讼法对诉讼标的价额一般均予规定，以避免不明确。由于不同的计算方法可以得出不同的诉讼标的价额，从而涉及不同级别法院的管辖，这就增加了级别管辖的不确定性。目前相关解释也有一些规定：在当事人双方或一方全部没有履行合同义务的情况下，发生纠纷起诉至法院的，如当事人在诉讼请求中明确要求全部履行合同的，应以合同总金额加上其他请求额作为诉讼标的额，并据以确定级别管辖；如当事人在诉讼请求中要求解除合同的，应以其具体的诉讼请求数额来确定诉讼标的额，并据以确定级别管辖。诉讼标的物是证券的，按照证券交易规则并根据当事人起诉之日前最后一个交易日的收盘价、当日的市场价或者其载明的金额计算诉讼标的金额。诉讼标的物是房屋、土地、林木、车辆、船舶、文物等特定物或者知识产权，起诉时价值难以确定的，人民法院应当向原告阐明主张过高或者过低的诉讼风险，以原告主张的价值确定诉讼标的金额。

四、违反级别管辖的后果

司法实践中突破级别管辖权限受理案件的现象可谓是屡见不鲜，突破级别管辖权限受理诉讼可分为两种类型：一种是初始的违反级别管辖规定，即法院受理案件时争议标的数额就明显超出其级别管辖权限；另一种是后发的违反级别管辖规定，即在受理案件时，原告主张的争议标的数额在受诉法院级别管辖权限内，但在开庭时，由于原告增加或变更了诉讼请求，争议标的数额发生了变化，超出了受诉法院的级别管辖权限。

《民事级别管辖异议规定》第 3 条规定："提交答辩状期间届满后，原告增加诉讼请求金额致使案件标的额超过受诉人民法院级别管辖标准，被告提出管辖权异议，请求由上级人民法院管辖的，人民法院应当按照本规定第一条审查并作出裁定。"

如果程序上的制度没有规定任何不利的后果，那么该程序制度必然为一项软性制度，因为违反它并不会带来任何不利的后果。有鉴于此，山东省高级人民法院做出了有益的尝试，特别规定违反级别管辖不能超过标的额的两倍，否则应当撤销判决，但实践中很少有被撤销的。因为我国无论学理还是司法实践均认为管辖仅仅是解决法院之间的分工问题，并不牵涉审判权问题，因此，违背级别管辖的判决并不会遭遇不利后果也就不足为怪了。

第六节　地域管辖

一、地域管辖制度概述

所谓地域管辖，又称为土地管辖、区域管辖或属地管辖，是按照各法院的辖区和民事案件的隶属关系来划分诉讼管辖的，其作用在于确定同一级法院在各自辖区内受理第一审民事案件的分工和权限。

地域管辖与级别管辖既有区别又有联系。二者的区别为：级别管辖是划分上下级法院之间受理第一审案件的权限和分工，是纵向的划分，解决的是案件由哪一级法院管辖；地域管辖是划分同级法院之间受理第一审案件的权限和分工，是横向的划分，解决的是案件应由同级法院中的哪一个法院管辖。二者的联系为：级别管辖是地域管辖的前提，只有明确了级别管辖，才能进一步确定地域管辖；地域管辖是级别管辖的落实，任何一个案件，在级别管辖明确之后，只有进一步通过地域管辖，才能具体落实到特定区域法院。

确定地域管辖的标准主要为：一是诉讼当事人的住所地与法院辖区的联系；二是诉讼标的物或法律事实与法院辖区的联系。实际上地域管辖就是按照法院辖区与当事人、诉讼标的或法律事实的隶属关系来确定的。其中，以法院辖区与当事人的隶属关系为标准确定的管辖适用于对该当事人提起的所有诉讼，称为普通地域管辖；以法院辖区与诉讼标的物或法律事实的隶属关系为标准确定的关系，适用于某些具有一定特殊性的诉讼，称为特殊地域管辖。因此，地域管辖又可分为一般地域管辖和特殊地域管辖。

二、一般地域管辖

所谓一般地域管辖，又称为普通管辖或一般管辖，在国外称为普通审判籍，是以当事人的住所地与法院辖区的联系来确定的管辖。一般地域管辖采取“原告就被告”原则，即由被告所在地法院管辖。按照这一原则，在普通的诉讼中，一般都以被告所在地为标准确定管辖。“原告就被告”作为一般原则，既有利于防止原告滥用诉权，又有利于法院传唤被告参加诉讼，有利于调查取证和判决的执行。

（一）我国关于一般地域管辖的规定

（1）对公民提起的民事诉讼，由被告住所地法院管辖，被告住所地与经常居住地不一致的，由经常居住地法院管辖。所谓公民的住所地，是指公民的户籍所在地。所谓公民的经常居住地，是指公民离开住所地至起诉时已连续居住 1 年以上的地方。但公民住院就医的地方除外，这种排除情况并不指一般性的长期保健疗养。由于经常居住地在实践中存在着证明困难，因此这一概念是否应为居所地所替代值得探讨。

我国《民事诉讼法》第 22 条第 1 款明确规定了公民的经常居住地优先适用于住所地，即被告住所地与经常居住地不一致时，由经常居住地人民法院管辖。而关于经常居住地的判断，需要同时具备两个条件：①起诉时在此地居住；②起诉时在此地连续居住超过 1 年。也即起诉时不在此地居住，或起诉时虽在此地居住，但连续居住不超过 1 年的，都不构成经常居住地。此外，《民诉法解释》还规定了特殊情形下被告所在地的确定，具体包括：①原告、被告均被注销户籍的，由被告居住地人民法院管辖；

②当事人户籍迁出后尚未落户，有经常居住地的，由该地人民法院管辖；没有经常居住地的，由其原户籍所在地人民法院管辖；③双方当事人都被监禁或者被采取强制性教育措施的，由被告原住所地人民法院管辖。被告被监禁或者被采取强制性教育措施1年以上的，由被告被监禁地或者被采取强制性教育措施地人民法院管辖。需要注意的是，该处被告被监禁或者被采取强制性教育措施1年以上，并非指被告被判处的刑期或被确定强制教育的期限在1年以上；是指被告已经被实际采取监禁或者被采取强制性教育措施1年以上，此时被监禁地或者被采取强制性教育措施地可视为其经常居住地；④夫妻双方离开住所地超过1年，一方起诉离婚的案件，由被告经常居住地人民法院管辖；没有经常居住地的，由原告起诉时被告居住地人民法院管辖。

（2）对法人或其他组织提起民事诉讼，住所地主要指其主要办事机构或者主要营业地。我国《公司法》第8条规定，公司以其主要办事机构所在地为住所。因此，依照公司法的规定，公司的住所为其主要办事机构所在地。被告如为没有办事机构的公民合伙、合伙型联营体，则由注册地法院管辖；没有注册地，几个被告又不在同一辖区的，各被告所在地的法院都有管辖权。

（二）一般地域管辖的例外规定

“原告就被告”原则并不完全适应所有民事案件的需要，在实践中，有一部分案件如果由被告所在地的人民法院管辖，对原告行使诉权和法院审理案件均会带来诸多不便，考虑到对原告诉权的有效保护，《民事诉讼法》和《民诉法解释》明确规定了由原告所在地人民法院管辖的具体情形：《民事诉讼法》第23条和《民诉法解释》第6条规定由原告所在地法院管辖的情形包括：①对不在中华人民共和国领域内居住的人提起的有关身份关系的诉讼；②对下落不明或者宣告失踪人提起的有关身份关系的诉讼；③对被采取强制性教育措施的人提起的诉讼；④对被监禁的人提起的诉讼；⑤被告被注销户籍的诉讼。其中，前两类诉讼需要关注案件类型，即仅限于有关身份关系的诉讼，包括身份关系的案件，如婚姻关系、亲子关系、收养关系等的案件。如果是财产案件，仍要由被告所在地法院管辖。后三类诉讼需要关注，仅为被告一方被监禁、被采取强制性教育措施或被注销户籍，对案件类型没有限制。如果原被告双方均被监禁、被采取强制性教育措施，或被注销户籍，仍应由被告所在地法院管辖。

（三）一般地域管辖的特殊规定

按照一般地域管辖的特殊规定，原被告所在地人民法院均有管辖权。

《民诉法解释》规定了可以由原告所在地法院管辖的情形，即原被告所在地人民法院均有管辖权的情形，包括：①追索赡养费、抚养费、扶养费案件的几个被告住所地不在同一辖区的，可以由原告住所地人民法院管辖。需要注意，如果这类案件几个被告住所地在同一辖区，则只能由被告住所地法院管辖。②夫妻一方离开住所地超过1年，另一方起诉离婚的案件，可以由原告住所地人民法院管辖。如果夫妻双方均离开住所地超过1年，仍然适用“原告就被告”的原则。

（四）离婚案件的管辖

离婚案件涉及人身权的保护，其管辖与诉讼标的等与其他案件存在着明显的不同，应作特殊处理。除了上述例外规定外，我国还规定了离婚案件管辖的例外规定：

（1）夫妻一方离开住所地超过 1 年，另一方起诉离婚的案件，由原告住所地法院管辖。但夫妻双方都离开住所地超过 1 年，一方起诉离婚的案件，由被告经常居住地法院管辖；没有经常居住地的，由原告起诉时被告居住地的法院管辖。

（2）在国内结婚并定居国外的华侨，如定居国法院以离婚诉讼须由婚姻缔结地法院管辖为由不予受理，当事人向人民法院提出离婚诉讼的，由婚姻缔结地或一方在国内的最后居住地人民法院管辖。

（3）在国外结婚并定居国外的华侨，如定居国法院以离婚诉讼须由国籍所属国法院管辖为由不予受理，当事人向人民法院提出离婚诉讼的，由一方原住所地或在国内的最后居住地人民法院管辖。

（4）中国公民一方居住在国外，一方居住在国内，不论哪一方向人民法院提起离婚诉讼，国内一方住所地的人民法院都有权管辖。如国外一方在居住国法院起诉，国内一方向人民法院起诉的，受诉人民法院有权管辖。

（5）中国公民双方在国外但未定居，一方向人民法院起诉离婚的，应由原告或者被告原住所地的人民法院管辖。

三、特殊地域管辖

（一）特殊地域管辖概述

所谓特殊地域管辖，又称为特殊管辖，是指不以被告所在地，而是根据引起诉讼的法律事实的所在地、诉讼标的物所在地确定诉讼的管辖法院。特殊地域管辖是相对于一般地域管辖而言的，对于财产权的诉讼而言，与案件有密切联系的地点不仅限于当事人的住所地，而且还存在其他的甚至与案件有更密切联系的地点，如侵权案件中的侵权行为地、合同纠纷案件中的合同履行地、标的物所在地等。因此，特殊地域管辖是指以诉讼标的的特殊性与特定管辖法院的必要性所确定的管辖。

（二）合同纠纷案件的一般管辖规则

因合同纠纷提起的诉讼，由被告住所地或合同履行地法院管辖。所谓合同履行地，一般是指按照合同规定履行义务的具体地点，但是合同履行地究竟是指民法规定的履行地、约定的履行地还是实际履行地，立法并不明确。由于争议比较大，最高人民法院出台了相应司法解释和批复予以规范。

根据《民诉法解释》第 18 条的规定，合同约定履行地点的，以约定的履行地点为合同履行地。合同对履行地点没有约定或者约定不明确，争议标的为给付货币的，接收货币一方所在地为合同履行地；交付不动产的，不动产所在地为合同履行地；其他标的，履行义务一方所在地为合同履行地。即时结清的合同，交易行为地为合同履行地，但如果合同没有实际履行，当事人双方住所地都不在合同约定的履行地的，由被告住所地人民法院管辖。合同履行与合同履行地在实体法、诉讼法中有不同的含义，即使是诉讼法也有不同的含义。依照民事诉讼法，此处所谓的合同履行，是指合同特征义务的履行，如买卖合同，如果已经履行交货义务，那么如果支付货款义务未履行，视为合同已经履行，应依照合同履行地确定管辖。此处合同履行地为交货地还是接收货币一方所在地，依照司法实践的认识，借款合同之外的其他合同，如果争议的合同义务内容为给付货币的，也可以接收货币一方为合同履行地的规定确定管辖法院。司法实务的规定导致主张货币给付的诉讼管辖均为原告住所地，这对保护债权人是非常有利的，但也增加了原告滥诉的可能及管辖对被告的不公。根本的解决之道是应该解决法院的地方化如设置跨地域案件的公正管辖法院。

（三）特殊合同案件的管辖规则

除合同履行地规则外，《民事诉讼法》对一些特殊的合同规定了履行地：

（1）财产租赁合同、融资租赁合同以租赁物使用地为合同履行地。

（2）以信息网络方式订立的买卖合同，通过信息网络交付标的的，以买受人住所地为合同履行地；通过其他方式交付标的的，收货地为合同履行。合同对履行地有约定的，从其约定。

（3）因保险合同纠纷提起的诉讼，由被告住所地或者保险标的物所在地法院管辖。因保险合同纠纷提起的诉讼，如果保险标的物是运输工具或者运输中的货物，由被告住所地或者运输工具登记注册地、运输目的地、保险事故发生地的法院管辖。

（4）因票据权利纠纷提起的诉讼，由票据支付地或被告住所地法院管辖。票据支付地，是指票据上载明的付款地。票据未载明付款地的，汇票票据付款人（包括代理付款人）的住所地或营业场所或经常居住地，本票出票人的营业场所，支票付款人或者代理付款人的营业场所所在地为票据付款地。对非因票据权利纠纷提起的诉讼，由被告住所地法院管辖。[1]

（5）因铁路、公路、水上、航空运输和联合运输合同纠纷提起的诉讼，由运输始发地、目的地或被告住所地法院管辖。

（6）供用电、水、气、热力合同的履行地的确定。《民法典》第650条、第656条对该类合同的履行地作了明确规定，即该类合同的履行地点，按当事人的约定确定；当事人没有约定或约定不明确的，供电、供水、供气、供热力设施的产权分界处为履行地点。

（7）主合同与担保合同发生纠纷提起诉讼时，应当根据主合同确定案件管辖。担保人承担连带责任的担保合同发生争议，债权人向担保人主张权利的，应当由担保人住所地的法院管辖。主合同与担保合同选择管辖法院不一致的，应当根据主合同确定案件管辖。

---

〔1〕参见《最高人民法院关于审理票据纠纷案件若干问题的规定》。

（四）侵权案件的管辖

因侵权行为提起的诉讼，由侵权行为地或被告住所地法院管辖。侵权行为地，包括侵权行为实施地、侵权结果发生地。由于侵权行为地的确定是一个非常复杂的问题，实践与理论上存在着很大的争议，这使按照侵权行为地确定管辖变得非常困难。鉴于此，最高人民法院对知识产权侵权纠纷、名誉权侵权案件以及网络侵权案件的侵权行为地进行了一定的限制，有些规定排除了以间接结果发生地确定管辖，甚至排除结果发生地来确定管辖。

（1）对于名誉权侵权案件来说，受侵权的公民、法人和其他组织的住所地，可以认定为侵权结果发生地。

（2）专利侵权案件的侵权行为地包括侵权行为实施地和侵权结果发生地，侵权行为实施地包括：侵犯发明、实用新型专利权产品的制造、使用、许诺销售、销售、进口等行为实施地；专利方法使用行为的实施地，依照该专利方法直接获得的产品的使用、许诺销售、销售、进口等行为的实施地；外观设计专利产品的制造、销售、进口等行为的实施地；假冒他人专利的行为实施地。

（3）因侵犯注册商标专用权行为和侵犯著作权行为提起的民事诉讼，由侵权行为的实施地、侵权商品的储藏地或者查封扣押地、被告住所地人民法院管辖。侵权商品的储藏地，是指大量或者经常性储存、隐匿侵权商品所在地；查封扣押地，是指海关、工商等行政机关依法查封、扣押侵权商品所在地。

（4）因信息网络侵权行为提起的民事诉讼，由侵权行为实施地、侵权结果发生地和被告住所地法院管辖。《民诉法解释》第 25 条进一步规定，信息网络侵权行为实施地包括实施被诉侵权行为的计算机等信息设备所在地，侵权结果发生地包括被侵权人住所地。

（5）虚假陈述证券侵权案件，投资人对多个被告提起证券民事赔偿诉讼的，按下列原则确定管辖：①由发行人或者上市公司所在地有管辖权的中级人民法院管辖。②对发行人或者上市公司以外的虚假陈述行为人提起的诉讼，由被告所在地有管辖权的中级人民法院管辖。③仅以自然人为被告提起的诉讼，由被告所在地有管辖权的中级人民法院管辖。法院受理以发行人或者上市公司以外的虚假陈述行为人为被告提起的诉讼后，经当事人申请或者征得所有原告同意后，可以追加发行人或者上市公司为共同被告。人民法院追加后，应当将案件移送发行人或者上市公司所在地有管辖权的中级人民法院管辖。当事人不申请或者原告不同意追加，人民法院认为确有必要追加的，应当通知发行人或者上市公司作为共同被告参加诉讼，但不得移送案件。

（6）涉及域名的侵权纠纷案件，由侵权行为地或者被告住所地的中级人民法院管辖。对难以确定侵权行为地和被告住所地的，原告发现该域名的计算机终端等设备所在地可以视为侵权行为地。

（7）侵犯植物新品种权的民事案件，侵权行为地是指未经品种权所有人许可，以商业目的生产、销售该授权植物新品种的繁殖材料的所在地，或者将该授权品种的繁殖材料重复使用于生产另一品种的繁殖材料的所在地。

（8）因铁路、公路、水上、航空事故请求损害赔偿提起的诉讼，由事故发生地或者车辆、船舶最先到达地、航空器最先降落地或者被告住所地法院管辖。

（9）海事案件的管辖。因船舶碰撞或者其他海事损害事故请求损害赔偿提起的诉讼，由碰撞发生地、碰撞船舶最先到达地、加害船舶被扣留地或者被告住所地人民法院管辖；因海难救助费用提起的诉讼，由救助地或者被救助船舶最先到达地人民法院管辖；因共同海损提起的诉讼，由船舶最先到达地、共同海损理算地或者航程终止地人民法院管辖。因船舶碰撞或者其他海损事故请求损害赔偿提起的诉讼，由碰撞发生地、受碰撞船舶最先到达地、加害船舶被扣留地或者被告住所地法院管辖。

（10）因产品、服务质量不合格造成他人财产、人身损害提起的诉讼，产品制造地、产品销售地、服务提供地、侵权行为地和被告住所地人民法院都有管辖权。

（五）公司纠纷的管辖

因公司设立、确认股东资格、分配利润、解散等纠纷提起的诉讼，由公司住所地人民法院管辖。其他纠纷包括因股东名册记载、请求变更公司登记、股东知情权、公司决议、公司合并、公司分立、公司减资、公司增资等纠纷。

四、专属管辖

所谓专属管辖，是指法律明确规定特定类型的案件只能由特定的法院管辖，其他法院均无权管辖，当事人也不得通过协议变更的管辖制度。专属管辖具有极强的排他性，完全排除了当事人协议变更及适用一般地域管辖和特殊地域管辖的规定。

根据《民事诉讼法》第 34 条的规定，下列案件，由本条规定的人民法院专属管辖：

（1）因不动产纠纷提起的诉讼，由不动产所在地人民法院管辖。不动产纠纷在此处限定为不动产物权纠纷，而不能把所有涉及不动产的纠纷都归于专属管辖的范围。所谓不动产，是指不能移动或者移动会丧失或影响其性能和适用价值或耗资过巨的财产，例如，土地、山林、房屋等。关于不动产物权纠纷，世界各国是否规定为专属管辖，做法不一。有些国家规定为专属管辖，有些国家则不规定为专属管辖，但不管是否规定为专属管辖，各国均承认主权国家对其不动产物权纠纷的专属管辖权。

不动产已登记的，以不动产登记簿记载的所在地为不动产所在地；不动产未登记的，以不动产实际所在地为不动产所在地。《民诉法解释》第 28 条进一步明确，此处的不动产纠纷仅指因不动产的权利确认、分割、相邻关系等引起的物权纠纷，而不能理解为所有与不动产有关的物权纠纷。将这些不动产纠纷，规定由不动产所在地人民法院管辖，便于受诉人民法院对不动产进行勘验、保全和对生效裁判的执行。

此外，由于农村土地承包经营合同纠纷、房屋租赁合同纠纷、政策性房屋买卖合同纠纷，建设工程施工合同纠纷这四类涉及不动产的合同纠纷具有一定特殊性，前三者可能涉及当地的土地承包经营政策和房地产宏观调控政策，而建设工程施工合同纠纷往往涉及建筑物工程造价评估、质量鉴定、留置权优先受偿、执行拍卖等，因此，这四类纠纷由不动产所在地法院管辖，便于统一裁判尺度，有利于审理和执行。

（2）因港口作业中发生纠纷提起的诉讼，由港口所在地人民法院管辖。港口作业中发生纠纷主要包括因为货物的装卸、仓储，港口的驳运、理货、货物保管，损坏港口设施而发生的纠纷。

（3）因继承遗产纠纷提起的诉讼，由被继承人死亡时住所地或者主要遗产所在地人民法院管辖。由被继承人死亡时住所地或主要遗产所在地法院管辖，便于法院查明继承开始的时间、继承人与被继承人间的身份关系、遗产的范围及继承份额等问题，从而有利于法院正确地解决纠纷。继承遗产纠纷，主要包括当事人有无继承权的纠纷及当事人因分割遗产而发生的纠纷。在这类诉讼中，当遗产分布在不同法院辖区时，需要区分主要遗产和非主要遗产，如果遗产既有动产又有不动产的，一般以不动产所在地为主要遗产地；如果动产有多项的，则以价值高的动产所在地作为主要遗产地。

除《民事诉讼法》规定专属管辖外，我国《海事诉讼特别程序法》也规定了专属管辖，《海事诉讼特别程序法》第 7 条规定了海事案件的专属管辖：①因沿海港口作业纠纷提起的诉讼，由港口所在地海事法院管辖；②因船舶排放、泄漏、倾倒油类或者其他有害物质，海上生产、作业或者拆船、修船作业造成海域污染损害提起的诉讼，由污染发生地、损害结果地或者采取预防污染措施地海事法院管辖；③因在中华人民共和国领域和有管辖权的海域履行的海洋勘探开发合同纠纷提起的诉讼，由合同履行地海事法院管辖。

五、协议管辖

（一）协议管辖概述

所谓协议管辖，又称合意管辖或约定管辖，是指当事人在纠纷发生之前或者发生之后，以书面的形式约定管辖的法院。除了专属管辖公益性较强外，其他管辖都是在考虑法院事务公平分摊和当事人便宜的基础上确定的。当事人因合意选择管辖，往往是对当事人更为便宜，并且这种选择不会频繁发生，不至于损害法院之间负担的均衡，因此法律认可当事人以协议选择管辖法院。[1]

根据民事诉讼法理论，协议管辖又可分为明示协议管辖和默示协议管辖。所谓明示协议管辖，是指双方当事人以明确的意思表示在合同条款中或在起诉前以书面协议形式确定管辖的法院。默示协议管辖，又称为拟制的协议管辖或者应诉管辖、由于不责问的辩论而产生的管辖、推定管辖，是指原告向无管辖权的法院起诉，被告不对管

---

〔1〕［日］三月章：《日本民事诉讼法》，汪一凡译，五南图书出版公司 1997 年版，第 294 页。

辖权提出异议并应诉答辩，或者在该法院提出反诉，从而推定双方当事人均同意案件由该法院管辖，是与明示协议管辖相对应的一种协议管辖方式。1991 年《民事诉讼法》对国内民事案件仅规定了明示的协议管辖，对于涉外民事案件既规定了明示的协议管辖，又规定了默示的协议管辖。2012 年修正《民事诉讼法》增加了对国内民事案件默示协议管辖的规定，2024 年 1 月 1 日起实施的第五次修正《民事诉讼法》第 130 条规定："人民法院受理案件后，当事人对管辖权有异议的，应当在提交答辩状期间提出。人民法院对当事人提出的异议，应当审查。异议成立的，裁定将案件移送有管辖权的人民法院；异议不成立的，裁定驳回。当事人未提出管辖异议，并应诉答辩或者提出反诉的，视为受诉人民法院有管辖权，但违反级别管辖和专属管辖规定的除外"。需要注意的是，这里的应诉答辩是指有管辖异议权的一方当事人未在法定期间提出异议，且通过实体答辩或者提出反诉的行为接受受诉法院的管辖。如果当事人在答辩期间没有提出管辖异议，且答辩期届满后未应诉答辩或者提出反诉，此时不能视为默示由受诉人民法院管辖，人民法院在一审开庭前，发现案件不属于本院管辖的，应当裁定移送有管辖权的人民法院。

在国外理论中还有专属性协议管辖和竞合性协议管辖。所谓专属性协议管辖，是指当事人约定纠纷的管辖为专属性的，即约定某一法院的管辖而排斥其他法院的管辖。所谓竞合性协议管辖，是指约定两个或者两个以上的法院管辖。根据《民诉法解释》第 30 条的规定，根据管辖协议，起诉时能够确定管辖法院的，从其约定；不能确定的，依照民事诉讼法的相关规定确定管辖。管辖协议约定两个以上与争议有实际联系的地点的人民法院管辖，原告可以向其中一个人民法院起诉。因此，我国的协议管辖既包括专属性协议管辖，也包括竞合性协议管辖。

（二）协议管辖的适用要件

根据《民事诉讼法》第 35 条以及司法解释的相关规定，协议管辖须符合如下条件：

（1）协议管辖适用于合同和其他财产权益纠纷案件。其他财产权益纠纷，主要是指因侵犯财产权引起的财产权益纠纷，也包括当事人因同居或者在解除婚姻、收养关系后发生的财产争议。

（2）协议管辖必须以书面形式约定，口头协议无效。书面形式是指合同书、信件和数据电文（包括电报、电传、传真、电子数据交换和电子邮件）等可以有形地表现所载内容的形式。需要注意的是，当事人可以通过起诉和应诉答辩或者提出反诉的行为，以默示的方式达成管辖协议。

（3）当事人协议选择的管辖法院应当是在地域上与争议有实际联系的人民法院，包括但不限于被告住所地、合同履行地、合同签订地、原告住所地、标的物所在地的人民法院。

（4）协议管辖不得违反民事诉讼法关于级别管辖和专属管辖的规定。民事诉讼法关于级别管辖和专属管辖的规定属于强制性法律规定，协议管辖只能就第一审案件的地域管辖进行约定，不得协议选择第二审法院和再审法院；也不得违反第一审案件的专属管辖。需要注意的是，关于“原告方所在地法院管辖”“守约方所在地法院管辖”的管辖协议是否有效，《最高人民法院关于湖南省炎陵县大院农场与江西林港工艺品有限公司包销合同纠纷案指定管辖的通知》认为“原告方所在地法院管辖”的管辖协议是有效的；《最高人民法院关于金利公司与金海公司经济纠纷案件管辖问题的复函》认为“守约方所在地法院管辖”的管辖协议是无效的。

第七节　裁定管辖

所谓裁定管辖，是指法院基于一定的事实和理由，以裁定的方式确定案件的管辖法院。在司法实践中，管辖问题纷繁复杂。民事诉讼法在规定法定管辖的同时规定裁定管辖，有利于法院根据具体情况灵活处理在适用法定管辖中出现的问题，从而更好地协调各个法院之间的分工和权限。因此，裁定管辖是对法定管辖的补充。根据我国民事诉讼法的规定，裁定管辖包括移送管辖、指定管辖和管辖权的转移。

一、移送管辖

所谓移送管辖，是指人民法院在受理民事案件后，发现自己对案件并无管辖权，依法将案件移送给有管辖权的人民法院审理。移送管辖只是案件的移送，而不是管辖权的转移。移送管辖通常发生在同级人民法院之间，用来纠正地域管辖的错误，但有时也发生在上下级法院之间，用来纠正级别管辖的错误。如《民事级别管辖异议规定》第 6 条规定：“当事人未依法提出管辖权异议，但受诉人民法院发现其没有级别管辖权的，应当将案件移送有管辖权的人民法院审理。”

（一）移送管辖的适用要件

根据《民事诉讼法》第 37 条和司法解释的相关规定，移送管辖应当符合以下三个条件：

（1）人民法院已经受理案件。对案件有管辖权是人民受理案件的必要条件，对案件是否有管辖权是受诉人民法院在受理前必须查清的问题。因此，在通常情况下，人民在立案前就能够发现自己对某一案件无管辖权。在此阶段，只要告知原告向有管辖权的人民法院起诉即可，不发生移送问题。只有在人民法院受理后发现不属于自己管辖，才有移送的必要。

（2）移送的人民法院对案件无管辖权。如果移送法院对案件有管辖权，就不得移送，除非其他有管辖权的法院已经先受理了该案件。

（3）受移送的人民法院对案件有管辖权。移送的目的在于使民事诉讼法关于管辖的规定得到正确执行，所以只能将案件移送至有管辖权的人民法院。

移送管辖只能移送一次。受移送法院即便认为依据法律规定对接受移送的案件无管辖权，不得将该案件退回，也不得再自行移送，而应当报请上级人民法院指定管辖。

即移送案件的人民法院所作出的移送案件的裁定，对接受移送案件的人民法院具有约束力。具体表现在：第一，移送案件的裁定作出后，接受移送案件的人民法院应受理，不得以任何理由退回或再自行移送；第二，如果接受移送案件的人民法院认为该院依法确无管辖权时，应报请其上级人民法院指定管辖。这样的规定，既可以避免人民法院之间相互推诿或者争夺管辖权，又可以防止拖延诉讼，使当事人的合法权益得到有效保护。

（二）不得移送管辖的情况

对于符合以上三个条件的案件人民法院应当移送，但在下列三种情况下不得移送：

（1）受移送的人民法院即使认为本院对移送来的案件并无管辖权，也不得再自行将案件移送到其他法院，而只能报请上级人民法院指定管辖。

（2）有管辖权的人民法院受理案件后，根据管辖恒定原则，其管辖权不受行政区域变更、当事人住所地或经常居住地变更的影响，因此不得以上述理由将案件移送变更后有管辖权的人民法院。判决后上诉的案件和依照审判监督程序提审的案件，由原审法院的上级法院进行审判；第二审法院发回重审或上级法院指令再审的案件，由原审法院重审或再审。

（3）两个以上人民法院对案件都有管辖权时，应当由先立案的人民法院行使管辖权，先立案的人民法院不得将案件移送至另一有管辖权的人民法院。在两个以上人民法院都对案件有管辖权时，法院如在立案前发现其他有管辖权的法院已先立案的，不得重复立案，如在立案后发现其他有管辖权的人民法院已先立案的，应将案件移送到先立案的人民法院。当事人基于同一法律关系或同一法律事实而发生纠纷，以不同诉讼请求分别向有管辖权的不同人民法院起诉的，后立案的人民法院在得知有关法院先立案的情况后，应当将案件移送至先立案的人民法院合并审理。

二、指定管辖

所谓指定管辖，是指上级人民法院以裁定方式指定下级人民法院对某一案件行使管辖权。

（一）发生指定管辖的原因

（1）对案件有管辖权的法院因特殊原因而无法行使管辖权。特殊原因既包括事实上的特殊原因，如有管辖权的法院所在地区发生了地震、水灾等；也包括法律上的特殊原因，如有管辖权法院的审判人员均需回避而无法组成合议庭等。

（2）两个人民法院对同一案件的管辖权发生争议，且协商不成。管辖权争议可分为积极的争议和消极的争议两种情况。积极的争议是指两个或两个以上的人民法院均认为自己对某一案件有管辖权。消极的争议是指两个或两个以上的人民法院认为自己对某一案件无管辖权，均不愿受理该案。

在此情形下，首先由发生争议的两个人民法院相互进行协商，协商不成的，则报请它们的共同上级人民法院指定管辖。

(3) 受移送的人民法院认为不属于本案管辖的，不得再自行移送，只能报请上级人民法院指定管辖。

(二) 管辖争议的处理

法律上设立指定管辖制度，目的在于防止法院之间相互推诿或者相互争夺对案件管辖权的行使，或者是使案件在管辖法院不能行使审判权的特殊情况下得到及时的审理，以有效地保障当事人的合法权益。我国学理与司法实践均认为，发生管辖权争议后，应当尽可能通过协商解决，协商不成的，应报请他们的共同上级人民法院指定管辖。《民诉法解释》第 40 条对相关程序作出了具体规定，如双方为同属一地、市的基层人民法院，由该地、市的中级人民法院指定管辖。如双方为同属一省、自治区、直辖市的两个人民法院，由该省、自治区、直辖市的高级人民法院指定管辖；如双方为跨省、自治区、直辖市的人民法院，先由双方的高级人民法院协商，协商不成的，由最高人民法院指定管辖。在审判实务中，法院之间如果对案件的地域管辖产生争议，应立即停止对案件的实体审理。在争议解决前，任何一方人民法院均不得对案件作出判决。违反此要求抢先作出判决的，上级人民法院应以违反程序为由撤销判决，并将案件移送或指定其他法院审理，或者自己提审。上级人民法院指定管辖后，应通知报送的人民法院和被指定行使管辖权的人民法院，后者应当及时通知当事人。

三、管辖权的转移

所谓管辖权的转移，是指由上级法院决定或同意，将案件的管辖权由上级法院转移给下级法院，或者由下级法院转移给上级法院。管辖权转移在上下级法院之间进行，且在有隶属关系的上下级法院之间进行，是民事诉讼法在某些特定情形下，为便于或有利于诉讼，对级别管辖所规定的变通措施。

管辖权转移与移送管辖在形式上均表现为案件由一个法院转移至另一个法院，但二者实质上却不相同：①转移的内容不同。管辖权转移是有管辖权的法院将案件的管辖权转移给无管辖权的法院，案件的转移只是形式，管辖权的转移才是本质；移送管辖则是在受诉法院对案件无管辖权却错误地受理案件的情况下，为纠正错误而将案件移送给有管辖权的法院，其移送的仅仅是案件，而不涉及管辖权的变更。②发生的法院级别不同。管辖权的转移主要用于调节级别管辖，案件的转移在上下级法院之间进行；移送管辖则主要适用于地域管辖，案件的转移一般在同级法院间进行，也可以在上下级法院之间进行。③具体要求不同。管辖权转移须经上级法院的决定或同意；移送管辖则无须上级法院及受移送法院的决定或同意。

根据《民事诉讼法》第 39 条的规定，管辖权的转移有下列几种情况：

(一) 自下而上的转移

所谓自下而上的转移，是指案件的管辖权由下级人民法院转移至上级人民法院，包括两种情况：①上级人民法院认为下级人民法院管辖的第一审民事案件应当由自己审理时，有权决定并将案件调上来自己审理。②下级人民法院管辖的第一审民事案件，认为需要由上级人民法院审理的，报请上级人民法院进行审理。

管辖权自下而上的转移，提高了争议案件的第一审审理法院的级别，案件的终审审级提高，有利于避免地方保护，保障案件的公正审理。

（二）自上而下的转移

自上而下的转移，是指案件的管辖权由上级人民法院转移至下级人民法院。虽然管辖权自上而下转移制度有其存在的价值，但是把按照法定标准已被认定为应由上级人民法院审理的案件交给下级人民法院进行审理，一方面会给规避级别管辖留下可乘之机；另一方面会弱化程序保障和损害诉讼当事人的利益。因此，应当对管辖权自上而下的转移进行严格限制，《民事诉讼法》第 39 条对其适用条件和程序作了规定：①上级人民法院认为确有必要将本院管辖的第一审民事案件交由下级人民法院审理；②应当报请其上级人民法院批准。《民诉法解释》第 42 条对其适用的案件范围作了规定，即上级人民法院对于下列案件可以在开庭前交由下级法院审理：①破产程序中有关债务人的诉讼案件；②当事人人数众多且不方便诉讼的案件；③最高人民法院确定的其他类型的案件。

在特定情况下，为了使案件能得到公正审理，将其管辖权由下级法院转移至上级法院有其必要性，但管辖权向下转移则未必合理，它实际上是指将依法应由上级法院审理的较为重要的案件重新交给下级法院审理。这样做一方面会给规避级别管辖留下可乘之机；另一方面会弱化程序保障和损害当事人的利益。因此，管辖权向下转移的规定是不合理的。

第八节　管辖权异议

管辖权异议，是指法院受理案件后，当事人认为法院对该案并无管辖权，提出不服该法院管辖的主张和意见。这是当事人依法监督人民法院正当行使民事审判权的一项法律制度。民事诉讼法确立这一制度的价值在于，体现了对当事人诉权尤其是被告诉权的尊重，在当事人诉权的监督下有利于贯彻落实民事诉讼法规定的管辖制度，有利于克服地方保护主义规避违反管辖制度的情形，保证审判管辖权合法、公正地行使。

《民事诉讼法》第 130 条规定，人民法院受理案件后，当事人对管辖权有异议的，应当在提交答辩状期间提出。人民法院对当事人提出的异议，应当审查。异议成立的，裁定将案件移送有管辖权的人民法院；异议不成立的，裁定驳回。当事人未提出管辖异议，并应诉答辩或者提出反诉的，视为受诉人民法院有管辖权，但违反级别管辖和专属管辖规定的除外。《民诉法解释》第 223 条第 2 款对上述“应诉答辩”作了进一步界定，即当事人在答辩期未提出管辖异议，就案件实体内容进行答辩、陈述或者反诉的，可以认定为应诉答辩。

一、管辖权异议提起的条件

（一）管辖权异议的主体

提出管辖权异议的主体是本案的当事人，在诉讼实务中提出管辖权异议的通常是被告。至于原告、第三人能否提出异议尚存在争议。

1. 原告是否能够成为管辖权异议的主体

一般认为，原告主动选择法院起诉，视为对其诉讼权利的处分，只要这种选择不违反专属管辖等强制性法律规定，就不应当赋予原告管辖权异议权。如果原告认为起诉不当，可以通过撤诉然后另行起诉的方式来实现自己的愿望。一般情况下，原告既然已经选择诉讼法院，就不应当允许原告任意更换，这也与民事诉讼中的诚实信用原则相一致。被追加的共同原告也不能提出管辖权异议，因为原告的起诉对其他共同原告具有法律效力。

2. 第三人是否能够成为管辖权异议的主体

第三人分为有独立请求权第三人和无独立请求权第三人两种。有独立请求权第三人是参加诉讼的当事人，不是本诉的当事人，无权对本诉的管辖权提出异议。有独立请求权第三人如主动参加他人已开始的诉讼，应视为承认和接受受诉法院的管辖。并且，即使受诉法院对有独立请求权第三人提起的诉讼原本无管辖权，由于参加之诉与本诉的牵连关系，受诉法院也基于合并管辖取得了对参加之诉的管辖权。

至于无独立请求权第三人，我国司法实践一般认为无独立请求权的第三人参加他人已经开始的诉讼，是通过支持一方当事人的主张，维护自己的利益，由于他在诉讼中始终辅助一方当事人，并以一方当事人的主张为转移。所以，他无权对受诉法院的管辖权提出异议。对此，《民诉法解释》第 82 条明确规定，在一审诉讼中，无独立请求权的第三人无权提出管辖异议。

（二）管辖权异议的客体

管辖权异议的客体是第一审民事案件的管辖权，当事人只能对第一审民事案件的管辖权提出异议，对第二审民事案件管辖权不得提出异议。因为上诉案件的管辖是依据第一审案件的管辖而定的。在审判实践中，问题是级别管辖、裁定管辖等能否成为管辖权异议的客体。

1. 级别管辖能否成为管辖权异议的客体

对级别管辖能否提出异议，根据《民事级别管辖异议规定》，被告在提交答辩状期间提出管辖权异议，认为受诉人民法院违反级别管辖规定，案件应当由上级人民法院或者下级人民法院管辖的，受诉人民法院应当审查，并在受理异议之日起 15 日内作出裁定：异议不成立的，裁定驳回；异议成立的，裁定移送有管辖权的人民法院。在管辖权异议裁定作出前，原告申请撤回起诉，受诉人民法院作出准予撤回起诉裁定的，对管辖权异议不再审查，并在裁定书中一并写明。提交答辩状期间届满后，原告增加诉讼请求金额致使案件标的额超过受诉人民法院级别管辖标准，被告提出管辖权异议，请求由上级人民法院管辖的，人民法院应当按照该规定第 1 条审查并作出裁定。对于应由上级人民法院管辖的第一审民事案件，下级人民法院不得报请上级人民法院交其审理。被告以受诉人民法院同时违反级别管辖和地域管辖规定为由提出管辖权异议的，受诉人民法院应当一并作出裁定。当事人未依法提出管辖权异议，但受诉人民法院发现其没有级别管辖权的，应当将案件移送有管辖权的人民法院审理。对人民法院就级别管辖异议作出的裁定，当事人不服提起上诉的，第二审人民法院应当依法审理并作出裁定。对于将案件移送上级人民法院管辖的裁定，当事人未提出上诉，但受移送的上级人民法院认为确有错误的，可以依职权裁定撤销。经最高人民法院批准的第一审民事案件级别管辖标准的规定，应当作为审理民事级别管辖异议案件的依据。由此可见，级别管辖可以成为管辖权异议的客体。

2. 裁定管辖能否成为管辖权异议的客体

裁定管辖主要包括移送管辖、指定管辖和管辖权转移。尽管裁定管辖属于法院的内部分工与协调问题，但裁定管辖事实上确定了案件的管辖法院，当事人必须在裁定管辖所确定的法院进行诉讼，裁定管辖对当事人的诉权会产生较大的影响，例如，法院通过管辖权的转移，可以将案件转移到下级法院进行审理，一方面不可避免地降低了案件的审判水平；另一方面也降低了终审法院的级别，将案件的处理限制在一定的地域内。因此，鉴于管辖权问题在我国诉讼实践中的重要地位，应当将管辖权异议的对象扩展至裁定管辖。

（三）提起管辖权异议的时间

当事人对管辖权有异议的，应当在提交答辩状期间提出，即在被告收到起诉状副本之次日起 15 日内可以提出管辖权异议。无正当理由逾期提出的，视为被告放弃管辖异议权，人民法院不予审查。这一规定旨在督促被告尽快行使权利，确定管辖法院，保障诉讼效率。不过，在请求权竞合的情况下，原告在诉讼过程中依法变更诉因后，即使原先的答辩期已过，被告也可以提出管辖权异议。

需要注意的是，《民事级别管辖异议规定》第 3 条规定了提出管辖权异议不受答辩状期间限制的情形，即提交答辩状期间届满后，原告增加诉讼请求金额致使案件标的额超过受诉人民法院级别管辖标准时，被告提出级别管辖权异议，请求由上级人民法院进行管辖的，人民法院应当进行审查并作出裁定。

二、管辖权异议的处理

在当事人提出管辖权异议时，一审法院可能做出以下处理：①当事人异议成立，法院并无管辖权，裁定将案件移送其他有管辖权的人民法院。②当事人的异议不成立，裁定驳回异议。③在异议审查过程中发现该案不属于法院主管的范围或者其他不符合起诉条件的情形，裁定驳回当事人的起诉，从而无需对管辖权异议做出处理。

对于上述裁定，当事人均有权提起上诉，上诉法院的处理亦应采用裁定的方式。但是，民事诉讼法未对管辖权异议上诉案件的裁定形式作出具体规定。我们以为，上诉法院可以做出如下处理：

（1）裁定驳回上诉。

（2）裁定撤销原裁定。这又可以分为几种情况。第一种情况是上诉法院发现下级法院没有管辖权，但下级法院却裁定有管辖权。这种情况，上诉法院应当在裁定撤销原裁定后，裁定将案件移送有管辖权的法院。第二种情况是上诉法院发现下级法院具有管辖权，但下级法院却误裁定为没有管辖权，裁定移送其他法院管辖。针对这种情况，上诉法院应当撤销原裁定，裁定下级法院依法审判案件。第三种情况是在审理管辖权异议裁定的过程中，上诉法院发现该案件并不属于法院主管的范围或者其他不符合起诉条件的情形，应当裁定撤销原裁定，直接驳回起诉。

对于生效的管辖权异议裁定能否再审，我国民事诉讼法没有明确规定。由于我国的管辖权制度与大陆法系是基本一致的，因此，无管辖权并非无审判权，无管辖权的法院作出的判决并不能当然被推翻。以此来推论，出于程序安定的考虑，一般不应当允许对管辖权异议进行再审。我国司法实践对此的态度也表明了这一点。1990 年《最高人民法院关于经济纠纷案件当事人向受诉法院提出管辖权异议的期限问题的批复》指出，法院对案件作出的判决发生法律效力后，如果当事人对驳回管辖权异议的裁定和判决一并申诉的，法院经过复查，发现管辖虽有错误，但判决正确的，应当不再变动；如经复查，认为管辖和判决均确有错误，应按审判监督程序处理。经过再审或者提审，原判决和裁定均被撤销的，应将案件移送有管辖权的人民法院审理。应当说，最高人民法院的上述批复体现了效率与公正的结合，是比较合理的。

【思考题】

一、概念题

民事审判权　诉讼指挥权　调查取证权　阐明权　程序事项裁判权　民事诉讼主管　管辖恒定　级别管辖　地域管辖　特殊地域管辖　专属管辖　协议管辖　移送管辖　管辖权异议

二、简答题

1. 简述我国法院的类型。
2. 简述民事审判权的基本内容。
3. 简述我国民事诉讼中的级别管辖。
4. 简述违反管辖的法律后果。
5. 简述移送管辖与管辖权转移的区别。

三、论述题

1. 试述我国民事诉讼的界限。
2. 试述合同案件的一般管辖规则。
3. 试举例阐述管辖权异议。

第八章
当事人与诉讼代理人

学习目的与基本要求　重点掌握民事诉讼的三大基本要素构成，深刻领会作为主观要素的当事人、作为客观要素的诉讼标的以及牵涉实体法的诉之声明的基本要义；用心解读民事诉讼当事人作为诉讼主体在纠纷解决过程中的法律地位和角色担当，正确理解当事人适格理论学说及具体的程序设计；对其中涉及当事人的诉讼权利能力和诉讼行为能力、诉讼代理人、共同诉讼、诉讼第三人的种类等问题需要重点认识与把握。

第一节　当事人

一、当事人概述

（一）当事人的概念与特征

所谓民事诉讼中的当事人，是指因民事权利义务发生争议，以自己的名义进行诉讼，要求人民法院行使民事裁判权的人及其相对人。对于该概念所指的主体范围，存在狭义与广义之分：狭义的当事人仅包括原告和被告，而广义的当事人除原告、被告外，还包括共同诉讼人、第三人。

当事人具有如下几个特征：

（1）当事人须以自己的名义进行诉讼活动。这是确定当事人的一个基本标准，该标准使当事人与诉讼代理人相区别。若某人以他人名义进行诉讼活动，则其为诉讼代理人而非当事人。

（2）进行诉讼活动的目的是向法院请求行使民事裁判权，以解决民事纠纷或保护其民事权益。此特征将当事人与证人等主体区分开来，后者虽也以自己的名义参加诉讼，但并不能请求法院行使裁判权。在一般情形下，当事人是由于自己的民事权益发生纠纷而进行诉讼的，但在例外情况中，当事人也会因为由其管理的民事权益发生纠纷而进行诉讼。

（3）能够引起民事诉讼程序的发生、变更或消灭。该特征表明了当事人在民事诉讼中的主体地位，当事人以外的人虽也以自己的名义参加诉讼，但不能引起诉讼程序的上述变动。

当事人的称谓因诉讼程序和阶段的不同而有所不同。在第一审普通程序和简易程序中，诉讼主体被称为原告和被告；在第二审程序中，当事人被称为上诉人和被上诉人；在再审程序中，当事人被称为再审申请人和再审被申请人；在执行程序中，当事人被称为申请执行人和被申请执行人；在特别程序、督促程序和公示催告程序中，当事人被称为申请人或被申请人（有的案件仅有申请人），但在选民资格案件中称为起诉人。当事人的不同称谓，表明了其所处的不同程序及所具有的不同诉讼地位和诉讼权利义务。

（二）当事人概念的变迁

作为民事诉讼中最为重要的诉讼主体，理论界对于当事人概念的界定经历了从实体当事人到程序当事人的演变历程。从大陆法系的民事诉讼法学发展史角度进行观察，19 世纪末以前，德国诉讼法理论一直将当事人作为实体法上的概念，即只有诉讼标的权利义务关系的主体才能作为当事人。我国传统民事诉讼理论认为，当事人应具备以自己名义进行诉讼、与案件有直接利害关系、受法院裁判拘束三个特征。[1]其中第二个特征强调的就是当事人要与发生争议的实体法律关系有直接利害关系，这表明我国原本也采用实体当事人概念。

但伴随着诉讼法作为一门独立的学科而发展并逐渐脱离实体法的框架，实体当事人概念愈发不能科学妥当地解释诸如消极确认之诉的当事人以及遗产管理人、遗嘱执行人等主体为何能够作为当事人的问题。同时，从实践角度来看，在诉讼之初往往很难通过程序审查来确定起诉与应诉之人是否为实体法律关系的主体，因而程序当事人的概念应运而生。按照这一标准，凡是以自己名义起诉、应诉的人，就是当事人，与其实体权利义务状态无涉。对于起诉者而言，只要其向法院提出权利主张，请求通过判决加以确认，即成为原告；对于被诉者而言，只要是被提起诉讼的一方，即为被告。例如，张三以被王五打伤为由，向法院起诉要求王五赔偿，后在审判过程中法院查明实际上张三是被王五的双胞胎哥哥王四打伤的。本案中，张三是原告，王五是被告，虽然张三实际是由王四所伤，但当事人的确定旨在引起诉讼程序，尽快确定管辖，因此，应以起诉状中提起请求的人以及相对人判断原告和被告。

程序当事人的概念表明，当事人完全是一个诉讼法上的概念，对其的确定应以起诉状所记载的为准，而不应用实体法标准进行确定。确立程序意义上的当事人概念，适应了近现代社会发展中出现的实体权利义务关系与程序运作分离的现实，有利于扩大民事权利救济的可能性，并通过司法救济形成新的实体权利，从而形成实体与程序法在更高层面的统一与融合，有助于积极司法政策的实现。

就我国目前司法实践而言，《民事诉讼法》第 122 条规定："起诉必须符合下列条件：（一）原告是与本案有直接利害关系的公民、法人和其他组织；（二）有明确的被告；（三）有具体的诉讼请求和事实、理由；（四）属于人民法院受理民事诉讼的范围和受诉人民法院管辖。"其中对原告的界定，依然采实体当事人之概念。

---

〔1〕 江伟主编：《民事诉讼法》（第 5 版），高等教育出版社 2016 年版，第 75 页。

二、民事诉讼权利能力与民事诉讼行为能力

（一）民事诉讼权利能力

所谓民事诉讼权利能力，又称当事人能力，是指成为民事诉讼当事人，享有民事诉讼权利和承担民事诉讼义务的法律上的资格。当事人须具备当事人能力，此为实体判决要件之一，欠缺此要件，法院不得对案件的实体争议作出判决，应当驳回原告的诉。

如前所述，尽管如今学界多从程序法角度理解当事人概念，但不可否认其在实体与程序方面的交织关系。而决定着“何者能诉”的当事人能力，更是同实体法上的民事权利能力概念存在着关联与分离。

在民法上享有民事权利能力的主体，在民事诉讼法上享有诉讼权利能力这一点，已被大陆法系国家在立法上加以确认。[1]换言之，有民事权利能力者，一定具有当事人能力。具体到我国而言，《民法典》第 13 条和第 57 条明确规定了自然人及法人具有民事权利能力。与之对应，我国《民事诉讼法》第 51 条规定了公民、法人可以作为民事诉讼的当事人。对于自然人而言，其民事诉讼权利能力始于出生，终于死亡；对于法人而言，其民事诉讼权利能力始于依法成立，终于解散或撤销。

还应当看到，当事人能力并不能简单地同民事权利能力画上等号，其并非完全以民事权利能力为依据。无民事权利能力却有当事人能力或无当事人能力却有民事权利能力的现象在自然人、法人及其他组织中均有体现，此即二者之间的分离性。

1. 自然人

自然人具有当事人能力，其民事权利能力与当事人能力是一致的。自然人的民事权利能力始于出生，终于死亡。过往学说在“始于出生”方面往往举出胎儿对遗产拥有继承权的例子以证明诉讼权利能力与民事权利能力的分离性，而在“终于死亡”方面则有死者继承人或受遗赠人对其人格利益的保护之情形以作支撑。

《民法典》第 16 条规定，“涉及遗产继承、接受赠与等胎儿利益保护的，胎儿视为具有民事权利能力。但是，胎儿娩出时为死体的，其民事权利能力自始不存在”，从而确定了胎儿在发生继承、接受赠与等对其有法律利益的情形时具有民事权利能力，但我国《民事诉讼法》对胎儿的诉讼权利能力问题尚未有相应的明确规定。在司法实践中，胎儿的这些权利受侵犯需提起诉讼时，是由胎儿的母亲作为当事人的。

另一方面，自然人死亡后，其民事权利能力虽然消灭，不再具有民事主体资格，但某些具有人身性质的权利仍有保护的必要，如死者遗体、遗骨及姓名权、肖像权、名誉权、荣誉权、隐私权、著作权中的署名权、修改权、保护作品完整权等。司法实践中，当这些权利受侵犯需提起诉讼时，通常是由死者的近亲属作为当事人。我国《民诉法解释》第 69 条规定，对侵害死者遗体、遗骨以及姓名、肖像、名誉、荣誉、

---

〔1〕《德国民事诉讼法》第 50 条第 1 款、《日本民事诉讼法》第 28 条均有“有权利能力者，有当事人能力”的表述。

隐私等行为提起诉讼的，死者的近亲属为当事人。

2. 法人

法人的民事权利能力和当事人能力间的分离表现为法人民事权利能力的限定性与当事人能力的普遍性。法人在享有民事权利能力方面，仅享有名称权、名誉权等人格权而不享有姓名权和肖像权等。同时，法人的民事权利能力还要受到法律规定或公司章程的限制。在公司超越其章程所限定的经营范围经营时，超出的范围往往不能产生预期的法律效果，如公司法中有公司不得为他公司的无限责任股东的限制性规定，破产法中有关于清算法人权利能力的限制，等等。而就诉讼进程来观察，法人的当事人能力只有“有无”问题，而不存在应否受限的问题。

3. 其他组织

长期以来，民法学界一直认为非法人组织并未被明确赋予民事权利能力。而《民事诉讼法》则将该类法律主体统称为其他组织。《民诉法解释》第 52 条将其他组织定义为“合法成立、有一定的组织机构和财产，但又不具备法人资格的组织”，并对主体类型加以罗列，承认其具有当事人能力，具体包括：①依法登记领取营业执照的个人独资企业；②依法登记领取营业执照的合伙企业；③依法登记领取我国营业执照的中外合作经营企业、外资企业；④依法成立的社会团体的分支机构、代表机构；⑤依法设立并领取营业执照的法人的分支机构；⑥依法设立并领取营业执照的商业银行、政策性银行和非银行金融机构的分支机构；⑦经依法登记领取营业执照的乡镇企业、街道企业；⑧其他符合本条规定条件的组织。

应当说，诉讼法赋予这些主体以当事人能力的做法是正确的。无法人人格的团体或财产之集合，作为一个统一主体从事着事实上的社会活动，进而难以避免从事一些交易活动，其既然已经作为主体实际从事了社会活动，为了解决由此产生的问题，直接将该统一体作为诉讼上的当事人，则可以说是一种简洁明了的解决纠纷方法。早在《民法典》颁行前的原《民法总则》第 108 条明确指出，非法人组织除适用特别规定外，应参照法人的一般规定，似乎承认了其他组织具有民事权利能力。由此，民事权利能力与诉讼权利能力的分离性也终于转化为统一性。

此外，关于自然物的当事人能力问题，首先需明确，所谓自然物，即自然人、团体、其他组织之外的自然界存在的物，如动植物、河流、岛屿等，通常观点认为其不是民事权利义务主体，自然不具备民事权利能力，不能作为当事人。但不论国外还是国内，认为动植物应被赋予当事人能力的观点一直存在，国外实践中存在着承认动植物具有当事人能力的判例，国内也曾有学者试图以特定自然物的名义提起诉讼，不过实践中法院并未受理。〔1〕理论上一般认为，自然物的当事人能力实质上是关于自然物的保护问题，该问题往往可通过公益诉讼原告资格的规定得以解决，无需直接承认自

〔1〕 2005 年 12 月，北京大学教授汪劲等向黑龙江省高级人民法院提起了国内第一起自然物（鲟鳇鱼、松花江、太阳岛）作为共同原告的民事诉讼，要求法院判决被告赔偿 100 亿元人民币用于设立松花江流域污染治理基金，以恢复生态平衡，保障其生存权利和清洁权利以及自然人的美好环境欣赏的权利。该法院口头告知不予受理。

然物的当事人能力。[1]

（二）民事诉讼行为能力

所谓民事诉讼行为能力，又称诉讼能力，是指当事人可以亲自实施诉讼行为，并通过自己的行为，行使诉讼权利和承担诉讼义务的诉讼法上的资格。

有诉讼权利能力但无诉讼行为能力者，虽然也可成为民事诉讼中的当事人，但其不能亲自实施诉讼行为，而只能通过其法定代理人或由其法定代理人委托的诉讼代理人代为实施诉讼行为。而该种情形实际上仅发生在自然人主体之中，只有该类主体的诉讼权利能力和诉讼行为能力在存续时间上可能会不一致，法人和其他组织并不存在该问题。

自然人的诉讼行为能力与其民事行为能力有着密切的联系，但二者并不完全一致。前者采用有诉讼行为能力和无诉讼行为能力的二分法，而后者在分类上则包括完全民事行为能力、限制民事行为能力和无民事行为能力。在民事诉讼中，只有具备完全民事行为能力的主体才有诉讼行为能力，无民事行为能力和限制民事行为能力的主体均无诉讼行为能力。

当事人具有诉讼行为能力是诉讼行为有效的必要条件，因此，无诉讼行为能力人实施的诉讼行为和针对无诉讼行为能力人实施的诉讼行为应属无效。具体而言，有诉讼行为能力的当事人可以自己参加诉讼，或者委托诉讼代理人参加诉讼；而无诉讼行为能力的当事人只能由其法定代理人代为参加诉讼，或者由法定代理人委托诉讼代理人参加诉讼。从这个角度而言，我国的民事诉讼代理制度是针对当事人的诉讼行为能力的，法定诉讼代理是弥补当事人的诉讼行为能力，委托代理则是扩大当事人的诉讼行为能力。

三、当事人适格

所谓当事人适格，又被称为正当当事人，是指当事人在特定的案件中有资格起诉或应诉，成为原告或被告，并就此受人民法院判决约束的当事人。当事人适格与诉讼权利能力不同。诉讼权利能力是抽象的作为诉讼当事人的资格，它与具体的诉讼无关；当事人适格则是针对具体诉讼而言的，其所要解决的是有诉讼权利能力的人在特定诉讼中能否作为本案的当事人。

当事人适格是在程序当事人前提下的设计，程序当事人要求当事人的判断以起诉状中的起诉者及其相对人来确定原告、被告，并不要求两者之间必须存在争议的法律关系。因此，案件受理后，有必要通过起诉状进一步判断原被告之间是否存在争议的民事法律关系，以确定该案件是否需要进入实体审理程序，此即当事人适格引入的原因。当事人适格，则案件进入实体审理程序，当事人不适格，则驳回起诉，结束诉讼程序。一般来说，判断当事人是否适格应当以当事人是否为争议的民事法律关系（即

〔1〕张卫平：《民事诉讼法》（第4版），法律出版社2016年版，第126~127页。

本案诉讼标的）的主体为标准。该标准中“争议的民事法律关系的主体”，系指起诉状中诉的声明中所称。根据这一标准，只要是诉的声明中之民事法律关系或民事权利的主体，以该民事法律关系或民事权利为诉讼标的进行诉讼，一般就是适格的当事人。例如，甲起诉乙，基于父债子还的传统，请求法院判决乙替其父亲（乙父）清偿欠款100万元。在本案中，首先，基于程序当事人的概念，甲是针对乙提出的清偿请求，甲是原告，乙是被告；其次，根据诉的声明中“请求法院判决乙替其父亲（乙父）清偿欠款100万元”，说明甲和乙之间不存在争议的借贷关系，即乙不是发生争议的借贷关系之主体，即乙虽然是本案的当事人（被告），但不是本案适格的当事人（被告）。对于适格当事人而言，其能够以自己名义于特定案件中起诉或应诉的资格，称为诉讼实施权，诉讼实施权是正当当事人理论的基础。早期学者认为，实体法上的权利义务主体对财产权一般享有管理或处分的权利，因而其应为正当当事人。但仅将诉讼实施权的基础限定于此存在一定缺陷，首先即是该理论不适用于确认之诉，因而在消极确认之诉中，适格当事人应为对诉讼标的有确认利益的人，此为衡量当事人是否适格的实体法标准的例外情形之一。[1]

不将民事实体法律关系作为当事人适格判断标准的另一例外，即诉讼担当情形的出现。诉讼担当是指与案件有直接利害关系的当事人因故不能参加诉讼，由与案件无直接利害关系的第三人以当事人的资格，就该涉讼法律关系所产生的纠纷行使诉讼实施权，判决的效力及于原民事法律关系主体。根据是否由法律明确规定，诉讼担当可分为“法定的诉讼担当”和“任意的诉讼担当”两类。“法定的诉讼担当”是指实体法律关系以外的第三人对他人法律关系或法律权利的管理权来源于法律的明确规定；“任意的诉讼担当”则是指权利主体通过自己的意志授予第三人诉讼实施权。我国民事诉讼中的诉讼担当都属法定的诉讼担当，具体而言，可分为以下两类：

（1）基于身份权等而引发的诉讼担当。公民基于身份权、继承权等权利，为维护死者或胎儿的民事权益而充当当事人。如《民诉法解释》第69条规定，对侵害死者遗体、遗骨以及姓名、肖像、名誉、荣誉、隐私等行为提起诉讼的，死者的近亲属为当事人。再如侵犯胎儿继承权时，胎儿的母亲有权利进行诉讼。

（2）基于财产管理权，为维护财产所有人或财产经营人的民事权益而进行的诉讼担当。比如失踪人的财产代管人、遗产管理人、遗嘱执行人等，当受其管理的民事权益发生争议后，这些人可以自己的名义起诉。

最后，基于维护社会公共利益而提起的民事公益诉讼，对其适格当事人的判断，同样与传统标准不同。在公益诉讼中，被告实施的违法行为并未直接造成原告财产权或人身权的损害，而是对不特定多数人的利益造成了损害，原告提起诉讼的目的也不是为了维护自身利益，因而原有的当事人适格判断标准得以突破。我国《民事诉讼法》

---

〔1〕 在对以实体法的管理和处分权为诉讼实施权基础的观点进行探讨之后，亦有学者提出将“诉的利益”作为当事人适格之基础的观点。详见江伟主编：《民事诉讼法》（第5版），高等教育出版社2016年版，第83页。

第58条规定："对污染环境、侵害众多消费者合法权益等损害社会公共利益的行为，法律规定的机关和有关组织可以向人民法院提起诉讼。人民检察院在履行职责中发现破坏生态环境和资源保护、食品药品安全领域侵害众多消费者合法权益等损害社会公共利益的行为，在没有前款规定的机关和组织或者前款规定的机关和组织不提起诉讼的情况下，可以向人民法院提起诉讼。前款规定的机关或者组织提起诉讼的，人民检察院可以支持起诉。"[1]据此，我国《环境保护法》第58条规定了依法在设区的市级以上人民政府民政部门登记，专门从事环境保护公益活动连续5年以上且无违法记录的社会组织，对于污染环境、破坏生态，损害社会公共利益的行为，可向人民法院提起诉讼。此外，对于侵害众多消费者合法权益的行为，《消费者权益保护法》第47条规定，中国消费者协会以及在省、自治区、直辖市设立的消费者协会，可以向人民法院提起诉讼。

四、当事人的诉讼权利和诉讼义务

我国民事诉讼法赋予当事人广泛的诉讼权利，同时也为当事人设定了一定的诉讼义务。当事人应当依法行使诉讼权利并履行相应诉讼义务，并遵循诚实信用原则。

（一）当事人的诉讼权利

当事人的诉讼权利内容广泛，贯穿于诉讼的各个阶段。依据当事人处分的权利性质不同，可将其诉讼权利分为两大类：

（1）处分实体权利的诉讼权利。具体包括：①起诉和答辩的权利、反驳和反诉的权利；②变更或承认诉讼请求的权利；③请求和接受调解的权利；④自行和解的权利；⑤提起上诉的权利；⑥申请执行的权利；⑦撤回起诉、上诉的权利。

（2）处分程序权利的诉讼权利。具体包括：①委托诉讼代理人的权利；②申请回避的权利；③收集和提供证据的权利；④进行陈述、辩论和质证的权利；⑤查阅、复制本案有关材料的权利；⑥申请顺延诉讼期间的权利。

（二）当事人的诉讼义务

当事人应履行的诉讼义务主要包括：①依法行使诉讼权利的义务；②遵守诉讼秩序的义务；③履行生效法律文书的义务。

五、当事人的变更

所谓当事人的变更，是指在诉讼过程中，根据法律的规定或基于当事人的意思，

---

[1] 2020年修正《两高检察公益诉讼解释》中进一步明确人民检察院可以公益诉讼起诉人身份提起公益诉讼，其中第13条规定："人民检察院在履行职责中发现破坏生态环境和资源保护，食品药品安全领域侵害众多消费者合法权益，侵害英雄烈士等的姓名、肖像、名誉、荣誉等损害社会公共利益的行为，拟提起公益诉讼的，应当依法公告，公告期间为三十日。公告期满，法律规定的机关和有关组织、英雄烈士等的近亲属不提起诉讼的，人民检察院可以向人民法院提起诉讼。人民检察院办理侵害英雄烈士等的姓名、肖像、名誉、荣誉等的民事公益诉讼案件，也可以直接征询英雄烈士等的近亲属的意见。"

原诉讼的当事人被变更或变动为新的当事人的一种诉讼现象。当事人的变更包括任意的当事人变更和法定的当事人变更。

（一）任意的当事人变更

任意的当事人变更是相对于法定的当事人变更而言的。任意的当事人变更不是因为出现了某种情况，根据法律规定所发生的当事人变更，而是指在诉讼过程中，因原诉讼当事人不适格发生的当事人变更。

我国1982年《民事诉讼法（试行）》第90条规定："起诉或者应诉的人不符合当事人条件的，人民法院应当通知符合条件的当事人参加诉讼，更换不符合条件的当事人。"当时最高人民法院有关司法解释曾规定：在诉讼进行中，发现当事人不符合条件的，应当根据《民事诉讼法》第90条的规定进行更换。通知更换后，不符合条件的原告不愿意退出诉讼的，以裁定驳回起诉；符合条件的原告全部不愿参加诉讼的，可终结案件的审理。被告不符合条件，原告不同意更换的，裁定驳回起诉。该规定引起了学者的非议，因为民事诉讼要解决的纠纷在性质上属于私权纠纷，法院任意更换当事人不符合不告不理原则。

尽管1991年《民事诉讼法》修改时取消了更换当事人的规定，但民事诉讼法教科书大都承认任意的当事人变更，司法实践中也存在对任意的当事人变更的认可。通常的处理方法是：①原告不符合当事人条件的，人民法院通知更换原告，原告不愿退出诉讼的，裁定驳回起诉；②符合条件的原告不愿参加诉讼的，终结案件的审理；③被告不符合当事人条件的，人民法院通知更换，原告不同意更换被告的，裁定驳回起诉；④更换被告后，符合条件的被告应当参加诉讼，如经人民法院两次传唤，无正当理由拒不到庭的，可以依法拘传或缺席判决。

（二）法定的当事人变更

所谓法定的当事人变更，也称诉讼权利义务的承担，是指在诉讼过程中出现了某种情况，根据法律规定所发生的当事人变更。法定的当事人变更主要有以下三种情形：

（1）当事人死亡后所发生的当事人变更。在诉讼中，如果一方当事人死亡，他的遗产将由继承人继承，在继承遗产时，死亡当事人的诉讼权利义务也将转移给他的继承人，因此发生当事人的变更。如果继承人不继承死亡当事人的遗产，则不发生当事人变更。但是，如果该民事权利义务具有人身性，专属于死亡一方当事人，则不发生当事人变更。

（2）因法人或其他组织合并或分立所发生的当事人变更。在诉讼过程中，如果法人或其他组织发生合并或分立，其民事权利义务只能由合并或分立后的法人或其他组织承担，其诉讼权利也只能由合并或分立后的法人或其他组织承担，由此发生当事人变更。

（3）法人被注销或宣告破产所发生的当事人变更。在诉讼过程中，如果法人被注销或宣告破产，将由其清算组织接管法人财产，了结债权、债务，参与诉讼，由此发生当事人的变更。

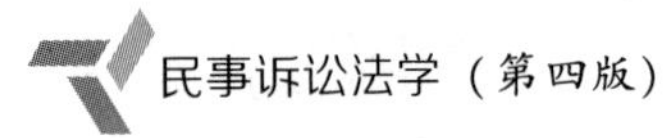

发生法定的当事人变更的情况以后，原已进行的诉讼程序继续进行，而不是使诉讼程序重新开始。原当事人所实施的一切诉讼行为，对变更后的当事人仍然有效。在民事诉讼理论中，这种情况也被称为当事人诉讼权利义务的承担或者当事人诉讼权利义务的继承。

六、当事人恒定与诉讼承继

在实体法上，我国原《民法通则》和《合同法》均对民事权利义务的转移进行了规定，认可当事人将民事权利义务转移给第三人。与此相对应，《民诉法解释》中规定了当事人恒定和诉讼承继原则，以解决在民事权利义务发生转移以后，在诉讼程序上当事人的诉讼资格和诉讼地位，以及生效的裁判对受让人的法律效力问题。

当事人恒定，是指在民事诉讼过程中，当事人将争议的民事权利义务转移给第三人时，转让人的诉讼当事人资格并不因此而丧失，诉讼仍在原当事人之间进行。当事人恒定原则不承认实体权利义务主体的变动给诉讼主体带来的变动，旨在保障诉讼程序的稳定。该原则虽然排斥受让人接替转让人承担诉讼，但不禁止受让人以诉讼第三人资格参加诉讼，尽管受让人不是本诉当事人，但判决效力及于该受让人。〔1〕与当事人恒定相对应的是当事人承继。当事人承继，又称为“诉讼继受”“诉讼承当”等，分为一般诉讼继受与特定诉讼继受。一般诉讼继受，是指在诉讼进行中，因发生了法定事由，一方当事人将其诉讼权利转移给案外人，由该案外人以当事人的身份和资格续行原当事人已经进行的诉讼。上文中所提当事人的法定变更即为一般诉讼继受。特定诉讼继受，是指在民事诉讼过程中，当事人将争议的民事权利义务转移给第三人时，转让人的诉讼当事人资格为受让人替代，完全脱离诉讼，不再享有任何诉讼权利和义务，但其所为的诉讼行为对受让人发生效力，视为受让人所为。诉讼承继原则承认实体权利义务主体的变动给诉讼主体带来的变动，承认民事权利义务的受让人的诉讼主体地位，旨在保障受让人的程序利益，符合诉讼经济原则。

《民诉法解释》第 249 条规定：“在诉讼中，争议的民事权利义务转移的，不影响当事人的诉讼主体资格和诉讼地位。人民法院作出的发生法律效力的判决、裁定对受让人具有拘束力。受让人申请以无独立请求权的第三人身份参加诉讼的，人民法院可予准许。受让人申请替代当事人承担诉讼的，人民法院可以根据案件的具体情况决定是否准许；不予准许的，可以追加其为无独立请求权的第三人。”第 250 条规定：“依照本解释第二百四十九条规定，人民法院准许受让人替代当事人承担诉讼的，裁定变更当事人。变更当事人后，诉讼程序以受让人为当事人继续进行，原当事人应当退出诉讼。原当事人已经完成的诉讼行为对受让人具有拘束力。”

七、当事人的确定

在民事诉讼中确定当事人具有重要的意义。其不仅牵涉一系列程序问题，更是使

〔1〕 王强义：“论民事诉讼中的当事人恒定和诉讼承当”，载《中国法学》1990 年第 5 期。

诉讼能够有效进行的根本保证。因而法院在诉讼初始，即一方起诉时就应当确定当事人。

（一）确定当事人的标准

关于确定当事人的标准，学界的观点并不一致，主要存在以下几种学说：

（1）意思说。该说认为确定当事人应以原告意思为准。按照此观点，即使将被告甲误写为乙，被告也依然应当依原告意思确定为甲，而不是乙。

（2）行动说。该说以具体行为为标准，若该人实施的行为像当事人行为，或被人们认为是当事人的，该人就是当事人。在冒充他人名义进行的诉讼中，因为冒名人实施了当事人的行为，因此该人就是当事人。

（3）表示说。该说主张以诉状的记载为标准。在冒名诉讼中，诉状中的人依然为原告，而非冒名之人。因该说标准明确，易于判断，在德国、日本，表示说为通说。

（4）适格说。又称实体利害关系当事人说，该说主张应以构成诉讼标的的实体法律关系为标准确定当事人，是从实体法角度对当事人加以把握和确定。

（5）规范分类说。该说认为，当事人的确定应根据诉讼的不同阶段采取不同的标准。在诉讼的初始阶段，当事人确定的标准应为行为规范，适用表示说；在诉讼终结阶段，应当采取评价规范，已经参与诉讼并适格的当事人为诉讼上的当事人。这种观点是从整个诉讼程序的发展视角考察当事人确定的标准。〔1〕

从立法层面来看，《民事诉讼法》第 122 条规定，原告须与本案有直接利害关系，表明我国对原告当事人的认定采用适格说的标准。而对于被告，则只要求其明确即可，可见对被告的确定采取表示说，只需在诉状中注明。我们认为，无论是对原告还是被告的认定，均应摒弃适格当事人的判断标准，而依诉状中列明的原被告判断某个具体诉讼案件的当事人。

结合前述当事人理论中的各概念，我们可以梳理出一条实践中考虑当事人问题的线索：首先，依据诉状上所记载的主体，初步确定当事人；其次，确定起诉者和被诉者是否具有成为一般意义上当事人的资格，即有无当事人能力；再次，分析原告与被告是否为适格的当事人；最后，看原告与被告能否有效地实施诉讼行为，即有无诉讼行为能力。各环节均有可能基于法律规定或当事人的意思，发生当事人的变更情形。

（二）不同情形下当事人的具体确定

《民诉法解释》规范了不同情形下当事人的具体确定，主要包括：

（1）法人与其分支机构。《民诉法解释》第 53 条规定，法人非依法设立的分支机构，或者虽依法设立，但没有领取营业执照的分支机构，以设立该分支机构的法人为当事人。

（2）法人或其他组织与其工作人员。《民诉法解释》第 56 条规定，法人或者其他

---

〔1〕关于当事人确定的各种学说，参见［日］新堂幸司：《民事诉讼法》，林剑锋译，法律出版社 2008 年版，第 91~93 页。

组织的工作人员执行工作任务造成他人损害的，该法人或者其他组织为当事人。

（3）劳务关系中当事人的确定。《民诉法解释》第57条规定，提供劳务一方因劳务造成他人损害，受害人提起诉讼的，以接受劳务一方为被告。

（4）个体工商户涉诉案件中诉讼主体资格的规定。《民诉法解释》第59条第1款规定，在诉讼中，个体工商户以营业执照上登记的经营者为当事人。有字号的，以营业执照上登记的字号为当事人，但应同时注明该字号经营者的基本信息。

（5）调解协议案件中当事人的确定。《民诉法解释》第61条规定，当事人之间的纠纷经人民调解委员会调解达成协议后，一方当事人不履行调解协议，另一方当事人向人民法院提起诉讼的，应以对方当事人为被告。

（6）行为人作为当事人的具体情形。《民诉法解释》第62条规定，出现下列情形，以行为人为当事人：①法人或者其他组织应登记而未登记，行为人即以该法人或者其他组织名义进行民事活动的；②行为人没有代理权、超越代理权或者代理权终止后以被代理人名义进行民事活动的，但相对人有理由相信行为人有代理权的除外；③法人或者其他组织依法终止后，行为人仍以其名义进行民事活动的。

（7）企业法人合并前发生的诉讼中当事人的确定。根据《民诉法解释》第63条的规定，企业法人合并的，因合并前的民事活动发生的纠纷，以合并后的企业为当事人。

（8）企业法人解散注销情形下当事人的确定。《民诉法解释》第64条规定，企业法人解散的，依法清算并注销前，以该企业法人为当事人；未依法清算即被注销的，以该企业法人的股东、发起人或者出资人为当事人。

（9）居民委员会、村民委员会涉诉案件中诉讼主体资格的规定。《民诉法解释》第68条规定，居民委员会、村民委员会或者村民小组与他人发生民事纠纷的，居民委员会、村民委员会或者有独立财产的村民小组为当事人。

（10）死者的人格权受侵害涉诉案件中诉讼主体资格的规定。《民诉法解释》第69条规定，对侵害死者遗体、遗骨以及姓名、肖像、名誉、荣誉、隐私等行为提起诉讼的，死者的近亲属为当事人。

第二节　共同诉讼

一、共同诉讼概述

（一）共同诉讼的概念与特征

传统“单一原告对单一被告”的诉讼结构是民事诉讼中最为简单和初始的诉讼形态，但随着社会经济发展和公民权利意识的提高，现实中一个民事纠纷往往涉及复数当事人，共同诉讼这一诉讼形态也就应运而生。所谓民事诉讼中的共同诉讼，是指当事人一方或双方为二人以上（包括二人）的诉讼。与原告、被告均为一人的普通诉讼相比，共同诉讼具有以下特征：

（1）当事人一方或双方为二人以上。该特征使共同诉讼产生一系列独特的问题，实践处理上有别于普通的单独诉讼。在民事诉讼理论中，原告为二人以上的共同诉讼被称为积极的共同诉讼；被告为二人以上的共同诉讼被称为消极的共同诉讼；原告、被告双方均为二人以上的共同诉讼被称为混合的共同诉讼。

（2）多数当事人在同一诉讼程序中进行诉讼。唯其如此，才可被称为共同诉讼。

（二）共同诉讼的种类

根据我国《民事诉讼法》第55条的规定，共同诉讼可依据共同诉讼人间对诉讼标的关系的不同而被分为必要共同诉讼与普通共同诉讼，前者诉讼标的共同，后者诉讼标的为同种类。但应当看到，对共同诉讼的种类予以划分实则是一个复杂的问题，其复杂性在于对实体法和程序法双重要求的回应与满足，而程序法上的要求又须考虑诉讼效率、避免矛盾判决、权利救济的便利性以及程序参与权的保障等多维价值。虽然立法层面上已有关于共同诉讼类型的基本规定，但如何理解诉讼标的共同与诉讼标的同种类也会受到上述考量因素的影响，现行规定也不过是多重考量后的结果呈现。作为抽象地、一般地阐述共同诉讼的分类是容易的，复杂的是当面临具体的多数人诉讼情形时，应如何对其进行界定与归类。[1]

（三）共同诉讼的功能及意义

在民事诉讼中确立共同诉讼制度是各国民事诉讼法的普遍做法，其功能意义主要在于：

首先，共同诉讼制度有利于简化诉讼程序，节省诉讼费用，提高诉讼效率，实现诉讼经济。法院通过共同诉讼可在一个诉讼程序中审理涉及多数人的民事纠纷，避免了重复审理将带来的诉讼费用增加和诉讼迟延。

其次，共同诉讼制度有利于避免法院在同一或同类案件中作出矛盾裁判，从而维护了司法权威及公信力。通过共同诉讼制度，多数当事人互相关联的案件可交由同一审判组织审理，并在同一程序中进行，从而有效防止矛盾裁判的出现并维护当事人的合法权益。

最后，共同诉讼制度有利于实现民事诉讼法与民事实体法的协调统一。实体法中的相关规定需要通过具体的诉讼制度得以落实，共同诉讼制度能够使实体法中涉及多数人纠纷的责任分配最终落到实处，为纠纷解决提供制度保障。

二、必要共同诉讼

（一）必要共同诉讼的概念

所谓必要共同诉讼，是指当事人一方或双方为二人以上，诉讼标的是共同的，法院必须合并审理并在裁判中对诉讼标的合一确定的诉讼形式。据此，必要共同诉讼具有三个特征，即当事人一方或双方为二人以上，诉讼标的具有同一性以及法院必须合

[1] 张卫平：《民事诉讼法》（第4版），法律出版社2016年版，第144~145页。

并审理、合一判决，此为必要共同诉讼的基本要求。

必要共同诉讼的产生，通常基于以下两种情形：

（1）共同诉讼人对诉讼标的本就具有共同的权利或义务。在这类必要共同诉讼中，共同诉讼人对诉讼标的所具有的共同权利或义务在诉讼前即已存在，其存在基础源于民事实体法的规定。例如，共同共有人因共有财产发生争议时即形成必要共同诉讼，共同共有人为共同原告或共同被告。

（2）基于同一事实或法律上的原因，使共同诉讼人对诉讼标的具有共同的权利或义务。这是指共同诉讼人对于诉讼标的本没有共同的权利或义务关系，只是由于同一事实或法律上的原因，才产生了共同的权利或义务。因共同侵权引起的诉讼是这类诉讼的典型形态。当数人共同致人损害，受害人起诉要求赔偿时，数个加害人均负有赔偿义务，应作为共同被告参加诉讼。

（二）必要共同诉讼的类型

必要共同诉讼，依照当事人适格情形的不同，可区分为固有的必要共同诉讼与类似的必要共同诉讼两类。

1. 固有的必要共同诉讼

所谓固有的必要共同诉讼，是指因诉讼标的必须对全体共同诉讼人合一确定，全体共同诉讼人必须一同起诉或一同被诉，当事人始为适格的共同诉讼，法院对于争诉的法律关系应当作出合一判决。在诉讼理论上，之所以共同诉讼人必须一同进行诉讼，是因为共同诉讼人单独不享有独立的诉讼实施权，该权利属于共同诉讼人全体，其中一人的诉讼行为未经全体认可的，不发生法律效力。

固有的必要共同诉讼主要有两种类型：

（1）实体法上的管理权和处分权须由全体权利人共同行使。如果依据实体法的规定，只允许全体权利人共同管理和处分某项权利时，在诉讼中，便须由全体权利人为共同原告或共同被告。对共有财产争议所发生的诉讼是最典型的固有的必要共同诉讼，但应当注意，并非所有涉及共有财产权的诉讼都一定是固有的必要共同诉讼。按份共有的，即使涉及共有财产的争议，也不一定构成必要共同诉讼。即使为共同共有关系，也需从实现实体正义、程序正义以及提高诉讼效率的角度考虑共同诉讼的必要性问题。例如，当第三人行为侵害共有财产时，实际上只需共有人中的一人提起诉讼排除侵害，其他共有人的权益也就得到了维护，因此没有必要强制共有人一同起诉。当然，此时作为原告的共有人不得在诉讼中声称该共有财产归为己有。

（2）实体法上的形成权须由全体权利人共同行使或对数人共同行使。如近亲属依据我国《民法典》第 1051 条请求法院宣告婚姻无效的，应以夫妻双方为共同被告，当事人才适格。养父母或成年养子女以诉讼方式解除收养关系时，养父母作为共同原告或共同被告，当事人才适格。

2. 类似的必要共同诉讼

所谓类似的必要共同诉讼，是指数人对诉讼标的既可以选择共同起诉，也可以选择单独起诉，若选择共同起诉，法院对诉讼标的须合一确定，不允许对各共同诉讼人分别裁判。它与固有必要共同诉讼的区别在于即使数人选择分别起诉，也不发生当事人不适格的问题，此时法院裁判的效力及于其余未参诉的人。

这类共同诉讼的典型是因连带之债引起的诉讼。在连带债权中，数个债权人均可要求债务人履行义务，而在连带债务中，债权人可以要求部分或全体债务人履行全部清偿义务。[1]因而在连带之债引起的诉讼中，既可以由一个债权人提起诉讼，也可以由全体债权人共同提起诉讼，债权人既可以向部分债务人起诉请求清偿，也可以向全体债务人起诉请求清偿。无论哪一种情形，当事人均为适格。但是，若债权人选择了全体共同起诉或向全体债务人提起诉讼，法院的裁判对诉讼标的需合一确定。此外，德日等传统大陆法系国家还将要求取消股东大会决议或确认决议无效的诉讼以及数人提起的股东代表诉讼作为适用类似必要共同诉讼的情形。

由于我国民事诉讼法并未就必要共同诉讼再作进一步的区分，因而实际上我国的必要共同诉讼均为固有的必要共同诉讼，这使得一些诉讼案件在程序适用上存在着一定的僵化和不便，其中以连带之债案件为典型。近年来，已有学者主张承认类似的必要共同诉讼，使诉讼法与实体法的规定相适应。[2]而传统大陆法系学界则认为，连带之债案件的诉讼实际上仅是单独诉讼的合并，并无“合一确定”的必要，因而应当适用普通共同诉讼的诉讼形态。[3]我们认为，现行《民事诉讼法》中有关诉讼标的“共同”或“同种类”的共同诉讼划分标准限制了对具体案件类型中多数当事人间关联紧密程度的判断，形成了不够灵活的框架。选择对“诉讼标的”从不同层面理解，或是采用大陆法系通行的“合一确定”表述方式也许能为复杂的多数人案件在诉讼形态适用上带来更多灵活性。[4]

（三）相关立法及司法解释对必要共同诉讼的规定

根据《民法典》以及《民诉法解释》等的有关规定，适用必要共同诉讼的案件类型主要包括以下情形：

（1）挂靠关系。《民诉法解释》第 54 条规定，以挂靠形式从事民事活动，当事人请求由挂靠人和被挂靠人依法承担民事责任的，该挂靠人和被挂靠人为共同诉讼人。

（2）个体工商户业主与实际经营者不一致。《民诉法解释》第 59 条第 2 款规定，个体工商户营业执照上登记的经营者与实际经营者不一致的，以登记的经营者和实际经营者为共同诉讼人。

（3）个人合伙涉诉。《民诉法解释》第 60 条规定，在诉讼中，未依法登记领取营

---

〔1〕《民法典》第 178 条第 1 款规定：“二人以上依法承担连带责任的，权利人有权请求部分或者全部连带责任人承担责任。”

〔2〕章武生、段厚省：“必要共同诉讼的理论误区与制度重构”，载《法律科学（西北政法学院学报）》2007 年第 1 期。

〔3〕卢正敏、齐树洁：“连带债务共同诉讼关系之探讨”，载《现代法学》2008 年第 1 期。

〔4〕相似观点参见王亚新、陈杭平、刘君博：《中国民事诉讼法重点讲义》，高等教育出版社 2017 年版，第 134~135 页。

业执照的个人合伙的全体合伙人为共同诉讼人。个人合伙有依法核准登记的字号的，应在法律文书中注明登记的字号。全体合伙人可以推选代表人；被推选的代表人，应由全体合伙人出具推选书。

（4）企业法人分立。《民诉法解释》第 63 条规定，企业法人分立的，因分立前的民事活动发生的纠纷，以分立后的企业为共同诉讼人。

（5）借用业务介绍信等。《民诉法解释》第 65 条规定，借用业务介绍信、合同专用章、盖章的空白合同书或者银行账户的，出借单位和借用人为共同诉讼人。

（6）保证合同诉讼。《民诉法解释》第 66 条规定，因保证合同纠纷提起的诉讼，债权人向保证人和被保证人一并主张权利的，人民法院应当将保证人和被保证人列为共同被告。保证合同约定为一般保证，债权人仅起诉保证人的，人民法院应当通知被保证人作为共同被告参加诉讼；债权人仅起诉被保证人的，可以只列被保证人为被告。

（7）无民事行为能力人、限制民事行为能力人侵权诉讼。《民诉法解释》第 67 条规定，无民事行为能力人、限制民事行为能力人造成他人损害的，无民事行为能力人、限制民事行为能力人和其监护人为共同被告。

（8）遗产继承诉讼。《民诉法解释》第 70 条规定，在继承遗产的诉讼中，部分继承人起诉的，人民法院应通知其他继承人作为共同原告参加诉讼；被通知的继承人不愿意参加诉讼又未明确表示放弃实体权利的，人民法院仍应将其列为共同原告。

（9）民事代理的连带责任。《民诉法解释》第 71 条第 1 款规定，原告起诉被代理人和代理人，要求承担连带责任的，被代理人和代理人为共同被告。

（10）共有财产受到侵害涉诉。《民诉法解释》第 72 条规定，共有财产权受到他人侵害，部分共有权人起诉的，其他共有权人为共同诉讼人。

（11）安全保障关系案件中第三人侵权。《民法典》第 1198 条规定，宾馆、商场、银行、车站、机场、体育场馆、娱乐场所等经营场所、公共场所的经营者、管理者或者群众性活动的组织者，未尽到安全保障义务，造成他人损害的，应当承担侵权责任。因第三人的行为造成他人损害的，由第三人承担侵权责任；经营者、管理者或者组织者未尽到安全保障义务的，承担相应的补充责任。经营者、管理者或者组织者承担补充责任后，可以向第三人追偿。

所谓补充责任，是指多个行为人基于各自不同的发生原因而产生的数个责任，造成直接损害的直接责任人按照第一顺序承担全部责任，承担补充责任的责任人在第一顺序的责任人无力赔偿、赔偿不足或者下落不明的情况下，在能够防止或减少损害的范围内承担相应责任，且可以向第一顺序的直接责任人请求追偿的侵权责任形态。补充赔偿责任人享有先诉抗辩权，因此，赔偿权利人可以将直接责任人和补充责任人作为共同被告起诉，如果只起诉补充责任人，应当将直接责任人追加为共同被告。

具体讲，在第三人侵权的安全保障关系案件中，赔偿权利人可以选择单独诉侵权人，也可以将侵权人和安全保障义务人作为共同被告起诉，如果仅起诉安全保障义务人的，人民法院应当追加侵权人为共同被告。例如，林某在某宾馆大厅被前来送水的刘某打伤，因赔偿问题未达成一致意见，林某准备起诉至法院，林某如何确定被告？本案中，林某可以只诉刘某；也可以将刘某与某宾馆作为共同被告起诉；如果林某此时只诉某宾馆，则人民法院应当将刘某追加为共同被告。

（12）教育、管理、保护关系案件中第三人侵权。《民法典》第 1201 条规定，无民事行为能力人或者限制民事行为能力人在幼儿园、学校或者其他教育机构学习、生活期间，受到幼儿园、学校或者其他教育机构以外的第三人人身损害的，由第三人承担侵权责任；幼儿园、学校或者其他教育机构未尽到管理职责的，承担相应的补充责任。幼儿园、学校或者其他教育机构承担补充责任后，可以向第三人追偿。

（13）劳务派遣关系中被派遣人侵权。《民法典》第 1191 条 2 款规定，劳务派遣期间，被派遣的工作人员因执行工作任务造成他人损害的，由接受劳务派遣的用人单位承担责任；劳务派遣单位有过错的，承担相应的责任。需要注意的是，劳务派遣单位承担的是过错补充责任。《民诉法解释》第 58 条进一步规定，在劳务派遣期间，被派遣的工作人员因执行工作任务造成他人损害的，以接受劳务派遣的用工单位为当事人。当事人主张劳务派遣单位承担责任的，该劳务派遣单位为共同被告。

（四）必要共同诉讼人的追加

在我国，必要共同诉讼为不可分之诉，全体共同诉讼人必须一并参加诉讼，否则将被视为当事人不适格。在诉讼实务中，存在着只有部分共同诉讼人起诉或应诉的情况，此时就需要追加当事人。根据《民诉法解释》第 73 条的规定，人民法院可以依职权追加当事人，也可以根据参加诉讼的当事人的申请追加当事人。人民法院对当事人提出追加当事人的申请，应当进行审查，申请理由不成立的，裁定驳回；申请理由成立的，书面通知被追加的当事人参加诉讼。根据《民诉法解释》第 74 条的规定，人民法院追加共同诉讼的当事人时，应当通知其他当事人。应当追加的原告，已明确表示放弃实体权利的，可不予追加；既不愿参加诉讼，又不放弃实体权利的，仍应追加为共同原告，其不参与诉讼，不影响人民法院对案件的审理和依法作出判决。被追加的被告，如果不愿参加诉讼的，人民法院一般可以对其缺席判决，但对符合拘传条件的被告，则可以通过拘传强制其到庭参加诉讼。

（五）必要共同诉讼人的内部关系

在必要共同诉讼中，除去原告、被告之间对立的外部关系外，在共同诉讼人内部还存在着相互的关系。当共同诉讼人意见一致时，自然不发生什么问题。若共同诉讼人之间意见不一致，就产生了必要共同诉讼人内部关系的协调问题。大陆法系的民事诉讼立法在解决共同诉讼人的内部关系上，大都采用“有利说”的原则，即共同诉讼人之一的行为有利于全体的，对全体发生效力；不利于全体的，对全体不发生效力。而根据《民事诉讼法》第 55 条的规定，我国对该问题采用协商一致原则，把共同诉讼人视为一个整体，其中一人的诉讼行为经其他共同诉讼人承认的，对所有共同诉讼人发生法律效力，不论该行为对其他共同诉讼人是否有利。协商一致原则也存在例外，体现在上诉权的行使方面。共同诉讼人中的一人对判决不服提起上诉的，若上诉后为不可分之诉，上诉的效力及于其他共同诉讼人。总的来说，有利原则的优点在于省略了共同诉讼人的认可程序，提高了诉讼效率，降低了诉讼成本。

三、普通共同诉讼

（一）普通共同诉讼的概念和特征

所谓普通共同诉讼，是指当事人一方或双方为二人以上，其诉讼标的属于同一种类，当事人同意合并诉讼，人民法院认为可以合并审理的诉讼。普通共同诉讼的设立，是基于提高诉讼效率、减少诉讼成本的考虑，使两个以上的同类型案件通过同一个诉讼程序得到解决。

与必要共同诉讼相比，普通共同诉讼还具有以下特征：

（1）诉讼标的属于同一种类。所谓同一种类，是指各个共同诉讼人与对方当事人争议的法律关系的性质或请求权的性质是相同的，即他们各自享有的权利或承担的义务属于同一类型。构成诉讼标的同种类的情形主要有以下三种：

第一，基于同类事实或法律上的同类原因形成的同种类诉讼标的。例如，数个业主欠缴物业管理费，物业管理人向欠缴物业管理费的数个业主提起的缴纳管理费的诉讼。

第二，基于同一事实或法律上的原因形成的同种类诉讼标的。例如，公共汽车发生交通事故导致数名乘客受伤，受害乘客要求赔偿的诉讼。

第三，基于数人对同一权利义务的确认形成的同种类诉讼标的。例如，甲对乙、丙、丁分别提起的关于特定不动产所有权确认的诉讼。该争议的不动产并不是乙、丙、丁所共有的不动产，甲的确认请求并不是针对共有人，而是分别针对乙、丙、丁的，因为乙、丙、丁均主张该不动产为自己所有。

（2）将数个诉讼标的合并审理。普通共同诉讼是将数个同种类的诉讼标的合并在一起审理，因而这类共同诉讼必然会有数个诉讼标的。所以，普通共同诉讼既是当事人的合并，又是诉讼标的的合并，而必要共同诉讼仅是当事人的合并。

（3）属于可分之诉。普通共同诉讼是由数个同一种类的诉讼标的合成的，因而既可以单独起诉，也可以共同起诉。共同起诉的，法院认为可以合并审理，当事人又同意合并审理的，即形成普通共同诉讼。

（4）法院需分别作出判决。在普通共同诉讼中，审理虽合并进行，但判决却需要对各当事人分别作出，有几位共同诉讼人，就要作几份判决。而在必要共同诉讼中，法院只需对全体共同诉讼人作一份判决。

（二）普通共同诉讼的构成要件

根据我国《民事诉讼法》第 55 条第 1 款的规定，构成普通共同诉讼，必须具备下列条件：

（1）两个以上的当事人就同一种类诉讼标的的案件在同一法院起诉或应诉。这是构成普通共同诉讼的最根本条件。

（2）由同一法院管辖，适用同一诉讼程序。

(3) 符合合并审理的目的。普通共同诉讼的目的在于实现诉讼经济，节约司法资源。因此，即使符合普通共同诉讼的其他条件，若不符合合并审理的目的，也不能合并审理。

(4) 法院认为可以合并审理，当事人也同意合并审理。从这一点看，在对具体案件的审理是分还是合的处理上，当事人与法院均有话语权，但应当认识到，对该问题的最终决定权应在法院。基于法院是审理案件的权威机构，其拥有对审理程序的决定权自有其正当性，但这种决定是否有着合理稳定可预期的规则可循才是问题的关键。就实务现状来看，能够获得大家普遍认可的衡量标准似乎还未建立，而这无疑也对司法实践工作产生了一定影响。[1]

(三) 普通共同诉讼人的内部关系

由于普通共同诉讼是可分之诉，因此普通共同诉讼人各自拥有独立的诉讼实施权，无需征得其他共同诉讼人的同意。其中任何一个共同诉讼人的诉讼行为，对其他共同诉讼人均不发生效力，此即普通共同诉讼人之间的独立性。

但若对普通共同诉讼人独立原则加以严格贯彻与遵循，则将使该类诉讼形态与一般的单一诉讼相同，其所追求的诉讼效率、纠纷统一解决之目的将落空，该制度也将失去存在意义。故该独立原则的适用应存在界限，即普通共同诉讼人之间的牵连性。具体而言，普通共同诉讼人之间的牵连性有三点表现：第一，共同诉讼人中一人所提主张若对其他共同诉讼主体有利且其未表示反对的，该主张之效力可及于其他共同诉讼人，即所谓主张共通原则；第二，普通共同诉讼人之一所陈列之证据，可作为全案事实之共通证据资料，即证据共通原则；第三，各共同诉讼人若对于必须全体统一认定之基础事实存在争议，法院可通过对证据及案件的调查，依自由心证作出对事实真伪的判断，并非当然受相异主张之拘束。[2]

第三节　诉讼代表人

一、诉讼代表人制度概述

(一) 诉讼代表人的概念和特征

所谓诉讼代表人，是指在共同诉讼中，由人数众多的一方当事人推选出来，代表本方当事人进行诉讼活动的当事人。

为解决现代社会群体性大型纠纷，达到诉讼经济的目的，各国都建立了群体性纠纷解决制度，主要包括三种类型：①日本的选定当事人诉讼。即由具有共同利益的全体当事人选定其中一人或数人担当原告或被告，其他当事人退出诉讼，法院的裁判对全体当事人具有约束力，从而扩大了原有共同诉讼制度的适用范围。②德国的团体诉

[1] 王亚新、陈杭平、刘君博：《中国民事诉讼法重点讲义》，高等教育出版 2017 年版，第 128 页。

[2] 陈荣宗、林庆苗：《民事诉讼法》(修订 8 版)(上)，三民书局 2013 年版，第 199~200 页。

讼。该制度将具有公共利益的众多法律主体提起的诉讼权利信托给具有公益性质的团体，由该团体提起诉讼。法院判决针对该团体作出，其裁判效力虽不直接及于团体的成员，但成员可以援引该判决对抗对方当事人。③美国的集团诉讼。其虽发轫于英国，却在美国得到极大发展。美国的民事诉讼法规定，将人数不确定但是各个具有同一事实或法律关系的当事人拟制为一个群体，即“集团”，集团中的一人提起诉讼即视为全体成员提起诉讼。代表人的诉讼行为无须经全体成员同意，却对全体发生效力。法院针对集团诉讼所作的裁判，效力及于未参加诉讼的集团成员。与前两种群体诉讼相比，集团诉讼的裁判效力显得更强，涵盖范围也更广，是群体诉讼的高级形态。

而我国的诉讼代表人制度是在吸收共同诉讼制度和诉讼代理制度的优点，结合二者长处的基础上建立的一项新制度。该项制度既有自己的独特属性，又有与共同诉讼制度和诉讼代理制度的共同之处。根据《民事诉讼法》第56、57条的规定，我国目前的代表人诉讼制度具有以下特征：

（1）诉讼主体人数众多。根据《民诉法解释》第75条的规定，当事人一方或双方人数在10人以上的，可构成代表人诉讼。

（2）诉讼主体的代表性。在代表人诉讼中，不要求众多当事人都参加诉讼活动，诉讼活动由他们的代表人代为进行。

（3）承担法律后果的伸展性。在代表人诉讼中，人民法院作出的裁判，不仅对亲自参加诉讼的代表人具有拘束力，对被代表的全体成员同样具有拘束力。

诉讼代表人制度以共同诉讼制度为基础，诉讼代表人所进行的诉讼应当符合共同诉讼的基本条件。若所代表的当事人不能作为共同诉讼人，也就不能在诉讼中代为实施诉讼行为。二者之间也存在着明显区别：①当事人人数不同。共同诉讼要求一方或双方为2人以上，而代表人诉讼则要求当事人一方或双方为10人以上。②进行诉讼活动的主体不同。共同诉讼要求全体当事人共同进行诉讼，而代表人诉讼则是由代表人代表全体进行诉讼。③诉讼行为的效力不同。对于共同诉讼来说，在必要的共同诉讼中，共同诉讼人中一人的行为经全体承认的，对全体发生效力；在普通的共同诉讼中，共同诉讼人中一人的行为只对本人发生效力。而诉讼代表人的诉讼行为，除对本人发生效力外，还对被代表的当事人发生效力。④法院裁判的效力不同。在共同诉讼中，法院裁判只对参加诉讼的当事人有拘束力，而在代表人诉讼中，法院裁判不仅对所有向人民法院登记的权利人有效，还会对那些虽然没有向法院登记，但在诉讼时效期间内向法院起诉的其他权利人产生预决效力。

同时，诉讼代表人制度也吸收了诉讼代理制度的机能，使众多诉讼主体的诉讼行为通过诉讼代表人进行集中实施，扩大了诉讼容量。二者的主要区别是：①诉讼代表人是本案当事人，与本案诉讼标的有法律上的利害关系，并以自己的名义进行诉讼。诉讼代理人不是本案当事人，与本案诉讼标的没有法律上的利害关系，以被代理人的名义进行诉讼。②诉讼代表人参加诉讼的目的既是保护自己的民事权益，也是为了保护被代表的其他当事人的民事权益。诉讼代理人参加诉讼的目的则是保护被代理人的民事权益。③在代表人诉讼中，诉讼上的法律后果由诉讼代表人和被代表人全体共同享有与承担。诉讼代理人在代理权限内所实施的诉讼行为，其法律后果由被代理人享有与承担。

（二）诉讼代表人制度的作用

（1）诉讼代表人制度有利于有效解决群体性纠纷。在现代社会中，因环境污染、产品责任、证券市场虚假陈述等而引起的群体性纠纷日益增多，动辄造成众多民事主体人身和财产的损害。对于该类纠纷，普通的共同诉讼制度并不能有效地对问题加以处理解决，代表人诉讼正是为了适应解决群体性和大型化纠纷的需要而产生的制度。

（2）确立代表人诉讼制度还有利于简化诉讼程序，提高诉讼效率，在实现诉讼经济的同时也避免了相互矛盾的裁判的出现。对于群体性纠纷，若让众多原告分别进行诉讼，当事人和法院将花费大量人力、物力和时间，且由于不同法院分别审理，可能造成法院对同类事实的案件作出相互矛盾的裁判。通过代表人诉讼的方式对案件进行审理，将有效避免上述问题的出现。

（3）建立代表人制度更是对我国诉讼主体制度的完善和发展。如前所述，各国针对群体性纠纷，纷纷建立了特定的群体诉讼制度。我国的代表人诉讼制度正是在借鉴这些国家群体诉讼制度的基础上，结合我国实际而创立的一种独特的群体诉讼制度。该制度的建立丰富了我国当事人制度的内容，也为民事主体提供了更为多样的纠纷解决程序待其选择。

二、诉讼代表人的资格与地位

（一）诉讼代表人的条件与人数

按照我国《民事诉讼法》第 56、57 条和《民诉法解释》第 75 条的规定，诉讼代表人须具备以下基本条件：

（1）是本案的当事人。诉讼代表人从人数众多的一方当事人中产生，必须是本案的当事人。不是本案当事人的人不得作为诉讼代表人。

（2）具有诉讼行为能力。诉讼代表人本人须在诉讼中亲自实施诉讼行为，这要求诉讼代表人必须具有诉讼行为能力。不具有诉讼行为能力的当事人不能担任诉讼代表人。

（3）能够充分维护被代表的当事人的合法权益，善意地履行诉讼代表人的职责。诉讼代表人应当具备相应的知识、智力水平以及德行，并愿意为全体当事人进行诉讼，为全体或多数当事人所信赖。

根据《民诉法解释》第 78 条的规定，诉讼代表人的人数为 2 人至 5 人，每位代表人可委托 1 人至 2 人作为诉讼代理人。

（二）诉讼代表人的法律地位

在多数人诉讼中，诉讼代表人的法律地位相当于未被授予实体权利处分权的诉讼代理人。尽管诉讼代表人是本方的当事人，也代表本方未参诉的其余当事人进行诉讼，但其在处分涉及实体权利时，如变更、放弃诉讼请求或承认对方当事人诉讼请求，进行和解等，必须经被代表的当事人同意。如此规定将更好地维护被代表人的利益，防止诉讼代表人滥用诉讼代表权。

（三）诉讼代表人的更换

在诉讼中，若诉讼代表人不能履行职责或滥用代表权，可更换诉讼代表人，此时应由被代表人向法院提出更换申请。人民法院认为申请有理由的，应裁定中止诉讼，然后召集全体被代表人，以推选、协商等方式重新确定诉讼代表人。新的诉讼代表人产生以后，诉讼恢复。原诉讼代表人实施的诉讼行为，对更换后的诉讼代表人有拘束力。

三、代表人诉讼的类型

根据《民事诉讼法》第56、57条的规定，我国的代表人诉讼可分为人数确定的代表人诉讼和人数不确定的代表人诉讼两种类型。

（一）人数确定的代表人诉讼

所谓人数确定的代表人诉讼，是指当事人一方人数众多且已经确定，诉讼标的是共同或同一种类，由众多当事人推选出数人作为代表代为实施诉讼行为的诉讼形式。该种代表人诉讼主要有以下特点：

（1）当事人一方人数众多，不仅人数在10人以上，且在起诉时人数已确定。

（2）多数当事人间具有同一的诉讼标的或具有同种类的诉讼标的。因此，人数确定的代表人诉讼既可以是必要共同诉讼，也可以是普通共同诉讼。

（3）由当事人推选出代表人。在人数确定的代表人诉讼中，诉讼代表人由众多当事人共同选定，既可以由全体当事人共同推选代表人，也可以由部分当事人推选出只代表该部分当事人的代表人。若不能推选出诉讼代表人，在必要共同诉讼的情况下，当事人可自己直接参加诉讼；在普通共同诉讼的情况下，当事人可另行起诉，如果人数不多，也可直接参加诉讼。

（二）人数不确定的代表人诉讼

所谓人数不确定的代表人诉讼，是指诉讼标的属于同一种类型，当事人一方人数众多，在起诉时人数尚未确定，由权利人推选或人民法院与权利人商定代表人选，由代表人进行诉讼活动的诉讼形式，其具有以下特点：

（1）当事人一方人数众多，且起诉时人数仍未确定。这是与人数确定的代表人诉讼的根本区别。

（2）众多当事人间的诉讼标的是同一种类。由于起诉时当事人人数不确定，故人数不确定的代表人诉讼不能是必要共同诉讼，而只能是普通共同诉讼。

（3）当事人推选出代表人。在这类代表人诉讼中，代表人只能从向法院登记过权利的部分当事人中推选出来。其产生方式应依照推选→协商→指定的程序进行。

与人数确定的代表人诉讼相比，人数不确定的代表人诉讼在程序内容上存在以下特殊之处：

第一，管辖法院。人数不确定的代表人诉讼中的当事人往往分散居住在数个法院辖区内，有的还可能遍布全国各地，难以确定案件的管辖法院。这就需要各有关人民法院根据案件的具体情况，协商确定案件的管辖权；若协商不成，则应由共同的上级法院指定管辖。

第二，发布公告。人民法院受理部分当事人的起诉后，应当发出公告，向未起诉的权利人说明案件情况和诉讼请求，通知权利人在一定期间内向法院登记，以便共同推选代表人进行诉讼。公告期间由人民法院根据案件情况确定，但不得少于 30 日。

第三，权利人登记。法院对案件进行开庭审理前，应要求权利人向人民法院登记，从而确定当事人的人数。权利人在登记时应证明其与对方当事人的法律关系和所受到的损害。证明不了的，不予登记，权利人可另行起诉。

第四，推选或商定诉讼代表人。《民事诉讼法》第 57 条第 2 款规定，向人民法院登记的权利人可以推选代表人进行诉讼；推选不出代表人的，人民法院可与参与登记的权利人商定代表人。无法商定的，由人民法院依职权指定诉讼代表人。

第五，审理和裁判。人民法院审理人数不确定的代表人诉讼案件，应当公开审理。被代表的当事人有权监督诉讼代表人是否在为维护被代表人的合法权益而进行诉讼，可以到庭旁听。人民法院作出的裁判生效后，除对已经登记的全体权利人有拘束力之外，对未参加登记的权利人还有预决效力。未参加登记的权利人在诉讼时效期间内向人民法院起诉，人民法院认定其请求成立的，可不对案件进行实体审理，直接裁定适用人民法院已作出的判决、裁定，即按该生效判决、裁定所确定的权利义务执行。

四、对诉讼代表人制度实践应用的反思

设立诉讼代表人制度意在解决群体性纠纷，但其并不是该类纠纷的唯一解决方式。面对现实中情况千差万别的群体性纠纷案件，当事人完全可视具体情形，选择代表人诉讼、共同诉讼甚至分别诉讼等手段主张权利。客观上当事人的人数多寡、具体纠纷状况在程序操作上的复杂性，乃至当事人和法院等主体的主观思维因素，都将影响代表人诉讼制度的真正运用。

应当说，尽管该制度具有较为突出的理论价值及现实意义，但在具体案件的适用上，诉讼代表人制度显得并不尽如人意。这种状况的出现，具体可被归结为内部和外部两方面的因素。

1. 内部因素

尽管我国代表人诉讼在设立之初借鉴了美国的集团诉讼制度，但二者在制度设计理念上存在着不同。集团诉讼制度伴随着美国的司法理念由节制主义向能动主义转变而产生并发展，从而带有更多公益、民主的色彩；而我国的代表人诉讼则更多地侧重于诉讼经济，其片面追求诉讼效率的价值取向并不能很好地满足现代型诉讼结构下的群体诉讼当事人的需求。同时，人数不确定的代表人诉讼在程序上存在权利人登记、

公告等特殊之处，该制度结构一方面易引起当事人的“搭便车”行为，另一方面也由于其更为复杂精巧而不利于诉讼经济效率。“公告和登记程序有可能仅被视为确定原告人数的一种手段，裁判效力扩张的规范效果在实践中的体现也不很明显”，[1]在这样一种高成本又低收益的情形下，法院很难有启动该程序的动力。

2. 外部因素

跳出代表人诉讼制度本身，当事人、法院以及当前我国司法大环境等外在因素也限制着该程序的运用。对于当事人来说，其需要考虑进行代表人诉讼的组织成本及谈判成本，若在具体的场景下采用诉讼代表人制度的成本较高，退到一般共同诉讼或分别诉讼等无须组织或组织成本不高的状态是很自然的结局。若当事人人数多达数百个，地域分布广泛，由于彼此素不相识，各主体之间缺乏必要的信任合作机制，诉讼代表人制度也就很难适用。

总结而言，诉讼代表人制度在自身的制度设计理念、具体程序构建上存在着偏差与不足。而在外部环境上，当事人需考虑进行代表人诉讼所额外花费的组织沟通成本及其对自身实体利益的影响，法院则会出于维护社会稳定和内部绩效考核等因素的考量不将诉讼代表人制度作为解决群体性诉讼的首选，且我国司法的有限性及软弱性并不利于代表人诉讼的普遍适用。当下我们能做的，应更多是在认清代表人诉讼在群体性纠纷解决机制中所处地位的基础上，完善和细化制度的具体内容。同时，还应在完善社会分配和社会保障等预防性制度、降低群体性纠纷发生可能性的同时，尽可能发挥非诉讼纠纷解决机制的功能及作用。毕竟，运用诉讼代表人制度并不是最终目的，能够真正解决群体诉讼背后的根源性冲突才应是理论及实务界关注的重点。

第四节　第三人

不论是单一原告对单一被告的初始诉讼形态，还是一方或双方当事人呈复数的共同诉讼和代表人诉讼，其在程序结构上仍属两造对立的“双方结构”。然而，在复杂诉讼形态理论及日常的司法实务中，亦会出现区别于原、被告二者的第三人参与进诉讼的情形，从而构成三方诉讼结构的形态。我国现行有关第三人制度的法律依据主要是《民事诉讼法》第56条和《民诉法解释》第81条、第82条，以下对该制度进行介绍。

一、第三人的概念与特征

（一）第三人的概念

所谓民事诉讼中的第三人，是指原、被告之外的利害关系人，由于与案件的审理结果有法律上的利害关系或对原、被告之间争议的诉讼标的享有独立的请求权，因而参加到原、被告之间已经开始的诉讼中的第三方当事人。根据《民事诉讼法》第59条

---

[1] 王亚新、陈杭平、刘君博：《中国民事诉讼法重点讲义》，高等教育出版社2017年版，第152页。

第1款的规定，第三人可分为有独立请求权的第三人和无独立请求权的第三人两种类型。

（二）第三人的特征

（1）第三人对他人之间的诉讼标的有独立请求权，或无独立请求权，但与案件的处理结果有法律上的利害关系。在这一点上，第三人不同于共同诉讼人、证人和鉴定人。共同诉讼人对同一或同类诉讼标的具有相同的权利和义务，而诉讼第三人同原、被告均不共享权利或共担义务。同时，由于第三人与案件处理结果有法律上的利害关系，因而不同于证人和鉴定人。

（2）第三人参加诉讼的目的在于维护自身合法权益，具有独立的诉讼地位，并以此区别于诉讼代理人。第三人参加诉讼后，或作为第三方第三人，与本诉讼双方当事人进行诉讼，或者加入到其中一方当事人，辅助其与另一方当事人进行诉讼，但最终目的也是为了维护自身的利益，从而区别于仅为维护原、被告诉讼权益的诉讼代理人。

（3）参加到他人已经开始的诉讼中，即第三人参加诉讼时，他人之间的诉讼已经开始，但尚未结束。第三人参加诉讼以本诉的存在作为前提和基础，本诉即是指原、被告之间的诉讼。

二、有独立请求权的第三人

所谓有独立请求权的第三人，是指对原、被告之间争议的诉讼标的，认为有独立的请求权，因而参加到原、被告之间已经开始的诉讼中的第三方当事人，其具有如下特征：

（1）对本诉原、被告之间争议的诉讼标的主张独立的请求权。所谓“独立的请求权”，是指第三人对本诉的诉讼标的提出实体权利主张，请求法院将原被告争执的民事权益判归自己所有。第三人可主张全部的实体权利，也可主张部分实体权利。例如，李甲和李乙因为李父去世后遗留的三套房屋而发生遗产继承纠纷，在诉讼过程中，王某申请参加诉讼，主张其中一套房屋的所有权。因李父生前已经把该套房屋卖给自己，并且房款已经付清，只是尚未过户交房，请求人民法院确认其对该套房屋的所有权。在本案中，原、被告（李甲和李乙）之间发生争议的实体内容是房屋的所有权，王某针对其中一套房屋主张所有权，即为对本诉原、被告之间争议的诉讼标的主张独立的请求权。王某主张的是部分实体权利。如果李父生前将三套房屋均卖给王某且房款已经付清，王某即主张本诉的全部实体权利。需要注意的是，提出独立的请求是程序性要件，与提出者是否真正享有所主张的实体权利无关，因而法院在受理阶段不得以第三人不享有所主张的权利为由拒绝其参加诉讼。

（2）在本诉审理过程中参加诉讼。有独立请求权的第三人参加诉讼须在本诉已经开始而尚未终结之时。只有这样，第三人才有机会在原、被告之间诉讼进行过程中维护自己的权益。原则上，有独立请求权的第三人应当在一审程序中参加诉讼，但若第一审程序中未参加诉讼的有独立请求权的第三人申请参加第二审程序的，人民法院可以准许。第二审人民法院可根据当事人自愿原则予以调解；调解不成的，发回重审。

（3）以起诉的方式参加诉讼。第三人对本诉的双方当事人提出了独立的诉讼请求，提出了与本诉的诉讼标的有紧密关联的新诉，故应当以起诉方式参加诉讼。第三人提起的诉讼须符合《民事诉讼法》关于起诉和受理条件的规定，审理本诉的法院才能够受理。

三、有独立请求权第三人的诉讼地位与权利救济

有独立请求权的第三人参加诉讼后，实际上形成了两个独立之诉的合并审理，即原告与被告之间已经开始但尚未结束的本诉，和有独立请求权第三人与本诉原、被告之间的参加之诉。因此，有独立请求权第三人的诉讼地位应为参加之诉的原告。

虽然有独立请求权第三人的参加之诉是以本诉为前提与基础的，但这并不改变两个诉所具有的独立性，本诉原告与有独立请求权的第三人均可以独立地行使属于原告的全部诉讼权利。《民诉法解释》第 237 条规定，有独立请求权的第三人参加诉讼后，原告申请撤诉，人民法院在准许原告撤诉后，有独立请求权的第三人作为另案原告，原案原、被告作为另案被告，诉讼继续进行。

此外，在司法实践中，不排除有独立请求权的第三人因不可归责于己的事由而未能在本诉进行过程中参加诉讼的情形出现，故有必要赋予其事后救济的机会。2012 年《民事诉讼法》增加了第三人撤销之诉制度，对因不可归责于己的事由而未能在本诉进行过程中参加诉讼的第三人予以事后救济。2012 年《民事诉讼法》第 56 条第 3 款规定，有独立请求权的第三人“因不能归责于本人的事由未参加诉讼，但有证据证明发生法律效力的判决、裁定、调解书的部分或者全部内容错误，损害其民事权益的，可以自知道或者应当知道其民事权益受到损害之日起六个月内，向作出该判决、裁定、调解书的人民法院提起诉讼。人民法院经审理，诉讼请求成立的，应当改变或者撤销原判决、裁定、调解书；诉讼请求不成立的，驳回诉讼请求”。《民诉法解释》增加专章对第三人撤销之诉的提起条件、审查受理条件、审理和处理等进行了详细的规定。2021 年《民事诉讼法》沿用了 2012 年《民事诉讼法》中关于第三人撤销之诉的规定，条目为第 59 条第 3 款。

四、有独立请求权第三人与必要共同诉讼人的区别

在审判实务中，有独立请求权的第三人与必要共同诉讼中的原告容易混淆，有必要对其加以区分。具体而言，二者存在以下区别：

（1）与诉讼标的的关系不同。在必要共同诉讼中，必要共同诉讼人的诉讼标的同一，其在同一法律关系中共享权利或共负义务。有独立请求权第三人提起的诉讼，其诉讼标的与本诉的诉讼标的即使是同一个，但与本诉当事人的任何一方都不具有共同的权利义务，且有独立请求权第三人的主张与本诉当事人任何一方的主张均相排斥。

这一点不同是有独立请求权第三人与必要共同原告之间的本质区别。例如，吴甲与李乙在 A 区共有一套商铺，二人将该商铺出租给孙丙开美容院。在租赁期间，吴甲瞒着李乙将该商铺卖给了孙丙，由于孙丙没有按照约定付清房款，吴甲向法院起诉要求孙丙付清剩余房款。法院受理案件后，李乙得知此事，申请参加诉讼。在该案中，李乙是有独立请求权第三人还是必要共同原告，取决于其提的诉讼请求。如果李乙申请加入诉讼，请求孙丙支付给自己剩余的房款，则其为必要共同诉讼人。因为其认可了吴甲与孙丙之间的房屋买卖关系，并基于对该商铺的共有关系提出请求，此时该案的诉讼标的只有一个，即争议的商铺买卖关系。如果李乙申请加入诉讼，坚决不同意出售商铺，对该商铺主张部分所有权，则其为有独立请求权的第三人。因为该种情形下，本诉吴甲与孙丙的诉讼标的为商铺买卖关系，其实体内容是商铺的所有权，李乙基于对该商铺的共有权对本诉的诉讼标的物主张部分所有权，其主张与本诉中原、被告的主张均相排斥。

（2）审理方式不同。固有的必要共同诉讼是一种不可分之诉，法官不能将其分开审理。而有独立请求权的第三人提起的诉讼，尽管与本诉有着密切联系，但可以被分开审理。若有独立请求权的第三人因故未参加到已经开始的本诉中来，也可通过另行起诉的方式维护自己的权利。

（3）诉讼结构不同。必要共同诉讼中尽管存在复数当事人，但其整体依然遵循原告与被告的两造对抗诉讼结构，必要共同诉讼人之间存在共同利害关系，在诉讼中只与对方当事人对立。有独立请求权第三人参与进诉讼后使得诉讼转变为三方结构，案件中既存在着本诉原、被告之间的对立，又有第三人同本诉原、被告之间的对立。

（4）诉讼地位不同。必要共同诉讼人在诉讼中可能处于原告的诉讼地位，也可能处于被告的诉讼地位。有独立请求权第三人在诉讼中只能处于原告的诉讼地位。

（5）参加诉讼的时间不同。必要的共同诉讼人可以在起诉的同时参加诉讼，也可以在诉讼程序开始后再被追加进来。有独立请求权的第三人只能在本诉开始后，以起诉的方式参加进来。

五、无独立请求权的第三人

所谓无独立请求权的第三人，是指对原、被告之间的诉讼标的虽然没有独立的请求权，但其与案件的处理结果有法律上的利害关系，为维护自己的利益而参加到诉讼中去的诉讼参与人，具体可分为辅助型第三人和被告型第三人两类。辅助型第三人是指与案件处理结果有法律上的利害关系，因而辅助一方当事人进行诉讼的人，其地位不是主当事人，而是从参加人。被告型第三人是指自己同本案被告存在一定法律关系，参加被告一方进行诉讼，并最终可能会被法院判决对原告承担责任的人。这类第三人的存在，是由于我国民事诉讼法允许法院直接判决第三人承担民事责任。

无独立请求权的第三人具有以下特征：

（1）与本案处理结果有法律上的利害关系。所谓法律上的利害关系，是指作为当事人之间争议的法律关系，与第三人参加的另一法律关系有所牵连，即另一法律关系的权利行使或义务履行对当事人间争议的法律关系有直接或间接的影响。这种利害关系大致包括两种类：一种是义务型关系，即被告败诉后会向第三人请求赔偿或返还；另一种是权利型关系，即一方当事人败诉会使第三人失去所享有的某种权利。审判实务中常见的是义务型关系，第三人通常是为了避免一方当事人败诉而使自己承担义务才参加到诉讼中来，辅助该方当事人进行诉讼。例如，家具公司从木材公司购买了一批榆木原料，加工成家具出售，李甲购买了一套书柜，在使用过程中发生严重变形和开裂，因赔偿问题与家具公司发生争议诉至法院，要求家具公司赔偿损失。经查，家具的严重变形是因为木材公司提供的榆木原料未经充分烘干所致。这种情形下，木材公司就与本案的处理结果具有了法律上的利害关系，因为木材公司对其与家具公司木材原料买卖合同的履行瑕疵，直接影响由该原料加工成家具的质量，导致家具公司与李甲的诉讼发生。此时，法院可以通知木材公司加入诉讼，其诉讼地位为无独立请求权的第三人（义务型）。

需要注意的是，法律上的利害关系和事实上的利害关系并非完全一致，有法律上利害关系的公民、法人和其他组织，在事实上必然休戚相关、权益相连，但有事实上的利害关系并非一定具有法律上的利害关系，如某老太太被汽车撞伤，毫无疑问，案件的处理结果与其配偶、子女有事实上的利害关系，但与其配偶、子女并没有法律上的利害关系，既不能判令他们承担义务，也不能让他们享有权利，因而他们不能以第三人身份参加诉讼。

（2）所参加的诉讼正在进行。与有独立请求权的第三人参加诉讼的时间相同，无独立请求权的第三人也是在原、被告之间的诉讼进行过程中参加诉讼的，一般也应在第一审程序中参加诉讼。

（3）申请参加诉讼或由法院通知参加诉讼。依据《民事诉讼法》第 59 条第 2 款的规定，无独立请求权的第三人参加诉讼的方式有两种：一种是第三人本人申请，经人民法院同意后参加诉讼；另一种是由人民法院依职权通知其参加诉讼。对于第二种参诉方式，在学理上其正当性存疑。一方面，在当事人未提出申请的情况下，法院便依职权通知第三人参加诉讼，这有违民事诉讼中的处分原则。而在决定是否通知第三人参加诉讼时，法院往往将一次性解决纠纷或查明案情等诉讼效率方面的需要作为重点考量因素，为第三人提供程序保障的考虑则显得不足。另一方面，法院对于通知第三人参加诉讼这一行为的效力定性不清。目前，司法实务部门一般将通知行为直接等同于对诉讼外主体的强制性“列为”或“追加”，这样的理解和做法在解释论上亦无法说通。对此，我们建议，法院依职权通知第三人参加诉讼应以诉讼中当事人的申请为前提，且应沿着“程序保障→诉讼经济→案情查明”的思维进路加以判断。第三人在接到法院通知后，有选择是否参加诉讼的权利，无必须参加诉讼的义务。在第三人不愿参加诉讼的情况下，法院可就原、被告之间权利义务关系作出裁判，不宜采用缺席判决的方式让第三人承担民事责任。但此种情况下的第三人也应承担一定不利的法律后果，即在被告败诉后向第三人提起的诉讼中，法院的裁判具有预决效力。

六、无独立请求权的第三人的诉讼地位与权利救济

无独立请求权的第三人参加诉讼，意在辅助一方当事人，其根本目的是维护自己的合法权益，避免被参加一方当事人败诉而影响自身权益，其并未向法院提出任何诉讼请求，故其诉讼地位具有从属性和相对独立性的特点。

无独立请求权的第三人诉讼地位的从属性表现在，无独立请求权的第三人参加诉讼的目的是辅助与其有法律关系的一方当事人胜诉，因而不得实施与参与目的相悖的诉讼行为。《民诉法解释》第 82 条规定，“在一审诉讼中，无独立请求权的第三人无权提出管辖异议，无权放弃、变更诉讼请求或者申请撤诉”，其只在被判决承担民事责任时，才有权提起上诉。

无独立请求权的第三人诉讼地位的相对独立性体现在，无独立请求权的第三人作为广义的当事人，又享有一些独立的诉讼权利，如有权委托代理人进行诉讼，有权向人民法院陈述意见，提供证据，参加辩论等。

应当说，无独立请求权的第三人在一定情况下是可以取得与参加诉讼的当事人完全相同的诉讼地位的，即“人民法院判决承担民事责任的第三人，有当事人的诉讼权利义务”。但这样的规定无疑是存在问题的，因为对于无独立请求权的第三人是否需承担民事责任，要等到审理终结时才能确定，而其诉讼地位则是在他参与诉讼之初就应解决的问题。因此，当法院通知第三人参加诉讼，其目的在于确定第三人是否应当承担民事责任时，就应依法使该第三人从参加诉讼之初就具有当事人的诉讼权利义务。实际上，此时的诉讼形成了本诉与参加之诉的合并审理，在参加之诉中，本诉的被告成为原告，而无独立请求权的第三人成为被告，其应当享有与被告有关的各项诉讼权利。

七、无独立请求权的第三人与有独立请求权的第三人的区别

无独立请求权的第三人与有独立请求权的第三人有以下区别：

（1）参诉根据不同。无独立请求权的第三人参加诉讼是由于案件处理结果与其有法律上的利害关系；有独立请求权的第三人参加诉讼的根据则是其对原、被告的诉讼标的享有独立请求权。

（2）诉讼地位不同。无独立请求权的第三人不是完全独立的当事人；有独立请求权的第三人处于原告的诉讼地位。

（3）享有权利不同。无独立请求权的第三人只享有为维护其自身的民事权益而应有的权利，如参加庭审、提供证据等，只有在人民法院判决其承担实体义务时才享有上诉权；有独立请求权的第三人则自始至终享有原告的一切权利。

（4）参诉方式不同。无独立请求权的第三人是以“通知参诉”或“申请参诉”的方式参加诉讼的；有独立请求权的第三人是以起诉方式参加诉讼的。

第五节　诉讼代理人

一、诉讼代理人概述

（一）诉讼代理人的概念和特征

所谓民事诉讼代理人，是指依据法律的规定或当事人的委托，以当事人的名义，代当事人在民事诉讼中为其利益进行诉讼活动的人。

诉讼代理人代理当事人进行民事诉讼活动的权限称为诉讼代理权，代当事人实施的诉讼行为称为诉讼代理行为。诉讼代理人代理当事人实施的诉讼行为包括代为诉讼行为和代受诉讼行为，前者如代为提出诉讼请求，陈述事实理由，向法庭提供证据，进行辩论等；后者如代为接受对方当事人提出的调解意见，代当事人接受诉讼文书；等等。

诉讼代理人具有如下特点：

（1）须以被代理人的名义实施诉讼行为，进行诉讼活动。诉讼代理人并非案件的当事人，其参与诉讼的目的在于维护被代理的当事人的利益，因此诉讼代理人必须以被代理的当事人名义进行诉讼活动。

（2）须具有诉讼行为能力。诉讼代理人的职责，是在代理权限的范围内代当事人进行诉讼活动，因此诉讼代理人必须具有诉讼行为能力。若代理人在诉讼中丧失了诉讼行为能力，则其诉讼代理资格也随之消灭。

（3）仅在代理权限的范围内进行诉讼活动。诉讼代理人的代理权限来源于法律规定或当事人授权，它划定了诉讼代理人代当事人事实诉讼行为的范围。超越代理权限而进行的诉讼活动，若无被代理的当事人的追认，则不发生相应的诉讼效果。

（4）诉讼代理行为的法律后果由被代理人承担。诉讼代理的法律后果既包括程序性后果，也包括实体性后果。只要代理行为未超越诉讼代理权限范围，则该法律后果应由被代理的当事人承受，但若诉讼代理人于诉讼中实施了妨害民事诉讼的行为，则应由诉讼代理人而不是当事人承受由此产生的法律后果。

（5）诉讼代理人在同一诉讼中只能代理一方当事人。由于在同一诉讼中双方当事人利益相冲突，故为达到诉讼代理的目的，诉讼代理人在同一诉讼中只能代理一方当事人事实诉讼行为，不能同时作为双方的诉讼代理人。于共同诉讼场合，则应具体考虑各共同诉讼人之间的关系，若他们不存在利益冲突，则可允许其委托一人作为共同的诉讼代理人。

（二）诉讼代理人的种类

我国1982年《民事诉讼法（试行）》曾将诉讼代理人分为三类，即法定诉讼代理人、指定诉讼代理人和委托诉讼代理人，并规定了指定诉讼代理人的适用场合，即“没有法定代理人的，由人民法院指定代理人”。而其后颁布的《民法通则》（已失效）又明确了法定代理人即无民事行为能力人、限制民事行为能力人的监护人。由于我国监护人的范围十分广泛，几乎不存在因没有监护人而需要人民法院指定代理人的情形，故现行《民事诉讼法》取消了指定诉讼代理人的分类，仅保留法定诉讼代理人和委托诉讼代理人两种类型。

但在诉讼实务中，仍存在着由法院对法定诉讼代理人进行指定的情形。当无诉讼行为能力人涉诉时，若发生监护人之间相互推诿代理责任的情况，影响诉讼顺利进行时，法院就应对法定诉讼代理人进行指定。《民事诉讼法》及相关司法解释规定，监护人之间互相推诿代理责任的，由人民法院指定其中一人代为诉讼；事先没有确定监护人的，可以由有监护资格的人协商确定，协商不成的，由人民法院在他们之间指定法定诉讼代理人。但应当看到，法院的指定仍是在有监护资格的法定代理人范围内进行的，故被指定者本质上仍然是法定诉讼代理人而非指定诉讼代理人。

此外，我们还应认识到，尽管民事诉讼代理制度和民法中的民事代理制度在代理对象、代理人范围、制度设置目的等方面趋于一致，代理权产生和消灭的原因也基本相同，甚至可以将前者视为后者在诉讼领域的延伸，但二者在根本性质上应归属于两种不同的代理制度。诉讼代理制度受民事诉讼法的调整，代理当事人所实施的是民事诉讼行为；民事代理制度受民事实体法调整，代理民事主体所实施的是民事法律行为，因而决定了两种制度各有其独立的功能和价值，而不能互相替代。

(三) 民事诉讼代理制度的作用

诉讼代理是民事诉讼中一项不可或缺的制度，其作用主要表现在以下三个方面：

(1) 保证了民事诉讼的正常进行。作为民事主体的无民事行为能力人和限制民事行为能力人由于不具有诉讼行为能力，无法亲自实施诉讼行为，但他们难免要与他人发生民事纠纷，若没有诉讼代理制度，其诉讼将无法进行。诉讼代理制度使得其诉讼行为能力的缺失得以弥补，从而保证了民事诉讼能够正常进行。

(2) 有助于保护诉讼当事人的合法权益。进行诉讼需要掌握一定的法律知识和诉讼技能，一般的诉讼当事人并未经受过专业的法律训练，从而有可能无法及时有效地实施诉讼行为，保障自身权益，并有承担不利诉讼后果之虞。因此，对当事人来说，寻求专业的诉讼代理人的帮助是有必要的。诉讼代理制度满足了此方面的需要，使当事人能够更为有效地保护自己的合法权益。

(3) 有利于法院高效正确地处理诉讼。诉讼实务中，多数案件的诉讼代理人由律师担任，他们谙熟程序规则和相关实体法，有丰富的诉讼经验，并能根据案件实际情况有针对性地提供证据，陈述意见，进行辩论，从而有助于法院顺利推动诉讼进程并正确处理案件。

(四) 诉讼代理人与辩护人的区别

民事诉讼中的诉讼代理人和刑事诉讼中的辩护人具有某些共同特征，例如二者参加诉讼的目的都是为了保护当事人的合法权益，与案件的处理结果均无法律上的利害关系，但二者毕竟属于两种不同性质的诉讼参与人，仍存在以下区别：

(1) 产生根据不同。民事诉讼代理人基于法律直接规定或当事人的委托产生；刑事辩护人则是根据犯罪嫌疑人、被告人的委托或法院的指定产生。

（2）权限范围不同。民事诉讼中，委托诉讼代理人的代理权限依据被代理人的授权范围，代理人只能在代理权限内实施代理行为；刑事辩护人在诉讼中享有的权利均源于法律规定，辩护权的内容十分广泛，有的权利仅为辩护人享有，犯罪嫌疑人、被告人则没有。

（3）独立程度不同。民事诉讼代理人只能以被代理人的名义参加诉讼活动，且须受到代理权限的制约；刑事辩护人以自己的名义参加诉讼，其只根据事实和法律进行辩护，而不受犯罪嫌疑人、被告人的制约。与民事诉讼代理人相比，刑事辩护人在诉讼中的独立性更强。

（4）服务范围不同。民事诉讼代理人服务的范围是民事诉讼中的当事人，包括原告、被告以及第三人；刑事辩护人的服务范围则仅限于犯罪嫌疑人和被告人。[1]

二、法定诉讼代理人的概念和特征

所谓法定诉讼代理人，是指根据法律规定，代理无诉讼行为能力的当事人进行民事诉讼活动的人。法律赋予法定诉讼代理人的权限，称为法定诉讼代理权。根据我国《民事诉讼法》第 60 条的规定，无诉讼行为能力人由他的监护人作为法定代理人代为诉讼。法定诉讼代理人具有以下特点：

（1）代理权源来自法律的直接规定。法定诉讼代理人的代理权因法律的直接规定而产生，它不需要诉讼当事人的授权，也不受诉讼当事人的制约。

（2）代理的对象为无诉讼行为能力的当事人。法定诉讼代理制度的目的在于为无资格亲自实施诉讼行为的当事人获得司法救济提供帮助，故代理对象只能是无诉讼行为能力人。

（3）代理人范围仅限于对当事人享有监护权的人或组织。在诉讼中，只有监护人才能作为无诉讼行为能力人的法定诉讼代理人。监护人的范围已由民事实体法律作出规定，超出该范围的人或组织不能担任法定诉讼代理人。

（4）代理权兼具权利与义务的双重属性。在无诉讼行为能力人涉诉时，监护人有权依法以法定诉讼代理人的身份参加诉讼，这是法律赋予他们的权利。同时，为了维护无诉讼行为能力人的合法权益，法律又要求监护人必须代为诉讼，这也是对被代理人应尽的义务。

三、法定诉讼代理人的代理权限和诉讼地位

由于法定诉讼代理人所代理的当事人并无诉讼行为能力，这就决定了法定诉讼代理人的代理权限并无范围限制。法定诉讼代理人无需被代理人的授权，完全可按自己的意志代被代理人行使诉讼权利，履行诉讼义务。因此，法定诉讼代理人具有类似于

[1] 江伟主编：《民事诉讼法学》（第 3 版），北京大学出版社 2015 年版，第 169~170 页。

当事人的诉讼地位。当事人所能实施的一切诉讼行为，均可由法定诉讼代理人代为实施；法院和对方当事人所为的诉讼行为，也由法定诉讼代理人代为接受。在诉讼中，法定诉讼代理人既有权代为处分当事人的诉讼权利，如起诉、撤诉、提起反诉等；也有权代为处分当事人的实体权利，如承认或放弃诉讼请求，与对方当事人达成和解等。

当然，在许多情况下，法定诉讼代理人仍不同于当事人，其代理权限也并非不受任何限制。法定诉讼代理人代当事人实施诉讼行为，须以不损害当事人的合法权益为前提，否则将承担相应的法律责任，人民法院也应对代理行为实施必要监督。法定诉讼代理人不能以自己的名义进行诉讼，其在诉讼中死亡或丧失诉讼行为能力的，人民法院可另行指定监护人继续诉讼，而不必终结诉讼。

四、法定诉讼代理权的取得与消灭

法定诉讼代理人的代理权来源于民事实体法所规定的监护权，代理诉讼是监护权的内容之一，故法定诉讼代理权的取得依赖于监护权的取得。被监护人的民事争议发生前，诉讼代理权便存在于监护权之中，发生争议需要进行诉讼时，监护人即可行使此项权利。

在诉讼中，无民事行为能力人、限制民事行为能力人的监护人是他的法定代理人。事先没有确定监护人的，可以由有监护资格的人协商确定；协商不成的，由人民法院在他们之中指定诉讼中的法定代理人。当事人没有《民法典》第 27 条、第 28 条〔1〕规定的监护人的，可以指定《民法典》第 32 条〔2〕规定的有关组织担任诉讼中的法定代理人。

法定诉讼代理权因监护权的消灭而消灭。具体包括如下几种情况：①被代理的当事人取得或恢复了诉讼行为能力；②法定诉讼代理人死亡或丧失诉讼行为能力；③法定诉讼代理人丧失监护权；④被代理的当事人死亡。

五、委托诉讼代理人的概念和特征

所谓委托诉讼代理人，是指接受当事人或法定的委托，以当事人的名义代为进行诉讼的人。委托诉讼代理人的产生及代理权限均取决于委托人的意志，故委托诉讼代理又称为意定代理，委托诉讼代理人又称为意定代理人，其证明代理权的方式是向法院提交由被代理人签署的授权委托书。委托诉讼代理是最主要的诉讼代理方式，在民

---

〔1〕《民法典》第 27 条规定："父母是未成年子女的监护人。未成年人的父母已经死亡或者没有监护能力的，由下列有监护能力的人按顺序担任监护人：（一）祖父母、外祖父母；（二）兄、姐；（三）其他愿意担任监护人的个人或者组织，但是须经未成年人住所地的居民委员会、村民委员会或者民政部门同意。"

《民法典》第 28 条规定："无民事行为能力或者限制民事行为能力的成年人，由下列有监护能力的人按顺序担任监护人：（一）配偶；（二）父母、子女；（三）其他近亲属；（四）其他愿意担任监护人的个人或者组织，但是须经被监护人住所地的居民委员会、村民委员会或者民政部门同意。"

〔2〕《民法典》第 32 条："没有依法具有监护资格的人的，监护人由民政部门担任，也可以由具备履行监护职责条件的被监护人住所地的居民委员会、村民委员会担任。"

事诉讼中具有广泛的适用性。与法定诉讼代理人相比，委托诉讼代理人具有如下特点：

（1）委托诉讼代理人的代理权来源于当事人或其法定代理人的授权委托。委托人在授予代理权时出具由其签名或盖章的授权委托书，此即委托诉讼代理人取得代理权的凭证，委托诉讼代理人由此开始行使代理权。

（2）诉讼代理权限及代理事项通常由委托人自行决定。在委托诉讼代理中，代理权限和代理事项均取决于委托人的自行决定，委托诉讼代理人必须在授权范围内代理被委托的事项。同时，法律也对委托人的授权进行了适当限制，如在离婚案件中，离婚与否的意见不能授权代理人代为表达，而必须由当事人亲自向法院表明。

（3）委托人和受托人必须具有诉讼行为能力。与法定诉讼代理人相同，委托诉讼代理人也必须具有诉讼行为能力。同时，由于诉讼代理权基于委托人的授权而产生，故委托人也必须具有诉讼行为能力，否则授权委托行为无效。

六、委托诉讼代理人的范围

作为一项普遍存在的制度，各国法律对于委托诉讼代理人的范围均作出了规定，归纳起来主要有两种模式：一种是委托诉讼代理人的范围仅限于律师，如德国、日本；另一种则对委托诉讼代理人的范围予以放宽，律师和非律师均可受托担任诉讼代理人。我国采用的是后一种模式。

根据《民事诉讼法》第 61 条第 2 款的规定，下列人员可被委托为诉讼代理人：

（1）律师。律师是指取得律师执业资格证书，为社会提供法律服务的执业人员。律师接受当事人的委托，以诉讼代理人的身份代当事人进行民事诉讼是其业务之一，也是其为社会提供法律服务的主要方式。伴随着我国律师队伍的壮大，在专业知识、诉讼技能和经验等方面都较其他诉讼代理人更占优势的律师已成为我国委托诉讼代理人的主体。

（2）基层法律服务工作者。基层法律服务工作者是指符合《基层法律服务工作者管理办法》规定的执业条件，经核准执业登记，领取《法律服务工作者执业证》，在基层法律服务所中执业，为社会提供法律服务的人员。在基层，尤其是农村，律师人数较少，往往不能满足诉讼代理的需求，此时可由基层法律服务工作者接受当事人的委托，参与诉讼。基层法律服务工作者担任诉讼代理人，除应当提交授权委托书外，还应当提交法律服务工作者执业证、基层法律服务所出具的介绍信以及当事人一方位于本辖区内的证明材料。

（3）当事人的近亲属或工作人员。当事人为自然人时，当事人的近亲属可以接受委托作为诉讼代理人。根据《民诉法解释》第 85、86 条的规定，与当事人有夫妻、直系血亲、三代以内旁系血亲、近姻亲关系以及其他有抚养、赡养关系的亲属，可以近亲属的名义作为诉讼代理人。当事人为法人或其他组织时，与当事人有合法劳动人事关系的职工可以作为其诉讼代理人。

（4）当事人所在社区、单位以及有关社会团体推荐的公民。被推荐的公民既可以是当事人所在社区、单位的人员，也可以是所在社区、单位以外的人员。对于社会团体推荐公民担任诉讼代理人，则应当符合下列条件：①社会团体属于依法登记设立或者依法免予登记设立的非营利性法人组织；②被代理人属于该社会团体的成员，或者当事人一方住所地位于该社会团体的活动地域；③代理事务属于该社会团体章程载明的业务范围；④被推荐的公民是该社会团体的负责人或者与该社会团体有合法劳动人事关系的工作人员。[1]

七、委托诉讼代理人的代理权限和诉讼地位

委托诉讼代理人的代理权限取决于被代理人的授权范围，其只有在被代理人的授权范围内实施诉讼行为，该行为的法律后果才能直接归属于被代理人。

当事人对委托诉讼代理人的授权可分为两类：一类为一般授权，即委托诉讼代理人代当事人实施不直接涉及处分实体权利的诉讼行为，如收集证据、申请回避、进行质证和辩论等；另一类为特别授权，即在一般授权的基础上，当事人授权委托诉讼代理人代为实施对其实体权利有重大影响的诉讼行为，这包括代为承认、放弃、变更诉讼请求，进行和解，提起反诉或上诉。对需要特别授权的事项，授权委托书中必须一一写明，仅写“全权代理”而无具体授权的，视作一般授权。

此外，如果当事人在授权委托书中并未写明诉讼代理人在执行程序中有代理权限及具体的代理事项，则诉讼代理人的代理权限仅限于审判程序，其在执行程序中无代理权，不能代理当事人申请执行，也不能代理当事人直接领取或处分标的物。

尽管委托诉讼代理人以被代理人名义进行诉讼活动，但其仍是具有独立诉讼地位的诉讼参与人。法律赋予了委托诉讼代理人一些独立的诉讼权利，如调查收集证据、查阅案件有关资料的权利。除有关案件事实的陈述外，委托诉讼代理人在代理权限内可根据自己的意志实施诉讼行为而不受被代理人意志约束，更有权拒绝被代理人的无理要求。此外，在诉讼过程中，法院的一些诉讼行为须对委托诉讼代理人实施，不能由被代理人取代。如法院向被代理人送达开庭传票时，还应向诉讼代理人送达开庭通知书。

当事人委托诉讼代理人后，本人可以出庭参加诉讼，也可以不出庭参加，但下列情形例外：①离婚诉讼。该类诉讼涉及当事人间的情感纠葛，由代理人表达意见并不合适。此外，法院对离婚诉讼首先要进行调解，当事人本人不出庭将影响调解的效果。②法院为查明事实而要求当事人出庭。当事人一般是纠纷的亲历者，若法院出于查明案件事实的目的要求当事人出庭陈述或对其进行询问，此时当事人应当出庭。

八、委托诉讼代理权的取得、变更和消灭

委托诉讼代理人的诉讼代理权基于当事人的授权委托而产生。向人民法院提交由

〔1〕 见《民诉法解释》第87条。

委托人签名或盖章的授权委托书，是委托诉讼代理人取得诉讼代理权的法定方式。授权委托书经人民法院审查认可后，委托诉讼代理人便取得了诉讼代理权，可以开始代当事人进行诉讼活动。为保证授权委托书的真实性与合法性，《民事诉讼法》第 62 条第 3 款还特别规定侨居国外的我国公民从国外寄交或者托交的授权委托书的程序，即必须经我国驻该国使领馆证明；没有使领馆的，由与中国有外交关系的第三国使领馆证明，或由当地的爱国华侨团体证明。

委托诉讼代理关系成立后，诉讼代理权在诉讼过程中可能发生变更，包括代理权限的扩大或缩小、委托代理事项的增加或减少、委托代理时间的延长或缩短等。当事人可自行决定是否变更代理权，无需征得代理人的同意。但在作出变更或解除代理权的决定后，当事人必须以书面形式告知法院，并由法院通知对方当事人。诉讼代理人在代理权变更或解除前实施的诉讼行为，其效力不受代理权变更或解除的影响。

委托诉讼代理权因出现下列情况而归于消灭：①被代理人解除委托；②诉讼代理人辞去委托；③所代理的诉讼终结；④代理人死亡或丧失诉讼行为能力；⑤委托期限届满；⑥其他合法原因。

【思考题】

一、概念题

民事诉讼中的当事人　民事诉讼权利能力　当事人适格　当事人的确定　当事人恒定　当事人的变更　必要共同诉讼　类似的必要共同诉讼　人数确定的代表人诉讼

二、简答题

1. 简述民事诉讼当事人的基本特征。
2. 简述必要共同诉讼的类型。
3. 简述必要共同诉讼人的追加。
4. 简述普通共同诉讼人的内部关系。
5. 简述有独立请求权的第三人与必要共同诉讼人的区别。
6. 简述无独立请求权的第三人与有独立请求权的第三人的区别。

三、论述题

1. 试述诉讼代表人制度。
2. 试述有独立请求权的第三人的诉讼地位与权利救济。
3. 试述无独立请求权的第三人的诉讼地位与权利救济。

第九章 诉与诉权

学习目的与基本要求 了解诉的概念、特征及诉的要素，正确理解诉的利益的基本含义及有关原理；掌握诉的基本类型、诉权的基本含义及诉的保护基本原理；熟练把握诉的合并与分离、反诉的概念与特征、提起反诉的方式和条件，明确界定反诉与反驳之间的区别。

习近平总书记高度重视人权保障工作，多次围绕尊重和保障人权发表重要论述，深刻阐释并生动描绘了一条适合中国国情、具有中国特色的人权发展道路。诉权既是人权的组成部分，也是保障人权的一种具体路径。党的十八届四中全会提出改革案件受理制度、更好保障当事人诉权的司法改革要求后，“立案难”的痼疾得到有效缓解，当事人的诉权和人权保障水平显著提升。习近平法治思想提出坚持以人民为中心、坚持全面依法治国，党的二十大报告指出要发展全过程人民民主，推进法治中国建设，这其中都包含着司法为民的理念，要让人民群众在每一个司法案件中都感受到公平正义，这为我国加强诉权保障提供了根本遵循。

第一节 诉的概念与种类

一、概述

“诉”是诉讼法上的概念，“诉”既可作为名词使用，也可作为动词使用。从名词的角度来说，所谓诉，是指当事人依照法律规定向法院提出的保护其实体权益的请求。这种请求的目的是要求法院通过审判来保护当事人受到侵犯或发生争议的实体权利。有诉才有民事诉讼，其内容与意义均是实体权利之保护。诉具有以下特征：

（1）诉是当事人期望获得司法保护的一种请求。任何具有民事诉讼主体资格的公民、法人或其他组织认为其民事权益受到非法侵害时，都有权请求法院给予司法上的保护。

（2）诉是当事人用来保护自己民事权益的一种救济手段。人类进入现代文明社会，私力救济被禁止，当事人认为其民事权益受到非法侵害，向相对人提出请求得不到满足时，便只能求助于公力救济。而司法救济是公力救济中最终极、最权威的救济方式，诉恰恰是当事人寻求司法救济的途径。

（3）诉是法院行使审判权的前提。由于审判权的消极性和被动性，当事人提起诉讼，才能引起法院行使审判权的活动。

二、诉的要素

诉的要素即构成一个诉必须具备的因素。诉的要素具有三方面的意义：其一，判断诉是否成立主要是看诉的要素是否齐备，从而为法院受理案件提供基本依据。其二，判断此诉区别于他诉的标准是诉的要素。如果诉的要素同一，则两诉相同，诉的要素不同，则诉不相同。其三，根据诉的要素的合并与变更，来确定诉的合并或者变更。

（一）当事人

就诉而言，诉是原告基于实体法目的而针对被告提起的。诉首先遇到的问题是当事人是否客观存在以及当事人是否合格。没有当事人，诉就无从提起，当事人不合格，则会直接影响到诉讼程序的有效进行。作为诉的主体，当事人不同，诉自然也就不同。因此，当事人是诉的必备要素

（二）诉的理由

所谓诉的理由，又称为事实理由，是指使当事人提出的诉讼请求得以成立的根据，包括事实根据和法律根据两方面的内容。虽然事实理由可以作为诉讼标的的判断标准，但诉讼标的并不包括事实理由，这是两个不同的概念。之所以把案件事实作为诉的要素，是因为很多诉的识别不仅要根据当事人和诉讼标的来判断，还要结合案件事实来判断，所以事实理由应当成为诉的要素。

（三）诉讼标的

我国通说认为，诉讼标的是双方当事人之间发生争议并诉请法院审判的民事实体法律关系。诉讼标的在民事诉讼中具有重要的地位，诉讼标的不仅决定着诉的变更、合并、一事不再理和既判力的客观范围，而且还与正当当事人的识别、管辖的确定、证明对象等密切相关。

诉讼标的理论是民事诉讼理论的核心之一。关于诉讼标的的学说有旧实体法理论、新诉讼标的理论和新实体法理论。传统诉讼标的理论又称为旧诉讼标的理论、旧实体法说，认为诉讼标的是原告在诉状中所提出的一定的实体法上的权利主张，判定诉讼标的的多少，须以原告所享有的实体法上所规定的实体权利为标准。因此，旧诉讼标的理论虽然在概念方面已经认清应与实体法上的权利有所区别，但在识别诉讼标的的方法上仍然以实体法的规定为标准。旧诉讼标的理论因无法合理解释和处理请求权竞合问题而受到批判。新诉讼标的理论是在批判旧诉讼标的理论基础上为解决请求权竞合问题而提出来的。首先出现的是罗森贝克等所提出的二分支说，即诉之声明与事实理由合并说，认为诉讼标的的内容，不能以实体法请求权为依据，而只能以原告陈述的事实理由和诉之声明为依据加以确认。后来又出现了一分支说，即以诉的声明来作为识别诉讼标的的标准。目前日本仍旧采取该学说，而德国采取新诉讼标的理论。

传统诉讼标的理论如果能够合理解决请求权竞合问题，那么该理论无疑是我国司法实践最易操作的理论，当然，目前在传统诉讼标的理论框架内解决请求权竞合问题

也已经不是问题。

三、诉的利益

所谓诉的利益，是指提起民事诉讼的必要性及正当性。当事人利用民事诉讼制度，必须具备正当利益及必要性，否则就属于不必要的诉讼，应予排除，以免司法资源浪费并保障对方当事人的利益。诉的利益的主要功能是在于在缺乏诉的利益的时候，禁止当事人滥用诉讼制度。诉的利益最初只存在于确认之诉，后来扩展至给付之诉与形成之诉。罗马法谚："无利益，无诉权。"此处利益虽然不能等同诉的利益，但经常被学界来论证诉的利益。诉的利益各国法典一般并无规定，但也有少数法域有规定，如我国澳门地区的《民事诉讼法典》第72条规定："如原告需要采用司法途径为合理者，则有诉之利益。"诉的利益属于诉讼要件，包括主体与客体两方面的利益。所谓主体的诉的利益是指当事人适格，此处不赘。本书仅就客体的诉的利益予以阐述。

（一）诉的利益的一般标准

诉的利益的一般标准主要包括以下标准：

（1）诉讼请求必须是适合法院审判的具体的权利义务关系存否的主张。单纯的事实争议不得成为诉讼标的，但作为法律关系基础事实存否的证书之真伪，可以成为诉讼标的。

（2）不属于法律禁止起诉的范围，如重复起诉、法律规定在一定的期限内不得起诉的案件。

（3）当事人间有仲裁协议，不论正在仲裁或者已经作出仲裁裁决，均属于诉讼障碍事项。根据我国有关法律，当事人达成仲裁协议的，法院不得受理（仲裁协议无效的除外）；仲裁裁决作出后，当事人就同一纠纷向法院起诉的，法院不予受理。

（二）认定诉的利益的具体标准

1. 给付之诉

就现在给付之诉而言，由于原告主张已届清偿期的给付请求权，除特殊情形外，原告有诉的利益。至于原告是否催告被告履行、权利是否受到侵害、原被告之间有无就请求权或履行发生争执等均不影响诉的利益。原告在未向被告请求履行或者被告未拒绝履行的情况下起诉的，虽有诉的利益，若被告在起诉之时即承认原告请求，并提出上述事实说明毋庸起诉的，诉讼费用由原告承担。

所谓将来给付之诉，是指义务未届履行期限的诉讼。虽然未届履行期，但有预先提出请求必要的，为有诉的利益。预先提出的必要，是指原告主张即使履行期届满义务人也不可能立即履行，或者从义务的性质来看不马上履行则原告会蒙受显著损失。如根据债务人的言行可以推定其无届时履行的意思时，即可认为已有预先请求的必要，再者现在应当给付的部分尚未得到履行，则据此推断将来应当给付的部分（回归性给付请求）也有可能不得履行。

2. 确认之诉

确认之诉属于预防性法律救济，旨在预防或避免将来纠纷或侵害的发生。法律关系不确定导致原告的权利或地位产生危险或不安，原告有请求法院对被告将此危险不安状态除去的紧迫性和必要性。

3. 形成之诉

形成之诉必须法律有特别规定，因此需具备法律规定要件方具有诉的利益。

第二节　诉的类型

一、诉的分类

权利人根据实体法规定请求的权利救济呈现多样性，法院在审判时也宜做出相应的分类，并做出不同处理，以达到权利救济目的。根据原告诉讼请求的性质和内容，把诉分为给付之诉、确认之诉和形成之诉，分别与实体法上的请求权、支配权和形成权相对应。在罗马法时期仅有给付之诉。随着司法权扩张，产生了确认之诉与形成之诉。

（一）给付之诉

所谓给付之诉，是指原告请求被告履行一定给付义务之诉。原告对被告享有特定的给付请求权，是给付之诉成立的基础。原告的给付请求权的享有，是因为原告与被告之间存在着具有给付内容的民事法律关系，被告不履行给付义务，原告可以根据民法上的给付请求权提起给付之诉。依照给付的内容，给付可分为金钱给付、物的给付和行为给付，行为给付中的行为又可分为作为和不作为。依照给付的时间，给付之诉又可分为现在给付之诉和将来给付之诉。现在给付之诉是指在法庭辩论终结时履行期已经到来或者履行期未定的给付之诉。将来给付之诉是指在法庭辩论终结时原告请求履行期未到的给付之诉。对于将来给付之诉法院作出的给付判决通常是命令债务人在将来履行条件成就或者在一定期限到来时履行给付。将来给付之诉只有在“预先提出请求有必要的场合”才能提起,〔1〕“预先提出请求必要”，是指原告主张履行期即使届满也没有立即履行的指望，或者从义务的性质看不立即履行原告会蒙受显著损失。

（二）确认之诉

所谓确认之诉，是指原告请求法院确认当事人之间有争议的权利或者法律关系是否存在的诉讼。其中，主张法律关系存在的，为积极确认之诉，例如原告请求确认其所有权存在。主张法律关系不存在的，为消极确认之诉，例如原告要求确认其与被告之间超出5万元的部分不存在。

确认之诉必须具有需要诉讼救济或保护的法律利益，即法律关系是否存在不明确，

〔1〕［日］中村英郎：《新民事诉讼法讲义》，陈刚等译，法律出版社2001年版，第104页。

导致原告感到其法律地位有不妥状态存在，并且这种状态能够通过确认除去，[1]也就是所谓的确认利益。法律之所以规定提起确认之诉必须具有确认利益，是因为如果对于可以请求确认的对象不以法律明文加以限制，那么当事人对于任何事情均可请求予以确认，法院将因此不堪重负而不能发挥其应有的司法功能。一般情况下，当事人若能够通过其他诉讼得到救济，则不能提起确认之诉。但对于将来给付请求权以及对于作为请求权基础的借贷关系、所有权是否存在以及在确认判决足以满足债权的行使情况下则可以提起确认之诉。对于确认的对象，大陆法系认为原告要求确认的必须是法律关系，纯粹事实不得提起确认之诉，占有为事实关系，不得提起确认占有之诉。例外情况是对于能够证明法律关系的证书的真伪可以提起确认之诉，但毕业证书之真伪与民事法律关系无关，不得提起确认之诉。各国为发挥确认之诉预防及解决纠纷的功能，趋向于扩大确认之诉的适用范围，例如，对于作为法律关系的基础事实，在原告不能提起其他诉讼时，可以提起确认之诉，确认之诉，限于现在存在的利益，对于将来或过去的法律关系不得提起确认之诉，但如果过去的法律关系现在仍然存在利益，则容许提起确认之诉。此外，确认之诉不限于双方当事人之间的法律关系，对于与第三人间的法律关系也可以提起确认之诉。

需要注意的是，争议法律关系的任何一方当事人若具有确认利益均可提起确认之诉，民事法律关系中的义务主体也可以作为原告提起确认之诉。对于确认之诉来说，不论实体法律关系中的权利人还是义务人，只要存在确认利益就可提起诉讼。例如，侵权法律关系中的受害人与侵权人达不成赔偿协议，又不提起诉讼，而采取紧跟、纠缠侵权人等方式向侵权人主张赔偿，这时侵权人就可提起确认之诉，请求法院确认双方之间的权利义务，以达到定分止争的目的。

（三）形成之诉

形成之诉，又称为变更之诉或者创设之诉，是指原告请求法院变更某一法律关系之诉。法律设立形成之诉的目的主要是使法律状态的变动效果不仅对当事人发生效力，而且对第三人也发生法律效力，所以形成之诉必须在法律有特别规定的情况下才可以提起。[2]形成之诉大多集中在家事诉讼和公司诉讼领域，家事诉讼关涉人类社会生活基本身份关系，有关公司的形成之诉则涉及人数众多的利害关系，因此法律规定由法院以形成判决予以统一变更。

在形成之诉中，当事人对于现存的法律关系并无争议，而对于现存的法律关系应否变更存在争议。原告胜诉的形成判决在确定时，无需强制执行就自动发生法律关系变动的效果，通常是原告与被告之间既存的法律关系解除或消失，例如，解除婚姻关系、解除共有关系等。形成之诉因其形成效果不同，分为实体法上形成之诉与诉讼法上形成之诉。实体法上形成之诉，是有关实体法上法律状态的变动。形成之诉的形成

〔1〕 陈计男：《民事诉讼法论》，三民书局 1994 年版，第 193 页。

〔2〕 陈荣宗、林庆苗：《民事诉讼法》，三民书局 2002 年版，第 348 页。

效果，有只向将来形成实体法上效果的，例如，撤销婚姻之诉、离婚之诉、撤销收养之诉、终止收养之诉、宣告终止侵权或撤销其宣告之诉，分割共有物之诉等；形成效果，有溯及既往形成实体法上效果的，例如，撤销认领子女之诉、撤销股东会决议之诉、债权人请求法院撤销债务人诈害行为之诉等。诉讼法上的形成之诉，例如，再审之诉、撤销除权判决之诉、撤销商务仲裁之诉等。

二、各种诉讼类型之间的关系

实践中由于诉讼的复杂性，对于同一争议当事人是提起确认之诉、给付之诉抑或是形成之诉，这时就产生了诉的竞合问题，因此，研究三者之间的关系重在处理诉的竞合现象。

给付之诉是原告对被告主张给付请求权，请求法院予以确认同时要求被告给付的诉讼，因此，给付之诉的审理须对给付的权利义务关系予以确认，确认之诉是给付之诉的前提。法院作出原告胜诉判决时，就已包含确认原告的请求权存在。如果法院作出原告败诉的判决，即为原告请求权不成立的确认判决。所以，原告已提起给付之诉时，不得就同一权利提起确认之诉或同一权利不存在的反诉。对于在能够提起给付之诉的场合当事人能否提起确认之诉，大陆法系学者一般认为，确认判决不具有强制执行的效力，在需要强制执行的场合确认判决就失去其意义，从而需要重新提起给付之诉，因此有很多学者认为在能够提起给付之诉时不能提起确认之诉。我们以为，出于诉讼经济的考虑，上述观点是合理的，但如果当事人提起确认之诉足以保护自己的合法权益，则应当允许当事人不提起给付之诉而提起确认之诉。

形成之诉也以确认之诉为前提，因此，法院判决原告胜诉时即首先确认了原告形成权存在。在原告败诉时，形成判决就是判决原告形成权不存在的消极确认判决。是否所有形成权的行使都必须提起形成之诉，存在不同的做法。大陆法系诉讼法理论认为，对于民法上的形成权，如果依照民法的规定，只需以意思表示就可发生形成效果的，并无提起形成之诉的必要，当事人就此种形成权的行使有争议的，只能提起给付或确认之诉。我国实体法规定某些情况下形成权人可以直接以意思表示行使形成权，使既存的法律关系发生变动，例如《民法典》第 565 条规定当事人可以意思表示解除合同，但对方当事人有异议的，可以请求法院或仲裁机构确认解除合同的效力。在这种情况下，当事人不能提起形成之诉，而只能提起确认之诉或者给付之诉。但在多数情况下我国实体法规定形成权的行使须提起形成之诉，如《民法典》第 538 条至第 540 条规定当事人可以通过形成之诉撤销合同。

第三节　诉　权

一、诉权的含义

诉是由原告以提起诉讼的方式提起的，诉的提起称为起诉。当事人提起诉的根据在于其所享有的诉权。诉权源于罗马法中的 Actio，但是在罗马时代，它只不过是根据不同性质的案件采取不同的诉讼形式。近现代关于诉权的学说有诉权私权说、公法诉权说，公法诉权说在发展的过程中，又经历了抽象的公法诉权说（抽象诉权说）、具体的公法诉权说（具体诉权说、权利保护请求权说）、本案判决请求权说（纠纷解决请求权说）、司法行为请求权说（诉讼内诉权说）等学说的演变，苏联及我国则主张二元诉权说。

诉权论缘起旨在解决“为什么可以提起诉讼”，[1]而在我国诉权论旨在诠释诉权二元性及解决诉权保障即“起诉难”的问题。我国此前的立案审查的制度下诉权可能会遭遇各种障碍。因为在立案审查阶段某些案件由于立案“门槛”过高导致很多纠纷被挡在法院大门之外，无法获得司法救济的机会，使当事人的矛盾无法通过司法化解，进而寻求更为极端的方式，造成诸如上访、聚众抗议等事件频发。实践中存在的“起诉难”问题是导致我国学界格外关注诉权论的重要缘由。理论界对侵害诉权的研究主要针对无正当理由拒绝审判、非法增设诉权行使要件、对于受到侵害的“形成中的权利”不予保护、超出或变更诉讼请求进行判决等方面。[2]这些论述极大地促进了诉权保障在我国的进展，直接推动了立案登记制的践行。

“诉权”是指“可以为诉的权利”或者“诉诸法院的权利”。在英美法中，与民事诉权比较相近的术语是“民事救济权”（right of civil remedies）、“诉诸司法的权利”（right of access to courts）等，即指国民利用诉讼程序处理案件的可能性。[3]无论采何种诉权学说，诉权的内涵都包含向法院提起诉讼的权利。如《公民权利及政治权利国际公约》第 14 条第 1 款规定，法院面前人人平等，在审理被告人的刑事指控或确定当事人的民事权利与义务时，人们有权获得依法设立、有管辖权、独立、公正的法院的公正、公开的审理。国际公约定义的诉权为广义的诉权，包括诉诸法院的权利、获得有管辖权的法院及时公正审判的请求权。其中最基本的程序保障要求是起诉权，深度的程序保障是法院须依法设立、独立、有管辖权，审判须及时公正。“任何人都能提起诉讼，即使他根本没有权利。”诉权首先是无条件诉诸法院的权利，是当事人基于民事实体权益发生纠纷而请求法院审判的权利，其基本内涵是提起诉讼的权利和应诉的权利。诉权对于原告与被告而言有不同的含义，如《法国民事诉讼法典》第 30 条规定，对于提出某项请求的人，诉权是指其对该项请求之实体的意见能为法官所听取，以便法官裁判该请求是否有依据的权利；对于他方当事人，诉权是指辩论此项请求是否有依据的权利。由于提起诉讼的权利为首要，因为起诉权的行使必然导致对方之应诉权，因此理论界大多将诉权简化为起诉权。

当然，诉权既然是诉诸法院的权利，那么诉权只有向所谓的“法院”起诉方可称

---

〔1〕 李木贵：《民事诉讼法》（上），元照出版公司 2010 年版，第 1~25 页。

〔2〕 江伟、邵明、陈刚：《民事诉权研究》，法律出版社 2002 年版，前言部分。

〔3〕 ［美］彼得·G. 伦斯特洛姆编：《美国法律辞典》，贺卫方等译，中国政法大学出版社 1999 年版，第 226 页。

为现代意义上的诉权，向非法院主张权利或者向名义上称为“法院”而非法院的机构起诉，此种权利并非诉讼法上之诉权。因此，研究现代意义上的诉权必须正确界定法院的内涵，诉权保障包括受诉法院的法治化标准也是诉权的本来内涵。这些界定“法院”的标准包括法院依法设立（不能临时设立）、有管辖权、独立、公正等基本的法治要求。前述标准使得诉权与封建社会的起诉权或者告状权区别开来。起诉权在封建社会亦存在，如我国古代封建社会对于起诉的权利也有充分的保障，如到衙门前击鼓告状或者拦轿告状等，但这种告状诉权与法治意义上的诉权相去甚远，其根本区别在于法治框架下法院的设置。因此，在我国起诉的障碍基本消除后，诉权论研究的重心应相应迁移，即诉权保障的标准，而非仅仅限于起诉的权利。

需要注意的是，诉权与诉讼权利是不同的概念。诉讼权利，是为了保证诉讼程序的有效进行，法律赋予民事诉讼法律关系主体所享有的权利。二者的区别主要表现在以下几个方面：①诉权产生于当事人民事权益受到侵犯或发生争执之时，先于诉讼开始；而诉讼权利则产生于诉讼程序开始之后，存在于诉讼过程中。②法律依据和内容不同。诉权是宪法、人民法院组织法以及依据宪法制定的民法、经济法、民事诉讼法赋予的。③诉权的主体限于当事人，而诉讼权利的主体除当事人外还包括代理人、鉴定人、证人等诉讼参与主体。

二、诉权的保护

目前，我国对诉权的保护较为薄弱，立法上对诉权的保障还不够周全，司法实践中诉权保护不足和侵害诉权的现象也时有发生，具体体现在：①由于宪法的可诉性或司法化问题一直没有得到很好的解决，因而对于公民所享有的民事实体法没有作出具体规定的宪法性权利，在受到行政机关、社会组织或者他人侵犯时，公民无法通过行使诉权的方式请求司法救济，诉权的宪法保障力度因之较为微弱。②对于某些民事权利，民事实体法本应作出规定，但却由于各种原因而未予规定或者规定得不够完善，致使当事人诉权的行使受到很大障碍。或者有些民事实体法虽然规定当事人享有某些特殊的民事权利，但却没有规定相应的法律救济程序和途径，致使当事人难以充分行使其诉权。③现行民事诉讼法中的一些规定不利于为当事人充分行使其诉权提供有效的保障，表现为诉权行使的条件、诉讼权利平等原则、辩论原则等基本原则、合议制度、回避制度等基本制度、管辖制度、保全制度、证据制度等具体制度以及简易程序的设置等诸多方面都还需完善，并且案件受理费和其他诉讼费用等诉讼成本过高，导致当事人对诉权的行使望而却步。④司法实践中，法院侵犯诉权的行为也时有发生，例如非法增加诉权行使或提起诉讼的条件、非法增加诉权行使要件的典型例子是《最高人民法院关于审理证券市场因虚假陈述引发的民事赔偿案件的若干规定》（已失效）规定投资人以自己受到虚假陈述侵害为由必须提交行政处罚决定或者公告，或者人民法院的刑事裁判文书。对于本来具有诉的利益的案件却认为不具有诉的利益而不予受理、以诉讼文书不能送达为由而拒绝受理，等等。党的十八届四中全会通过的《中共中央关于全面推进依法治国若干重大问题的决定》提出："改革法院案件受理制度，变立案审查制为立案登记制，对人民法院依法应该受理的案件，做到有案必立、有诉必理，保障当事人诉权。"习近平总书记深刻指出，立案登记制改革要更加贴近人民群众，是司法规律的体现，是司法为民的重要举措。党中央的重大决策部署和习近平总书记的重要指示，为法院改革立案工作，指明了方向、提供了遵循。新时代背景下，法院应始终坚持以习近平新时代中国特色社会主义思想为指导，学习贯彻党的二十大精神，践行习近平法治思想，围绕"努力让人民群众在每一个司法案件中感受到公平正义"目标，推动立案登记制改革向纵深发展，实现法院立案工作高质量发展。2015年《最高人民法院关于人民法院登记立案若干问题的规定》的出台标志着我国司法机关正式实行立案登记制。立案登记制的建立意味着立案时法院不再对起诉的条件进行实质审查，只要诉状符合形式要件即进行登记立案。目前，最高人民法院推行的立案登记制要求各级法院做到"有案必立、有诉必理"，这一改革基本解决了诉权保障问题。⑤对诉权的保护内外有别。如我国民事诉讼法未规定外国当事人有权使用本国语言、文字进行民事诉讼，在这同时，在某些方面对外国人的诉权予以更强保护，如对国内民事主体的实用艺术品、数据库不予保护。

三、滥用诉权之遏制

（一）滥用诉权之内涵

起诉的自由往往会伴生滥用诉权现象。所谓滥用诉权，是指当事人为达到非法目的或者追求不正当利益而利用民事诉讼程序的行为。滥用诉权包括恶意诉讼和诉讼欺诈。恶意诉讼（Malicious Prosecution）源自英美国家的侵权行为法，它是侵权行为的一种类型，指故意以他人受到损害为目的，无事实根据和正当理由而提起民事诉讼。恶意诉讼没有胜诉的可能，如其诉因在司法上有获得支持的可能，即不能构成恶意诉讼。如某人主张，你有钱，我没钱，请求人民法院判令你给我一点钱花，这种带有流氓色彩的诉讼，则为恶意诉讼。诉讼欺诈，是指以非法占有为目的，利用人民法院的审判权和执行权，通过伪造证据、虚构事实提起民事诉讼的方法，骗取人民法院作出有利于自己的裁判，达到非法目的（如从而占有他人财物或财产性利益的行为）恶意诉讼与诉讼欺诈的重要区别是诉讼欺诈以获得非法财产性权益为目的，而恶意诉讼往往以诉讼对受害人进行折磨为目的。

此外，由于诉权与诉讼权利非同一概念，因此滥用诉权与滥用诉讼权利也不同。滥用诉讼权利是指在明知没有必要的情况下，过分地使用诉讼上的权利以拖延诉讼等。例如，滥用管辖异议权、抗辩权等。滥用诉权则指滥用起诉权。当然，广义的滥用诉权也包括滥用诉讼权利。

（二）滥用诉权之规制

滥用诉权的行为不仅会侵害对方当事人的程序利益与实体利益，同时也会导致司法资源的浪费，损害司法权威，因此对滥用诉权的行为必须予以规制。就立法层面而言，2012年我国对《民事诉讼法》进行了修改，将诚实信用原则引入到了程序法领域。配套诚信原则的司法适用，《民事诉讼法》修订时增加了恶意诉讼、恶意调解条款，规定："当事人之间恶意串通，企图通过诉讼、调解等方式侵害他人合法权益的，人民法院应当驳回其请求，并根据情节轻重予以罚款、拘留；构成犯罪的，依法追究刑事责任。"2023年《民事诉讼法》修订时，进一步对恶意诉讼进行类型化划分，在原规定的基础上增加一款"当事人单方捏造民事案件基本事实，向人民法院提起诉讼，企图侵害国家利益、社会公共利益或者他人合法权益的，适用前款规定。"可以看到，现行《民事诉讼法》对在诉讼程序、执行程序中恶意串通进行诉讼欺诈的行为进行了规制，但对其他滥用诉权的行为并无规制措施。因此，对于滥用诉权的行为，不论是恶意诉讼还是诉讼欺诈，包括滥用诉讼权利，法院应对责任人进行罚款或拘留，并且还应予以费用制裁，即向对方当事人支付因此而支出的合理费用。构成犯罪的，依法追究刑事责任。

第四节　诉的合并与分离

一、诉的合并

（一）诉的合并概述

所谓诉的合并，是指法院将两个或两个以上彼此之间有一定关联的诉合并到一个诉讼程序中进行审理和裁判。

在一般情形下，诉讼是由同一原告对同一被告提起的单一的诉讼标的，但在特殊情况下，同一原告对同一被告同时有多项请求权存在，如果原告针对同一被告提起多个诉讼，对当事人和法院来说都意味着时间、费用及精力的浪费，并且可能造成裁判之间的矛盾。从程序节省、减轻当事人和法院诉讼负担的角度，就应当确立诉的合并制度。

当事人一方或者双方为两人以上的合并之诉，称为诉的主观合并，又称为共同诉讼。诉讼标的为多数的，则为诉的客观合并或者诉的客体合并。诉的客观合并在大陆法系尚有单纯的合并、预备的合并、选择的合并和竞合的合并等分类。诉的单纯合并是指在同一诉讼程序中同一原告对同一被告提出多个相互独立的诉。诉的预备合并，也称为顺位合并、假定合并，是指在同一诉讼程序中原告同时提起先位之诉和后位之诉，以备先位诉讼无理由时，要求就后位诉讼作出裁判。大陆法系国家学说与判例均承认预备之诉。选择合并是指在同一诉讼程序中原告主张数个给付不同的诉讼请求，由法院任选其一作出判决。选择合并一般只有在赋予被告选择权的选择之债的情形下才是合法的。竞合合并又称为重叠合并，原告主张数个独立的诉讼标的、数请求的目的同一、诉的声明仅有一个的诉的合并。如原告基于侵权请求权、所有物返还请求权、不当得利请求权合并请求被告返还同一汽车。

诉的合并具有诉讼经济、减轻当事人的诉讼负担以及对于相关联的纠纷一次解决的优点，但若不加任何限制则可能导致法院审理的混乱与诉讼迟延。为避免原告滥用诉讼合并，一般对诉的合并予以一定的限制。

（二）我国诉的合并的情形

（1）诉的主体合并。《民事诉讼法》规定的共同诉讼，包括必要的共同诉讼和普通的共同诉讼，都属于诉的主体合并，即当事人一方或双方为二人或二人以上，一同在人民法院起诉或应诉的情形。诉讼代表人诉讼，即当事人一方或双方人数众多，由其推选的代表人所进行的诉讼，也属诉的主体合并。从诉的理论上讲，诉的主体合并，又称为主观的诉的合并，或广义上的诉的合并。

（2）诉的客体合并。在同一诉讼程序中同一原告对同一被告提出多个相互独立的诉，法院予以合并审理的，为诉的客体合并。诉的客体合并必须符合三个条件：一是由一方当事人针对对方当事人向受诉法院提出了数个诉讼请求（或诉讼标的）；二是这数个诉讼标的之一，受诉法院有管辖权；三是这数个诉讼标的属同一诉讼程序。只有符合这三个条件，人民法院才能予以合并审理，一并作出判决。诉的客体合并，在理论中又分为：单纯的诉讼标的合并、竞合的诉讼标的合并、预备的诉讼标的合并、选择的诉讼标的合并。

（3）第三人参加诉讼的合并。在有独立请求权的第三人参加的诉讼中，有独立请求权的第三人是对本诉中的原告、被告作为被告提起诉讼而参加诉讼的，从这个意义上讲，是诉的主体合并。但是，有独立请求权的第三人提起的诉与本诉，又形成了两个诉，诉讼标的不同，这又是诉的客体合并的情形。因此，有独立请求权的第三人参加诉讼的为混合的诉的合并。

（4）因被告提起反诉而引起的诉的合并。反诉与本诉合并审理，当事人双方虽未变，但各自的诉讼地位却发生了变化，并且是将数个诉讼标的予以合并审理。这种既有诉的主体合并，又有诉讼标的合并的，也应单列为一种诉的合并形式。

上述诉的合并形式，除必要的共同诉讼引起的诉的合并，必须予以合并审理外，其他情形引起的诉的合并，人民法院既可以将其合并审理，也可以不合并审理，是否合并审理，由人民法院视案件情况而定。即使予以合并审理，对各个诉仍应分别进行审查，分别作出裁判。

二、诉的追加与变更

所谓诉的追加与变更，是指诉的任一要素发生追加或变更，广义上诉的变更包括诉的追加，狭义的诉的变更并不包括诉的追加。此外，我国还区分了诉的主观变更和诉的客观变更，大陆法系一般认为诉的变更仅指诉的客观变更。依据不同的诉讼标的理论，对于确定诉是否变更会得出不同的结论。例如，原告请求被告返还房屋的给付之诉中，将基于所有权请求的理由变更为基于租赁合同解除的请求理由，如果依据旧诉讼标的理论，那么发生诉的变更，但如果依据新诉讼标的理论，则只是攻击防御方法的变更，不发生诉的变更。

诉的追加与变更制度应当根据对原告的利益、法院的利益以及被告的利益的综合衡量进行设置，而不应仅从原告的利益考虑。从法院方面而言，法院希望彻底迅速地解决当事人之间的所有纷争，从被告的角度言之，被告希望对原告已经在起诉中所特定的诉讼请求以及所提出的证据进行攻击防御，不希望原告任意进行诉的变更。因此，为保护被告的利益以及维护诉讼程序的稳定，诉的追加与变更宜经被告同意并以不影响被告防御以及不会导致诉讼的过度迟延与程序的混乱为要件。

三、诉的分离

所谓诉的分离，是指人民法院受理案件后，将几个诉从一个案件中分离出来，分别作为独立的案件进行审理。诉的分离目的是防止诉讼程序复杂化，加速对案件的审理。诉的分离一般有以下几种情形：

（1）原告向同一被告提出数个诉讼请求，或者在诉讼中又增加诉讼请求，人民法院认为不便于合并审理的。

（2）诉讼标的为同一种类的共同诉讼合并审理后，不能达到简化程序、节省时间和费用的目的的。

（3）第三人提出与本案有关的诉讼请求，合并审理会导致案件复杂化的。

诉分离后，人民法院和当事人已经进行的诉讼行为，在分离后的审理中仍然具有效力。

第五节　反　诉

一、反诉的概念和特征

所谓反诉，是指在已经开始的诉讼程序中，本诉的被告以本案原告为被告向同一法院提起的诉讼。原告提起的诉，称为本诉。反诉具有以下特征：

（1）反诉是独立的诉讼请求或者独立的诉。反诉是本诉被告针对本诉原告提起的独立的诉，所以反诉是独立的诉。反诉具有自身的独立性，不因本诉的原告撤回本诉而终结，也不因本诉的原告放弃请求而结束。

（2）反诉与本诉具有一定的牵连关系，不具备一定的牵连关系不得随意提起反诉。

（3）反诉目的的对抗性，即被告提起反诉的目的，在于抵销或吞并原告所提起之诉，使原告败诉，以保护自己的合法权益。

二、反诉与反驳的区别

反诉与反驳不同，反驳，是被告为维护自己的合法权益，提出各种有利于自己的事实和根据，以否定原告提出的诉讼请求的一项诉讼权利。

(一) 程序法上的反驳

被告依据民事诉讼法的规定提出原告的起诉不符合法律规定。如被告提出原告不符合当事人条件，没有起诉权；本案不属于人民法院受理的范围，或者提出受诉人民法院对本案无管辖权，等等。被告的反驳符合《民事诉讼法》规定的，人民法院应裁定驳回原告的起诉。

(二) 实体法上的反驳

被告以实体法为根据，通过实体法所规定的事实和理由，说明原告提出的实体权利的请求全部或部分是不合法的，称为实体法上的反驳。例如，被告用事实证明原告所主张的权利根本就不存在或者已经实现；原告提出的作为诉的理由的事实，根本就未发生过或与事实真相不符，等等。被告的反驳经查是有根据的，人民法院则应作出驳回原告诉讼请求的判决。

首先，反诉与反驳的本质区别是性质不同。反诉是被告针对原告的本诉提起的，是一种独立的诉，而反驳则只是被告反驳原告诉讼请求的一种诉讼防御手段，不是一个独立存在的诉，不具有诉的性质。判断方法，假设如果没有本诉存在，看被告对原告的主张能否单独向法院提起一个诉讼。其次，目的不同。被告反诉的目的除抵销、吞并原告提起的诉讼请求，使本诉的原告败诉外，还对本诉的原告提出了独立的反请求，主张独立的权利，而反驳的目的则只是否定原告提出的诉讼请求，没有独立的诉讼请求。最后，处理结果不同。根据反诉在实体上是否有理由，法院是判决驳回或者支持其诉讼请求。而反驳有理由的，则以裁定驳回对方的起诉或者判决驳回对方的诉讼请求。

反诉与诉讼上抵销。诉讼上抵销，是指在诉讼中，一方当事人以自己的债权抵销对方作为诉讼请求的债权的行为。诉讼上的抵销以实体法上的抵销权为基础。诉讼上的抵销只是被告提出的一种诉讼上的抗辩，即抵销抗辩，是一种诉讼防御方法，而非独立的诉，更非反诉。

三、提起反诉的方式和条件

(一) 提起反诉的方式

被告提起反诉的方式，可以随同答辩状提起，也可以另行用反诉状提起。用反诉状提起的，则应按本诉的原告人数提出反诉状副本，便于对方当事人进行答辩。如果被告在开庭审理的法庭上口头提起反诉，则由书记员记入笔录，对方当事人也就在法庭上口头进行答辩。

(二) 提起反诉的条件

被告提起反诉，除必须具备诉的要素外，还必须具备以下条件：

(1) 反诉的当事人必须是本诉的被告针对本诉的原告提起。有权提起反诉的，只能是本诉中的被告。被告只能向本诉的原告提起反诉，不能向原告以外的人提起反诉。

(2) 反诉应当在本诉的进行中提出，一般认为，反诉只能在法庭辩论终结前提出。

为了便于当事人双方抗辩，反诉一般应在举证期限届满前提出。被告在第一审程序中未提出反诉，能否在第二审程序中提起反诉，在学术研究中有着不同的看法。在第二审程序中，原审被告提出反诉的，也可以允许，但第二审人民法院不能用判决、裁定的方式来解决反诉，只能用调解的方式解决反诉。如用裁判方式，则涉及审级制度问题，与民事诉讼法的规定相违背。用调解方式解决，经调解，当事人双方如达不成协议，应告知原审被告另行起诉，而不能将本诉与反诉一并发回原审法院重审。

（3）反诉只能向审理本诉的人民法院提起，且受诉法院对反诉具有管辖权。反诉不能属于其他法院专属管辖，也未约定仲裁。

（4）反诉必须与本诉为同一诉讼程序。反诉与本诉必须同属普通程序或简易程序，特别程序不适用反诉制度；本诉与反诉也不能一个适用第一审程序，一个适用第二审程序。

（5）反诉与本诉应有内在的牵连，这种牵连性表现为，反诉与本诉的诉讼请求或者诉讼理由存在着法律上或者事实上的牵连关系。以下情形一般认为属于这种牵连关系：①本诉的请求与反诉的请求系出于同一法律关系，例如原告起诉要求被告承担货物瑕疵的违约责任，被告基于同一买卖合同关系反诉要求原告支付剩余货款。②本诉请求与反诉请求系出于同一原因事实，例如甲与乙因琐事打架，甲起诉乙要求损害赔偿，乙反诉甲要求损害赔偿。③反诉与本诉的诉讼标的相同或者互不相容。例如，甲起诉乙要求确认某 A 房产的所有权，而乙反诉甲要求确认其对 A 房产的所有权，两诉的标的互不相容。④反诉与本诉的诉讼请求之间具有因果关系。⑤反诉与本诉的诉讼标的及诉讼请求所依据的事实、理由有关联。

四、反诉的审理

对被告的反诉，法院应当依起诉的条件及反诉的要件为标准予以审查。符合条件的，而且与本诉合并审理能达到简化诉讼程序目的的，应予受理，与本诉在同一诉讼程序中举证、质证、辩论及审理、裁判。不符合反诉条件但符合起诉条件的，应单独立案审理，一般不予合并审理。反诉与本诉案件的裁判通常在同一判决中作出。在例外情况下，法院也可将反诉与本诉分开调查和辩论，并且在其中一诉已达到可作出判决的程度时，先行作出判决。

反诉虽然以本诉为前提而得名，但是独立于本诉存在，不因本诉的撤销而撤销，被告也可依法撤回反诉。

【思考题】

一、概念题

形成之诉　诉权的保护　诉的分离　诉的追加

二、简答题

1. 简述给付之诉、确认之诉及形成之诉之间的关系。

2. 简述我国法律规定关于诉的合并。
3. 简述反诉与反驳之间的区别。
4. 简述提起反诉的条件。

三、论述题

1. 试述对滥用诉权的规制。
2. 试述诉的利益基本原理。

第四编

证据与证明

第十章
民事诉讼证据

学习目的与基本要求 正确理解证据与证据材料之间的关系，严格把握证据的基本特征；准确界定证据能力与证明力之间的关系，对民事诉讼证据的分类与种类要有清晰的认识，重点掌握有关证据分类与不同种类之间的关系；重点观察与理解证据收集与保全的应用功能与具体操作程序。

第一节 民事诉讼证据概述

一、证据与证据材料的概念

证据是诉讼的灵魂与关键，是联系实体法与程序法的桥梁与纽带，当事人在诉讼过程中向人民法院提供的一切信息能否被采纳，能否作为认定案件事实的依据，关系到当事人实体权利的实现与维护。然而，某一由当事人提供的信息在满足何种要求时才有可能被采纳呢？这涉及证据的概念与特征两大理论问题。

证据的概念是我国证据法学领域的一个长期存在争议的问题。争议的范围从最初的法学领域扩展到哲学、社会学等诸多领域。争议的焦点在于证据是否应当是客观真实的“事实”。由于我国的民事诉讼法并没有关于证据的完整定义，民事诉讼中对“证据”一词的理解多借用《刑事诉讼法》第 50 条第 1 款的规定，即“可以用于证明案件事实的材料，都是证据”。该规定将证据等同于事实，此处可简称为“事实说”，“事实说”在我国证据法学理论中曾长期占据统治地位，但是随着证据法学理论的发展，“事实说”不断受到来自各个方面的挑战。反对者提出的最主要理由是：既然证据就是事实，那么《刑事诉讼法》以及《民事诉讼法》为何还要规定证据必须经过查证属实后才能作为认定案件事实的根据？立法上的这一规定与“事实说”在逻辑上存在难以克服的矛盾。

为了摆脱“事实说”遇到的困境，有学者提出了区分“证据”与“证据材料”两个不同的概念的观点。所谓“证据材料”，是指当事人向人民法院提供的或者人民法院依职权调查收集的用以证明案件事实的各种资料。“证据”则是指人民法院用以证明案件真实情况、正确处理案件的根据。证据材料与证据的区别就在于，证据材料可能存在虚假的可能，因此证据材料必须经过人民法院查证属实才能作为认定事实的依据。

“证据材料”概念的提出表明学界已经意识到哲学意义上的证据与法律意义上的证据的区别，这种研究视角的转换是诉讼证据概念科学化的要求和表现。程序的运动性以及程序参与主体的多元性，决定了证据品性的多样化。由此也使证据这一概念基于不同的认识判断主体、不同的诉讼阶段有了不同的内涵，从而形成了不同层次的证据概念。因此，区分“证据”与“证据材料”两个不同的概念有助于我们了解诉讼程序中的不同阶段证据所具有的不同特征，解决“事实说”面临的问题。

学者的上述观点得到了司法解释的认同。最高人民法院颁布的《民事证据规定》中区分使用了“证据”与“证据资料”两个不同的概念，《民事证据规定》第 19 条规定：“当事人应当对其提交的证据材料逐一分类编号，对证据材料的来源、证明对象和内容作简要说明，签名盖章，注明提交日期，并依照对方当事人人数提出副本。人民法院收到当事人提交的证据材料，应当出具收据，注明证据的名称、份数和页数以及收到的时间，由经办人员签名或者盖章。”

二、证据的特征

证据的特征是证据概念的合理延伸和解释，按照目前通说的观点，证据具有客观性、关联性与合法性三大特征。

（一）客观性

所谓客观性是指证据所反映的内容必须是客观存在的事实，不是主观臆想的或虚构的主观之物。证据的客观性表现在内容和形式两个方面：

（1）证据内容的客观性指证据的内容必须是客观存在的事实，必须反映客观实际。强调证据内容的客观性的意义在于强调证据的真实性，也就是说，证据必须是真实的，只有真实的证据才可能成为人民法院认定事实的基础。

（2）证据形式的客观性指证据必须能够以某种方式为人所感知。证据只有以特定的物质载体表现出来并以某种方式为人们所感知才能够对案件事实起到证明作用。

证据具有客观性并不意味着证据不具有丝毫主观的成分。事实上，在民事诉讼中，当事人受利益的驱使，倾向于向人民法院提供有利于自己的证据或隐藏不利于自己的证据，甚至有可能伪造、篡改证据。当事人的上述倾向使证据不可避免地带有一定的主观随意性。因此，诉讼证明的目的就在于使法院对证据的判断达到主观认识与客观实际相吻合的程度，实现主观符合客观。

（二）关联性

我国三大诉讼法中没有关于关联性的明确定义，因而某一证据有无关联性全凭法官自由裁量。学界一般认为，关联性是指证据与案件事实之间存在某种联系或对证明案件事实具有某种意义。有关联性只是作为一项证据与待证事实之间的关系的一种表述，它并非一个法律问题，而是一个事实问题。对这种关系应该按照经验法则与科学规律加以判断。

证据的关联性具有以下两层含义：

（1）从形式上看，证据与待证事实之间必须存在逻辑上的联系，即我们运用逻辑推理的方法可以从已知的证据中推导出案件事实。

（2）从内容上看，证据的关联性标准要求每一个具体的证据必须对证明案件事实有帮助。并且由于证据与案件事实之间的联系有直接联系、间接联系、偶然联系、必然联系这样不同的方式，所以证据对证明案件事实的帮助也不同。

虽然证据的关联性主要是一个逻辑而非法律问题，但并非有关联性的证据就一定可以被采纳。因为从哲学角度看，世界是普遍联系的，任何两种事物都可能存在某种细微的联系，为了避免人们对证据的审查陷于无限的细节之中，因此有必要对关联性的范围加以限制。

（三）合法性

“证据的合法性”是一个宽泛的概念，它的内涵非常不好确定。国外的证据法学理论一般是从否定的角度来理解这一问题。也就是说，法律只对什么样的证据属于非法证据作出规定。国内学者多数情况下将证据的合法性分解为证据形式合法、取证的主体合法、取证的手段合法及证据符合实体法的规定若干个构成要件。按照通说的观点，证据的合法性是指在诉讼过程中使用的证据必须符合法律对证据的要求，并且以合法的手段和程序收集、提供。它包括以下三层含义：

（1）从形式上看，证据必须具备法定的表现形式。我国《民事诉讼法》规定，证据有八种表现形式，只有属于这八种表现形式的证据才能在诉讼中使用。

（2）从取证的方法上看，证据必须由法定人员依据法律规定的程序和方法收集。无论是当事人还是人民法院，收集证据的行为必须合法。最高人民法院颁布的《民诉法解释》第106条规定：“对以严重侵害他人合法权益、违反法律禁止性规定或者严重违背公序良俗的方法形成或者获取的证据，不得作为认定案件事实的根据。”实践中常见的，当事人用肉体折磨或精神虐待，或私自安装窃听装置等方法取得的证据不具有合法性。

（3）从证据使用的程序上看，当事人提供的证据材料最终成为定案根据必须经过法定的程序。这一法定程序指证据的质证程序，我国法律规定，证据应当在法庭上出示，由当事人质证。未经当事人质证的证据，不能作为认定案件事实的依据。但是，当事人在审理前的准备阶段认可的证据，经审判人员在庭审中说明后，视为质证过的证据。

在证据的“三性”中，证据的客观性是证据的自然属性，也是最本质的属性。证据的客观性是给证据定性的概念，是关联性和合法性的基础。证据的关联性是在客观性的基础上对证据特征的进一步揭示，体现了证据对证明案件事实的作用和价值。它的作用在于缩小收集、调查、审查证据的范围，提高诉讼证明的效率。证据的合法性是在关联性的基础上对证据提出的法律要求，体现了诉讼证明与日常生活中普通形式的证据的本质区别，体现了证据的法律属性。

三、证据能力与证明力

（一）证据能力的含义

在我国的民事诉讼法中没有证据能力的概念，对此问题的理论研究也处于起步阶段。“证据能力”这一概念主要见于英美法系国家的证据学理论及立法中，也称证据的可采性，是指证据符合法律的规定因此具有在法庭审理过程中出示、并成为证据调查对象的资格，是证据可以在法庭审理过程中出示并成为认定案件事实的依据的基本条件。

证据能力是一个与证据的关联性密切相关的问题，在一般情况下，所有与待证事实具有关联性的证据都是可采的，除非该证据被排除规则排除或被法官依据自由裁量权排除。因此，必须从肯定与否定两个角度理解英美法系国家关于证据能力的概念。从肯定的角度来看，具有证据能力的证据是指与待证事实有关联的证据。因此，证据的关联性是可采性的基础和前提，没有关联性的证据不具有可采性。从否定的角度来看，证据具有证据能力的另一个前提是，该证据没有被排除规则排除。事实上，对于证据能力的问题，在英美法系国家很少从肯定的角度积极地加以规定，因为某一事实与待证事实是否存在关联性更多表现为一个事实问题，而不是法律问题，既然是事实问题就应当允许法官依据经验和逻辑做出判断。所以，法律主要是从否定的角度对某一类证据不具有证据能力做出明确的指示。

（二）证明力的含义

所谓证明力，也称证据力，是指证据资料在诉讼证明中的价值，它是证据资料在事实审理者心目中产生相信与否的力量或程度。

证据能力与证明力在以下两个方面存在显著的区别：

（1）证明力的实质是证据的可信程度，而这种可信程度是靠审理者的内心来感知的。因而关于什么样的证据应该产生何种分量，立法多无法事先作出硬性规定，只能交由事实审理者依据经验与理性判断。但是证据能力则不然，它不是证据本身所具有的特征，而是立法者外加给证据的，由于证据能力的规则中蕴含着立法者的价值判断，审理者被要求严格按照立法者所确定的规则对证据能力的有无进行识别。

（2）证明力是对证据可信性的判断，不同的证据可信性有大小之别。而证据能力只有有无之别，无大小之别。也就是说，证明力是定量的概念，证据能力是定性的概念。

当然，证据能力与证明力也不是毫无联系的。一方面，许多关于证据能力的规则都是由证明力问题转化而来的。比如，传闻证据规则，正是由于传闻证据的可靠性差，法律才将其排除于可采纳证据之外。另一方面，对于证明力大小的判断总是离不开经验、伦理规则，因此，如果某一证据的采信明显违背经验法则，立法一般不承认该种证明具有证据能力。总之，在证据能力与证明力的关系上，应当坚持证据必须先具有证据能力，才产生证明力的原则。

第二节　民事诉讼证据的分类与种类

一、民事诉讼证据的学理分类

证据的分类是学理上根据证据的某些本质特征或外部形式等，依据特定的标准将证据划分为不同的类别。

（一）言词证据与实物证据

1. 言词证据与实物证据划分的标准与概念

以证据存在和表现的形式不同为标准，证据可以分为言词证据与实物证据两类。

所谓言词证据，是指以人的陈述为表现形式的证据，也称人证。比如，我国法定证据形式中的当事人陈述、证人证言、鉴定意见都属于言词证据。在理解言词证据时，我们要注意如下几个问题：

（1）言词证据就其内容而言，是陈述人直接或间接感知的与案件有关的事实，而其陈述又往往固定于一定的载体之中。言词证据通常以笔录（即记录材料）为载体，如对证人的询问笔录；根据我国现行法律的规定，证人可以提供书面证词；实践中一些法院在庭审过程中使用录音、录像的方式记录陈述人的陈述。但不论记载方式如何，记载的内容仍是陈述人陈述出来的案件事实，因此，不能因载体表现为实物而认为上述证据为实物证据。

（2）鉴定意见也属于言词证据。鉴定意见虽然表现为书面形式，但其实质是鉴定人就案件中某些专门性问题进行鉴定后所作出的结论性意见，而且，在法庭审理时，当事人等有权对鉴定人就鉴定意见发问，鉴定人也有义务作出口头回答，以阐明、补充其鉴定意见。在英美法系国家中，鉴定意见就属于证人证言的范畴，称为“专家证言”。所以，鉴定意见也属于言词证据。

（3）勘验笔录不属于言词证据。此类证据与鉴定意见不同，是司法机关对相关现场、物品情况的客观记载，是对实物证据内容的固定和反映。因此，属于实物证据的范畴而非言词证据。

2. 言词证据与实物证据的特点和运用

（1）言词证据与实物证据的特点。言词证据具有生动形象的特征，证明作用比较明显。言词证据所反映的案件情况存在于人的大脑之中，通过人的陈述表达出来，语言的生动形象性决定了言词证据能够形象生动、详细、具体地反映案件事实，能够在诉讼中起到较好的证明作用；言词证据不易灭失。言词证据来源于人脑对外界刺激所形成的信息的记忆，一般情况下这种记忆可以保存相当一段时间；言词证据的真实性易受言词证据的提供者的主、客观因素的影响。言词证据是客观事物在人头脑中映像和记忆的反映，它一般要经历感受、判断、记忆、复述几个环节，在这几个环节中任何一个环节都可能会受各种主客观因素的影响，而使言词证据虚假或失真。而且还会受到言词证据提供者是否愿意如实提供证据的影响。同时，言词证据提供者的感知、记忆、描述能力以及案件事实发生时的环境等客观因素也会对言词证据的客观性造成影响。

实物证据能够比较客观地反映案件真实情况。实物证据本身是客观存在的，且往往伴随着案件的发生而形成，不像言词证据那样易受人的主观因素的影响而出现虚假或失真。实物证据在很多情况下是经司法人员勘验或搜查、扣押而到案的，一经发现和提取，即加以妥善保存、固定和保全，不像言词证据那样容易受到主、客观因素的影响，能够如实地反映案件事实；实物证据容易受环境影响而发生物理或化学变化。实物证据可能由于证据本身的化学、物理性质受外界条件的影响而发生变化，从而削弱其对案件事实的证明作用。实物证据的这一特征是导致其虚假或失实的主要原因，一旦实物证据记载的信息被破坏或丧失，实物证据也就失去了证明案件事实的作用；实物证据关联性不明显，并且只能从静态上证明案件事实。所谓关联性不明显，是指实物证据一般不能自己证明它与案件事实之间的联系，而需要另外有证据揭示它对证明案件事实的意义。所谓只能从静态上证明案件事实，是指实物证据不能像言词证据那样生动、全面地反映案件事实，实物证据往往只能证明事实的一个部分。

（2）言词证据与实物证据的运用。特点决定运用。言词证据与实物证据各有自己的优点与缺点，因此，关于言词证据与实物证据的运用，最佳途径和方法是把言词证据与实物证据结合起来使用，相互印证、相互充实，发挥各自的优势，避免各自的弱点。言词证据有动态证明的优点，极有可能直接证明案件主要事实而成为直接证据，司法人员据此可直接、迅速地认识案件的主要事实，但言词证据又容易出现虚假或失真，为避免在认定案情上出现差错，在运用言词证据时，就要把它与实物证据相互印证，运用实物证据客观性、稳定性强的优点，克服言词证据的弱点。在运用实物证据时，则要注意运用言词证据挖掘实物证据的证明力，如用鉴定、辨认的方式，揭示实物证据与案件事实的联系，用当事人的陈述说明现场的情况，等等。实物证据具有较强的客观性和稳定性，一旦其证明意义被揭示出来，便会成为证明力很强的证据。总之，在证据的运用中，要综合运用证据，充分发挥两种不同证据的优势，克服各自的弱点，以取得最佳的证明效果。

（二）本证与反证

（1）本证与反证的概念与划分标准。根据证据对当事人所主张的事实的证明作用，将证据分为本证和反证。所谓本证，是指对待证事实负有举证责任的一方当事人提出的，能够证明待证事实成立的证据。所谓反证，则是指对证明待证事实不负举证责任的一方当事人提出的，能够证明该事实不存在或真伪不明的证据。

由此可见，本证与反证的区分与举证责任的划分有密切的关系。按学界通说，举证责任可分为行为意义上的举证责任和结果意义上的举证责任。行为意义上的举证责任是指事实主张者负有提供证据的责任，也就是“谁主张，谁举证”；结果意义上的举证责任是指当事实处于真伪不明状态时，承担该事实举证责任的当事人所承担的不利的诉讼结果。从证据的理论分类上来看，有结果责任的一方当事人负担的行为责任为本证，不负担结果责任的一方当事人负担的行为责任为反证。

本证与反证的区分是以证据与待证事实之间的关系为标准的，而不是以证据是由哪一方当事人提出的为标准，也就是说，并非原告提出的证据都是本证，被告提出的证据都是反证。在民事诉讼中，原告和被告都有权利提出事实主张，也都有权利提出相反的证据证明对方提出的主张不成立。

（2）反证与反驳的区别。反驳指对于一方当事人提出的事实和理由，另一方当事人提出证据加以反对、驳斥的诉讼活动。在民事诉讼中，反驳与反证是不同的法律概念，不能混同。反驳的主体可能是双方当事人，提出反证的主体是对待证事实不承担结果意义上的举证责任的一方当事人；反驳的目的在于证明对方当事人提出的证据不具有客观性、关联性或合法性，或证明价值微弱，因此不能作为法院认定案件事实的依据，反证的目的在于证明对方当事人所主张的事实不存在或者真伪不明；当事人在对某一证据进行反驳时无须提出新的事实或证据，当事人在进行反证时必须提出证据。

（三）直接证据与间接证据

（1）直接证据与间接证据的概念与划分标准。以证据与案件事实的关系为标准，证据可以分为直接证据与间接证据。直接证据，是指能够直接、单独证明案件主要事实的证据。在证据法理论上，事实分为主要事实、间接事实和辅助事实。构成法律要件的事实称为“主要事实”。证明主要事实的事实称为“间接事实”。用于证明证据能力或证据力的事实称为“辅助事实”。直接证据与间接证据的区分取决于证据与案件主要事实的关系。

“直接”意味着证据证明案件主要事实的逻辑推理过程是直接推理而不是间接推理。“单独”意味着依据一个证据就能认定案件的主要事实。间接证据是单独一个证据不能直接证明案件主要事实，必须与其他证据结合才能证明案件主要事实的证据。

（2）直接证据与间接证据的特点。由于直接证据能够单独、直接地证明案件事实，所以在诉讼中使用直接证据具有简化证明环节和推理过程、运用便利、省时、省力的优点。但是，并不是在所有的案件中都存在直接证据，这就决定了直接证据在证据来源上并不丰富。而且由于绝大多数直接证据体现为当事人陈述或证人证言等言词证据的形式，因此，直接证据容易受证据提供者的主、客观因素的影响，造成证据失实。

间接证据与案件主要事实的联系是间接的。任何一个间接证据，都只能从某一个侧面证明案件事实的一个部分，而不能直接证明案件的主要事实。只有若干间接证据组合起来，形成一个完整的证据链条，才能证明案件的主要事实。但是，间接证据所具有的优点也是不容忽视的，一般而言，间接证据在来源上更丰富，收集的渠道更多，而且，在没有直接证据的情况下，若干间接证据组成的证据体系同样可以证明案件的主要事实。

（3）直接证据与间接证据的运用。直接证据的证明力一般大于间接证据。在司法实践中，应当针对直接证据与间接证据的各自特点，将两种证据结合起来使用。尤其需要注意间接证据的使用规则。在间接证据的使用方面必须注意遵循以下规则：①单个间接证据不能单独证明案件事实；②间接证据本身必须真实可靠并且必须与案件事实具有关联性；③各个间接证据之间必须协调一致，相互印证，不存在矛盾；④运用间接证据组成的证据体系进行推理时，所得出的结论应当是肯定的、唯一的。

（四）原始证据与传来证据

（1）原始证据与传来证据的概念与划分标准。根据证据来源的不同，可以将证据分为原始证据与传来证据。原始证据是指直接来源于案件事实的证据，也称第一手证据。传来证据是指经过复制、复印、传抄、转述等中间环节，间接来源于案件事实的证据。区分原始证据与传来证据的标准是证据的来源，而不是证据的制作方式。不应当笼统地用复印件或复制品的概念代替传来证据的概念。

（2）原始证据与传来证据的运用。根据《民事证据规定》第 90 条第 5 项的规定，无法与原件、原物核对的复制件、复制品，不能单独作为认定案件事实的依据。这是由于传来证据在产生的过程中经过了转述、复制等中间环节，很可能被伪造或篡改，因此，与原始证据相比，传来证据的证明力较弱。但是，我们也绝不能因此低估了传来证据的价值，当事人或人民法院通过传来证据可以获得原始证据的线索，有利于对原始证据的收集。传来证据还可以用来印证原始证据的真实性。在特定情况下，应当允许当事人提交传来证据。[1]

我国的《民事诉讼法》和《民事证据规定》确立了原始证据与传来证据使用的一般规则：

（1）原始证据优先原则。当事人和人民法院在诉讼中应当优先收集、提供、采纳原始证据。我国《民事诉讼法》第 73 条第 1 款规定："书证应当提交原件。物证应当提交原物。提交原件或者原物确有困难的，可以提交复制品、照片、副本、节录本。"《民事证据规定》第 11 条规定："当事人向人民法院提供证据，应当提供原件或者原物。如需自己保存证据原件、原物或者提供原件、原物确有困难的，可以提供经人民法院核对无异的复制件或者复制品。"第 12 条规定："以动产作为证据的，应当将原物提交人民法院。原物不宜搬移或者不宜保存的，当事人可以提供复制品、影像资料或者其他替代品。"第 15 条规定："当事人以视听资料作为证据的，应当提供存储该视听资料的原始载体。当事人以电子数据作为证据的，应当提供原件。电子数据的制作者制作的与原件一致的副本，或者直接来源于电子数据的打印件或其他可以显示、识别的输出介质，视为电子数据的原件。"

---

〔1〕根据《民诉法解释》第 111 条的规定，《民事诉讼法》第 73 条规定的提交书证原件确有困难，可以提交复印件的情形包括：①书证原件遗失、灭失或者毁损的；②原件在对方当事人控制之下，经合法通知提交而拒不提交的；③原件在他人控制之下，而其有权不提交的；④原件因篇幅或者体积过大而不便提交的；⑤承担举证证明责任的当事人通过申请人民法院调查收集或者其他方式无法获得书证原件的。当事人提交书证复印件的，人民法院应当结合其他证据和案件具体情况，审查判断书证复制品等能否作为认定案件事实的根据。

（2）补强证据规则。即传来证据必须与原物、原件相互印证才能作为认定案件事实的依据。根据《民事证据规定》第 90 条第 5 项的规定，无法与原件、原物核对的复制件、复制品，不能单独作为认定案件事实的依据。

二、法定的民事诉讼证据种类

（一）当事人的陈述

1. 当事人陈述的概念与特征

所谓当事人陈述，是指当事人在诉讼中就与案件有关的事实，向法院所作的陈述。在民事案件审理的过程中，当事人向法院所作的陈述具有不同的表现形式和内容。但是并非所有的陈述都属于民事诉讼法所规定的“当事人陈述”的范围。当事人的有些陈述发表的是对案件事实的认识，有些是对案件处理的意见。前者起证据作用，经过查证属实，可以成为法院认定案件事实的根据；后者则不属于法定的“当事人陈述”的证据形式，法院不能以此作为认定案件事实的根据。具体来说，不能成为证据的当事人陈述包括诉讼请求、抗辩请求、各种程序上的申请、诉讼中发表的关于事实认定、证据调查、法律适用的意见，等等。这些请求、申请或意见有的起确定法院行使审判权范围的作用，有的则仅供法院参考，但是它们的共同之处是，都属于法律层面的问题，不属于事实层面的问题。因此，《民事诉讼法》第 78 条第 1 款中的所指的“当事人的陈述”，就是指诉讼中的原告、被告和第三人就他们对案件事实的感知和认识向法院所作的叙述。当事人在诉讼过程中除了可以本人向法院进行陈述，还可以通过诉讼代理人或专家辅助人进行陈述。《民诉法解释》第 122 条第 1、2 款规定：“当事人可以依照民事诉讼法第八十二条的规定，在举证期限届满前申请一至二名具有专门知识的人出庭，代表当事人对鉴定意见进行质证，或者对案件事实所涉及的专业问题提出意见。具有专门知识的人在法庭上就专业问题提出的意见，视为当事人的陈述。”

2. 当事人陈述的效力

不同的国家由于对当事人陈述的特征有不同的认识，因此在对待当事人陈述的效力方面采用了不同的规定方式。

德国、日本等国家出于对当事人陈述的可靠性的担心，一般不将它作为一种单独的证据形式，但是立法将当事人陈述区分为对自己有利的陈述和对自己不利的陈述。前者一般作为待证事实，需要陈述人进一步提出证据加以证明。后者亦称为诉讼上的自认，具有免除对方当事人举证责任的作用。在这些国家，当事人与证人具有相似的地位，同样负有在开庭审理时出庭作证、宣誓具结的义务。

苏联和东欧一些国家的证据法理论认为，当事人虽然与案件有利害关系，可能作出虚假陈述，但是由于当事人最了解案件的真实情况，其提供的陈述有利于法院对事实作出正确的认定。因此，这些国家一般将当事人的陈述作为一种独立的证据形式，与其他类型的证据并列规定在民事诉讼法中。

我国对当事人陈述的效力的规定基本采用苏联的模式，民事诉讼法将当事人陈述作为一种独立的证据形式加以规定。按照当事人陈述内容的不同，在我国民事诉讼中，当事人的陈述分别产生以下效力：

（1）无需对方当事人证明的效力。当事人在诉讼中以承认对方当事人所主张的事实的方式作出了不利于己的陈述，该陈述构成民事诉讼中的自认，具有免除对方当事人证明责任的效力。《民事证据规定》第3条第1款规定："在诉讼过程中，一方当事人陈述的于己不利的事实，或者对于己不利的事实明确表示承认的，另一方当事人无需举证证明。"但涉及身份关系、国家利益、社会公共利益等应当由人民法院依职权调查的事实不适用上述自认的规定。《民事证据规定》第4条规定："一方当事人对于另一方当事人主张的于己不利的事实既不承认也不否认，经审判人员说明并询问后，其仍然不明确表示肯定或者否定的，视为对该事实的承认。"但是，根据《民诉法解释》第107条的规定："在诉讼中，当事人为达成调解协议或者和解协议作出妥协而认可的事实，不得在后续的诉讼中作为对其不利的根据，但法律另有规定或者当事人均同意的除外。"

（2）具有证据效力。当事人所作的对自己有利的陈述，经其他证据证明为真实后，法院可以将当事人的陈述作为认定案件事实的根据之一。

（3）不具有证据效力。当事人所作的有利于己的陈述，如果未得到其他证据印证，法院不得将该陈述作为认定案件事实的根据，该陈述也就不具有证据效力。《民事证据规定》第90条第1项规定，当事人陈述不得单独作为认定案件事实的依据。

3. 当事人真实陈述的义务

当事人在诉讼中真实陈述的义务是伴随诚实信用原则的确立而确立的。按照该原则，当事人及其他诉讼参与人在审理民事案件和进行民事诉讼中必须公正、诚实、善意。[1]作为诚实信用原则的一项具体内容，当事人的真实陈述义务要求当事人不但不得主张其已知不真实或认为不真实的事实，而且对对方当事人所主张为其所知或认为真实的事实不得争执。《民诉法解释》第110条规定，人民法院认为有必要的，可以要求当事人本人到庭，就案件有关事实接受询问。在询问当事人之前，可以要求其签署保证书。保证书应当载明据实陈述、如有虚假陈述愿意接受处罚等内容。当事人应当在保证书上签名或者捺印。负有举证证明责任的当事人拒绝到庭、拒绝接受询问或者拒绝签署保证书，待证事实又欠缺其他证据证明的，人民法院对其主张的事实不予认定。根据《民事证据规定》第63条第1款的规定，当事人应当就案件事实作真实、完整的陈述。需要强调的是，民事诉讼中真实的义务是一项真正的法律义务，而不仅仅是对当事人的道德要求。因为当事人如果在诉讼过程中没有就所知悉的情况作完全、真实的陈述，按照不同国家法律的规定，可能被克以罚款或作出相反的认证，或者支付因虚伪陈述所增加的费用，或赋予对方当事人以请求损害赔偿的权利。

---

〔1〕［日］谷口安平：《程序的正义与诉讼》（增补本），王亚新、刘荣军译，中国政法大学出版社2002年版，第145页。

（二）书证

1. 书证的概念与特征

所谓书证，是指以文字、符号、图形等表达的思想内容对案件事实起证明作用的证据。书证不仅是记载民事法律关系的重要手段，而且一旦发生纠纷，书证往往能够直接证明法律关系的内容，成为保护当事人权利的有力武器。

书证作为民事诉讼中常见的证据，具有三个特征：第一，书证是以材料记载的思想内容来证明待证事实的，此为书证的最主要特征；第二，书证的思想内容必须通过一定的物质载体表现出来；第三，书证一般能够起到较好的证明效果，往往能够直接证明案件的主要事实。

2. 书证的分类

对书证这种证据形式，我们可以按照不同的标准加以分类。

（1）以书证记载的内容及其法律后果不同为标准，可以将书证划分为处分性书证与报道性书证两种。处分性书证，是指具有确立、变更或消灭某一特定法律关系的内容的书证。报道性书证，是指只是记载了某种具有法律意义的事实，不能引起民事法律关系发生、变更或消灭的书证。

将书证区分为处分性书证与报道性书证的意义在于，处分性书证一般可以直接证明法律关系的发生、变更或消灭，但是单独的报道性书证却不能起到这样的证明作用。

（2）以书证制作主体不同为标准，可以将书证划分为公文书和非公文书。公文书，是指由国家机关或者具有公信权限的机构制作的文书。非公文书，是指公民个人、企事业单位和不具有公信权力的社会团体制作的文书。

将书证划分为公文书和非公文书的意义在于，二者所提供的证据效力不同。公文书的证明力高于非公文书。《民诉法解释》第 114 条规定："国家机关或者其他依法具有社会管理职能的组织，在其职权范围内制作的文书所记载的事项推定为真实，但有相反证据足以推翻的除外。必要时，人民法院可以要求制作文书的机关或者组织对文书的真实性予以说明。"

关于两份公文书记载的内容不一致时，应当如何认定事实的问题，《民事证据规定》没有涉及。[1]

（3）以书证的制作是否必须具备特定的形式要求为标准，可以将书证划分为普通形式的书证与特殊形式的书证两种。普通形式的书证，是指对形式和手续没有特定要求的书证。特定形式的书证，是指法律规定必须具备一定形式或履行一定手续的书证。

将书证区分为普通形式的书证与特殊形式的书证的意义在于，对于特殊形式的书证，如果在制作的过程中没有采取法定的形式、履行法定的手续就不能对案件事实起

〔1〕 但是《民法典》第 217 条规定："不动产权属证书是权利人享有该不动产物权的证明。不动产权属证书记载的事项，应当与不动产登记簿一致；记载不一致的，除有证据证明不动产登记簿确有错误外，以不动产登记簿为准。"

到证明作用。[1]

（4）以书证来源的不同为标准，可以把书证分为原本、正本、副本、复印件和节录本。原本（或称原件）是指文件制作人最初制成的文本。正本是指按原本抄录或印制，与原本具有相同效力的文本。副本是该文书的全部内容按照原本制作，对外具有与原本同样效力的文书。复印件是指用复印的手段制作的材料。节录本（或称节本），是指摘抄了原本文件部分内容的文本。

按照书证来源的不同对书证加以分类的意义在于，不同来源的书证具有不同的证据力。一般而言，原本、正本的证明力高于其他种类的书证。

3. 书证的提出命令与文书提出义务

当事人利用书证证明某项待证事实，必须向法院声明并出示该书证。但当书证由对方当事人持有而他们又拒绝提供时，如何达到收集与提供的目的，对此，两大法系都规定了当事人可以向法院申请文书提出命令，强制书证持有人负有文书提出的义务。所谓文书提出命令，是指法院根据当事人向法院提出的请求法院向持有文书的对方当事人或第三人发出提出文书命令的申请，经审查，发出的文书提出命令。对当事人来说，文书提出命令制度既是当事人通过法院向持有文书的对方当事人或第三人收集书证的一种手段，也是以此来证明所要证明事实的一种举证行为。我国《民诉法解释》第112条第1款规定，书证在对方当事人控制之下的，承担举证证明责任的当事人可以在举证期限届满前书面申请人民法院责令对方当事人提交。由此初步确立了我国民事诉讼中的文书提出制度。然而与西方国家文书提出制度的不同在于，我国的文书提出命令针对的对象仅及于诉讼中的当事人，不涉及案外人。

当事人提出申请后，法院应当进行审查。申请理由成立的，人民法院应当责令对方当事人提交，因提交书证所产生的费用，由申请人负担。对方当事人无正当理由拒不提交的，人民法院可以认定申请人所主张的书证内容为真实。

同时，为了保证当事人善意地使用书证，我国《民诉法解释》第113条规定，持有书证的当事人以妨碍对方当事人使用为目的，毁灭有关书证或者实施其他致使书证不能使用行为的，构成妨害民事诉讼的行为，人民法院可以对其处以罚款、拘留。《民事证据规定》第95条亦规定，一方当事人控制证据无正当理由拒不提交，对待证事实负有举证责任的当事人主张该证据的内容不利于控制人的，人民法院可以认定该主张成立。

---

〔1〕《民法典》第214条规定："不动产物权的设立、变更、转让和消灭，依照法律规定应当登记的，自记载于不动产登记簿时发生效力。"该法第215条同时规定："当事人之间订立有关设立、变更、转让和消灭不动产物权的合同，除法律另有规定或者当事人另有约定外，自合同成立时生效；未办理物权登记的，不影响合同效力。"上述规定在我国确立了物权变动与基础法律关系相区分的原则。因此，当事人若需要在诉讼中证明不动产物权已经设立、变更、转让或消灭，就必须出示其已经履行登记程序的证明。但是，如果仅欲证明与对方当事人之间的合同法律关系的内容，则无需出示已经履行特殊登记程序的证明，普通形式的书证即可起到证明作用。

（三）物证

1. 物证的概念与特征

物证，是以其外形、质量、数量、特征等客观存在来证明案件事实的实体物或痕迹。物证是一种比较常见的证据，英美法系国家将物证等同于实体证据，也称“指示证据”或“客体证据”。在《法国民事诉讼法》中，没有规定物证这种证据形式，这是因为物本身并不能成为定案的依据，物对案件事实的证明作用只有通过人的“解释”，比如鉴定、勘验、诊断、确认等方式才能体现出来。法律规定了解释物的具体方式和程序却没有把物作为一种单独的证据形式。对物的“解释”的结果视具体情况被归纳到其他证据形式的外延内。我国三大诉讼法中都将物证规定为一种独立的证据形式，它在诉讼证明中发挥着重要的作用。

物证与其他证据相比，具有以下特征：

（1）物证是以其外部特征、内在属性以及其存在的位置、状态等对案件事实起证明作用的证据。这是物证的最本质特征，也使物证明显区别于当事人陈述、证人证言等言词证据。

（2）物证具有较强的客观性与稳定性。物证本身表现为一定的客观存在，在没有受到外力改变或人为破坏、伪造的情况下，物证能够不受当事人的意志的左右，比较客观地反映案件事实。

（3）物证与待证事实之间的关联性差。物证一般只能成为间接证据，并且其与案件事实之间的联系必须通过一定的技术手段或通过其他证据才能展示出来。

2. 物证与书证的联系与区别

书证虽然是以记载的思想内容对案件事实起证明作用的证据，但是，书证所要表达的思想内容也必须记载于一定的物质载体上，才能为人所感知。因此，在外观上书证与物证十分接近，而且从证据分类的角度看，广义的物证包括书证。此外，同一文书既可以作为书证又可以作为物证。但是，在我国民事诉讼中，书证与物证是两种不同的、相互独立的证据形式，它们存在以下的区别：

（1）书证具有一定的思想内容，并以此证明案件事实，物证本身不具有思想内容，而是以其存在、外形特征等证明案件事实。

（2）法律对某些书证的形式有特殊的要求，只有符合法律要求的书证才能起到证明作用，但是法律对物证的形式则没有特殊的要求。

（3）书证只要保持完好，在相当长的一段时间内都可以起到证明作用，而物证随着时间的推移、环境的变化有变质、损毁、灭失的可能。

（四）视听资料

1. 视听资料的概念与特征

视听资料，是指利用录音、录像等技术手段记录的内容来证明案件真实情况的一种证据。视听资料是随着科学技术的发展而出现的，并被广泛应用于诉讼中的一类证据。在英美法系国家，视听资料被纳入书证之列。我国民事诉讼法鉴于视听资料所具有的特殊性，将其作为一种独立的证据形式。

与其他类型的证据相比，视听资料不仅生动形象，而且储存信息量大，易于保存、携带，但是容易被伪造。

2. 视听资料与书证、物证的区别

根据我国民事诉讼法的规定，视听资料是独立于书证和物证的一种证据形式，它明显地不同于后两种证据形式。

视听资料与书证虽然都以一定的思想内容来证明案件事实。但是，视听资料是以音响、图像、数据反映的内容，而不是以文字、符号表达的内容证明案件事实的；视听资料可以以动态和静态两种方式证明案件事实，而书证只能以静态方式证明案件事实。

视听资料由于离不开一定的物质载体，因此从外观上，视听资料也表现为一定的物质形式。但是，与物证不同，视听资料是以其记载的图像、声音、色彩等对案件事实起证明作用的，而物证则是以其外部特征、物理或化学状态对案件起证明作用的；视听资料可以以动态和静态两种方式证明案件事实，而物证只能以静态方式证明案件事实；视听资料往往可以形成直接证据，直接、单独地证明案件主要事实，而物证一般属于间接证据，只能证明案件事实的一个情节或片段。

（五）电子数据

1. 电子数据的概念

随着计算机技术和通信技术的飞速发展，电子数据受到越来越多的关注和重视，电子证据立法已逐渐成为各国立法机关必须面对的课题。[1]

我国修正后的《民事诉讼法》明确将电子数据定位为一种独立的证据形式，此种立法上的变化必将有利于电子数据在司法实践中的广泛使用。根据《民诉法解释》电子数据是指通过电子邮件、电子数据交换、网上聊天记录、博客、微博客、手机短信、电子签名、域名等形成或者存储在电子介质中的信息。存储在电子介质中的录音资料和影像资料，适用电子数据的规定。[2]

2. 电子数据的收集和保全

电子数据的收集，通常采取以下方法和措施：第一，对与案件有关的电脑中的数据和资料进行备份，并在备份上进行数字签名；第二，收集有关电子设备和系统软件的资料，搜查与扣押电脑等电子设备；第三，技术鉴定，比如鉴定电子证据的形成过程，以确定电子数据是否被解密、被删改，鉴定电子信息传递情形和设备运行状况等；第四，现场勘验，包括勘验单机现场、勘验网络现场。[3]

---

〔1〕 我国《电子签名法》第7条规定："数据电文不得仅因为其是以电子、光学、磁或者类似手段生成、发送、接收或者储存的而被拒绝作为证据使用。"

〔2〕 典型意义上的电子数据主要有：①应用计算机技术产生的证据，例如数据图片、数据文档、黑匣子记录、智能交通信息卡、电子货币等；②应用网络技术产生的证据，例如，电子邮件、BBS记录、电子聊天记录、电子数据交换、电子报关单等。

〔3〕 参见何家弘主编：《电子证据法研究》，法律出版社2002年版，第57~66页。

同时，还应当注重以“公证”的方式保全电子数据。电子数据公证包括传统公证和网络公证。“网络公证”系公证机构利用计算机和互联网技术，对互联网上的电子身份、电子交易行为、数据文件等进行公证。此外，不要忽视对其他证据的收集和保全，如有关计算机的书证、物证、证人证言等，电子数据若能与其他证据相互印证，则往往具有更强的证明力。《民事证据规定》第 15 条第 2 款规定，当事人以电子数据作为证据的，应当提供原件。电子数据的制作者制作的与原件一致的副本，或者直接来源于电子数据的打印件或其他可以显示、识别的输出介质，视为电子数据的原件。

3. 电子数据的质证与判断

电子数据质证与判断的内容，仍然是其关联性、真实性与合法性之有无及证明力之大小。电子数据的关联性与其他证据没有什么不同，然而电子证据的特点决定了对其真实性与合法性及证明力的质证与判断有着特殊之处。

对于电子数据真实性的判断，在国外通常采取推定、当事人在诉讼上自认和证人具结等方法，其中推定应用得最为普遍而被视为采纳电子证据的第一法则。[1]许多国家法律规定，根据电子证据所依赖的计算机系统具有可靠性，或者根据电子证据系由对其不利的一方当事人保存或提供的，或者根据电子数据系在正常的业务活动中生成并保管的，可以推定该电子数据具有真实性。所以，对于电子数据的真实性，一般可以从操作人员、操作程序、信息系统三者的可靠性方面进行质证和判断。[2]《民事证据规定》第 94 条第 2 款规定，电子数据的内容经公证机关公证的，人民法院应当确认其真实性，但有相反证据足以推翻的除外。

数据电文的电子签名的真实性作为证据资格的内容，应当是质证和判断的重要内容。我国《电子签名法》第 13 条规定，电子签名同时符合下列条件的，视为可靠的电子签名：①电子签名制作数据用于电子签名时，属于电子签名人专有；②签署时电子签名制作数据仅由电子签名人控制；③签署后对电子签名的任何改动能够被发现；④签署后对数据电文内容和形式的任何改动能够被发现。当事人也可以选择使用符合其约定的可靠条件的电子签名。[3]

---

〔1〕 刘品新：“电子证据真伪判断研究”，载《人民法院报》2003 年 5 月 26 日；刘立霞、岳悍惟：“民事诉讼中判断电子证据真实性的标准”，载《山东公安专科学校学报》2003 年第 3 期；何家弘主编：《电子证据法研究》，法律出版社 2002 年版，第 126~128 页。

〔2〕 例如，在审查生成、储存或者传递数据电文方法的可靠性时，可以审查数据电文是否由合法操作人员生成、储存、传递，是否经未授权者侵入、篡改；数据电文是否严格按照操作程序来生成、储存、传递，有无违规改动、删除；用以生成、储存、传递数据电文的信息系统是否稳定、可靠，是否容易招致非法侵入，等等。

〔3〕 就电子证据的主体认定或签名的真实性，有学者提出了如下认定规则：第一，根据我国《合同法》（已失效）第 33 条（即《民法典》第 491 条）的规定，采用数据电文等形式订立合同，在合同成立之前签订确认书的，根据确认书确定主体。第二，计算机证据中署名单位的，应认定为单位。第三，计算机证据中虽署名为具体的业务员名字或单位与业务员合署，但从计算机证据正文中的内容来看是单位业务的，应认定为单位。第四，如果从计算机证据内容中能够明显看出是某项商务的延续，应认定为是单位行为。第五，根据电子签名、密码、交易记录、计算机特有信息等相关内容识别主体。第六，通过回邮邮箱，或在邮件初发服务器上查得历史记录，或通过特殊手段根据随机 ID 等查证主体。参见张西安：“论计算机证据的几个问题”，载《人民法院报》2000 年 11 月 7 日。

（六）证人证言

1. 证人与证人证言的概念与特征

所谓证人，是指就其感知的案件真实情况向人民法院作证的人。所谓证人证言，是指证人就其所感知的情况在民事诉讼过程中向审判人员所作的陈述。证人证言是最古老的一种证据形式，普遍地存在于各国的诉讼制度中。对证人证言使用规则的规定构成了各国证据制度中不可或缺的组成部分。我国民事诉讼法将证人证言作为一种单独的证据种类，并且规定，凡是知道案件情况的单位和个人，都有义务出庭作证，足以看出其重要性。证人证言作为证人向司法机关所作的陈述，虽然虚假、失实的可能性大，但是具有不可替代性，并且具有较好的证明效果。

2. 证人的范围与资格

我国《民事诉讼法》第 75 条第 1 款规定："凡是知道案件情况的单位和个人，都有义务出庭作证。有关单位的负责人应当支持证人作证。"因此，在我国，证人包括自然人与单位两类。其中，自然人既包括中国人，也包括外国人和无国籍人。

根据《民诉法解释》第 115 条的规定，单位向人民法院提出的证明材料，应当由单位负责人及制作证明材料的人员签名或者盖章，并加盖单位印章。人民法院就单位出具的证明材料，可以向单位及制作证明材料的人员进行调查核实。必要时，可以要求制作证明材料的人员出庭作证。单位及制作证明材料的人员拒绝人民法院调查核实，或者制作证明材料的人员无正当理由拒绝出庭作证的，该证明材料不得作为认定案件事实的根据。

证人的资格也称证人的适格性，指由法律规定的证人作证应当具备的条件。一般而言，证人必须具备以下两个条件才能作证：第一，对案件事实有所感知。证人必须知道案件情况，这是证人作证的首要条件。第二，必须能够正确表达。证人必须将自己知道的关于案件的情况告知法官，才能对案件起到证明作用，因此，不能正确表达的人不能出庭作证。

但是，根据我国的法律，虽然具备上述两个条件，下列人员也不得作为证人：

（1）诉讼代理人。对同一案件，诉讼代理人的身份与证人的身份是相互冲突的，因而不能既担任诉讼代理人又作证人。诉讼代理人如了解案件的重要事实，确有出庭作证的必要，应当在取消委托或辞去委托后，以证人身份出庭作证。

（2）办理本案的法官、书记员、鉴定人、翻译人员、勘验人员。办理本案的上述人员如同时作为案件的证人，就有可能影响到司法的公正，所以不得作为本案的证人。与当事人有亲属关系和其他密切关系的人如果了解案件事实，可以作为证人出庭作证，但他们提供的证言证明力较低，一般低于其他证人提供的证言。在缺乏其他证据佐证的情况下，不得单独作为认定案件事实的依据。

3. 证人的权利与义务

证人的权利是证人充分履行职责的前提。我国《民事诉讼法》对证人的权利没有明确的规定，但是根据民事诉讼法理论，证人应当享有以下权利：第一，使用本民族的语言文字提供证言的权利；第二，补充、更正笔录权；第三，受到保护权；第四，获得补偿权。证人因作证而受到经济损失的，对误工减少的收入和出庭引起的合理费用的支出，比如误工工资、误工补贴、差旅费等有权要求获得补偿。〔1〕

证人的义务主要包括以下三个方面：

（1）按时出庭作证的义务。在我国，证人出庭可以基于当事人的申请，也可以基于法院依职权通知。但是，在我国证人出庭率低的问题一直困扰着司法界，《民事证据规定》第68条规定，人民法院应当要求证人出庭作证，接受审判人员和当事人的询问。但是，为了控制司法成本，该司法解释同时规定，证人在审理前的准备阶段或者人民法院调查、询问等双方当事人在场时陈述证言的，视为出庭作证。同时，在民事诉讼程序中，当事人对证人作证的形式具有一定的选择权。双方当事人同意证人以其他方式作证并经人民法院准许的，证人可以不出庭作证。除此之外，在一般情况下，无正当理由未出庭的证人以书面等方式提供的证言，不得作为认定案件事实的根据。

（2）如实陈述的义务。证人出庭后，应如实陈述所了解的案件事实，如实回答法官、当事人、诉讼代理人向他提出的问题，不得对事实进行增减，更不得作伪证。为了保证证人真实陈述案件事实，根据《民诉法解释》第119、120条的规定，人民法院在证人出庭作证前应当告知其如实作证的义务以及作伪证的法律后果，并责令其签署保证书，但无民事行为能力人和限制民事行为能力人除外。证人签署保证书适用关于当事人签署保证书的规定。证人拒绝签署保证书的，不得作证，并自行承担相关费用。

（3）保守秘密的义务。证人对其在作证过程中知悉的国家秘密、商业秘密或他人的隐私负有保密的义务。

为了保障证人对案件的记忆不被混淆和影响，我国立法规定，证人不得旁听庭审的过程。同时证人在作证的过程中也不得使用推测、评论性的语言。

（七）鉴定意见

1. 鉴定意见的概念与特征

所谓鉴定意见，是指鉴定人运用专门知识，根据案件材料，对案件所涉及的专门性问题进行分析鉴别后提出的事实认定意见。鉴定人则是指对所需要鉴定的问题具有专业知识，受法院指定或当事人聘请从事鉴定工作，提出鉴定意见的人。

鉴定意见这类证据形式的出现有利于补充事实裁判者认识能力的不足，提高事实认定的准确性和判决的科学性。

鉴定意见具有以下特征：

（1）科学性、可靠性。鉴定意见由于是由具有专业知识的人，运用科学的仪器设

---

〔1〕《民事诉讼法》第77条规定，证人因履行出庭作证义务而支出的交通、住宿、就餐等必要费用以及误工损失，由败诉一方当事人负担。当事人申请证人作证的，由该当事人先行垫付；当事人没有申请，人民法院通知证人作证的，由人民法院先行垫付。《民诉法解释》第118条第1款进一步明确了对证人进行补偿的标准，证人因履行出庭作证义务而支出的交通、住宿、就餐等必要费用，按照机关事业单位工作人员差旅费用和补贴标准计算；误工损失按照国家上年度职工日平均工资标准计算。

备和先进的分析、测试方式对特定问题进行鉴定得出的结论，因此使事实认定的科学性与可靠性得到了有力的保障。

（2）鉴定意见针对的是事实问题而不是法律问题。鉴定意见这一证据形式之所以有必要存在，是因为在诉讼中有部分事实必须依靠专门的知识才能认定。这里所谓的专门知识是指科学技术知识而不是法律知识，法律问题应当由审理案件的法官解决。

2. 鉴定人与证人及专家辅助人的区别

在我国民事诉讼中，鉴定意见与证人证言是相互独立的两种证据形式。鉴定人与证人虽然都是民事诉讼的诉讼参与人，在诉讼中都享有一定的诉讼权利，而且都有助于帮助法院正确认定案件事实。

但是，鉴定人与证人存在许多不同之处，主要表现为：

（1）是否需要专业知识不同。鉴定人的责任是对案件中涉及的专业问题分析研究后提出结论性意见。因此，鉴定人必须具有一定的专业知识和技能，否则就难以胜任；证人是就其了解的案件事实向法庭作证的人，这些事实是诉讼中的一般性的问题，因而无需具备专业知识，普通人只要对案件事实知情，并且能够正确表达，就可以作证。

（2）了解案件事实的时间不同。鉴定人是在诉讼开始后通过阅卷等方式了解案件事实的；证人了解案件事实一般在案件事实的发生、发展过程中。

（3）能否发生回避问题不同。鉴定人与案件处理结果无利害关系是保证鉴定意见客观性的必要条件之一，因此，民事诉讼法关于审判人员的回避的规定也适用于鉴定人；能否成为证人，取决于是否了解案件的情况，证人即使与案件有利害关系或者是当事人的近亲属，也只会对证言的证明力产生影响，不发生回避问题。

（4）是否具有可以替代性不同。鉴定人具有可以替代性，对同一专业问题有能力提出鉴定意见的专业人员或机构往往不止一个，因此有比较大的选择余地；证人作证是基于其对案件事实的感知，事实发生在过去，具有不可逆性，证人对案件事实的感知过程同样具有不可重复性，因此证人是不可替代的。

（5）向法庭提供的信息不同。鉴定人向法庭提供的，是对专门问题进行鉴定、分析后得出的意见；证人向法庭提供的是对案件事实的客观描述，不需要对案件事实进行分析判断。

在我国民事诉讼中，当事人可以向人民法院申请由1名至2名具有专门知识的人员出庭就案件的专门性问题进行说明。人民法院准许其申请的，有关费用由提出申请的当事人负担。由此可见，在我国民事诉讼中，专家辅助人的作用就是帮助当事人就专门性问题进行说明和审查。鉴定人与专家辅助人都必须具有专门知识，但是两者存在以下区别：

（1）参加诉讼的根据不同。在我国民事诉讼中，鉴定人的产生由当事人协商确定，协商不成的由法院指定。对于当事人单方面委托鉴定人的效力，《民事证据规定》第41条规定，对于一方当事人就专门性问题自行委托有关机构或者人员出具的意见，另一方当事人有证据或者理由足以反驳并申请鉴定的，人民法院应予准许。专家辅助人则是由单方当事人聘请参加诉讼活动的。

（2）在诉讼中发挥的作用不同。鉴定人参加诉讼的目的是就案件中的专门性问题作出结论性意见，鉴定人作出的鉴定意见在诉讼中可以作为证据使用；专家辅助人的作用是帮助当事人对案件中的专门性问题进行说明和解释，以及对鉴定人进行询问。

3. 鉴定人的选任

不同的国家由于诉讼模式的不同，在鉴定人的选任制度上有所区别。英美法系国家的鉴定人属于证人的一种，主要由当事人选任，在诉讼中为当事人服务。大陆法系国家的鉴定人实行法官委托制，一般由法官聘请或指定，是为司法机关服务的。

我国的鉴定人选任制度，综合了英美法系国家和大陆法系国家的特点，对鉴定人的选任有当事人协商确定与法院依职权确定两种方式。《民事诉讼法》第 79 条第 1 款规定，当事人可以就查明事实的专门性问题向人民法院申请鉴定。当事人申请鉴定的，由双方当事人协商确定具备资格的鉴定人；协商不成的，由人民法院指定。《民事证据规定》第 30 条规定，人民法院在审理案件过程中认为待证事实需要通过鉴定意见证明的，应当向当事人释明，并指定提出鉴定申请的期间。可见，当事人协商确定鉴定人是我国鉴定人产生的主要方式，只有在当事人协商不成的情况下，法院才会依职权指定鉴定人。同时，在诉讼中，当事人未申请鉴定，人民法院对专门性问题认为需要鉴定的，应当依职权委托具备资格的鉴定人进行鉴定。

无论是以人民法院指定还是以当事人协商的方式选任鉴定人，所确定的鉴定机构、人员都必须是有能力对案件中涉及的专业性问题作出鉴定意见的。在我国目前情况下，鉴定部门有两种：一种是法律明确规定的鉴定部门；另一种是法律和行政法规未作出规定的鉴定部门。如果案件中所涉及的专业性问题存在法定的鉴定部门，则无论是人民法院指定，还是当事人协商确定鉴定部门，都必须是法定的鉴定部门。如果案件中所涉及的专业性问题不存在法定的鉴定部门，可以由人民法院根据具体情况指定具有相应技术设备的部门进行鉴定。

4. 鉴定人的权利和义务

为了保证鉴定意见的客观性和公正性，法律规定鉴定人在诉讼中享有一定的权利并承担一定的义务。

鉴定人的权利包括以下几项：第一，有权了解鉴定所需要掌握的材料，必要时可以询问当事人、证人，进行现场勘验；第二，有权独立地提出鉴定意见；第三，有拒绝鉴定权；第四，有权要求给付必要的鉴定费用和劳务报酬。

鉴定人的义务包括以下几项：第一，客观、公正地进行鉴定的义务。《民事证据规定》第 33 条第 1 款规定，鉴定开始之前，人民法院应当要求鉴定人签署承诺书。承诺书中应当载明鉴定人保证客观、公正、诚实地进行鉴定，保证出庭作证，如作虚假鉴定应当承担法律责任等内容。第二，提交鉴定意见，出庭接受质证和审查的义务。鉴定人接受鉴定任务后，应及时提交鉴定意见书，并出庭作证。当事人对鉴定意见有异议或者人民法院认为鉴定人有必要出庭的，鉴定人应当出庭作证。经人民法院通知，鉴定人拒不出庭作证的，鉴定意见不得作为认定事实的根据；支付鉴定费用的当事人可以要求返还鉴定费用。

（八）勘验笔录

1. 勘验笔录的概念与特征

所谓勘验笔录，是指人民法院的审判人员在诉讼过程中对与案件有关的物品或现场进行查验、测量、拍照后制作的笔录。民事诉讼中常见的勘验笔录主要包括现场勘验笔录、物证勘验笔录和人身检查笔录。勘验笔录在我国民事诉讼中是一种独立的证据，也是一种重要的固定和保全证据的方法。人民法院认为有必要的，可以根据当事人的申请或者依职权对物证或者现场进行勘验。勘验时应当保护他人的隐私和尊严。人民法院可以要求鉴定人参与勘验。必要时，可以要求鉴定人在勘验中进行鉴定。勘验虽然是由人民法院组织的证据收集和调查的程序，但是《民事证据规定》仍赋予了当事人参与勘验程序的权利。该规定第 43 条第 1 款规定，人民法院应当在勘验前将勘验的时间和地点通知当事人。当事人不参加的，不影响勘验进行。

勘验笔录具有以下特征：

（1）勘验笔录具有较强的客观性。勘验笔录是对与案件有关的物品或现场情况的客观记载，而不是记录人员的主观判断或分析。因此，具有较强的客观性。

（2）勘验笔录具有综合的证明力。勘验笔录不是孤立地反映现场的情况，而是综合性地反映现场各种证据之间的相互关系以及现场与周围环境之间的相互关系，是一种具有综合证明力的证据形式。

2. 勘验笔录的制作

勘验笔录应当由人民法院的工作人员主持制作，人民法院在进行勘验的过程中可以根据需要邀请具有专业知识的人员协助工作。勘验笔录记载的内容必须全面、客观、准确。具体内容根据被勘验对象不同有所区别，但是一般而言，勘验笔录应记载勘验的时间、地点和场所，勘验人、记录人的基本情况，在场的当事人或其成年家属（如果他们拒不到场，也应将情况记入笔录），被邀请参加人，勘验对象，勘验情况和勘验结果。还应由勘验人、记录人、当事人或其成年家属、被邀请参加人在笔录结尾处分别签名或盖章。

勘验笔录除了可以用文字方式记载外，只要能够客观、全面地反映被勘验对象的情况，还可以辅助以照相、录音、绘图等方式。

人民法院在进行勘验时，应当严格遵循法定程序。勘验物证或者现场，勘验人必须出示人民法院的证件，并邀请当地基层组织或者当事人所在单位派人参加。当事人或者当事人的成年家属应当到场，拒不到场的，不影响勘验的进行。勘验人应当组织好勘验活动，维持现场的秩序。有关单位和个人根据人民法院的通知，有义务保护现场，协助勘验工作。

3. 勘验笔录的审查与判断

勘验笔录作为一种法定的证据形式，必须经过人民法院查证属实，才能作为认定事实的依据。

对勘验笔录的审查与判断，首先，应当确定实施勘验的主体是否符合法律的规定。参与勘验的人员是否具备一定的专业技术水平和业务素质，是否能够胜任勘验工作。其次，还应当审查勘验的程序是否合法。勘验人是否出示了法院的证件，并邀请当地基层组织或者当事人所在单位派人参加；勘验人与见证人是否在笔录上签字或盖章。最后，还应当审查被勘验的物品和现场是否受到人为的或自然力的破坏；笔录上有无篡改、伪造的痕迹；勘验笔录与案件中的其他证据是否能够相互印证，有无矛盾之处；等等。如有上述情况，则会影响勘验笔录的效力。

第三节　证据的收集与保全

一、证据的收集

在当事人和人民法院收集证据的分工方面，《民事诉讼法》第 67 条第 1、2 款规定："当事人对自己提出的主张，有责任提供证据。当事人及其诉讼代理人因客观原因不能自行收集的证据，或者人民法院认为审理案件需要的证据，人民法院应当调查收集。"《民事诉讼法》对法院收集证据的权限规定得过于宽泛，影响调动当事人收集证据的主动性和积极性，也增加了法院的负担。同时，法院的调查取证行为，削弱了法官的中立形象。

鉴于我国《民事诉讼法》对证据收集的规定存在的问题，最高人民法院于 2015 年修正的《民诉法解释》进一步限制了人民法院调查收集证据的权利，规定法院只有在法定情况下才可以收集证据。具体而言，法院收集证据的权利可以分为以下两种情况：

（1）法院主动调查收集证据的权力。根据最高人民法院颁布的《民诉法解释》第 96 条的规定，对于"（一）涉及可能损害国家利益、社会公共利益的；（二）涉及身份关系的；（三）涉及民事诉讼法第五十八条规定诉讼的；（四）当事人有恶意串通损害他人合法权益可能的；（五）涉及依职权追加当事人、中止诉讼、终结诉讼、回避等程序性事项的"，法院应当主动收集证据。

（2）当事人申请法院调查证据的权利。根据最高人民法院颁布的《民诉法解释》第 94 条的规定，当事人申请人民法院调查收集证据必须符合下列条件之一：①申请调查收集的证据属于国家有关部门保存，当事人及其诉讼代理人无权查阅调取的；②涉及国家秘密、商业秘密个人隐私的材料；③当事人及其诉讼代理人因客观原因不能自行收集的其他证据。

当事人申请法院调查收集证据必须遵循法定程序，当事人应当在举证期届满前向人民法院提交书面申请文件。法院接到当事人的申请后，认为当事人的申请符合法律的规定，应当作出批准申请的决定并由两人以上共同收集证据。《民诉法解释》第 97 条规定："人民法院调查收集证据，应当由两人以上共同进行。调查材料要由调查人、被调查人、记录人签名、捺印或者盖章。"当事人申请调查收集的证据，与待证事实无关联、对证明待证事实无意义或者其他无调查收集必要的，人民法院不予准许。法院对当事人的申请不批准的，当事人可以在接到法院的书面通知后 3 日内向作出决定的法院申请复议一次，法院应在接到复议申请后 5 日内作出答复。《民事诉讼法》第 70 条第 1 款规定，人民法院有权向有关单位和个人调查取证，有关单位和个人不得拒绝。《民诉法解释》第 115 条第 1 款规定，单位向人民法院提出的证明材料，应当由单位负责人及制作证明材料的人员签名或者盖章，并加盖单位印章。人民法院就单位出具的证明材料，可以向单位及制作证明材料的人员进行调查核实。必要时，可以要求制作证明材料的人员出庭作证。

二、证据保全

（一）证据保全的概念

所谓民事诉讼证据保全，是指在证据可能灭失或者以后难以取得的情况下，人民法院根据当事人及其诉讼代理人的申请或者依职权主动采取一定措施对证据加以固定的调查取证措施。证据保全是防止证据灭失或失去取得机会的有效措施，是当事人及其诉讼代理人、人民法院收集证据的程序保障。因此，从严格意义上说，证据保全是一种特殊的调查取证的方法。证据保全制度的存在，有利于人民法院查明案件事实，及时有效地维护当事人的合法利益。

（二）证据保全的种类

根据我国《民事诉讼法》《海事诉讼特别程序法》和《民事证据规定》等法律、司法解释的规定，证据保全在民事诉讼中有诉讼证据保全和诉前的证据保全两种形式。诉讼中的证据保全，是指在诉讼进行中，证据有可能灭失或以后难以取得的情况下，法院采取的固定和保护证据的制度；诉前证据保全，是指在起诉之前，根据利害关系人的申请，人民法院对可能灭失或者以后难以取得的证据予以提取、保存或者封存的制度。

诉讼证据保全与诉前证据保全的区别在于：

（1）发生的时间不同。诉讼证据保全发生在案件受理后到判决生效这一段时间；诉前证据保全发生在利害关系人向人民法院提起诉讼前。

（2）提起保全的主体不同。诉讼证据保全一般由当事人提起，在有必要时法院也可以主动采取保全措施；诉前证据保全由于尚未进入诉讼程序，因此只能由利害关系人向人民法院提出申请。

（三）证据保全的程序与方法

（1）申请。当事人在遇到证据有可能灭失或以后难以取得的情况下，可以在举证期限届满前向人民法院提出证据保全的书面申请，申请书应当包括以下内容：申请保全证据的种类和内容；申请保全的证据与案件事实之间的关系；申请保全证据的理由。

人民法院在诉讼过程中也可以无须当事人申请，依职权主动采取保全措施。

（2）管辖。当事人在诉讼过程中申请证据保全，应当向审理案件的法院提出申请。利害关系人在诉前或仲裁前申请证据保全，应当向证据所在地、被申请人住所地或者对案件有管辖权的人民法院申请。人民法院采取诉前证据保全措施后，当事人向其他有管辖权的人民法院提起诉讼的，采取保全措施的人民法院应当根据当事人的申请，将保全的证据及时移交受理案件的人民法院。

（3）审查。人民法院在接到当事人的保全申请以后，应当进行审查，认为符合证据保全的条件的，作出准予证据保全的裁定书，认为不符合证据保全条件的，裁定驳回申请。

（4）担保。当事人申请证据保全或人民法院依职权采取证据保全措施的，原则上不必提供担保。但是，证据保全可能对他人造成损失的，人民法院应当责令申请人提供相应的担保。当事人拒绝提供担保的，人民法院将驳回证据保全申请或解除证据保全措施。申请证据保全错误造成财产损失，当事人请求申请人承担赔偿责任的，人民法院应予支持。

（5）证据保全的方法。人民法院在对证据采取保全措施时，应当根据不同种类的证据有针对性地采取相应的证据保全方法。常见的证据保全方法有笔录、录音、照相、录像、提取实物、查封、扣押等方法。对证人证言的保全，一般采用录取证言的方法，也可以用录音、录像的方法。对于物证，可以用勘验或鉴定的方法。对书证，可以用复印、拍照的方法。无论采取何种方法保全证据，均应力争做到使证据能够客观地反映案件的真实情况。证据保全的材料，人民法院应当附卷保管。

【思考题】

一、概念题

证据的特征　证据的关联性　证据能力　证明力　言词证据　实物证据　反证　间接证据　传来证据　当事人的陈述　证据保全

二、简答题

1. 简述证据能力与证明力之间的区别。
2. 简述民事证据的合法性。
3. 简述人民法院调查取证的范围。
4. 简述言词证据与实物证据的特点。
5. 简述反证与反驳之间的区别。
6. 简述鉴定人与证人之间的区别。

三、论述题

1. 试述当事人真实陈述的义务。
2. 试述证据能力与证明力之间的关系。

第十一章
民事诉讼证明

学习目的与基本要求 正确认识诉讼证明的基本要素，全面掌握证明对象与证明活动有关的基本范畴，明确界定民事诉讼证明的分类；准确把握证明责任的概念内涵与应用功能，关注证明责任分配的基本原理；严格识别不同类型案件所涉及的证明标准，重点把握涉及证明过程各个环节的基本原理和程序应用。

第一节　民事诉讼证明与证明对象

民事诉讼证明是当事人在民事诉讼上通过提供证据证明其诉讼主张的诉讼行为。民事诉讼的证明对象包括民事实体法事实、程序法事实、纠纷事实、证据事实以及与案件有关的其他事实。在广义上，与证明活动有关的范畴包括证明主体、证明客体、证明行为、证明责任、证明方式、证明模式、证明标准、证明规则、证明目的、证明价值等范畴。狭义上的证明应包括待证命题、论据、论证或推论、结论。

一、民事诉讼证明的概念

证明是特定主体对既定的命题按照一定规则所进行的包括论证、实证、推论、试验等方式在内的认识过程并得出相应的结论。证明是人的一种能动地对包括客观现象及内在规律在内的客观存在加以认识的思维模式。思维是人类对客观事物的现象及其内在规律性在认识形态上的高级阶段，是对客观现象及其内在规律间接的、概括的和能动的反映。人类对客观事物的认识包括低级的感性认识阶段与高级的理性认识阶段。相对于低级的感性认识阶段而言，高级的理性认识阶段不仅能够认识事物的表面现象，而且能够认识和正确地把握事物的内在本质与规律。思维即是人类对客观事物的现象及其内在规律性在认识形态上的高级阶段，是对客观现象及其内在规律间接的、概括的和能动的反映。在实践中，特定主体若想证明某一既定的命题，就得按照一定规则进行包括论证、实证、推论、试验等方式在内的认识过程并得出相应的结论，这其中体现的就是人能动地对客观存在的现象及内在规律加以认识的思维模式。人的有目的的证明活动是在设定了既定的命题前提下进行高级的理性认识，而低级的感性认识不能够有助于就待证的命题作出科学的论证。因此，人对某类事物的证明活动属于一种高级的理性认识形态，它是以感性认识阶段所能够提供的信息、材料作为根据，经过分类、比较、分析、综合、抽象、概括等思维方式通过已知的现象、信息和既已认识到的规律、经验对于未知或未然的事物作出符合事物发展规律的判定与认识，也就是得出符合逻辑和经验的结论，从而实现证明的价值与证明的目的。

所谓民事诉讼证明，是指在民事诉讼上，当事人通过提供证据证明其诉讼请求和事实主张的诉讼行为。从诉讼证明的总体范畴上而言，证明是根据已知的客观材料或信息手段借以在审判上认定或判定作为待证命题事项为真实的行为效果。据此而言，诉讼证明的范畴根据法律上对某种待证事项的要求不同可分为证明与释明。证明包括广义上的证明和狭义上的证明。前者是指当事人就其主张的事实存在与否进行证实的活动，而狭义上的证明则是指当事人不仅要对事实存在与否进行证明，且要使法官达到内心确信。释明是相对于狭义上的诉讼证明的概念，来自于大陆法系理论，是指当事人就其主张的事实使法官内心认为大概如此即可，即达到相对薄弱的心证。在民事诉讼中，一般要求当事人对其主张的实体法律事实必须加以证明，而程序性事项则达到释明程度即可。所以说释明在诉讼法上，是一种广义上的证明，是对程序性事项提出相应的主张所应负担的一种证明责任。释明可以减轻当事人的证明负担。另外，根据学理上的演绎，还可以将证明分为严格证明与自由证明。所谓严格证明，是指采用法律所规定的证据资料或证据方法并且根据法定程序所进行的证明。与严格证明相对而言，所谓自由证明，是指采用法律所规定的证明方法以外的且不受法定程序所约束的证明。

有时在学理上将证据又称之为证明，用以表示运用证据进行的相关活动，或称之为举证。〔1〕在诉讼上凡属于有争执的事项，必须提出证据予以证明，并且法官必须依据证据对争执的事实作出判断，并形成其心证，最后依其所形成的心证作出裁判。如此对于事实的存否可使法官形成一定程度的心证或者因而获得心证的称为证明。由此可见，为解决诉讼上成为问题的事实，无论实体法上的事实或者诉讼法上的事实，均须有证明。〔2〕

二、民事诉讼证明的分类

在学理上，根据相应的标准可以将证明划分为不同的类型。

（一）严格证明与自由证明

根据对证据种类和证明程序的不同要求，可将诉讼证明分为严格证明与自由证明。

从概念的起源而言，严格证明与自由的证明均是产生于德国诉讼法上的理论学说，这两种类型的证明模式是从立证的角度能否划分为严格的客观法则的限制加以区别所取得的。从历史发展来看，诉讼证明大致是由自由证明逐步走向严格证明的，同时，自由证明的形成与发展在逐渐克服其任意性与盲目性的条件下也开辟了其科学与理性的空间与领域，形成其独立与合理的范畴。作为民事诉讼上的证明而言，严格证明与

〔1〕 陈荣宗、林庆苗：《民事诉讼法》，三民书局 1996 年版，第 481~482 页。
〔2〕 蔡墩铭、朱石炎：《刑事诉讼法》，五南图书出版公司 1981 年版，第 84 页。

自由证明是相对概念与范畴，在界定上对其内涵与外延作出清晰而明确的划分，对于正确地认识程序的正义与司法的正当性具有重要意义。[1]

所谓民事诉讼中的严格证明，是指基于对案件待证事实作出判定的需要，根据法律所规定的证据种类或证据方法，并且依据法定的证明程序而进行的证明。在民事诉讼中，当事人主张且双方发生争议的实体法事实应当适用严格证明，这种实体法事实应限于与当事人之间的权利义务关系直接有关的要件事实。这种民事诉讼上的要件事实，是指在民事诉讼上具有法律意义的，能够引起某一法律权利义务或者法律效果发生、妨碍、阻却或者消灭的事实。

所谓民事诉讼上的自由证明，是指在民事诉讼上无需采用法定的证据资料（证据种类）或证据方法，且无需适用法定的证明程序所进行的诉讼证明活动。自由证明是一种法律虽不规定但在民事诉讼上又不禁止采用的一种证明模式。可见，自由证明是指属于严格证明之外的一切证明，这些证明均可被称之为自由证明。只要这些证明为审理民事案件所必要时，均可属于自由证明之列。民事诉讼上的自由证明的适用范围主要包括据以证明当事人之间权利义务关系要件事实的间接事实与辅助事实、程序法事实、特别经验法则、习惯法、地方法规、外国法、交易习惯、商业惯例、行业标准等。

（二）完全证明与释明

根据对法官心证程度的不同要求，可将诉讼证明分为完全证明与释明。相对于完全证明，在某种意义上释明属于一种“不完全”类型的证明，即无论是通过当事人的举证，还是法院依职权调查，对有关证明对象在法官内心所要求的确信度仅为“大概如此”即可。

所谓完全证明，是指根据诉讼上的证明标准对证明对象加以证明而须在法官内心确信上达到高度盖然性的程度。作为完全证明的证明对象，通常为某一特定案件的当事人之间所争议的要件事实。

所谓释明，是指基于有关证明对象的特殊性，诉讼上对有关证明标准在法官内心确信上并非有要求需达到高度盖然性的程度。作为释明的证明对象，主要包括证明与实体法事实有关的某些辅助性事实、程序法事实等。

三、民事诉讼证明对象

（一）民事诉讼证明对象的概念

所谓诉讼上的证明对象，主要是指诉讼上的当事者需要采用证据加以证明的，并最终由裁判者加以确认的有关事实。

证明对象是诉讼主体发动诉讼和应对诉讼所面临的不容回避的焦点议题。一切诉讼活动必须紧紧围绕诉讼上的证明对象来展开。与证明主体相比较，不同类型或者不

[1] 毕玉谦：《证据制度的核心基础理论》，北京大学出版社2013年版，第293页。

同性质的证明对象，决定了由不同证明主体来承担相应的证明责任；与证明责任相比较，只有明确了证明对象，才有在诉讼上确定由何方当事人承担证明责任的必要性。证明对象是产生证明责任的先决条件，而证明责任由何方当事人承担，则是对证明对象具体落实的结果；与证明标准相比较，不同诉讼类型的证明对象，决定其适用不同类型的证明标准，即使在相同类型的诉讼中，由于证明对象的不同，也会适用不同类型的证明标准。

民事诉讼上的证明对象指的是，为了认定案件事实和正确适用法律的需要，应当由当事人举证证明或法院必须查明的事实或有关事项。从广义上而言，作为民事诉讼的证明对象，在绝大多数情况下应包括当事人之间所争议的要件事实等实体法事实，在部分情况下应包括法官应依职权查明的是否发生回避、追加当事人、诉讼中止、诉讼终结等程序法事实，以及与当事人举证或反证有关的证据法事实，在特定情况下也包括经验法则，以及在个别情况下还应当包括的习惯法、地方法规、外国法。总之，在民事诉讼上，凡是对法院在认定案件事实和适用法律上产生不容忽视影响的、需要当事人证明或者法院查明的事实、经验法则、法律及法规等，均属于证明对象的范畴。

在诉讼上，对证明对象的确定，涉及在诉讼证明上要求当事人究竟应证明以及法院究竟应查明哪些案件事实，或者就哪些涉及案件的实体法事实、程序法事实或证据法事实需要采用证据加以证明，哪些事实可以免予证明，哪些证明对象本身存在受到有关法律原则限制的问题，等等。

（二）证明对象的基本特征

在民事诉讼上，证明对象应当具有以下基本特征：

（1）作为证明对象所确定的应当是具有法律意义的事实。例如，在民事诉讼中，为当事人所主张的有关实体权利义务的事实，即当事人之间争议的民事法律关系发生、变更、消灭以及发生争议的事实。可见，诉讼上的证明对象所指向的应当是一种诉讼上的法律事实。

（2）它是推进诉讼进程的动力所在，即特定法律事实的存在与否，通常会成为作为对立的诉讼主体之间所争执的焦点。对此，表明法律上的根据和运用相应的证据进行论证、对抗或质辩是推进诉讼进程以及使诉讼上的法律事实不断明朗化的常规途径。

（3）它是决定诉讼归宿的源泉所在，即通过对立的诉讼主体之间的辩论式的抗争，使得案件事实逐渐显现，从而作为法院最终作出裁判的必要前提，而为法院最终在裁判上所确认的法律事实才是最终的案件事实。

（4）诉讼上的证明对象应当具有狭义上的与广义上的区别。狭义上的证明对象应当仅限于为实体法律规范所规定的事实，由实体法律规范所规定的事实作为诉讼上的证明对象，是诉讼程序得以启动的原始动力，是诉讼程序不断推进的诱因，是形成审判上的事实认定的最终归宿。而广义上的证明对象则为程序法律规范所规定的事实，对于这类事实的认定很可能会影响甚至决定案件事实认定的最终结果。例如，就同一案件而言，如果交由不同审级或者不同地区的法院，由不同的审判人员来进行审理，可能会得出不同的案件事实认定的结果。与狭义上的证明对象相比较，作为程序法律事实的认定，对形成案件事实的最终结果具有或然性影响。因此，从狭义上和广义上来对诉讼上的证明对象加以界定，有助于明晰和把握证明对象在理论上的基本特征，且有助于在立法上强化适用规则的科学性与严谨性，在审判实践中还有助于增强法律的可操作性。

（三）民事诉讼证明对象的范围

作为民事诉讼的证明对象，一般应当包括如下内容：

1. 实体法事实

在民事诉讼上作为证明对象的民事实体法事实，是指根据民事实体法律规范的规定，其存在与否足以引起相应的法律后果，从而使法律关系得以产生、变更或者消灭的事实。

在学理上，实体法事实有如下划分：

（1）要件事实。当事人主张的实体法事实主要包括为民法典、公司法、海商法等实体法规定的事实。与当事人之间的权利义务关系直接有关的要件事实，均为实体法事实。例如，在合同纠纷案件中，涉及合同是否成立的事实、合同是否生效的事实、合同主要内容是否发生变更的事实、合同是否符合解除条件的事实、当事人是否违约的事实、是否发生不可抗力的事实等；在侵权纠纷案件中，有关侵权主体的事实、发生侵权行为的事实、对财产或人身造成损害的事实、涉及因果关系的事实、涉及加害人主观过错的事实等。

（2）间接事实。在诉讼上，有时要件事实的存在未必能够得以直接证明，故不得不通过其他事实的证明，才能够推论其存在与否，这种用于推论要件事实存在与否的事实，即为间接事实；某些要件事实并非是依靠直接证据得出的结论，而是依靠间接证据得出间接事实，再根据这些间接事实推论其要件事实。

（3）辅助事实。用于证明某一证据是否具有证据资格或者证明力的事实可称之为辅助事实（如证人惯于撒谎、书证系伪造之所为等证据抗辩事实），也就是，涉及证据资格的有无以及证据证明力存在与否的事实，即为辅助事实。

2. 程序法事实

除了上述实体法事实以外，对于在民事诉讼上所发生的程序法事实，也应列入证明对象的范畴。程序法以确保有秩序的程序过程为己任。所谓程序法事实，是指在审理民事案件中能够引起民事诉讼法律关系发生、变更或消灭的程序性事实。在许多情形下，这些事实属于法院依职权调查的范围。例如，当事人在诉讼上的适格性事实、是否发生诉讼时效中断的事实、涉及案件的主管及管辖权的事实、涉及法官、书记官及鉴定人等回避的事实、诉讼中止和诉讼终结的事实等，由于程序法具有公法属性，程序正义对于保障实体公正具有重要意义，只有对有关程序法事实进行有效的证明和查明，才能保证诉讼程序合法、有效地进行以及实体法的正确贯彻与实施。因此，对于那些在当事人之间存在争议的程序法事实，法院应促使有关当事人对其主张进行举证证明，对于那些如不查明就难以作出正确处理的程序法事实，即使当事人不能予以举证证明，法院也应当依职权进行查明，以维护法律程序的正当性。

法院在审判上依职权应予以查明的事实属于诉讼上的证明对象，但是，不能因此将法官作为诉讼上的证明主体而负有相应的证明责任，这是因为，它是法官基于审判职能为保证程序法的正确运用借以全面发现案件事实真相所应尽的法定责任。一般认为，在涉及财产纠纷案件中，对于法院应依职权调查查明的事实，仅需采用自由证明即可，而并非像当事人主张的事实那样采用严格的证明。

3. 经验法则

所谓经验法则，是指人们在长期生产、生活以及科学研究中通过对客观外界普遍现象与内在规律的认识所形成的一种认知规范。在最初始意义上，它是人们通过日常生活经验所获得的有关事物的性质、形态及因果关系的法则。在诉讼证明意义上，经验法则是人们通过亲身经历的领悟或者借助多方面的有关信息资料而获得的知识，系涉及事物的因果关系或者常态性状的事理法则。

经验法则可分为一般经验法则和特殊经验法则，前者主要是指一般生活经验，后者主要是指特定领域内的专业性知识。在经验法则中，属于一般常识性的经验法则不属于证明对象，而专业性的特殊经验法则，因人们不能期待法官对此抱有专业认识，故应当成为证明对象。[1]通常，一般经验法则不作为证明对象，这是因为法官作为普通的社会成员之一，理应知晓那些具有常识性的一般经验法则。而作为特殊的经验法则在诉讼上应当作为诉讼证明的对象，这是因为不能要求法官对于那些具有专门知识或特别经验所构成的经验法则予以知悉和把握。

4. 习惯法、地方法规、外国法

在认定案件事实的基础上确定适用何种法律、法规，理应属于法院的审判职责，所以，在原则上，法律、法规也不能作为证明对象。但是，对于习惯法、地方法规、外国法等，法官未必能够悉数知晓，故此，在一定条件下可以成为证明对象。

在此，所谓习惯法，是指在某个行业或者属于某一区域之内，为多数人所认知并遵守或者推定其应当认知并应当遵守的就同一类事项持续而反复为同一行为的既成规范。这里所说的习惯法应当从广义上来理解，它包括行业标准或规范、地方民俗、交易习俗、商业习惯等。所谓地方法规，指的是我国具有地方性质的法律规范。所谓外国法，通常指的是审理涉外案件时所应当适用的外国现行实体法。因适用“法官知法”原则，对于法官而言，对于本国宪法和法律自应掌握与知悉，不应将其是否存在的事实设定为证明对象。但是，在诉讼当中，由于不同案件所涉及的案情纷繁复杂，加之民商事行为与法律事件本来就应当触及社会生活上的各种层面或领域，因此，必然会涉及对有关特定习惯法、地方性法规及有关外国法的适用问题，对此，由于习惯法、地方法规、外国法并非属于法官当然应当知晓的事实范围。为此，当有关当事人力促

---

〔1〕［韩］孙汉琦：《韩国民事诉讼法导论》，陈刚审译，中国法制出版社 2010 年版，第 226 页。

法官适用为法官所不能尽知的习惯法、地方性法规和外国法时，应当就其实际存在与否以及有关内容如何负担相应的证明责任，从而使有关特定的习惯法、地方性法规、外国现行法成为诉讼上的证明对象。

（四）免证事实

在民事诉讼中的特定情况下，也存在免证事实，根据《民诉法解释》第 93 条和《民事证据规定》第 10 条，对于下列事实，当事人无须举证证明：

（1）自认的事实。所谓自认事实，是指当事人在诉讼上明确表示承认的事实以及被拟制自认的事实。前者是指在诉讼过程中，一方当事人对另一方当事人陈述的案件事实明确表示承认而导致另一方当事人无需举证的法律效果。后者是指在诉讼过程中，对一方当事人的陈述，另一方当事人持消极态度，既不承认也不否认而产生的一种拟制自认的法律效果。在我国，当出现这种情形时，一般要求审判人员要对当事人的诉讼活动进行适当指导，即审判人员应当对有关事实进行充分说明并进行询问，当事人仍不明确表示肯定或否定的，才能构成自认。

在学理上，所谓自认，是指在诉讼上，一方当事人就对方当事人所主张不利于己的事实作出明确的承认或表示，从而产生相应法律后果的诉讼行为。可见，自认应具备这样几个构成要件：其一，须发生在诉讼上，即在诉讼过程中发生，既可表现为，作为被告的一方当事人在答辩书就原告于起诉书中提出的对其不利的事实主张的承认，还可表现于在庭审上法庭辩论中一方当事人对另一方当事人事实主张的明确承认或表示；其二，自认的对象必须是对方当事人所主张与其不利的事实，且这种事实须为一种免除举证责任以外的事实；其三，须为明确的承认或表示。这种明确的承认通常表现为一种作为形态，而“表示”相对而言则以一种不作为形态出现，是一种默示的承认或称之为拟制自认。

根据不同的视角，自认可分为以下类型：其一，诉讼上的自认与诉讼外的自认。所谓诉讼上的自认，是指在诉讼过程中，一方当事人对于他方当事人所主张不利于己方的事实予以承认的表示。所谓诉讼外的自认，通常是指在有关诉讼程序之外，一方当事人对他方当事人所主张对其不利的事实的承认表示方式，其中包括在他案中所作出的自认。其二，完全自认与限制自认。所谓完全自认，是指一方当事人所主张的事实，经对方当事人在诉状中或在法官面前，或者在法庭辩论时予以承认，并产生使主张该事实的一方当事人免除举证效果的一种行为方式。在诉讼中，当事人在自认有所附加或限制的，应否视有自认，由法院斟酌情形予以断定。对于自认有所附加或限制的，可称之为限制的自认。例如，当事人对对方主张的借款事实表示自认，但又附加防御方法，称之为业已清偿；或原告自认被告的主张，即原告曾经同意延展清偿的期限，但又附加攻击方法，称该项同意已经因为后续约定而撤销。但关于曾有借款的事实，以及曾经同意延展清偿期限的事实，仍可视为已有自认。至于其附加的攻击或防御的主张，对方当事人有无争执，则属于另一问题。其三，本人自认与代理人自认。前者为当事人及其法定代理人所作出的自认，而后者主要是指诉讼代理人所代为进行的自认。

（2）众所周知的事实。所谓众所周知的事实，是指社会上具有普通知识和日常生活经验的人都应当知晓、了解的事实，比如历史上著名的事件、天灾及其他新闻等社会上家喻户晓的事实。这类事实如若在民事诉讼中出现，是不必加以证明的事实。例如，10 月 1 日是中华人民共和国的国庆节，每年的农历八月十五日为中国传统的中秋节，等等。

（3）自然规律及定理。所谓自然规律，是指客观事物在特定的条件下所发生的本质联系和必然趋势的反映。在审判实践中，当有关案件事实涉及反映自然规律及定理的事实时，一般应当作为免予证明的事实来对待。例如，在喜水植物（如芦苇）丛生的地方，容易发现地下水资源；离地面越高，空气越稀薄，且气温也越低等。所谓定理，是指那些以公理为基点进而演绎推导出来的一种真实命题，比如说“在任何一个三角形中，如果两角相等，则其对边也相等”，便是几何学中的一个定理。这些自然规律和定理已被实践反复验证，故在诉讼中，无需加以证明。

（4）推定的事实。在诉讼上，因适用推定而被认定的事实，包括法律上的推定和事实上的推定两种类型。所谓法律上的推定，是指立法者在制定成文法时就有关案件事实的认定，为审判人员设置了适用规范，以便使其基于某事实的存在而推定其他事实的存在。法律推定主要表达了立法者的审判意图，是预先设定的由审判者在具体职能活动中凡是遇有相关情形，必须认真执行的适用规则。所谓事实推定，是指审判人员基于职务上的需要根据一定的经验法则，就已知的事实作为基础事实，进而推论未知事实的证明手段。事实推定作为整个推定制度中的重要组成部分，是法律推定的必要补充。[1]

（5）预决的事实。预决的事实主要包括已为人民法院发生法律效力的裁判所确定的基本事实和已为仲裁机构的生效裁决所确认的事实。

当先前有关案件的基本事实为法院的裁判所确定时，便构成对与之相关联的尚未作出裁判的另一案件的待证事实产生预决的效力，其中已为先前裁判所确认而作为另一个未决案件待证事实的事实，在诉讼法上称之为预决的事实。例如，审判人员在刑事判决中所确认的被告人构成非法拘禁罪的事实，对在此之后被害人要求该被告人赔偿财产损失的民事诉讼中，就起到预决的作用，可以免予证明，而将其作为判令被告人对被害人所遭受损失进行赔偿的根据。

仲裁裁决也是解决民商事纠纷的一种法定方式，在商品经济社会当中也发挥着不可替代的作用。就尚未终结的诉讼或仲裁而言，已经生效的仲裁裁决书所确认的事实也会对有关案件当中的待证事实产生预决的效力，因而成为一种免证事实。

（6）公证证明的事实。在我国，公证书是由法定职能机构依照法定程序对有关法

〔1〕 参见毕玉谦、郑旭、刘善春：《中国证据法草案建议稿及论证》，法律出版社 2003 年版，第 733~736 页。

律事实及文书予以证明的一种特殊文书。它在公文性书证中具有显著的地位和重要的作用。我国《民事诉讼法》第72条规定："经过法定程序公证证明的法律事实和文书，人民法院应当作为认定事实的根据，但有相反证据足以推翻公证证明的除外。"因此，只要没有相反证据足以推翻经公证所证明的事实，法官就应当径直将公证书作为确定案件事实的基础。

第二节　证明责任

一、证明责任的概念与作用

所谓证明责任，又称客观的证明责任、确定责任、实质上的证明责任。它是指当诉讼进行至终结而案件事实仍处于真伪不明状态时，提出某事实主张的人因此承担不利的诉讼后果。证明责任的概念引自于德日立法，设置证明责任是为解决法院在事实处于真伪不明时如何裁判的问题，即不利诉讼后果由谁承担的问题。

"一项争议事实'真伪不明'前提条件是：1. 原告方提出有说服力的主张；2. 被告提出实质性的反主张；3. 对争议事实主张有证明必要，在举证规则领域，自认的、不争议的和众所周知的事实都不需要证明；4. 用尽所有程序上许可的和可能的证明手段，法官仍不能获得心证；5. 口头辩论已经结束，上述第三项的证明需要和第四项的法官心证不足仍没有改变。"〔1〕

"证明责任的定义是从当事人的角度来构建的，即当某一事实处于真伪不明时，通过假定（拟制）该事实存在或者不存在来作出裁判，进而使一方当事人遭受的危险或不利益，就被称为证明责任。"〔2〕

证明责任是一种不利的后果，事实真伪不明是证明责任发生的前提，但此处的事实指的是主要事实，间接事实和辅助事实不在此范围内。法院并不承担证明责任，证明责任按照法律预先确定的由一方当事人承担，在当事人之间也不发生转移。

二、证明责任的分配

（一）证明责任分配的概念

在诉讼上，当事人之间的事实关系是法院裁判的基础，法院若想形成裁判，必须应当先就当事人之间的事实关系加以确定，在此前提下，才能够涉及适用法律并产生相应的法律效果的问题。这种在何种情况下由何方当事人就法院所确定的待证事实来提供证据，以及在审判上当这些待证事实的存在与否最终出现真伪不明状态时，应当由何方承担败诉后果，诸如此类的法律问题，在民事诉讼法上被称为证明责任的分配问题。简而言之，就是当案件事实处于真伪不明时，法院按照一定的规则在当事人之

〔1〕［德］汉斯·普维庭：《现代证明责任问题》，吴越译，法律出版社2000年版，第22~23页。

〔2〕［日］高桥宏志：《民事诉讼法制度与理论的深层分析》，林剑锋译，法律出版社2003年版，第420页。

间划分不利后果。

大陆法系许多成文法国家至今仍然还沿用传统上的法律要件分类学说，该学说适用于一般民事诉讼案件的证明责任分配规则。根据适用范围的大小以及法律有无规定为标准，该学说把证明责任的分配规则分为两类：其一为基本规则，是指法律无明文规定的证明责任分配原则；其二为特别规则，是指法律有明文特别加以具体规定及学理上相当于明文予以规定的那些证明责任分配规则，其中包括民事实体法中的法律推定规则和按法典编纂方法所作出的逻辑推断规则等。法律要件分类说的设置功能在审判实务中的体现是，当遇有当事人所主张的待证事实不明，且未予以证明的情况下，法官可据此径行对该待证事实进行归类，从而确定应负证明责任的当事人，由负证明责任的一方承担不利的结果。这便为基本规则的内容，它是用来解决待证事实不明状态时，对法官产生指示性作用的一项基本规则。〔1〕

为当事人所主张的事实经法庭采用必要的证据调查对其存在与否加以确定，便可在诉讼上形成待证事实，从而使得法官适用法律对存在于当事人之间的事实争执点与法律争执点加以判断。因此，待证事实的确定决定了法官在何种诉讼框架之内决定当事人之间所争执的主要问题。大陆法系许多国家比如德国、日本等，在民事诉讼法上，对于证明责任分配问题均无明确规定，法院在审判实务上只是凭借相应的原则并且根据先前的判例以及法理学说加以引导。对此，证明责任的分配问题在德国学界被称为“Beweislast”，在日本学界被称为“受此种败诉不利之负担为证明责任或举证责任”。〔2〕例如，有日本学者认为：“举证责任是指诉讼上无论如何也无法确定判断一定法律效果的权利发生或消灭所必要的事实是否存在时（真伪不明的情况），对当事人有法律上不利于自己的假定被确定的风险，也就是说假如其事实未被证明，就产生自己所主张的有利的法律效果不被承认的后果。”〔3〕实际上，此类观点仍然是基于当事人对有利于其权利所提出的主张责任，这种主张责任是在原告向法院提起诉讼导致了审判程序的启动或者被告基于原告的起诉所依据的事实主张提出了相反的积极抗辩，而在诉讼上产生了必须通过证据加以证明的负担。“与证明责任一样，只有在当事人没有提出一主张时，主张责任才具有实践意义。没有这一主张其诉讼请求便不可能获得成功的当事人，将承受这一不利后果，因此，正如人们所说的那样，他必须承担主张责任。”〔4〕只要一方当事人通过证明行为或者通过程序机制使法官在审判上对其所主张事实加以认定，便能够使对方当事人在诉讼证明上的对抗博弈中陷入被动局面而有可能实际承担败诉的风险，因此，任何有利于导致在诉讼上确认其权利的事实主张，都有可能被法官作为其应当承担必要的证明责任的根据。“在一个以辩论原则为主导的诉讼中，当事人不

〔1〕 毕玉谦主编：《证据法要义》，法律出版社 2003 年版，第 383~384 页。

〔2〕 陈荣宗、林庆苗：《民事诉讼法》，三民书局 1996 年版，第 498 页。

〔3〕 ［日］兼子一、竹下守夫：《民事诉讼法》，白绿铉译，法律出版社 1995 年版，第 109~110 页。

〔4〕 ［德］莱奥·罗森贝克：《证明责任论——以德国民法典和民事诉讼法典为基础撰写》，庄敬华译，中国法制出版社 2002 年版，第 47 页。

仅必须证明为判决所需要的事实，而且还要通过提出主张来参与诉讼，并使自己的主张成为判决的基础。主张责任（也被称为提出责任，Anführungslast）的概念正是建立在这一基础之上的。”〔1〕在此过程中，法官在审判上的这种法律思维，受到实体法上为有关当事人所主张法律根据的限制和调控。法官不能无视这些实体法上的法律根据而在诉讼上任意设定诉讼框架，同时，法官也不能无视为当事人所主张并在当事人之间所争议的事实，而假定在当事人之间存在着一种事实关系状态并为之适用相应的准据法。

在审判上，当特定法律效果的发生与否所基于的事实无法确定其真伪时，有关当事人将因此事实真伪不明而受到不利的裁判后果，在此情形下，该方当事人必须就该事实提出有关证据，使法官认为该方当事人的主张既有法律上的根据又有事实上的根据。在诉讼上是否发生相应的法律效果，主要取决于法官是否能够适用实体法上的有关根据作为审判上的大前提，而是否能够采用有利于一方当事人的这种法律上的大前提，则取决于是否存在符合该法律条款的法律事实作为其适用的基础，而对有关法律事实的确定，在诉讼辩论主义下，主要取决于当事人是否能够提供相关证据加以证明。因此，当无法确定有关的法律事实而导致作为审判上的大前提的实体法规范无法适用时，在客观上应由对此负担证明责任的当事人承担不利的裁判后果。民事诉讼主要涉及当事人之间的私权利益，对此，法官应恪守中立，凡当事人未主张的利益或事实，法官在审判上应视其为不存在，不得将当事人未主张的利益或事实据为裁判的基础。当事人的主张责任与证明责任是一种恒定的不可分割的关系，在诉讼上，主张责任与证明责任一并归属于特定的一方当事人。“主张责任其实是证明责任的所有实质问题的延伸。主张责任指的是，当事人必须提出确切具体的事实主张，以此来说服法官承认当事人所期望的法律后果的小前提（要件事实）。”〔2〕从逻辑关系上，主张责任先于证明责任而产生，凡是有当事人的主张责任必有诉讼证明的问题。在通常情况下，一方当事人所提出的事实主张，该方当事人为支持这一事实主张应负担相应的证明责任。但是，在一些特殊情况下，这种客观上的证明责任并非必须由该方当事人实际负担便亦可卸除，例如，基于公共政策的需要而对证明责任实行倒置从而使对方当事人就有关事实要件承担证明责任，以及法官采用司法认知也可免除提出事实主张的一方当事人的证明责任。

（二）证明责任分配的一般规则

所谓证明责任分配的一般规则，又称基本规则，它系指根据法律就要件事实所规定的证明责任分配或虽无法律明文规定而根据相关法律要件分类说所确定的证明责任分配的基本规则。法律要件分类说是大陆法系国家通行的关于证明责任分配的法则。

德国学者罗森贝克的规范说理论是法律要件分类说中最具影响性的学说。规范说

---

〔1〕［德］莱奥·罗森贝克：《证明责任论——以德国民法典和民事诉讼法典为基础撰写》，庄敬华译，中国法制出版社2002年版，第45页。

〔2〕［德］汉斯·普维庭：《现代证明责任问题》，吴越译，法律出版社2000年版，第67页。

从实体法律规范的相互关系中探寻举证责任分配的原则。根据大陆法系有关法律要件分类说的基本原理，民法规范的本身已经具备了证明责任的分配原则，这是立法者预先设置的结果。因此，法律规范相互之间，或者存在补充关系，或者存在相斥关系，两者必居其一。于是，从法律规范的这种关系中便可以求得证明责任的分配原理。民法规范分为对立的两类：一类为基本规范，也称请求权规范，系指那些发生一定权利的权利形成规范；另一类为对立规范，即相对于基本规范而存在的规范，这些规范分为三种情况：其一为权利妨害规范，即系指那些在权利发生之始，将权利的效果视为妨害，致使权利不得发生的规范；其二为权利消灭规范，即系指那些在权利发生之后，能使既存的权利予以消灭的法律规范；其三为权利制约规范，即系指那些在权利发生之后，权利人欲行使其权利时，能使权利的效果予以遏制或消除，从而达到使权利不能实现的法律规范。为此，根据特定实体法律要件事实而得出的证明责任分配规则是，除法律另有规定的以外，主张法律关系存在的当事人，应当对产生该法律关系的基本事实承担证明责任；主张法律关系变更、消灭或者权利受到妨害的，应当对该法律关系变更、消灭或者权利受到妨害的基本事实承担证明责任。以上诸种分类，因权利发生与消灭的时间先后事实十分明显，对权利发生规范与权利消灭规范以及权利发生规范与权利制约规范的界限较容易加以分辨，但只有权利发生规范与权利妨碍规范的界线较难区分。因此，必须以法条规定的形式加以区分，这是因为立法者已预先将权利发生的情形借用通常规范予以设定，而将权利妨害的情形以例外规范的形式加以规定。因此，法律条文中，凡以“但书”形式予以规定的，均为例外规范，亦即权利妨害规范。

我国《民事诉讼法》第 67 条第 1 款规定：“当事人对自己提出的主张，有责任提供证据。”即“有肯定主张者，原则上负责举证”。《民事证据规定》第 1 条规定：“原告向人民法院起诉或者被告提出反诉，应当提供符合起诉条件的相应的证据。”这就是将实体性要求引入到原告起诉的程序标准中。《民诉法解释》第 90 条进一步规定了肯定主张者未举证的法律后果，即：“当事人对自己提出的诉讼请求所依据的事实或者反驳对方诉讼请求所依据的事实，应当提供证据加以证明，但法律另有规定的除外。在作出判决前，当事人未能提供证据或者证据不足以证明其事实主张的，由负有举证证明责任的当事人承担不利的后果。”虽然我国的《民事诉讼法》并没有明确规定证明责任分配的标准，但是，可以说，相关条文的确立受到罗森贝克规范说理论的影响。

（三）证明责任分配的特殊规则

所谓证明责任分配的特殊规则，是指法律有明文特别加以具体规定，或者基于证明责任分配的一般规则上的缺陷，在学理上参照举证的难易程度、与证据的远近距离以及是否有利于损害的预防和救济等考量因素所确立的有关证明责任分配的特别法则。

法律要件分类说本身固有的缺陷在于，一味地拘泥于法律条文对权利规定的形式要件上，而无法顾及这种形式要件上的硬性责任配置是否完全能体现法律对公平或权利救济上的价值因素。事实上，许多国家的立法者在制定法律时，已顾及了与法律要件分类一般规则不同的一些情形。对此，应采用相应的例外规则，这就是人们通常所说的证明责任的倒置规范，即它在并不否认法律要件分类说的主要功能的前提下，旨在强调应对一些特殊情形下的侵权行为，参照举证的难易程度、与证据的远近距离以及是否有利于损害的预防和救济，作为证明责任配置应当加以重点考量的范畴。这种学说的实际功能旨在使法律要件分类说在证明责任的分配上产生转换效果，以减轻侵权行为受害一方的证明负担。〔1〕

设置证明责任分配的特殊规则主要基于以下理由：

（1）在特定的情况下，设置证明责任分配的特殊规则有利于查明案件真实。如损害赔偿请求中的医疗事故，原告方在客观上只能证明造成损害的结果，若病人突然死亡，而无法证明医院的医疗过失。对医疗过失必须借助具有专门知识和熟悉医疗过程的专业人员才能解释清楚，因而应由医院对无过失行为负证明责任。

（2）有利于确保诉讼地位平等和贯彻公平原则。在一般情况下，原告是诉讼的发动者，其提出诉讼请求必有事实主张，因此，由其负担证明责任是合乎情理的。但在一些特殊情况下，如果不考虑证明的难易程度、举证人与证据的远近距离、证明能力的强弱差别等因素，将有失公允。如果在这些特殊情况下仍由其负担证明责任，那么无疑将不公平地加大其败诉的风险，造成实际上的诉讼地位失衡状态，无法将民事活动中所贯彻始终的公平原则引入诉讼活动当中，从而无法体现法律上的公平与正义。例如，环境污染案件中的原告举证较难，而被告距证据更近；产品质量责任纠纷中的生产厂家证明能力较强，距证据更近，而普通消费者则证明能力较弱，距证据较远。相对而言，作为一个单位比通常的个人举证能力更强。

（3）基于立法上的考虑。在权衡各种社会主体权益的情况下，为了实现特定价值的衡平而顾及或侧重保护弱者权益，以贯彻和实现实体法上立法者的特定意图，来维护法律正义上的最高价值。例如，在诉讼上实行证明责任的倒置，在相当程度上是考虑到了这一原本实际存在着的失衡状态。

就现代各国来看，无论在立法或司法实践中，对于证明责任“倒置”的适用，除了立法上的明确规定之外，一般都赋予法官享有据情裁量权，法官在适用这一特殊证明责任分配规则时，无不权衡个案的特殊情形所涉及的公平性与客观的必要性。当然，这种特殊规则意味着并非为通常所适用的规则，而只能在某些特殊例外的情形下才能据情予以适用。例如，《意大利民法典》第 2698 条规定：“当证明责任倒置或加重证明责任的条款涉及双方不能处分的权利时（参阅第 1966 条、第 2924 条、第 2937 条、第 2968 条）或者当证明责任倒置或加重证明责任的条款导致一方当事人行使权利极度困难时（参阅第 1694 条），这些条款是无效的。”《民诉法解释》第 91 条当中所提及的但书，指的就是证明责任分配的特殊规则。其中所谓“法律另有规定”，主要指的是有关

〔1〕毕玉谦：《举证责任分配体系之构建》，载《法学研究》1999 年第 2 期。

实体法的相关规定。例如，关于过错责任的推定，我国《民法典》第1165条第2款规定：“依照法律规定推定行为人有过错，其不能证明自己没有过错的，应当承担侵权责任。”关于产品责任，该法第1202条规定：“因产品存在缺陷造成他人损害的，生产者应当承担侵权责任。”关于医疗损害责任，该法第1218条规定：“患者在诊疗活动中受到损害，医疗机构或者其医务人员有过错的，由医疗机构承担赔偿责任。”关于环境污染和生态破坏责任，该法第1230条规定：“因环境污染、破坏生态发生纠纷，行为人应当就法律规定的不承担责任或者减轻责任的情形及其行为与损害之间不存在因果关系承担举证责任。”关于高度危险责任，该法第1240条规定：“从事高空、高压、地下挖掘活动或者使用高速轨道运输工具造成他人损害的，经营者应当承担侵权责任；但是，能够证明损害是因受害人故意或者不可抗力造成的，不承担责任。被侵权人对损害的发生有重大过失的，可以减轻经营者的责任。”关于建筑物和物件损害责任，该法第1253条规定：“建筑物、构筑物或者其他设施及其搁置物、悬挂物发生脱落、坠落造成他人损害，所有人、管理人或者使用人不能证明自己没有过错的，应当承担侵权责任。所有人、管理人或者使用人赔偿后，有其他责任人的，有权向其他责任人追偿。”另外，关于著作权侵权责任的承担，我国《著作权法》第59条第1款规定：“复制品的出版者、制作者不能证明其出版、制作有合法授权的，复制品的发行者或者视听作品、计算机软件、录音录像制品的复制品的出租者不能证明其发行、出租的复制品有合法来源的，应当承担法律责任。”关于专利侵权责任的承担，我国《专利法》第66条第1款规定：“专利侵权纠纷涉及新产品制造方法的发明专利的，制造同样产品的单位或者个人应当提供其产品制造方法不同于专利方法的证明。”

三、举证责任

（一）举证责任概念

所谓举证责任，或称形式上的证明责任、主观上的证明责任、证据提出责任，是指当事人为避免败诉的风险，负有向法院提供证据证明其主张的事实存在的责任。当事人在诉讼上既已享有主张的权利，亦必为享有此种权利而应承担提供证据以支持其主张的责任。它是民事诉讼当事人对自己提出的主张加以证明的责任。其中包括两方面的内容：一是指由谁提供证据证明案件事实，即举证责任的承担；二是指当不能提供证据证明案件时的法律后果由谁承担。罗马法以“原告应负举证责任”或“肯定者应负证明责任，否定者不负证明责任”作为其证明法则，这便是近代证明责任分配规则的最初源流。罗马法上的“谁主张，谁举证”原则，也是从这个意义上来体现证明责任的基本属性，即仅从行为责任上来看待证明责任问题。

（二）与证明责任的关系

行为意义上的证明责任系指当事人对所主张的事实负有提供证据的责任，这种提供证据的责任就是举证责任，它是一方当事人试图使法院获得对其有利于确信，借以卸除其举证负担的责任；结果意义上的证明责任系指当诉讼至终结而案件事实对法院而言仍处于真伪不明状态时，主张该事实的当事人应就此承担的不利诉讼结果。结果意义上的证明责任是法律预先为诉讼设定的一种法律后果，它要解决的是在某一待证事实之存否难以查明，而法院又不能拒绝裁判的情况下，应当由何方当事人承担不利法律后果的问题。

（三）举证责任的转移

所谓举证责任的转移，是指在诉讼过程中，双方当事人因各自提出的事实主张，因受到法院临时心证的影响不得不相继面临举证必要的负担，由此而发生相互转移的一种特有现象。发生这种主观证明责任的转移现象，其原因在于：

（1）因双方当事人各有不同的事实主张，使得各方当事人均有负担相应提供证据责任的必要。这是产生举证责任转移的首要原因。

（2）对于双方当事人而言，实际履行主张主观意义上的举证责任在无形当中具有先后顺序之分。如果不存在这种先后顺序的定式，也就难以发生举证责任的转移现象。从表象上来看，正是因为这种长期以来约定俗成的顺序存在，假如提出权利主张的一方当事人没有实际履行其主观意义上的举证责任，或者虽然履行了这种主观意义上的举证责任，但其举证尚不足以证明其权利主张时，即使提出抗辩主张的相对一方当事人未能实际履行其主观意义上的举证责任，或者虽然履行了其主观意义上的举证责任但其举证尚不足以证明其抗辩主张的，仍由提出权利主张的一方当事人承担不利的裁判后果。

（3）是否发生主观证明责任的转移取决于法院的临时心证状态。所谓法院的临时心证，是指在诉讼过程中，法院根据一方当事人或者双方当事人提出的证据对案件待证事实暂时获得的某种内心确信状态。它是法院在特定的诉讼阶段通过对当事人所提供证据进行证明评价之后就案件事实所获得的一种暂时性的认知。法院在不同的诉讼阶段所获得的这种临时心证，既可能对提出权利主张的一方当事人有利，也可能对于提出抗辩主张的一方当事人有利，从而促使双方当事人之间不断交替履行主观意义上的举证责任来使法院获得对其有利的临时心证。

第三节　证明标准

一、证明标准的概念与作用

所谓证明标准，是指基于一方当事人在诉讼上提出的事实主张，法院在对其提供的证据进行审查判断过程中用以形成某种内心确信所必须要达到的程度。

在民事诉讼证据制度上，其证明标准的基本功能主要表现在如下几方面：

（1）证明标准具有指示当事人如何起诉的作用。在民事诉讼上，由于民事诉讼主要涉及私权纠纷，实行“谁主张，谁举证”的原则，通常并不实行国家干预主义。一方当事人只有提供充分的证据才能够有助于支持其事实主张，才能有获得胜诉的可能。

而其举证是否具有充分性，则取决于有关当事人主张的事实所涉及的诉讼类型以及民事实体法法律关系的性质。因此，如一方当事人能够合理预期其所收集或提供的证据，能够支持其相应的事实主张和相应的诉讼请求时，也就是，能够达到相应的证明标准即有可能被法院所支持时，才能够有助于促使该方当事人有选择性地起诉。

（2）证明标准具有促进、引导当事人举证以及防止遭受突袭裁判的作用。证明标准是法院在对有关证据资料进行自由评价后在何种程度上对待证事实作出判断的尺度，它是在个案中法院对待证事实形成某种内心确信的结果。这种结果对于一方当事人的举证行为所带来的最终结局具有决定性的意义，它往往会决定当事人的举证动机、举证策略、举证路线（例如何时提供何种类型的证据等）以及举证重心，为举证一方当事人所强烈关注的是其所举证据显示的盖然性是否达到法官主观心证中所要求的证明标准，因此，证明标准对于当事人的举证活动具有促进和引导功能。

（3）设定何种程度的证明标准具有体现法政策导向的作用。证明标准是法院对特定待证事实认为已获得确定性的心证为“真”的最低证明度要求，它在审判上担当着认定事实标准的功能。民事诉讼的首要目的并非是发现历史性的真相，而在于定分止争，及时终结当事人之间的争议以及使司法判决具有充分的合法性，并且，当事人为证明自己的事实主张和抗辩主张而进行的证据调查和收集，除了在一些特殊情形外，主要由当事人自己来承受，并非像刑事诉讼和行政诉讼中那样主要由国家公权力机构来承担收集和调查证据的责任。因此，在民事诉讼上设定较低度的证明标准（与刑事诉讼和行政诉讼证明标准相比较），体现了法政策导向的作用。它表明，在不放弃尽可能地发现客观真实这种追求的条件下，在最低限度内仍可采用法律真实的证明尺度作为认定案件事实的基础。

二、证明标准的类型

在理论上，民事诉讼证明标准可以分为如下类型：

（1）高度盖然性的证明标准。大陆法系国家的民事案件证明标准一般为高度的盖然性，在所要求的证明程度上，它被称为一种具有较高程度的可能性证明标准。它主要适用于合同纠纷案件和一般侵权案件的要件事实所涉及的证明标准。

（2）排除合理怀疑标准。这是一种高于高度盖然性的标准。《民诉法解释》第 109 条规定：“当事人对欺诈、胁迫、恶意串通事实的证明，以及对口头遗嘱或者赠与事实的证明，人民法院确信该待证事实存在的可能性能够排除合理怀疑的，应当认定该事实存在。”

（3）优势盖然性标准。这是一种低于高度盖然性的标准。在表述上，有的学者将它称为盖然性占优证明标准，也就是一种事实发生的可能大于不发生的可能。

第四节 证明过程

一、当事人的举证

所谓举证，是指当事人提供证据证明其事实主张的诉讼行为。在诉讼上，当事人的举证是由当事人提出的主张所决定的。当事人提出诉讼上的主张，是当事人的一种诉讼权利。当事人的举证是由当事人提出的诉讼主张所决定的。因此，相对于当事人提出诉讼主张的权利而言，举证是一种相应的责任。

在民事诉讼上，就双方的事实主张而言，双方均负有相应的举证负担，但是，这种现象只不过是作为行为责任随着诉讼的进程而发生转移，以致造成双方当事人对同一争议事实均负有对等举证责任的假象；事实上，诉讼中的结果责任，在一般情况下始终由特定一方当事人负担，即原告对自己的主张负有提供证据的责任。当原告起诉时，必然提出诉讼请求、事实理由，对此，应对诉讼请求所依据的事实承担举证责任，被告对自己的主张负有提供证据的责任。被告在应诉、答辩过程中，如对原告提出的主张予以否认、辩驳时，被告可提出相应的证据，如对原告的诉讼主张提出反诉的，应对此负有举证责任。诉讼中第三人对其参加诉讼所依据的事实以及维护自己的权益所主张的事实负有举证责任。有独立请求权的第三人在参加诉讼中处于原告的诉讼地位，他有责任对自己在参加之诉中提出的诉讼请求所依据的事实，提供相关证据。无独立请求权的第三人在诉讼中负有举证责任的情况，一般限于案件处理结果对其有某种利害关系，当判决涉及他承担实体义务而使其提出自己的主张时，应就此承担举证责任。共同诉讼人在诉讼中处于共同原告或共同被告的地位，他们对各自的主张负有举证责任。在必要的共同诉讼中，如果数个共同诉讼人中的一个人承担某一对数个当事人都产生影响的举证责任，即可视所有必要的共同诉讼人都应当承担举证责任；在普通的共同诉讼中，一般来讲，共同诉讼人应各自承担举证责任，如果其中的一个共同诉讼人提出的证据对其他共同诉讼人所主张的事实有证明作用，并得到其他共同诉讼人的承认，则可免除其他人相应的举证责任。

二、法院的调查收集证据

基于我国的国情以及诉讼程序的公益属性所涉及的必要事项，在某些情况下还需要法院对有关证据进行调查收集。根据我国《民事诉讼法》及有关司法解释的规定，人民法院调查收集证据分为以下两种情形：

（一）当事人申请法院调查收集证据

当事人及其诉讼代理人因客观原因不能自行收集的证据，可以书面申请人民法院调查收集。这些证据包括：①证据由国家有关部门保存，当事人及其诉讼代理人无权查阅调查调取的；②证据涉及国家秘密、商业秘密或者个人隐私的；③当事人及其诉讼代理人因客观原因不能自行收集的其他证据。

（二）法院依职权调查收集证据

对一般财产案件的审理，按照诉讼机理的要求，诉讼当事人对其事实主张负担证明责任，国家通常采取不干预的原则。婚姻家庭案件等涉及身份关系的案件并非一般财产纠纷案件，大陆法系许多国家对于涉及婚姻家庭等涉及身份关系案件中的事实认定，并不完全取决于证明责任规则的适用，除了要求当事人对其事实主张负有证明责任之外，不排除采取国家干预的原则，即法院对有关案件事实的查明，除了要求当事人提供证据加以证明之外，还可据情不受当事人所提供的证据的限制而依职权主动收集调查有关证据。对这类案件，法院依职权主动调查收集相关的证据，是国家对于人身权利的特殊保护以及对于双方当事人中明显弱者地位一方的一种公力救济。这是在诉讼证明上由当事人负担证明责任的一种例外，与诉讼上的证明责任无关。

根据我国《民事诉讼法》第 67 条及《民诉法解释》第 96 条的有关规定，人民法院认为审理案件需要的证据，人民法院应当调查收集。这些证据包括：①涉及可能损害国家利益、社会公共利益的；②涉及身份关系的；③涉及《民事诉讼法》第 58 条规定诉讼的；④当事人有恶意串通损害他人合法权益可能的；⑤涉及依职权追加当事人、中止诉讼、终结诉讼、回避等程序性事项的。

三、举证时限

所谓举证时限制度，是指负有举证责任的当事人，应当在法律规定和法院指定的期限内提出证明其主张的相应证据，逾期不举证，则承担举证失权之不利后果的一项民事诉讼期间制度。

（一）举证期限制度的功能

举证期限制度具有以下功能：

（1）有助于程序公正的实现。举证期限制度通过设置提供证据的期间，为双方当事人创设了进行诉讼行为的平等机会，防止诉讼中的证据突袭，防止那些故意不提出证据，滥用其诉讼权利，随时提出证据来拖延诉讼的行为，以实现诉讼过程上的平等。

（2）有利于诉讼效益的提高。举证期限制度的证据失效后果，一定程度上限制了开庭后新证据的提出，有利于一次开庭集中审理，防止了随时提出证据而造成诉讼的拖延。同时，举证时限制度要求集中于一定期间内举证，双方当事人就能够在此期间充分了解对方的主张和所拥有的证据，对诉讼结果将获得的效益值大小有一个较为明确的估计，权衡是否进入法庭审理。通过成本与预期效益相比较，很有可能促成当事人之间的庭前和解。

（3）能够降低诉讼成本。对当事人而言，及时举证减少了双方在人力、物力、精力、时间上的耗费，使其诉讼成本相应地降低；对法院而言，强调当事人适时举证在一定程度上有助于节省法院调查取证的成本投入，而且，还可避免因随时提出证据而导致的重复开庭，节约司法资源。

（二）举证期限制度的内容

当事人应当在举证期限内向人民法院提交证据材料，无论该举证期限是法院指定的，还是当事人协商确定并经法院许可的，均具有法律效力，而其法律拘束力最重要的部分即在于失权效果。当事人在举证期限内不提交的，视为放弃举证权利。

关于举证期限制度的内容，根据我国法律及有关司法解释规定：

（1）根据当事人的主张和案件审理情况，人民法院应当在审理前的准备阶段，向当事人送达举证通知书。举证通知书应当载明举证责任的分配原则和要求、可以向人民法院申请调查收集证据的情形、人民法院根据案件情况指定的举证期限以及逾期提供证据的法律后果等内容。

（2）人民法院确定举证期限，第一审普通程序案件不得少于 15 日，当事人提供新的证据的第二审案件不得少于 10 日。适用简易程序审理的案件不得超过 15 日，小额诉讼案件的举证期限一般不得超过 7 日。

（3）举证期限届满后，当事人提供反驳证据或者对已经提供的证据的来源、形式等方面的瑕疵进行补正的，人民法院可以酌情再次确定举证期限，该举证期限不受前述有关期限的限制。

（4）当事人申请延长举证期限的，应当在举证期限届满前向人民法院提出书面申请。申请理由成立的，人民法院应当准许，适当延长举证期限，并通知其他当事人。延长的举证期限适用于其他当事人；申请理由不成立的，人民法院不予准许，并通知申请人。

（5）当事人逾期提供证据的，人民法院应当责令其说明理由，必要时可以要求其提供相应的证据。当事人因客观原因逾期提供证据，或者对方当事人对逾期提供证据未提出异议的，视为未逾期。

（6）当事人因故意或者重大过失逾期提供证据的，人民法院不予采纳，但该证据与案件基本事实有关的，人民法院应当采纳，并依照民事诉讼法的有关规定，予以训诫、罚款。当事人非因故意或者重大过失逾期提供的证据，人民法院应当采纳，并对当事人予以训诫。当事人一方要求另一方赔偿因逾期提供证据致使其增加的交通、住宿、就餐、误工、证人出庭作证等必要费用的，人民法院可予支持。

四、证据交换

（一）证据交换的概念

所谓证据交换，是指在人民法院的组织下，在正式开庭审理前当事人之间将各自持有的证据与对方进行交换，就书证的原件与复印件进行核对，对证据的真实性、合法性、关联性发表质证意见。

证据交换制度是借鉴英美法系证据开示制度的产物。近几十年来，许多大陆法系国家也纷纷移植证据开示制度，我国证据交换制度的设立，同样是借鉴英美法系国家证据开示制度的结果。

（二）证据交换的制度功能

证据交换属于审前程序当中的一部分，该项制度的功能主要有以下几个方面：

（1）争点的整理与明确。这是庭前证据交换制度最重要的功能。所谓争点，亦称案件的争议焦点、争执点等，是指与案件审理范围有关的双方当事人之间就事实问题以及法律问题等所形成的争议焦点。对当事人而言，庭前证据交换的目的在于：在诉讼机会平等的前提下，由当事人双方收集证据证明其主张，为其明确争执焦点或形成争点本身，以便在法庭审理过程中进行充分的辩论。对法官而言，由于其对案情的了解主要局限于法庭审理，通过庭前证据交换以明确案件的争点问题，有助于迅速、准确地把握案情，减少作出法律判断的难度，最大限度地贴近事实真相。

（2）防止诉讼突袭，创建诉讼主体之间的公平论战。庭前证据交换制度为当事人提供了充分的收集和提出证据的机会。法律赋予当事人充分的举证能力，是期望真正实现当事人双方在庭审对抗下的所谓“武器对等原则”，并通过证据失权等一系列制度，对当事人举证的自由予以合理的限制，以防止任何一方在开庭时突然提出另一方完全不了解也无法进行有效防御的主张、证据等“突袭”的做法，最大限度地限制诉讼技巧和能力对审判结果的决定作用。

（3）提高庭审的效率。法官的裁判依据主要在开庭审理中形成，而在这种有限的时间与空间中，要使法官更清楚地了解当事人之间的纠纷事实，把握案情，庭前证据交换是最为重要的一环。尽管从理论上说，法官可以不限于通过一次庭审了解案情，但在现代民事诉讼量剧增而司法资源相对匮乏的现实条件下，对据以作出裁判的庭审提出了更高的效率要求。在其他条件相对稳定的情况下，庭前证据交换显得尤为重要。一个完备的庭前证据交换制度不仅能够帮助法官迅速、准确地把握案情，使其裁判最大限度地接近真实，而且对于提高庭审的效率，加强司法审判资源的合理利用无疑大有裨益。

（4）促使案件繁简分流、纠纷解决多元化。通过对当事人双方争点的整理和明确，一般情况下，对案件复杂与否至此已能作出判断，法院亦可利用这种判断合理调整审判资源的配置，将一部分简单的案件在开庭审理前予以解决。同时，充分的审前准备使当事人对案情、自己一方和对方在掌握证据的强弱态势以及诉讼结果的预测等方面获得更加清晰的认识，而且必然对诉讼成本和诉讼结果进行利益上的衡量，以作出明智的选择。

（三）证据交换的适用范围

在我国审判实践中，证据交换的适用范围主要包括两种情况：

（1）经当事人申请，人民法院可以组织庭前证据交换。这充分体现了对当事人处分权的尊重。有些案件尽管法院认为无需证据交换，或者人民法院忽略了证据交换，经当事人申请，人民法院可以组织庭前证据交换。

（2）证据较多、复杂疑难的案件，人民法院应当组织证据交换。对于案情不太复杂、证据不多、通过指定举证期限能够固定争点和证据的案件，以及不必经过庭前准备程序的简单案件，一般不必采取证据交换的方式。对于当事人申请，人民法院认为有必要进行证据交换的，可以组织证据交换；对于证据较多或复杂疑难的案件，人民法院应当采取证据交换的方式。

另外，庭前证据交换的案件应当是适用普通程序受理的案件，适用简易程序审理的案件不适用庭前证据交换。庭前证据交换原则上适用于一审程序，在二审程序中，如果出现当事人提交新证据的现象，则亦可以采取庭前证据交换制度。

（四）证据交换的方式

庭前证据交换制度以何种方式进行是较为引人注目的问题。在实践中，有些地方法院采用“听证式”，有些采用“开庭式”，还有些法院则采用“会议式”。无论采用哪一种方式进行证据交换，均会涉及程序效益的问题，实际上是当事人对程序代价的衡量。因为从表面上看，庭前证据交换制度的设立似乎使诉讼程序更为复杂，而且有阻碍诉讼效率提高的可能，会增加当事人的诉讼成本，过多地占用司法资源。但这种程序运行的后果是使当事人的诉讼机会更为平等，使作为裁判者的法官的中立性更强，其裁判也更符合实体正义与程序正义。而且，在庭前证据交换制度尚不完善的情况下，开庭审理的成本并不理想，诉讼迟延是其必然结果，当事人在这种程序中所付出的代价已远远超过了因庭前证据交换制度的复杂而付出的代价。因此，即使当事人因为在庭前证据交换中的责任加重而增加了一些诉讼成本，但与当事人从公正的程序和裁判中所获得的效益来说，这种代价相对而言要小得多。

在一般情况下，庭前证据交换的方式以“会议式”为宜，以此与开庭审理相区别，另外也考虑到法官在证据交换中并不参与对证据的审查判断，只是从程序控制角度在形式上对当事人的证据交换行为加以管理。需要明确的是，庭前证据交换不仅仅指交换行为本身，它还应当包括法官对于当事人证据交换所进行的指导与帮助，应当更多地从整理争点这个角度来理解庭前证据交换。可以这样说，为了明确争点而进行的庭前证据交换的会议属于制度意义上的审前会议。此外，庭前证据交换还应涵盖在交换过程中导致纠纷解决多元化的制度。由于我国庭前证据交换制度基本上包括国外审前会议制度的所有功能，因而庭前证据交换对审前会议在制度上的吸收就成为必要。

五、质证

（一）质证的概念

所谓质证，从广义上而论，是指在诉讼过程中，由法律允许的质证主体借助采取各种证据方法，旨在对包括当事人提供在内的各种证据材料采取询问、辨认、质疑、说明、解释、咨询、辩驳等形式，以对法官的内心确信形成特定证明力的一种诉讼活动。在我国，从目前立法例以及审判实践上均采取狭义的质证，即仅指在庭审过程中，由诉讼当事人就法庭上所出示的证据材料采取对质、核实等各种有关的对抗方式。

（二）质证的基本功能

在诉讼中，质证具有以下基本功能：

（1）质证是当事人在诉讼上行使辩论权的主要方式之一。证据是作为审判机关作出事实认定的基础，是适用法律的前提，对某些证据的采纳与取舍，确认其证明力的大小与强弱，在很大程度上决定了诉讼的最后结局。在诉讼上，因作为主要诉讼主体的双方当事人，对任何向提交法庭或在法庭上出示的证据材料都享有发表意见、作出表态、予以质疑的权利。这种权能的本质，是在对其不利的证据材料依据法律和事实而享有的异议权，其目的在于影响或动摇法官对其证据效力的认定与采信。

（2）质证是当事人的一项重要诉讼权利，是当事人为实现胜诉目的而采取的必要手段。诉讼权利是诉讼主体在正当程序中借以维护其实体权益或公共职能的必要保障。

（3）质证是法院审查、认定证据效力的必要前提。质证作为当事人或其他诉讼主体举证与法院采证中的一个关键性环节，已为我国立法或有关司法解释所确认。

（三）质证的进行

《民诉法解释》第 103 条第 1 款规定："证据应当在法庭上出示，由当事人互相质证。未经当事人质证的证据，不得作为认定案件事实的根据。"这一规定表明，在法庭上出示证据，由当事人质证，是证据产生证明效力的形式要件，只有经过当庭出示证据，才能实现与贯彻诉讼的公开原则，只有将证据交由当事人质证才能体现辩论主义的诉讼价值。因此，未经质证的证据在程序上缺乏正当性，这一程序上的正当性实际上决定了证据在法律上的有效性，因此，凡缺乏有效性的证据不得作为裁判的基础。

在审判实践中，诉讼当事人应当围绕证据的真实性、关联性和合法性进行质疑、说明与辩驳。对此，应当做到：①书证应当宣读内容；②物证应当庭展示；③视听资料应当庭播放；④勘验笔录应当庭宣读，并由有关专业人员进行必要的说明；⑤除法律另有规定的特别情形外，证人应当出庭作证，接受当事人的质询；⑥鉴定人应当出庭接受当事人的质询，但鉴定人确因特殊原因无法出庭，经人民法院准许的，可以书面答复当事人的质询；⑦经法庭许可，当事人可以向证人、鉴定人、勘验人发问，并且法官和诉讼当事人可以对出庭的具有专门知识的人员进行询问。

另外，一方当事人有权对另一方当事人出示书证的原件与复印件进行核对并发表质证意见；一方当事人有权向法院提出申请，要求对方当事人本人到庭，对其进行询问。

六、对证据的审查判断

（一）审查判断证据的概念

对证据的审查判断是人民法院运用概念、判断、推理所进行的一项理性思维活动。这项活动并不是仅仅停留在表面的感性认识活动，而是建立在感性认识基础上的更深刻的认识，是关系到对证据的真实与否、证据对案件事实的证明程度如何等实质性问题的认识。所谓对证据的审查判断，是指人民法院对当事人提交的证据以及法院依法所收集的证据进行分析研究，以确定其对案件待证事实是否具有证明价值以及具有何种证明价值的审判活动。易言之，对证据的审查判断是确定证据证明力和证明能力的活动。

在学理上，审判人员对证据的审查判断又称作认证。审判人员的认证对证据的证明力与证据能力的确定具有决定性的意义。审判人员经认证认为具有证明力与证明能力的证据，依法可作为定案依据。

（二）审查判断证据的基本原则

尽管世界上各大法系的证据制度各有特色，但有一点是共同的，那就是普遍奉行证据裁判主义，依证据定案。这就决定了证据在民事诉讼中处于极端重要的地位。

在诉讼中，审查判断证据应当坚持真实性、关联性和合法性的原则。

1. 真实性原则

真实性是证据必备属性之一，所以，审查判断证据必须首先审查证据是否具备真实性。以保障定案依据是真实地反映案件事实的物品、语言或笔录、资料、结论等。在这一点上，学术界与实务界均无争议。审查判断证据的真实性，一般需着重审查以下几个方面：①证据来源。审查证据来源，即审查证据是如何形成的，由谁提供或收集的，收集的程序是否合法或合理等。证据来源如何与证据真实性是紧密相关的。②证据内容。审查证据内容，主要是审查证据内容本身是否真实，有无伪造可能。确定证据内容是否真实，一般可以通过审查证据内容是否符合常理、内容前后有无相互矛盾之处等来判断。③证据与证据之间的联系。证据与证据之间应当是协调一致的。如果证据与证据之间存在矛盾，就说明某些证据要么非系本案证据，要么可能虚假不实。所以，审查判断证据决不能孤立地进行，而应当善于分析、比较、研究，善于综合评断，善于发现证据与证据之间的矛盾之处，并找出问题的症结所在。

2. 关联性原则

关联性是证据必备的自然属性，是证据区别于非证据的关键所在。这就要求审查判断证据要坚持关联性原则。这里所说的关联性或称联系性与哲学上所讲的“普遍联系”的意义有所不同。“能证性”成为证据赖以存在的理由。实质上，证据与案件事实之间的关联性就体现在证据对案件事实所具有的证明性。显然，与哲学上的“普遍联系”相比，这种关联性具有更为具体而特殊的内容。

对不同的证据而言，其与案件事实之间关联的程度是不同的。有强有弱，有反有正。某些证据与案件事实的关联性较强，某些证据与案件事实的关联性则可能较弱；某些证据可能证明案件事实存在，某些证据则证明案件事实不存在。但无论关联程度如何，只要对案件事实具有证明作用，就具备了证据的关联性。关联性表征的是证据内容与案件事实之间的关系。具备关联性的证据意味着对案件有一定的证明作用或者说具备一定的证明力。证据的证明力大小依赖于其与案件关联的程度，关联性强的，证明力强；关联性弱的，则证明力较弱。

3. 合法性原则

审查证据的合法性，主要审查收集证据的主体、程序和手段是否符合法律规定，证据本身是否具有合法形式。我国《民诉法解释》第106条规定："对以严重侵害他人合法权益、违反法律禁止性规定或者严重违背公序良俗的方法形成或者获取的证据，不得作为认定案件事实的根据。"该条应视为一种原则性的规定。

在民事诉讼上，为了诉讼证明上的需要，当事人收集和获取相关证据，其所采取的手段或者方式，有时可能会涉嫌侵害他人的合法权益。在实务上，侵害他人合法权益所涉及的侵权客体主要集中在隐私权、通讯自由权，以及采取包括一些强制、胁迫、限制他人人身自由权的情形。通常而论，在民事诉讼上，一方当事人因举证上的需要，在收集、获取相关证据的手段或方法上，其行为本身侵害了他人的合法权益，也就是违反了实体法上的规定，但是，这种实体上的违法性并不必然导致有关证据在法律上丧失其资格。这是因为：其一，这种侵权的主体具有特殊性。也就是，在许多情形下，它是诉讼上的一方当事人，或称诉讼上的举证人。其二，从事这种行为的目的在于维护行为人的合法权益。换言之，从事这种侵权行为的行为人在实体法上具有预期的正当利益，在许多情况下，其合法权益已为取证行为相对人所侵害。其三，从事这种侵权行为的人的行为源自其在诉讼上证明权的行使与享有。也就是，其行为本身是基于满足其诉讼利益的需要，即为了争取对其有利的裁判结果。其四，除涉及侵害诉讼外第三人合法权益的情形以外，因非法取证行为而遭受权益损害的相对人与取证人之间具有法律上的利害关系，特别是在诉讼发生之后，双方处于一种对立的诉讼当事人地位，均为民事诉讼法律关系的主体。正是由于上述几方面原因所决定，导致原本对这种侵权行为以其合法性为中心的判断模式转换到对这种行为本身的正当性与合理性的判断之上。其客观效果是，这种侵权行为的违法性只有达到某种严重程度，或者采纳该证据将对他人实体利益造成严重损害，即违反实体法的情节或后果等方面达到了严重程度，才有可能导致在法律上丧失证据资格的结果。

【思考题】

一、概念题

证明对象　免证事实　证据事实　证明责任　举证责任　证明标准

二、简答题

1. 简述民事诉讼证明对象的基本特征。
2. 简述民事诉讼中证明对象的范围。
3. 简述设置证明责任分配特殊规则的主要理由。

三、论述题

1. 试述民事诉讼中的举证责任转移。
2. 试述民事诉讼中的证明标准。

第五编

诉讼程序

第十二章
第一审普通程序

学习目的与基本要求 应当理解普通程序在民事审判程序中的地位，掌握起诉的条件、对起诉的审查、审理前准备、开庭审理程序，以及撤诉、缺席判决、延期审理、诉讼中止与诉讼终结的具体适用。

第一节 第一审普通程序概述

第一审普通程序是民事审判程序中最为基础，且适用范围最为广泛的审判程序，民事诉讼法的基本原则与制度、民事诉讼的基础理论问题在第一审普通程序中均有所体现，而且该程序作为人民法院审理第一审民事案件适用的审判程序，涉及大量的法律及司法解释的具体规定。

一、第一审普通程序的概念

所谓第一审普通程序，是指人民法院审理第一审民事案件所适用的基础审判程序。

根据我国民事诉讼法的规定，第一审程序包括普通程序与简易程序。人民法院审理第一审民事案件，除民事诉讼法所规定的基层人民法院及派出法庭审理事实清楚、权利义务关系明确、争议不大的简单民事案件适用简易程序外，其他均适用普通程序。普通程序作为人民法院审理第一审诉讼案件的基本审判程序，在民事诉讼中占有十分重要的地位。民事诉讼法的基本原则与基本制度在普通程序中均得到充分体现，这不仅有利于保证人民法院查明案件事实，正确适用法律解决纠纷，也有效地保障了当事人行使诉讼权利，维护其合法权益。

二、第一审普通程序的特点

相对于简易程序而言，第一审普通程序具有以下基本特点：

（一）完整性与系统性

在我国民事诉讼法所规定的各审判程序中，第一审普通程序从其内容来看具有完整性，民事诉讼法不仅对诉讼程序的启动、审理前准备、开庭审理的主要程序阶段作出了规定，而且对起诉的条件、法院对起诉的审查及其处理、审理前准备的具体工作、开庭审理的阶段等具体程序环节也作出了相应的规定。此外，审判程序中可能出现的撤诉、缺席判决、延期审理、诉讼中止、诉讼终结这些特殊情况的适用在第一审普通程序中也得到了相应的体现。与其他审判程序相比较，第一审普通程序的完整内容体现出程序环节衔接有序、操作规程严谨完整、程序制度详尽细致的特征，这就使得第一审普通程序的全部内容形成了一个完整的系统。因此，第一审普通程序也具有系统性。

（二）普适性

第一审普通程序虽然是人民法院审理第一审民事案件所适用的基础性审判程序，但是，该程序所具有的内容完整性与体系系统性，使其成为具有普适性的一种程序。首先，适用法院的普适性。即第一审普通程序可以适用于我国法院系统中的各级人民法院。其次，适用程序的普适性。即第一审普通程序除了适用于人民法院审理非简单第一审民事案件以外，人民法院根据民事诉讼法适用第一审简易程序、第二审程序、审判监督程序等程序审理民事案件时，对于该程序中未作出明确规定的具体内容，仍然可以适用普通程序中的相关规定。

第二节　起诉与受理

一、起诉

（一）起诉的概念与条件

所谓起诉，是指公民、法人或者其他组织，认为自己所享有的或者依法由自己管理、支配的民事权益受到他人侵害，或者与他人发生争议时，以自己的名义向人民法院提起诉讼，请求人民法院依法审判，以解决权利义务关系争议的诉讼行为。

民事诉讼作为解决当事人之间民事纠纷的一种公力救济制度，实行不告不理的原则，没有当事人的起诉行为，就没有人民法院对民事案件行使审判权的行为。起诉是公民、法人或者其他组织诉诸司法，请求解决民事权利义务法律关系争议的具体诉讼行为，是其行使处分权的具体体现。同时，起诉也是启动民事诉讼程序的重要条件。

根据《民事诉讼法》第122条的规定，起诉必须具备以下条件：

（1）原告是与本案有直接利害关系的公民、法人和其他组织。所谓“与本案有直接利害关系”，是指作为原告的公民、法人或者其他组织应当与发生争议的民事法律关系具有法律上的利害关系。从其表现形态来看，具体分为两种类型：一种是原告自己所享有的民事权益受到他人侵犯或者与他人发生争议。在理论上，这类原告可称为“实体当事人”，即民事法律关系的主体作为原告。另一种是原告自己依法管理、支配的民事权益受到他人侵犯或者与他人发生争议。在诉讼理论上，这类原告可称为“非实体当事人”，即非民事法律关系主体作为原告。当然，这两种类型只能适用于给付之诉与变更之诉这两种通常状态的诉，因为这两种诉是基于现存的民事法律关系发生实体权利义务争议或者法律关系变更与否发生争议而形成的诉。对于特殊状态的确认之诉，判断原告是否“与本案有直接利害关系”应当以其提起确认之诉是否具有确认利益作为标准。应当注意的是，原告不一定总是为了实现自己的民事权利而提起诉讼，也有可能是为了确认其民事义务提起诉讼。例如，加害人为了确认自己的民事责任所提起的诉讼。原告也不一定是争议的民事法律关系的主体。例如，原告提起的要求法院确认与被告之间不存在某种法律关系的消极确认之诉。[1] 由此可见，民事诉讼法将原告的适格作为起诉的法定条件之一，即原告的适格是起诉必须具备的条件，如果原告不适格，该起诉从程序上不符合条件，人民法院应裁定不予受理；人民法院受理案件后，如果发现原告不适格，则应裁定驳回起诉。

（2）有明确的被告。所谓“有明确的被告”，是指原告所起诉的对象应当特定化、具体化，以便于使受诉人民法院明确与原告争议的对方当事人。民事诉讼解决特定当事人之间的民事权利义务争议，如果缺乏明确的被告，原告的诉讼请求即失去指向的对象，对此，《民诉法解释》第 209 条规定：“原告提供被告的姓名或者名称、住所等信息具体明确，足以使被告与他人相区别的，可以认定为有明确的被告。起诉状列写被告信息不足以认定明确的被告的，人民法院可以告知原告补正。原告补正后仍不能确定明确的被告的，人民法院裁定不予受理。”由此可见，“有明确的被告”不仅要求被告的称谓应当准确，还要求明确被告的基本情况；但是，理解该条件时，应当注意被告下落不明与被告不明确的区别。被告明确是起诉必须具备的条件，但是，司法实践中经常出现被告的基本信息清晰却处于下落不明的状态，应当明确被告下落不明不等于被告不明确。因此，对于被告下落不明的案件，只要原告提供了被告的准确基本信息，人民法院应当受理，受理后可以对被告适用公告方式送达诉讼文书。

（3）有具体的诉讼请求和事实、理由。所谓“具体的诉讼请求”，是指原告基于诉争之民事法律关系而通过人民法院向相对方提出的具体实体权利主张或要求。诉讼请求与诉讼标的密切相关，诉讼请求体现了诉讼标的外在冲突或对立的表象，诉讼标的决定了诉讼请求的实质性内容。由于诉讼请求直接影响到当事人之间举证责任的分配以及人民法院审理与裁判的对象等民事诉讼中的重要问题，因此，原告所提出的诉讼请求在内容上必须要具体而明确。原告在确定其具体诉讼请求时应当关注请求权的基础，同时也应当注意权利的可诉性与可保护性的区别。原告诉讼请求所依据的权利可以是现行实体法所规定的权利，也可能是现行实体法未规定的权利，对于原告针对现行实体法未作出规定的权利提起的诉讼，只要是平等主体之间所发生的纠纷，人民法院应当受理。例如，司法实践中，原告基于电视收视权、亲吻权等提起的侵权诉讼，这不仅是保护当事人民事权利的需要，也是民事实体法无法也无需包罗万象所带来的应然权利与实然权利无法完全等同的需要。所谓的“事实、理由”，是指原告在起诉时向人民法院提出的用以支持其所提出的具体诉讼请求的事实与法律依据。换言之，“事实”即原告提出具体诉讼请求所依据的与被告之间存在的，并引起民事法律关系发生、变更、消灭的事实，或者与被告之间是否存在某种民事法律关系的事实，以及由此而

---

[1] 张卫平：《民事诉讼法》（第 6 版），法律出版社 2023 年版，第 355 页。

引起具体民事纠纷的事实；“理由”即原告所提出的据以支持其具体诉讼请求的证据材料与法律依据。如果原告提出的具体诉讼请求缺乏事实、理由的支持，则难以得到人民法院的支持。此外，理解该起诉条件应当注意区分起诉证据与胜诉证据。起诉证据，是指原告向法院提起诉讼时应提供的符合法律规定条件的证据。根据《民事证据规定》第1条的规定，原告提出诉讼请求或者被告提出反诉，应当提供符合起诉条件的相应的证据，也就是说，原告起诉应当提供起诉证据。而胜诉证据，是指当事人的诉讼请求得到法院支持所依据的证据。原告提起诉讼后，为了获得有利于自己的裁判结果，必然围绕其诉讼请求主张相应的事实，如果其无法提供证据或者证据无法达到证明标准的要求，则需承担不利的诉讼后果，因此，胜诉证据需要达到法律所规定的证明标准的要求。

（4）属于人民法院受理民事诉讼的范围和受诉人民法院管辖。所谓“属于人民法院受理民事诉讼的范围”，是指原告提出的双方当事人之间的争议事项必须属于人民法院行使审判权的职权范围，即通常所说的《民事诉讼法》第3条所规定的人民法院受理审判民事案件的范围，换言之，人民法院受理的民事案件应当是公民、法人、其他组织之间以及相互之间因财产关系和人身关系所发生的纠纷。所谓“属于受诉人民法院管辖”，是指原告诉诸人民法院请求解决的具体争议事项应当属于受诉人民法院依法享有管辖权的事项。人民法院对原告诉诸司法的争议案件具有管辖权，是人民法院正当行使审判权的基础。

就我国现行立法而言，民事诉讼法对当事人起诉条件的规定过高，将大陆法系国家的“诉讼要件”植入了起诉条件之中，从而提高了起诉的门槛，是我国民事诉讼起诉难的根本原因。“诉讼要件”最早是由德国诉讼法学者彪罗于1868年在其著作《诉讼抗辩与诉讼要件》中提出的，随着现代诉讼理论的发展，“诉讼要件”已成为大陆法系国家和地区民事诉讼理论上的一个重要概念。所谓“诉讼要件”，是指诉讼要想达到目的所必须具备的事项，即从原告来说是具备对请求审判的要求被采纳的事项；从法院来说是具备对该请求作出本案判决的事项。[1]诉讼要件一经提出，就成为一个与诉讼结构密不可分的重要概念。诉讼自当事人提起到终结，便是以法院对当事人诉讼请求作出裁判为目标而发展的一个过程。这个民事诉讼的过程，在理论上可以分为三个阶段：首先，为了让法院就诉讼进行审理、判决，诉讼必须适法提起（第一阶段）。使诉讼适法提起的要件称为“起诉条件”。其次，一旦具备这些要件，案件便系属于法院，其系属在程序上必须适法（第二阶段）。使诉讼适法系属必须具备的要件称为“诉讼要件”。经过以上阶段，最后对原告的请求（本案）进行审理、判决（第三阶段）。要使法院裁判原告的请求有理，必须满足实体上的构成要件，使其主张得到认可，这被称为“权利保护要件”或“本案要件”。[2]根据这一理论，起诉条件是使诉讼程序

---

〔1〕［日］兼子一、竹下守夫：《民事诉讼法》，白绿铉译，法律出版社1995年版，第49页。

〔2〕［日］中村英郎：《新民事诉讼法讲义》，陈刚、林剑锋、郭美松译，法律出版社2001年版，第152页。

得以启动必须具备的要件，而诉讼程序启动后则进入二元审理结构，即诉讼审理与本案审理。其中，诉讼审理是对本案是否具备诉讼要件进行审查，其解决的是当事人提起之诉的合法性问题，从法院的角度来看就是能否或是否有必要作出判决的问题。[1]大陆法系国家的诉讼要件分为积极要件与消极要件，其中，“积极要件”是指使诉讼适法系属必须具备的要件，通常包括当事人实际存在、具有当事人能力、当事人适格、当事人实施起诉行为、实施了有效送达、具有诉的利益、属于法院裁判权范围、属于本案的法院管辖等；“消极要件”是指使诉讼适法系属不得具备的要件，通常包括不属于重复诉讼、不具有仲裁协议等。

（二）起诉的方式

根据《民事诉讼法》第 123 条的规定，起诉应当向人民法院递交起诉状，并按照被告人数提出副本。书写起诉状确有困难的，可以口头起诉，由人民法院记入笔录，并告知对方当事人。可见，在普通程序中，当事人起诉以书面形式为原则，以口头形式为例外。口头起诉是附条件的，即必须在原告书写起诉状确有困难的情况下，才可以口头起诉。民事诉讼法之所以确立以书面起诉为原则，是因为适用普通程序审理的第一审民事案件，通常争议的民事法律关系较为复杂，原告以书面形式起诉有利于详细阐述案情以及诉讼请求所依据的事实和法律规定，同时也有利于人民法院对原告的起诉进行审查。

起诉状是原告向人民法院提出具体诉讼请求与事实、理由的外在书面载体，根据《民事诉讼法》第 124 条的规定，起诉状应当记明下列事项：

（1）当事人的基本情况。具体包括：原告的姓名、性别、年龄、民族、职业、工作单位、住所、联系方式，法人或者其他组织的名称、住所和法定代表人或者主要负责人的姓名、职务、联系方式。

（2）被告的姓名、性别、工作单位、住所等信息，法人或者其他组织的名称、住所等信息。

（3）诉讼请求和所根据的事实与理由。这是起诉状的核心内容，也是原告起诉必须具备的法定条件。起诉状中明确诉讼请求和所根据的事实与理由，不仅可以使人民法院明确原告起诉所追求的利益以及起诉所根据的事实与理由，而且也可以使被告清楚原告的诉讼请求及其所根据的事实与理由，有针对性地进行答辩，从而推动诉讼进行。

（4）证据和证据来源，证人姓名和住所。即原告应当提供能够证明案件事实和自己主张的各种证据以及证据的来源，以支持自己提出的诉讼请求。

原告除在起诉状中载明上述内容外，还应当写明受诉人民法院的名称、起诉人或具状人签名或盖章、起诉状提交的时间（年、月、日）。在起诉状的附项中还应记明起诉状的副本份数及证据清单。

---

〔1〕张卫平：《民事诉讼：关键词展开》，中国人民大学出版社 2005 年版，第 75 页。

二、受理

（一）受理的概念

所谓受理，是指人民法院对原告的起诉进行审查后，认为起诉符合法定条件，决定立案审理，从而启动民事诉讼程序的职权行为。

原告的起诉行为并不能直接启动诉讼程序，只有原告的起诉符合《民事诉讼法》第122条规定的起诉条件，并且不具有《民事诉讼法》第127条所规定的特殊情形，人民法院受理原告的起诉时，诉讼程序才能启动。由此可见，起诉与受理是两种性质不同的行为，起诉是当事人基于诉权就特定民事权利义务争议诉诸司法的诉讼行为，而受理是人民法院基于审判权实施的职权行为。只有原告的起诉行为与人民法院的职权受理行为相结合时，诉讼程序才能启动。

（二）人民法院审查起诉和立案登记

1. 人民法院审查起诉的内容

人民法院收到原告的起诉状或者口头起诉后，应当依照民事诉讼法的相关规定进行审查，以决定是否立案。审查起诉具体包括以下内容：①起诉条件的审查。人民法院收到原告的起诉状后，应对原告的起诉是否符合《民事诉讼法》第122条规定的起诉条件以及是否具有《民事诉讼法》第127条所规定的特殊情形进行审查。②起诉方式的审查。人民法院对原告的起诉，除了进行起诉条件的审查外，还应对起诉方式是否符合法定要求以及起诉的手续是否完备进行审查，也就是说，人民法院应当审查原告提交的起诉状是否具备法定内容、是否按照被告人数提交了起诉状副本，如果起诉状内容有欠缺、需要补交必要的相关材料或者未按照要求提交起诉状副本，人民法院应当责令原告在限期内补正。原告在起诉状中谩骂和人身攻击言词的，人民法院应当告知其修改后提起诉讼。

2. 立案登记

推进全面依法治国，根本目的是依法保障人民权益。牢牢把握社会公平正义这一法治价值追求，健全社会公平正义法治保障制度，为了努力让人民群众在每一项法律制度、每一宗司法案件中都感受到公平正义，保障当事人诉诸司法解决民事纠纷权利的实现，其关键在于启动民事诉讼程序的设计是否合理，为此，党的十八届四中全会通过的《中共中央关于全面推进依法治国若干重大问题的决定》要求改革法院的案件受理制度，变立案审查制为立案登记制，对人民法院依法应该受理的案件，做到有案必立、有诉必理，保障当事人诉权。为了贯彻落实党的十八届四中全会决定的精神，切实解决人民群众呼声强烈的“立案难”的问题，充分发挥人民法院在解决民事纠纷方面的重要作用，2012年修正的《民事诉讼法》和《民诉法解释》均作出了相应的规定。此外，2015年4月15日公布的《最高人民法院关于人民法院登记立案若干问题的规定》自2015年5月1日起施行。

根据《民事诉讼法》第126条以及《民诉法解释》第208条的规定，人民法院应当保障当事人依照法律规定享有的起诉权利。人民法院接到当事人提交的民事起诉状时，对符合《民事诉讼法》第 122 条的规定，且不属于第 127 条规定情形的，应当登记立案；对当场不能判定是否符合起诉条件的，应当接收起诉材料，并出具注明收到日期的书面凭证。需要补充必要相关材料的，人民法院应当及时告知当事人。在补齐相关材料后，应当在 7 日内决定是否立案。立案后发现不符合起诉条件或者属于《民事诉讼法》第 127 条规定情形的，裁定驳回起诉。原告对该裁定不服的，可以提出上诉。

不予受理、驳回起诉与驳回诉讼请求辨析

比较内容	不予受理	驳回起诉	驳回诉讼请求
适用文书	裁定	裁定	判决
解决问题性质	程序问题	程序问题	实体问题
适用诉讼阶段	审查起诉阶段	受理案件后	受理案件后
适用条件	起诉不符合受理条件	起诉不符合受理条件	起诉符合条件，但诉讼请求不能获得支持
当事人针对文书的权利	可以上诉、申请再审	可以上诉、申请再审	可以上诉、申请再审
当事人针对案件的权利	可以再起诉	可以再起诉	不得再起诉，因为一事不再理
上诉期	10 日	10 日	15 日
适用组织	立案庭	审判组织	审判组织

（三）审查起诉时的特殊处理

人民法院在对起诉进行审查时，除了对起诉的条件与方式进行审查外，还应当对起诉的内容进行实质审查。根据《民事诉讼法》第 127 条的规定，在审查过程中出现下列情况的，应当分别处理：

（1）依照行政诉讼法的规定，属于行政诉讼受案范围的，告知原告提起行政诉讼。民事诉讼与行政诉讼有其完全不同的受理案件的范围，在司法实践中，应当准确界定当事人之间纠纷的具体性质，否则，如果出现行政诉讼抑或民事诉讼的适用不当，不仅影响纠纷的正当解决，而且直接制约当事人的权利保护。例如，因宅基地使用权引起的纠纷就是一个典型例证。宅基地使用权是公民个人在国家或集体所有的宅基地上所享有的建造房屋以使用居住的一种物权，宅基地使用权纠纷的性质决定其争议解决方式，正确区分宅基地使用权纠纷应当属于行政诉讼，还是民事诉讼的范围，其关键在于准确区分宅基地使用权确权纠纷与宅基地使用权侵权纠纷这两种性质截然不同的纠纷，混淆两者直接影响到当事人能否通过民事诉讼寻求司法救济的问题。宅基地使用权确权纠纷是关于宅基地使用权归属的纠纷，因宅基地使用权归属涉及人民政府对宅基地的管理权，我国《土地管理法》第 14 条第 1 款规定："土地所有权和使用权争议，由当事人协商解决；协商不成的，由人民政府处理。”可见，对于宅基地使用权确权纠纷，当事人协商不成的，应提交人民政府处理，对人民政府处理决定不服的，应向人民法院提起行政诉讼，而非民事诉讼。而宅基地使用权侵权纠纷是在宅基地使用权明确的基础上因是否合法行使宅基地使用权而产生的纠纷，该纠纷系平等主体之间因财产关系发生的纠纷，属于《民事诉讼法》第3条规定的人民法院受理民事诉讼的范围。

（2）依照法律规定，双方当事人达成书面仲裁协议申请仲裁、不得向人民法院起诉的，告知原告向仲裁机构申请仲裁。仲裁与民事诉讼作为两种并行的具有同等法律效力的纠纷解决机制，因其适用范围具有交叉性，即《仲裁法》第2条所规定的可以进行仲裁的合同纠纷和其他财产权益纠纷均属于可以提起民事诉讼的案件范围，必然产生了仲裁与民事诉讼在解决民事纠纷方面的权限划分。对此，《民诉法解释》第215条作出了进一步的规定，即当事人在书面合同中订有仲裁条款，或者在发生纠纷后达成书面仲裁协议，一方向人民法院起诉的，人民法院应当告知原告向仲裁机构申请仲裁，其坚持起诉的，裁定不予受理，但仲裁条款或者仲裁协议不成立、无效、失效或者内容不明确无法执行的除外。此外，《民诉法解释》第216条还规定，在人民法院首次开庭前，被告以有书面仲裁协议为由对受理民事案件提出异议的，人民法院应当进行审查。经审查符合下列情形之一的，人民法院应当裁定驳回起诉：①仲裁机构或者人民法院已经确认仲裁协议有效的；②当事人没有在仲裁庭首次开庭前对仲裁协议的效力提出异议的；③仲裁协议符合《仲裁法》第16条规定且不具有《仲裁法》第17条规定情形的。

（3）依照法律规定，应当由其他机关处理的争议，告知原告向有关机关申请解决。例如，企业内部企业与职工之间因为工资福利待遇、劳动合同解除、工伤赔偿、劳动保险等发生的劳动争议，根据我国《劳动法》《劳动争议调解仲裁法》的规定，此类争议必须先经过劳动争议仲裁委员会仲裁，当事人对仲裁裁决不服的，可以在接到裁决书之日起15日内向人民法院起诉。如果企业或者职工就此类争议直接向人民法院提起诉讼，人民法院应告知其向劳动争议仲裁委员会申请仲裁。

（4）对不属于本院管辖的案件，告知原告向有管辖权的人民法院起诉。此种情况下，如果原告坚持起诉的，根据《民诉法解释》第211条的规定，人民法院裁定不予受理；立案后发现本院没有管辖权的，应当将案件移送有管辖权的人民法院。

（5）对判决、裁定、调解书已经发生法律效力的案件，当事人又起诉的，告知原告申请再审，但人民法院准许撤诉的裁定除外。依据“一事不再理”原则，判决、裁定一旦发生法律效力，就具有既判力，不允许当事人基于同一诉讼标的、同一理由再行起诉。而撤诉只是撤回请求人民法院行使审判权解决特定民事纠纷的诉讼，但当事人的实体权利并未放弃。因此，当事人撤诉或者人民法院按撤诉处理后，当事人以同一诉讼请求再次起诉的，根据《民诉法解释》第214条第1款的规定，人民法院应予受理。

（6）依照法律规定，在一定期限内不得起诉的案件，在不得起诉的期限内起诉的，不予受理。如根据我国《民法典》第1082条的规定，女方在怀孕期间、分娩后1年内或终止妊娠后6个月内，男方不得提出离婚，但女方提出离婚或者人民法院认为确有必要受理男方离婚请求的除外。

（7）判决不准离婚和调解和好的离婚案件，判决、调解维持收养关系的案件，没有新情况、新理由，原告在6个月内又起诉的，不予受理。此外，根据《民诉法解释》第214条第2款的规定，原告撤诉或者按撤诉处理的离婚案件，没有新情况、新理由，6个月内又起诉的，人民法院应裁定不予受理。婚姻关系与收养关系作为特殊的身份关系，直接涉及婚姻家庭关系的和睦与稳定。然而，离婚与解除收养关系诉讼的发生大多是因为日常生活之事引发的感情纠纷，在人民法院以判决或者调解的方式维持了婚姻关系或者收养关系之后，有必要设置一定的冷静期，使当事人对婚姻关系或者收养关系是否继续维持作出理性的选择。为此，民事诉讼法及其司法解释均对原告没有新情况、新理由的再次起诉限制了期限，但是被告起诉不受此期限的限制。

此外，《民诉法解释》对人民法院审查起诉的处理也作出了如下规定：

（1）夫妻一方下落不明，另一方诉至人民法院，只要求离婚，不申请宣告下落不明人失踪或死亡的案件，人民法院应当受理，对下落不明人用公告送达诉讼文书。

（2）赡养费、扶养费、抚养费案件，裁判发生法律效力后，因新情况、新理由，一方当事人再行起诉要求增加或减少费用的，人民法院应当作为新案受理。通常情况下，发生法律效力的裁判即具有既判力，当事人不得再次提起诉讼。该规定对赡养费、扶养费、抚养费的案件作为新案受理，主要是因为在现实生活中，因为物价上涨、消费支出增加、收入下降、遭遇意外等特殊情况，可能致使生效裁判所确定的赡养费、扶养费、抚养费数额与发生变化的现实情况不匹配，为了保护当事人的合法权益，当事人向人民法院起诉仅要求增加或者减少费用的，人民法院应当作为新案受理，但是，人民法院审理此类案件只涉及赡养费、扶养费、抚养费的增加或者减少问题，并不涉及对前案事实和法律关系的重新认定问题。

（3）当事人超过诉讼时效期间起诉的，人民法院应予受理。受理后对方当事人提出诉讼时效抗辩，人民法院经审理认为抗辩事由成立的，判决驳回原告的诉讼请求。关于诉讼时效的效力，学界通说认为，民法采取的是胜诉权消灭说，但近年来，随着对诉讼时效问题研究的深入，越来越多的观点认为，胜诉权的提法有欠科学，我国关于诉讼时效的效力应采抗辩权发生说。抗辩权发生说意味着，如果义务人援引抗辩权，权利人的权利将转化为自然权利，法院不予保护。如果义务人不援引抗辩权，则权利人的权利仍然是一种完整的权利，法院仍予以保护。〔1〕为此，《最高人民法院关于审理民事案件适用诉讼时效制度若干问题的规定》第2、3条规定，当事人未提出诉讼时效

---

〔1〕 民事审判第二庭编著：《最高人民法院关于民事案件诉讼时效司法解释理解与适用》，人民法院出版社2008年版，第77~78页。

抗辩，人民法院不应对诉讼时效问题进行释明。当事人在一审期间未提出诉讼时效抗辩，在二审期间提出的，人民法院不予支持，但其基于新的证据能够证明对方当事人的请求权已过诉讼时效期间的情形除外。当事人未按照前款规定提出诉讼时效抗辩，以诉讼时效期间届满为由申请再审或者提出再审抗辩的，人民法院不予支持。由此可见，该司法解释明确确定将诉讼时效作为被告行使抗辩权所依据的事项，如果被告放弃依据诉讼时效进行抗辩的权利，则人民法院应当对原告的诉讼请求依法判决。

（4）裁定不予受理、驳回起诉的案件，原告再次起诉，符合起诉条件且不属于《民事诉讼法》第127条规定情形的，人民法院应予受理。

（5）重复起诉的处理。一般认为，现代诉讼法上的“一事不再理”原则起源于罗马法上的“一案不二诉”制度，根据当时人们的观点，所谓诉权消耗，是指所有诉权都会因诉讼系属而消耗，对同一诉权或请求权，不允许二次诉讼系属。一旦限制同一诉权或请求权只能有一次系属，那么即使允许当事人对同一案件提出诉讼请求，被告也可以实施既决案件的抗辩或者诉讼系属的抗辩，使当事人的诉讼请求不置于诉讼系属。〔1〕该制度对后世法律的发展产生了深远的影响。在大陆法系国家，民事诉讼法学者在对判决效力理论进行研究的基础上，逐步创造出了以既判力为核心的裁判生效后的禁止在起诉和诉讼系属中的禁止重复诉讼的理论体系。在普通法系国家，源于罗马法“一案不二诉”原则的既决事项作为一项诉讼的原则与先例判决、禁反言规则配合，逐步形成普通法系国家富有特色的一事不再理原则及规则。无论大陆法系国家和地区还是普通法系国家，一事不再理原则都包括两个方面的内容：其一是在诉讼系属中，阻止相同当事人再行提起后诉；其二是在判决确定后，禁止相同当事人对相同诉讼对象的再次讼争。只是由于法律传统和思维方式的差异，大陆法系国家通过诉讼系属效力和既判力的消极效力承担起一事不再理原则的功能，而普通法系国家以既决事项规则和滥用程序规则来实践一事不再理原则的内容。由于我国民事诉讼法对“一事不再理”原则的内涵和判断标准并未作出明确的规定，在多年的司法实践中，主要是由审判人员根据理解适用“一事不再理”原则，致使该原则的适用状态较为混乱，有必要加以规范。为此，此次《民诉法解释》第247条对重复起诉首次作出具体的规定，即当事人就已经提起诉讼的事项在诉讼过程中或者裁判生效后再次起诉，同时符合下列条件的，构成重复起诉：第一，后诉与前诉的当事人相同；第二，后诉与前诉的诉讼标的相同；第三，后诉与前诉的诉讼请求相同，或者后诉的诉讼请求实质上否定前诉的裁判结果。当事人重复起诉的，裁定不予受理；已经受理的，裁定驳回起诉，但法律、司法解释另有规定的除外。

（四）受理的法律后果

人民法院依法受理原告的起诉后，即产生如下法律后果：

（1）受诉人民法院取得对案件的管辖权。人民法院依法享有对民事案件的审判权，

〔1〕张卫平：《程序公正实现中的冲突与衡平——外国民事诉讼研究引论》，成都出版社1993年版，第350页。

但是就具体的个案而言，人民法院立案受理原告的起诉后即取得对具体争议案件的管辖权，同时也排除了其他人民法院对该案件的管辖权。

（2）明确了各主体的诉讼地位。人民法院依法受理起诉后，就起诉状所涉及的双方当事人而言便取得了原告和被告的诉讼地位，分别享有法定的诉讼权利并依法承担相应的诉讼义务，且分别与受诉人民法院产生相应的诉讼法律关系。

（3）阻止本案当事人重复起诉。根据“重复起诉禁止”原则，在人民法院立案受理后，本案当事人不得援引与本案相同的事实和理由再行起诉。

第三节　审理前的准备

一、审理前准备的概念

所谓审理前准备，是指人民法院受理原告的起诉之后到开庭审理之前，由案件承办人员依法进行的一系列准备工作的总称。

审理前准备是人民法院受理案件后到开庭审理之前的一个相对独立的诉讼阶段，有其独特的功能。这个阶段的主要任务是为保证开庭审理的顺利进行而做准备，所有法定的具体准备工作均是围绕保证开庭审理的顺利进行而展开的。在审理前准备阶段，法官处于中立地位，主要负责指导当事人双方交换与固定证据、整理固定争议焦点，为随后的庭审程序的顺利进行奠定基础。由此可见，在普通程序中，审理前准备阶段的设置，不仅是保证当事人充分行使诉讼权利以及庭审中充分辩论从而维护其合法权益的必要前提，而且是庭审活动甚至整个诉讼活动能否得以顺利进行以及人民法院能否行使审判权对争议案件作出公正裁判的必要前提。

二、审理前准备阶段的工作

根据我国现行《民事诉讼法》第 128 条至第 136 条以及有关司法解释的规定，审理前准备阶段需做好以下几项工作：

（一）送达诉讼文书和提出答辩状

人民法院立案受理后应向原告送达受理案件通知书，应在立案之日起 5 日内将起诉状副本发送被告。向被告发送起诉状副本的目的在于使被告了解原告起诉的具体诉讼请求以及所依据的事实与理由，进而针对起诉状的内容提出抗辩。原告在起诉状中有谩骂和人身攻击之词的，人民法院应当告知其修改后提起诉讼。被告应当在收到起诉状副本之日起 15 日内提出答辩状。答辩状应当记明被告的性别、年龄、民族、职业、工作单位、住所、联系方式；法人或者其他组织的名称、住所和法定代表人或者主要负责人的姓名、职务、联系方式。人民法院应当在收到答辩状之日起 5 日内将答辩状副本发送原告。这样既可以使原告及时了解被告的答辩内容从而针对答辩作出回应，也可以使民事诉讼法所确立的当事人诉讼权利平等的基本原则真正体现在诉讼的进行过程中。当然，被告不提出答辩状的，不影响人民法院审理。

通过诉讼文书的送达，就当事人而言，使双方在开庭前相互了解对方的诉讼主张，针对对方的主张进行准备活动，在充分行使诉讼权利的基础上，有效维护自己的合法权益。就人民法院而言，有助于人民法院了解双方争议焦点，为庭审集中进行做准备。

（二）告知当事人诉讼权利义务及合议庭组成人员

根据我国现行《民事诉讼法》第 129 条的规定，人民法院对决定受理的案件，应当在受理案件通知书和应诉通知书中向当事人告知有关的诉讼权利义务，也可以采用口头形式，以便于保障当事人充分地行使其诉讼权利，同时也可以督促当事人合理履行其诉讼义务。人民法院适用普通程序审理民事案件时，除根据《民事诉讼法》第 40 条第 2 款“基层人民法院审理的基本事实清楚、权利义务关系明确的第一审民事案件，可以由审判员一人适用普通程序独任审理”的以外，应采用合议制。合议庭组成后，应当在 3 日内告知当事人，以便当事人尽快充分地行使申请回避权。

（三）审核诉讼材料，调查收集必要的证据

在审理前准备阶段，人民法院审核的诉讼材料主要包括：原告提交的起诉状；被告提交的答辩状；双方当事人根据举证通知书对本案所提交的证据材料以及其他诉讼材料；当事人增加、变更诉讼请求或者提起反诉所提交的诉讼文书及相关的证据材料。人民法院通过此项工作的进行可以初步把握案件的基本事实、明确争议焦点和了解本案应当适用的有关法律以及所涉及的有关专业知识。此外，人民法院在审理前准备阶段，还应调查收集必要的证据。人民法院调查收集的证据包括两种情况：一是人民法院认为审理案件需要，而依职权调查收集的证据。根据《民诉法解释》第 96 条的规定，《民事诉讼法》第 67 条第 2 款规定的人民法院认为审理案件需要的证据包括：①涉及可能损害国家利益、社会公共利益的；②涉及身份关系的；③涉及《民事诉讼法》第 58 条规定诉讼的；④当事人有恶意串通损害他人合法权益可能的；⑤涉及依职权追加当事人、中止诉讼、终结诉讼、回避等程序性事项的。除前款规定以外，人民法院调查收集证据，应当依照当事人的申请进行。二是当事人及其诉讼代理人因客观原因不能自行收集，而申请人民法院调查收集的证据。根据《民诉法解释》第 94 条的规定，《民事诉讼法》第 67 条第 2 款规定的当事人及其诉讼代理人因客观原因不能自行收集的证据包括：①证据由国家有关部门保存，当事人及其诉讼代理人无权查阅调取的；②涉及国家秘密、商业秘密、个人隐私的材料；③当事人及其诉讼代理人因客观原因不能自行收集的其他证据。当事人及其诉讼代理人因客观原因不能自行收集的证据，可以在举证期限届满前书面申请人民法院调查收集。此外，根据《民诉法解释》第 95 条的规定，当事人申请调查收集的证据，与待证事实无关联、对证明待证事实无意义或者其他无调查收集必要的，人民法院不予准许。

（四）追加当事人

追加当事人并不是审理前准备阶段必经的程序环节，只有在受诉人民法院发现必须共同进行诉讼的当事人没有参加诉讼时，人民法院才能追加应当必须共同参加诉讼的当事人。追加必须共同进行诉讼的当事人参加诉讼，是全面保护当事人的合法权益、彻底解决当事人之间民事纠纷的需要。此外，当事人也可以向人民法院提出追加遗漏必要共同诉讼人的申请，对于当事人的申请，人民法院应当进行审查，审查无理的，裁定驳回；申请有理的，书面通知被追加的当事人参加诉讼。人民法院依法追加共同诉讼的当事人时，应当通知其他当事人。

（五）处理管辖权异议

根据《民事诉讼法》第 130 条的规定，人民法院受理案件后，当事人对管辖权有异议的，应当在提交答辩状期间提出。人民法院对当事人提出的异议，应当审查。异议成立的，裁定将案件移送有管辖权的人民法院；异议不成立的，裁定驳回。当事人未提出管辖异议，并应诉答辩或者提出反诉的，视为受诉人民法院有管辖权，但违反级别管辖和专属管辖规定的除外。此外，根据《民诉法解释》第 223 条的规定，当事人在提交答辩状期间提出管辖异议，又针对起诉状的内容进行答辩的，人民法院应当依照《民事诉讼法》第 130 条第 1 款的规定，对管辖异议进行审查。当事人未提出管辖异议，就案件实体内容进行答辩、陈述或者反诉的，可以认定为《民事诉讼法》第 130 条第 2 款规定的应诉管辖。

（六）召集庭前会议

庭前会议是指开庭审理前在法院主持、当事人参与下为开庭审理进行相关准备而召集的会议。

20 世纪 90 年代以后，地方各级人民法院适用普通程序审理第一审民事案件时，为了提高庭审效率，实现审理集中化，通常将证据交换作为整理争议焦点和固定证据的方法，对于促进诉讼的尽快进行起到了积极的作用。为了保证开庭审理的顺利进行，从而实现庭审的集中化进行，召集庭前会议是一种重要的准备方式，不仅有利于加速诉讼程序的进程，减少不必要的审判活动，而且可以及早控制程序，避免因缺乏程序管理而导致诉讼延迟，从而通过更彻底的准备活动提供审判质量，并促进当事人和解。为此，2015 年《民诉法解释》借鉴了美国民事诉讼审前程序中的审前会议制度，明确规定了庭前会议，2022 年《民诉法解释》沿用该制度。

庭前会议是指开庭审理前在法院主持、当事人参与下为开庭审理进行相关准备而举行的会议。庭前会议是庭前准备的一种具体方式。庭前会议主要是通过对诉讼请求、证据和争议焦点三个方面的整理，实现提供诉讼效率以及促进和解或调解的目标。[1]《民诉法解释》第 224 条规定，依照《民事诉讼法》第 136 条第 4 项的规定，人民法院可以在答辩期届满后，通过组织证据交换、召集庭前会议等方式，作好审理前的准备。在此基础上，该解释第 225 条进一步规定，根据案件具体情况，庭前会议可以包括下列内容：

（1）明确原告的诉讼请求和被告的答辩意见。这是庭前会议的首要内容，因为整

〔1〕张卫平：《民事诉讼法》（第 6 版），法律出版社 2023 年版，第 364 页。

个审判过程均是围绕原告的诉讼请求进行的，只有明确原告的诉讼请求和被告的答辩意见，才能确立案件审理的争议焦点问题，为庭审奠定基础。司法实践中，有些被告出于诉讼策略的考虑，在庭前不提交答辩状，而是在开庭时进行答辩突袭，这不仅会使原告丧失针对被告答辩意见进行庭审准备的机会，而且还可能导致合议庭在庭审时对争议焦点的归纳不全面，影响庭审效率，因此，如果被告未提交答辩状，庭前会议时合议庭应督促被告提交答辩意见。

(2) 审查处理当事人增加、变更诉讼请求的申请和提出的反诉，以及第三人提出的与本案有关的诉讼请求。

(3) 根据当事人的申请决定调查收集证据，委托鉴定，要求当事人提供证据，进行勘验，进行证据保全。庭审的中心是查明争议案件事实，因此，为了提高庭审效率，有必要在庭前会议中对上述有关证据的事项予以明确。

(4) 组织交换证据。这是庭前会议最为重要的一个内容。在民事诉讼中，法院对案件事实的认定以及最终裁判结果的作出，均须以证据作为根据。为了防止当事人在庭审中进行证据突袭，提高庭审中质证的效率，在庭前会议中组织当事人进行证据交换是非常必要的。

(5) 归纳争议焦点。争议焦点是庭审的中心，为了保障当事人在审理前准备阶段做好充分的庭审准备，合议庭在阅读双方当事人的起诉状与答辩状之后，应当在庭前会议上主持双方当事人对案件事实及相应法律问题交换意见，并根据当事人的诉讼请求、答辩意见以及证据交换的情况，归纳争议焦点，从而为集中庭审做好准备。

(6) 进行调解。庭前会议是指在审判人员主持下，由双方当事人参与，对于具有调解可能的案件，审判人员应推动当事人双方达成调解协议。为了防止案件在庭前准备阶段拖延，庭前调解应当贯彻效率优先的原则。

由于我国《民诉法解释》第 229 条还规定，“当事人在庭审中对其在审理前的准备阶段认可的事实和证据提出不同意见的，人民法院应当责令其说明理由。必要时，可以责令其提供相应证据。人民法院应当结合当事人的诉讼能力、证据和案件的具体情况进行审查。理由成立的，可以列入争议焦点进行审理”，因此，我国庭前会议并未真正实现固化诉讼请求、证据和争议焦点并约束当事人的功能，有待进一步完善。

（七）其他准备工作

根据有关规定和司法实践，审理前准备工作还有以下几点主要内容：

(1) 预收诉讼费用。人民法院立案后，如果原告经再次通知仍不预交诉讼费用，或者申请减、缓、免交诉讼费用未获人民法院批准仍不预交的，人民法院应裁定按撤诉处理。

(2) 移送管辖。人民法院立案后发现本院没有管辖权的，应当将案件移送给有管辖权的人民法院。

(3) 归纳争议焦点。根据《民事诉讼法》第 136 条的规定，人民法院对受理的案件，分别情形，予以处理：①当事人没有争议，符合督促程序规定条件的，可以转入督促程序。即对于当事人起诉要求给付金钱或者有价证券的案件，人民法院受理后，如果认为双方权利义务关系明确，并且没有对待给付义务的，可以将案件转入督促程序。②开庭前可以调解的，采取调解方式及时解决纠纷。③根据案件情况，确定适用简易程序或者普通程序。④需要开庭审理的，通过要求当事人交换证据等方式，明确争议焦点。由此可见，民事诉讼法确立了在审理前准备阶段归纳争议焦点的制度。

庭前准备是否充分，决定了开庭的质量。归纳争议焦点是一项非常重要的工作，因为所有的庭审活动，都是围绕当事人之间的争议焦点展开的。如果争议焦点不明确，会导致庭审辩论失去中心，当事人之间缺乏真正的对抗，致使庭审出现空洞化和形式化状态，不仅直接影响对争议事实的认定，而且严重影响庭审效率，并在一定程度上损害诉讼的公正性。民事诉讼法虽然确立了争议焦点归纳制度，但是，对争议焦点如何明确，是否需要征求当事人的意见均未作出具体规定。为此，《民诉法解释》第 226 条增加了关于争议焦点归纳的规定，即人民法院应当根据当事人的诉讼请求、答辩意见以及证据交换的情况，归纳争议焦点，并就归纳的争议焦点征求当事人的意见。也就是说，争议焦点的明确，应当在法院的引导下进行。具体而言，是否需要在开庭审理前明确争议焦点，由法院根据审理案件的需要来确定；如果需要归纳争议焦点，是通过要求当事人以证据交换的形式还是以其他形式明确争议焦点，也是法院根据案件的具体情况作出判断，并在其主导下组织当事人完成的。

（4）诉的合并。在司法实践中，大量存在双方当事人基于同一事实发生纠纷的现象，由于我国未建立强制反诉制度，经常出现双方当事人分别起诉的状况，有些案件的双方当事人分别向同一人民法院提起诉讼，也有些案件的双方当事人分别向不同人民法院提起诉讼，具有共同事实基础的不同的诉由不同的审判组织审理，容易出现相互矛盾的事实认定和裁判结果，损害司法的统一性。为了防止矛盾判决的出现，也为了实现一次性司法资源的投入解决关联性纠纷的目的，《民诉法解释》第 221 条确立了有限的诉的合并审理，即基于同一事实发生的纠纷，当事人分别向同一人民法院起诉的，人民法院可以合并审理。可见，该规定所确立的诉的合并建立的基础是基于同一事实发生的纠纷。换言之，各个单纯之诉所依据的事实关系或者法律关系应有牵连，具有一致性，如果各个单纯之诉所依据的事实关系或者法律关系不具有一致性，或者不足以产生相互矛盾的裁判，则不具有诉的合并的条件。

（5）当事人恒定与承继。当事人恒定是指在民事诉讼过程中，当事人将诉讼标的转移于第三人时，转让人的诉讼当事人资格并不因此而丧失，诉讼仍在原当事人之间进行。该规则排斥受让人接替转让人承当诉讼，但它不禁止受让人以诉讼第三人资格参加诉讼，尽管受让人不是本诉当事人，但判决效力及于该受让人。《民诉法解释》第 249 条第 1 款增加了当事人恒定原则，即在诉讼中，争议的民事权利义务转移的，不影响当事人的诉讼主体资格和诉讼地位。人民法院作出的发生法律效力的判决、裁定对受让人具有拘束力。由此可见，争议的民事权利义务发生转移虽不影响当事人的诉讼主体资格和诉讼地位，即受让人不具有当事人的诉讼主体资格和地位，但生效判决、裁定对其具有拘束力。此规定突破了既判力的相对性，使生效的判决、裁定对受让人具有法律效力。受让人受生效判决、裁定约束的依据主要有四种理论主张：①特定继受人（受让人）与让与人的同一性；②基于一般诉讼经济要求的诉讼法律政策的考量；③基于受让人与让与人之间的从属关系；④基于让与人对特定继受人的诉讼担当。不论受让人受生效判决、裁定约束的依据有何不同，但都承认生效判决、裁定对受让人具有拘束力。由于民事权利义务转移必然涉及受让人的利益，受让人在受让争议的民事权利义务后，对正在诉讼的案件具有法律上的利害关系，具有无独立请求权的第三人身份，为保障其合法权益，《民诉法解释》第249条第2款规定，受让人申请以无独立请求权的第三人身份参加诉讼的，人民法院可予准许。受让人申请替代当事人承担诉讼的，人民法院可以根据案件的具体情况决定是否准许；不予准许的，可以追加其为无独立请求权的第三人。

诉讼承继，有学者称之为“诉讼继受”“诉讼担当”，分为一般诉讼承继和特定诉讼承继。一般诉讼承继是指诉讼进行中，因发生了法定事由，一方当事人将其诉讼权利转移给案外人，由该案外人续行原当事人已经开始的诉讼。特定诉讼承继是指在民事诉讼进行中，当事人将诉讼标的转移于第三人时，转让人的诉讼当事人资格因此而丧失，为受让人所替代，前者完全脱离诉讼，不再享有任何诉讼权利和义务，但其所为诉讼行为对后者发生效力，视为后者本人所为。[1]《民诉法解释》第250条对诉讼承继即受让人替代当事人承担诉讼的裁定和后果作出了规定，即人民法院准许受让人替代当事人承担诉讼的，裁定变更当事人。变更当事人后，诉讼程序以受让人为当事人继续进行，原当事人应当退出诉讼。原当事人已经完成的诉讼行为对受让人具有约束力。

作为两个不同的诉讼规则，不论是当事人恒定原则还是诉讼承继原则，均是解决民事诉讼中诉讼标的转移后的程序问题的规则，两者各有优劣。当事人恒定主义，由让与人继续实施诉讼，虽较能维持诉讼程序之安定，但对受让人之程序保障较为不周。诉讼承继主义，由受让人承继诉讼，对受让人之程序保障较为周到，但如未由受让人承继诉讼，而让与人与他造当事人进行诉讼，该诉讼将归于徒劳。且如时时发生诉讼承继，将影响诉讼程序之安定。

1. 审理前的准备主体

迄今为止，虽然我国民事诉讼理论的研究较为深入，但是，就我国现行《民事诉讼法》的立法规定而言，我国尚未突破在长期计划经济体制下形成的“以法院为中心发现案件客观真实”“法院代表国家行使审判权，查明案件真实情况，正确解决民事权利义务争议”传统诉讼观念的影响，受此传统诉讼观念的影响，我国长期以来一直奉行职权主义诉讼模式，加之当初立法的历史局限性所致，故而使得“审理前的准备”阶段的现有内容明显是以法院为本位加以安排的，不恰当地突出了法院职权的“积极

〔1〕 王强义：《论民事诉讼中的当事人恒定和诉讼承当》，载《中国法学》1990年第5期。

运用”，而忽视了双方当事人之程序主体地位在此阶段的应有体现，以及他们主观能动作用的充分发挥，从而给庭审效率的提高乃至司法公正的实现带来了一系列的负面影响。[1]因此，改革审理前准备阶段，体现当事人审理前准备中的程序主体地位势在必行。审前准备程序的构筑理念主要基于当事人主义的模式选择和价值取向，在审前程序的设置上应仅限于对案件有关证据材料的提出和双方争议焦点的发现，从而亦为法官提供一种形式审查的契机。因此，必须弱化法官调查取证的职能作用，避免法官对案件进行实质审查的任何倾向。

2. 主要国家的审前程序模式及主体

现代社会主要国家的审前程序主要体现为美国模式、德国模式与法国模式三种。

现代英美法系国家的典型代表美国，为保证其对抗制下集中、连续一次性审理模式的顺利进行，一切准备工作，包括主张的提出与证据的提交等均必须在庭审前完成。为此，美国设置了独立的审前程序，且其审前程序呈现出当事人支配、程序冗长、昂贵、具有多功能等特征。美国的审前程序具有三大功能：①剔除不适宜或者不必要提交陪审团的问题，以最大限度地减少提交陪审团解决的案件；②剔除不适宜的信息；③为开庭审理做准备。20 世纪 70、80 年代以后，美国从德国引入“管理型审判”的概念，在审前加强了职权介入的因素。基于充分的审前程序的准备，美国进入庭审的案件仅占全部初审案件的 2%至 5%。

以职业法官审判为基础的德国，现行的审前准备主要是根据双方律师提供的书面材料进行基本准备，进行证据交换，确定开庭的具体目的和争点。在此基础上，法官通过开庭获得相关事实的信息并形成心证。如果法官在一次开庭中未能获得形成裁判结论所需要的全部信息，可以再次举证和开庭。可见，德国实行准备—开庭—再准备—再开庭的分阶段审理模式。

在法国，诉讼被认为是当事人之间的事情，法官基于当事人的委托授权而行使审判权，往往形成诉讼的拖延。20 世纪 70 年代以后，法国民事诉讼制度改革加强了法官支配程序的职能。根据《法国民事诉讼法》的规定，证据未经审前交换不得提交法庭审理。这一规定强化了审前程序在收集证据方面的功能和苛刻的证据时效制度，从而使法国的庭审程序成为相对集中的审理模式。

虽然上述三种模式的审前程序有其不同的表现样态，但是都具有证据开示、信息交换、争点形成之功能，并且以当事人作为审前准备程序的核心主体，法官多作为组织者参与这一过程。[2]

---

〔1〕 江伟主编：《民事诉讼法》，高等教育出版社 2007 年版，第 289 页。

〔2〕 江伟主编：《民事诉讼法专论》，中国人民大学出版社 2005 年版，第 372~374 页。

第四节　开庭审理

一、开庭审理的概念

所谓开庭审理，是指人民法院在完成审理前准备阶段的各项工作后，于确定的期日在双方当事人及其他诉讼参与人的参加下，在法庭上依照法定的形式与程序，对争议案件进行审理的诉讼活动。

开庭审理是人民法院适用第一审程序审理民事案件的核心环节，是普通程序中最主要的诉讼阶段，民事诉讼的基本原则和基本制度在开庭审理中都能得到贯彻和体现。开庭审理的主要任务是，通过法庭调查和法庭辩论阶段当事人诉讼权利的充分行使，审查核实证据，并在此基础上查明争议案件事实，为正确适用法律作出裁判奠定基础。此外，开庭审理可以将法庭的审判过程规范化，保障裁判过程的正当性。由此可见，开庭审理既是人民法院行使审判权解决争议案件的重要诉讼阶段，也是当事人和其他诉讼参与人充分行使诉讼权利并履行相应诉讼义务的重要阶段。

二、开庭审理的形式和内容

（一）开庭审理的形式

开庭审理必须严格依照法定程序和要求进行，具体需注意以下几点：

（1）开庭审理应当采取法庭审理的方式。人民法院适用第一审普通程序审理案件应当开庭审理，开庭审理由审判人员组成的合议庭或者独任审判员在当事人及其他诉讼参与人均到庭的情况下在人民法院所设立的专用、固定的法庭或特设的临时法庭对案件进行审理。作为审判场所的法庭，主要是指设在各级人民法院或者人民法庭的专门用于开庭审判的特定场所，也可以指临时用于案件开庭审理的场所。

（2）开庭审理应当采取法定审理方式。党的二十大报告指出，公正司法是维护社会公平正义的最后一道防线，对维护社会公平正义具有重要引领作用。正义不仅要实现，还要以看得见的方式实现。坚持以公开促公正、以透明保廉洁。司法透明是现代法治国家普遍遵循的重要法律原则，也是我国宪法确立的重要原则。审判权是关乎社会公平正义和人民群众权益、发挥定分止争重要作用的公共权力，必须在阳光下运行，在监督下行使。加强审判公开工作是构建社会主义和谐社会的内在要求，公开审判是我国民事诉讼法所设置的一项基本制度，是对宪法规定的公开审判原则的具体落实，以公开审理案件为核心内容，其中包括公开审理与公开宣判。公开审理体现为开庭审理过程允许社会公众旁听，并允许新闻记者采访报道庭审过程。根据《民事诉讼法》第 137 条的规定，人民法院审理民事案件，除涉及国家秘密、个人隐私或者法律另有规定的以外，应当公开进行。离婚案件、涉及商业秘密的案件，当事人申请不公开审理的，可以不公开审理。由此可见，民事诉讼法规定的法定开庭审理方式应当以公开开庭审理为原则，以不公开开庭审理为例外。最高人民法院高度重视司法公开，为充分保障人民群众诉讼权利，先后出台了《关于严格执行公开审判制度的若干规定》《关于加强人民法院审判公开工作的若干意见》《关于司法公开的六项规定》《关于进一步深化司法公开的意见》等多项加强和规范司法公开的专门性文件，大力推进阳光司法。其中《关于严格执行公开审判制度的若干规定》第 11 条明确规定，依法公开审理案件，经人民法院许可，新闻记者可以记录、录音、录像、摄影、转播庭审实况。外国记者的旁听按照我国有关外事管理规定办理。

（3）开庭审理应当采取言词审理的方式，不能采取书面审理方式。言词审理，也称为口头审理，是相对于书面审理方式而言的，是指法院进行的证据调查程序和双方当事人的辩论程序必须以口头方式进行，否则不得作为判决的基础。换言之，合议庭行使职权的行为和当事人以及其他诉讼参与人行使诉讼权利的一切诉讼行为，均需要以言词的方式进行。言词审理原则是由开庭审理所承担的查明事实的核心功能决定的，因为言词表达不仅有利于当事人行使其辩论权，充分表达其主张和观点；而且也有助于人民法院通过当事人的言词表达与辩论，以及证人的言词作证，辅助判断当事人陈述与证人证言的真伪，进而查明争议案件事实，真正落实公开审判制度。

（二）开庭审理的内容

一般而言，在审理前准备阶段，人民法院会组织双方当事人通过进行证据交换或者召开庭前会议等方式为开庭做好准备。随着审理前准备程序的逐渐完善，审理前准备程序对庭审的辅助功能越来越多地体现于整理争议焦点、确定无争议的事实、交换证据、排除没有证明力的证据，使当事人在相互充分了解的基础上在庭审中公平对抗，从而有效增加庭审活动的针对性。开庭审理阶段能否有效发挥其应有功能，直接影响争议案件事实的查明，进而影响裁判的公正作出，为了提高庭审效率、保障诉讼顺利进行，有必要在当事人复杂的案件事实、诉辩内容中合理明确开庭审理的内容。按照辩论主义的要求，法院不得自行将当事人没有主张的主要事实（要件事实）作为审判对象。就此而言，具体包括三项内容：①主要事实必须由某一方当事人提出明确的主张，对于当事人没有主张的事实，法院既不得自行提出进行审理，也不得作出判断。②如果对于一方当事人提出的主要事实，另一方当事人给予了明确承认的话，则法院只能认定该事实存在或属实，而不得另行审理并作出其他判断；当然存在允许自认的例外，如人身关系通常需要证据证明，不限于当事人的承认。③对于自己所主张的主要事实，当事人负有提出证据加以证明的责任，法院原则上不得自行收集并审查证据。[1]

由于审理前准备阶段已经归纳出争议焦点，并就争议焦点征求过当事人的意见，因此，庭审应当直接围绕这些争议焦点进行。对此，《民诉法解释》第 228 条明确规定，法庭审理应当围绕当事人争议的事实、证据和法律适用等焦点问题进行。具体而

〔1〕 王亚新：《对抗与判定：日本民事诉讼的基本结构》，清华大学出版社 2002 年版，第 42 页。

言，在当事人陈述阶段，法官可以令当事人就双方之间的争议事实进行陈述。针对当事人的陈述，法官可以围绕争议焦点进行询问。在质证环节，已经在审理前准备过程中无异议的证据，由审判人员在庭审中进行说明，不再组织质证，对于当事人有异议的证据，法官可以令当事人具体说明异议的内容。人民法院审理范围围绕争议焦点进行，有利于提高庭审效率。然而，司法实践中却时常出现庭审时当事人对其在审理前准备阶段认可的事实和证据予以否认的现象，为了解决司法实践中的上述问题，《民诉法解释》第229条增加了关于禁止反言原则的规定，即当事人在庭审中对其在审理前准备阶段认可的事实和证据提出不同意见的，人民法院应当责令其说明理由。必要时，可以责令其提供相应的证据。人民法院应当结合当事人的诉讼能力、证据和案件的具体情况进行审查。理由成立的，可以列入争议焦点进行审理。

诚实信用原则最早起源于罗马法中的诚信契约和诚信诉讼，被称为现代民法的"帝王原则"，于2012年修正《民事诉讼法》时被确立为民事诉讼法的一项基本原则，即《民事诉讼法》第13条所规定的，民事诉讼应当遵循诚信原则。禁止反言规则实际上是民事诉讼诚实信用原则的要求。禁止反言本是来自英美法系的规则，英美法系国家一直适用宣誓制度，并逐步发展出禁止反言原则。当事人在民事诉讼进行当中，其所实施的诉讼行为必须前后一致，如果该当事人变更其诉讼行为会给对方当事人造成不公平的结果时，对前后矛盾的行为应予禁止。《元照英美法词典》将禁止反言的内涵划分为三个层次：①不容否认，指禁止当事人提出与其以前的言行相反的主张，即对于当事人先前的行为、主张或者否认，禁止其在此后的法律程序中反悔，否则，将会对他人造成损害；②再诉禁止，既判事项不容否认，即禁止对同一当事人或相同争点再次诉讼；③主张因对他人的误导性陈述存在善意信赖而受其损害的答辩。[1]由此可见，禁止反言主要是防止一方当事人出现前后自相矛盾的诉讼行为，从而损害对方当事人的诉讼期待利益，破坏民事诉讼的整体进行。

三、开庭审理的程序

开庭审理必须严格依照法定程序进行。按照民事诉讼法的规定，开庭审理的基本程序，依顺序分为开庭准备、法庭调查、法庭辩论、合议庭评议和宣判几个诉讼阶段。

（一）开庭准备

开庭准备不同于审理前准备，它是开庭审理的预备阶段，具体是指在确定的开庭日期到来时，在正式进入实体审理之前，为了保证案件审理的顺利进行而需要进行的一系列准备工作。根据民事诉讼法及有关司法解释的规定，开庭准备的具体工作包括以下几项：

（1）告知开庭日期并发布庭审公告。为确保当事人、其他诉讼参与人能及时到庭参与法庭审理，人民法院确定开庭日期后，应当在开庭3日前将开庭日期依法定方式

---

〔1〕 薛波主编：《元照英美法词典》，法律出版社2003年版，第495页。

告知当事人和其他诉讼参与人。在开庭前3日内决定调整合议庭组成人员的，原定的开庭日期应予顺延；对已决定受理并已经确定开庭日期的案件，人民法院应当在送达受理案件通知书和应诉通知书时，一并告知当事人及其诉讼代理人开庭的时间和地点。对于当事人或者其他诉讼参与人在外地的，应当保留必要的在途时间。

此外，对于公开审理的案件，人民法院应当在开庭3日前发布庭审公告，向社会公布案由、当事人姓名、开庭时间和地点，便于群众旁听和媒体记者进行报道。

（2）由书记员在开庭审理前查明当事人和其他诉讼参与人到庭情况及宣布法庭纪律。如果当事人或其他诉讼参与人没有到庭的，书记员应将情况及时报告审判长或者独任审判员，由合议庭或者独任审判员根据具体情况确定是否需要延期审理或者中止诉讼。查明到庭人员后，由书记员宣布当事人及其诉讼代理人入庭，并向他们和旁听群众宣布法庭纪律。

（3）书记员报告相关人员出庭情况。书记员宣布法庭纪律后，即应宣布全体起立，请审判长、审判员、陪审员入庭。然后，书记员向审判长或者独任审判员报告当事人及其诉讼代理人的出庭情况，由审判长或者独任审判员逐一核对当事人及其诉讼代理人的身份，并询问各方当事人对于对方出庭人员有无异议。当事人的身份经审判长或者独任审判员核对无误，且当事人对对方出庭人员没有异议的，审判长或者独任审判员宣布各方当事人及其诉讼代理人符合法律规定，可以参加本案诉讼。

（4）审判长或者独任审判员宣布并告知诉讼权利义务。审判长或者独任审判员宣布合议庭组成人员、独任审判员和书记员名单，并告知当事人有关的诉讼权利义务及询问各方当事人是否申请回避。如果当事人提出回避申请的，合议庭或者独任审判员应当宣布休庭。当事人申请回避的理由不能成立的，由审判长或者独任审判员在重新开庭时宣布予以驳回，记入笔录；当事人申请回避的理由成立，因而决定回避的，由审判长或者独任审判员宣布延期审理。当事人对驳回回避申请的决定不服，申请复议的，不影响案件的开庭。

（二）法庭调查

所谓法庭调查，是指人民法院依照法定程序，在法庭上向当事人和其他诉讼参与人调查案情，通过当事人举证、质证的活动审查合适各种证据的活动。

法庭调查是开庭审理的核心环节，也是对案件进行实体性审理的重要环节。法庭调查的主要任务是围绕双方当事人争议的事实，通过当事人对证据的质证以及审判人员审查核实证据，查明争议案件事实，并为下一步的法庭辩论奠定基础。

根据《民事诉讼法》第141条及相关司法解释的规定，法庭调查的顺序是：

（1）当事人陈述。当事人是民事案件的亲身经历者，全面了解民事案件的事实，当事人就案件事实所作出的陈述，可以归属于诉讼证据的范畴。然而，当事人陈述的一个显著特点是，真实性与虚假性并存，特别是当事人所作出的对自己有利或者不利的陈述更是如此。一方面，由于当事人是民事法律关系的实际参与者，他们对案件事实的了解比其他人更为清楚，这就使得他们有可能向人民法院提供案件的真实情况。

另一方面，由于当事人与诉讼结果有直接的利害关系，彼此之间的利益又具有对立性，所以当事人可能会为了避免自己遭受诉讼上的不利益，而夸大对自己有利的事实，隐匿对自己不利的事实，甚至是虚构案件事实，从而影响其陈述的真实性。为此，《民诉法解释》第 110 条规定，人民法院认为有必要的，可以要求当事人本人到庭，就案件有关事实接受询问。在询问当事人之前，可以要求其签署保证书。保证书应当载明据实陈述、如有虚假陈述愿意接受处罚等内容。当事人应当在保证书上签名或者捺印。负有举证证明责任的当事人拒绝到庭、拒绝接受询问或者拒绝签署保证书，待证事实又欠缺其他证据证明的，人民法院对其主张的事实不予认定。当事人到庭的，当事人陈述应当按照下列顺序进行：①原告口头陈述起诉的请求和理由，或者宣读起诉书；②被告针对原告起诉作出承认或者否定的答辩，或者宣读答辩状；对双方确认的事实，应当记入笔录，法庭无须再作调查；③第三人陈述或者答辩时，有独立请求权的第三人应当陈述其诉讼请求及理由，无独立请求权的第三人应当针对原、被告的陈述提出承认或否定的答辩意见。案件有多个诉讼请求或多个独立存在的事实的，可按每个诉讼请求、每段事实争议的问题由当事人依次陈述、核对证据。法庭调查的重点是双方当事人争议的事实，因此，当事人、第三人应当围绕争议的案件事实进行陈述。在当事人陈述结束后，审判长应当归纳总结本案争议的焦点，并征求当事人的意见。

（2）告知证人的权利义务，证人作证，宣读未到庭的证人证言。根据民事诉讼法的规定，证人有义务出庭作证，接收当事人的质询。当事人申请证人出庭作证，应当在举证期限届满前向人民法院提交申请书，并经人民法院许可。人民法院对当事人的申请予以准许的，应当在开庭审理前通知证人出庭作证，并告知其应当如实作证及作伪证的法律后果。符合《民诉法解释》第 96 条第 1 款规定情形的，人民法院可以依职权通知证人出庭作证。未经人民法院通知，证人不得出庭作证，但双方当事人同意并经人民法院准许的除外。出庭作证的证人应当客观陈述其亲身感知的事实，作证时不得使用猜测、推断或者评论性语言。证人作证前不得旁听法庭审理，作证时不得以宣读事先准备的书面材料的方式陈述证言。证人言辞表达有障碍的，可以通过其他表达方式作证。证人应当就其作证的事项进行连续陈述。当事人及其法定代理人、诉讼代理人或者旁听人员干扰证人陈述的，法庭应当及时制止，必要时可以依照《民事诉讼法》第 113 条的规定进行处罚。证人作证后，审判人员可以对证人进行询问，也应当征询当事人对证人证言的意见。经法庭许可，当事人及其诉讼代理人可以向证人发问。询问证人不得使用威胁、侮辱及不适当引导证人的言语和方式。证人不得旁听法庭审理；询问证人时，其他证人不得在场。人民法院认为有必要的，可以让证人进行对质。根据《民事诉讼法》第 76 条的规定，经人民法院依法通知，证人应当出庭作证。有下列情形之一的，经人民法院许可，可以通过书面证言、视听传输技术或者视听资料等方式作证：①因健康原因不能出庭的；②因路途遥远，交通不便不能出庭的；③因自然灾害等不可抗力不能出庭的；④其他有正当理由不能出庭的。双方当事人同意证人以其他方式作证并经人民法院准许的，证人可以不出庭作证。无正当理由未出庭的证人以书面等方式提供的证言，不得作为认定案件事实的根据。不能出庭的证人所提交的书面证言应当当庭宣读。为了保证证人证言的客观性,《民诉法解释》第 119 条规定，人民法院在证人出庭作证前应当告知其如实作证的义务以及作伪证的法律后果，并责令其签署保证书，但无民事行为能力人和限制民事行为能力人除外。证人签署保证书，保证书应当载明据实提供证人证言，如提供虚假证人证言将会受到处罚等内容。证人应当在保证书上签名或者捺印。

（3）出示书证、物证、视听资料和电子数据。无论是当事人及其诉讼代理人自行收集并提交给人民法院的证据，还是受诉人民法院依当事人及诉讼代理人的申请调查收集的证据，根据《民诉法解释》第 103 条第 3 款的规定，除涉及国家秘密、商业秘密、个人隐私或者法律规定应当保密的证据，不得在开庭时公开质证以外，其他书证、物证、视听资料和电子数据均应在法庭上出示，由当事人质证。对书证、物证、视听资料和电子数据进行质证时，除特殊情况以外，当事人有权要求出示证据的原件或者原物。未经质证的证据不能作为认定案件事实的依据，但当事人在证据交换过程中认可并记录在卷的证据，经审判人员在庭审中说明后，可以作为认定案件事实的依据。人民法院依照当事人申请调查收集的证据，作为提出申请的一方当事人提供的证据。人民法院依照职权调查收集的证据应当在庭审时出示，听取当事人意见，并可就调查收集该证据的情况予以说明。如果案件有两个以上独立的诉讼请求的，当事人可以逐个出示书证、物证、视听资料和电子数据并进行质证。

（4）宣读鉴定意见。鉴定意见作为民事诉讼中的一种重要证据，应当经过当事人的庭审质证，这就需要鉴定人出庭作证。根据《民事诉讼法》第 81 条以及《民事证据规定》第 37、38 条的规定，当事人对鉴定书的内容有异议的，应当在法院指定期间内以书面方式提出。对于当事人的异议，法院应当要求鉴定人作出解释、说明或者补充。人民法院认为有必要的，可以要求鉴定人对当事人未提出异议的内容进行解释、说明或者补充。当事人在收到鉴定人的书面答复后仍有异议的，人民法院应当通知有异议的当事人预交鉴定人出庭费用，并通知鉴定人出庭。有异议的当事人不预交鉴定人出庭费用的，视为放弃异议。双方当事人对鉴定意见均有异议的，分摊预交鉴定人出庭费用。经人民法院通知，鉴定人拒不出庭作证的，鉴定意见不得作为认定事实的根据；支付鉴定费用的当事人可以要求返还鉴定费用。鉴定人经人民法院通知到庭的，应阐明所作出鉴定意见的鉴定方法、鉴定过程以及鉴定的依据。宣读后，由双方当事人发表意见。经法庭许可，当事人可以向鉴定人发问。为了保障当事人顺利行使对鉴定意见进行质证的诉讼权利，根据《民事诉讼法》第 82 条以及《民诉法解释》第 122 条的规定，当事人可以在举证期限届满前申请 1 名至 2 名具有专门知识的人出庭，代表当事人对鉴定意见进行质证，或者对案件事实所涉及的专业问题提出意见。具有专门知识的人在法庭上就专业问题提出的意见，视为当事人的陈述。人民法院准许当事人申请的，相关费用由提出申请的当事人负担。

（5）宣读勘验笔录。如果人民法院在审理案件过程中对物证或者现场进行过勘验的，应由勘验人当庭宣读勘验笔录，勘验人应说明勘验的时间、地点、勘验人、在场人、勘验经过与勘验结果；如绘制现场勘验图或者拍摄照片的，也应当庭展示，并说明绘制或者拍摄的时间、地点，绘制或拍摄人的姓名、身份等。经法庭许可，当事人可以向勘验人发问。当事人对勘验人进行询问时，不得使用威胁、侮辱及不适当引导的言语和方式。当事人要求重新勘验的，是否准许，由人民法院决定。

质证是法庭调查的核心环节，直接影响争议案件事实的查明，在法庭调查的质证过程中，应当注意以下几点：

第一，案件有两个以上独立的诉讼请求，或者存在反诉、有独立请求权第三人提出的诉讼请求的，当事人可以逐个出示证据进行质证。在法庭调查中，审判人员可以询问当事人，经审判长许可，当事人也可以互相发问。

第二，经过庭审质证的证据，能够当庭认定的，应当当即认定，法庭应当将当事人的质证情况记入笔录，并由当事人核对后签名或者盖章。当即不能认定的，可以休庭合议后再予以认定。合议庭合议后认为需要继续举证或者进行鉴定、勘验的，可以在下次开庭质证后认定。当事人在证据交换过程中已经认可并记录在卷的证据，经审判人员在庭审中说明后，可以不再经过质证而作为认定案件事实的证据。

第三，当事人要求补充证据或者申请重新鉴定、勘验，人民法院认为有必要的可以准许。补充的证据或者重新进行鉴定出具的鉴定意见、重新勘验形成的勘验笔录，必须再次进行质证。

第四，合议庭决定再次开庭的，审判长对本次开庭情况进行总结，指出庭审已经确认的证据，并指出下次开庭的重点。为了提高庭审效率，第二次开庭时，仅就未经调查或者未调查清楚的事项进行调查和审理，对已经调查清楚的事实、已经当事人质证并认定的证据，不再重复调查与审理。

按照上列顺序经过法庭调查，当事人争议的事实查清后，审判长或者独任审判员应当询问双方当事人有无新的证据提出，如果当事人没有新的证据需要提出，审判长或者独任审判员应就法庭调查认定的事实和当事人争议的问题进行归纳总结，并宣布法庭调查阶段结束。

（三）法庭辩论

所谓法庭辩论，是指在合议庭或者独任审判员的主持下，双方当事人根据此前法庭调查已经基本查明的案件事实和证据材料，各自阐明自己的观点，论述自己的意见，反驳对方当事人的主张，相互进行言词辩论的诉讼活动。法庭辩论是当事人言词辩论最为集中的体现，通过双方当事人及其诉讼代理人之间的口头辩论，不仅可以保障其充分地行使诉讼权利，而且还可以进一步查明案件事实，核实有关证据材料，分清是非责任，对正确适用法律作出裁判奠定基础。

在法庭辩论过程中，人民法院应当充分调动双方当事人积极性，保障双方当事人平等地行使辩论权，并对双方当事人的辩论进行正确的引导，对不适当的辩论行为及时予以制止，以保障法庭辩论能够围绕本案争议的事实、证据和法律问题进行。

根据《民事诉讼法》第144条第1款的规定，法庭辩论按照下列顺序进行：

（1）原告及其诉讼代理人发言。原告及其诉讼代理人发言应当具有针对性，重点是论证自己的主张及所依据的事实、证据，同时还应当针对被告主张的事实和理由进行反驳。

（2）被告及其诉讼代理人答辩。被告及其代理人答辩，应当针对原告及其代理人的发言进行辩解和反驳，论证自己反驳的事实和理由。

（3）第三人及其诉讼代理人发言或者答辩。有独立请求权的第三人及其代理人的发言，相当于原告及其诉讼代理人的发言，而且，除了要阐述自己的主张以外，还应当针对本诉原被告双方当事人的观点进行反驳。无独立请求权的第三人在诉讼中依附于一方当事人，因此，其发言为所依附的一方当事人的补充。

（4）互相辩论。互相辩论按照原告方、被告方、第三人的顺序进行。各方当事人应当围绕有争议的事实、证据和法律适用问题进行辩论。

在法庭辩论阶段，应当注意以下几点：

第一，审判人员应当引导当事人围绕争议焦点，即争议的事实、证据与法律适用问题进行辩论。为了发挥庭审辩论的作用，在法庭辩论中，审判人员应当始终处于指挥和组织者的地位，可以通过诉讼指挥权的行使引导当事人围绕争议的焦点进行辩论。当事人及其诉讼代理人的发言与本案无关或者重复未被法庭认定的事实时，审判人员应当予以制止，但是在法庭辩论时，审判人员不得对案件性质、是非责任发表意见，不得与当事人辩论。

第二，审判人员应当引导当事人有序进行法庭辩论。法庭辩论阶段是当事人及其诉讼代理人对自己的诉讼主张以及反驳对方当事人的诉讼主张充分发表意见的核心阶段，为了防止庭审程序的拖延，保证法庭辩论的有序进行，一轮辩论结束后，审判长或者独任审判员应当询问当事人是否还有补充意见。当事人要求继续发言的，应当允许，但审判长要提醒其不可重复已经发表过的辩论意见。

第三，在法庭辩论中，如果发现新的事实需要进一步调查的，审判长或者独任审判员可以宣布法庭辩论阶段暂时停止，恢复法庭调查阶段，待该新事实查清后再继续进行法庭辩论。虽然民事诉讼法在“开庭审理”一节中罗列了法庭调查与法庭辩论阶段，然而民事诉讼法并未对两者的关系作出明确的规定。有学者认为，将法庭开庭审理的程序分为调查和辩论两个彼此不能重合的阶段，其基本认识是基于案件事实本身与人们对案件事实的认识问题和法律认识问题的分离及其可能性。[1]然而，在司法实践中，法庭调查与法庭辩论事实上是难以泾渭分明的，特别是就一些争议较多的案件，审判人员为了避免法庭调查与法庭辩论在一些问题上的重复、辩论的问题分散从而导致庭审时间过长，往往在法庭调查中合并一部分法庭辩论的内容。为了解决这一问题，《民诉法解释》第230条作出了新规定，即人民法院根据案件具体情况并征得当事人同

---

〔1〕 张卫平：《法庭调查与辩论：分与合之探究》，载《法学》2001年第4期。

意，可以将法庭调查和法庭辩论合并。

第四，在法庭辩论阶段，审判人员不得对案件性质、责任认定发表意见，不得与当事人辩论。

法庭辩论终结，审判长或者独任审判员按照原告、被告、第三人的顺序依次征询各方的最后意见。经过法庭调查和辩论，如果事实清楚的，审判长或者独任审判员询问当事人是否愿意调解。当事人愿意调解的，可以当庭进行，也可以休庭后进行。审判人员进行调解时，可以先由各方当事人提出调解方案，主持调解的人员也可以提出调解方案供当事人协商时参考；也可以先分别征询各方当事人的意见，然后进行调解。

（四）合议庭评议

所谓合议庭评议，是指合议庭就案件的性质、认定的事实、适用的法律、是非责任和处理结果等作出结论。

经过开庭审理，当事人不愿意调解或者调解不成的，由审判长宣布休庭，合议庭进行评议。合议庭评议的任务，是依据法庭调查和法庭辩论的情况，由合议庭成员就案件的性质、当事人争议的事实认定、适用的法律、当事人之间的责任认定以及案件的处理结果等进行评议并作出结论。合议庭评议的结果应当以判决的方式确认当事人之间的权利义务关系。评议中如果发现案件事实尚未查清，需要当事人补充证据或者由人民法院自行调查收集证据的，可以决定延期审理，由审判长在继续开庭时宣布延期审理的理由和时间，以及当事人提供补充证据的期限。

合议庭评议案件应当秘密进行，由审判长主持，进行评议时，发表意见的顺序应依法进行。根据《最高人民法院关于人民法院合议庭工作的若干规定》第 10 条的要求，合议庭评议案件时，先由承办法官对认定案件事实、证据是否确实、充分以及适用法律等发表意见，审判长最后发表意见；审判长作为承办法官的，由审判长最后发表意见。合议庭评议的情况应当制作成笔录，由合议庭成员签名。合议庭评议实行少数服从多数的原则，即按照合议庭成员的多数意见作出案件的处理结论。对评议过程中的不同意见，书记员必须记入笔录，归档备查。

（五）宣告判决

宣告判决分为当庭宣判和定期宣判两种情况。所谓当庭宣判，是指在开庭审理期日，于法庭辩论结束后，由合议庭评议后立即宣判案件的处理结果。定期宣判，是指在开庭审理之后，由合议庭另定日期宣判案件的处理结果。

根据《民事诉讼法》第 151 条的规定，人民法院对公开审理或者不公开审理的案件，一律公开宣告判决。当庭宣判的，应当在 10 日内发送判决书；定期宣判的，宣判后立即发给判决书。宣判时，当事人及其他诉讼参与人、旁听人员应当起立。宣判的内容包括：认定的事实、适用的法律、判决的结果和理由、诉讼费用的负担。宣告判决时，必须告知当事人上诉权利、上诉期限和上诉法院。宣告离婚判决，必须告知当事人在判决发生法律效力之前不得另行结婚。

在司法实践中，对于当庭宣判的，败诉一方已经知道裁判结果，往往会千方百计地躲避送达人员或者拒绝签收裁判文书，为了解决司法实践中的“送达难”问题，《民诉法解释》第253条规定，当庭宣判的案件，除当事人当庭要求邮寄发送裁判文书的外，人民法院应当告知当事人或者诉讼代理人领取裁判文书的时间和地点以及逾期不领取的法律后果。上述情况，应当记入笔录。

四、法庭笔录

所谓法庭笔录，是指在开庭审理阶段，由书记员制作的全面、客观真实地反映法庭审理全部活动与过程的书面记录。

法庭笔录是极其重要的诉讼文书，它不仅是法庭审理的全部活动与整个过程的真实再现，而且也是将来第二审人民法院审理上诉案件时的重要基础性材料。制作法庭笔录时应当忠实于法庭审理的实际情况，按照庭审活动各个阶段的先后顺序逐项记载。法庭笔录具体包括以下内容：笔录名称；案由；开庭时间与地点；审判人员、书记员的姓名；当事人、诉讼代理人和其他诉讼参与人的基本情况；公开或者不公开审理的情况；审判长或者独任审判员告知当事人诉讼权利和义务的情况；法庭调查情况；法庭辩论情况；法庭调解情况；合议庭评议和裁判情况。

根据《民事诉讼法》第150条的规定，书记员应当将法庭审理的全部活动记入笔录，由审判人员和书记员签名。法庭笔录应当当庭宣读，也可以告知当事人和其他诉讼参与人当庭或者在5日内阅读。当事人和其他诉讼参与人认为对自己的陈述记录有遗漏或者差错的，有权申请补正。如果不予补正，应当将申请记录在案。当事人和其他诉讼参与人认为庭审笔录记录无误的，应当在笔录上签名或者盖章；拒绝签名盖章的，记明情况附卷。

我国现行的庭审（法庭）笔录仅仅是一种记录性文本，不是具有法定证明效力的文书。正是由于现行的笔录只是一种单纯的事实记载载体，因而很容易在电子化数字化时代被全程录音、录像所取代。实际上法庭中录音录像或速记本身只是庭审事实的原始记录，不能作为法定证明文书的笔录。[1]

五、审理期限

所谓审理期限，也称为审限，是指人民法院从立案到审结民事案件的法定期间。《民事诉讼法》第152条规定审理期限，既有利于提高审判效率，也有利于遏制诉讼拖延，保护当事人的合法权益。

根据《民事诉讼法》第152条的规定，人民法院适用普通程序审理的案件，应当在立案之日起6个月内审结。有特殊情况需要延长的，由本院院长批准，可以延长6个月；还需要延长的，报请上级人民法院批准。根据《民诉法解释》第243条的规定，《民事诉讼法》第152条规定的审限，是指从立案之日起至裁判宣告、调解书送达之日

〔1〕 张卫平：《民事诉讼法》（第5版），法律出版社2019年版，第316页。

止的期间，但公告期间、鉴定期间、双方当事人和解期间、审理当事人提出的管辖权异议以及处理人民法院之间的管辖争议期间不应计算在内。根据《最高人民法院关于严格执行案件审理期限制度的若干规定》的有关规定，因当事人、诉讼代理人申请通知新的证人到庭，调取新的证据，申请重新鉴定或者勘验，法院决定延期审理 1 个月之内的期间，也不计入审理期限。此外，根据《法院调解规定》第 4 条的规定，在答辩期满前人民法院对案件进行调解，适用普通程序的案件在当事人同意调解之日起 15 天内未达成调解协议的，适用简易程序的案件在当事人同意调解之日起 7 天内未达成调解协议的，经各方当事人同意，可以继续调解。延长的调解期间不计入审限。并且，双方当事人申请庭外和解的期间也不计入审限。

六、撤诉

（一）撤诉的概念

所谓撤诉，是当事人将已经成立之诉撤回，不再要求人民法院进行审理的诉讼行为。

撤诉是当事人的一项重要诉讼权利，是当事人行使处分权或者程序选择权的一种体现。撤诉也是当事人使人民法院停止审判，结束正在进行的审判程序的一种意思表示。因此，撤诉是一种结案方式，撤诉的结果是撤销已经成立的诉讼，不再要求法院进行审理，诉经依法撤回后，人民法院即停止对诉的审理，业已开始的诉讼程序即告结束。

（二）撤诉的分类

从学理上说，撤诉可以根据不同的标准，划分为不同的种类：

（1）以撤诉是否由当事人提出为标准，可以分为当事人申请撤诉和人民法院按撤诉处理。该类划分实际上是依据当事人撤诉系积极行为还是消极行为进行划分的。申请撤诉是指当事人主动申请将自己提起的诉讼撤回，是当事人对自己诉讼权利的积极处分；按撤诉处理是指人民法院根据法律规定，针对当事人的某些特定行为，对案件比照当事人申请撤诉的规定视为撤诉，是当事人对自己诉讼权利的消极处分。

（2）以撤诉的主体为标准，可以将撤诉分为原告撤回起诉、被告撤回反诉、有独立请求权的第三人撤回参加之诉。本诉、反诉与第三人参加之诉作为各自独立之诉，均可能基于提起诉讼主体的积极行为申请撤诉，也可能基于提起诉讼主体的消极行为而被人民法院裁定按撤诉处理，但是，任何一个诉撤回，都不影响人民法院对其他独立之诉的继续审理与裁判。

（3）以撤诉的审级为标准，可以将撤诉分为撤回起诉与撤回上诉。撤回起诉是指原告撤回其所提起诉讼的行为，原告撤回起诉可以发生于第一审程序、第二审程序与再审程序，因此，原告撤回起诉行为因所发生的程序不同而产生不同的法律后果。原告在第一审程序中撤回起诉，产生第一审程序终结的法律后果，并且原告可以依法再次对同一标的提起诉讼；而原告在第二审程序与再审程序中撤回起诉，不仅产生该程序终结的法律后果，而且原告不得再次就同一标的提起诉讼，换言之，原告即失去通过诉讼方式解决民事纠纷的权利。撤回上诉是指上诉人在第二审程序中撤回上诉，人民法院裁定准许上诉人撤回上诉，即产生第二审程序终结，并且第一审裁判发生法律效力的法律后果。

撤诉从狭义上讲，通常是指原告撤回起诉。本章所分析的撤诉是狭义上的原告撤回起诉，且为原告在第一审程序撤回起诉，具体分为申请撤诉和人民法院按撤诉处理。

（三）申请撤诉

申请撤诉是原告享有的一项重要诉讼权利，其行使对对方当事人以及诉讼程序均产生一定的影响。原告申请撤诉应具备以下几个条件：

（1）原告应当向受诉人民法院提出书面或者口头的撤诉申请。申请撤诉通常需要由原告向人民法院提交载有撤诉意思表示的申请书，如果没有原告的撤诉申请，人民法院不得依职权作出撤诉裁定，撤诉申请的内容应当明确而具体。

（2）原告申请撤诉的意思表示应当真实，即申请撤诉的意思表示应当是原告自愿处分其权利的行为，任何人不得强迫原告撤诉，也不得说服或者动员原告撤诉。

（3）原告申请撤诉的目的必须正当、合法。申请撤诉是原告行使其处分权的行为，但是，其行使处分权的行为不得损害国家、集体和其他公民的利益，否则，人民法院将代表国家进行干预。为此，《民诉法解释》第238条第1款规定，当事人申请撤诉的案件，如果当事人有违反法律的行为需要依法处理的，人民法院可以不准许撤诉。

（4）原告申请撤诉应当在人民法院立案受理后判决宣告之前提出。由于原告在宣判前均可以申请撤诉，且其实体权利并不受影响，原告可以重新就同一标的再次提起诉讼，这就使得被告参加诉讼的成本得不到弥补，而且还面临再次被起诉的风险，造成诉累，因此，为了保护被告的相应利益，《民诉法解释》第238条第2款规定，法庭辩论终结后原告申请撤诉，被告不同意的，人民法院可以不予准许。

（四）按撤诉处理

所谓按撤诉处理，是指原告虽未主动申请撤诉，但其怠于参与开庭审理的行为已表明其不愿意继续进行诉讼，人民法院即依法按撤诉处理的制度。

按撤诉处理是人民法院根据当事人所实施的行为作出的法律上的推断，因此，只有出现下列法定情形时，人民法院才可以裁定按撤诉处理：

（1）原告应当预交而未预交案件受理费，人民法院应当通知其预交，通知后仍不预交或者申请减、缓、免未获批准仍不预交的。

（2）原告经人民法院传票传唤，无正当理由拒不到庭或者未经法庭许可中途退庭的。

（3）有独立请求权的第三人经法院传票传唤，无正当理由拒不到庭或者未经法庭许可中途退庭的。有独立请求权的第三人提起的参加之诉与原告提起的本诉各自独立，因此，人民法院对有独立请求权的第三人的参加之诉裁定按撤诉处理后，不影响对原告本诉的继续审理与裁判。

（4）无民事行为能力的原告的法定代理人，经法院传票传唤，无正当理由拒不到庭的。

（五）撤诉的法律后果

撤诉的法律后果，是指人民法院裁定准许撤诉或者按撤诉处理后所产生的法律效力。无论是原告申请撤诉，还是人民法院按照撤诉处理，均产生相同的法律后果。包括以下几个方面：

（1）诉讼程序终结。撤诉是人民法院的结案方式之一，产生诉讼程序终结的法律后果。对当事人而言，不能再请求人民法院按照原诉讼程序继续审理此案；对人民法院而言，无需再对案件进行审理并作出裁判。

（2）视为原告未起诉。当事人撤诉只是意味着对其诉讼权利的处分，而并未处分其实体权利，人民法院也未对当事人之间的民事权利义务争议作出裁判。因此，撤诉被人民法院裁定准许的，诉讼就视为自始没有发生，原告可以再起诉。对此，《民诉法解释》第214条规定，原告撤诉或者人民法院按撤诉处理后，原告以同一诉讼请求再次起诉的，人民法院应予受理。

（3）诉讼费用由原告负担，但可以减半征收。

七、缺席判决

（一）缺席判决的概念

所谓缺席判决，是指人民法院仅在一方当事人参与庭审陈述与辩论，并对另一方当事人提供的书面材料进行审查的基础上，对争议案件经过审理所作出的判决。

缺席判决是相对于对席判决而言的，缺席判决与对席判决具有同样的法律效力。通常情况下，人民法院本应在双方当事人及诉讼参与人的参加下，在双方当事人参与法庭调查以及充分进行法庭辩论的基础上对案件进行审理并作出判决，如果一方当事人无正当理由拒不到庭或者未经法庭许可中途退庭，不仅会影响诉讼的顺利进行，也会影响原告权利的及时实现，因此，缺席判决是保障法庭审理正常进行以及原告合法权益的一项重要制度。

（二）缺席判决的适用情形

根据我国《民事诉讼法》及有关司法解释的规定，只有出现以下法定情形时才能作出缺席判决：

（1）原告经法院传票传唤，无正当理由拒不到庭或者未经法庭许可中途退庭，被告反诉的。在民事诉讼中，被告提出反诉后，人民法院虽然将本诉与反诉合并审理，但两者仍然是各自独立的诉，因此，原告经法院传票传唤，无正当理由拒不到庭或者未经法庭许可中途退庭的，法院对原告提起的本诉裁定按撤诉处理；被告反诉的，人民法院只能对反诉作出缺席判决，而不得将本诉与反诉一并作出缺席判决。

（2）被告经传票传唤无正当理由拒不到庭或者未经法庭许可中途退庭的。

（3）无民事行为能力的被告的法定代理人，经法院传票传唤，无正当理由拒不到庭的。由于离婚案件具有一定的特殊性，需要当事人到庭说明夫妻感情、夫妻共同财产以及子女的抚养情况，因此，对于无民事行为能力人的离婚诉讼，其法定代理人应当到庭参加诉讼，维护无民事行为能力人的合法权益，为此，《民诉法解释》第234条规定，无民事行为能力人的离婚诉讼，当事人的法定代理人应当到庭；法定代理人不能到庭的，人民法院应当在查清事实的基础上，依法作出判决。

（4）无独立请求权的第三人经法院传票传唤，无正当理由拒不到庭或者未经法庭许可中途退庭的。

（5）人民法院裁定不准撤诉，原告经传票传唤，无正当理由拒不到庭的，可以缺席判决。

八、延期审理

（一）延期审理的概念

所谓延期审理，是指人民法院确定开庭审理期日后或者在进行开庭审理的过程中，由于发生某种特殊情况，使开庭审理无法按期或者继续进行，从而将开庭审理推延到下一期日的诉讼制度。

法庭审理通常应当按照确定的期日开始并连续进行，直至案件审理完毕而结束，但是，司法实践中可能会出现当事人因正当理由而无法按时到庭，或者在开庭审理过程中因出现特殊情形导致庭审无法正常继续进行的情况，此时，人民法院有必要将开庭审理推延到下一期日。

（二）延期审理的适用情形

根据《民事诉讼法》第149条的规定，出现下列情形时，案件可以延期审理：

（1）必须到庭的当事人和其他诉讼参与人有正当理由没有到庭的。结合《民事诉讼法》及司法解释的相关规定，所谓“必须到庭的当事人”主要指以下情况：①没有特殊情况并能够正确表达意思的离婚案件的当事人；②负有赡养、扶养、抚养义务的被告；③不到庭无法查清案情的被告；④必须到庭才能查清案件基本事实的原告。所谓“必须到庭的其他诉讼参与人”，是指不到庭即无法查明案件事实或者无法顺利进行开庭审理的其他诉讼参与人。当然，上述人员只有在有正当理由没有到庭的情况下，才能够延期审理。

（2）当事人临时提出回避申请的。通常情况下，在审理前准备阶段，审判组织成员确定并告知当事人后，当事人即应在知晓回避事由的情况下及时提出回避申请，此时并不影响开庭审理的顺利进行。但是，如果当事人在开庭审理过程中才得知回避事由，根据《民事诉讼法》的相关规定，当事人可以在法庭辩论终结前提出回避申请，当事人提出回避申请后，被申请回避人员应当暂停本案的工作，除案件需要采取紧急措施的以外。此种情形必然导致开庭审理无法正常进行，只能延期审理。

（3）需要通知新的证人到庭，调取新的证据，重新鉴定、勘验或者需要补充调查的。开庭审理的主要任务，是人民法院通过当事人行使诉讼权利，围绕争议的焦点问题通过举证、质证来查明争议案件事实，在此种情形之下，庭审活动均无法继续正常进行，因此，人民法院可以决定延期审理。

（4）其他需要延期审理的情形。民事诉讼法无法通过具体规定的方式穷尽延期审理的全部情形，因此，该项规定属于一项弹性条款，由人民法院根据司法实践的需要灵活掌握与运用。

延期审理在一定程度上会影响人民法院的审判效率，应当严格依法适用这一制度。人民法院决定延期审理的，下次开庭审理的期日可以当庭决定，也可以另行通知。

第五节　诉讼中止和终结

一、诉讼中止

（一）诉讼中止的概念

所谓诉讼中止，是指在诉讼进行过程中，如果出现一些法定特殊原因，使诉讼程序暂时难以继续进行时，人民法院裁定暂停诉讼程序，等特殊原因消失以后再行恢复诉讼程序的法律制度。

在通常情况下，民事诉讼一经开始，即应当按照法律的规定不间断地继续进行，直至依法结案，但是在有些特殊情形出现时，诉讼程序不得不暂时停止，以等待特殊情形的消失，此时应当中止诉讼。

诉讼中止与延期审理均是诉讼程序的暂时停止，但是，两者存在以下主要区别：

（1）两者发生的时间不同。诉讼中止是针对整个审判程序而言的，可以发生在审判程序中裁判作出前的任何一个阶段；而延期审理针对的是开庭审理这一特殊的诉讼阶段，只能发生在开庭审理阶段。

（2）对诉讼活动的影响不同。诉讼中止期间，案件审理的任何诉讼活动都不得进行；而在延期审理期间，其他诉讼活动不受影响，可以继续进行。

（3）可预测性不同。诉讼中止后，人民法院无法预测恢复诉讼程序的时间，只能消极等待引起诉讼中止的法定情形消失；而延期审理的暂停时间往往具有可预测性，人民法院作出延期审理的决定时，通常可以确定下次开庭审理的时间。

（二）诉讼中止的适用情形

根据我国《民事诉讼法》第 153 条的规定，有下列情形之一的，中止诉讼：

（1）一方当事人死亡，需要等待继承人表明是否参加诉讼的。在民事诉讼中，无论是原告还是被告死亡，均需要其继承人承担原当事人的诉讼权利义务，使诉讼程序得以继续。然而，死者的继承人是否愿意参与诉讼是人民法院无法判断的。因此，人民法院只能裁定中止诉讼，等待该继承人表明是否参加诉讼的态度。

（2）一方当事人丧失诉讼行为能力，尚未确定法定代理人的。在民事诉讼中，如果出现一方当事人丧失诉讼行为能力且未确定法定代理人的情形，诉讼则难以继续进行下去，受诉人民法院只能裁定中止诉讼，等待法定代理人的确定。

（3）作为一方当事人的法人或者其他组织终止，尚未确定权利义务承受人的。在民事诉讼进行过程中，作为一方当事人的法人或者其他组织终止，则意味着其民事主体资格的丧失，也就必然导致其民事诉讼当事人资格的丧失，从而使得诉讼程序无法继续进行，人民法院应当裁定中止诉讼，以待新的诉讼权利义务承受人参加诉讼。

（4）一方当事人因不可抗拒的事由，不能参加诉讼的。在民事诉讼中，如果当事人遇到不能遇见、不能避免并且不能克服的不可抗力，如地震、海啸、交通阻断等情形而导致无法参加诉讼时，为了保证当事人诉讼权利的正常行使，人民法院应裁定中止诉讼，等待不可抗力事由的消除。

（5）本案必须以另一案的审理结果为依据，而另一案尚未审结的。在民事诉讼中，有可能出现与本案有牵连的另一案件处在其他程序中的情形，如特别程序、刑事诉讼程序、行政诉讼程序等。特别是近年来，在民间借贷、P2P 等融资活动中，与涉嫌诈骗、合同诈骗、票据诈骗、集资诈骗、非法吸收公众存款等犯罪有关的民商事案件的数量有所增加，出现了一些新情况和新问题。在审理案件时，应当依照《最高人民法院关于在审理经济纠纷案件中涉及经济犯罪嫌疑若干问题的规定》《最高人民法院关于审理非法集资刑事案件具体应用法律若干问题的解释》《最高人民法院、最高人民检察院、公安部关于办理非法集资刑事案件适用法律若干问题的意见》以及民间借贷司法解释等规定，处理好民刑交叉案件之间的程序关系。为此，最高人民法院 2019 年 11 月印发的《全国法院民商事审判工作会议纪要》第 130 条明确：人民法院在审理民商事案件时，如果民商事案件必须以相关刑事案件的审理结果为依据，而刑事案件尚未审结的，应当根据《民事诉讼法》第 153 条第 5 项的规定裁定中止诉讼。待刑事案件审结后，再恢复民商事案件的审理。如果民商事案件不是必须以相关的刑事案件的审理结果为依据，则民商事案件应当继续审理。由此可见，出现民刑交叉案件时，民商事案件是否需要中止诉讼，等待刑事案件的审理结果，应取决于刑事案件的审理结果是否构成民商事案件审理的先决问题。否则，不当运用“先刑后民”将影响民商事案件的审理以及当事人民事权益的保护。

（6）其他应当中止诉讼的情形。该条款系弹性条款，由人民法院根据司法实践的具体情况掌握与运用。例如，《最高人民法院关于审理专利纠纷案件适用法律问题的若干规定》第 5 条规定，人民法院受理的侵犯实用新型、外观设计专利权纠纷案件，被告在答辩期间内请求宣告该项专利权无效的，人民法院应当中止诉讼，但具备下列情形之一的，可以不中止诉讼：①原告出具的检索报告或者专利权评价报告未发现导致实用新型或者外观设计专利权无效的事由的；②被告提供的证据足以证明其使用的技术已经公知的；③被告请求宣告该项专利权无效所提供的证据或者依据的理由明显不充分的；④人民法院认为不应当中止诉讼的其他情形。第 6 条规定，人民法院受理的侵犯实用新型、外观设计专利权纠纷案件，被告在答辩期间届满后请求宣告该项专利权无效的，人民法院不应当中止诉讼，但经审查认为有必要中止诉讼的除外。第 7 条规定，人民法院受理的侵犯发明专利权纠纷案件或者经国务院专利行政部门审查维持专利权的侵犯实用新型、外观设计专利权纠纷案件，被告在答辩期间内请求宣告该项专利权无效的，人民法院可以不中止诉讼。

对于符合上述情形的，人民法院即应作出中止诉讼的裁定，并将裁定送达各方当事人。诉讼中止期间，诉讼程序暂停，法院、当事人及诉讼参与人所实施的针对本案及对方当事人的诉讼行为均不发生法律效力；当事人向人民法院所提出的诉讼请求、事实主张和证据不具有法律上的效力，所提出的诉讼保全、证据保全等程序主张无法得到满足，人民法院也不得就当事人之间的实体争议和程序争议事项作出裁判，但是，诉讼中止期间，作为例外，只有法院实施的关于诉讼中止或终结的裁判行为才是有效的。例如，裁定恢复诉讼；作出终结诉讼的裁定，诉讼由中止状态转变为诉讼终结的状态。[1] 引起诉讼中止的原因消失后，诉讼程序恢复，人民法院不撤销原中止诉讼的裁定，从人民法院通知或者准许当事人继续进行诉讼时，其原中止诉讼的裁定即失去效力。

二、诉讼终结

（一）诉讼终结的概念

所谓诉讼终结，是指在诉讼进行过程中，因发生某种法定的特殊原因，使诉讼程序无法继续进行或者继续进行已无必要时，由人民法院裁定终结诉讼程序的法律制度。

民事诉讼通常以人民法院对争议案件经过审理并作出裁判而终结，但是在审判程序中，也可能会出现特殊情形导致诉讼无法继续，或者继续进行诉讼已经失去意义，此时就应当终结诉讼。诉讼终结与诉讼中止都是诉讼活动的停止，但是，两者存在如下几点主要区别：

（1）引起的后果不同。诉讼终结是诉讼程序的永久性结束，诉讼程序不再恢复；而诉讼中止仅仅是诉讼程序的暂停，引起诉讼中止的特殊原因消失后，诉讼程序可以恢复。

（2）引起的原因不同。诉讼终结的原因相对单一，以一方当事人死亡为适用条件，人民法院应当裁定终结诉讼，无自由裁量权；而诉讼中止的原因比较复杂多样，人民法院对诉讼中止有一定的自由裁量权。

（二）诉讼终结的适用情形

根据《民事诉讼法》第 154 条的规定，有下列情形之一的终结诉讼：

（1）原告死亡，没有继承人，或者继承人放弃诉讼权利的。人民法院通过民事诉讼所要解决的实际上是原告的诉讼请求能否成立的问题，如果原告死亡，没有继承人或者继承人放弃诉讼权利，本案即处于没有原告的状态，人民法院无须继续审理。因此，应当裁定终结诉讼。

---

〔1〕 张卫平：《民事诉讼法》（第 6 版），法律出版社 2023 年版，第 3282 页。

（2）被告死亡，没有遗产，也没有应当承担义务的人的。虽然原告诉讼的目的在于通过民事纠纷的解决实现其权利，但是，在诉讼过程中，如果被告死亡，没有遗产，也没有应当承担义务的人，即使人民法院作出了最终的判决，该判决也会因为没有实体义务承受人而失去意义。因此，人民法院应当裁定终结诉讼。

（3）离婚案件一方当事人死亡的。在离婚诉讼中，如果出现婚姻关系的一方当事人死亡，该婚姻关系即自行消灭，因此，人民法院无须继续对离婚诉讼进行审理，故应当裁定终结诉讼。但是，婚姻关系因当事人一方死亡而自行消灭的同时，存续一方当事人的继承权并未丧失。

（4）追索赡养费、扶养费、抚养费以及解除收养关系案件的一方当事人死亡的。由于这类案件是基于人的特定身份关系而产生的，在诉讼过程中，无论是享有权利的一方当事人死亡，还是需要承担义务的一方当事人死亡，身份关系的消失自然导致基于特定身份关系而产生的实体权利与义务关系的消失，诉讼无法继续进行。因此，人民法院应当裁定终结诉讼。

终结诉讼的裁定一经作出，即发生法律效力，当事人不得针对该裁定提出上诉，也不得申请复议。裁定终结诉讼后，本案的诉讼程序即告结束，案件不再系属于诉讼中。

第六节　法院裁判

一、民事判决

（一）民事判决的概念和种类

1. 民事判决的概念

所谓民事判决，是指人民法院对争议案件经过审理后，对案件中所涉及的当事人之间的实体问题所作出的权威性判定。

民事判决是人民法院行使审判权对民事权利义务争议案件进行审结的基本方式，也是人民法院严格适用实体法解决民事纠纷的结果。法院作出的判决生效后，具有法律的权威性，对社会具有普遍的约束力，非经法定程序，任何人都不能否定、变更或者推翻判决，当事人必须依照生效判决履行确定的义务。民事判决必须采取书面形式，即判决书，判决书是人民法院行使审判权的重要体现，是诉讼中最为重要的法律文书。

2. 民事判决的种类

（1）给付判决、确认判决和形成判决。根据所解决诉的不同种类或者性质不同，民事判决可以分为给付判决、确认判决和形成判决。

所谓给付判决，是指在认定当事人之间实体权利义务关系以及原告给付请求权存在的基础上，责令负有义务的当事人履行一定义务的判决。确认判决，是指确认当事人之间的某种法律关系存在或者不存在的判决。形成判决，也称变更判决，是指变动当事人之间现存法律关系的判决。形成判决确定时，不需要通过强制执行便自动发生法律状态的效果，一般情况下形成判决的效果是使已经存在的法律关系不再存在。例如解除婚姻关系、收养关系等。形成判决在法律效力方面具有形成力，与给付判决、确认判决相比，这种形成力具有绝对效力，即不仅及于当事人，也及于一般第三人。[1]

大陆法系的民事判决理论将判决根据诉的种类分为给付判决、确认判决和形成判决，我国这种关于判决的分类理论是以大陆法系民事判决的分类理论为基础而确定的，只是用变更判决代替了大陆法系的形成判决。在这三种判决中，给付判决具有执行力，可以作为执行根据，如果义务人不履行给付判决所确定的义务，权利人有权据此申请人民法院强制执行。而确认判决和变更判决不具有执行力，不能作为执行根据，因为这两种判决生效后，只是确认当事人之间是否存在某种法律关系，或者变动当事人之间的法律关系。

（2）全部判决和部分判决。根据是否为对案件所有须判事项而作出的判决，民事判决可以分为全部判决和部分判决。

所谓全部判决，是指在案件全部审理结束后，法院针对当事人之间争议的所有应判事项一并作出终局裁判的判决。部分判决，是指在诉讼过程中，法院对可分的权利、义务或者实体请求的一部分所作出的判决。通常是诉讼请求合并审理的情况下作出部分判决。

全部判决与部分判决在上诉的处理上有所不同，原则上全部判决的事项在上诉时须统一处理，即当事人就判决的一部分上诉时，上诉效力及于所有被判决事项。也就是说，即使判决中没有上诉的事项，同样因为整个判决的上诉而不发生法律效力。但应当注意，这里并不意味着没有上诉的事项也被纳入上诉的审理范围。相反，部分判决之间在上诉效力方面没有牵连性，当事人没有上诉的部分判决在当事人放弃上诉后即发生法律效力。[2]

（3）对席判决和缺席判决。根据双方当事人是否出庭参加诉讼，民事判决可以分为对席判决和缺席判决。

所谓对席判决，是指在双方当事人或者他们的代理人参加法庭审理后作出的判决。缺席判决，是指在一方当事人拒不到庭参加法庭审理的条件下所作出的判决。民事诉讼以当事人双方对席进行诉讼为原则，人民法院在当事人一方缺席时作出的判决是一种例外情形。

（4）一审判决、二审判决和再审判决。根据制作判决的人民法院的审级，民事判决可以分为一审判决、二审判决和再审判决。

所谓一审判决，是指各级人民法院对第一审民事案件经过审理所作出的判决。所

---

〔1〕 张卫平：《民事诉讼法》（第6版），法律出版社2023年版，第502页。

〔2〕 张卫平：《民事诉讼法》（第6版），法律出版社2023年版，第504页。

谓二审判决，是指中级以上人民法院对上诉案件经过审理后所作出的判决。再审判决，是指案件原审人民法院或其上级人民法院、最高人民法院，按照审判监督程序对案件再次审理后所作出的判决。

（5）原判决和补充判决。根据判决作出的时间，民事判决可以分为原判决和补充判决。

所谓原判决，是指人民法院对争议案件经过审理后最初作出的判决。补充判决，是指人民法院对其已作出判决中遗漏的内容所作出的判决。原判决和补充判决共同形成一份完整的判决，当事人既可以针对原判决上诉，也可以针对补充判决上诉。

如果人民法院作出判决后，发现所作出的民事判决中存在事实认定错误或者法律适用等错误，则只能通过法定程序予以纠正，即一审宣判后，原审人民法院发现判决有错误，当事人在上诉期内提起上诉的，原审人民法院可以提出原判决有错误的意见，报送第二审人民法院，由第二审人民法院按照第二审程序进行审理；当事人不上诉的，按照审判监督程序处理。由此可见，判决作出后，人民法院对发现漏判的事项，可以直接作出补充判决；而对发现错判的事项，只能借助法定程序予以纠正。

（6）诉讼判决和非讼判决。根据判决的内容是否涉及民事权益争议，民事判决可以分为诉讼判决和非讼判决。

所谓诉讼判决，是指对于涉及民事权利义务争议的案件，法院经过审理后作出的判决。所谓非讼判决，是指法院对某些不直接涉及民事权利义务争议的案件，适用诉讼法所规定的特殊程序进行审理后作出的判决。由于所处理案件的性质不同，非讼判决与诉讼判决在许多方面都存在区别，例如，非讼判决均不得提出上诉。

（二）民事判决的内容

民事判决的表现形式是民事判决书，根据我国《民事诉讼法》第155条的规定，民事判决书的内容包括以下几个部分：

1. 诉讼参加人的基本情况

判决书应当写明诉讼参加人的基本情况，即当事人及其诉讼代理人的姓名、性别、民族、籍贯、所在单位、职业、住所等；当事人为法人或者其他组织的，应当写明法人或者其他组织的基本情况以及法定代表人或者负责人的基本情况。

2. 案由、诉讼请求、争议的事实和理由

案由是案件内容和性质的概括，例如，专利权属纠纷案、建设工程施工合同纠纷案等。最高人民法院出台的《民事案件案由规定》（2007年10月29日通过，2020年12月14日修订），将民事案件案由扩充为十一大部分54类473种，该规定是各级人民法院确定案由的根据，案由在人民法院立案时就应加以明确，案由应当准确反映案件争议的性质和焦点。诉讼请求应记明当事人的诉讼主张，既包括原告的诉讼请求，也包括被告的反诉请求和有独立请求权的第三人提出的诉讼请求。争议的事实和理由是双方争议的焦点与各方所持的理由。

3. 判决认定的事实和理由、适用的法律和理由

判决认定的事实是法院经过审理已经查明的事实，判决的结论是在正确认定事实的基础上作出的，而适用的法律是作出判决所依据的法律。为了增强判决的公信力，修正后的《民事诉讼法》要求人民法院在判决中阐明认定事实的理由以及适用法律的理由。民事诉讼法的这一修改，不仅有助于提升审判的水平，保障审判的公正性，也有助于吸收当事人对审判结果的不满。

4. 判决结果和诉讼费用的负担

判决结果是法院经过审理后对当事人诉讼请求是否被支持以及在何种程度上被支持的处理意见。判决结果既可能是全部或者部分承认当事人的诉讼请求，也可能是全部或者部分否定当事人的诉讼请求。诉讼费用的承担，是法院在案件审理终结后根据案件审理的具体情况，按照诉讼费用负担的原则对诉讼费用的负担作出的裁判。

5. 上诉期间和上诉的法院

除了最高人民法院作出的一审判决以及基层人民法院适用小额诉讼程序和特别程序作出的判决以外，地方各级人民法院作出的一审判决均是可以上诉的判决，因此，法院在制作判决书时，应当写明上诉期间和上诉的法院，这是对当事人诉权的保护和释明，应告知当事人拥有上诉权利和行使这一权利的方式。

此外，民事判决书还应当写明人民法院的全称、案件年号和编号，最后由审判人员、书记员署名，加盖人民法院印章。

（三）民事判决的法律效力

民事判决生效后，就产生以下三个方面的法律效力：

1. 既判力

判决生效后即具有确定力。在判决理论上，判决的确定力分为形式上的确定力和实质上的确定力。所谓判决形式上的确定力，是指判决所具有的不得以上诉来变更或者撤销的效力。所谓判决实质上的确定力即既判力，是指法院作出的终局判决一旦生效，当事人和法院都应当受该判决内容的拘束，当事人不得在以后的诉讼中主张与该判决相反的内容，法院也不得在以后的诉讼中作出与该判决相冲突的判断。[1]我国民事诉讼法的法律条文中虽然没有出现判决的既判力的表述，但是对判决的确定性作出了相应的规定，《民事诉讼法》第158条规定，最高人民法院的判决、裁定，以及依法不准上诉或超过上诉期没有上诉的判决、裁定，是发生法律效力的判决、裁定。该法第182条规定，第二审人民法院的判决、裁定，是终审的判决、裁定。

既判力针对实际存在着的问题——“出现后诉”之情形而发生作用。而且，在既判力对“出现后诉”发生作用时，存在着消极与积极两个侧面。首先就既判力作用的消极侧面而言，当事人不能提出与既判力之判断相反的主张与证据申请，法院也不能

〔1〕 张卫平：《民事诉讼法》（第6版），法律出版社2023年版，第511页。

接受当事人提出的违反既判力的主张，对于违反既判力的证据申请，法院应当予以驳回。换言之，不让违反既判力的当事人主张与证据申请进入（后诉）审理就是既判力消极作用的表现形式。其次，既判力的积极作用表现为，后诉法院必须以产生既判力之判断为前提来作出判决。[1]

既判力不同于判决的羁束力。判决的羁束力在于在同一诉讼程序中，作出判决的法院要受自己判决的拘束，法院不得在作出判决后改变该判决。而判决的既判力则是作用于其他诉讼、生效判决诉讼以外的诉讼，即后诉。

2. 形成力

判决的形成力只有形成判决才具有。形成判决所具有的使原有法律关系消灭或者变更的效力就是形成判决的形成力。在法院形成判决发生法律效力之时，就产生形成力，使原有的权利义务关系消灭或者变更。由于形成判决将导致原有法律关系的消灭和变更，因此，当事人行使形成权，提起形成之诉，必须有法律的明文规定，当事人不得随意行使形成权，提起形成诉讼，要求法院作出形成判决。[2]

3. 执行力

所谓判决的执行力，是指判决生效后，在义务人没有履行义务时，权利人可以向法院申请强制执行，法院依法强制义务人履行其义务的作用。判决的执行力的意义主要在于启动法院的强制执行，但并不是所有的判决都有执行力，只有给付判决才具有执行力，确认判决和形成判决没有执行力。此外，并不是只有确定的给付判决才有执行力，凡是可以作为执行根据的法律文书都具有执行力，如仲裁机构的仲裁裁决书、法院的调解书、财产保全的裁定书等。

二、民事裁定

（一）民事裁定的概念

所谓民事裁定，是指人民法院在审理民事案件的过程中，为保障审理工作的顺利进行，就诉讼中的程序性问题以及个别的实体问题所作出的司法判定。

民事裁定主要适用于处理诉讼中的程序性问题，在少数情况下也可以用于对实体问题的处理，例如，关于先予执行的裁定。对程序问题的裁定不仅在审判程序中适用，也可以在执行程序中适用，例如，中止执行或者终结执行的裁定。民事裁定是人民法院保障诉讼程序正常进行，实现诉讼目的的重要手段和方法。

民事裁定和民事判决存在以下区别：①解决问题不同。民事裁定主要适用于程序问题的处理，少数适用于实体问题的处理；而民事判决则适用于对实体问题的处理。②作出的依据不同。民事裁定根据的是程序事实和民事诉讼法；而民事判决根据的是实体事实和实体法。③形式不同。民事裁定既可以采取书面形式，又可以采取口头形

---

〔1〕［日］高桥宏志：《民事诉讼法制度与理论的深层次分析》，林剑锋译，法律出版社 2003 年版，第 483 页。

〔2〕张卫平：《民事诉讼法》（第 6 版），法律出版社 2023 年版，第 508 页。

式；民事判决必须采取书面形式。④适用的阶段不同。民事裁定既可以在审判程序中适用，也可以在执行程序中适用；而民事判决则只能适用于民事审判程序。⑤上诉的范围不同。可以上诉的裁定包括不予受理裁定、驳回起诉裁定、管辖权异议裁定；而可以上诉的民事判决包括地方各级人民法院适用普通程序作出的判决、基层人民法院及其派出法庭适用简易程序作出的判决、发回重审的判决以及适用第一审程序再审作出的判决。⑥上诉期不同。不服民事裁定的上诉期是 10 日；而不服民事判决的上诉期是 15 日。

（二）民事裁定的适用范围

根据我国《民事诉讼法》第 157 条的规定，裁定适用于下列范围：①不予受理；②对管辖权有异议的；③驳回起诉；④保全和先予执行；⑤准许或者不准许撤诉；⑥中止或者终结诉讼；⑦补正判决书中的笔误；⑧中止或者终结执行；⑨撤销或者不予执行仲裁裁决；⑩不予执行公证机关赋予强制执行效力的债权文书；⑪其他需要裁定解决的事项。对前款第①项至第③项裁定，可以上诉。

（三）民事裁定的内容

民事裁定通常以书面形式作出，裁定书主要写明以下内容：

（1）案由、当事人及诉讼代理人的基本情况。裁定案由应依据《民事诉讼法》第 157 条规定的适用裁定的案件类型来确定和书写。

（2）认定的事实、理由、法律依据。裁定书应当写明认定事实的理由与根据认定的事实应适用的具体的民事诉讼法律规范。

（3）裁定的结果。裁定的结果，是裁定书的主文，也是裁定的主要内容。在这部分要针对所要解决的具体问题，写明作出的具体处理结果，例如，驳回管辖权异议、不准撤诉等。

（4）救济途径。允许上诉的裁定，应写明上诉期间和上诉的法院；允许复议的裁定，应写明当事人复议的权利和复议的法院；如果是终审裁定，应写明该裁定为终审裁定。

（5）审判人员、书记员署名，加盖人民法院印章，记明作出裁定的日期。

（四）民事裁定的效力

民事裁定因其解决的问题不同，其效力也有所不同。有的裁定具有执行力，例如财产保全和先予执行的裁定；有的裁定具有既判力，例如终结诉讼的裁定。但是，所有的裁定均具有羁束力。裁定的羁束力，是指裁定对法院的约束力。对作出裁定以外法院的约束力，可称为对外羁束力；裁定对其作出法院的约束力，可称为自我约束力或自我羁束力。裁定的对外羁束力，对于作出裁定以外的法院，即使是上级法院如果不经过上诉审程序也不能予以撤销或改变。裁定的自我羁束力，是指裁定一旦成立，作出裁定的法院也不能予以撤销或改变。对于裁定的自我羁束力不可一概而论。有的裁定具有自我羁束力，作出裁定的法院在裁定成立后，不得予以任意撤销或者变更。如不予受理、驳回起诉、驳回管辖异议、撤销或者不予执行仲裁裁决、不予执行公证机关赋予强制执行效力的债权文书等裁定。有的裁定则因为适用对象的特殊性质，而没有自我羁束力。法院对属于诉讼指挥方面的事项所作出的裁定就没有羁束力，原因在于法院必须根据诉讼的具体情形灵活加以使用，如果赋予羁束力，法院便很难根据情况加以调整、处置。属于诉讼指挥事项的，如关于诉讼中止、证据保全、财产保全、原判决是否中止等。〔1〕

三、民事决定

（一）民事决定的概念

所谓民事决定，是指在民事诉讼进行过程中，为保证人民法院能够公正地审理民事案件，维护正常的诉讼秩序，正确处理人民法院内部的工作关系，人民法院对诉讼中发生的特殊事项所作出的职务上的判定。

民事决定所解决的问题一般不直接涉及诉讼程序的变化，但又与诉讼程序的发展相关，并且具有一定的紧迫性。民事决定均不能提出上诉，为了维护当事人的正当权益，对直接涉及人身自由和财产的民事决定，有的可以申请复议。例如，对妨害民事诉讼的人采取罚款、拘留措施的决定，被罚款或者被拘留的人对决定不服的，可以申请复议。

（二）民事决定的适用范围

根据民事诉讼法的规定，在下列几种情况下适用民事决定：①对是否回避问题的处理；②对妨害民事诉讼行为人采取强制措施的；③对当事人申请缓交、减交或者免交诉讼费用的处理；④对某些重大疑难问题的处理。这类决定通常适用的主体是人民法院的审判委员会，所处理的问题不直接作用于当事人。例如，关于法院基于审判监督权提起的再审，由审判委员会讨论决定。

（三）民事决定的内容

民事决定可以采取书面形式，即决定书，也可以采取口头形式，口头决定由书记员记入笔录。决定书除应记明事实、理由和决定内容外，还应在首部写明作出决定的人民法院全称、决定书编号、案由、当事人或者被决定人的基本情况，在尾部由作出决定的组织、人员署名，注明作出决定的时间并加盖人民法院的印章。

（四）民事决定的效力

民事决定是人民法院对特定事项作出的职务判定，一经作出，立即发生法律效力。其中，驳回申请回避的决定、罚款的决定、拘留的决定允许当事人申请复议一次，但复议期间不停止决定的执行，也不影响案件的审理。

---

〔1〕 张卫平：《民事诉讼法》（第6版），法律出版社2023年版，第529页。

【思考题】

一、概念题

起诉的条件　审理前准备　一审普通程序　开庭审理　法庭调查　法庭辩论　撤诉　缺席判决　延期审理　诉讼中止　诉讼终结　按撤诉处理　当庭宣判　对席判决　非诉判决

二、简答题

1. 简述审理前准备的功能。
2. 简述延期审理与诉讼中止。
3. 简述立案登记制。
4. 简述按裁定撤诉处理的法定情形。
5. 简述诉讼终结适用的情形。
6. 简述民事裁定的适用范围。

三、论述题

1. 试述第一审普通程序的基础程序地位。
2. 试述当庭宣判制度。

第十三章
简易程序

学习目的与基本要求 掌握简易程序的基本概念、特点及适用范围，明确简易程序与普通程序之间的逻辑关系及主要差异，全面了解简易程序的主要内容以及开庭审理过程中的主要事项；密切关注简易程序中的小额诉讼程序的概念和特点，深刻解读小额诉讼程序的立法本意与实证价值。

第一节 简易程序概述

通常而言，所谓简易程序，是指法院审理案件适用的一种简便易行的审判程序。由于民事案件分为民事纠纷和非讼事件，因此简易程序包括争讼简易程序和非讼简易程序。争讼简易程序，在我国也称为通常审理程序，主要是指法院审理民事纠纷中适用的简便化程序。非讼简易程序，是法院审理非民事纠纷适用的程序。基于非民事纠纷的特点和程序的目的与诉讼程序不同，因此非讼程序多为简易程序。传统上的一审简易程序包括民事简易程序，也包括小额诉讼程序，两者适用的程序内容是相同的。而现代许多国家已经将传统上的简易程序划分为一般的简易程序和小额诉讼程序两种形式，分别适用不同的程序。

在我国，简易程序仅指一审中的简易程序，是与普通程序相对应的。《民事诉讼法》第十三章规定了“简易程序”（即第 160 条至第 170 条），2012 年《民事诉讼法》修正时增加第 162 条（现第 165 条）“小额诉讼程序”，2021 年 12 月 24 日第十三届全国人民代表大会常务委员会第三十二次会议通过并颁布，于 2022 年 1 月 1 日生效的《关于修改〈中华人民共和国民事诉讼法〉的决定》增加第 166、167、168 条以及第 169 条分别就不适用小额诉讼程序的案件、小额诉讼程序的审理程序、审限和小额诉讼程序的转化等程序内容进行规定。《民诉法解释》分别称之为“简易程序”和“简易程序中的小额程序”。简易程序，是指基层法院和它派出的法庭审理一审简单民事纠纷和非简单的民事纠纷当事人基于程序选择权[1]所适用的简便易行的程序。简易程序是与普通程序并列存在的独立的一审诉讼程序。从简易程序的内容看，简易程序是对普通程序的简化，因此适用简易程序审理案件时，如果法律没有规定的，应当适用普通程序的有关规定。而且在法院适用简易程序审理案件过程中，如果发现不应当适用简

〔1〕 程序选择权，是指为满足当事人是程序主体的要求，法律赋予当事人有权合意选择适用民事简易程序。在简易程序中，程序选择权的规定不仅扩大了民事简易程序的适用范围，也尊重了当事人对诉讼权利的处分。

易程序的，应当转为普通程序进行审理。小额诉讼程序，是法院和它派出的法庭审理标的额较小的简单民事纠纷所适用的一审程序。从程序内容看，小额诉讼程序不是独立存在的，而是依附于简易程序，是对简易程序的进一步简化。因此适用小额诉讼程序审理案件时，如果法律没有规定的，应当适用简易程序的有关规定。从程序的作用看，小额诉讼程序是独立的，与简易程序、普通程序共同构成我国民事纠纷的一审审判程序。

我国《民事诉讼法》规定的简易程序不仅继承了我国人民司法的优良传统和成功经验，而且也是与简单民事纠纷相适应和满足当事人程序选择权的需要。法律规定简易程序具有以下意义：

（1）有利于实现两便原则。方便当事人进行诉讼，方便法院行使审判权是我国《民事诉讼法》立法依据的指导思想。我国幅员辽阔，人口众多，许多地方交通并不便利，当事人客观上存在进行诉讼的困难。适用简易程序审理案件，可以节省当事人进行诉讼的人力、物力和时间，方便当事人进行诉讼。简易程序主要适用于简单民事纠纷，法律规定简便化的程序和灵活方法为法院及时、顺利行使审判权提供了方便。

（2）有利于迅速及时地解决简单民事纠纷。案件与程序相适应是程序立法应当遵循的基本规则。不同的案件有不同的特点，因此不同案件审理程序内容也就不同。法院审理的民事纠纷分为简单民事纠纷、一般民事纠纷和复杂民事纠纷。对于简单民事纠纷，由于案件事实比较清楚、是非责任没有原则分歧，适用简易程序审理，既符合案件的需要，又能尽快解决纠纷，提高诉讼效益。

（3）有利于司法资源的合理配置，实现诉讼制度纠纷解决机制的最大化和正当化。对一个国家而言，司法资源是有限的，司法公正和司法资源的有限性是一对矛盾，司法制度的设计者要做的不是放弃某些要求，忽视某些要求，而是平衡、协调各种要求，就是在完备、谨慎的普通程序与简单、快捷的简易程序之间寻找平衡点。[1]简易程序规定的某些程序简化，正是用以调整某些诉讼机制构成的合理性、规范性的体现。通过简便化的程序可以提高法院的办案效率，减少法院审判负担，使法院可以将更多的司法资源用于复杂、疑难案件的审理，从而实现司法的总体公正。

第二节　简易程序的适用范围

所谓简易程序的适用范围，是指哪些法院对哪些民事纠纷适用简易程序进行审理。简易程序的适用范围包括以下三个方面：

一、适用简易程序的法院

《民事诉讼法》第160条第1款规定，基层人民法院和它派出的法庭审理事实清楚、

〔1〕章武生：《民事简易程序研究》，中国人民大学出版社2002年版，第15页。

权利义务关系明确、争议不大的简单的民事案件，适用简易程序。在我国，基层人民法院是普通法院体系中最低的一级法院，它的职责就是审理一审民事案件。基于简单民事纠纷的特点和简易程序的作用，因此基层人民法院可以适用简易程序。中级人民法院、高级人民法院、最高人民法院审理第一审民事案件一般不得适用简易程序。派出法庭，是指基层人民法院落实巡回审理就地办案规定临时派出的审判组织以及在辖区内设立的固定人民法庭。由于派出法庭不是独立的审判组织，不具备独立的审判权，而是基层人民法院的组成部分，因此根据《民诉法解释》第 262 条的规定，人民法庭制作的判决书、裁定书、调解书，必须加盖基层人民法院印章，不得用人民法庭的印章代替基层人民法院的印章。

二、适用简易程序的审级

由于我国《民事诉讼法》规定的简易程序属于一审诉讼程序，因此只有民事纠纷的一审可以适用简易程序，审理上诉案件的二审程序和审理再审案件的审判监督程序都不能适用简易程序。

三、适用简易程序的案件

（一）法定适用简易程序的案件

根据《民事诉讼法》第 160 条第 1 款的规定，基层人民法院和它派出的法庭审理事实清楚、权利义务关系明确、争议不大的简单的民事案件，适用简易程序。也就是说，法律规定判断简单民事纠纷的标准包括三个：第一是事实清楚，即对当事人之间民事权利义务关系发生、变更或者消灭的事实当事人双方的陈述基本一致，并能提供相应的证据，不需要人民法院调查收集证据即可查明事实；第二是权利义务关系明确，即针对双方当事人发生争议的民事法律关系，法院能明确区分谁是责任的承担者，谁是权利的享有者；第三是争议不大，即双方当事人对案件的是非、谁是责任承担者以及诉讼标的争执无原则、根本性的分歧。以上三个标准必须同时具备，才是简单民事纠纷，才能适用简易程序。

立法根据民事纠纷的构成要素和司法实务中民事纠纷的发生情况确定简单民事纠纷的标准，方便法院在立案前能够对案件简单与否做出大致判断，但是该标准并不是明确规定。因此为了正确适用简易程序，保障当事人依法行使诉讼权利，《民诉法解释》第 257 条规定了七种不适用简易程序的案件：

（1）起诉时被告下落不明的案件。根据《民事诉讼法》的规定，原告起诉时，法律只要求被告明确即可。因此起诉时被告下落不明并不是被告不明确，只是法院需要适用公告送达有关诉讼文书。由于简易程序不适用公告送达，因此，对于起诉时被告下落不明的案件不能适用简易程序。

（2）发回重审的案件。即经过上诉程序审理后，二审法院认为一审存在认定事实不清或者重大程序违法时发回一审法院重新审理的案件。一审认定事实不清，说明该案件事实不简单；一审重大程序违法说明原来的一审没有充分保障当事人的诉讼权利。因此对于重审的案件，一审法院只能适用普通程序审理。

（3）当事人一方人数众多的案件。这类案件因涉及的当事人人数众多，案情一般比较复杂，往往社会影响较大，不适用简易程序审理。

（4）适用审判监督程序的案件。审判监督程序是审理再审案件的审判程序，是对确定裁判确有错误的补救程序，因此不适用简易程序。

（5）涉及国家利益、社会公共利益的案件。所谓国家利益就是满足或者能够满足国家以生存发展为基础的各方面要求并且对国家在整体上有好处的事物。而社会公共利益则是指为广大公民所能享有的利益。涉及国家利益、社会公共利益的案件已经不是简单民事案件，不适用简易程序。

（6）第三人起诉请求改变或者撤销生效判决、裁定、调解书的案件。即第三人撤销之诉的案件。因为第三人撤销之诉是确定裁判侵犯第三人程序和实体合法权益的情况下，法律赋予第三人的救济手段，其性质与审判监督程序相同，因此不适用简易程序。

（7）其他不宜适用简易程序进行审理的案件。

另外，《民事诉讼法》和有关司法解释规定了简易程序转化为普通程序的制度。当民事纠纷由简易程序转化为普通程序，则该案不再属于简易程序的适用范围，只能由法院适用普通程序审理裁判。简易程序转化为普通程序适用于下列三种情况：

第一，在适用简易程序审理过程中，人民法院发现案件不易适用简易程序的，需要转为普通程序的，应当在审理期限届满前作出裁定并将合议庭组成情况及相关事项书面通知当事人。

第二，当事人就适用简易程序提出异议，人民法院认为异议成立的，或者人民法院在审理过程中发现不宜适用简易程序的，应当将案件转入普通程序审理。

第三，原告提供了被告准确的送达地址，但人民法院无法向被告直接送达或者留置送达应诉通知书的，应当将案件转入普通程序审理。

简易程序转入普通程序审理的民事案件的审理期限仍然从人民法院最初立案之日开始计算。

（二）当事人合意选择适用简易程序的案件

2012年《民事诉讼法》修正时，在第157条（现第160条）后面增加一款，即“基层人民法院和它派出的法庭审理前款规定以外的民事案件，当事人双方也可以约定适用简易程序”。此条明确了简易程序适用范围中的当事人是程序主体，有权通过双方合意共同选择适用简易程序。允许当事人约定适用简易程序的案件，就是要扩大简易程序的适用范围，尊重当事人的程序处分权。但是，根据《民事诉讼法》和《民诉法解释》的规定，当事人合意选择适用简易程序应当符合下列条件：

（1）只适用于基层人民法院和它派出的法庭适用普通程序审理的案件。因为根据《民事诉讼法》的规定，基层人民法院和它派出的法庭可以适用简易程序。中级以上人民法院审理第一审民事案件一般不得适用简易程序，而且中级以上人民法院审理的一审民事案件都是标的额大、案情非常复杂的案件，因此不便也不可能通过当事人合意选择适用简易程序。另外，也不是说所有基层人民法院和它派出的法庭适用普通程序审理的案件都允许当事人合意选择适用简易程序。根据《民诉法解释》第 264 条第 2 款的规定，司法解释规定不得适用简易程序的案件，当事人约定适用简易程序的，人民法院不予准许。

（2）当事人双方形成合意。选择适用简易程序属于诉讼契约，因此需要双方当事人对适用简易程序达成合意。当事人合意的形式可以是口头的，也可以是书面的。

（3）当事人选择简易程序应当在开庭前提出。因为赋予当事人选择适用简易程序，可以达到节省当事人人力、物力和时间，缓解法院“案多人少”矛盾的效果。如果允许当事人在普通程序开庭后选择适用简易程序，不仅达不到上述效果，还可能由于重新开始程序，影响案件及时审理。

当事人选择适用简易程序符合上述条件的，人民法院应当适用简易程序。

第三节　简易程序的特点

简易程序与普通程序一样是第一审诉讼程序，也是独立的法定程序。与普通程序相比较，简易程序有自己的特点。

一、起诉方式和受理程序简便

根据《民事诉讼法》第 161 条的规定，对简单的民事案件，原告可以口头起诉。当事人双方可以同时到基层人民法院或者它派出的法庭，请求解决纠纷。基层人民法院或者它派出的法庭可以当即审理，也可以另定日期审理。也就是说，在简易程序中，用口头方式起诉是原告的诉讼权利。但是为适应我国文化教育发展状况和更好发挥口头起诉对弱势群体的扶助作用，《简易程序规定》对口头起诉进行了一定限制。只有原告本人不能书写起诉状，委托他人代写起诉状确有困难的，才可以口头起诉。而且，在简易程序中也简化了法院的受理程序。对于双方当事人同时到庭的，法院可以当即裁定是否受理，不受普通程序规定的 7 日期限的限制。

二、传唤或通知当事人或其他诉讼参与人以及送达方式的简便

根据《民事诉讼法》第 162 条的规定，基层人民法院和它派出的法庭审理简单的民事案件，可以用简便方式传唤当事人和证人、送达诉讼文书、审理案件，但应当保障当事人陈述意见的权利。所谓简便的传唤方式，是指法院可以根据审理案件的需要和当事人的情况采用灵活的方式。如人民法院可以采取捎口信、电话、短信、传真、电子邮件等简便方式传唤双方当事人、通知证人。人民法院用简便方式传唤当事人、证人到庭的，可以不受开庭前 3 日限制。对于公开审判的案件，法院也可以不受开庭前 3 日发公告的限制。所谓用简便方式送达诉讼文书与 2012 年《民事诉讼法》修正增

加电子送达方式相一致的，但是适用电子送达诉讼文书应当符合电子送达方式的法定要求。另外，为了保障当事人的诉讼权利，用简便方式送达的开庭通知，未经当事人确认或者没有其他证据证明当事人已经收到的，人民法院不得缺席判决。

三、实行独任制审判组织形式

根据《民事诉讼法》第 163 条的规定，简单的民事案件由审判员一人独任审理。我国法院审理民事案件的审判组织形式分为合议制和独任制。按照普通程序审理民事案件的，必须组成合议庭。由于简易程序审理的主要是简单民事案件，因此无需适用合议制。独任制，是指由一个审判员独任审理，而不是由书记员独任审判。独任审判同样需要遵守有关回避的规定。独任审判员应当告知当事人审判员、书记员的名单，询问当事人是否回避。

四、可以省略或者简化审前准备程序

适用普通程序审理的案件，人民法院应当在立案之日起 5 日内将起诉状副本发送被告，被告应当在收到之日起 15 日内提出答辩状。人民法院应当在收到答辩状之日起 5 日内将答辩状副本发送原告，同时人民法院应当按照法律规定进行固定事实、证据，分流案件等审前准备活动。而根据《民事诉讼法》以及相关司法解释的规定，适用简易程序审理的案件，如果当事人双方同时到庭，请求解决纠纷的，如果被告同意口头答辩的，人民法院可以当即开庭审理，省略审前准备程序；如果被告要求书面答辩的，人民法院可以简化审前准备程序，直接将提交答辩状的期限和开庭的具体日期告知各方当事人，并向当事人说明逾期举证以及拒不到庭的法律后果，由各方当事人在笔录和开庭传票的送达回证上签名或者捺印。

五、开庭审理程序简单

根据《民事诉讼法》第 163 条的规定，适用简易程序的案件，开庭审理的法庭调查和法定辩论阶段不必严格划分，也不受法庭调查、法庭辩论先后顺序的限制，法官可以根据案件的具体情况灵活掌握。为了充分保障当事人的程序选择权、适应社会电子信息、网络技术的发展和实现简易程序灵活便捷的特点，《民诉法解释》第 259 条规定当事人可以选择开庭方式。即当事人双方可就开庭方式向人民法院提出申请，由人民法院决定是否准许。经当事人双方同意，可以采用视听传输技术等方式开庭。开庭审理程序简化不是说可以不开庭，而是说开庭的方式、开庭的程序内容可以灵活化运作。但是法院在适用灵活化开庭程序时，应当保障当事人陈述意见的权利。

六、审理期限较短

根据《民事诉讼法》第 164 条的规定，人民法院适用简易程序审理案件，应当在立案之日起 3 个月内审结。有特殊情况需要延长的，经本院院长同意，可以延长 1 个

月。也就是说，适用简程序审理的案件审限原则上不可以延长。但是为避免出现客观情况，由于不允许延长审限导致案件只能转为普通程序增加当事人诉讼成本和占用更多司法资源，因此，在符合法定条件时也可以延长审理期限。法定条件包括：一是出现需要延长的特殊情况。这里的特殊情况可能是客观情况，如发生不可抗力，导致适用简易程序审理案件不能及时结案。二是报经法院院长批准。法院是程序的组织者，有权根据案件审理遇到的情况决定程序如何操作。但是为了防止法官随意延长审限，影响当事人及时维护自己权益，因此审限是否延长，必须经本院院长审批。三是延长的期限只能是 1 个月。也就是说，适用简易程序审理的民事案件最长审限是 4 个月。

第四节　简易程序的主要内容

《民事诉讼法》对简易程序的适用范围、特点进行了较为原则的规定，对于简易程序的内容规定较少，使得简易程序并没有形成完整的程序结构。《简易程序规定》和《民诉法解释》对简易程序的主要内容进行了规定。

一、起诉与答辩

根据有关司法解释的规定，适用简易程序的民事案件，原告本人不能书写起诉状，委托他人代写起诉状确有困难的，可以口头起诉。原告口头起诉的，人民法院应当将当事人的基本情况、联系方式、诉讼请求、事实及理由予以准确记录，将相关证据予以登记。人民法院应当将上述记录和登记的内容向原告当面宣读，原告认为无误后应当签名或者按指印。原告起诉后，人民法院可以采取捎口信、电话、传真、电子邮件等简便方式随时传唤双方当事人、证人。

答辩是被告行使辩论权的行为。被告可以口头答辩，也可以书面答辩。双方当事人到庭后，被告同意口头答辩的，人民法院可以当即开庭审理；被告要求书面答辩的，人民法院应当将提交答辩状的期限和开庭的具体日期通知各方当事人，并向当事人说明逾期举证以及拒不到庭的法律后果，由各方当事人在笔录和开庭传票的送达回证上签名或者捺指印。

二、简易程序中的送达

送达是法院按照法定方式和程序将诉讼文书送给当事人、代理人或者其他诉讼参与人的行为。送达涉及当事人权利的保护，也是维护法院正常审判秩序的保障性制度。为解决实务中出现的“送达难”，依据诚实信用原则，《简易程序规定》确立了送达地址确认制度。即当事人应当在起诉或者答辩时向人民法院提供自己准确的送达地址、收件人、电话号码等其他联系方式，并签名或者捺印确认。送达地址应当写明受送达人住所地的邮政编码和详细地址；受送达人是有固定职业的自然人的，其从业的场所可以视为送达地址。

人民法院按照原告提供的被告的送达地址或者其他联系方式无法通知被告应诉的，应当按以下情况分别处理：①原告提供了被告准确的送达地址，但人民法院无法向被告直接送达或者留置送达应诉通知书的，应当将案件转入普通程序审理；②原告不能提供被告准确的送达地址，人民法院经查证后仍不能确定被告送达地址的，可以被告不明确为由裁定驳回原告起诉。

被告到庭后拒绝提供自己的送达地址和联系方式的，人民法院应当告知其拒不提供送达地址的后果；经人民法院告知后被告仍然拒不提供的，按下列方式处理：①被告是自然人的，以其户籍登记中的住所地或者经常居住地为送达地址；②被告是法人或者非法人组织的，应当以其在登记机关登记、备案中的住所为送达地址。人民法院应当将上述告知的内容记入笔录。

因当事人自己提供的送达地址不准确、送达地址变更未及时告知人民法院，或者当事人拒不提供自己的送达地址而导致诉讼文书未能被当事人实际接收的，按下列方式处理：①邮寄送达的，以邮件回执上注明的退回之日视为送达之日；②直接送达的，送达人当场在送达回证上记明情况之日视为送达之日。上述内容，人民法院应当在原告起诉和被告答辩时以书面或者口头方式告知当事人。

三、审理前准备

审理前准备是人民法院受理原告起诉后到开庭审理之前，法院依法进行的一系列准备工作。简易程序设立的目的就是简化审理流程，尽快审结案件。2012 年《民事诉讼法》修正前，民事诉讼法典只是规定简易程序可以适用简便方式传唤当事人和证人，《简易程序规定》就简易程序中送达法律文书、开庭审理以及裁判文书简化等事项作出了明确规定。在总结实践经验的基础上，2012 年《民事诉讼法》修正时，在法典中明确规定了简易程序中的文书送达、案件审理以及裁判文书的简化等内容。这不仅为适用简易程序审理案件在审理前准备阶段的简化提供了法律依据，也是为防止实务中出现因程序的随意简化而影响或者损害当事人的诉讼权利。

（一）开庭通知的告知

开庭审理是我国《民事诉讼法》规定的一审诉讼程序必须采用的审理方式，简易程序也需要开庭审理。鉴于简易程序审理的是简单民事案件，当事人没有必要为开庭做长时间的准备，因此法院告知当事人开庭时间不必严格遵守开庭 3 日前向当事人送达开庭通知的规定。对于开庭通知的送达，法院可以采用捎口信、电话、传真、电子邮件等形式送达，无需遵循严格的送达程序。

（二）告知当事人诉讼权利

简易程序是程序的简化，并不是当事人诉讼权利的简化。人民法院适用简易程序审理民事案件，开庭前可以口头告知当事人诉讼权利和义务。双方当事人同时到庭，被告要求书面答辩的，人民法院应当将提交答辩状的期限和开庭的具体日期告知双方当事人，并向当事人说明逾期举证和拒不到庭的法律后果。

（三）举证期限和证据交换

举证期限反映的是当事人向法院提交证据的时间要求。适用简易程序审理的民事案件，当事人及其诉讼代理人申请人民法院调查收集证据和申请证人出庭作证，应当在举证期限届满前提出。适用简易程序案件的举证期限由人民法院确定，也可以由当事人协商一致并经人民法院准许，但不得超过 15 日。被告要求书面答辩的，人民法院可在征得其同意的基础上，合理确定答辩期间。人民法院应当将举证期限和开庭日期告知双方当事人，并向当事人说明逾期举证以及拒不到庭的法律后果，由双方当事人在笔录和开庭传票的送达回证上签名或者捺印。当事人双方均表示不需要举证期限、答辩期间的，人民法院可以立即开庭审理或者确定开庭日期。基于简单民事纠纷案情不复杂、证据材料相对普通程序审理的案件少，因此在简易程序中，人民法院可以在举证期限届满后立即组织当事人进行庭前证据交换，没有必要像普通程序那样由当事人协商确定证据交换的时间，原则上也不允许当事人申请延期举证和再次交换证据。

（四）保障当事人的举证权利

简易程序审理的是事实清楚、权利义务关系明确、争议不大的简单民事案件，因此一般不需要人民法院调查收集证据，但是有些简单民事案件，当事人因客观原因需要申请法院调取证据，如果法院以此为由将案件转为普通程序，则会影响当事人权利的尽快实现。因此《简易程序规定》明确简易程序中，当事人在举证期限届满前享有申请法院调查收集证据的权利。

（五）对适用简易程序异议的处理

《简易程序规定》在赋予当事人就适用简易程序享有选择权的同时，也赋予当事人就人民法院依职权决定适用简易程序的异议权，即程序异议权。在我国，程序异议权是指当事人向人民法院提出的民事案件不应当适用简易程序的主张。当事人一方或者双方就适用简易程序提出异议后，人民法院应当进行审查。异议成立的，应当裁定将案件转入普通程序审理，并将合议庭的组成人员及相关事项以书面形式通知双方当事人；异议不成立的，口头告知双方当事人，并将上述内容记入笔录。转为普通程序前，双方当事人已确认的事实，可以不再进行举证、质证。简易程序转入普通程序的，该案件的审理期限仍然从人民法院最初立案的次日开始计算。

四、开庭审理

（一）简易程序中的诉讼调解

根据《简易程序规定》的规定，适用简易程序审理案件时，对于婚姻家庭纠纷和继承纠纷、劳务合同纠纷、交通事故和工伤事故引起的权利义务关系较为明确的损害赔偿纠纷、宅基地和相邻关系纠纷、合伙协议纠纷、诉讼标的额较小的纠纷等民事案件，人民法院在开庭审理时应当先行调解。

调解达成协议并经审判人员审核后，双方当事人同意该调解协议并经双方签名或者按指印生效的，该调解协议自双方签名或者按指印之日起发生法律效力。调解协议生效后，人民法院仍应当另行制作民事调解书。调解协议生效后一方拒不履行的，另一方可以持民事调解书申请强制执行。

人民法院可以当庭告知当事人到人民法院领取民事调解书的具体日期，也可以在当事人达成调解协议的次日起10日内将民事调解书发送给当事人。

当事人以民事调解书与调解协议的原意不一致为由提出异议的，人民法院审查后认为异议成立的，应当根据调解协议裁定补正民事调解书的相关内容。

（二）对当事人诉讼权利义务的告知

为便于当事人在诉讼中充分行使诉讼权利，自觉履行诉讼义务，适用简易程序审理的案件，开庭前法院已经书面或者口头告知当事人诉讼权利义务，或者当事人各方均委托律师代理诉讼的，审判人员除告知当事人申请回避的权利外，可以不再告知当事人其他的诉讼权利义务。对没有委托律师、基层法律服务工作者代理诉讼的当事人，人民法院在庭审过程中可以对回避、自认、举证证明责任等相关内容向其作必要的解释或者说明，并在庭审过程中适当提示当事人正确行使诉讼权利、履行诉讼义务，确保庭审正常进行。

（三）归纳争点和径行裁判

开庭是围绕双方当事人争议的事实、是非进行审理。依照简易程序审理的案件，开庭时，审判人员可以根据当事人的诉讼请求和答辩意见归纳出争议焦点，经当事人确认后，由当事人围绕争议焦点举证、质证和辩论。当事人对案件事实无争议的，审判人员可以在听取当事人就适用法律方面的辩论意见后直接判决、裁定。

适用简易程序审理的民事案件，应当一次开庭审结，但人民法院认为确有必要再次开庭的除外。

（四）庭审笔录

庭审笔录是书记员将法院适用简易程序审理活动记录下来的书面凭证。为了保证简单民事案件的审理质量，防止案件审理过于简单化，《简易程序规定》第24条规定，书记员应当将适用简易程序审理民事案件的全部活动记入笔录。对于下列事项，应当详细记载：①审判人员关于当事人诉讼权利义务的告知、争议焦点的概括、证据的认定和裁判的宣告等重大事项；②当事人申请回避、自认、撤诉、和解等重大事项；③当事人当庭陈述的与其诉讼权利直接相关的其他事项。

五、宣判和裁判文书的送达

适用简易程序审理的民事案件，除人民法院认为不宜当庭宣判的以外，应当当庭宣判。

对于当庭宣判的案件，除当事人当庭要求邮寄送达的以外，人民法院应当告知当事人或者诉讼代理人领取裁判文书的期间和地点以及逾期不领取的法律后果。上述情况，应当记入笔录。

人民法院已经告知当事人领取裁判文书的期间和地点的，当事人在指定期间内领取裁判文书之日即为送达之日；当事人在指定期间内未领取的，指定领取裁判文书期间届满之日即为送达之日，当事人的上诉期从人民法院指定领取裁判文书期间届满之日的次日起开始计算。

当事人因交通不便或者其他原因要求邮寄送达裁判文书的，人民法院可以按照当事人自己提供的送达地址邮寄送达。人民法院根据当事人自己提供的送达地址邮寄送达的，邮件回执上注明收到或者退回之日即为送达之日，当事人的上诉期从邮件回执上注明收到或者退回之日的次日起开始计算。

对于定期宣判的案件，定期宣判之日即为送达之日，当事人的上诉期自定期宣判的次日起开始计算。当事人在定期宣判的日期无正当理由未到庭的，不影响该裁判上诉期间的计算。当事人确有正当理由不能到庭，并在定期宣判前已经告知人民法院的，人民法院可以按照当事人自己提供的送达地址将裁判文书送达给未到庭的当事人。

六、法律文书的简化

法律文书是法院在审理民事案件过程中制作的文书。狭义的法律文书仅指法院制作的判决书、裁定书和调解书。为实现简易程序节省资源、提高诉讼效率的目的，《民诉法解释》第270条规定，适用简易程序审理的民事案件，人民法院在制作判决书、裁定书、调解书时，出现下列情形之一的，可以对认定事实或者判决理由部分适当简化：①当事人达成调解协议并需要制作民事调解书的；②一方当事人明确表示承认对方全部诉讼请求或者部分诉讼请求的；③涉及商业秘密、个人隐私的案件，当事人一方要求简化裁判文书中的相关内容，人民法院认为理由正当的；④当事人双方同意简化裁判文书的。

第五节　简易程序中的小额程序

从20世纪60年代起，随着市场经济的发展和贸易往来的增多，人们权利意识的增强，民众对司法的需求不断增加，诉讼迟延、诉讼成本高的问题越来越突出。为解决司法公正与效率的矛盾问题，许多国家或者地区开展了“接近司法”“司法大众化”的运动，其中最主要的措施之一就是设立小额程序。目前，美国、英国、德国、日本、意大利、韩国都设立了小额诉讼程序。2012年，我国《民事诉讼法》修正时，借鉴国外相关国家或者地区小额程序的规定内容，[1]吸收我国司法实务中民事速裁程序[2]的实践，在《民事诉讼法》的简易程序中用一个条文规定了小额诉讼程序的适用范围

〔1〕 从我国法律规定的小额程序看，无论是程序的作用、程序的性质、程序的立法体例，还是程序的内容都与域外相关国家或者地区规定的小额诉讼程序有所不同。

〔2〕 民事速裁程序没有一个明确的含义。20世纪末，为缓解“案多人少”矛盾，我国一些地方法院对小额案件采取了迅速审判的做法。速裁程序不是独立的程序，而是在借鉴域外相关国家或地区小额诉讼程序规定的基础上，根据当时法律规定的基本原则和基本精神，积极探索改革民事简易程序的产物。从2011年3月最高人民法院颁布的《关于部分基层人民法院开展小额速裁试点工作的指导意见》看，速裁程序与现行法律规定的小额诉讼程序的适用范围、程序内容也不完全相同。

和一审终审的审级制度。由于《民事诉讼法》对小额诉讼程序规定简单、原则，为确保《民事诉讼法》规定的小额诉讼程序能够统一、有效实施，保障当事人的诉讼权利，《民诉法解释》设专门一章对小额诉讼程序作出了明确、具体规定。

一、小额诉讼程序的概念和特点

小额诉讼程序有广义和狭义两种理解。广义的小额诉讼程序与传统的简易程序并无严格区别，二者的区别仅在于诉讼标的额和简易程度有所不同而已。狭义的小额诉讼程序指基层法院的小额法庭或专门的小额法院审理数额甚小的案件时所适用的比普通程序更加简化的诉讼程序。其建立不仅是基于对民事案件进行分流处理，减轻法院负担的一种构想，也在于实现司法的大众化，通过简单化的努力使一般国民普遍能够得到具体的由程序保障的司法服务。〔1〕从《民事诉讼法》对小额诉讼程序的规定看，我国采用的是广义的小额诉讼程序。小额诉讼程序并不具有作为一项诉讼程序的独立价值，小额诉讼程序与简易程序具有同质化。在我国，小额诉讼程序，是指基层人民法院和它派出的法庭审理诉讼标的额为各省、自治区、直辖市上年度就业人员年平均工资50%以下或者各省、自治区、直辖市上年度就业人员年平均工资50%但在2倍以下当事人双方约定适用的简单金钱给付案件的一种诉讼程序。小额诉讼程序的设立，符合费用相当性原则，〔2〕有利于科学配置司法资源，也是为当事人提供一种廉价、快捷地解决民事纠纷的方式，弥补简易程序给当事人带来的不方便。

小额诉讼程序作为简易程序中一个更简化的特殊程序，与简易程序相比较，具有的特点是：

（1）小额诉讼程序实行一审终审制。这就意味着适用小额诉讼程序审理的案件，法院作出判决送达当事人即是确定的。若当事人对该判决不满，不能像简易程序一样向上级人民法院上诉，只能通过再审程序进行救济。

（2）小额诉讼程序适用案件的标准是案件的类型、案件的复杂性和标的额的大小，即适用小额诉讼程序的案件是金钱给付案件、属于简单民事案件，同时当事人的诉讼请求金额必须低于一定标准，即各省、自治区、直辖市上年度就业人员年平均工资50%以下或者标的额超过各省、自治区、直辖市上年度就业人员年平均工资50%但在2倍以下，当事人可以约定适用。而简易程序适用案件的标准只是案件的复杂性。

（3）小额诉讼程序的适用决定权由人民法院掌握。〔3〕也可以由当事人双方约定适用。当今规定小额程序的国家关于小额程序的启动方式分为三种：一是当事人选择适用；二是法院强制适用；三是法院强制适用和当事人选择适用相结合。根据《民事诉讼法》规定，我国采纳的是第三种。一方面，明确将标的额为各省、自治区、直辖市

〔1〕范愉：《小额诉讼程序研究》，载《中国社会科学》2001年第3期。

〔2〕费用相当性原则，是指在当事人利用诉讼程序或法官运用审判制度的过程中，不应使法院或者当事人遭受期待不可能之浪费或利益牺牲。邱联恭：《司法之现代化与程序法》，三民书局1993年版，第72页。

〔3〕刘家兴、潘剑锋主编：《民事诉讼法学教程》（第5版），北京大学出版社2018年版，第223页。

上年度就业人员年平均工资50%以下的简单金钱给付案件强制适用小额诉讼程序，另一方面对于标的额超过各省、自治区、直辖市上年度就业人员年平均工资50%但2倍以下的简单金钱给付案件赋予当事人程序选择权。这样一来不仅明确小额诉讼程序的适用范围，发挥小额诉讼程序高效、便捷的优势；又充分保障当事人的程序选择权，扩大小额诉讼程序的适用范围。

二、小额诉讼程序适用范围

《民事诉讼法》第165条第1款规定："基层人民法院和它派出的法庭审理事实清楚、权利义务关系明确、争议不大的简单金钱给付民事案件，标的额为各省、自治区、直辖市上年度就业人员年平均工资百分之五十以下的，适用小额诉讼程序审理，实行一审终审。"第2款规定："基层人民法院和它派出的法庭审理前款规定的民事案件，标的额超过各省、自治区、直辖市上年度就业人员年平均工资百分之五十但在二倍以下的，当事人双方也可以约定适用小额诉讼的程序。"小额诉讼程序的适用范围包括三个方面：

（1）基层人民法院和它派出的法庭可以适用小额诉讼程序。中级以上人民法院不得适用。但是，根据《民诉法解释》第273条的规定，海事法院可以审理海事、海商小额诉讼案件。海事法院是20世纪80年代设立的审理海事海商案件的专门法院。目前，我国在沿海和长江上设立了大连、厦门、武汉等10个海事法院。海事法院是与中级人民法院平行建制的。为方便当事人诉讼和解决海事海商案件，各海事法院陆续在沿海各大港口设立了派出法庭。海事海商案件专业性强，但并不都是复杂、疑难案件。因此，赋予海事法院适用小额诉讼程序审理案件既是满足现实的迫切需要，也是优化海事法院的审判职能。

（2）简单民事案件可以适用小额诉讼程序。小额诉讼程序是简易程序的组成部分，是对简易程序的进一步简化，因此小额诉讼程序只能适用事实清楚、权利义务关系明确、争议不大的简单民事案件。

（3）适用小额诉讼程序的标的额原则上为各省、自治区、直辖市上年度就业人员年平均工资50%以下的简单民事案件。各省、自治区、直辖市上年度就业人员年平均工资，是指已经公布的各省、自治区、直辖市上一年度就业人员年平均工资。在上一年度就业人员年平均工资公布前，以已经公布的最近年度就业人员年平均工资为准。海事法院适用小额诉讼程序审理的案件标的额应当以实际受理案件的海事法院或者其派出法庭所在的省、自治区、直辖市上年度就业人员年平均工资50%为限。当然为尊重当事人程序主体地位，保障当事人的程序处分权，对于标的额超过各省、自治区、直辖市上年度就业人员年平均工资50%但2倍以下的简单金钱给付案件，当事人可以约定适用小额诉讼程序。

我国确定小额诉讼程序适用案件的标准是案件类型+简单民事案件+标的额。适用小额诉讼程序的案件仅限于金钱给付案件。这种案件给付标的物明确，只是针对金钱数额有争议，案情相对于给付其他种类物简单。简单民事案件是原则性规定，但是确定标准可以根据简易程序的适用案件范围确定。标的额的确定标准相对明确。

设置小额诉讼程序的目的是方便当事人接近司法，提高办案效率和节省司法资源，因此确定小额诉讼程序适用的案件范围应当符合诉讼费用相当性原则。所谓诉讼费用相当性原则，是指在当事人利用诉讼程序或者法院运用审判制度的过程中，不应使法院或者当事人遭受期待不可能之损失或利益牺牲。[1]也就是说，确定小额诉讼程序适用的案件范围应当考虑到法院司法资源投入和产出的关系，以及当事人诉讼成本投入和产出的关系。如果对于某个或者某些民事案件不该适用而适用小额诉讼程序的话，则不仅不能实现小额诉讼程序的设立目的，反而会影响当事人诉讼权利的行使，甚至可能会损害国家利益、社会公共利益。根据《民事诉讼法》第 166 条规定，人民法院审理下列民事案件，不适用小额诉讼程序。①人身关系、财产确权案件；②涉外案件；③需要评估、鉴定或者对宿迁评估、鉴定结果有异议的案件；④一方当事人下落不明的案件；⑤当事人提起反诉的案件；⑥其他不宜适用小额诉讼程序审理的案件。

三、小额程序的主要内容

（一）小额诉讼程序的适用

小额诉讼程序的适用是由一方或者双方当事人选择适用还是由法院确定，各个国家或者地区规定不完全相同。[2]根据我国《民事诉讼法》的规定，标的额在各省、自治区、直辖市上年度就业人员年平均工资 50%以下的金钱给付简单民事案件，法院应当适用小额诉讼程序审理。对于标的额超过各省、自治区、直辖市上年度就业人员年平均工资 50%但 2 倍以下的简单金钱给付案件，双方当事人约定适用小额诉讼程序的，法院也可以适用小额诉讼程序审理案件。

（二）小额诉讼程序实行一审终审制

小额诉讼程序审理的是标的额小的简单民事案件，其程序特点就是比简易程序更简便、快捷，因此小额诉讼程序没有必要实行二审终审。这既是小额诉讼案件迅速裁判的需要，也是小额诉讼程序的价值所在。

（三）适用小额诉讼程序法院的告知义务

根据《民诉法解释》第 274 条的规定，人民法院受理小额诉讼案件，应当向当事人告知该类案件的审判组织、一审终审、审理期限、诉讼费用交纳标准等相关事项。由于小额诉讼程序的适用原则上是法院依据法律确定的，因此为保障当事人充分行使诉讼权利，督促法院依法办案，法律要求法院在适用小额诉讼程序审理案件前向当事人告知。告知是法院在法定时间、用法定方式将法定事项告知当事人的义务。

（四）小额诉讼程序的举证期限与答辩期间

基于小额诉讼程序是对简易程序的再简化，《民诉法解释》第 275 条规定，小额诉

[1] 邱联恭：《司法之现代化与程序法》，三民书局 1993 年版，第 72 页。
[2] 普通法系国家多采用当事人自行选择适用小额诉讼程序，而大陆法系大多采用法定模式。

讼案件的举证期限由人民法院确定，也可以由当事人协商一致并经人民法院准许，但一般不超过 7 日。被告要求书面答辩的，人民法院可以在征得其同意的基础上合理确定答辩时间，但最长不得超过 15 日。当事人到庭后表示不需要举证期限和答辩期间的，人民法院可立即开庭审理。

（五）小额诉讼程序中的管辖权异议

管辖权异议是当事人不服法院管辖提出的不同看法，是当事人行使辩论权的方式。在小额诉讼程序中，一方面需要保障当事人的辩论权，另一方面也应当考虑到小额诉讼程序的特点，因此，《民诉法解释》第 276 条规定，当事人对小额诉讼案件提出管辖权异议的，人民法院应当作出裁定。裁定一经作出即生效。

（六）小额诉讼程序中的驳回起诉

驳回起诉，是指法院受理案件后，发现当事人起诉不符合法定起诉条件而予以驳回的审判行为。由于驳回起诉直接关系到当事人能否得到司法保护，因此对于适用普通程序、简易程序审理的案件，法律都赋予当事人对驳回起诉裁定不服的上诉权。但是就小额诉讼程序适用的案件而言，如果法律也允许当事人对驳回起诉不服上诉，则必然与小额诉讼程序的一审终审制发生矛盾。因此《民诉法解释》第 277 条规定，人民法院受理小额诉讼案件后，发现起诉不符合《民事诉讼法》第 122 条规定的起诉条件的，裁定驳回起诉。裁定一经作出即生效。

（七）小额诉讼程序的开庭审理和宣判

小额诉讼程序的设立是适应快捷解纷的司法需求、发挥纠纷一次性终局解决的优势。因此《民事诉讼法》第 167 条规定，人民法院适用小额诉讼程序审理的案件，可以一次开庭审结并当庭宣判。

（八）小额诉讼程序的审限

根据《民事诉讼法》第 168 条规定，人民法院适用小额诉讼程序审理的案件，应当在立案之日起 2 个月内审结。有特殊情况需要延长的，经本院院长批准，可以延长 1 个月。由于小额诉讼程序是简易程序中审理标的额较小的金钱给付案件适用的程序，因此小额诉讼程序的审限比简易程序审限短。但是考虑到审判中可能遇到特殊情况，如果一味改为适用简易程序或者普通程序审理，则不但增加当事人成本，也不能提高审理效率，因此法律规定符合条件情况下可以延长。

（九）小额诉讼程序中裁判文书的简化

小额诉讼程序审理的案件往往事实比较清楚，对是非责任、权利义务承担当事人争议不大，法律适用相对简单。为提高法院办案效率，保障当事人诉权，便于法院裁判文书将来的执行，《民诉法解释》第 280 条规定，小额诉讼案件的裁判文书可以简化，主要记载当事人基本信息、诉讼请求、裁判主文等内容。

四、小额诉讼程序与简易程序、普通程序的转化

案件与程序相适应，案件变化或者由于特殊情况的发生，程序也需要相应的变化，

即程序的转化。根据《民事诉讼法》第169条规定，出现下列情况之一，小额诉讼程序将转化为简易程序、普通程序：①法院适用小额诉讼程序审理案件过程中，发现案件不宜适用小额诉讼程序的，应当适用简易程序的其他规定审理或者裁定转为普通程序。如当事人在诉讼程序中增加诉讼请求、变更诉讼请求或者增加当事人等导致案件不符合小额诉讼程序适用条件的，法院应当适用简易程序的规定审理案件；当然，如果当事人上述处分权利的行为导致案件应当适用普通程序的，因为程序发生了变化，因此法院应当裁定转为普通程序。②法院确定适用小额诉讼程序审理案件，当事人有异议的，应当在开庭前提出。人民法院经审查，当事人异议成立的，适用简易程序的其他规定审理或者法院裁定适用普通程序审理；异议不成立的，法院应当裁定驳回。

五、小额诉讼程序的救济

小额诉讼程序的救济，是指小额诉讼程序适用不符合法律规定或者小额诉讼程序作出的裁判确有错误时，法律赋予当事人保护自己合法权益的途径。根据《民诉法解释》第424条的规定，对小额诉讼案件的判决、裁定，当事人以《民事诉讼法》第211条规定的事由向原审人民法院申请再审的，人民法院应当受理。申请再审事由成立的，应当裁定再审，组成合议庭进行审理。作出的再审判决、裁定，当事人不得上诉。当事人以不应按小额诉讼案件审理为由向原审人民法院申请再审的，人民法院应当受理。理由成立的，应当裁定再审，组成合议庭审理。作出的再审判决、裁定，当事人可以上诉。

【思考题】

一、概念题

简易程序　小额诉讼程序　小额诉讼程序的救济

二、简答题

1. 简述简易程序的适用范围。
2. 简述判断简单民事纠纷的标准。
3. 简述当事人合意选择适用简易程序应当符合的条件。
4. 简述简易程序的特点。
5. 简述小额诉讼程序的特点。
6. 简述小额诉讼程序的适用范围。

三、论述题

试述简易程序、普通程序、小额诉讼程序的程序转化。

第十四章 诉讼调解

学习目的与基本要求 全面理解诉讼调解的概念、性质和意义，明确界定诉讼调解与诉讼外调解、诉讼和解的区别；充分认识诉讼调解适用的案件范围，具体掌握诉讼调解的原则；熟知诉讼调解的程序，正确把握调解协议与调解书之间的关系，具体了解诉讼调解的效力。

第一节 诉讼调解概述

一、诉讼调解的概念、性质和意义

所谓诉讼调解，是指在民事诉讼中，双方当事人在法官或者其他人员的组织下，就案件争议问题进行协商，解决纠纷的诉讼行为和结案方式。从调解主持人看，诉讼调解即法院调解，但诉讼调解与法院调解依据的分类标准是不同的。诉讼调解对应于诉讼外调解，它是根据时间来划分的，确定调解与诉讼程序的关系，属于诉讼系属〔1〕后调解，又称为诉讼上调解；法院调解对应的是民间调解、社会组织调解，它是根据主持调解的主体来划分的，法院调解与是否诉讼系属无关。现行《民事诉讼法》增加了先行调解制度，〔2〕《民事诉讼法》第125条规定："当事人起诉到人民法院的民事纠纷，适宜调解的，先行调解，但当事人拒绝调解的除外。"也就是说，当事人向法院提起诉讼，递交起诉状或者口头起诉后，人民法院尚未立案，根据案件具体情况，人民法院认为适宜调解的，可以先行调解。因此，法院调解既包括诉讼调解，也可以在诉讼程序外进行调解。

诉讼调解包括下列几层含义：一是在中立第三方主持下的纠纷解决方式。诉讼调解由法官或者其他人员主持进行，主持者并非裁判者。在调解过程中，调解者始终不过是当事人之间自由形成合意的促进者。主持者的作用就是帮助当事人交换案件信息，促使当事人理性选择纠纷解决方式和解决方案。二是合意型的纠纷解决方式。"所谓根据合意的纠纷解决，指的是由于双方当事人就以何种方式和内容来解决纠纷等主要之

〔1〕 诉讼系属是国外诉讼法上的一个概念，指诉讼进行中。在我国，诉讼进行中是指法院受理案件后至案件确定裁判作出前。

〔2〕《民事诉讼法》第125条和《简易程序规定》第14条都使用了"先行调解"的表述，但关于先行调解并没有一个确切定义。我们认为，"先行"首先表述的是一个时间概念，如《民事诉讼法》第125条应当指的是立案前，而《简易程序规定》第14条指的是开庭审理前。其次，"先行"有前置的含义，即调解是判决的前置程序。但是从《民事诉讼法》第125条规定看这一层含义并不明确。

点达成了合意而使纠纷得到解决的情况。”[1]由于调解的目的在于纠纷双方当事人通过协商达成解决纠纷方案，因此调解的本意就是尊重当事人的自主性，当事人的自愿贯穿在整个调解程序中。三是诉讼活动，也即结案方式。诉讼调解是法官或者其他人员主持、协调和当事人对自己实体权利和诉讼权利处分行为共同作用下解决纠纷，这是诉讼调解与诉讼外调解的主要区别。如果通过调解，当事人之间达成调解协议，法院可以制作调解书，用调解方式结案，调解与判决都是法院解决民事案件的方式。

二、诉讼调解的性质

关于诉讼调解制度的性质，我国民事诉讼法学界主要有三种观点：

第一种观点认为，诉讼调解是人民法院在审理民事案件的过程中，贯彻调解原则，行使审判权，解决民事纠纷的诉讼行为和结束诉讼程序的方式。该学说注意到了诉讼调解与诉讼外调解的区别，凸显了诉讼调解与判决的并列关系，也表明诉讼调解过程与结果应当受程序法和实体法的双重约束。但是该学说过分强调审判人员在诉讼调解中的地位与权力，忽视了当事人在调解中的自主性和在调解中发挥的重要作用，忽略了调解与判决的本质区别。

第二种观点认为，尽管在诉讼调解过程中，法官或者其他人员对当事人进行法治教育、思想疏导以及沟通信息等工作，但这些行为不同于法院运用审判权以判决方式解决争议的活动。诉讼调解本质上是当事人在法院的组织指导下自律地解决纠纷的活动。因此，诉讼调解是当事人对自己的诉讼权利实体权利进行处分的行为。该学说从理论上揭示了诉讼调解程序与判决程序的区别，有助于修正司法实务中存在的强制或者变相强制调解的观念和做法，但是完全以当事人的处分行为说明诉讼调解的性质在理论上难以解释诉讼调解与当事人和解的区别。

第三种观点认为，诉讼调解是当事人行使处分权和人民法院行使审判权相结合的产物。该观点避免了前两种学说所面临的理论解释的片面性，体现了诉讼调解是审判制度与诉讼制度的结合。从当事人角度讲，诉讼调解必须尊重当事人的自愿，是否用调解的方式解决纠纷，调解程序的进行、调解协议的达成都应当以双方当事人的自愿为前提。从人民法院角度讲，诉讼调解是在法官或者其他人员的主持、协调下进行的，是法院审判活动的一部分，因此法院可以根据调解协议制作调解书，生效的调解书与判决书具有同等效力。在诉讼调解制度的运行中，当法院的审判权与当事人的处分权发生冲突时，应当根据调解自愿的原则，尊重当事人的处分权。因此，诉讼调解从性质上说更多地体现的是一种诉讼制度。

三、诉讼调解的意义

诉讼调解是我国民事诉讼法规定的一项重要制度，是我国司法工作的优良传统和

---

[1] [日] 棚濑孝雄：《纠纷的解决与审判制度》，王亚新译，中国政法大学出版社2004年版，第10页。

成功经验。作为法院处理民事纠纷的重要方式，诉讼调解的重要意义主要表现在以下几方面：

（1）有利于促进双方当事人的团结。民事纠纷的发生，本身表明当事人之间已经形成某种心理对抗，这种对抗如果得不到正确引导，即便法院作出判决解决了纠纷，这种心理对抗也未必能完全消弭。诉讼调解是在双方当事人自愿的基础上，通过审判人员或者其他人员对当事人进行耐心的思想疏导，使其互谅互让，协商一致达成调解协议解决纠纷，因此用调解手段解决纠纷有利于消除当事人的内心隔阂和对立情绪，促进社会关系的和谐。

（2）有利于纠纷的迅速解决，提高办案效率。诉讼调解具有灵活性、简便快捷的特点，只要当事人同意调解解决纠纷，则案件不需要等到开庭审理的最后阶段。调解协议是双方当人对自已利益的折中和妥协，双方当事人往往会自觉履行调解协议。因此用诉讼调解方式结案的，能够尽快、较为彻底地解决纠纷，减少诉讼程序，节约诉讼成本。

（3）有利于教育公民自觉遵守法律，预防纠纷发生在诉讼调解过程中，法官或者其他人员针对案件争议焦点和是非责任对当事人进行法制宣传教育，帮助当事人分清责任提高当事人的法律意识，从而达到预防纠纷的作用。

四、诉讼调解与诉讼外调解、诉讼和解的区别

在我国，调解作为纠纷解决方式发挥了很大作用。调解的种类繁多，除诉讼调解外，还包括非诉讼调解。如民间调解、人民调解委员会的调解、行政调解以及仲裁调解等。诉讼调解是指在法院立案后作出确定裁判前，由法官或法官委托其他人员主持下，双方当事人进行协商解决纠纷的活动。诉讼外调解则是在诉讼程序之外，由人民调解员或其他社会调解组织主持，解决纠纷的方式。

（一）诉讼调解与诉讼外调解的区别

（1）两者适用的时间不同。诉讼调解发生在诉讼程序过程中。无论是在一审程序、二审程序还是再审程序中，只要确定判决作出前，民事纠纷有调解可能的，法院都可以随时对案件进行调解。根据《民诉法解释》第 142 条的规定，人民法院受理案件后，经审查，认为法律关系明确、事实清楚，在征得当事人双方同意后，可以径行调解，而诉讼外调解发生在诉讼程序之外。

（2）两者主持者、性质不同。诉讼调解是在法官或者法官委托的其他人员主持下进行的。它既是法院行使审判权进行的活动，也是当事人进行的处分行为。诉讼外调解的主持者是人民调解委员会的委员、行政机关的官员、仲裁机构的仲裁员，其进行的调解行为不具有司法性质。

（3）两者法律依据和程序要求不同。诉讼调解要遵循一定的法律原则和程序。根据《民事诉讼法》的规定，诉讼调解要遵循当事人自愿和合法的原则，应当在事实清楚、责任分明的基础上进行，而且有较高的程序规范要求。诉讼外调解虽然也要求当

事人自愿，但是调解的程序性规范相对来说更体现灵活化、简便性。

（4）两者达成调解协议的效力和性质不同。由于诉讼调解是法院结案方式，因此经调解达成协议，该调解协议或法院根据调解协议制作的调解书生效后与生效的判决书具有同等的法律效力。而诉讼外调解，除《仲裁法》规定仲裁机构制作的调解书与仲裁裁决书具有同样效力外，我国现行法律并没有明确、直接规定其他诉讼外调解协议的效力和性质。

（二）诉讼调解与诉讼和解的区别

根据《民事诉讼法》的规定，合意型纠纷解决方式除诉讼调解外，还包括当事人和解。在我国，当事人和解有广义和狭义之分，广义的当事人和解包括诉讼程序中的和解和执行程序的和解，而狭义的当事人和解仅指诉讼程序中的和解，即诉讼和解。诉讼和解，是指在诉讼过程中，当事人通过自主协商，就案件争议问题达成协议，从而解决民事争议的活动。

诉讼调解与诉讼和解都是在诉讼过程中，当事人合意解决纠纷的方式，但是两者是不同的：

（1）性质不同。诉讼调解具有人民法院行使审判权的性质，是法院的一种结案方式，而诉讼和解仅仅是当事人在诉讼中对自己诉讼权利和实体权利的处分行为，是结束民事争执的行为。

（2）参加的主体以及发挥的作用不同。诉讼调解必须在法官或者其他人员主持下，是调解者和双方当事人共同进行的诉讼行为，调解的启动、进行以及调解协议的达成都离不开调解者的参与。而诉讼和解一般只有双方当事人自己参加，即使有第三方帮助当事人和解，第三方也只是起辅助作用。

（3）法律后果不同。如果诉讼调解达成协议，法院可以制作调解书。调解书经双方当事人签收后生效，诉讼结束。而当事人在诉讼过程中自行达成和解协议的，当事人可以申请人民法院依法确认和解协议制作调解书，以诉讼调解方式结案或者由提出诉讼请求的人申请撤诉，经法院裁定准许后结束诉讼程序。

五、诉讼调解适用的案件范围

一般而言，对于起诉到法院的民商事权益争议，有调解可能的，都可以适用诉讼调解方式解决。由于民商事权益争议种类繁多，为了更好地协调诉讼调解与判决的关系，我国相关法律对诉讼调解的案件范围规定如下：

（一）应当调解的案件

对于这类民商事权益争执案件，诉讼调解是法院作出判决前的必经程序，不论当事人同意与否都必须经过调解程序，但并不是强迫当事人必须达成调解协议。应当调解的案件有离婚案件和适用简易程序审理的六类案件。根据《简易程序规定》的规定，适用简易程序审理的某些案件，人民法院在开庭审理时应当先行调解，无须事先征得当事人的意见。这些案件包括：婚姻家庭纠纷和继承纠纷；劳务合同纠纷；交通事故和工伤事故引起的权利义务关系较为明确的损害赔偿纠纷；宅基地和相邻关系纠纷；合伙协议纠纷；诉讼标的额较小的纠纷。但是根据案件的性质和当事人的实际情况不能调解或者显然没有调解必要的除外。

（二）不适用诉讼调解的案件范围

虽然诉讼调解可以修复当事人之间的关系，弥补判决的刚性，但是基于调解的有限性，因此并非所有的民商事案件都可以适用诉讼调解方式解决。根据《民诉法解释》的规定，不适用诉讼调解的案件包括：

第一类是因程序性质不能调解，如适用特别程序、督促程序、公示催告程序的案件。特别程序、督促程序、公示催告程序都是民事审判程序中的特殊性程序。特别程序中的选民资格案件不属于民事权益争议，它涉及公民所享有的选举权、被选举权等基本权利，不允许当事人合意处分，因此不得适用诉讼调解。特别程序中的其他几种案件，包括宣告失踪或宣告死亡案件、认定公民无民事行为能力或限制民事行为能力案件、认定财产无主案件、确认调解协议案件和实现担保物权案件，都属于非讼案件，这类案件或者不存在民事权益争执，或者只有一方当事人，所以也不能适用调解方式解决。适用督促程序和公示催告程序的案件，也属于非讼案件，因此也不能适用调解方式解决。

第二类是特殊案件类型不能调解，如婚姻关系、身份关系确认案件。因为这种案件的处理和解决，不仅直接关系案件当事人个人的权益保护问题，更与国家的身份制度、社会的公序良俗密切不可分，因此必须以法律、法规的明确规定作为解决纠纷的依据，不允许当事人处分实体权利，但是非婚姻、身份确认外的其他类型案件除法律另有明确规定外，可以进行调解。而且对于涉及婚姻关系、身份关系之形成之诉和给付之诉，仍然可以进行调解。

第三类是依案件性质不能调解。“这里依案件性质不能调解”包括不能进行调解和不宜进行调解。“不能进行调解”是指依其他法律明确规定不能调解的案件；“不宜进行调解”是根据社会发展状况，利益格局调整形势发展情况确定的，主要包括的情形有：①当事人均坚决反对调解，没有调解意愿和诚意，或者双方意见差别很大；②调解之后效果不好，比如一方当事人假调解之名行转移、变卖和隐匿财产之实，企图侵害对方当事人实体权益或借故拖延诉讼，侵害当事人程序利益的；③社会关注需要发挥司法的评价、教育、预测功能，需要为社会公众确立行为规则和行为导向的案件等。

第二节　诉讼调解的原则

诉讼调解的原则，是诉讼调解中调解人、双方当事人以及其他参与调解的人员等主体应当遵循的行为规则，也是调整诉讼调解主体之间法律关系的基本规范。根据我国《民事诉讼法》的规定，诉讼调解必须遵循下列原则：

一、自愿原则

自愿原则，是指在民事诉讼中，调解活动的进行和调解协议的形成都要以双方当事人自愿为前提，不得违背当事人意愿强制或者变相强制调解。《民事诉讼法》第 96 条规定："人民法院审理民事案件，根据当事人自愿的原则，在事实清楚的基础上，分清是非，进行调解。"第 99 条规定："调解达成协议，必须双方自愿，不得强迫。调解协议的内容不得违反法律规定。"《民诉法解释》第 145 条规定："人民法院审理民事案件，应当根据自愿、合法的原则进行调解。当事人一方或者双方坚持不愿调解的，应当及时裁判。人民法院审理离婚案件，应当进行调解，但不应久调不决。"自愿原则是《民事诉讼法》以及相关司法解释规定的首要原则。它既反映调解是当事人自主解决纠纷方式本意的要求，也是私法意思自治原则在诉讼中的延伸。

自愿原则包含两方面的含义，即程序意义的自愿与实体意义的自愿。程序上的自愿，是指除法律规定应当调解的案件外，是否以调解的方式解决纠纷，双方当事人自愿决定。一方当事人不同意调解解决的，调解人或者其他人都不得强迫进行调解。即使双方同意调解并达成调解协议，在送达调解书时当事人拒绝签收的，法院不得留置送达，而应当及时判决。实体上的自愿，是指达成调解协议的内容是双方当事人真实意思的表示，法院不应当强迫或者变相强迫当事人接受调解协议。

自愿原则是关系到诉讼调解能否存在和发挥作用的前提条件，也是保障当事人诉讼权利的基本要求。自愿原则能否实现，关键在于法院能否充分尊重当事人的真实意愿。我国民事诉讼法在其程序设计中也对法院违反自愿原则进行调解结案当事人可以申请再审予以规定。当然当事人的自愿也不是绝对的，根据《民诉法解释》的规定，当事人之间恶意串通，企图通过和解、调解方式侵害他人合法权益的，法院应当驳回其请求，并根据情节轻重予以罚款、拘留；构成犯罪的，依法追究刑事责任。

二、合法原则

合法原则，是指民事诉讼中，在法官或者其他人员主持下的调解活动和双方当事人达成的调解协议内容都应符合法律规定。《民事诉讼法》第 99 条规定："调解达成协议，必须双方自愿，不得强迫。调解协议的内容不得违反法律规定。"《民诉法解释》第 145 条第 1 款规定，人民法院审理民事案件，应当根据自愿、合法的原则进行调解。当事人一方或者双方坚持不愿调解的，应当及时裁判。诉讼调解是法院行使审判权和当事人处分诉讼权利的结合，因此诉讼调解的正当性就离不开调解的合法性。基于诉讼调解与判决的性质不同，诉讼调解的合法性要求与判决是不同的，诉讼调解的合法性是从最宽泛性意义上理解的，即只要求诉讼调解不违反法律的强制性规定，不损害国家和社会公共利益，不损害第三人合法权益。

合法原则包括两方面含义：第一，人民法院进行调解活动，程序上要合法。我国《民事诉讼法》及相关司法解释对调解程序的启动、调解人、调解方式，对调解协议的审查等内容进行了规定，人民法院应当按照这些程序规范进行调解。如为了保障调解人中立第三方的地位，当调解人有应当回避情形的，应当回避；为了保障程序公正，法院应当告知当事人一些诉讼权利等。第二，人民法院进行调解，调解协议内容应当不违反法律的禁止性规定或者侵犯其他权益。

对法院而言，合法性原则就是要求法院在调解中充分保障当事人的诉讼权利。我国《民事诉讼法》规定，对于违反合法性的调解协议或者调解书，当事人有权申请再审；对于当事人而言，合法性原则主要是针对调解协议的内容而言的。如果双方当事人达成的调解协议违反法律的强制性规定或者损害国家、社会公共利益、第三人合法权益的，法院在审查调解协议将不予认可。

三、查清事实、分清是非原则

查清事实、分清是非原则，是指人民法院应当在案件基本事实清楚的基础上，分清是非责任进行调解。《民事诉讼法》第96条规定："人民法院审理民事案件，根据当事人自愿的原则，在事实清楚的基础上，分清是非，进行调解。"《民诉法解释》第142条规定："人民法院受理案件后，经审查，认为法律关系明确、事实清楚，在征得当事人双方同意后，可以径行调解。"[1]法律确定这一原则主要是基于诉讼调解与判决都是法院行使审判权的行为，因此司法审判中的"以事实为根据，以法律为准绳"的基本原则也需要在诉讼调解制度中加以体现。

查清事实、分清是非原则是诉讼调解的前提，也是诉讼调解顺利进行的保证。这一原则要求法院在调解中不能"和稀泥"。在调解时，法官或者其他人员只有对案件基本事实心中有数，才能抓住当事人争执的焦点，分清是非，对当事人进行有理有据的调解工作。如果事实不清，是非不明，盲目调解，不仅会导致案件久拖不决，而且即使达成调解协议，也会影响当事人对调解协议的接受和信服，调解协议确定的权利义务内容也不能尽快实现。

第三节 诉讼调解的程序

诉讼调解程序是民事诉讼程序的组成部分，是与法院判决程序并列存在的。根据我国《民事诉讼法》和相关司法解释的规定，诉讼调解的程序包括开始、进行和结束三个阶段。

一、调解程序的开始

诉讼调解程序的开始方式与诉讼调解的案件范围相关。对于应当调解的民事纠纷，

---

[1] 径行调解与先行调解不完全相同。径行调解是指不经过法庭调查辩论直接调解解决案件，规定径行调解是基于调解是一种灵活化的解决案件方式，因此其在诉讼程序的任何阶段都可以适用。但是适用径行调解必须符合法定条件：法律关系明确、事实清楚、双方当事人同意。

法院依职权主动进行调解而无需征得双方当事人同意；对于非应当调解的民事纠纷，是否用诉讼调解方式解决民事纠纷是当事人的权利，因此可以由当事人申请开始，也可以由法院主动征得双方当事人同意后开始。

二、调解程序的进行

（一）调解组织

通常情况下，诉讼调解是在审判人员的主持下进行的。人民法院进行调解，可以由合议庭共同主持，也可以由审判员一人主持。特殊情况下，为了促进当事人尽快调解解决纠纷，法院也可以采用协助调解和委托调解的方式。协助调解，是指在法官主持调解的情况下，可以邀请有关单位和个人协助。被邀请的单位和个人包括与当事人有特定关系或者与案件有一定联系的企业事业单位、社会团体或者其他组织，和具有专门知识、特定社会经验、与当事人有特定关系并有利于促成调解的个人。委托调解是指经各方当事人同意，人民法院可以委托前述的单位或者个人对案件进行调解，达成调解协议后，人民法院应当依法予以确认。

（二）调解参加人

人民法院调解案件时，当事人可以亲自参加，也可以特别授权委托诉讼代理人代为进行调解，达成的调解协议，可由委托代理人签名。无诉讼行为能力的当事人进行调解，应当由其法定代理人代为进行。离婚案件原则上应由当事人亲自参加调解，确有困难无法亲自参加调解的，除本人不能表达意志的除外，当事人应当出具书面意见。

（三）调解中保障当事人的诉讼权利

人民法院应当在调解前告知当事人主持调解的人员和书记员以及是否回避等有关诉讼权利。在答辩期满前对案件进行调解的，适用普通程序的案件在当事人同意调解之日起 15 日内，适用简易程序的案件在当事人同意调解之日起 7 日内未能在规定期限内达成调解协议的，人民法院应当及时对案件进行审理。经各方当事人同意，人民法院可以继续调解。延长的调解期限可以由当事人协商确定，也可以由人民法院指定，但一般不超过 30 日。

在调解案件时，法院可以用简便的方式通知当事人、证人到庭。调解时各方当事人应当同时在场，根据需要也可以对当事人分别做调解工作。人民法院审理民事案件，调解过程不公开，但当事人同意公开的除外。调解协议内容不公开，但为保护国家利益、社会公共利益、他人合法权益，人民法院认为确有必要公开的除外。主持调解以及参与调解的人员，对调解过程以及调解过程中获悉的国家秘密、商业秘密、个人隐私和其他不宜公开的信息，应当保守秘密，但为保护国家利益、社会公共利益、他人合法权益的除外。

（四）调解、和解的协调

当事人在诉讼过程中自行达成和解协议的，人民法院可以根据当事人的申请依法确认和解协议制作调解书。双方当事人申请庭外和解的期间，不计入审限。当事人在和解过程中申请人民法院对和解活动进行协调的，人民法院可以委派审判辅助人员或者邀请、委托有关单位和个人从事协调活动。

（五）调解的地点

人民法院调解一般在法院内进行，如果双方当事人选择其他地点进行调解，在征得人民法院同意的情况下也可以。

三、调解程序的结束

诉讼调解的结束包括两种情况：一是当事人拒绝继续调解，如经过调解，双方当事人不能达成协议，或虽已达成协议，但法院不予确认以及在调解书送达前一方反悔的，人民法院应当对案件继续进行审理并及时作出判决。二是经过调解，双方当事人达成了调解协议，经过人民法院审查予以确认。对于需要制作调解书的，应制作调解书并发给双方当事人。对不需要制作调解书的，协议内容应记入笔录，并由双方当事人、审判人员和书记员签名盖章，从而结束案件的审理。

第四节　诉讼调解的效力以及当事人的反悔

一、调解协议、调解书

（一）调解协议

所谓调解协议，是指在法官或者其他人员主持调解下，双方当事人通过平等协商、互谅互让达成的解决民商事纠纷的协议。调解协议只是当事人双方对解决他们之间争议的合意，具有民事合同的性质。只有经过法院确认，调解协议才发生法律效力。

根据《法院调解规定》的规定，对于下列调解协议，经审查，法院可以确认：

（1）调解协议内容超出诉讼请求的，人民法院可以准许。

（2）调解协议约定一方不履行协议应当承担民事责任的，应予准许。

（3）调解协议约定一方提供担保或者案外人同意为当事人提供担保的，人民法院应当准许。案外人提供担保的，人民法院制作调解书应当列明担保人，并将调解书送交担保人。担保人不签收调解书的，不影响调解书生效。当事人或者案外人提供的担保符合《民法典》规定的条件时生效。

但是，调解协议具有下列情形的，法院不予确认：

（1）调解协议约定一方不履行协议，另一方可以请求人民法院对案件作出裁判的条款，人民法院不予准许。

（2）调解协议具有下列情形之一的，人民法院不予确认：①侵害国家利益、社会公共利益的；②侵害案外人利益的；③违背当事人真实意思的；④违反法律、行政法规禁止性规定的。

（二）调解书

所谓调解书，是指法院制作的，以调解协议为主要内容的法律文书。调解书不仅记载了双方当事人的协商结果，也表明了人民法院对当事人之间的协议内容的认可。根据我国《民事诉讼法》的规定，调解达成协议，人民法院应当制作调解书。但是，对于下列案件，当事人达成调解协议的，法院可以不制作调解书：①调解和好的离婚案件；②调解维持收养关系的案件；③能够即时履行的案件；④其他不需要制作调解书的案件。前两种案件都是调解维持当事人之间的身份关系的，因此没有必要制作调解书，而且制作调解书再送达不利于稳定当事人之间的关系。第三种案件是给付之诉，既然调解后当事人就履行了协议内容，所以不需要制作调解书。第四种属于兜底条款。如约定调解生效制度。《民诉法解释》第 151 条规定，根据《民事诉讼法》第 101 条第 1 款第 4 项的规定，当事人各方同意在调解协议上签名或者盖章后即发生法律效力的，经人民法院审查确认后，应当记入笔录或者将调解协议附卷，并由当事人、审判人员、书记员签名或者盖章后即具有法律效力。前款规定情形，当事人请求制作调解书的，人民法院审查确认后可以制作调解书送交当事人。当事人拒收调解书的，不影响调解协议的效力。

调解书是民事诉讼中重要的法律文书，因此法律对调解书的内容和格式都有明确要求。调解书包括首部、正文和尾部。调解书的首部包括人民法院的名称、法律文书名称和案件编号，当事人、诉讼代理人基本情况、案由和主持调解人员的名字以及当事人的实体权利请求；调解书的正文部分应当写明案件事实和调解结果。案件事实是双方当事人之间民事法律关系发生、变更、消灭的事实以及争议事实。调解结果就是双方当事人达成的解决纠纷的合意。调解书的尾部就是由审判人员、书记员署名、写明调解书的制作时间，加盖人民法院印章。

调解书是在调解协议的基础上制作的，但是，当当事人就部分诉讼请求达成调解协议时，人民法院可以就此先行确认并制作调解书。当事人就主要诉讼请求达成调解协议，请求人民法院对未达成协议的诉讼请求提出处理意见并表示接受该处理结果的，人民法院的处理意见是调解协议的一部分内容，制作调解书的记入调解书。另外，由于诉讼费用不是当事人之间的实体争议，而是当事人进行诉讼依法向法院交纳的费用，因此当事人对诉讼费用如何承担不能达成协议的，不影响调解协议的效力。人民法院可以直接决定当事人承担诉讼费用的比例，并将决定记入调解书。

当事人通过调解达成协议是合意解决民事纠纷的方式。因此当事人自行和解或者调解达成协议后，请求人民法院按照和解协议或者调解协议的内容制作判决书的，人民法院不予准许。但是，在下列情况下，当事人请求法院根据调解协议制作判决书的，法院可以制作判决书：①无民事行为能力人的离婚案件，由其法定代理人进行诉讼。法定代理人与对方达成协议要求发给判决书的，可根据协议内容制作判决书；②涉外民事诉讼中，经调解双方达成协议，应当制发调解书。当事人要求发给判决书的，可以依协议的内容制作判决书送达当事人。

二、诉讼调解的效力

诉讼调解的效力是诉讼调解结果具有的法律意义。诉讼调解的效力包括诉讼调解效力发生的时间和诉讼调解具有的法律后果两方面。

（一）诉讼调解发生效力的时间

因是否应当制作调解书的不同，诉讼调解的生效时间不同。对于应当制作调解书的案件，调解书需经当事人签收后才发生法律效力。法院不能当庭向双方当事人送达调解书的，应当以最后收到调解书的当事人签收的日期为调解书的生效日期。调解书应当直接送达当事人本人，不适用留置送达。当事人本人因故不能签收的，可由其指定的代收人签收。人民法院调解民事案件，需由无独立请求权的第三人承担责任的，应当经其同意。该第三人在调解书送达前反悔的，人民法院应当及时裁判。

对于不需要制作调解书的案件，由当事人、审判人员、书记员在调解协议上签名或盖章后，即具有法律效力。

（二）诉讼调解的法律后果

（1）诉讼程序结束。诉讼调解是法院结案方式之一，诉讼调解生效，意味着民事纠纷已经解决，民事诉讼程序任务已经完成，诉讼程序结束。因此，当事人不得要求法院对诉讼调解的案件继续审理。

（2）一审的调解协议或调解书发生效力后，当事人不得上诉。因为诉讼调解是双方当事人合意解决纠纷的方式，诉讼调解生效说明当事人双方已经自愿解决了民事纠纷，没有必要再通过二审程序进一步审理。因此，法律规定生效的诉讼调解与生效判决具有同等效力。

（3）当事人之间实体权利义务争议消灭。诉讼调解是解决民事纠纷的方式，诉讼调解生效说明民事纠纷已经解决，当事人之间的法律关系已经没有争议。因此，当事人不得以同一事实和理由再次向人民法院起诉。

（4）有给付内容的诉讼调解具有强制执行的效力。具有给付内容的诉讼调解生效后，当事人应当按照调解协议或者调解书的内容履行义务。如果当事人不履行义务的，调解书就是执行根据，对方当事人可以据此向法院申请执行。

三、当事人对诉讼调解的反悔和异议

（一）当事人的反悔

所谓当事人反悔，是指当事人对诉讼调解行为或者调解结果不认可。在不同时间段，由于诉讼调解效力不同，对当事人的反悔，法律规定的程序也不同。在诉讼调解生效前，当事人反悔的，如在诉讼调解过程中，当事人不同意法院继续调解或者对于应当制作调解书的案件，当事人拒绝签收或者对于不需要制作调解书的案件，当事人拒绝签字等。这种情况下的反悔，说明诉讼调解失败，因此法院应当继续审理并及时判决。在诉讼调解生效后，当事人反悔的，由于诉讼调解已经生效，告知当事人有证据证明调解违反自愿原则或者调解协议的内容违反法律的，可以申请再审。

（二）当事人的异议

所谓当事人异议，是指当事人认为调解书与调解协议内容不一致而向法院提出的不同意见。为充分尊重当事人自愿原则，法律规定调解书送达前一方反悔的，人民法院应当及时判决。但是如果对当事人反悔不加以限制，必然导致当事人滥用反悔权，违反诚实信用原则。为此，《法院调解规定》第 13 条规定，当事人以民事调解书与调解协议的原意不一致为由提出异议的，人民法院应当审查。经审查后认为异议成立的，应当根据调解协议裁定补正民事调解书的相关内容。

【思考题】

一、概念题

诉讼调解　诉讼和解　调解协议

二、简答题

1. 简述诉讼调解与诉讼和解之间的区别。
2. 简述诉讼调解的程序。
3. 简述诉讼调解的效力。
4. 简述诉讼调解与诉讼外调解的区别。

三、论述题

试述诉讼调解的原则。

第十五章
民事诉讼保障制度

学习目的与基本要求 系统了解保全的概念、意义和条件，掌握保全的基本分类、范围、措施、效力及解除，熟练把握保全的程序的具体运用；理解先予执行的概念、适用范围、适用条件及具体程序；熟知对妨害民事诉讼的强制措施的概念与特征、性质，了解妨害民事诉讼行为的构成及种类，系统掌握强制措施的种类及适用；把握期间与期日之间的关系，厘清期间的种类；熟练掌握送达的概念和特征、送达的方式以及这些方式的具体应用程序；初步认识诉讼费用的概念、缴纳范围和缴纳标准；正确认识司法救助的概念、方式和具体应用程序。

第一节 保 全

一、保全的概念、意义和条件

《民事诉讼法》规定的保全包括财产保全、行为保全和证据保全。证据保全作为证据制度的重要组成部分，其内容已在证据制度相关章节做过介绍，本章不再涉及。

所谓保全，也称民事保全，是指对于可能因当事人一方的行为或者其他原因，使判决难以执行或者造成当事人其他损害的案件，或者是因情况紧急，不立即采取相应措施将会使利害关系人的合法权益受到难以弥补损害的，法院根据当事人或者利害关系人的申请，或者依职权，对有关的财产采取保护措施或者对有关行为予以限制的制度。保全制度的意义在于保证法院的生效裁判在将来能够得到执行，或者防止造成对方当事人或者利害关系人的更大损害。〔1〕

适用诉前保全的条件是情况紧急，不立即采取相应措施将会使利害关系人的合法权益受到难以弥补的损害的，法院根据利害关系人的申请而作出保全裁定。适用诉讼中保全的条件是可能因当事人一方的行为或者其他原因，使判决难以执行或者造成当事人其他损害的，法院根据当事人的申请或者依职权作出对有关的财产采取保护措施或者对有关行为予以限制的保全裁定。适用执行前保全的条件是法律文书生效后进入执行程序前，债务人有转移财产等紧急情况，可能导致生效法律文书不能执行或者难以执行，执行法院根据债权人的申请作出保全的裁定。

---

〔1〕 此处“当事人”和“利害关系人”的区别在于：“当事人”是案件被法院受理后对纠纷主体的称谓；“利害关系人”是案件尚未起诉到法院或者尚未被法院受理时对纠纷主体的称谓。

二、保全的种类

（一）财产保全和行为保全

依照保全的对象，可以将保全分为财产保全和行为保全。

（1）财产保全。所谓财产保全，是指法院在受理前或者受理后，为保障将来的生效裁判能够得到执行或者避免财产遭受损失，根据利害关系人、当事人的申请，或者依职权，对被申请人或者被告的财产或者争议的标的物，采取查封、扣押、冻结等限制处分的强制措施制度。

（2）行为保全。所谓行为保全，也称临时禁令，是指法院在受理前或者受理后，为避免当事人或者利害关系人的利益受到不应有的损害或进一步的损害，根据申请人的申请或者依职权，对相关当事人的侵害或有侵害之虞的行为采取强制措施，责令其作出一定行为或者禁止其作出一定行为的制度。行为保全制度原来只存在于知识产权法、海事诉讼法等特别法中。2012 年修正的《民事诉讼法》将行为保全增加到民事诉讼法中，使其适用范围扩大到各类民事诉讼案件。

（二）诉前保全、诉讼中保全和执行前保全

依照采取保全措施的时间，可以将保全分为诉前保全、诉讼中保全和执行前保全。

（1）诉前保全。诉前保全，是指利害关系人因情况紧急，不立即采取相应措施将会使其合法权益受到难以弥补的损害，故而在起诉前向法院提出财产保全或者行为保全的申请，法院依该申请对被申请人的财产作出限制处分的强制措施，或者责令被申请人作出一定行为或者禁止其作出一定行为的制度。诉前保全又可分为诉前财产保全和诉前行为保全。

诉前保全必须具备三个条件：①必须是情况紧急，不立即采取保全措施将会使申请人的权益遭到极大损害。②申请人必须提供担保。在诉前保全中，因案件尚未起诉到法院，法院对纠纷的是非曲直无从了解，对于保全后利害关系人是否会起诉，起诉后又能否胜诉亦不得而知，如果无须申请人提供担保就可采取保全措施，难以预防因保全错误给被申请人造成的损害。因此《民事诉讼法》规定，利害关系人申请诉前保全的，应当提供担保，不提供担保的，裁定驳回申请。③法院只能根据利害关系人的申请采取保全措施，不得依职权采取保全措施。因为此时纠纷尚未进入诉讼程序，法院对于案件的基本情况无法掌握，不具备依职权就可判断是否应当采取保全措施的条件，所以《民事诉讼法》规定，诉前保全的启动主体只能是利害关系人，如果没有利害关系人的申请，法院不得依职权作出诉前保全的裁定。

（2）诉讼中保全。所谓诉讼中保全，也称诉讼保全，是指法院在受理案件后至作出裁判前，为了保证将来生效裁判的执行，对当事人的财产或者争议的标的物采取限制处分的强制措施，或者责令当事人作出一定行为或者禁止其作出一定行为的制度。例外情况下，诉讼中保全也可以在一审判决作出后进行。根据《民诉法解释》第 161 条的规定，对当事人不服一审判决提起上诉的案件，在第二审人民法院接到报送的案件之前，当事人有转移、隐匿、出卖或者毁损财产等行为，必须采取保全措施的，由第一审人民法院依当事人申请或者依职权采取。第一审人民法院的保全裁定，应当及时报送第二审人民法院。保全也可以在二审程序和再审程序中作出。诉讼中保全又可以分诉讼中财产保全和诉讼中行为保全。

诉讼中保全必须具备四个条件：①保全的必要性。无论是采取诉讼中财产保全还是诉讼中行为保全，势必会给被申请人的权益带来影响。因此，《民事诉讼法》对诉讼中保全设定了必要性的条件，即只有当案件具备可能因当事人一方的行为或者其他原因，使判决难以执行或者造成当事人其他损害的情形时，才有采取保全措施的必要。②诉讼中财产保全只能针对给付之诉，因为只有给付之诉才会涉及判决生效后的强制执行问题，也才会有判决难以执行之虞。诉讼中行为保全，应当有初步证据表明申请人的合法权益正在或将要受到被申请人的损害，如不采取行为保全措施，将会给申请人造成损害，或使其损害扩大，而且这种损害可能大于行为保全给被申请人造成的损害。③是否需要申请人提供担保，由法院决定。《民事诉讼法》规定，人民法院采取保全措施，可以责令申请人提供担保，申请人不提供担保的，裁定驳回申请。最高人民法院出台的《财产保全规定》第 9 条第 1 款规定，当事人在诉讼中申请财产保全，有下列情形之一的，人民法院可以不要求提供担保：其一，追索赡养费、扶养费、抚育费、抚恤金、医疗费用、劳动报酬、工伤赔偿、交通事故人身损害赔偿的；其二，婚姻家庭纠纷案件中遭遇家庭暴力且经济困难的；其三，人民检察院提起的公益诉讼涉及损害赔偿的；其四，因见义勇为遭受侵害请求损害赔偿的；其五，案件事实清楚、权利义务关系明确，发生保全错误可能性较小的；其六，申请保全人为商业银行、保险公司等由金融监管部门批准设立的具有独立偿付债务能力的金融机构及其分支机构的。④保全的启动主体既可以是当事人，也可以是人民法院。《民事诉讼法》规定，人民法院可以根据当事人的申请，裁定对被申请人的财产进行保全、责令其作出一定行为或者禁止其作出一定行为；当事人没有提出申请的，人民法院在必要时也可以裁定采取保全措施。

（3）执行前保全。执行前保全，是指法律文书生效后，进入执行程序前，债权人因对方当事人转移财产等紧急情况，不申请保全将可能导致生效法律文书不能执行或者难以执行，故而向执行法院提出保全申请，法院依该申请而采取保全措施的制度。《民事诉讼法》没有规定执行前保全，《民诉法解释》根据司法实践的需要，增加了执行前保全的制度。关于执行前保全是否需要申请人提供担保，《财产保全规定》第 9 条第 2 款规定，法律文书生效后，进入执行程序前，债权人申请财产保全的，人民法院可以不要求提供担保。之所以这样规定，是因为判决已经生效，当事人之间的权利义务关系已经明确，保全错误的可能性较小，因此可以不要求申请人提供担保。

三、保全的范围、措施、效力及解除

（一）保全的范围

保全直接涉及当事人的财产权益或行为自由，因此法律对保全的范围是有限制的。《民事诉讼法》第105条规定："保全限于请求的范围，或者与本案有关的财物。"保全主要是为了预防未来生效的裁判无法执行而设计的制度，因此，保全的范围不能超出法院判决申请人胜诉时确定的给付财产的范围，法院判决确定的给付财产也不应超出原告诉讼请求的范围或扩大到与本案无关的财产。保全的范围必须严格掌握，不得随意扩大，否则就可能侵犯当事人或利害关系人的合法权益。

所谓"限于请求的范围"，是指保全的财产应当在价值或者对象上，与申请人诉讼请求的内容相等或者相符。所谓"与本案有关的财物"，是指保全的财物是本案的标的物，或者是与本案有牵连的其他财物。需要说明的是，如果债务人的财产不能满足保全请求，"与本案有关的财物"也可以包括与本案有关的案外人的财产。

（1）对债务人到期债权的保全。债务人的财产不能满足保全请求，但对他人有到期债权的，人民法院可以依债权人的申请裁定该他人不得对本案债务人清偿。该他人要求偿付的，由人民法院提存财物或者价款。

（2）对债务人到期收益的保全。人民法院对债务人到期应得的收益，可以采取财产保全措施，限制其支取，通知有关单位协助执行。

（3）对债务人设定担保物权的担保物的保全。人民法院对抵押物、质押物、留置物可以采取财产保全措施，但不得影响抵押权人、质权人、留置权人的优先受偿权。

（4）对保全担保财产的保全。对申请保全人或者他人提供的担保财产，人民法院应当依法办理查封、扣押、冻结等手续。

（二）保全的措施

《民事诉讼法》第106条第1款前半段规定："财产保全采取查封、扣押、冻结或者法律规定的其他方法。"由于保全的方法与措施，与执行程序中的控制性执行措施并无不同，执行程序中，最高人民法院关于查封、扣押、冻结的司法解释，对其方法与措施已有明确具体规定。这些规定，对于保全措施可以参照适用。因此，《民诉法解释》第156条规定，人民法院采取财产保全的方法和措施，依照执行程序相关规定办理。

（1）保全财产的控制。财产保全采取查封、扣押、冻结或者法律规定的其他方法。人民法院保全财产后，应当立即通知被保全财产的人。财产已被查封、冻结的，不得重复查封、冻结。对不动产和特定的动产（如车辆、船舶等）进行财产保全，可以采用扣押有关财产权证照并通知有关产权登记部门不予办理该项财产的转移手续的保全措施；必要时也可以查封或扣押该项财产。人民法院对抵押物、质押物、留置物可以采取财产保全措施，但不得影响抵押权人、质权人、留置权人的优先受偿权。可供保全的土地、房屋等不动产的整体价值明显高于保全裁定载明金额的，人民法院应当对该不动产的相应价值部分采取查封、扣押、冻结措施，但该不动产在使用上不可分割或者分割会严重减损其价值的除外。对银行账户内资金采取冻结措施的，人民法院应当明确具体的冻结数额。

（2）特殊物品的保全。人民法院对季节性商品、鲜活、易腐烂变质以及其他不宜长期保存的物品采取保全措施时，可以责令当事人及时处理，由人民法院保存价款；必要时，人民法院可予以变卖，保存价款。

（3）保全财产的保管。人民法院在财产保全中采取查封、扣押、冻结财产措施时，应当妥善保管被查封、扣押、冻结的财产。不宜由人民法院保管的，人民法院可以指定被保全人负责保管；不宜由被保全人保管的，可以委托他人或者申请保全人保管。查封、扣押、冻结担保物权人占有的担保财产，一般由担保物权人保管；由人民法院保管的，质权、留置权不因采取保全措施而消灭。

（4）保全财产的使用。由人民法院指定被保全人保管的财产，如果继续使用对该财产的价值无重大影响，可以允许被保全人继续使用；由人民法院保管或者委托他人、申请保全人保管的财产，人民法院和其他保管人不得使用。

（三）保全的效力

保全裁定未经人民法院依法撤销或者解除，进入执行程序后，自动转为执行中的查封、扣押、冻结措施，期限连续计算，执行法院无需重新制作裁定书，但查封、扣押、冻结期限届满的除外。利害关系人申请诉前财产保全，在人民法院采取保全措施后 30 日内依法提起诉讼或者申请仲裁的，诉前财产保全措施自动转为诉讼或仲裁中的保全措施。《民事诉讼法》第 111 条规定，当事人对保全或者先予执行的裁定不服的，可以申请复议一次。复议期间不停止裁定的执行。《财产保全规定》第 25 条第 1 款规定，申请保全人、被保全人对保全裁定或者驳回申请裁定不服的，可以自裁定书送达之日起 5 日内向作出裁定的人民法院申请复议一次。人民法院应当自收到复议申请后 10 日内审查。此外，《办理执行异议和复议案件规定》第 7 条第 1 款规定，当事人、利害关系人认为执行保全裁定过程中的行为违法提出异议的，人民法院应当依照《民事诉讼法》第 236 条的规定进行审查。根据《财产保全规定》第 26 条的规定，申请保全人、被保全人、利害关系人认为保全裁定实施过程中的执行行为违反法律规定提出书面异议的，人民法院应当依照《民事诉讼法》第 236 条规定审查处理。《财产保全规定》第 27 条第 1 款规定，人民法院对诉讼争议标的以外的财产进行保全，案外人对保全裁定或者保全裁定实施过程中的执行行为不服，基于实体权利对被保全财产提出书面异议的，人民法院应当依照《民事诉讼法》第 238 条的规定审查处理并作出裁定。

（四）保全的解除

人民法院裁定采取保全措施后，除作出保全裁定的人民法院自行解除或者其上级人民法院决定解除外，在保全期限内，任何单位不得解除保全措施。

《民诉法解释》第 166 条规定，裁定采取保全措施后，有下列情形之一的，人民法院应当作出解除保全的裁定：其一，保全错误的；其二，申请人撤回保全申请的；其三，申请人的起诉或者诉讼请求被生效裁判驳回的；其四，人民法院认为应当解除保全的其他情形。《民诉法解释》第 163 条规定，人民法院根据债权人的申请采取执行前保全措施后，债权人在法律文书指定的履行期间届满后 5 日内不申请执行的，人民法院应当解除保全。《财产保全规定》第 27 条规定，人民法院对诉讼争议标的以外的财产进行保全，案外人对保全裁定或者保全裁定实施过程中的执行行为不服，基于实体权利对被保全财产提出书面异议的，人民法院应当依照《民事诉讼法》第 238 条的规定审查处理并作出裁定。案外人、申请保全人对该裁定不服的，可以自裁定送达之日起 15 日内向人民法院提起执行异议之诉。人民法院裁定案外人异议成立后，申请保全人在法律规定的期间内未提起执行异议之诉的，人民法院应当自起诉期限届满之日起 7 日内对该被保全财产解除保全。《财产保全规定》第 5 条第 3 款规定，财产保全期间，申请保全人提供的担保不足以赔偿可能给被保全人造成的损失的，人民法院可以责令其追加相应的担保；拒不追加的，可以裁定解除或者部分解除保全。

此外，《民事诉讼法》规定，申请人在人民法院采取诉前保全措施后 30 日内不依法提起诉讼或者申请仲裁的，人民法院应当解除保全。财产纠纷案件，被申请人提供担保的，人民法院应当裁定解除保全。

四、保全的程序

（一）申请

一般而言，保全因利害关系人或者当事人的申请而启动。诉讼中保全既可以因当事人的申请而启动，也可以由法院依职权启动。当事人、利害关系人申请保全，应当向人民法院提交申请书，并提供相关证据材料。诉前保全应当向被保全财产所在地、被申请人住所地或者对案件有管辖权的人民法院提出申请。诉讼中保全应当向受理案件的人民法院提出申请。对当事人不服一审判决提起上诉的案件，在第二审人民法院接到报送的案件之前，当事人有转移、隐匿、出卖或者毁损财产等行为，必须采取保全措施的，当事人应当向第一审人民法院提出申请。执行前保全应当向执行法院提出申请。

（二）提供担保

对于诉前保全，《民事诉讼法》规定利害关系人应当提供担保。对于诉讼中保全，当法院要求提供担保时，当事人也必须提供担保。因此，提供担保也是保全程序中的一个重要环节。提供担保的目的在于使因申请错误而蒙受损失的被申请人能够及时得到赔偿。《民诉法解释》第 152 条规定，人民法院依照民事诉讼法规定，在采取诉前保全、诉讼保全措施时，责令利害关系人或者当事人提供担保的，应当书面通知。利害关系人申请诉前保全的，应当提供担保。申请诉前财产保全的，应当提供相当于请求保全数额的担保；情况特殊的，人民法院可以酌情处理。申请诉前行为保全的，担保的数额由人民法院根据案件的具体情况决定。在诉讼中，人民法院依申请或者依职权采取保全措施的，应当根据案件的具体情况，决定当事人是否应当提供担保以及担保的数额。

《财产保全规定》第 5 条规定，人民法院依照《民事诉讼法》第 103 条的规定责令申请保全人为诉讼中财产保全提供担保的，担保数额不超过请求保全数额的 30%；申请保全的财产系争议标的的，担保数额不超过争议标的的价值的 30%。利害关系人申请诉前财产保全的，应当提供相当于请求保全数额的担保；情况特殊的，人民法院可以酌情处理。对申请保全人或者他人提供的担保财产，人民法院应当依法办理查封、扣押、冻结等手续。法律文书生效后，进入执行程序前，债权人申请财产保全的，人民法院可以不要求提供担保。

（三）审查

为防止不当保全给被申请人造成损害，对于申请人提出的诉前保全、诉讼中保全、执行前保全，法院应当认真审查保全申请是否符合法定条件，对符合法定条件的，才能裁定采取保全措施，不符合条件的，应当裁定驳回。通常情况下，诉前保全由法院的立案庭审查；诉讼中保全由法院的审判庭审查；执行前保全由执行法院审查。人民法院接受诉前保全申请后，必须在 48 小时内作出裁定。人民法院接受诉讼中保全申请后，对情况紧急的，必须在 48 小时内作出裁定。对于非紧急情况的，人民法院接受保全申请后，应当在 5 日内作出裁定；需要提供担保的，应当在提供担保后 5 日内作出裁定。

（四）裁定与执行

（1）保全裁定的效力。保全裁定一经作出即发生法律效力。其对法院的效力体现为，非依法定程序不得解除保全；须依法定期间开展执行，不得拖延。保全裁定对当事人和利害关系人亦具有效力。根据《民事诉讼法》第 111 条和《民诉法解释》第 172 条的规定，当事人或利害关系人不服保全裁定的，不得上诉，但可以申请复议一次，复议期间不停止裁定的执行。保全裁定的时间效力，一般应维持到生效法律文书执行时止。如被保全的财物属于应予执行的，应维持到执行完毕才失效。如果保全采取查封、扣押、冻结等方法，其时间效力应遵循《民事诉讼法》关于执行程序的规定。《民诉法解释》第 485 条规定，人民法院冻结被执行人的银行存款的期限不得超过 1 年，查封、扣押动产的期限不得超过 2 年，查封不动产、冻结其他财产权的期限不得超过 3 年。申请执行人申请延长期限的，人民法院应当在查封、扣押、冻结期限届满前办理续行查封、扣押、冻结手续，续行期限不得超过前款规定的期限。人民法院也可以依职权办理续行查封、扣押、冻结手续。保全裁定对协助义务人亦具有法律效力。对保全的裁定有协助执行义务的有关单位或个人来说，在接到人民法院保全裁定协助通知书后，必须及时予以协助执行。在整个财产保全期间，除作出裁定的人民法院和其上级人民法院有权决定解除保全的裁定外，其他任何单位和个人均无权解除保全措施。

（2）保全裁定的执行。关于保全裁定的执行机构，最高人民法院出台的《执行工作规定（试行）》第 3 条规定："人民法院在审理民事、行政案件中作出的财产保全和先予执行裁定，一般应当移送执行机构实施。"《财产保全规定》第 2 条规定："人民法院进行财产保全，由立案、审判机构作出裁定，一般应当移送执行机构实施。”根据新法优于旧法的原则，诉前保全应当由立案庭作出裁定，移送执行机构实施；诉讼中保全应当由审判庭作出裁定，移送执行机构实施。《财产保全规定》第 4 条规定，裁定采取保全措施的，应当在 5 日内开始执行。对情况紧急的，必须在 48 小时内作出裁定；裁定采取保全措施的，应当立即开始执行。

五、申请错误的赔偿

当事人平等原则和诚实信用原则是民事诉讼法的基本原则，利害关系人和当事人享有申请保全的权利，同时也负有赔偿被申请人因保全错误而遭受损失的义务。因此《民事诉讼法》第 108 条规定：“申请有错误的，申请人应当赔偿被申请人因保全所遭受的损失。”申请人提供担保的，可以直接以担保财产进行赔偿，未提供担保的，被申请人可以通过在诉讼中主张抵消或者提起损害赔偿之诉的方式获得赔偿。如果申请人未提出保全申请，而是由法院依职权错误地作出了保全裁定并使当事人遭受损失的，应当适用《国家赔偿法》第 38 条的规定进行赔偿，即“人民法院在民事诉讼、行政诉讼过程中，违法采取对妨害诉讼的强制措施、保全措施或者对判决、裁定及其他生效法律文书执行错误，造成损害的，赔偿请求人要求赔偿的程序，适用本法刑事赔偿程序的规定”。

第二节　先予执行

一、先予执行的概念和意义

所谓先予执行，是指法院在诉讼过程中，对某些民事案件作出判决前，为解决当事人一方生活或生产的紧迫需要，根据其申请，裁定另一方当事人预先给付申请人一定的钱物，或者实施或停止实施某种行为，并立即执行的一项制度。按照民事诉讼法关于诉讼程序的逻辑顺序，当事人要想使自己的诉讼请求得以满足，应当先取得生效裁判，然后才可以申请法院强制执行，进而实现自己的诉讼请求。而先予执行制度是为了保护有特殊需要的原告的合法权益而设置的，它可以解原告的燃眉之急，可以在满足原告诉讼请求的判决生效前实现其内容。从这个意义上来讲，原告享受到了“先上车后买票”的待遇。

二、先予执行的适用范围

先予执行制度是一项判决未生效就要求被告履行义务的特殊的诉讼保障制度，只能在特定情形下才可以适用。《民事诉讼法》第 109 条规定，人民法院对下列案件，根据当事人的申请，可以裁定先予执行：①追索赡养费、扶养费、抚养费、抚恤金、医疗费用的；②追索劳动报酬的；③因情况紧急需要先予执行的。《民诉法解释》第 170

条列举了“情况紧急”的情形，包括：其一，需要立即停止侵害、排除妨碍的。其二，需要立即制止某项行为的。其三，追索恢复生产、经营急需的保险理赔费的。其四，需要立即返还社会保险金、社会救助资金的。其五，不立即返还款项，将严重影响权利人生活和生产经营的。

三、先予执行的适用条件

符合先予执行适用范围的案件，必须同时满足先予执行适用条件才可以裁定先予执行。《民事诉讼法》规定了先予执行应当具备的条件：

（1）当事人之间权利义务关系明确。权利义务关系明确是指能明确区分谁是权利的享有者，谁是义务的承担者。

（2）具有先予执行的紧迫性。先予执行应当限于当事人诉讼请求的范围，并以当事人的生活、生产经营的急需为限。只有当不先予执行将严重影响申请人的生活或者生产经营时，才可以裁定先予执行。

（3）当事人提出申请。法院只有在当事人提出申请的情况下，才能裁定先予执行，而不能依职权主动裁定先予执行。

（4）被申请人有履行能力。因为只有被申请人有履行能力，申请人的生活、生产经营困难才能通过先予执行得到解决，先予执行裁定才有实际意义。

（5）担保不是必备条件。申请人是否需要提供担保由人民法院决定，担保不是先予执行的必备条件。《民事诉讼法》之所以这样规定，是因为先予执行的申请人往往是生产、生活困难而急需救济的当事人，通常没有可供担保的财产。如果硬性将担保作为先予执行的条件，势必使先予执行这项制度的价值和功能在实践中大打折扣。因此《民事诉讼法》规定人民法院可以（而不是应当）责令申请人提供担保。人民法院责令申请人提供担保而申请人不提供担保的，驳回申请。

四、先予执行的程序

（1）当事人提出申请。先予执行开始于当事人的申请。如果没有当事人的申请，法院不得依职权作出先予执行的裁定。提出申请的时间应当在法院受理案件后，作出终审判决前。

（2）审查与责令担保。法院接到申请后，应当审查当事人的申请是否符合民事诉讼法关于先予执行的适用范围和适用条件的规定。在符合上述条件的情况下，为了避免错误的先予执行给被申请人造成损害，法院还需要进一步考虑是否需要申请人提供担保，一旦法院决定责令申请人提供担保，担保便成为先予执行的必要条件之一。如果申请人不能提供有效的担保，法院将驳回其申请。

（3）先予执行的裁定及其效力。人民法院经过审查，对于符合先予执行条件的，应当及时作出先予执行的裁定；对于不符合条件的，裁定予以驳回。先予执行的裁定送达当事人后立即发生法律效力。其对当事人和利害关系人的效力体现为，先予执行的裁定一经作出即发生法律效力，必须立即执行，否则人民法院即可依法强制执行。当事人或利害关系人对先予执行的裁定不服的，不得提起上诉，可以申请复议一次，但复议期间，不停止裁定的执行。其对法院的效力体现为，非依法定程序不得解除先予执行；须依法定期间开展执行，不得拖延。其时间效力体现为，人民法院作出的先予执行的裁定，自送达当事人时发生法律效力，并维持到人民法院将案件审理终结，判决生效时止，发生法律效力的判决如果支持原告诉讼请求的，已先予执行的部分应在生效判决中载明，并在被告应给付的金额中扣除；反之，如果原告的诉讼请求未获得法院支持，申请人则应按照《民事诉讼法》执行程序中关于执行回转的规定将先予执行的财产返还给被申请人。其对协助义务人的效力体现为，负协助执行义务的有关单位和个人接到人民法院先予执行的协助执行通知书后，必须及时按通知要求予以协助。

先予执行的裁定一经作出，应立即执行。《民诉法解释》第 169 条规定："民事诉讼法规定的先予执行，人民法院应当在受理案件后终审判决作出前采取。先予执行应当限于当事人诉讼请求的范围，并以当事人的生活、生产经营的急需为限。"

（4）复议与异议。《民诉法解释》第 171 条规定，当事人对保全或者先予执行裁定不服的，可以自收到裁定书之日起 5 日内向作出裁定的人民法院申请复议。人民法院应当在收到复议申请后 10 日内审查。裁定正确的，驳回当事人的申请；裁定不当的，变更或者撤销原裁定。《民诉法解释》第 172 条规定，利害关系人对保全或者先予执行的裁定不服申请复议的，由作出裁定的人民法院依照《民事诉讼法》第 111 条的规定处理。此外，最高人民法院出台的《办理执行异议和复议案件规定》第 7 条规定，当事人、利害关系人认为执行过程中或者执行保全、先予执行裁定过程中的行为违法提出异议的，人民法院应当依照《民事诉讼法》第 236 条的规定进行审查。根据《民事诉讼法》第 236 条的规定，当事人、利害关系人认为执行先予执行裁定的执行行为违反法律规定的，可以向负责执行的人民法院提出书面异议。当事人、利害关系人提出书面异议的，人民法院应当自收到书面异议之日起 15 日内审查，理由成立的，裁定撤销或者改正；理由不成立的，裁定驳回。当事人、利害关系人对裁定不服的，可以自裁定送达之日起 10 日内向上一级人民法院申请复议。

五、先予执行错误的补救

先予执行是对将来判决的预先执行。如果生效判决的结果与先予执行裁定的内容不一致，应当依生效判决最终确定当事人之间的权利和义务。如果申请人败诉，或者虽未败诉但判决给付的数额小于先予执行的数额，申请人通过先予执行所取得的全部或者部分利益就失去了法律依据，因此需要通过返还或赔偿对被申请人进行补救。《民诉法解释》第 173 条规定，人民法院先予执行后，根据发生法律效力的判决，申请人应当返还因先予执行所取得的利益的，适用《民事诉讼法》第 244 条关于执行回转的规定。

第三节　对妨害民事诉讼的强制措施

一、对妨害民事诉讼的强制措施概述

（一）对妨害民事诉讼的强制措施的概念与特征

对妨害民事诉讼的强制措施，亦可称民事诉讼强制措施，是指法院为制止和排除妨害民事诉讼的行为，保证民事审判和执行活动的顺利进行，依法对实施妨害诉讼行为的人采取的强制手段。

对妨害民事诉讼的强制措施具有如下特征：①针对妨害民事诉讼的行为而设置。其目的在于排除妨害，保证民事诉讼顺利进行。②适用的对象具有广泛性。既包括诉讼参与人（例如，当事人、诉讼代理人以及证人、鉴定人等其他诉讼参与人），也包括诉讼参与人以外的其他人（例如，旁听群众），凡是实施了妨害民事诉讼行为的人皆可成为对妨害民事诉讼的强制措施的适用对象。③适用于民事诉讼的全过程。既适用于民事审判程序，又适用于民事执行程序。④法院依职权适用。通过对妨害民事诉讼的行为采取必要的强制措施，不仅可以保证民事审判和执行活动顺利进行，还可以维护法院的权威，保障法院诉讼指挥权的行使，体现了司法权的强制性，无须当事人的申请法院便可依职权决定适用。

（二）对妨害民事诉讼的强制措施的作用

对妨害民事诉讼的强制措施作为民事诉讼保障制度的重要组成部分，其目的是保证民事审判和执行活动的顺利进行，进而实现《民事诉讼法》的任务。其作用表现在以下方面：①保障法院的审判和执行活动顺利进行。《民事诉讼法》是程序法，民事诉讼具有程序性，程序性的重要特征是不可逆性。程序必须互相衔接，并保持一定的次序，一旦启动，就要环环相扣，层层推进，依法定的次序进行下去，不能任意停止或超越。如果民事诉讼中出现妨害民事诉讼的行为，将会导致民事诉讼程序无法继续进行下去。为保障法院的审判和执行活动顺利进行，必须对妨害民事诉讼的行为采取强制措施。②维护法庭的威严。法庭是人民法院审理案件的场所，法庭威严是司法权威的体现。对妨害法庭秩序的人采取强制措施，不但是保证诉讼活动顺利进行的需要，也是维护法庭威严的需要。③保障诉讼参与人行使诉讼权利，强制诉讼参与人、案外人履行义务。民事诉讼的目的是保障私权，解决纠纷。为实现这一目的，就必须保证当事人能够行使诉讼权利进而实现自己的实体权利。同时，为了实现生效裁判文书载明的权利义务，诉讼参与人、案外人必须履行相应的义务。对于诉讼参与人滥用诉讼权利的行为以及诉讼参与人、案外人拒不履行义务的行为，必须依法采取强制措施。④教育实施妨害行为人及其他公民遵守法庭规则和诉讼秩序。就其性质而言，对妨害民事诉讼的强制措施是一种教育和强制手段。通过对实施妨害民事诉讼行为的人采取强制措施，可以教育其遵守法庭规则和诉讼秩序，提高人们遵守法律的意识。

（三）对妨害民事诉讼的强制措施的性质

对妨害民事诉讼的强制措施就其性质而言具有强制性与惩戒性的双重属性。其强制性体现在，它不是民事诉讼中的一种程序，而是保障民事诉讼程序顺利进行的一种强制手段，其目的是制止和排除妨害民事诉讼的行为，进而保证民事审判和执行活动的顺利进行。其惩戒性体现为，民事诉讼强制措施在本质上是针对诉讼违法行为的法律制裁，通过对妨害民事诉讼行为人的惩戒，教育其遵守法庭规则和诉讼秩序，同时警戒其他可能效仿违法人实施妨害民事诉讼行为的人，使他们不致效仿实施妨害民事诉讼的行为，从而保障诉讼程序的正常进行。

二、妨害民事诉讼行为的构成

妨害民事诉讼的行为，是指诉讼参与人以及案外人在民事审判和执行过程中故意实施的妨害民事诉讼程序顺利进行的行为。具有如下构成要件：

（1）行为人实施了妨害民事诉讼的行为，是构成妨害行为的客观要件。妨害民事诉讼的行为必须是已经发生的行为，如果只是行为人主观上的打算而没有实际实施，则不构成妨害民事诉讼的行为。只有当行为人客观上实施了一定的行为（包括作为和不作为），且该行为产生了妨害民事诉讼的后果，才构成妨害民事诉讼的行为。

（2）妨害行为发生在审判和执行过程中，是构成妨害行为的时间要件。妨害行为发生在诉讼过程中，才会对诉讼的顺利进行造成妨害，才有必要运用强制措施加以排除。因此通常认为，只有行为人在起诉受理以后执行结束之前实施的妨害行为，才构成妨害民事诉讼的行为。行为人于诉讼开始前或终结后实施的违法行为，即使与诉讼有关联也不构成妨害民事诉讼的行为。但是，特殊情况下，行为人在诉讼开始前或执行终结后实施的妨害行为也可以构成妨害民事诉讼的行为。例如，利害关系人或案外人拒不履行法院诉前保全裁定的行为以及执行终结六个月内被执行人或者其他人对已执行的标的实施的妨害行为，都构成妨害民事诉讼的行为。

（3）行为人主观上为故意，是构成妨害行为的主观要件。如果行为人因过失而实施了一定行为，即使该行为在客观上造成了妨害民事诉讼的后果，也不构成妨害民事诉讼的行为。

三、妨害民事诉讼行为的种类

根据《民事诉讼法》及《民诉法解释》的相关规定，下列行为属于妨害民事诉讼行为：

（1）当事人拒不到庭或到场的行为。其一，是指必须到庭的被告，经法院两次传票传唤，无正当理由拒不到庭的行为。所谓必须到庭的被告，是指负有赡养、抚育、扶养义务和不到庭就无法查清案情的被告。其二，必须到庭才能查清案件基本事实的原告，经法院两次传票传唤，无正当理由拒不到庭的行为。其三，执行程序中，在法院决定对被执行人、被执行人的法定代表人、负责人或实际控制人调查询问时，上述人员也必须到法院指定的场所，如拒不到场，也构成妨害诉讼。

（2）违反法庭规则的行为。是指诉讼参与人或者其他人未经法院准许进行录音、录像、摄影；未经法院准许以移动通信等方式现场传播审判活动的；以及其他扰乱法庭秩序，妨害审判活动进行的行为。

（3）扰乱法庭秩序的行为。是指诉讼参与人或者其他人哄闹、冲击法庭；侮辱、诽谤、威胁、殴打审判人员等严重扰乱法庭秩序的行为。

（4）伪造、毁灭重要证据的行为。这种妨害行为有两种具体表现形式：一是故意以编造、涂改等方式制造假证据；二是故意将证据销毁，使对方当事人和法院无法收集。

（5）妨害证人作证的行为。是指以暴力、威胁、贿买方法阻止证人作证或者指使、贿买、威胁他人作伪证的行为。

（6）妨害法院对财产采取强制措施的行为。是指被告人隐藏、转移、变卖已被查封、扣押的财产或责令其保管的财产，转移被冻结的财产。

（7）侵害司法人员、诉讼参与人、协助执行人的行为。是指对司法工作人员、诉讼参加人、证人、翻译人员、鉴定人、勘验人、协助执行人进行侮辱、诽谤、诬陷、殴打或者打击报复的行为。

（8）阻碍司法人员执行职务的行为。包括：①在人民法院哄闹、滞留，不听从司法工作人员劝阻的；②故意毁损、抢夺人民法院法律文书、查封标志的；③哄闹、冲击执行公务现场，围困、扣押执行或者协助执行公务人员的；④毁损、抢夺、扣留案件材料、执行公务车辆、其他执行公务器械、执行公务人员服装和执行公务证件的；⑤以暴力、威胁或者其他方法阻碍司法工作人员查询、查封、扣押、冻结、划拨、拍卖、变卖财产的；⑥以暴力、威胁或者其他方法阻碍司法工作人员执行职务的其他行为。

（9）拒不履行生效裁判的行为。包括：①在法律文书发生法律效力后隐藏、转移、变卖、毁损财产或者无偿转让财产、以明显不合理的价格交易财产、放弃到期债权、无偿为他人提供担保等，致使人民法院无法执行的；②隐藏、转移、毁损或者未经人民法院允许处分已向人民法院提供担保的财产的；③违反人民法院限制高消费令进行消费的；④有履行能力而拒不按照人民法院执行通知履行生效法律文书确定的义务的；⑤有义务协助执行的个人接到人民法院协助执行通知书后，拒不协助执行的。

（10）恶意串通进行虚假诉讼侵害他人合法利益的行为。该类行为损害的他人合法利益包括案外人的合法权益、国家利益、社会公共利益。该类行为既可能发生于法院正在审理的案件，也可能发生于法院正在审理案件之外的案件。《民诉法解释》第 190 条规定，第三人根据《民事诉讼法》第 59 条第 3 款规定提起撤销之诉，经审查，原案当事人之间恶意串通进行虚假诉讼的，审理第三人撤销之诉的法院可以将原当事人虚假诉讼的行为视为妨害民事诉讼的行为而采取相应的强制措施。

（11）恶意串通规避强制执行的行为。是指被执行人与他人恶意串通，通过诉讼、仲裁、调解等方式逃避履行法律文书确定的义务的行为。

（12）拒不履行协助义务的行为。该类行为既包括积极的作为，也包括消极的不作为。消极的不作为包括有义务协助调查、执行的单位实施的下列行为：①有关单位拒绝或者妨碍人民法院调查取证的；②有关单位接到人民法院协助执行通知书后，拒不协助查询、扣押、冻结、划拨、变价财产的；③有关单位接到人民法院协助执行通知书后，拒不协助扣留被执行人的收入、办理有关财产权证照转移手续、转交有关票证、证照或者其他财产的；④其他拒绝协助执行的。积极的作为包括有关单位接到人民法院协助执行通知书后实施的：①允许被执行人高消费的；②允许被执行人出境的；③拒不停止办理有关财产权证照转移手续、权属变更登记、规划审批等手续的；④以需要内部请示、内部审批，有内部规定等为由拖延办理的。

（13）其他妨害民事诉讼的行为。根据《民诉法解释》第189条以及《民事证据规定》第33、42、63、78、98条的规定，下列行为也属于妨害民事诉讼的行为：①冒充他人提起诉讼或者参加诉讼的；②证人签署保证书后作虚假证言，妨碍人民法院审理案件的；③伪造、隐藏、毁灭或者拒绝交出有关被执行人履行能力的重要证据，妨碍人民法院查明被执行人财产状况的；④擅自解冻已被人民法院冻结的财产的；⑤接到人民法院协助执行通知书后，给当事人通风报信，协助其转移、隐匿财产的；⑥鉴定人故意作虚假鉴定的；⑦鉴定意见被采信后，鉴定人无正当理由撤销鉴定意见的；⑧当事人故意作虚假陈述妨碍人民法院审理的；⑨当事人及其诉讼代理人对证人的询问与待证事实无关，或者存在威胁、侮辱证人或不适当引导等情形的；⑩证人故意作虚假陈述，诉讼参与人或者其他人以暴力、威胁、贿买等方法妨碍证人作证，或者在证人作证后以侮辱、诽谤、诬陷、恐吓、殴打等方式对证人打击报复的；⑪当事人或者其他诉讼参与人伪造、毁灭证据，提供虚假证据，阻止证人作证，指使、贿买、胁迫他人作伪证，或者对证人、鉴定人、勘验人打击报复的。

四、强制措施的种类及适用

根据《民事诉讼法》的规定，对妨害民事诉讼的强制措施包括：拘传、训诫、责令退出法庭、罚款和拘留。

（一）拘传及其适用

所谓拘传，是指法院派出司法警察，强制当事人等到庭参加诉讼和到场接受询问。适用拘传措施，须具备以下条件：

（1）适用于法律及司法解释规定的对象。包括必须到庭的被告，必须到庭才能查清案件基本事实的原告，以及执行程序中必须到场接受法院调查询问的被执行人、被执行人的法定代表人、负责人或实际控制人。

（2）须经过两次传票传唤。必须先经过两次传票传唤，被传唤人无正当理由拒不到庭的才可以拘传其到庭。需要说明的是，执行程序中的拘传不以两次传票传唤为前置条件。《民诉法解释》第482条第1款规定：“对必须接受调查询问的被执行人、被执行人的法定代表人、负责人或者实际控制人，经依法传唤无正当理由拒不到场的，人民法院可以拘传其到场。”拘传须用拘传票，并直接送达被拘传人；在拘传前，应当向被拘传人说明拒不到庭的后果，经批评教育仍拒不到庭的，可以拘传其到庭。适用拘传还须经过院长的批准。

（3）无正当理由拒不到庭。如果被传唤人有正当理由而无法到庭，则不得适用拘传。只有必须到庭或到场的被传唤人无正当理由而拒不到庭或拒不到场，方可对其适用拘传。

（二）训诫及其适用

所谓训诫，是指法院以口头方式训斥实施妨害诉讼行为的人，指出其行为的违法性，责令其改正并保证不得再犯。训诫是一种较轻的强制措施，适用于性质较轻的妨害行为，适用对象主要是违反法庭规则的人。训诫由合议庭或者独任审判员决定。训诫的内容应当记入庭审笔录。

（三）责令退出法庭及其适用

所谓责令退出法庭，是指法院命令违反法庭纪律的人离开法庭，如不服从命令，则由司法警察强制带离法庭。责令退出法庭也是一种较轻的强制措施，适用对象也是违反法庭规则的人，只不过其违法的程度比适用训诫的情形要严重一些。因此，被法院适用训诫的人可以继续留在法庭，而被适用责令退出法庭的人则不得继续留在法庭。责令退出法庭由合议庭或者独任审判员决定。被责令退出法庭者的违法事实应当记入庭审笔录。

（四）罚款及其适用

所谓罚款，是指人民法院对妨害民事诉讼行为人所采取的强令其在指定期间内缴纳一定数额金钱的措施。罚款是一种适用范围广泛的较为严厉的强制措施。罚款必须经院长批准。对个人的罚款金额，为人民币 10 万元以下。对单位的罚款金额，为人民币 5 万元以上 100 万元以下。人民法院对个人或者单位采取罚款措施时，应当根据其实施妨害民事诉讼行为的性质、情节、后果，当地的经济发展水平，以及诉讼标的额等因素，在民事诉讼法规定的限额内确定相应的罚款金额。罚款应当用决定书。对决定不服的，可以向上一级人民法院申请复议一次。复议期间不停止执行。罚款、拘留可以单独适用，也可以合并适用。

（五）拘留及其适用

所谓拘留，是指法院决定在一定期限内限制妨害民事诉讼行为人的人身自由。拘留的期限为 15 日以下。被拘留的人，由人民法院司法警察交公安机关看管。人民法院对被拘留人采取拘留措施后，应当在 24 小时内通知其家属；确实无法按时通知或者通知不到的，应当记录在案。在拘留期间，被拘留人承认并改正错误的，人民法院可以决定提前解除拘留。拘留必须经院长批准。拘留应当用决定书。因哄闹、冲击法庭，用暴力、威胁等方法抗拒执行公务等紧急情况，必须立即采取拘留措施的，可在拘留后，立即报告院长补办批准手续。院长认为拘留不当的，应当解除拘留。对拘留决定不服的，可以向上一级人民法院申请复议一次。复议期间不停止执行。对同一妨害民事诉讼行为的拘留不得连续适用。发生新的妨害民事诉讼行为的，人民法院可以重新予以拘留。被拘留人不在本辖区的，作出拘留决定的人民法院应当派员到被拘留人所在地的人民法院，请该院协助执行，受委托的人民法院应当及时派员协助执行。被拘留人申请复议或者在拘留期间承认并改正错误，需要提前解除拘留的，受委托人民法院应当向委托人民法院转达或者提出建议，由委托人民法院审查决定。罚款、拘留可以单独适用，也可以合并适用。

（六）其他强制措施

除了上述五种强制措施以外，《民诉法解释》第176条增加规定了人民法院可以暂扣诉讼参与人或者其他人进行录音、录像、摄影、传播审判活动的器材，并责令其删除有关内容；拒不删除的，人民法院可以采取必要手段强制删除。

五、对严重妨害民事诉讼行为的刑事处罚

行为人实施妨害民事诉讼行为情节严重的，可能构成犯罪。《刑法》规定了虚假诉讼罪、妨害作证罪，扰乱法庭秩序罪，拒不执行判决、裁定罪，非法处置查封、扣押、冻结的财产罪。这些规定既是对民事诉讼程序的保护，也是追究妨害诉讼行为人刑事责任的依据。以虚假诉讼为例，《民事诉讼法》第115条规定："当事人之间恶意串通，企图通过诉讼、调解等方式侵害他人合法权益的，人民法院应当驳回其请求，并根据情节轻重予以罚款、拘留；构成犯罪的，依法追究刑事责任。"2023年第五次修正的《民事诉讼法》增加规定了当事人单方虚假诉讼行为，作为第115条的第2款，即："当事人单方捏造民事案件基本事实，向人民法院提起诉讼，企图侵害国家利益、社会公共利益或者他人合法权益的，适用前款规定。"针对情节严重的虚假诉讼行为，《刑法》第307条之一规定了虚假诉讼罪，即"以捏造的事实提起民事诉讼，妨害司法秩序或者严重侵害他人合法权益的，处三年以下有期徒刑、拘役或者管制，并处或者单处罚金；情节严重的，处三年以上七年以下有期徒刑，并处罚金"。最高人民法院和最高人民检察院于2018年联合出台了《办理虚假诉讼刑事案件解释》，该解释共12个条文，从虚假诉讼犯罪行为的界定、定罪量刑标准、数罪竞合的处罚原则、刑事政策的把握、地域管辖的确定等方面作出了规定。针对理论和实践中广泛关注和存在争议的虚假诉讼犯罪行为的界定和定罪量刑标准问题，该解释规定，单方或者与他人恶意串通，采取伪造证据、虚假陈述等手段，捏造民事法律关系，虚构民事纠纷，向人民法院提起民事诉讼的，应当认定为刑法规定的虚假诉讼犯罪行为；向人民法院申请执行以捏造的事实作出的仲裁裁决、公证债权文书，或者以捏造的事实对执行标的提出异议、申请参与执行财产分配的，属于刑法规定的虚假诉讼犯罪行为；以捏造的事实提起民事诉讼，致使人民法院基于捏造的事实作出裁判文书的，应当认定为虚假诉讼罪，在未作出裁判文书的情况下，行为人具有虚假诉讼违法犯罪前科，或者多次以捏造的事实提起民事诉讼，或者具有致使人民法院采取保全措施、致使人民法院开庭审理、

干扰正常司法活动等情形的，也应当以虚假诉讼罪定罪处罚。

对实施妨害民事诉讼行为构成犯罪的人，应当依照《刑事诉讼法》规定的程序进行追究。由公安机关负责侦查，由检察机关提起公诉，由犯罪行为地的法院管辖。例如，《办理虚假诉讼刑事案件解释》第 10 条规定，虚假诉讼刑事案件由虚假民事诉讼案件的受理法院所在地或者执行法院所在地人民法院管辖。这样规定，有利于侦办机关及时调取和固定证据，同时避免部分民事诉讼当事人故意利用刑事手段恶意干扰民商事案件的正常审理。

第四节　期间与期日

一、期间的概念和意义

所谓民事诉讼中的期间和期日，是指法院、当事人和其他诉讼参与人实施诉讼行为依法应遵守的时间。期间，是指法院、当事人和其他诉讼参与人单独实施诉讼行为所应遵守的时间，该时间具有一定的范围，即期限，如审理期限、答辩期限、上诉期限等。期日，是当事人及其他诉讼参与人与法院会合进行诉讼行为所应遵守的时间，该时间表现为时间点，即某一个特定的日子，如开庭审理日、证据交换日、宣判日等。广义的期间包括期限和期日。狭义的期间仅指期限。

民事诉讼具有程序性，而程序性的一个重要特征是适时性，即案件的处理程序必须符合法定的时间，在法定的期限内完成，既应保障各个工作环节必要的工作时间，也要避免在案件的审理和执行阶段随意延长时间。为了保证法院、当事人和其他诉讼参与人有足够的时间完成相应的诉讼活动，同时防止诉讼拖延，民事诉讼法规定了期间和期日制度。期间的作用是：①有利于促使各诉讼主体在规定的时间内完成诉讼行为，保证民事纠纷及时解决；②有利于保护当事人及其他诉讼参与人的合法权益；③有利于维护诉讼程序的严肃性。

二、期间的种类

（一）法定期间、指定期间和约定期间

（1）法定期间。所谓法定期间，是指法律规定的诉讼期间，例如审理期限、上诉期限。法定期间原则上为不变期间，除法律明文规定允许变动的例外情形，无论法院还是诉讼参与人，都不得任意改变。

（2）指定期间。所谓指定期间，是指法院根据案件的具体情况和审理案件的需要，依职权指定当事人及其他诉讼参与人完成某项诉讼行为的期间，例如，法院在法律规定的范围内指定举证期限。指定期间是可变期间，法院指定后，如情况发生了重大变化，可以根据变化的情况重新指定，也可以延长原来指定的期间。

（3）约定期间。所谓约定期间，是指当事人根据法律的规定，协商一致并经法院认可的期间。例如，法院允许当事人在法律规定的范围内约定举证期限。

（二）不变期间和可变期间

（1）不变期间。所谓不变期间，是指一经确定，法院、当事人和其他诉讼参与人就必须严格遵守，不得加以变更的期间。例如，《民事诉讼法》规定，当事人不服地方人民法院第一审判决的，有权在判决书送达之日起15日内向上一级人民法院提起上诉。当事人不服地方人民法院第一审裁定的，有权在裁定书送达之日起10日内向上一级人民法院提起上诉。该上诉期限就是不变期间，法院无权延长或者缩短；当事人也无权要求延长或者缩短，即使双方达成延长或者缩短的协议，该协议也是无效的。

（2）可变期间。所谓可变期间，是指期间确定后，如果在规定的时间内出现无法完成特定诉讼活动的情况，法院可以根据当事人申请或者依职权加以变更的期间。例如，《民事诉讼法》规定，人民法院适用简易程序审理案件，应当在立案之日起3个月内审结。有特殊情况需要延长的，经本院院长批准，可以延长1个月。《民诉法解释》规定，适用简易程序审理的案件，审理期限到期后，有特殊情况需要延长的，经本院院长批准，可以延长审理期限。延长后的审理期限累计不得超过4个月。

三、期间的计算

期间以时、日、月、年为单位计算。期间开始的时和日，不计算在期间内。当期间以日、月、年计算时，各种期间均从次日开始计算。以时起算的期间从次时起算。期间届满的最后一日为节假日的，以节假日后的第一日为期间届满的日期。期间不包括在途时间，诉讼文书在期间届满前交邮的，不算过期。

四、期间的耽误和顺延

所谓期间的耽误，是指当事人、诉讼代理人没有在规定的期限内完成某项诉讼行为的状态。期间耽误的法律后果一般是导致失权，即当事人丧失了再为该诉讼行为的权利，例如未在上述期间内提起上诉的，一审判决生效，当事人不得再提起上诉。但是，如果耽误期间有法律规定的正当理由，则允许申请顺延期间，《民事诉讼法》规定，当事人因不可抗拒的事由或者其他正当理由耽误期限的，在障碍消除后的10日内，可以申请顺延期限，是否准许，由人民法院决定。例如，当事人王某不服一审判决，在上诉期内赶赴法院送交上诉状，却在去法院的路上被撞昏迷，其经抢救苏醒时已超过上诉期限一天。本案中，王某苏醒后超过上诉期，属于因不可抗拒的事由而耽误期间，王某可在障碍消除后10日内，即清醒后10日内，申请顺延上诉期限，但决定权在法院，是否准许，由法院决定。

五、期日

（一）期日的概念

所谓期日，是指当事人及其他诉讼参与人与法院会合进行诉讼行为的时间。期日不同于期间，期日是一个固定的时间点，即确定的日期或者时刻，只规定开始的时间，不规定终止的时间；而期间是一个时间段，有起始和结束的明确期间。期日确定后，审判人员和诉讼参与人均应在规定的日期和时刻到指定地点实施诉讼行为，如开庭审理日、法院调解日、宣判日等。

（二）期日的耽误

期日也可能发生耽误，即人民法院、当事人及其他诉讼参与人在期日内没有完成应当完成的诉讼行为。耽误期日的法律后果，要依具体情况而定。首先，要看耽误期日有无正当理由，对确有正当理由的，法院应重新指定期日。例如，当事人因正当理由未能在开庭日出席法庭的，法院应当延期审理，另行指定开庭日期。其次，在无正当理由耽误期日的情况下，还要看耽误的是哪一类期日及法律对耽误该类期日是如何规定的，如原告无正当理由于开庭日拒不到庭的，法院可以按撤诉处理；被告无正当理由于开庭日拒不到庭的，法院可以缺席审理。

第五节　送　达

一、送达的概念和意义

（一）送达的概念和特征

所谓民事诉讼中的送达，是指法院按照法定程序和方式，将诉讼文书送交当事人或其他诉讼参与人，使其知悉诉讼文书内容的行为。

送达具有如下特征：①送达的主体只能是法院。送达是法院在诉讼中依职权实施的诉讼行为。当事人之间送交诉讼文书不是送达；当事人向法院递交诉讼文书也不是送达。②送达的对象是当事人、代理人及其他诉讼参与人。法院之间相互递送有关卷宗材料的行为不是送达。③送达的客体是各种诉讼文书。④送达须严格按照法律规定的程序和方式进行，否则不发生送达的法律效果。

（二）送达的意义

送达是民事诉讼中的一项重要制度。对法院来说，依法送达诉讼文书是严格执行民事诉讼法的一个重要环节，是保证诉讼程序合法性和诉讼行为有效性的重要措施。对当事人来说，送达直接关系到他们的权益，法院依法将诉讼文书送达后，他们才能够了解诉讼文书的内容，才能依据文书的内容和要求实施必要的诉讼行为。根据民事诉讼法的规定，在很多情况下，当事人诉讼权利的行使要以收到法院送达的诉讼文书为前提。例如，被告对原告的起诉进行答辩要以收到法院送达的起诉状副本为前提；当事人上诉要以收到法院送达的一审判决或者裁定为前提等。此外，许多期间的计算也是以当事人收到法院送达的相关诉讼文书为前提的。例如，上诉期间从当事人收到法院送达的一审判决或者裁定次日起开始计算。由此可见，如果法院没有严格按照民事诉讼法的规定送达诉讼文书，就会影响当事人诉讼权利的行使。

二、送达的方式

（一）直接送达

所谓直接送达，是指法院派专人将诉讼文书直接交给受送达人。《民事诉讼法》第88条规定，送达诉讼文书，应当直接送交受送达人。受送达人是公民的，本人不在交他的同住成年家属签收；受送达人是法人或者其他组织的，应当由法人的法定代表人、其他组织的主要负责人或者该法人、组织负责收件的人签收；受送达人有诉讼代理人的，可以送交其代理人签收；受送达人已向人民法院指定代收人的，送交代收人签收。受送达人的同住成年家属，法人或者其他组织的负责收件的人，诉讼代理人或者代收人在送达回证上签收的日期为送达日期。

人民法院直接送达文书，可以在当事人的住所进行，也可以在当事人住所外的其他地方进行。《民诉法解释》第131条第2款规定，人民法院可以在当事人住所地以外向当事人直接送达诉讼文书。当事人拒绝签署送达回证的，采用拍照、录像等方式记录送达过程即视为送达，审判人员、书记员应当在送达回证上注明送达情况并签名。此外，根据《民诉法解释》第131条第1款的规定，也可以通知当事人到法院领取，当事人到法院后，拒绝签署送达回证的，审判人员、书记员在送达回证上注明情况并签名后，视为送达。

（二）留置送达

所谓留置送达，是指受送达人无正当理由拒绝签收诉讼文书时，送达人依法将诉讼文书放置在受送达人的住所即产生送达法律效力的送达方式。受送达人或者他的同住成年家属拒绝接收诉讼文书的，送达人可以邀请有关基层组织或者所在单位的代表到场，说明情况，在送达回证上记明拒收事由和日期，由送达人、见证人签名或者盖章，把诉讼文书留在受送达人的住所；也可以把诉讼文书留在受送达人的住所，并采用拍照、录像等方式记录送达过程，即视为送达。向法人或者其他组织送达诉讼文书，应当由法人的法定代表人、该组织的主要负责人或者办公室、收发室、值班室等负责收件的人签收或者盖章，拒绝签收或者盖章的，适用留置送达。受送达人有诉讼代理人的，人民法院既可以向受送达人送达，也可以向其诉讼代理人送达。受送达人指定诉讼代理人为代收人的，向诉讼代理人送达时，适用留置送达。调解书应当直接送达当事人本人，不适用留置送达。当事人本人因故不能签收的，可由其指定的代收人签收。

（三）委托送达

所谓委托送达，是指法院直接送达诉讼文书有困难的，可以委托其他人民法院代为送达，委托法院应当出具委托函，并附需要送达的诉讼文书和送达回证。受委托人民法院应当自收到委托函及相关诉讼文书之日起10日内代为送达。以受送达人在送达回证上的签收日期为送达日期。

（四）电子送达

所谓电子送达，是指采用传真、电子邮件、移动通信等受送达人能够及时收悉的方式进行送达。《民事诉讼法》第 90 条规定，经受送达人同意，人民法院可以采用能够确认其收悉的电子方式送达诉讼文书。通过电子方式送达的判决书、裁定书、调解书，受送达人提出需要纸质文书的，人民法院应当提供。采用电子方式送达的，以送达信息到达受送达人特定系统的日期为送达日期。《民诉法解释》第 135 条第 1 款规定，电子送达可以采用传真、电子邮件、移动通信等即时收悉的特定系统作为送达媒介。《民诉法解释》第 135 条第 2 款规定，《民事诉讼法》第 90 条第 2 款规定的到达受送达人特定系统的日期，为人民法院对应系统显示发送成功的日期，但受送达人证明到达其特定系统的日期与人民法院对应系统显示发送成功的日期不一致的，以受送达人证明到达其特定系统的日期为准。《民诉法解释》第 136 条规定，受送达人同意采用电子方式送达的，应当在送达地址确认书中予以确认。

此外，《加强民事送达意见》对电子送达的细节作出了规定。当事人同意电子送达的，应当在送达地址确认书中提供并确认接收民事诉讼文书的传真号、电子信箱、微信号等电子送达地址。当事人委托诉讼代理人的，诉讼代理人确认的送达地址视为当事人的送达地址。在严格遵守民事诉讼法和民事诉讼法司法解释关于电子送达适用条件的前提下，积极主动探索电子送达及送达凭证保全的有效方式、方法。有条件的法院可以建立专门的电子送达平台，或以诉讼服务平台为依托进行电子送达，或者采取与大型门户网站、通信运营商合作的方式，通过专门的电子邮箱、特定的通信号码、信息公众号等方式进行送达。采用传真、电子邮件方式送达的，送达人员应记录传真发送和接收号码、电子邮件发送和接收邮箱、发送时间、送达诉讼文书名称，并打印传真发送确认单、电子邮件发送成功网页，存卷备查。采用短信、微信等方式送达的，送达人员应记录收发手机号码、发送时间、送达诉讼文书名称，并将短信、微信等送达内容拍摄照片，存卷备查。可以根据实际情况，有针对性地探索提高送达质量和效率的工作机制，确定由专门的送达机构或者由各审判、执行部门进行送达。在不违反法律、司法解释规定的前提下，可以积极探索创新行之有效的工作方法。对于移动通信工具能够接通但无法直接送达、邮寄送达的，除判决书、裁定书、调解书外，[1]可以采取电话送达的方式，由送达人员告知当事人诉讼文书内容，并记录拨打、接听电话号码、通话时间、送达诉讼文书内容，通话过程应当录音以存卷备查。

（五）邮寄送达

所谓邮寄送达，是指直接送达有困难的，法院通过邮局向受送达人送达诉讼文书。邮寄送达的，以回执上注明的收件日期为送达日期。《最高人民法院关于以法院专递方

〔1〕 2021 年《民事诉讼法》修正之前，第 87 条规定：“经受送达人同意，人民法院可以采用传真、电子邮件等能够确认其收悉的方式送达诉讼文书，但判决书、裁定书、调解书除外。”根据该条规定，判决书、裁定书、调解书不能适用电子送达。但是 2021 年《民事诉讼法》修正之后，根据第 90 条的规定，判决书、裁定书、调解书也可以通过电子方式送达。

式邮寄送达民事诉讼文书的若干规定》规定，人民法院直接送达诉讼文书有困难的，可以交由国家邮政机构以法院专递方式邮寄送达。其送达与人民法院送达具有同等法律效力。当事人起诉或者答辩时应当向人民法院提供或者确认自己准确的送达地址，并填写送达地址确认书。当事人拒绝提供的，人民法院应当告知其拒不提供送达地址的不利后果，并记入笔录。当事人在第一审、第二审和执行终结前变更送达地址的，应当及时以书面方式告知人民法院。当事人拒绝提供自己的送达地址，经人民法院告知后仍不提供的，自然人以其户籍登记中的住所地或者经常居住地为送达地址；法人或者其他组织以其工商登记或者其他依法登记、备案中的住所地为送达地址。邮政机构按照当事人提供或者确认的送达地址送达的，应当在规定的日期内将回执退回人民法院。邮政机构按照当事人提供或确认的送达地址在 5 日内投送三次以上未能送达，通过电话或者其他联系方式又无法告知受送达人的，应当将邮件在规定的日期内退回人民法院，并说明退回的理由。受送达人指定代收人的，指定代收人的签收视为受送达人本人签收。邮政机构在受送达人提供或确认的送达地址未能见到受送达人的，可以将邮件交给与受送达人同住的成年家属代收，但代收人是同一案件中另一方当事人的除外。受送达人及其代收人应当在邮件回执上签名、盖章或者捺印。受送达人及其代收人在签收时应当出示其有效身份证件并在回执上填写该证件的号码；受送达人及其代收人拒绝签收的，由邮政机构的投递员记明情况后将邮件退回人民法院。

有下列情形之一的，即为送达：①受送达人在邮件回执上签名、盖章或者捺印的；②受送达人是无民事行为能力或者限制民事行为能力的自然人，其法定代理人签收的；③受送达人是法人或者其他组织，其法人的法定代表人、该组织的主要负责人或者办公室、收发室、值班室的工作人员签收的；④受送达人的诉讼代理人签收的；⑤受送达人指定的代收人签收的；⑥受送达人的同住成年家属签收的。

签收人是受送达人本人或者是受送达人的法定代表人、主要负责人、法定代理人、诉讼代理人的，签收人应当当场核对邮件内容。签收人发现邮件内容与回执上的文书名称不一致的，应当当场向邮政机构的投递员提出，由投递员在回执上记明情况后将邮件退回人民法院。签收人是受送达人办公室、收发室和值班室的工作人员或者是与受送达人同住成年家属，受送达人发现邮件内容与回执上的文书名称不一致的，应当在收到邮件后的 3 日内将该邮件退回人民法院，并以书面方式说明退回的理由。因受送达人自己提供或者确认的送达地址不准确、拒不提供送达地址、送达地址变更未及时告知人民法院、受送达人本人或者受送达人指定的代收人拒绝签收，导致诉讼文书未能被受送达人实际接收的，文书退回之日视为送达之日。

（六）转交送达

所谓转交送达，是指法院将诉讼文书交给受送达人所在单位，由单位转交给受送达人的一种送达方式。转交送达适用于受送达人是军人、被监禁的人以及被采取强制性教育措施的人这三种情形。受送达人是军人的，通过其所在部队团以上单位的政治机关转交。受送达人被监禁的，通过其所在监所转交。受送达人被采取强制性教育措施的，通过其所在强制性教育机构转交。代为转交的机关、单位收到诉讼文书后，必须立即交受送达人签收，以在送达回证上的签收日期为送达日期。

（七）公告送达

所谓公告送达，是指法院以登报、张贴公告等方式告知受送达人诉讼文书的内容。受送达人下落不明，或者用上述六种方式无法送达的，公告送达。自发出公告之日起，经过 30 日，即视为送达。公告送达，应当在案卷中记明原因和经过。公告送达可以在法院的公告栏和受送达人住所地张贴公告，也可以在报纸、信息网络等媒体上刊登公告，发出公告日期以最后张贴或者刊登的日期为准。对公告送达方式有特殊要求的，应当按要求的方式进行。公告期满，即视为送达。人民法院在受送达人住所地张贴公告的，应当采取拍照、录像等方式记录张贴过程。公告送达应当说明公告送达的原因；公告送达起诉状或者上诉状副本的，应当说明起诉或者上诉要点，受送达人答辩期限及逾期不答辩的法律后果；公告送达传票，应当说明出庭的时间和地点及逾期不出庭的法律后果；公告送达判决书、裁定书的，应当说明裁判主要内容，当事人有权上诉的，还应当说明上诉权利、上诉期限和上诉的人民法院。适用简易程序的案件，不适用公告送达。此外，《加强民事送达意见》第 15 条规定，要严格适用民事诉讼法关于公告送达的规定，加强对公告送达的管理，充分保障当事人的诉讼权利。只有在受送达人下落不明，或者用《民事诉讼法》第一编第七章第二节规定的其他方式无法送达的，才能适用公告送达。

除上述七种送达方式外，《民诉法解释》第 141 条还针对法院宣判时当事人拒收判决书、裁定书规定了送达的办法，即“人民法院在定期宣判时，当事人拒不签收判决书、裁定书的，应视为送达，并在宣判笔录中记明”。

三、送达回证和送达效力

（一）送达回证

所谓送达回证，是指法院已按法定程序和方式进行送达的凭证。送达回证对诉讼文书已合法送达具有重要的证明作用。《民事诉讼法》第 87 条规定，送达诉讼文书必须有送达回证，由受送达人在送达回证上记明收到日期，签名或者盖章。受送达人在送达回证上的签收日期为送达日期。

根据《民事诉讼法》和《民诉法解释》的规定，特殊情况下的送达，不需要送达回证，例如，电子送达、公告送达、以法院专递方式邮寄送达、定期宣判时送达等均无须填写或签收送达回证。

（二）送达的效力

所谓送达的效力，是指诉讼文书送达后产生的法律后果。

（1）程序上的效力。程序上的效力是指送达所产生的民事诉讼法上的后果。具体表现为：其一，送达能够引起特定诉讼法律关系的产生和消灭。例如，被告签收应诉通知书和起诉状副本后，便与法院发生诉讼系属关系。其二，受送达人收到法院送达的诉讼文书后，如果没有按照诉讼文书的要求实施特定的诉讼行为，就会承担相应的法律后果。例如，向当事人送达出庭传票后，原告无正当理由拒不出庭的，法院可以按自动撤诉处理；被告无正当理由拒不到庭的，法院可以缺席判决。其三，送达之后，受送达人实施诉讼行为、行使诉讼权利和履行诉讼义务的起始时间得以确定。例如，当事人对裁定的上诉期为10日，是从裁定书送达之次日起开始计算的。

（2）实体上的效力。实体法上的效力是指送达所产生的实体法上的后果。例如，法院调解书一经送达即发生法律效力，当事人之间的权利义务关系受该调解书的约束。具有给付内容的终审判决书送达后，债务人就应当按照判决书指定的期间履行给付义务等。

第六节　诉讼费用

一、诉讼费用概述

（一）诉讼费用的概念

诉讼费用有广义和狭义之分。狭义上的诉讼费用，是指当事人进行民事诉讼依法向法院交纳的费用，包括起诉、上诉交纳的案件受理费，申请财产保全、支付令等交纳的申请费和其他诉讼费用。广义上的诉讼费用，是指当事人进行民事诉讼所支出的一切费用，也称诉讼成本，除了包含狭义诉讼费用以外，还包括差旅费、误工费、聘请律师费等其他诉讼成本。本书采用的是狭义上的概念。

（二）征收诉讼费的意义

征收诉讼费用的意义表现为：①减少纳税人的负担和国家的财政开支；②防止当事人滥用诉权；③制裁民事违法行为；④有利于维护国家主权和经济利益。

二、诉讼费用的交纳范围

根据国务院制定的《诉讼费用交纳办法》的规定，当事人应当向人民法院交纳的诉讼费用包括：案件受理费，申请费，证人、鉴定人、翻译人员、理算人员在人民法院指定日期出庭发生的交通费、住宿费、生活费和误工补贴。

（一）案件受理费

案件受理费，是指人民法院受理案件后，依照有关规定向当事人收取的费用。根据《诉讼费用交纳办法》的规定，案件受理费包括一审案件的受理费、二审案件的受理费。再审案件原则上不交纳案件受理费，但下列情形除外：①当事人有新的证据，足以推翻原判决、裁定，向法院申请再审，法院经审查决定再审的案件；②当事人对法院第一审判决或者裁定未提出上诉，第一审判决、裁定或者调解书发生法律效力后又申请再审，法院经审查决定再审的案件。人数不确定的代表人诉讼案件，提起诉讼的人在起诉时无须交纳案件受理费，结案后按照诉讼标的额由败诉方交纳。

无须交纳案件受理费的有：①依照特别程序审理的案件；②裁定不予受理、驳回起诉、驳回上诉的案件；③对不予受理、驳回起诉和管辖权异议裁定不服，提起上诉的案件；④行政赔偿案件。

案件受理费还分为财产案件的受理费和非财产案件的受理费，前者按诉讼请求的金额或价额征收，后者按件征收。

（二）申请费

申请费是指当事人申请法院强制执行，采取保全措施，启动部分非讼程序所交纳的费用。根据《诉讼费用交纳办法》的规定，当事人依法向人民法院申请下列事项，应当交纳申请费：①申请执行人民法院发生法律效力的判决、裁定、调解书，仲裁机构依法作出的裁决和调解书，公证机构依法赋予强制执行效力的债权文书；②申请保全措施；③申请支付令；④申请公示催告；⑤申请撤销仲裁裁决或者认定仲裁协议效力；⑥申请破产；⑦申请海事强制令、共同海损理算、设立海事赔偿责任限制基金、海事债权登记、船舶优先权催告；⑧申请承认和执行外国法院判决、裁定和国外仲裁机构裁决。

（三）其他诉讼费用

其他诉讼费用是指证人、鉴定人、翻译人员、理算人员在法院指定日期出庭发生的交通费、住宿费、生活费和误工补贴。该笔费用只是由人民法院代为收取，最终要支付给相关的证人、鉴定人、翻译人员和理算人员。

三、诉讼费用的交纳标准

《诉讼费用交纳办法》根据案件的不同性质，规定了不同的诉讼费用交纳标准。主要分为财产案件和非财产案件。财产案件是指因财产权益争议而提起诉讼的案件。非财产案件是指因人身关系和人身非财产关系发生争议而提起诉讼的案件。《民诉法解释》第201条规定，既有财产性诉讼请求，又有非财产性诉讼请求的，按照财产性诉讼请求的标准交纳诉讼费。有多个财产性诉讼请求的，合并计算交纳诉讼费；诉讼请求中有多个非财产性诉讼请求的，按一件交纳诉讼费。

（一）案件受理费的交纳标准

（1）财产案件。财产案件根据诉讼请求的金额或者价额，按照下列比例分段累计交纳：①不超过1万元的，每件交纳50元；②超过1万元至10万元的部分，按照2.5%交纳；③超过10万元至20万元的部分，按照2%交纳；④超过20万元至50万元的部分，按照1.5%交纳；⑤超过50万元至100万元的部分，按照1%交纳；⑥超过100万元至200万元的部分，按照0.9%交纳；⑦超过200万元至500万元的部分，按照0.8%交纳；⑧超过500万元至1000万元的部分，按照0.7%交纳；⑨超过1000万元至2000万元的部分，按照0.6%交纳；⑩超过2000万元的部分，按照0.5%交纳。

（2）非财产案件。①离婚案件。每件交纳50元至300元。涉及财产分割，财产总额不超过20万元的，不另行交纳；超过20万元的部分，按照0.5%交纳。②侵害姓名权、名称权、肖像权、名誉权、荣誉权以及其他人格权的案件。每件交纳 100 元至 500 元。涉及损害赔偿，赔偿金额不超过 5 万元的，不另行交纳；超过 5 万元至 10 万元的部分，按照 1%交纳；超过 10 万元的部分，按照 0.5%交纳。③其他非财产案件。每件交纳 50 元至 100 元。

（3）其他案件。①知识产权案件。没有争议金额或者价额的，每件交纳 500 元至 1000元；有争议金额或者价额的，按照财产案件的标准交纳。②劳动争议案件。每件交纳 10 元。③管辖权异议。当事人提出案件管辖权异议，异议不成立的，每件交纳 50 元至 100 元。

（4）案件受理费交纳的特别规定。《诉讼费用交纳办法》规定，下列情形减半交纳案件受理费：①以调解方式结案或者当事人申请撤诉的；②适用简易程序审理的案件；③被告提起反诉、有独立请求权的第三人提出与本案有关的诉讼请求，法院决定合并审理的。《民诉法解释》规定，人民法院决定减半收取案件受理费的，只能减半一次。

（二）申请费交纳标准

申请费分别按照下列标准交纳：

（1）依法向人民法院申请执行人民法院发生法律效力的判决、裁定、调解书，仲裁机构依法作出的裁决和调解书，公证机关依法赋予强制执行效力的债权文书，申请承认和执行外国法院判决、裁定以及国外仲裁机构裁决的，按照下列标准交纳：①没有执行金额或者价额的，每件交纳 50 元至 500 元。②执行金额或者价额不超过 1 万元的，每件交纳 50 元；超过 1 万元至 50 万元的部分，按照 1.5%交纳；超过 50 万元至 500 万元的部分，按照 1%交纳；超过 500 万元至 1000 万元的部分，按照 0.5%交纳；超过 1000 万元的部分，按照 0.1%交纳。③符合《民事诉讼法》第 57 条第 4 款的规定，未参加登记的权利人向人民法院提起诉讼的，按照本项规定的标准交纳申请费，不再交纳案件受理费。

（2）申请保全措施的，根据实际保全的财产数额按照下列标准交纳：财产数额不超过 1000 元或者不涉及财产数额的，每件交纳 30 元；超过 1000 元至 10 万元的部分，按照 1%交纳；超过 10 万元的部分，按照 0.5%交纳。但是，当事人申请保全措施交纳的费用最多不超过 5000 元。

（3）依法申请支付令的，比照财产案件受理费标准的 1/3 交纳。

（4）依法申请公示催告的，每件交纳 100 元。

（5）申请撤销仲裁裁决或者认定仲裁协议效力的，每件交纳 400 元。

（6）破产案件依据破产财产总额计算，按照财产案件受理费标准减半交纳，但是，最高不超过 30 万元。

（7）海事案件的申请费按照下列标准交纳：①申请设立海事赔偿责任限制基金的，每件交纳 1000 元至 1 万元；②申请海事强制令的，每件交纳 1000 元至 5000 元；③申请船舶优先权催告的，每件交纳 1000 元至 5000 元；④申请海事债权登记的，每件交纳 1000 元；⑤申请共同海损理算的，每件交纳 1000 元。

四、诉讼费用的交纳和负担

（一）诉讼费的预交

所谓诉讼费的预交，是指由提起诉讼或提出申请的当事人预先交纳，预交具有垫付的性质，最终负担诉讼费用的不一定是预交的一方。

（1）案件受理费的预交。案件受理费由原告、有独立请求权的第三人、上诉人预交。被告提起反诉，依照《诉讼费用交纳办法》规定需要交纳案件受理费的，由被告预交。追索劳动报酬的案件可以不预交案件受理费。当事人在诉讼中变更诉讼请求数额，案件受理费依照下列规定处理：①当事人增加诉讼请求数额的，按照增加后的诉讼请求数额计算补交；②当事人在法庭调查终结前提出减少诉讼请求数额的，按照减少后的诉讼请求数额计算退还。

原告自接到人民法院交纳诉讼费用通知次日起 7 日内交纳案件受理费；反诉案件由提起反诉的当事人自提起反诉次日起 7 日内交纳案件受理费。适用简易程序审理的案件转为普通程序的，原告自接到人民法院交纳诉讼费用通知之日起 7 日内补交案件受理费。原告无正当理由未按期足额补交的，按撤诉处理，已经收取的诉讼费用退还一半。

中止诉讼、中止执行的案件，已交纳的案件受理费不予退还。中止诉讼、中止执行的原因消除，恢复诉讼、执行的，不再交纳案件受理费。第一审人民法院裁定不予受理或者驳回起诉的，应当退还当事人已交纳的案件受理费；依照《民事诉讼法》第 154 条规定终结诉讼的案件，已交纳的案件受理费不予退还。

支付令失效后转入诉讼程序的，债权人应当按照《诉讼费用交纳办法》补交案件受理费。支付令被撤销后，债权人另行起诉的，按照《诉讼费用交纳办法》交纳诉讼费用。

（2）申请费的预交。申请费由申请人预交，但下列案件，可以不预交申请费：①追索劳动报酬的案件；②申请执行的案件，申请执行费在执行后交纳；③申请破产的案件，破产申请费在清算后交纳。

（3）其他费用的预交。证人、鉴定人、翻译人员、理算人员因出庭发生的费用可以不预交，待实际发生后再交纳。

（二）一审程序与非讼程序中诉讼费用的负担

（1）败诉方负担。根据《诉讼费用交纳办法》及相关司法解释的规定，诉讼费用由败诉方负担，胜诉方自愿承担的除外。部分胜诉、部分败诉的，人民法院根据案件的具体情况决定当事人各自负担的诉讼费用数额。共同诉讼当事人败诉的，人民法院根据其对诉讼标的的利害关系，决定当事人各自负担的诉讼费用数额。承担连带责任的当事人败诉的，应当共同负担诉讼费用。判决生效后，胜诉方预交但不应负担的诉讼费用，人民法院应当退还，由败诉方向人民法院交纳，但胜诉方自愿承担或者同意败诉方直接向其支付的除外。依照《民事诉讼法》第 56 条审理的代表人诉讼案件不预交案件受理费，结案后按照诉讼标的额由败诉方交纳。

（2）当事人协商负担。调解解决的案件、判决离婚的案件的诉讼费用均由当事人协商负担；执行中达成和解协议的案件，申请费由双方协商解决。上述三种情形下如当事人协商不成，则由法院决定诉讼费用的负担。

（3）原告负担。原告申请撤诉，人民法院裁定准许的，案件受理费由原告负担。当事人在法庭调查终结后提出减少诉讼请求数额的，减少请求数额部分的案件受理费由变更诉讼请求的当事人负担。

（4）申请人负担。债务人对督促程序提出异议致使督促程序终结的，申请费由申请人负担；申请人另行起诉的，可以将申请费列入诉讼请求。公示催告的申请费由申请人负担。申请保全措施的申请费由申请人负担，申请人提起诉讼的，可以将该申请费列入诉讼请求。依照特别程序审理案件的公告费，由起诉人或者申请人负担。实现担保物权案件，人民法院裁定拍卖、变卖担保财产的，申请费由债务人、担保人负担；人民法院裁定驳回申请的，申请费由申请人负担。申请人另行起诉的，其已经交纳的申请费可以从案件受理费中扣除。海事案件中的有关诉讼费用依照下列规定负担：①诉前申请海事请求保全、海事强制令的，申请费由申请人负担；申请人就有关海事请求提起诉讼的，可将上述费用列入诉讼请求；②诉前申请海事证据保全的，申请费由申请人负担；③诉讼中拍卖、变卖被扣押船舶、船载货物、船用燃油、船用物料发生的合理费用，由申请人预付，从拍卖、变卖价款中先行扣除，退还申请人；④申请设立海事赔偿责任限制基金、申请债权登记与受偿、申请船舶优先权催告案件的申请费，由申请人负担；⑤设立海事赔偿责任限制基金、船舶优先权催告程序中的公告费用由申请人负担。

（5）被申请人负担。债务人对督促程序未提出异议的，申请费由债务人负担。申请执行人民法院发生法律效力的判决、裁定、调解书，仲裁机构依法作出的裁决和调解书，公证机构依法赋予强制执行效力的债权文书；申请承认和执行外国法院判决、裁定和国外仲裁机构裁决，申请费由被执行人负担。

（6）当事人自行负担。主要是指由当事人负担不当诉讼行为所支出的费用。例如，再审案件本不需要交纳案件受理费，但以下两类再审案件由再审申请人负担案件受理费：①当事人有新的证据，足以推翻原判决、裁定，向人民法院申请再审，人民法院经审查决定再审的案件；②当事人对人民法院第一审判决或者裁定未提出上诉，第一审判决、裁定或者调解书发生法律效力后又申请再审，人民法院经审查决定再审的案件。再比如，当事人因自身原因未能在举证期限内举证，在二审或者再审期间提出新的证据致使诉讼费用增加的，增加的诉讼费用由该当事人负担。

（7）法院决定负担。主要适用于两种情形：一种是当事人协商不成，另一种是针对一些特定情况，决定诉讼费用的负担。例如，申请撤销仲裁裁决或者认定仲裁协议效力案件的申请费，由人民法院决定申请费的负担。

（三）二审程序中诉讼费用的预交与负担

原告、被告、第三人分别上诉的，按照上诉请求分别预交二审案件受理费。同一方多人共同上诉的，只预交一份二审案件受理费；分别上诉的，按照上诉请求分别预交二审案件受理费。上诉案件的案件受理费由上诉人向人民法院提交上诉状时预交。上诉人在上诉期内未预交诉讼费用的，人民法院应当通知其在 7 日内预交。第二审人民法院决定将案件发回重审的，应当退还上诉人已交纳的第二审案件受理费。当事人对第一审人民法院不予受理、驳回起诉的裁定提起上诉，第二审人民法院维持第一审人民法院作出的裁定的，第一审人民法院应当退还当事人已交纳的案件受理费。

上诉人申请撤回上诉，人民法院裁定准许的，二审案件受理费由上诉人负担。驳回上诉，维持原判的案件，二审案件受理费由上诉人负担。第二审人民法院改变第一审人民法院作出的判决、裁定的，应当相应变更第一审人民法院对诉讼费用负担的决定。

（四）再审程序中诉讼费用的预交与负担

依照《诉讼费用交纳办法》第 9 条的规定需要交纳案件受理费的再审案件，由申请再审的当事人预交。双方当事人都申请再审的，分别预交。

依照《诉讼费用交纳办法》应当交纳案件受理费的再审案件，诉讼费用由申请再审的当事人负担；双方当事人都申请再审的，诉讼费用由败诉方负担，胜诉方自愿承担的除外。部分胜诉、部分败诉的，人民法院根据案件的具体情况决定当事人各自负担的诉讼费用数额。原审诉讼费用的负担由人民法院根据诉讼费用负担原则重新确定。

（五）海事案件诉讼费用的负担

海事案件中的有关诉讼费用依照下列规定负担：①诉前申请海事请求保全、海事强制令的，申请费由申请人负担；申请人就有关海事请求提起诉讼的，可将上述费用列入诉讼请求；②诉前申请海事证据保全的，申请费由申请人负担；③诉讼中拍卖、变卖被扣押船舶、船载货物、船用燃油、船用物料发生的合理费用，由申请人预付，从拍卖、变卖价款中先行扣除，退还申请人；④申请设立海事赔偿责任限制基金、申请债权登记与受偿、申请船舶优先权催告案件的申请费，由申请人负担；⑤设立海事赔偿责任限制基金、船舶优先权催告程序中的公告费用由申请人负担。

（六）诉讼费用的异议

对法院作出的关于诉讼费用的决定，当事人可以提出异议，向作出决定的人民法院请求复核。异议包括对诉讼费用决定的异议和对诉讼费计算的异议。但是，当事人不得单独对法院作出的诉讼费用决定提起上诉和申请再审。

五、司法救助

（一）司法救助的概念

司法救助有广义与狭义之分。狭义的司法救助仅指人民法院对经济确有困难的当事人，实行诉讼费用的缓交、减交、免交。广义的司法救助是指人民法院在审判、执行工作中，对权利受到侵害无法获得有效赔偿的当事人，符合规定情形的，可以采取一次性辅助救济措施，以解决其生活面临的急迫困难。

（1）狭义的司法救助。《最高人民法院关于对经济确有困难的当事人提供司法救助的规定》第2条规定："本规定所称司法救助，是指人民法院对于当事人为维护自己的合法权益，向人民法院提起民事、行政诉讼，但经济确有困难的，实行诉讼费用的缓交、减交、免交。"由此可见，狭义的司法救助，是指法院对交纳诉讼费用确有困难的当事人，依其申请，决定缓交、减交或免交诉讼费用的制度。设立司法救助制度是为了使经济上有困难的当事人能够寻求和获得司法救济。司法救助一般只适用于作为当事人的自然人。

（2）广义的司法救助。广义的司法救助特指国家司法救助，是指人民法院在审判、执行工作中，对权利受到侵害无法获得有效赔偿的当事人，可以采取一次性辅助救济措施，以解决其生活面临的急迫困难。《最高人民法院关于加强和规范人民法院国家司法救助工作的意见》规定，国家司法救助以支付救助金为主要方式，并与思想疏导相结合，与法律援助、诉讼救济相配套，与其他社会救助相衔接。救助金以案件管辖法院所在省、自治区、直辖市上一年度职工月平均工资为基准确定，一般不超过36个月的月平均工资总额。损失特别重大、生活特别困难，需适当突破救助限额的，应当严格审核控制，救助金额不得超过人民法院依法应当判决给付或者虽已判决但未执行到位的标的数额。

司法救助不同于法律援助。我国的法律援助专指由国家设立法律援助机构，指派律师、公证员、法律工作者为经济困难的公民和特殊案件的当事人无偿提供法律咨询、代理、辩护等法律服务的制度。

本书采用狭义的司法救助概念。司法救助制度可以确保经济困难的当事人不至于因交不起诉讼费用而打不起官司，保证当事人平等地利用诉讼程序，进而维护自己的合法权益。

（二）司法救助的方式

《诉讼费用交纳办法》规定，当事人交纳诉讼费用确有困难的，可以依照本办法向人民法院申请缓交、减交或者免交诉讼费用的司法救助。诉讼费用的免交只适用于自然人。

（1）免交诉讼费用。当事人申请司法救助，符合下列情形之一的，人民法院应当准予免交诉讼费用：①残疾人无固定生活来源的；②追索赡养费、扶养费、抚育费、抚恤金的；③最低生活保障对象、农村特困定期救济对象、农村五保供养对象或者领取失业保险金人员，无其他收入的；④因见义勇为或者为保护社会公共利益致使自身合法权益受到损害，本人或者其近亲属请求赔偿或者补偿的；⑤确实需要免交的其他情形。

（2）减交诉讼费用。当事人申请司法救助，符合下列情形之一的，人民法院应当准予减交诉讼费用：①因自然灾害等不可抗力造成生活困难，正在接受社会救济，或者家庭生产经营难以为继的；②属于国家规定的优抚、安置对象的；③社会福利机构和救助管理站；④确实需要减交的其他情形。人民法院准予减交诉讼费用的，减交比例不得低于30%。

（3）缓交诉讼费用。当事人申请司法救助，符合下列情形之一的，人民法院应当准予缓交诉讼费用：①追索社会保险金、经济补偿金的；②海上事故、交通事故、医疗事故、工伤事故、产品质量事故或者其他人身伤害事故的受害人请求赔偿的；③正在接受有关部门法律援助的；④确实需要缓交的其他情形。

（三）司法救助的程序

（1）提出申请。当事人申请司法救助，应当在起诉或者上诉时提交书面申请、足以证明其确有经济困难的证明材料以及其他相关证明材料。因生活困难或者追索基本生活费用申请免交、减交诉讼费用的，还应当提供本人及其家庭经济状况符合当地民政、劳动保障等部门规定的公民经济困难标准的证明。

《最高人民法院关于对经济确有困难的当事人提供司法救助的规定》第3条规定："当事人符合本规定第二条并具有下列情形之一的，可以向人民法院申请司法救助：（一）追索赡养费、扶养费、抚育费、抚恤金的；（二）孤寡老人、孤儿和农村'五保户'；（三）没有固定生活来源的残疾人、患有严重疾病的人；（四）国家规定的优抚、安置对象；（五）追索社会保险金、劳动报酬和经济补偿金的；（六）交通事故、医疗事故、工伤事故、产品质量事故或者其他人身伤害事故的受害人，请求赔偿的；（七）因见义勇为或为保护社会公共利益致使自己合法权益受到损害，本人或者近亲属请求赔偿或经济补偿的；（八）进城务工人员追索劳动报酬或其他合法权益受到侵害而请求赔偿的；（九）正在享受城市居民最低生活保障、农村特困户救济或者领取失业保险金，无其他收入的；（十）因自然灾害等不可抗力造成生活困难，正在接受社会救济，或者家庭生产经营难以为继的；（十一）起诉行政机关违法要求农民履行义务的；（十二）正在接受有关部门法律援助的；（十三）当事人为社会福利机构、敬老院、优抚医院、精神病院、SOS儿童村、社会救助站、特殊教育机构等社会公共福利单位的；（十四）其他情形确实需要司法救助的。"

（2）批准。法院收到申请后，应及时进行审查。对当事人请求缓交诉讼费用的，由承办案件的审判人员或合议庭提出意见，报庭长审批；对当事人请求减交、免交诉讼费用的，由承办案件的审判人员或合议庭提出意见，经庭长审核同意后，报院长审批。对符合救助条件的，应决定给予救助。属于缓交的，应在决定立案前作出准予缓交的决定。法院审查后不予批准的，应向当事人书面说明理由。法院对一方当事人给予司法救助后，对方当事人胜诉的，由法院视申请救助的一方的经济状况决定其减交、免交诉讼费用。人民法院准予当事人减交、免交诉讼费用的，应当在法律文书中载明。

【思考题】

一、概念题

保全　先予执行　对妨害民事诉讼的强制措施　期间　期日　送达　诉讼费用

二、简答题

1. 简述诉前保全与诉讼中保全的区别。
2. 简述财产保全和行为保全的区别。
3. 简述先予执行需要具备的条件。
4. 简述确定诉讼费用负担的方法。
5. 简述司法救助与法律援助的不同。
6. 简述送达的种类。

三、论述题

试述妨害民事诉讼的强制措施及其运用。

第十六章
公益诉讼

学习目的与基本要求 深刻领会公共利益与公益诉讼之间的法益关系，把握民事公益诉讼的概念和特征；明确界定民事公益诉讼的主体和范围，全面认识和了解民事公益诉讼程序的具体应用。

随着我国社会经济的快速发展和变化，出现了环境污染、侵害众多消费者权益等一些严重损害公共利益的行为，引起了社会的广泛关注。针对这些损害公共利益的行为，2012年我国修正的《民事诉讼法》增加规定了民事公益诉讼制度。为了增强民事公益诉讼制度的适用性，《民诉法解释》对民事公益诉讼制度又作了进一步的规定，形成了完整、独具特色的民事公益诉讼制度体系。

第一节 概 述

一、公共利益与公益诉讼

要探讨公益诉讼，需要首先明确公共利益的含义。从汉语构成上看，公共利益包含“公共”和“利益”两方面内容。根据《辞源》的解释，公共，是指公众共同也。“利益”，是指“好处”。在《牛津法律大辞典》中，“利益”被解释为：“个人或个人的集团寻求得到满足和保护的权利请求、要求、愿望或需求。”[1]在《牛津高阶英汉双解辞典》中，“公共利益”被解释为：“公众的、与公众有关的或为公众的、公用的利益。”[2]关于公共利益的含义，我国学界没能形成统一的概念。实际上，公共利益是一个弹性较大的名词，伴随着社会的发展，不同时期，不同社会形势，公共利益的含义会不断发生变化。但是，公共利益是肯定存在的，公共利益的主要特点是公共性和不可分性。当某种利益的存在是共同的、不可分的，这些利益的生成势必会引致其他利益的得失，正是公共物品的现实性，决定了公共利益是现实的而不是抽象的。因此，公共利益是指不特定的社会成员享有的利益。

公益诉讼，是指为了保护和实现公共利益提起的诉讼。公益诉讼起源于古罗马，是相对私益诉讼而言的。在古罗马法中，私益诉讼是为保护个人所有权设定的诉讼，

〔1〕［英］戴维·M. 沃克：《牛津法律大辞典》，北京社会与科技发展研究所组织翻译，光明日报出版社1988年版，第454页。

〔2〕《牛津高阶英汉双解辞典》（第4版），商务印书馆、牛津大学出版社1997年版，第1196页。

仅特定人才可提起；公益诉讼是为保护社会公共利益的诉讼，除法律有特别规定外，凡罗马市民均可提起。[1]公益诉讼虽然在古罗马时期就已经存在，但直到20世纪才引起广泛的关注。因为随着科学技术水平的快速发展，人们的生产和生活日益社会化，环境污染、侵害众多消费者权益等问题日益凸显，维护国家和社会公共利益的公益诉讼被诸多国家所重视，大多数国家通过立法对公共利益予以保护。我国在2012年修正《民事诉讼法》时，增加规定了公益诉讼制度。

二、我国公益诉讼的种类

我国公益诉讼按照不同的标准可以进行不同的分类：

（1）按照案件性质的不同，可以分为行政公益诉讼和民事公益诉讼。行政公益诉讼，是指原告自身的权益并未受到违法行政行为的直接损害，但原告认为行政机关违反法定职责的行为损害了社会公共利益或者有损害公共利益之虞时，向法院提起诉讼，请求法院判令行政机关纠正其违法行为。民事公益诉讼也是为维护社会公共利益设置的一种诉讼，与行政公益诉讼不同的是，它的被告不是行政机关，而是自然人、法人和其他组织，原告起诉的目的是纠正自然人、法人和其他组织损害社会公共利益的行为。

（2）按照案件类型的不同，可以分为环境公益诉讼、消费者公益诉讼、英烈保护公益诉讼、个人信息保护公益诉讼、未成年人权益保护公益诉讼等。环境公益诉讼，是指法律授权的机关和有关组织针对已经损害社会公共利益或者具有损害社会公共利益重大风险的污染环境、破坏生态的行为提起诉讼，请求法院判令被告停止侵害、排除妨害、消除危险，对生态和环境进行修复，赔偿自然资源所受损失的诉讼。消费者公益诉讼，是指法律授权的机关和有关组织，对经营者侵害众多不特定消费者合法权益或者具有危及消费者人身、财产安全等损害社会公共利益的行为提起诉讼，请求法院判令经营者停止侵害、排除妨害、消除由违法行为造成的危险的诉讼。英烈保护公益诉讼，是指法律授权的机关对侵害英雄烈士的姓名、肖像、名誉、荣誉，损害社会公共利益的行为提起诉讼，请求法院判令被告依法承担民事责任的诉讼。个人信息保护公益诉讼，是指法律授权的机关和有关组织，对个人信息处理者违反法律规定处理个人信息，侵害众多个人权益的行为提起诉讼，请求法院判令被告赔礼道歉、承担赔偿责任的诉讼。未成年人权益保护公益诉讼，是指法定机关对侵犯未成年人合法权益，涉及公共利益的行为提起诉讼，请求法院判令被告依法承担民事责任的诉讼。

三、民事公益诉讼的概念和特征

民事公益诉讼有狭义和广义之分。狭义的民事公益诉讼，是指与被诉的侵权行为

---

〔1〕周枏：《罗马法原论》（下册），商务印书馆2001年版，第958页。

无直接利害关系的人，为维护社会公共利益提起的诉讼。广义的民事公益诉讼除包括狭义的公益诉讼外，还包括受到被告行为直接损害，与被诉的侵权行为有直接利害关系的人，出于保护社会公共利益的目的提起的诉讼。我国民事诉讼法规定的民事公益诉讼，是指狭义的民事公益诉讼。[1]我国《民事诉讼法》第58条规定，对污染环境、侵害众多消费者合法权益等损害社会公共利益的行为，法律规定的机关和有关组织可以向人民法院提起诉讼。人民检察院在履行职责中发现破坏生态环境和资源保护、食品药品安全领域侵害众多消费者合法权益等损害社会公共利益的行为，在没有前款规定的机关和组织或者前款规定的机关和组织不提起诉讼的情况下，可以向人民法院提起诉讼。前款规定的机关或者组织提起诉讼的，人民检察院可以支持起诉。据此，民事公益诉讼，是指对损害国家和社会公共利益的违法行为，由法律规定的机关或组织向法院提起诉讼的制度。与普通的民事诉讼相比较，民事公益诉讼主要具有以下特征：

（1）诉讼目的的特殊性。民事公益诉讼的目的是维护国家利益和社会公共利益，制止个别组织和个人滥用权力或权利实施危害国家和社会的行为，保障社会每个成员的共同利益都得以实现，形成良好的社会秩序；私益诉讼的目的是保护私人利益，解决私人之间的民事权益争议。

（2）诉讼主体的法定性。在公益诉讼中，原告并未受到被告行为的直接侵害，与所提起的诉讼之间并无直接的利害关系，法律放宽了对原告资格的限制；私益诉讼一般涉及私人利益，原告因自己的民事权益受到被告的侵害，为保护自己依法享有的权利提起诉讼，原告与提起的诉讼之间具有直接的利害关系。

（3）损害事实的预防性。公共利益一旦受到损害，不仅违法者难以有足够的财产弥补损失，而且很多损失是无法弥补的。因此，公益诉讼不应以财产和人身损害实际发生为要件，只要某种行为有可能导致损害发生的风险，就可以提起公益诉讼，这正是公益诉讼的预防性特点；私益诉讼通常以财产和人身损害实际发生为要件。

（4）诉讼程序的复杂性。公益诉讼案件不仅涉案人数多、权利义务范围难以界定，而且专业性、政策性较强。因此，公益诉讼案件的审理不仅需要规定特殊、复杂的诉讼程序，而且还需要相关行政机关配合。私益诉讼主要解决当事人之间的民事权利义务争议，按照法律设定的通常诉讼程序即可解决。

（5）判决效力的扩张性。涉及公益诉讼，法院裁判不仅对参加诉讼的当事人具有拘束力，对特定的国家机关、组织和社会公众均具有法律效力。涉及私益诉讼，法院裁判通常只对与案件有直接利害关系的当事人产生拘束力。

四、我国民事公益诉讼的立法

我国1991年《民事诉讼法》并未规定公益诉讼。由于污染环境、侵害众多消费者

[1] 《民事诉讼法学》编写组编：《民事诉讼法学》，高等教育出版社2017年版，第279~280页。

权益的行为日益增多，并且愈发严重，2012年修正的《民事诉讼法》增加规定了公益诉讼制度，赋予法律规定的机关和有关组织对污染环境、侵害众多消费者合法权益等损害社会公共利益的行为提起诉讼的权利。

2012年《民事诉讼法》第55条只对公益诉讼作出了原则性的规定，即对污染环境、侵害众多消费者合法权益等损害社会公共利益的行为，法律规定的机关和有关组织可以向人民法院提起诉讼。为了配合公益诉讼制度的具体施行，2015年《民诉法解释》对公益诉讼程序的相关问题作出了进一步的规定。从可以提起公益诉讼的主体资格看，2012年《民事诉讼法》只规定法律规定的机关和有关组织可以提起公益诉讼，究竟哪些机关和有关组织有权提起公益诉讼，需要结合《环境保护法》和《消费者权益保护法》的有关规定确定。此后，除《民事诉讼法》外，《海洋环境保护法》《环境保护法》和《消费者权益保护法》等也对公益诉讼作出了规定。2015年1月6日，最高人民法院发布的《环境公益诉讼司法解释》，以及2016年4月24日最高人民法院发布的《消费公益诉讼司法解释》，对环境公益诉讼和消费公益诉讼案件的审理作出了进一步的规定。

2017年6月27日，第十二届全国人民代表大会常务委员会第二十八次会议对《民事诉讼法》作出了修正，即在第55条增加一款，作为第2款规定："人民检察院在履行职责中发现破坏生态环境和资源保护、食品药品安全领域侵害众多消费者合法权益等损害社会公共利益的行为，在没有前款规定的机关和组织或者前款规定的机关和组织不提起诉讼的情况下，可以向人民法院提起诉讼。前款规定的机关或者组织提起诉讼的，人民检察院可以支持起诉。"该决定自2017年7月1日起施行。为了配合检察机关提起公益诉讼制度的施行，2018年2月23日最高人民法院审判委员会第1734次会议、2018年2月11日最高人民检察院第十二届检察委员会第73次会议通过了《两高检察公益诉讼解释》，自2018年3月2日起施行（该解释2020年12月28日修正）。

2017年12月17日，中共中央办公厅、国务院办公厅印发了《生态环境损害赔偿制度改革方案》，总体要求和目标是：通过在全国范围内试行生态环境损害赔偿制度，进一步明确生态环境损害赔偿范围、责任主体、索赔主体、损害赔偿解决途径等，形成相应的鉴定评估管理和技术体系、资金保障和运行机制，逐步建立生态环境损害的修复和赔偿制度，加快推进生态文明建设。在此基础上，2019年6月5日，最高人民法院施行了《生态环境损害赔偿规定（试行）》，探索完善生态环境损害赔偿制度。《生态环境损害赔偿规定（试行）》对可以提起生态环境损害赔偿诉讼的原告范围、举证责任、生态环境损害赔偿诉讼与环境民事公益诉讼的衔接等作出了明确的规定。在原告范围方面，司法解释规定，符合法定情形的省级、市地级人民政府及其指定的相关部门、机构，或者受国务院委托行使全民所有自然资源资产所有权的部门，可以作为原告提起生态环境损害赔偿诉讼。[1]在举证责任方面，司法解释规定，原告应当就被告实施了污染环境、破坏生态行为或者具有其他应当依法承担责任的情形，生态环境受到损害以及所需修复费用、损害赔偿等具体数额，以及被告污染环境、破坏生态行为与生态环境损害之间具有关联性，承担相应举证责任。在生态环境损害赔偿诉讼与环境民事公益诉讼的衔接方面，司法解释规定，在生态环境损害赔偿诉讼案件审理过程中，同一损害生态环境行为又被提起民事公益诉讼，符合起诉条件的，应当由受理生态环境损害赔偿诉讼案件的人民法院受理并由同一审判组织审理。人民法院受理因同一损害生态环境行为提起的生态环境损害赔偿诉讼案件和民事公益诉讼案件，应先中止民事公益诉讼案件的审理，待生态环境损害赔偿诉讼案件审理完毕后，就民事公益诉讼案件未被涵盖的诉讼请求依法作出裁判。生态环境损害赔偿诉讼案件的裁判生效后，有权提起民事公益诉讼的机关或者社会组织就同一损害生态环境行为有证据证明存在前案审理时未发现的损害，并提起民事公益诉讼的，人民法院应予受理。民事公益诉讼案件的裁判生效后，有权提起生态环境损害赔偿诉讼的主体就同一损害生态环境行为有证据证明存在前案审理时未发现的损害，并提起生态环境损害赔偿诉讼的，人民法院应予受理。

2023 年 4 月 17 日，最高人民法院审判委员会第 1885 次会议通过的《关于生态环境侵权民事诉讼证据的若干规定》进一步规定，人民法院审理环境污染责任纠纷案件、生态破坏责任纠纷案件和生态环境保护民事公益诉讼案件，适用本规定。生态环境保护民事公益诉讼案件，包括环境污染民事公益诉讼案件、生态破坏民事公益诉讼案件和生态环境损害赔偿诉讼案件。生态环境保护民事公益诉讼案件的原告应当就以下事实承担举证责任：一是被告实施了污染环境或者破坏生态的行为，且该行为违反国家规定；二是生态环境受到损害或者有遭受损害的重大风险。原告起诉请求被告承担环境污染、生态破坏责任的，应当提供被告行为与损害之间具有关联性的证据。人民法院应当根据当事人提交的证据，结合污染环境、破坏生态的行为方式、污染物的性质、环境介质的类型、生态因素的特征、时间顺序、空间距离等因素，综合判断被告行为与损害之间的关联性是否成立。被告应当就其行为与损害之间不存在因果关系承担举证责任。被告主张不承担责任或者减轻责任的，应当就法律规定的不承担责任或者减轻责任的情形承担举证责任。对于人民法院在生态环境保护民事公益诉讼生效裁判中确认的基本事实，当事人在因同一污染环境、破坏生态行为提起的人身、财产损害赔偿诉讼中无需举证证明，但有相反证据足以推翻的除外。

---

〔1〕 该司法解释发布施行时，关于此类诉讼是否属于公益诉讼，尚存在争议。李浩教授认为，生态损害赔偿诉讼是一种新类型的民事诉讼。在生态损害赔偿诉讼中，行政机关是针对生态损害诉请义务人赔偿，义务人所应当赔偿的，是污染环境、破坏生态行为造成的生态环境利益的损害，此类诉讼具有明显的公益属性，其本质仍然是公益诉讼。但此类诉讼与社会组织、检察机关提起的公益诉讼又存在一些差异，是环境公益诉讼中带有一定特殊性的一类诉讼。为环境民事公益诉讼制定的程序规则大部分可适用于此类诉讼。应本着有利于环境公益诉讼开展的原则，处理政府提起的生态损害赔偿诉讼与社会组织、检察机关提起的环境公益诉讼的关系。参见李浩：《生态损害赔偿诉讼本质是公益诉讼》，载《检察日报》2019 年 8 月 28 日。

我国《民法典》第1234条规定，违反国家规定造成生态环境损害，生态环境能够修复的，国家规定的机关或者法律规定的组织有权请求侵权人在合理期限内承担修复责任。侵权人在期限内未修复的，国家规定的机关或者法律规定的组织可以自行或者委托他人进行修复，所需费用由侵权人负担。第1235条规定，违反国家规定造成生态环境损害的，国家规定的机关或者法律规定的组织有权请求侵权人赔偿下列损失和费用：①生态环境受到损害至修复完成期间服务功能丧失导致的损失；②生态环境功能永久性损害造成的损失；③生态环境损害调查、鉴定评估等费用；④清除污染、修复生态环境费用；⑤防止损害的发生和扩大所支出的合理费用。由此可见，《民法典》对公益诉讼制度也作出了相应的规定。

2018年4月27日，第十三届全国人民代表大会常务委员会第二次会议通过了《英雄烈士保护法》，自2018年5月1日起施行。该法第25条第2款规定："英雄烈士没有近亲属或者近亲属不提起诉讼的，检察机关依法对侵害英雄烈士的姓名、肖像、名誉、荣誉，损害社会公共利益的行为向人民法院提起诉讼。"由此，确立了英烈保护公益诉讼制度。

2020年10月17日，第十三届全国人民代表大会常务委员会第二十二次会议第二次修订的《未成年人保护法》第106条规定："未成年人合法权益受到侵犯，相关组织和个人未代为提起诉讼的，人民检察院可以督促、支持其提起诉讼；涉及公共利益的，人民检察院有权提起公益诉讼。"此条法律规定，确立了未成年人权益保护公益诉讼制度，该法律已经于2021年6月1日施行。

2020年12月23日，最高人民法院审判委员会第1823次会议通过了《最高人民法院关于修改〈最高人民法院关于人民法院民事调解工作若干问题的规定〉等十九件民事诉讼类司法解释的决定》，自2021年1月1日起施行，其中包括《民诉法解释》《消费公益诉讼司法解释》《环境公益诉讼司法解释》和《两高检察公益诉讼解释》。

2021年8月20日，第十三届全国人大常委会第三十次会议表决通过了《个人信息保护法》。自2021年11月1日起施行。该法第70条规定："个人信息处理者违反本法规定处理个人信息，侵害众多个人的权益的，人民检察院、法律规定的消费者组织和由国家网信部门确定的组织可以依法向人民法院提起诉讼。"由此，确立了个人信息保护公益诉讼制度。

2021年12月24日，第十三届全国人民代表大会常务委员会第三十二次会议审议通过了《关于修改〈中华人民共和国民事诉讼法〉的决定》，对《民事诉讼法》进行了第四次修正，涉及公益诉讼的内容没有改变，只是法条顺序发生了变化，由原来的第55条变更为第58条。

2023年9月1日，第十四届全国人民代表大会常务委员会第五次会议审议通过了《关于修改〈中华人民共和国民事诉讼法〉的决定》，对《民事诉讼法》进行了第五次修正，涉及公益诉讼的内容没有改变。

2022年3月22日，最高人民法院审判委员会第1866次会议通过了《最高人民法院关于修改〈最高人民法院关于适用《中华人民共和国民事诉讼法》的解释〉的决定》，对《民诉法解释》进行了第二次修正，修正后的《民诉法解释》已经自2022年4月10日起施行。

2022年2月8日，最高人民检察院第八检察厅印发了《关于加强国有财产保护、国有土地使用权出让领域公益诉讼检察工作的通知》，要求实现“国财国土”领域市级院层面办案全覆盖，以更好地发挥公益诉讼检察职能作用，保护国有财产，服务保障经济社会发展的大局。

上述法律规定说明，只有把《民事诉讼法》的原则性规定与相关法律的具体规定结合起来，才能完整地了解我国公益诉讼的法律规定。

五、公益诉讼与行政执法的关系

行政执法有广义和狭义之分，广义的行政执法，是指行政机关的一切行政行为，即指行政机关运用法律对国家事务进行组织与管理的全部活动，包括行政立法、行政执法和行政司法。狭义的行政执法，专指广义行政执法中的执法概念，是指行政主体依法对行政管理相对人采取的直接影响其权利义务，或者对相对人的权利行使和义务履行情况进行监督检查的具体行政行为。执法的手段包括行政检查、行政决定、行政许可、行政处罚等。〔1〕

公益诉讼和行政执法都是公法的法律程序，公益诉讼具有程序公正的优势，行政执法具有效率优势，行政执法与行政诉讼共同构成公法普遍的法律程序，公益诉讼则是对行政执法的重要补充和监督。公益诉讼和行政执法的区别主要体现在以下几个方面：

（1）权利（权力）性质不同。在公益诉讼中，法律授权可以提起公益诉讼的主体作为原告，承担提起诉讼的职能，被告基于自身利益参加诉讼，法院居中对案件进行审理并作出裁判，强调司法的被动性和中立性。公益诉讼的原告是基于公共利益受到侵害提起公益诉讼的，且大都不享有实施强制措施的权力。在行政执法中，行政机关集受理、调查、裁决等职权于一身，权力行使具有主动性、权威性和强制性。

（2）程序运作不同。为了保证案件审理的公正性，我国对案件的审理实行两审终审制，涉及公益诉讼的案件，当事人对第一审法院作出的裁判不服，可以向上一级法院提出上诉，寻求更高一级的司法救济。行政执法行为则具有公定力，即行政执法行为一经作出，应推定其为合法有效，个人、组织都必须服从，除非由法定机关依法定程序变更或撤销。

（3）救济方式不同。公益诉讼是在社会公共利益已经遭受侵害，或者损害社会公

〔1〕应松年主编：《行政法学新论》，中国方正出版社1998年版，第233~234页。本书的行政执法是指狭义的行政执法。

共利益的风险已经出现时，才能提起的诉讼。由法院居中对案件作出裁决，依法决定对损害公共利益的行为进行处罚，属于对公共利益的事后救济。行政执法不仅可以采取事后救济措施，即行政处罚，在必要时也可以通过行政许可实行事先预防、事中检查。[1]

从制度设置看，公益诉讼是通过司法方式维护社会公共利益的制度，也是最后一道救济程序。行政执法是一种主动型、高效性的程序，通常在司法启动前发挥作用。从国外公益诉讼程序的设置看，多在承认司法救济的有限性和最终性下，强调公益诉讼的前置程序。例如，美国法律规定，公民提起环境公益诉讼时，应当先请求有关主管机关进行处置，或者先行向侵害社会公共利益的人要求进行补救。我国立法在公益诉讼中没有规定行政前置程序。在公共利益的维护中，行政执法机关应当认真履行职责，对侵犯社会公共利益的行为积极采取预防和处罚措施，以减少公益诉讼的产生。

2012年，我国在《民事诉讼法》修正过程中，有学者对赋予行政机关提起公益诉讼的主体资格提出异议，认为行政机关不宜被赋予公益诉权，具体理由如下：一是提起诉讼带有司法属性，与行政机关行使行政权的宪法职能相悖；二是行政机关手握诉权和行政权，对另一方当事人存在不恰当的威胁和压迫，会打破诉讼平衡；三是可能掩盖行政失误，不利于通过公益诉讼揭示行政违法。公益诉讼的产生，往往或至少有时与行政违法或行政懈怠相关联，这种情况的客观存在，一方面消除了行政机关提起诉讼的动力；另一方面，在其提起诉讼后，也会导致诉讼的中途流失。[2]目前，我国赋予提起公益诉讼主体资格的行政机关主要是省级、市地级人民政府及其指定的相关部门，或者受国务院委托行使全民所有自然资源资产所有权的部门，以及海洋环境监督管理机关。在现有制度设置下，行政机关对国家利益和社会公共利益负有监管和保障之责，公益诉讼的产生，与行政机关的履职状况往往密切相关，在法定主体提起民事公益诉讼后，行政机关不能游离于诉讼之外，行政机关参与民事公益诉讼的作用和功能主要体现为：提供相关证据、及时制裁损害公共利益的行为等。[3]

第二节　民事公益诉讼的主体和范围

一、民事公益诉讼的主体

所谓民事公益诉讼的主体，是指有权提起公益诉讼的主体范围，即哪些主体可以提起民事公益诉讼。根据我国《民事诉讼法》第58条的规定，有权提起公益诉讼的是法律规定的机关和有关组织，明确将个人排除在提起公益诉讼的主体范围之外。目前，根据法律和相关司法解释的规定，下列主体有权提起民事公益诉讼：

---

〔1〕胡小红：《公益诉讼与行政执法的比较研究》，载《安徽大学学报（哲学社会科学版）》2006年第6期。

〔2〕李湘宁、唐丹妮：《“审慎”公益诉讼》，载《财经》2011年第27期。

〔3〕汤维建：《行政公益诉讼与民事公益诉讼可以相互转化》，载《检察日报》2015年6月8日。

（一）行政机关

我国《海洋环境保护法》第 114 条第 2 款规定，对污染海洋环境、破坏海洋生态，给国家造成重大损失的，由依照本法规定行使海洋环境监督管理权的部门代表国家对责任者提出损害赔偿要求。海洋环境监督管理机关在技术、信息方面具有充分救济环境公益的有利条件，具备良好的专业素质、先进的环境监测设备，由其提起环境民事公益诉讼有利于海洋环境的保护。

《生态环境损害赔偿规定（试行）》第 1 条规定："具有下列情形之一，省级、市地级人民政府及其指定的相关部门、机构，或者受国务院委托行使全民所有自然资源资产所有权的部门，因与造成生态环境损害的自然人、法人或者其他组织经磋商未达成一致或者无法进行磋商的，可以作为原告提起生态环境损害赔偿诉讼：（一）发生较大、重大、特别重大突发环境事件的；（二）在国家和省级主体功能区规划中划定的重点生态功能区、禁止开发区发生环境污染、生态破坏事件的；（三）发生其他严重影响生态环境后果的。前款规定的市地级人民政府包括设区的市，自治州、盟、地区，不设区的地级市，直辖市的区、县人民政府。"

（二）法定的环保组织

2015 年 1 月 1 日，我国新修订施行的《环境保护法》规定，符合法定条件的环境保护组织可以提起民事公益诉讼。该法第 58 条规定："对污染环境、破坏生态，损害社会公共利益的行为，符合下列条件的社会组织可以向人民法院提起诉讼：（一）依法在设区的市级以上人民政府民政部门登记；（二）专门从事环境保护公益活动连续五年以上且无违法记录。符合前款规定的社会组织向人民法院提起诉讼，人民法院应当依法受理。提起诉讼的社会组织不得通过诉讼牟取经济利益。"

《环境公益诉讼司法解释》对《环境保护法》的上述规定作出了更为细致、具体的解释，具体内容如下：法律规定的机关和有关组织依据《民事诉讼法》第 58 条、《环境保护法》第 58 条等法律的规定，对已经损害社会公共利益或者具有损害社会公共利益重大风险的污染环境、破坏生态的行为提起诉讼，符合《民事诉讼法》第 122 条第 2 项、第 3 项、第 4 项规定的，人民法院应予受理。其中，依照法律、法规的规定，在设区的市级以上人民政府民政部门登记的社会团体、基金会以及社会服务机构等，可以认定为《环境保护法》第 58 条规定的社会组织。设区的市，自治州、盟、地区，不设区的地级市，直辖市的区以上人民政府民政部门，可以认定为《环境保护法》第 58 条规定的"设区的市级以上人民政府民政部门"。社会组织章程确定的宗旨和主要业务范围是维护社会公共利益，且从事环境保护公益活动的，可以认定为《环境保护法》第 58 条规定的"专门从事环境保护公益活动"。社会组织提起的诉讼所涉及的社会公共利益，应与其宗旨和业务范围具有关联性。社会组织在提起诉讼前五年内未因从事业务活动违反法律、法规的规定受过行政、刑事处罚的，可以认定为《环境保护法》第 58 条规定的"无违法记录"。

（三）法定的消费者协会

2014年3月15日，我国修订施行的《消费者权益保护法》授权符合法定条件的消费者组织可以提起公益诉讼。该法第47条规定，对侵害众多消费者合法权益的行为，中国消费者协会以及在省、自治区、直辖市设立的消费者协会，可以向人民法院提起诉讼。根据上述法律规定，消费公益诉讼的原告资格范围小于环境公益诉讼，不仅没有法律授权的机关，也不包括省级以下的消费者协会及消费者协会以外的其他消费者组织。

《消费公益诉讼司法解释》第1条规定，中国消费者协会以及在省、自治区、直辖市设立的消费者协会，对经营者侵害众多不特定消费者合法权益或者具有危及消费者人身、财产安全危险等损害社会公共利益的行为提起消费民事公益诉讼的，适用本解释。法律规定或者全国人大及其常委会授权的机关和社会组织提起的消费民事公益诉讼，适用本解释。上述法律规定，为扩大提起消费者公益诉讼主体范围留下了空间。

（四）检察机关

2012年我国修正的《民事诉讼法》并没有赋予检察机关提起民事公益诉讼的主体资格。但是，从司法实践看，我国一直未间断对检察机关提起民事公益诉讼路径的探索。2014年，党的十八届四中全会提出司法体制改革，探索建立检察机关提起公益诉讼制度。2015年7月，第十二届全国人大常委会第十五次会议通过决定，授权最高人民检察院在北京等13个省、自治区、直辖市开展为期两年的提起公益诉讼试点。2015年12月16日，最高人民检察院第十二届检察委员会第45次会议通过了《人民检察院提起公益诉讼试点工作实施办法》，并于2015年12月24日发布施行。2016年2月22日，最高人民法院审判委员会第1679次会议通过了《人民法院审理人民检察院提起公益诉讼案件试点工作实施办法》，并于2016年3月1日起施行。这两个试点办法的出台实施，对于人民检察院提起公益诉讼试点工作的开展具有重大意义。

2017年我国修改《民事诉讼法》，以立法的形式赋予了检察机关提起民事公益诉讼的主体资格。但是，需要注意的是，检察机关提起公益诉讼具有终局性，即只有在没有法律规定的机关和组织提起公益诉讼的情况下，检察机关才可以向人民法院提起公益诉讼。检察机关既是社会公共利益的代表者，也是法律监督者，侵犯公共利益的案件本身就是违反法律规定的，由检察机关提起公益诉讼，有利于公共利益的维护。

此外，需要注意的是，根据我国《个人信息保护法》的规定，涉及个人信息保护提起公益诉讼的主体，不仅限于人民检察院，还包括法律规定的消费者组织和由国家网信部门确定的组织。《海洋环境保护法》也规定，对污染海洋环境、破坏海洋生态，给国家造成重大损失的，法定行使海洋环境监督管理权的部门不提起诉讼的，人民检察院可以向人民法院提起诉讼。

关于应否赋予公民提起民事公益诉讼主体资格的问题，学界有肯定和否定两种观点。持肯定观点的学者认为，应当将公民纳入民事公益诉讼的原告主体范围，当国家利益或者社会公共利益受到侵害时，公民可以作为诉讼主体参与诉讼，行使其对政治的参与权，防卫国家公权力的恣意。[1]持否定观点的学者认为，我国目前的物质基础、社会心理、民众意识等方面不具备公民提起公益诉讼的条件。[2]我国《民事诉讼法》没有赋予公民提起民事公益诉讼的主体资格。

二、民事公益诉讼的范围

民事公益诉讼的范围，是指民事公益诉讼的客体范围，即可以提起民事公益诉讼的案件范围。根据民事诉讼法和相关司法解释的规定，针对下列案件可以提起民事公益诉讼：

（一）环境公益诉讼案件

近年来，环境污染案件逐渐增多，一些企业为了短期利益在生产过程中污染环境，使人类生存环境日益恶化。当地行政机关为了本地的经济发展、财政收入，往往对环境污染行为视而不见，甚至滥用职权、玩忽职守、徇私舞弊。在这种情况下，受害人可能基于诉讼不经济，或基于相互依赖，或感觉胜诉希望渺茫，最终不起诉，使环境污染情况越来越严重。我国《民事诉讼法》将环境污染纳入公益诉讼范畴，有利于环境的保护。

（二）消费者公益诉讼案件

侵犯消费者合法权益的案件多种多样，包括产品质量有瑕疵、价格欺骗等。从侵害形式看，包括已经造成侵权事实和尚未造成侵权事实两种情况。商家的行为已经使消费者蒙受某种损失的，属于已经造成的侵权事实。商家的某些行为在目前还没有给消费者带来损害，但是存在某种隐患，有可能在将来危及消费者利益和安全的，属于尚未造成的侵权事实。由于我国市场经济发展尚未成熟，国家对市场监管还需完善，侵害众多消费者合法权益的案件时有发生。这类案件受害者人数众多，由单个消费者起诉得不偿失，我国《民事诉讼法》将侵害众多消费者合法权益的案件纳入公益诉讼范畴，有利于切实维护众多消费者的合法权益。

尽管我国《民事诉讼法》第 58 条只列举了污染环境和侵害众多消费者合法权益两类公益诉讼，但是该条文中又有“等损害社会公共利益的行为”字样。这表明，立法对公益诉讼的类型持一种开放式的态度，公益诉讼的类型并非仅限于上述两种。

随着我国各项法律制度的不断发展完善，民事公益诉讼制度的适用范围也不断的拓宽。为了保护英雄烈士的姓名、肖像、名誉、荣誉等权利，维护社会公共利益，2018 年施行的《英雄烈士保护法》规定了英烈保护公益诉讼制度。为了保护个人信息权益，规范个人信息处理活动，促进个人信息合理利用，2021 年施行的《个人信息保护法》规定了个人信息保护公益诉讼制度。为了保护未成年人的合法权益，2021 年施

---

〔1〕 肖建华、唐玉富：《论公益诉讼的理论基础与程序建构》，载《河南省政法管理干部学院学报》2008 年第 1 期。

〔2〕 梁玉超：《民事公益诉讼模式的选择》，载《法学》2007 年第 6 期。

行的《未成年人保护法》规定了未成年人权益保护公益诉讼制度等。由此可见，随着实践和立法的发展，今后完全有可能还会增加新的公益诉讼类型。

第三节 民事公益诉讼的程序

一、管辖与受理条件

（一）管辖

科学合理地确定管辖，既有利于当事人行使诉权，也有利于法院行使审判权，《民诉法解释》《环境公益诉讼司法解释》和《消费公益诉讼司法解释》对公益诉讼的管辖作出了明确、具体的规定。

1. 级别管辖

《民诉法解释》第 283 条第 1 款规定，公益诉讼案件由侵权行为地或者被告住所地中级人民法院管辖，但法律、司法解释另有规定的除外。根据《环境公益诉讼司法解释》第 6 条第 1 款的规定，第一审环境民事公益诉讼案件由污染环境、破坏生态行为发生地、损害结果地或者被告住所地的中级以上人民法院管辖。《消费公益诉讼司法解释》第 3 条第 1 款规定，消费民事公益诉讼案件管辖适用《民诉法解释》第 283 条的有关规定。根据上述法律规定，公益诉讼案件由中级人民法院管辖。公益诉讼涉及社会公共利益的维护，案件通常涉及人数众多，审理程序复杂，审理执行难度大，社会关注度高，适合由中级人民法院管辖。

2. 地域管辖

地域管辖是按照人民法院的主管范围和当事人住所地划分同级人民法院之间审判第一审民事案件的权限。地域管辖根据合同、侵权、公司、保险、票据等各种不同民事案件的特点确定。民事公益诉讼针对的是污染环境、侵害众多消费者合法权益等损害社会公共利益的行为，从性质上看，属于侵权行为。因此，涉及民事公益诉讼的案件应当适用民事诉讼法关于因侵权行为提起诉讼的管辖规定。根据《民诉法解释》的规定，公益诉讼案件一般由侵权行为地或者被告住所地法院管辖，侵权行为地包括侵权行为实施地和侵权结果发生地。《环境公益诉讼司法解释》对公益诉讼的管辖作出了进一步的规定，即第一审环境民事公益诉讼案件由污染环境、破坏生态行为发生地、损害结果地或者被告住所地的中级以上人民法院管辖。

3. 专门管辖

所谓专门管辖，是指有些案件由专门的法院管辖。例如，海事案件的管辖，《民诉法解释》第 283 条第 2 款规定，因污染海洋环境提起的公益诉讼，由污染发生地、损害结果地或者采取预防污染措施地海事法院管辖。我国《海事诉讼特别程序法》第 7 条第 2 项进一步规定，因船舶排放、泄漏、倾倒油类或者其他有害物质，海上生产、作业或者拆船、修船作业造成海域污染损害提起的诉讼，由污染发生地、损害结果地或者采取预防污染措施地海事法院管辖。其中，污染发生地，是指发生污染事故的地域。损害结果地，是指因污染事故遭受损害的区域。采取预防污染措施地，是指为了预防污染损害后果发生采取预防措施的地域。规定这一连接点，主要是考虑油类等海上污染物具有漂浮流动的特性，在某些海洋污染案件中，如果不采取预防措施，可能会造成严重的污染损害后果。规定采取预防污染措施地海事法院对海洋污染案件具有管辖权，符合方便诉讼和审理原则。

4. 集中管辖

法律规定案件集中管辖的目的，主要是为了防止同一案件在不同的法院都享有管辖权时，法院重复受理与审理，作出矛盾的判决。为了解决上述问题，《民诉法解释》第 283 条第 3 款规定，对同一侵权行为分别向两个以上人民法院提起公益诉讼的，由最先立案的人民法院管辖，必要时由它们的共同上级人民法院指定管辖。需要注意的是，报请上级人民法院指定管辖时，应当逐级进行。上级人民法院依法指定管辖的，应当书面通知报送的人民法院和被指定的人民法院。报送的人民法院接到通知后，应及时告知当事人。

（二）受理条件

我国《民事诉讼法》只规定了提起民事公益诉讼的主体和案件范围，并没有规定民事公益诉讼的受理条件。《民诉法解释》第 282 条对受理条件作出了规定，即《环境保护法》《消费者权益保护法》等法律规定的机关和有关组织对污染环境、侵害众多消费者合法权益等损害社会公共利益的行为，根据《民事诉讼法》第 58 条规定提起公益诉讼，符合下列条件的，人民法院应当受理：①有明确的被告；②有具体的诉讼请求；③有社会公共利益受到损害的初步证据；④属于人民法院受理民事诉讼的范围和受诉人民法院管辖。

公益诉讼的受理条件需要注意以下几点：一是不要求原告与案件有直接的利害关系。二是“社会公共利益受到损害”，不仅包括现实已经存在的“不利后果”，还包括构成现实威胁的“不利后果”。尤其在环境公益诉讼案件中，由于环境污染具有不可逆性，事后的补救往往耗资巨大甚至不可挽救。基于预防侵权的原则，原告对被告具有损害社会公共利益重大风险的污染环境的行为，也可以向人民法院提起诉讼。三是要求原告向法院提供证明社会公共利益受到损害的初步证据，即只要提交的证据材料能够认定公共利益受到损害即可。“初步证据”的规定，为公益诉讼的提起设置了较低的门槛，有利于公共利益的维护，同时也可以防止当事人滥诉。

二、诉讼告知与诉讼参加

（一）诉讼告知

行政机关对实施损害社会公共利益的行为人通常负有监管职责，法定的公益诉讼主体提起公益诉讼后，法院将诉讼情况告知负有监管职责的行政机关，有利于行政机关对被告的违法行为进行处理，促使被告及时纠正违法行为，弥补相关损失，尽快解决纠纷。为此，《民诉法解释》第284条规定，人民法院受理公益诉讼案件后，应当在10日内书面告知相关行政主管部门。《消费公益诉讼司法解释》第6条规定，人民法院受理消费民事公益诉讼案件后，应当公告案件受理情况，并在立案之日起10日内书面告知相关行政主管部门。《环境公益诉讼司法解释》第12条规定，人民法院受理环境民事公益诉讼后，应当在10日内告知对被告行为负有环境保护监督管理职责的部门。需要注意的是，诉讼告知是对受理公益诉讼案件的人民法院的强制性要求，只要受理公益诉讼案件，就应当依法告知。

（二）诉讼参加

为了维护社会公共利益，法律规定多个法定主体有权提起民事公益诉讼。在制度具体施行中，可能会出现法院受理某一主体提起的公益诉讼后，其他法定主体也要提起公益诉讼的情形。允许重复起诉，显然不符合民事诉讼法的原理。为了解决上述问题，法律规定了诉讼参加制度。《民诉法解释》第285条规定，人民法院受理公益诉讼案件后，依法可以提起诉讼的其他机关和有关组织，可以在开庭前向人民法院申请参加诉讼。人民法院准许参加诉讼的，列为共同原告。《环境公益诉讼司法解释》第10条第1、2款规定，人民法院受理环境民事公益诉讼后，应当在立案之日起5日内将起诉状副本发送被告，并公告案件受理情况。有权提起诉讼的其他机关和社会组织在公告之日起30日内申请参加诉讼，经审查符合法定条件的，人民法院应当将其列为共同原告；逾期申请的，不予准许。《消费公益诉讼司法解释》第7条规定，人民法院受理消费民事公益诉讼案件后，依法可以提起诉讼的其他机关或者社会组织，可以在一审开庭前向人民法院申请参加诉讼。人民法院准许参加诉讼的，列为共同原告；逾期申请的，不予准许。上述法律规定，将司法保护和行政保护相结合，有利于社会公共利益的维护。

三、自认、反诉与撤诉

（一）自认

公益诉讼的目的是维护社会公共利益。为了防止缺乏诉讼动力或者滥用公益诉讼制度，防止原告承认被告主张的对原告不利的事实，或者认可被告提出的对原告不利的证据，损害公共利益，法律对原告的自认予以限制。《环境公益诉讼司法解释》第16条规定，原告在诉讼过程中承认的对己方不利的事实和认可的证据，人民法院认为损害社会公共利益的，应当不予确认。《消费公益诉讼司法解释》第12条规定，原告在诉讼中承认对己方不利的事实，人民法院认为损害社会公共利益的，不予确认。

（二）反诉

设置反诉的目的在于通过反诉与本诉合并审理，减少当事人的讼累，降低诉讼成本，便于判决的执行。公益诉讼的反诉应当予以限制，因为公益诉讼维护的是社会公共利益，反诉则是针对国家和社会的诉讼。同时，允许被告反诉会使诉讼变得更加复杂。为此，《环境公益诉讼司法解释》第 17 条规定，环境民事公益诉讼案件审理过程中，被告以反诉方式提出诉讼请求的，人民法院不予受理。《消费公益诉讼司法解释》第 11 条规定，消费民事公益诉讼案件审理过程中，被告提出反诉的，人民法院不予受理。

（三）撤诉

在民事公益诉讼中，原告依然可以行使撤诉权，但是受到法律的严格限制。《民诉法解释》第 288 条规定，公益诉讼案件的原告在法庭辩论终结后申请撤诉的，人民法院不予准许。根据上述法律规定，法庭辩论终结后原告申请撤诉的，法院不予准许。法庭辩论终结后，案件事实已经查清，案件审理已经进行到最后阶段，法院已经可以依法对案件作出裁判，如果此时被告胜诉准许原告撤诉，对被告显然不公平。

四、和解与调解

公益诉讼案件的审理，法律规定允许当事人通过协商达成和解，法院也可以对案件进行调解。《民诉法解释》第 287 条规定，对公益诉讼案件，当事人可以和解，人民法院可以调解。当事人达成和解或者调解协议后，人民法院应当将和解或者调解协议进行公告。公告期间不得少于 30 日。公告期满后，人民法院经审查，和解或者调解协议不违反社会公共利益的，应当出具调解书；和解或者调解协议违反社会公共利益的，不予出具调解书，继续对案件进行审理并依法作出裁判。《环境公益诉讼司法解释》第 25 条第 1、2 款规定，环境民事公益诉讼当事人达成调解协议或者自行达成和解协议后，人民法院应当将协议内容公告，公告期间不少于 30 日。公告期满后，人民法院审查认为调解协议或者和解协议的内容不损害社会公共利益的，应当出具调解书。当事人以达成和解协议为由申请撤诉的，不予准许。

根据上述法律规定，公益诉讼案件的审理并不排斥调解与和解制度的具体运用，体现了法律对当事人处分权的尊重。需要注意的是，公益诉讼的和解和调解程序与私益诉讼不同，即当事人达成和解协议或调解协议后，法院需要将协议进行公告，公告的期间不得少于 30 日，目的是便于社会公众进行监督。

五、裁判效力

关于公益诉讼裁判的效力，《民诉法解释》第 289 条规定，公益诉讼案件的裁判发生法律效力后，其他依法具有原告资格的机关和有关组织就同一侵权行为另行提起公益诉讼的，人民法院裁定不予受理，但法律、司法解释另有规定的除外。

关于“法律、司法解释另有规定”的情形，《环境公益诉讼司法解释》第 28 条规定，环境民事公益诉讼案件的裁判生效后，有权提起诉讼的其他机关和社会组织就同一污染环境、破坏生态行为另行起诉，有下列情形之一的，人民法院应予受理：①前案原告的起诉被裁定驳回的；②前案原告申请撤诉被裁定准许的，但该解释第

26 条规定的情形除外。[1]环境民事公益诉讼案件的裁判生效后，有证据证明存在前案审理时未发现的损害，有权提起诉讼的机关和社会组织另行起诉的，人民法院应予受理。

需要注意的是，在公益诉讼中，被告行为造成的损害往往具有双重性，即既损害了社会公共利益，又损害了私人利益。据此，《民诉法解释》第 286 条规定，人民法院受理公益诉讼案件，不影响同一侵权行为的受害人根据《民事诉讼法》第 122 条的规定提起诉讼。由于公益诉讼与私益诉讼存在较大的差别，法律规定法院不能将公益诉讼与私益诉讼合并审理。但是，私益诉讼的原告却可以“搭便车”，即在环境公益诉讼中，如果法院在公益诉讼生效裁判中就行为与损害之间是否存在因果关系、被告承担责任的大小等方面作出对私益诉讼原告有利的认定，私益诉讼的原告可以在诉讼中主张直接适用；在消费公益诉讼中，消费民事公益诉讼生效裁判认定经营者存在不法行为，因同一侵权行为受到损害的消费者在其提起的诉讼中可以主张直接适用。除非被告提供了足以推翻的相反证据，否则法院应当支持原告的上述主张。

此外，需要注意的是，根据 2018 年 4 月 27 日公布并施行的《人民陪审员法》的规定，人民法院审判第一审民事公益诉讼案件，由人民陪审员和法官组成 7 人合议庭进行。

第四节　检察公益诉讼的特别规定

为完善中国特色检察公益诉讼制度，依法保障国家利益、社会公共利益和人民群众的合法权益，2018 年 3 月 2 日，最高人民法院、最高人民检察院共同发布施行了《两高检察公益诉讼解释》，共 4 部分 27 条，对检察机关的诉讼地位、法院审判程序及审判职责等作出了新规定。2020 年 12 月 23 日最高人民法院审判委员会第 1823 次会议、2020 年 12 月 28 日最高人民检察院第十三届检察委员会第 58 次会议对《两高检察公益诉讼解释》进行了修正。修正后的《两高检察公益诉讼解释》主要包括以下内容：

一、检察院提起民事公益诉讼的范围

根据我国《民事诉讼法》第 58 条第 2 款的规定，人民检察院在履行职责中发现破坏生态环境和资源保护、食品药品安全领域侵害众多消费者合法权益等损害社会公共利益的行为，在没有法定机关和组织提起诉讼的情况下，可以向人民法院提起诉讼。《两高检察公益诉讼解释》第 13 条第 1 款进一步规定，人民检察院在履行职责中发现破坏生态环境和资源保护，食品药品安全领域侵害众多消费者合法权益，侵害英雄烈士等的姓名、肖像、名誉、荣誉等损害社会公共利益的行为，拟提起公益诉讼的，应

---

[1] 《环境公益诉讼司法解释》第 26 条规定，负有环境资源保护监督管理职责的部门依法履行监管职责而使原告诉讼请求全部实现，原告申请撤诉的，人民法院应予准许。

当依法公告，公告期间为30日。由此可见，检察院提起民事公益诉讼的范围，主要是破坏生态环境和资源保护、食品药品安全领域侵害众多消费者合法权益，侵害英雄烈士等的姓名、肖像、名誉、荣誉等损害社会公共利益的行为。

此外，需要注意的是，根据我国新施行的《个人信息保护法》的规定，个人信息处理者违反法律规定处理个人信息，侵害众多个人的权益的，人民检察院可以依法向人民法院提起诉讼。根据《未成年人保护法》的规定，未成年人合法权益受到侵犯，相关组织和个人未代为提起诉讼的，人民检察院可以督促、支持其提起诉讼；涉及公共利益的，人民检察院有权提起公益诉讼。根据《海洋环境保护法》第114条第2款、第3款的规定，对污染海洋环境、破坏海洋生态，给国家造成重大损失的，由依照本法规定行使海洋环境监督管理权的部门代表国家对责任者提出损害赔偿要求。前款规定的部门不提起诉讼的，人民检察院可以向人民法院提起诉讼。前款规定的部门提起诉讼的，人民检察院可以支持起诉等。上述法律规定说明，随着各项法律制度的不断发展和完善，国家加大了对社会公共利益的保护，检察机关提起公益诉讼的范围呈现逐步扩大的趋势。需要注意的是，根据《环境公益诉讼司法解释》第1条的规定，环境民事公益诉讼的起诉范围不仅包括已经损害公共利益的行为，还包括具有损害社会公共利益重大风险的污染环境、破坏生态的行为。而根据《两高检察公益诉讼解释》的规定，检察院提起民事公益诉讼，并未包括具有损害社会公共利益重大风险的行为。

二、检察院的诉讼地位和诉讼权利义务

《两高检察公益诉讼解释》第4条规定，人民检察院以公益诉讼起诉人身份提起公益诉讼，依照民事诉讼法、行政诉讼法享有相应的诉讼权利，履行相应的诉讼义务，但法律、司法解释另有规定的除外。上述法律规定，明确了检察院在公益诉讼中的诉讼地位是公益诉讼起诉人。具体需要注意以下两点：一是检察院作为公益诉讼的起诉人启动的是公益诉讼，与普通原告相比较具有一定的特殊性，即法律、司法解释对检察机关的特殊诉讼权利义务有明确规定的，应当按照相关规定执行；二是检察院应当依照民事诉讼法享有相应的诉讼权利，履行相应的诉讼义务。

三、检察公益诉讼的起诉条件

根据民事诉讼法的规定，人民检察院提起民事公益诉讼的前提是没有法定机关和组织提起公益诉讼，或者法定机关和组织不提起公益诉讼。《两高检察公益诉讼解释》第13条第1、2款进一步规定，人民检察院在履行职责中发现破坏生态环境和资源保护，食品药品安全领域侵害众多消费者合法权益，侵害英雄烈士等的姓名、肖像、名誉、荣誉等损害社会公共利益的行为，拟提起公益诉讼的，应当依法公告，公告期间为30日。公告期满，法律规定的机关和有关组织、英雄烈士等的近亲属不提起诉讼的，人民检察院可以向人民法院提起诉讼。根据上述法律规定，需要注意以下几点：一是诉前公告，即人民检察院在起诉前，应当履行告知程序，以保障法定机关和组织

的诉权，以及社会公众的知情权和参与权。二是公告期内，有法定的机关和组织提起公益诉讼的，人民检察院不再提起公益诉讼。公告期限届满，法定的机关和组织不提起公益诉讼的，人民检察院可以向法院提起公益诉讼。三是人民检察院向人民法院提起公益诉讼，应当提交法定的材料，即民事公益诉讼起诉书，并按照被告人数提出副本；被告的行为已经损害社会公共利益的初步证明材料；检察机关已经履行公告程序的证明材料。四是检察机关提起公益诉讼，应当符合《民事诉讼法》第122条第2至4项规定的起诉条件。

四、检察公益诉讼的调查取证权

为了充分发挥检察公益诉讼制度的功能，及时有效地保护社会公共利益，法律赋予了检察机关调查取证权。根据《两高检察公益诉讼解释》第6条的规定，主要需要注意以下几点：一是人民检察院办理公益诉讼案件，可以向有关行政机关以及其他组织、公民调查收集证据材料；二是有关行政机关以及其他组织、公民应当配合；三是需要采取证据保全措施的，依照民事诉讼法、行政诉讼法的相关规定办理，即明确了检察院在办理公益诉讼案件过程中，需要提取、封存证据的，可以向法院提出申请，由法院采取证据保全措施。

五、刑事附带民事公益诉讼

为了节约诉讼资源，提高诉讼效率，妥善确定犯罪嫌疑人的刑事责任和民事责任，《两高检察公益诉讼解释》第20条规定，人民检察院对破坏生态环境和资源保护，食品药品安全领域侵害众多消费者合法权益，侵害英雄烈士等的姓名、肖像、名誉、荣誉等损害社会公共利益的犯罪行为提起刑事公诉时，可以向人民法院一并提起附带民事公益诉讼。涉及刑事附带民事公益诉讼，需要注意以下几点：一是刑事诉讼与民事公益诉讼是不同性质的案件，涉及民事公益诉讼时，既可以附带刑事诉讼提起，也可以根据案件实际情况单独提起；二是针对破坏生态环境和资源保护、食品药品安全领域侵害众多消费者合法权益，侵害英雄烈士等的姓名、肖像、名誉、荣誉等损害社会公共利益的犯罪行为提起刑事公诉时，如果已经有法定的机关和组织提起民事公益诉讼的，则不再受理刑事附带民事公益诉讼；三是人民检察院提起的刑事附带民事公益诉讼案件，由审理刑事案件的人民法院管辖，并且由人民法院审理刑事案件的同一审判组织审理。

六、法院审判程序与职责

根据《两高检察公益诉讼解释》的规定，涉及法院审判程序与职责，主要需要注意以下几点：

第一，人民法院、人民检察院办理公益诉讼案件，应当遵守宪法法律规定，遵循诉讼制度的原则，遵循审判权、检察权运行规律。市（分、州）人民检察院提起的第一审民事公益诉讼案件，由侵权行为地或者被告住所地中级人民法院管辖。人民法院审理人民检察院提起的第一审公益诉讼案件，可以适用人民陪审制。

第二，人民法院受理人民检察院提起的民事公益诉讼案件后，应当在立案之日起5日内将起诉书副本送达被告。人民检察院已履行诉前公告程序的，人民法院立案后不再进行公告。人民法院开庭审理人民检察院提起的公益诉讼案件，应当在开庭3日前向人民检察院送达出庭通知书。人民检察院应当派员出庭，并应当自收到人民法院出庭通知书之日起3日内向人民法院提交派员出庭通知书。派员出庭通知书应当写明出庭人员的姓名、法律职务以及出庭履行的具体职责。根据法律规定，出庭检察人员主要履行以下职责，即宣读公益诉讼起诉书；对人民检察院调查收集的证据予以出示和说明，对相关证据进行质证；参加法庭调查，进行辩论并发表意见；依法从事其他诉讼活动。

第三，人民法院认为人民检察院提出的诉讼请求不足以保护社会公共利益的，可以向其释明变更或者增加停止侵害、恢复原状等诉讼请求。人民检察院提起的民事公益诉讼案件中，被告以反诉方式提出诉讼请求的，人民法院不予受理。民事公益诉讼案件审理过程中，人民检察院诉讼请求全部实现而撤回起诉的，人民法院应予准许。

第四，人民检察院提起公益诉讼案件判决、裁定发生法律效力，被告不履行的，人民法院应当移送执行。人民检察院不服人民法院第一审判决、裁定的，可以向上一级人民法院提起上诉。人民法院审理第二审案件，由提起公益诉讼的人民检察院派员出庭，上一级人民检察院也可以派员参加。

【思考题】

一、概念题

公共利益　公益诉讼　民事公益诉讼　民事公益诉讼的主体　民事公益诉讼的范围

二、简答题

1. 简述民事公益诉讼的特征。
2. 简述我国法律规定可以提起民事公益诉讼的主体。
3. 简述法律规定可以提起公益诉讼的案件范围。
4. 简述民事公益诉讼案件的管辖法院。
5. 简述法院受理民事公益诉讼案件的条件。
6. 简述民事公益诉讼的诉讼告知与诉讼参加。
7. 简述民事公益诉讼的自认、反诉与撤诉的限制。
8. 简述民事公益诉讼裁判的效力。

三、论述题

1. 试述民事公益诉讼的主体和范围。
2. 试述公益诉讼与行政执法的关系。
3. 试述检察公益诉讼的特别规定。

第十七章
第三人撤销之诉

学习目的与基本要求　掌握第三人撤销之诉的概念和特征，准确理解第三人提起撤销之诉的条件；全面了解第三人撤销之诉的具体程序，充分认识第三人撤销之诉与相关制度之间的关系。

为了保护第三人的合法权益，我国设置了第三人制度。但是，由于信息的不对称，第三人制度在具体施行中出现了一些问题，当事人通过恶意诉讼等手段，侵害案外第三人合法权益的案件时有发生。为了维护案外第三人的合法权益，也为了弥补第三人制度的不足，2012 年我国修正《民事诉讼法》时，增加规定了第三人撤销之诉制度，《民诉法解释》对第三人撤销之诉制度也作了进一步的规定，形成了完整的第三人撤销之诉制度体系。

第一节　概　述

一、第三人撤销之诉的概念和特征

所谓第三人撤销之诉，是指由于不可归责于本人的事由未能参加诉讼的第三人，有证据证明已经发生法律效力的判决、裁定、调解书部分或者全部内容错误，损害其民事权益，向作出该判决、裁定、调解书的人民法院提起诉讼，请求改变或者撤销原判决、裁定、调解书的制度。

第三人撤销之诉主要具有以下几个特征：

（1）诉讼主体的法定性。诉讼主体的法定性，是指只有法律明确规定的主体，才有权提起第三人撤销之诉。根据我国《民事诉讼法》的规定，提起第三人撤销之诉的主体，只能是由于不可归责于本人的事由未能参加诉讼，符合法定条件的有独立请求权的第三人和无独立请求权的第三人。

（2）诉讼救济的事后性。诉讼救济的事后性是相对诉讼事前救济而言的。为了保障第三人的合法权益，我国法律设置了属于事前救济的有独立请求权的第三人和无独立请求权的第三人制度。所谓“事前”，是指案件起诉受理后到案件的裁判、调解书生效之前的程序阶段。在这之后，再对案件所涉权利予以救济的程序，就是事后程序。事前与事后的界分标准是裁判是否生效。一般而言，通常的救济程序都是事前程序，事后救济程序属于一种特殊和例外。[1]第三人撤销之诉是针对已经生效的判决提起的诉讼，具体程序设置属于事后救济。

（3）救济程序的特殊性。由于第三人撤销之诉针对的是已经发生法律效力的判决、裁定和调解书，从性质上看，与再审程序一样同属于特殊的救济程序。但是，在具体制度设置上，第三人撤销之诉与再审程序存在较大的差异，因为提起撤销之诉的第三人在原有的诉讼中没有行使过诉讼权利。在第三人撤销之诉制度的程序设置上，既要注重保护第三人的民事权益，也应当设置严格的诉讼程序防止当事人滥诉。

二、第三人撤销之诉的立法

（一）立法目的

在我国民事诉讼司法实践中，由于当事人通过恶意诉讼等手段，侵害他人合法权益的情形时有发生，特别是法院加强调解工作后，一些当事人利用调解本身的特点，进行诉讼欺诈，损害案外第三人合法权益的现象日益突出。为了维护案外第三人的合法权益，2012 年我国修正的《民事诉讼法》增加规定了第三人撤销之诉制度，该法第 56 条第 3 款规定："前两款规定的第三人，因不能归责于本人的事由未参加诉讼，但有证据证明发生法律效力的判决、裁定、调解书的部分或者全部内容错误，损害其民事权益的，可以自知道或者应当知道其民事权益受到损害之日起六个月内，向作出该判决、裁定、调解书的人民法院提起诉讼。人民法院经审理，诉讼请求成立的，应当改变或者撤销原判决、裁定、调解书；诉讼请求不成立的，驳回诉讼请求。"2021 年修正《民事诉讼法》，该条法律规定的内容没有改变，只是法律条文顺序发生了变化，由原来的第 56 条第 3 款变为第 59 条第 3 款。2023 年第五次修正的《民事诉讼法》，涉及该条的法律规定没有改变。为了保证民事诉讼法规定的第三人撤销之诉制度的具体施行，《民诉法解释》对第三人撤销之诉制度又作了进一步的规定，形成了完整的第三人撤销之诉制度体系。由此可见，我国设置第三人撤销之诉的目的主要体现在以下两个方面：一是为事先未能参加诉讼、未获得程序保障的第三人提供事后的救济；二是遏制近年来出现的恶意诉讼。

（二）立法体例

从立法体例看，第三人撤销之诉是赋予案外人对错误生效裁判的自我救济程序，从这点看，其与再审程序有相同之处，即都是否认生效裁判的效力，但是两者也存在较大的不同，即再审既是纠正错误，也是对原案件的继续审理。第三人撤销之诉的提起，是基于新的事实主张撤销原生效裁判，是一个新的诉讼。从域外的立法例看，第三人撤销之诉都被规定为不同于普通民事诉讼的程序，但做法不尽相同。例如，法国立法将第三人撤销之诉与再审程序并列为特别上诉程序。

在我国理论研究中，有学者认为，我国《民事诉讼法》将第三人撤销之诉制度规

---

〔1〕 张卫平：《民事诉讼法》（第 6 版），法律出版社 2023 年版，第 475 页。

定在第59条第3款“诉讼参加人”一章，属于立法体例不当，应当将第三人撤销之诉与再审程序并列，而不宜列为普通的诉讼程序。具体理由如下：第三人撤销之诉制度与一般的民事诉讼程序不一样，其在第三人的正当民事权益遭受部分或者全部错误的裁判损害时才会启动，是一项事后救济制度，目的在于改变或者撤销法院已经产生法律效力的裁判，在本质上具有突破既判力的效力，与再审相似。但是，第三人撤销之诉制度与再审制度在主体、客体、功能、运行程序等方面都存在差别，将第三人撤销之诉制度纳入再审并不妥当，应当将两项制度并列规定。[1]

《民诉法解释》在立法体例上，将第三人撤销之诉规定在第一审程序后面，作为单独一节，未特别规定，适用普通程序的规定。

第二节　第三人提起撤销之诉的条件

根据《民事诉讼法》和《民诉法解释》的规定，第三人提起撤销之诉应当符合以下几个条件：

一、提起撤销之诉的主体

根据《民事诉讼法》第59条第3款的规定，有权提起第三人撤销之诉的主体必须是当事人以外的第三人。但是，并非一切案外人都有权提起第三人撤销之诉，只有对原案的诉讼标的享有独立的请求权或者与原案裁判结果有法律上利害关系的第三人，因不能归责于本人的事由未参加诉讼，但有证据证明发生法律效力的判决、裁定、调解书的部分或者全部内容错误，损害其民事权益的，才有权在法定的时间内向法院提起第三人撤销之诉。

二、提起撤销之诉的客体

提起撤销之诉的客体是已经生效的判决、裁定和调解书。如果原案未参加诉讼的第三人有证据证明请求撤销的判决、裁定、调解书的内容全部或者部分存在错误，损害了其民事权益，就可以依法提起第三人撤销之诉。

判决是针对民事实体权益争议作出的裁判，判决内容出现错误可能会使案外第三人的合法权益受到损害，赋予案外第三人提起撤销之诉的权利是必要的。调解书与判决书相同，也涉及民事实体权益争议的解决，不同的是，通过调解达成协议当事人的自主性更大，调解书的效力也更强，经双方当事人签收，即具有与生效判决同等的法律效力，调解书内容出现错误，也会使案外第三人的合法权益受到损害。司法实践中，确实存在双方当事人恶意串通达成调解协议损害案外第三人合法权益的情形。因此，

---

〔1〕宋德金：《我国第三人撤销之诉的立法完善》，载《湖北经济学院学报（人文社会科学版）》2016年第12期。

赋予案外第三人提起撤销之诉的权利也是必要的。

关于裁定，有学者认为，我国的裁定主要针对的是程序性问题，且大都没有羁束力和既判力。有些裁定虽然涉及实体处理，也没有必要通过提起第三人撤销之诉予以救济。但是，司法实践中，有可能出现不规范适用裁定的情形（是否有这样一种可能，裁判的形式是裁定，但实质却是判决的情形。这里涉及的问题是法律规定的裁定是实质意义上的，还是形式意义上的），这些情形有可能成为撤销之诉的客体，从这一角度而言，民事诉讼法的规定也并非完全没有意义。〔1〕

判决、裁定、调解书的全部或者部分内容，是指判决、裁定的主文，调解书中处理当事人民事权利义务的结果。有证据证明，只要求提供的证据能够初步证明即可，至于原裁判、调解书是否存在损害第三人合法权益的错误，需要通过后续的审理程序确定。

三、提起撤销之诉的原因

根据法律规定，提起第三人撤销之诉的原因是因不可归责于本人的原因未参加诉讼。损害第三人利益的诉讼之所以能够得逞，往往是由于被请求撤销的诉讼进行时，第三人完全不知情，被排除在诉讼之外，失去了向法院主张权利、提供证据的机会。〔2〕尤其是当事人以恶意串通、虚假自认等方式损害第三人合法权益时，第三人更是无从知道，也很难以有独立请求权的第三人和无独立请求权的第三人的身份参加诉讼；法院常常也不能明确哪些人属于与案件有利害关系的第三人通知其参加诉讼。〔3〕如果第三人已经参加诉讼，其主张及提供的事实、证据已经为法院所考虑，再提起撤销之诉就缺乏正当性和必要性。如果法院当时已经通知其参加诉讼，该第三人无正当理由未参加诉讼的，不再享有提起撤销之诉的权利。

根据《民诉法解释》第293条的规定，第三人因不能归责于本人的事由未参加诉讼，是指没有被列为生效判决、裁定、调解书的当事人，且无过错或者无明显过错的情形，包括：①不知道诉讼而未参加的；②申请参加未获准许的；③知道诉讼，但因客观原因无法参加的；④因其他不能归责于本人的事由未参加诉讼的。

四、提起撤销之诉的时间

根据法律规定，第三人提起撤销之诉应当在知道或者应当知道其民事权益受到损害之日起6个月内提出。设置第三人撤销之诉，主要以撤销错误的生效裁判、调解书为目的。由于该项法律制度是一项事后、特殊的救济程序，面临着保护第三人利益与生效裁决、调解书既判力保持平衡问题。一方面需要最大限度地保护案外第三人的合

---

〔1〕张卫平：《民事诉讼法》（第6版），法律出版社2023年版，第481页。

〔2〕《民事诉讼法学》编写组编：《民事诉讼法学》，高等教育出版社2017年版，第288页。

〔3〕全国人大常委会法制工作委员会民法室编：《〈中华人民共和国民事诉讼法〉释解与适用》，人民法院出版社2012年版，第81页。

法权益；另一方面为了避免第三人撤销之诉制度对生效裁判安定性和社会秩序的稳定性构成威胁，需要督促案外第三人及时地行使权利。由此可见，法律规定6个月的期限，既是对当事人行使权利的保障，也是督促当事人及时地行使权利。

五、提起撤销之诉的管辖法院

《民事诉讼法》第59条第3款明确规定，第三人撤销之诉应当向作出该判决、裁定、调解书的人民法院提起。人民法院经审理，诉讼请求成立的，应当改变或者撤销原判决、裁定、调解书；诉讼请求不成立的，驳回诉讼请求。如果要求撤销的裁判是第一审法院作出的，管辖法院为第一审法院；如果要求撤销的裁判是第二审法院作出的，管辖法院则是第二审法院。立法作出上述规定的理由如下：一是考虑到作出原生效裁判、调解书的人民法院比较了解案情，有利于案件的审理；二是可以充分发挥原审法院的自身纠错功能；三是避免出现下级法院撤销或者变更上级法院作出的生效裁判、调解书的情况。[1]

第三节　第三人撤销之诉的程序

一、当事人诉讼地位的确定

在第三人撤销之诉中，提起撤销之诉的第三人为原告，生效判决、裁定、调解书的当事人为被告，这与通常的诉讼存在差别。生效判决、裁定、调解书的双方当事人之所以成为被告，是因为他们与第三人撤销之诉存在直接的利害关系。

2012年，在《民事诉讼法》修正过程中，曾有些学者提出，可否由第三人另行起诉维护自己的合法权益？从司法程序具体运作看，通过另行起诉的方式维护第三人的合法权益存在一定的法律障碍，包括管辖和生效裁判效力确定问题。从管辖看，根据法律规定，我国虽然实行四级两审终审制，四级人民法院依法都有权受理和审理第一审民事案件。但是，从我国目前情况看，大部分第一审民事案件都是由基层人民法院受理、审理和裁决的。而且有相当数量的案件，是通过两审终审结案的。如果案件经过两审终审，第三人向基层人民法院另行起诉，将涉及基层人民法院能否撤销上级人民法院裁决的问题。从生效裁判效力确定看，如果另行起诉后作出的裁判与原裁判不同，如何处理两个不同的生效裁判也存在问题。因此，设置第三人撤销之诉是对第三人利益保护的较好方式。

需要注意的是，根据《民诉法解释》第296条的规定，第三人提起撤销之诉，原案生效判决、裁定、调解书中列为不承担民事责任的无独立请求权的第三人，在撤销之诉中仍然列为第三人。

---

〔1〕 全国人大常委会法制工作委员会民法室编：《〈中华人民共和国民事诉讼法〉释解与适用》，人民法院出版社2012年版，第83页。

二、起诉与受理

（一）起诉

法律设置第三人撤销之诉制度，是为了维护案外第三人的合法权益。同时，也应当防止当事人滥用第三人撤销之诉制度。为此，法律对第三人提起撤销之诉的条件作出了明确的规定。根据《民事诉讼法》第 59 条第 3 款的规定，第三人提起撤销之诉应当符合以下条件：①因不能归责于本人的事由未参加诉讼；②有证据证明发生法律效力的判决、裁定、调解书的部分或者全部内容错误，损害其民事权益的；③可以自知道或者应当知道其民事权益受到损害之日起 6 个月内，向作出该判决、裁定、调解书的人民法院提起诉讼。

《民诉法解释》第 290 条对第三人提起撤销之诉应当提交的证据材料进一步作出了明确的规定，即第三人对已经发生法律效力的判决、裁定、调解书提起撤销之诉的，应当自知道或者应当知道其民事权益受到损害之日起 6 个月内，向作出生效判决、裁定、调解书的人民法院提出，并应当提供存在下列情形的证据材料：①因不能归责于本人的事由未参加诉讼；②发生法律效力的判决、裁定、调解书的全部或者部分内容错误；③发生法律效力的判决、裁定、调解书内容错误损害其民事权益。

（二）受理

第三人撤销之诉作为一种特殊的救济制度，法律对其的审查受理作出了较为严格的规定。《民诉法解释》第 291 条规定，人民法院应当在收到起诉状和证据材料之日起 5 日内送交对方当事人，对方当事人可以自收到起诉状之日起 10 日内提出书面意见。人民法院应当对第三人提交的起诉状、证据材料以及对方当事人的书面意见进行审查。必要时，可以询问双方当事人。经审查，符合起诉条件的，人民法院应当在收到起诉状之日起 30 日内立案。不符合起诉条件的，应当在收到起诉状之日起 30 日内裁定不予受理。

根据上述法律规定可以看出，第三人撤销之诉的案件受理程序与通常诉讼民事案件的受理程序存在显著区别：①审查方式不同。通常民事诉讼案件的受理实行立案登记制，法院对当事人的起诉只需进行形式审查；第三人撤销之诉的受理法院需要对案件进行实质审查，即法院不仅对起诉状、被告提交的书面意见进行审查，必要时还可以传唤双方当事人到法院进行询问。②审查期限不同。通常民事诉讼案件的审查期限较短，即根据法律规定，法院在收到起诉状后的 7 日内，就需要作出受理与否的裁定；第三人撤销之诉法院审查起诉的时间为 30 日。

同时，需要注意的是，根据《民诉法解释》第 295 条的规定，对下列情形提起第三人撤销之诉的，人民法院不予受理：①适用特别程序、督促程序、公示催告程序、破产程序等非讼程序处理的案件；②婚姻无效、撤销或者解除婚姻关系等判决、裁定、调解书中涉及身份关系的内容；③《民事诉讼法》第57条规定的未参加登记的权利人对代表人诉讼案件的生效裁判；④《民事诉讼法》第58条规定的损害社会公共利益行为的受害人对公益诉讼案件的生效裁判。

三、审理和判决

（一）审理

符合法定条件的案件当事人提起第三人撤销之诉，如果诉讼请求成立，法院将判决撤销原生效判决、裁定、调解书的全部或部分内容，案件审理程序与通常诉讼的审理程序相比较具有特殊性。根据《民事诉讼法》和《民诉法解释》的规定，涉及第三人撤销之诉案件的审理需要注意以下几个问题：

（1）适用程序。我国法律只规定涉及第三人撤销之诉的案件，即第三人向作出该判决、裁定、调解书的人民法院提起诉讼，并未规定案件审理适用的程序。考虑到第三人撤销之诉案件的审理结果可能会改变或撤销原裁判，适用简易程序审理显得草率。同时，对利益受到损害的第三人而言，该程序属于第一次司法救济，且具有事后性和特殊补救性的特点，因此适用第一审普通程序审理为宜，当事人不服第一审法院作出的判决的，可以通过上诉寻求司法救济。[1]

（2）审判组织。根据《民诉法解释》第292条的规定，人民法院对第三人撤销之诉案件，应当组成合议庭开庭审理。考虑到案件审理的复杂性和事后性，法律规定，涉及第三人撤销之诉案件应当组成合议庭审理，由此排除了采用独任制审理案件的组织形式。关于组成合议庭时，原审的审判人员是否可以参加，《民诉法解释》并没有明确要求另外组成合议庭进行审理。由此可见，人民法院可以根据案件的具体情况，确定合议庭的组成方式，在保证案件审理公正性的前提下，既可以由其他审判人员另行组成合议庭，也可以由原来的审判人员组成合议庭。由原来的审判人员组成合议庭审理案件的益处是，对已经生效案件的审理情况比较了解，继续审理第三人撤销之诉案件省时省力。

（3）审理方式。根据法律规定，涉及第三人撤销之诉的案件应当开庭审理。第三人撤销之诉案件的审理，涉及对原生效裁判的判定，对原生效裁判的当事人以及第三人的权利义务关系重大，一旦进入审理程序，应当谨慎处理。因此，第三人撤销之诉案件应当组成合议庭且开庭审理，不适用书面审理，更不得不经开庭径行裁判。

（4）审理范围。第三人撤销之诉案件的审理，应当尊重当事人的处分权，以当事人提出的诉讼请求为限。如果当事人认为原生效的判决、裁定和调解书的全部内容存在错误，法院应当针对当事人的诉讼请求，对全案一并审理。如果当事人认为原生效的判决、裁定和调解书的内容部分存在错误，法院应当仅针对当事人提出的诉讼请求，对当事人不服部分的内容进行审理，除非法律有特别规定的除外。

---

〔1〕刘家兴、潘剑锋主编：《民事诉讼法学教程》（第4版），北京大学出版社2013年版，第125页。

（二）判决

根据《民事诉讼法》第 59 条第 3 款的规定，对第三人提起的撤销之诉案件，人民法院经审理，诉讼请求成立的，应当改变或者撤销原判决、裁定、调解书；诉讼请求不成立的，驳回诉讼请求。《民诉法解释》第 298 条进一步规定，对第三人撤销或者部分撤销发生法律效力的判决、裁定、调解书内容的请求，人民法院经审理，按下列情形分别处理：

（1）请求成立且确认其民事权利的主张全部或部分成立的，改变原判决、裁定、调解书内容的错误部分。

（2）请求成立，但确认其全部或部分民事权利的主张不成立，或者未提出确认其民事权利请求的，撤销原判决、裁定、调解书内容的错误部分。

（3）请求不成立的，驳回诉讼请求。

对前款规定裁判不服的，当事人可以上诉。原判决、裁定、调解书的内容未改变或者未撤销的部分继续有效。

此外，需要注意的是，第三人提起撤销之诉针对的是已经发生法律效力的判决、裁定和调解书，法院受理第三人撤销之诉时，被请求撤销的法律文书可能已经进入了执行程序，如果执行完毕，法院经过对案件的审理，原生效判决、裁定和调解书被撤销，将涉及执行回转问题，使案件审理结果复杂化。为了解决上述问题，《民诉法解释》第 297 条规定，受理第三人撤销之诉案件后，原告提供相应担保，请求中止执行的，人民法院可以准许。

第四节　第三人撤销之诉与相关制度的关系

一、第三人撤销之诉与申请再审的关系

（一）第三人撤销之诉与申请再审的区别

第三人撤销之诉与申请再审存在诸多相似之处。例如，设置两种制度的目的大体相同，都是为了保护受生效裁判侵害的案外第三人的合法权益；又如，两者都是针对生效裁判；再如，两者的适格主体可能存在重合。但是，两者之间也存在较大的区别。具体体现在以下几个方面：

（1）本质不同。从本质看，第三人撤销之诉属于新诉，是对第三人实体权益的第一次救济。申请再审属于再审制度，是诉讼程序中的特殊救济程序。

（2）适格主体不同。根据法律规定，并不是所有的第三人都能成为第三人撤销之诉的适格原告。第三人撤销之诉的适格主体是“因不能归责于本人的事由未参加诉讼”的有独立请求权的第三人和无独立请求权的第三人。申请再审的主体，包括原审案件的当事人和案外第三人。

（3）适用的程序不同。根据法律规定，法院审理第三人撤销之诉案件，适用第一

审普通程序。法院审理再审案件，适用审判监督程序。

（4）诉讼目的不同。第三人提起撤销之诉的目的，是通过案件的审理达到阻止他人之间的裁判效力扩张至第三人即可，通常不需要纠正原审裁判的错误。申请再审的目的，是为了纠正原裁判的错误，推翻原裁判。

（5）客观效果不同。第三人撤销之诉可能改变原裁判，也可能不改变原裁判，因此对原裁判当事人之间的法律关系可能产生影响，也可能不产生影响。申请再审意在挑战和动摇已经产生既判力的原裁判的稳定性，是为了推翻原裁判，或者对原裁判的法律关系进行重新塑造。

（6）是否需要中止执行不同。法院受理第三人提起撤销之诉案件后，原则上不中止原裁判的执行。但是，为了防止恶意提起第三人撤销之诉规避执行，法律规定，原告提供相应担保请求中止执行的，人民法院可以准许。申请再审的案件，除法律规定的特殊情形外，对于决定再审的案件，法院应当裁定中止原判决的执行。

（二）第三人撤销之诉与申请再审关系的协调

关于第三人权益的保障，我国法律既设置了第三人撤销之诉制度，也设置了申请再审制度。第三人提起撤销之诉，通过法院对案件的审理，可能会撤销或者变更原审作出的生效判决、裁定和调解书的内容。当事人申请再审，通过法院对案件的审理，也可能会撤销或者变更原审作出的生效司法文书确定的内容。目前，在我国民事诉讼法中，第三人撤销之诉与申请再审是两种互相独立的制度，两种程序依法可以分别启动，相互之间并不影响。由此产生的问题是，第三人撤销之诉程序和再审程序都启动后，由于两诉的对象都是同一生效的判决、裁定或者调解书，审理范围会产生交叉，如果完全独立地进行，又有可能会出现矛盾的判决。同时，对于当事人来看，就同一诉讼对象却要同时进行两种不同的程序，也会增加诉讼负担。因此，需要解决的问题是，在某些情况下，针对同一份判决、裁定、调解书，如果当事人同时选择适用两种不同程序时，该如何处理？换言之，根据当事人的申请，法院一方面正在审理第三人撤销之诉，另一方面又决定对该案件进行再审。此时，两种程序同时进行显然不合适。因此，涉及第三人撤销之诉与申请再审的关系协调问题。

为了解决上述问题，《民诉法解释》第 299 条规定，第三人撤销之诉案件审理期间，人民法院对生效判决、裁定、调解书裁定再审的，受理第三人撤销之诉的人民法院应当裁定将第三人的诉讼请求并入再审程序。但有证据证明原审当事人之间恶意串通损害第三人合法权益的，人民法院应当先行审理第三人撤销之诉案件，裁定中止再审诉讼。根据上述法律规定，当两种程序并列时，应当以再审程序吸收第三人撤销之诉为原则，即通过诉的合并的方式一次性解决两个诉。具体适用时，需要注意以下几点：

（1）再审审理吸收第三人撤销之诉，是以两个案件均已经受理为前提的，即作出生效判决的人民法院受理了第三人撤销之诉，再审案件已经进入再审程序。如果第三人撤销之诉还没有立案，生效判决、裁定、调解书只是启动了再审审查程序，还没有裁定再审的，均不发生案件合并的问题。裁定再审在前的，对第三人提起的撤销之诉，人民法院可以告知其申请参加再审程序；第三人坚持起诉的，人民法院可以在受理后再转移到再审案件一并审理。

（2）第三人撤销之诉请求并入再审程序审理，应当在再审裁判作出之前进行。但是，对于第三人撤销之诉的审理阶段，法律没有作出明确的规定。从司法实践看，第三人撤销之诉在一审终结前并入再审程序没有问题，但在第三人撤销之诉一审判决已经作出后，是否还需要并入再审程序，值得进一步研究。

（3）第三人撤销之诉诉讼请求并入再审程序一并审理的方式，如果属于同一法院审理的，可以通过诉的合并处理；如果分属不同法院审理的，第三人撤销之诉案件的审理法院应当作出裁定，将案件移交审理再审案件的人民法院。

（4）第三人撤销之诉诉讼请求并入再审程序的例外，即有证据证明原审的当事人恶意串通损害第三人利益的情况，应当先审理第三人撤销之诉，再审案件应当中止诉讼。

（三）案件审理的程序适用

关于第三人撤销之诉并入再审程序后，案件审理的程序适用问题，应当根据《民诉法解释》第300条的规定处理，即第三人诉讼请求并入再审程序审理的，按照下列情形分别处理：

（1）按照第一审程序审理的，人民法院应当对第三人的诉讼请求一并审理，所作的判决可以上诉。此种情况，应当将第三人直接列为第三人，其对其撤销诉讼请求范围内，具有当事人的权利义务。人民法院作出判决时，应当同时对再审诉讼请求和第三人撤销请求作出裁判。

（2）按照第二审程序审理的，人民法院可以调解，调解达不成协议的，应当裁定撤销原判决、裁定、调解书，发回一审法院重审，重审时应当列明第三人。在按照第二审程序进行调解时，应当将第三人列为案件的第三人，可以分别对再审请求和第三人撤销诉讼请求进行调解，必要时可以一并进行调解。调解不成发回重审时，应当在裁定中载明第三人情况。重审时，人民法院应当直接将第三人列为案件的第三人，对第三人的民事权利主张与原诉当事人之诉讼请求一并进行审理。

二、第三人撤销之诉与执行异议的关系

（一）理论争议

关于第三人权益的保障，我国法律还规定了执行异议。《民事诉讼法》第238条规定，执行过程中，案外人对执行标的提出书面异议的，人民法院应当自收到书面异议之日起15日内审查，理由成立的，裁定中止对该标的的执行；理由不成立的，裁定驳回。案外人、当事人对裁定不服，认为原判决、裁定错误的，依照审判监督程序办理；与原判决、裁定无关的，可以自裁定送达之日起15日内向人民法院提起诉讼。根据上述法律规定，在执行程序中，案外人对执行标的提出书面异议，对人民法院驳回其异

议的裁定不服，认为原判决、裁定错误的，依照审判监督程序办理，即案外人享有申请再审的权利。此时，如果案外人又符合《民事诉讼法》第 59 条第 3 款关于第三人撤销之诉条件的规定，案外人是提起第三人撤销之诉？还是申请再审？

在理论研究中，针对上述情形的处理存在争议，主要有以下两种观点：一种观点认为，应当赋予当事人选择权。具体理由是：第三人撤销之诉与再审程序是两种不同的程序，各有其程序利益，在此种情形下，法律赋予第三人撤销之诉和再审两种救济程序，都属于当事人的权利，如何适用，应由权利人自行选择。另一种观点认为，不宜赋予当事人选择权，应当优先适用再审程序。具体理由是：救济程序应当是有限的，原则上对同一情形只能适用同一救济程序。第三人撤销之诉是一般性规定，《民事诉讼法》第 238 条规定的再审程序是特别规定，特别规定应当优先于一般规定适用。如果允许当事人选择，程序适用上将较为混乱，容易形成程序上的扯皮现象，会不利于对案外人利益的保护。针对上述争议，2015 年制定《民诉法解释》征求意见时，多数意见认为，不宜由当事人选择适用程序，应当优先适用再审程序。

（二）法律规定

根据前述分析，第三人撤销之诉与执行异议也会发生交集。具体案件审理中，应当如何协调两者之间的关系是法律应当解决的问题。对此，《民诉法解释》第 301 条作出了明确的规定。具体内容如下：

（1）第三人提起撤销之诉后，未中止生效判决、裁定、调解书执行的，执行法院对第三人依照《民事诉讼法》第 238 条规定提出的执行异议，应予审查。第三人不服驳回执行异议裁定，申请对原判决、裁定、调解书再审的，人民法院不予受理。

（2）案外人对人民法院驳回其执行异议裁定不服，认为原判决、裁定、调解书内容错误损害其合法权益的，应当根据《民事诉讼法》第 238 条规定申请再审，提起第三人撤销之诉的，人民法院不予受理。

从上述法律规定可以看出，按照启动程序的先后，当事人只能选择一种相应的救济程序，不能同时启动两种程序，一旦选定则不允许变更。一方面，在案外人已经提起第三人撤销之诉的情况下，再通过申请再审撤销生效判决、裁定或者调解书，显然已无必要。为避免程序的重复适用、增加诉讼成本，法律规定案外人执行异议被驳回后，当事人提出的再审申请法院不再受理是必要的。另一方面，对先启动执行异议程序的，如果对驳回其执行异议裁定不服，可以按照《民事诉讼法》第 238 条的规定，通过审判监督程序救济，提起第三人撤销之诉的，人民法院不予受理，这样的制度设置，既可以提高诉讼效率，也便于当事人诉讼和法院审理案件。

【思考题】

一、概念题

第三人撤销之诉　提起撤销之诉的原因

二、简答题

1. 简述第三人撤销之诉的特征。
2. 简述第三人提起撤销之诉法院不予受理的情形。
3. 简述第三人撤销之诉的案件审理范围。
4. 简述第三人撤销之诉的具体处理情形。
5. 简述第三人撤销之诉与执行异议之间的关系。

三、论述题

1. 试述第三人提起撤销之诉应当具备的条件。
2. 试述第三人撤销之诉与申请再审的关系。

第十八章
第二审程序

学习目的与基本要求 掌握第二审程序的概念和功能，界定第二审程序与第一审程序之间的关系，深刻解读第二审程序的性质，了解上诉的提起和受理的具体程序规则，熟悉上诉案件审理的具体环节。

第一节 第二审程序概述

一、第二审程序的概念和功能

所谓第二审程序，是指第一审法院的上一级人民法院根据当事人针对允许上诉的第一审判决、裁定提出的上诉请求，对上诉案件进行审理所适用的程序。第二审程序因当事人提起上诉而开始，所以第二审程序又称为上诉审程序。人民法院审理民事案件，实行两审终审制，故第二审程序也称终审程序。

第二审程序作为审级制度的一部分，具有以下功能：

（一）保障司法的正确性

民事诉讼的首要目标是追求案件事实的发现及法律的正确适用，从而保证审判结果的正义性。通过上诉审程序的设置从而实现纠错功能首先是在认识论的基础上为法官设置的一种纠错程序。其次，对当事人而言，上诉审程序的设置给予当事人对案件再一次审判的机会。最后，上诉程序本身也构成对一审程序的监督机制。通过给审判者设立审判者，通过不同等级法院法官之间的监督制衡关系对法官的偏私进行约束和控制，从而减少一审判决出现错误的概率。

（二）保障司法的统一性

首先，良好的审级制度的设置，通过对个案的重新审查使法律能够公平、公正地适用于个案中的原告与被告。其次，上级人民法院的法律审还能够保证法律在整个管辖权范围内“平等、公正、统一、一致地适用于每一个人”，从而可以保证“法律面前人人平等”的法治理想的有效实现。〔1〕

（三）确定司法的终局性

司法的终局性是审级制度的另一项基本内容。审级制度在通过设置不同审级的法院来纠正错误，保障司法统一性的同时，还具有确定司法终局性的功能。当事人穷尽

---

〔1〕 傅郁林：《审级制度的建构原理——从民事程序视角的比较分析》，载《中国社会科学》2002年第4期。

审级制度所提供的所有层级的程序保障后，终审法院所作的裁决即成为终审判决，发挥判决的既判力作用。

我国《民事诉讼法》设置第二审程序的意义体现在以下几个方面：

（1）设立第二审程序对人民法院来说，是人民法院系统内进行自我监督的程序制度，有利于上级人民法院对下级人民法院审判工作的监督和指导。

（2）第二审程序对当事人来说，有利于当事人维护自己的合法权益。第二审程序为当事人提供了对一审裁判表示异议的合法渠道，使当事人通过上诉活动，保护自己的合法权益不因一审裁判错误而受到损害。

二、第二审程序与第一审程序的关系

第二审程序与第一审程序同属于人民法院审判民事案件的通常程序，彼此之间既有联系又有区别。

（一）第二审程序与第一审程序的联系

第二审程序与第一审程序的联系主要表现在：

（1）在程序的启动上都遵循“不告不理”原则，都是当事人行使诉权的结果。民事诉讼是借助国家公权力解决私权纠纷的一种制度，因此，程序是否开启都尊重当事人的选择权，遵循“不告不理”原则，即没有当事人基于诉权的起诉与上诉行为，就没有人民法院对一审案件与上诉审案件的审判。因此，两者在程序的启动方面均具有被动性的特点。

（2）第一审程序是第二审程序的前提和基础，第二审程序是第一审程序的继续和发展。虽然第一审程序与第二审程序是各自独立的审判程序，但在程序设置上，在当事人依法提起上诉的情况下，第一审程序是第二审程序的前提和基础，第二审程序则成为第一审程序的继续和发展，第一审程序和第二审程序也就表现为整个审判程序中相互衔接、先后有序的两个不同阶段。

（3）第二审程序不是人民法院审理民事案件的必经程序。如果当事人接受了一审裁判的结果，则一审裁判生效后即成为终审裁决，不会有第二审程序的产生。

（二）第二审程序与第一审程序的区别

第二审程序与第一审程序的区别主要表现在：

（1）审级不同。第一审程序作为民事案件的初审程序，是各级人民法院审判第一审民事案件所应适用的程序。第二审程序作为民事案件的终审程序，则是中级以上各级人民法院审判第二审民事案件所应适用的程序。

（2）程序发生的原因不同。第一审程序是因当事人就具体民事纠纷行使起诉权与人民法院行使管辖权而启动的。当事人行使起诉权的目的在于要求第一审人民法院查明案件事实，正确适用法律，确认民事权利义务纠纷，制裁民事违法行为，维护自己的合法权益；第二审程序则是因一审当事人对未生效裁判的内容表示不满，合法行使上诉权以及上级人民法院行使审判监督权而启动的。当事人行使上诉权的目的虽然也是为了维护自己的合法权益，但其直接诉求则是请求第二审人民法院审查第一审人民法院所认定的事实是否清楚，适用的法律是否正确，并依法撤销或者变更其所不服的第一审判决或者裁定。

(3) 审理的对象不同。第一审程序审理对象是原被告双方争议的实体权利义务关系及其所依据的事实；而第二审程序审理的对象是当事人因不服一审未生效的判决、裁定而提出的具体的上诉请求，当然，法定的特殊情形除外。

(4) 审理的方式不同。第一审程序审理案件应当开庭审理，根据案件的具体情况实行公开审理或不公开审理。而第二审程序审理案件除开庭审理方式外，对经过阅卷、调查和询问当事人，对当事人没有提出新的事实、证据或者理由，人民法院认为案件事实已经清楚，无需开庭审理的案件，可以采取不开庭审理的审理方式。

(5) 审理案件所适用的具体程序不同。审理第一审案件通常使用普通程序，其中基层人民法院和它派出的法庭审理简单的民事案件时，也可使用简易程序；审理第二审案件时，则只能适用第二审程序。当然，在第二审程序未作规定但案件的审判确有必要时，可以参照一审普通程序进行审理，但绝对不得参照一审简易程序进行审理。

(6) 裁判的效力不同。地方各级人民法院适用第一审程序对民事案件经过审理后所作出的第一审判决以及允许上诉的裁定，在法定的上诉期内暂时不发生法律效力，当事人如果在法定的上诉期限届满而没有上诉的，一审裁判则会发生法律效力。人民法院适用第二审程序所作出的判决与裁定，是发生法律效力的终审判决与裁定，不允许当事人再行上诉。

三、第二审程序的性质

第二审程序的性质问题实质上是第二审程序与第一审程序的关系问题。在如何通过审级制度的设置保障裁判的正确性问题上，当今世界主要存在三种二审模式以实现审级制度的纠错功能，即复审制、事后审制及续审制。[1]复审制即通过二审程序对案件进行再一次的审理，因此当事人可以在二审中重新提出新的事实资料，法院可以根据新的证据进行裁判。通过二审法院对事实认定和法律适用的全面重新审理，复审制理论上有利于对案件的正确裁判，但是在复审制模式下，上诉审与第一审完全独立，第二审实质上是对第一审案件的重新审理。因此，纯粹的复审制不仅严重损害司法的效率，而且完全否定了一审程序的法律效力，损害了一审的权威，同时也没有体现当事人主义对法官审判权的限制。因此，现代各国民事诉讼已很少采纳此种上诉审模式。

与复审制完全相反，在事后审制模式中，当事人在二审中不得提出新的诉讼资料，二审原则上只对一审中已经审查过的证据进行审查，以确定一审判决是否妥当。通过对二审范围的严格限制，事后审模式促使当事人在一审中尽可能提出所有争议，从而有利于保障诉讼的终局性，从根本上减少上诉率。该模式将审判的重点放在一审也有

---

〔1〕 宋朝武主编：《民事诉讼法学》，中国政法大学出版社 2015 年版，第 331 页。

利于实现司法效率，但事后审模式严格限制新证据的提出和认定，一定程度上会导致对案件事实发现的损害，因此要求一审程序中为事实发现提供更为周延的程序保障。

续审制以一审言辞辩论时的状态为前提进行继续审理，允许当事人在二审中提出新的诉讼资料，有学者将其称为复审制和事后审制的折中形式。〔1〕基于二审审理时不仅要审查一审的全部诉讼资料，而且允许当事人提出新的诉讼资料的程序设置，在续审制审判模式下，二审不是对一审的重复，而是对一审的继续和补充。

根据我国现行《民事诉讼法》的相关规定，第二审人民法院应当对当事人上诉请求的有关事实与法律适用进行审查，即当事人针对一审允许上诉的判决或者裁定提出的上诉请求的范围构成第二审人民法院审理的范围，法律另有规定的除外。可见，从我国的立法规定分析，我国的第二审程序是第一审程序的继续。我国现行立法允许当事人在二审程序中提出新的证据。基于以上规定，我国二审程序应属于续审制。〔2〕但也有学者认为很难将我国的二审程序归入上述学理中的任何一类。〔3〕

第二节　上诉的提起和受理

一、上诉的提起

（一）上诉的概念

所谓上诉，是指当事人不服地方第一审人民法院作出的未生效裁判，在法定期间内，请求上一级人民法院对上诉请求的有关事实和法律适用进行审理，进而撤销或者变更该裁判的诉讼行为。

上诉权是当事人依法享有的一项重要诉讼权利。当事人的上诉是民事诉讼中引起第二审程序发生与进行的唯一原因，没有当事人的上诉行为，第二审人民法院不得依职权启动第二审程序。因此，上诉权是当事人至关重要的一项诉讼权利，人民法院应充分保障当事人上诉权的依法正确行使。当然，作为一项诉讼权利，当事人可以依法行使上诉权，也可以放弃。

上诉与起诉，都是当事人请求人民法院通过审理和裁判，维护自己合法权益的诉讼行为。但两者存在以下区别：

（1）提起诉讼的原因不同。当事人起诉是因为当事人认为其合法权益或者受其管理、支配的合法权益受到侵犯或者与他人发生争议，从而请求人民法院行使审判权解决民事纠纷；而提起上诉的原因在于当事人不服第一审人民法院所作出的尚未生效的民事裁判，认为一审裁判认定事实有误、适用法律不当或者存在程序违法的情形，请求人民法院予以审查，撤销或者变更该裁判。

---

〔1〕刘敏：《论我国民事诉讼二审程序的完善》，载《法商研究（中南财经政法大学学报）》2001年第6期。
〔2〕江伟主编：《民事诉讼法》，中国人民大学出版社2004年版，第269页。
〔3〕张卫平：《民事诉讼法》，法律出版社2005年版，第305页。

(2) 提起诉讼的效果不同。起诉如果符合法定条件，即引起第一审程序的发生；上诉如果符合法定条件，则引起第二审程序的发生。

(3) 提起诉讼的时间不同。起诉应遵守诉讼时效的要求。相较于上诉期，起诉的诉讼时效较长，而且可以适用中止、中断、延长制度；上诉应遵守上诉期限。上诉的期限较短，当事人必须在法定上诉期内提出上诉，除涉外民事诉讼中有关上诉期的特别规定之外，上诉期是法定不变期间。

(4) 提起诉讼的形式不同。起诉有书面形式与口头形式两种方式；而提起上诉则只能采取书面形式，口头上诉无效。

（二）上诉的条件

上诉的条件，即当事人提起上诉应当具备的法定条件。上诉的条件，可以分为上诉的实质条件和形式条件两种。

1. 上诉的实质条件

所谓上诉的实质条件，是指当事人提出上诉必须针对法律允许上诉的判决、裁定。根据《民事诉讼法》的规定，我国上诉的种类有两种：对一审未生效判决提起的上诉和对一审未生效裁定提起的上诉。其中，根据《民事诉讼法》第 171 条及相关司法解释的规定，地方各级法院所作出的一审未生效实体判决都是允许上诉的判决。具体而言包括：地方各级人民法院适用普通程序作出的第一审判决、基层人民法院及其派出法庭适用简易程序作出的第一审判决、地方各级人民法院对发回重审的案件重审后作出的判决，以及适用第一审普通程序再审后作出的判决。允许上诉的裁定包括：第一，不予受理的裁定；第二，管辖权异议的裁定；第三，驳回起诉的裁定；第四，准许或不准许破产的裁定；第五，移送管辖的裁定；第六，管辖权转移的裁定。

对于下列民事裁判，当事人不得提出上诉：第一，最高人民法院的判决和裁定；第二，第二审人民法院的判决和裁定；第三，人民法院按照第二审程序进行再审所作的判决和裁定；第四，基层人民法院按照特别程序、督促程序、公示催告程序及小额诉讼程序审理案件所作出的判决和裁定。

2. 上诉的形式条件

所谓上诉的形式条件，是指当事人上诉应具备的法定程序条件，具体包括以下条件：

(1) 必须是本案的当事人。有权提起上诉的主体应当是依据第一审裁判享有实体权利或者承担实体义务的人。根据《民事诉讼法》的规定及最高人民法院的司法解释，第一审程序中的原告、被告、共同诉讼人、代表人诉讼中的代表人和被代表的成员，以及有独立请求权的第三人，由于对诉讼标的具有实体上的权利或义务而享有上诉权，可以作为上诉人。无独立请求权的第三人，如果第一审判决其承担民事责任的，依法享有上诉权而成为上诉人。根据《民诉法解释》第 319 条的规定，无民事行为能力人、限制民事行为能力人的法定代理人，可以代理当事人提起上诉。委托代理人代为提起上诉，必须经过当事人的特别授权。

上诉案件的当事人死亡或者终止的，法院应依法通知其权利义务承继者参加诉讼。在第二审程序中，作为当事人的法人或者其他组织分立的，法院可以直接将分立后的法人或其他组织列为共同诉讼人；合并的，将合并后的法人或其他组织列为当事人。

在第二审程序中，被上诉人一般是上诉人在第一审程序中的对方当事人。根据《民诉法解释》的相关规定，下列特殊情况中上诉人和被上诉人地位的确定如下：

第一，双方当事人和第三人都提出上诉的，均为上诉人。因为第二审程序审理的对象不是当事人之间的争议，而是当事人的上诉请求所涉及的事实和法律适用，因此，双方当事人和第三人都提出上诉的，均为上诉人，在此情况下，第二审程序中没有被上诉人。

第二，必要共同诉讼第二审程序当事人的确定。在必要共同诉讼中，必要共同诉讼人中的一人或部分人提出上诉的，按下列情况处理：①该上诉请求是对与对方当事人之间权利义务分担有意见，不涉及其他共同诉讼人利益的，对方当事人为被上诉人，未上诉的同一方当事人依原审诉讼地位列明。②该上诉仅对共同诉讼人之间权利义务分担有意见，不涉及对方当事人利益的，未上诉的同一方当事人为被上诉人，对方当事人依原审诉讼地位列明。③该上诉对双方当事人之间以及共同诉讼人之间权利义务承担有意见的，未提出上诉的其他当事人均为被上诉人。

第三，普通共同诉讼第二审程序当事人的确定。在普通共同诉讼中，共同诉讼人中的一人或者部分人就人民法院所作的一审裁判不服，提起上诉的，以提起上诉的人为上诉人，以被提起上诉的人为被上诉人。未提起上诉或未被提起的普通共同诉讼人，均不能追加为上诉人和被上诉人。

第四，法人或其他组织作为当事人，由其法定代表人或主要负责人行使上诉权，提起上诉。

第五，无民事行为能力人、限制民事行为能力人的法定代理人代理当事人提起上诉的，其上诉人仍为无民事行为能力人、限制民事行为能力人。

（2）必须在法定期间内提起上诉。当事人提起上诉，必须在法律规定的期限内进行，超过法定期限的，当事人丧失上诉权。根据《民事诉讼法》第 171 条的规定，当事人不服地方人民法院第一审判决的，有权在判决书送达之日起 15 日内向上一级人民法院提起上诉。当事人不服地方人民法院第一审裁定的，有权在裁定书送达之日起 10 日内向上一级人民法院提起上诉。在上诉期间内，第一审判决不发生法律效力；上诉期满当事人没有提出上诉的，第一审裁判发生法律效力。

关于上诉期间的计算，从第一审法院的判决书、裁定书送达当事人后的第二日起计算。当事人分别接受人民法院裁判书的，以各自收到裁判书的时间计算上诉期。当事人在各自的上诉期间内，享有上诉权。普通共同诉讼人的上诉期的计算，以共同诉讼人各自收到法院裁判书的时间计算，各自独立行使上诉权。必要共同诉讼人的上诉期的计算，以最后一个共同诉讼人收到裁判书的时间计算。上诉期间内，当事人因不可抗拒的事由或者有其他正当理由，耽误了上诉期间的，在障碍消除后 10 日内，可以申请顺延期间，是否准许由人民法院决定。

（3）应当提交上诉状。上诉状是当事人表示不服地方第一审人民法院未生效裁判，请求上一级人民法院变更原裁判的诉讼文书。上诉状不仅载明了当事人对第一审未生效裁判表示不服的具体内容，而且也是第二审人民法院接受当事人上诉并审理上诉案件的直接依据，因此，《民事诉讼法》第 172 条规定，上诉应当递交上诉状。一审宣判或者判决书、裁定书送达时，当事人口头表示上诉的，人民法院应告知其必须在法定上诉期内提出上诉状。未在法定上诉期间内递交上诉状的，视为未提出上诉。

根据《民事诉讼法》第 172 条的规定，上诉状的内容应当包括：上诉人、被上诉人的姓名；或者法人的名称及其法定代表人的姓名或者其他组织的名称及其主要负责人的姓名；原审人民法院的名称、案件的编号和案由；上诉的请求和理由。上诉的请求和理由，是上诉状的核心内容。而对原审人民法院的名称、案件的编号和案由的注明，主要目的是确定上诉裁判的客体，并确定二审管辖法院。

当事人的上诉应同时具备上述法定的实质条件和形式条件才能成立。此外，当事人还应依法缴纳上诉案件的诉讼费用。

（三）提起上诉的程序

所谓上诉的提起，是指上诉人通过法定程序，请求上一级人民法院对原审判决所确定的事实和法律适用重新进行审理的诉讼行为。上诉应当向二审法院提起，但是二审程序的审理及裁判必须以取得一审案卷材料为前提，同时，向原审人民法院提起上诉状一方面便于当事人行使上诉权，另一方面也有利于原审法院对上诉状进行程序性审查，从而减轻二审法院的上诉案件审理压力，并且原审法院向被上诉人送达上诉状副本、收取答辩状副本及向上诉人送达答辩状副本比较方便，因此，根据《民事诉讼法》第 173 条的规定，上诉人的上诉状应当通过原审人民法院提出，并按对方当事人或法定代表人的人数递交上诉状副本。为了消除上诉人的顾虑，保障上诉人行使上诉权，《民事诉讼法》也允许上诉人直接向二审法院提交上诉状，但上诉人向二审人民法院提交上诉状的，第二审人民法院收到上诉状后，应当在 5 日内将上诉状移交原审人民法院，便于原审人民法院及时办理上诉手续和对上诉状进行审查。

二、上诉的受理

所谓上诉的受理，是指原审人民法院通过法定程序，对上诉主体资格及上诉状进行审查，接受审理的诉讼行为。

原审人民法院收到上诉状及副本后，首先对上诉人是否具有上诉权进行审查，其次审查上诉人的上诉是否超过法定上诉期限，最后对有上诉权的当事人在法定上诉期内提出的上诉状进行审查。原审人民法院审查后，根据不同情况作出如下处理：

第一，如上诉状内容存在欠缺，原审法院将首先要求上诉人在指定期间内加以补正，在该期间内无故不补正的，原审法院将以裁定的方式驳回上诉。

第二，原审人民法院认为符合法定条件的上诉，应当在 5 日内将上诉状副本送达被上诉人，并告之其在 15 日内提出答辩状。原审人民法院应当在收到答辩状的次日起 5 日内将副本送达上诉人。对方当事人不提出答辩状的，不影响人民法院对案件的审理。

第三，原审人民法院收到上诉状、答辩状，应当在 5 日内连同全部案卷和证据，报送第二审人民法院。

第四，二审法院收到原审法院报送的案卷、证据以及上诉状、答辩状（如果被上诉人提交的话）后，经审查认为符合法律规定的上诉条件的，根据《最高人民法院关于严格执行案件审理期限制度的若干规定》的规定，应当在 5 日内立案，并通知上诉人在指定的期限内缴纳诉讼费用。至此，二审法院受理上诉案件的程序结束，将开始二审案件审理前的准备工作。如经审查发现上诉案卷材料不全的，应通知原审法院限期补正。

三、第二审程序中的撤诉

（一）第二审程序中撤回上诉

所谓上诉的撤回，是指上诉人提起上诉后，在第二审人民法院判决宣告前撤回上诉请求的诉讼行为。

撤回上诉如同撤回起诉一样，是当事人行使其处分权的重要方式。但是，为了维护一审判决的正当性、权威性以及当事人的合法权益，人民法院有权对当事人撤回上诉的诉讼行为予以审查。为此，《民事诉讼法》第 180 条及其相关司法解释明确规定，上诉人撤回上诉应当符合以下条件：

（1）上诉人申请撤回上诉的，应当在第二审人民法院判决宣告前提出。

（2）上诉人申请撤回上诉，既可以书面申请，也可以口头申请。当事人口头申请撤回上诉，应将申请撤回上诉的内容记入笔录。第二审人民法院经审查，认为不符合撤回上诉的条件的，可以口头裁定驳回上诉人的申请，并将裁定内容记入笔录；准予撤回上诉的，应以书面形式作出裁定，该裁定是终审裁定，当事人不得再行上诉。

（3）上诉人申请撤回上诉是否准许，必须经由第二审法院审查后作出裁定。上诉人申请撤回上诉是否准许，由第二审人民法院裁定。经审查，在以下情况下，二审法院不应准许当事人撤回上诉的申请：① 人民法院经审查认为一审判决确有错误的；② 人民法院经审查认为双方当事人串通损害国家和集体利益、社会公共利益及他人合法权益的。

撤回上诉又分为当事人申请撤回上诉和按自动撤回上诉处理两种情况。根据《民诉法解释》第 318 条的规定，如果上诉人虽递交上诉状，但未在指定的期限内交纳上诉费的，按自动撤回上诉处理。对于经传票传唤无正当理由拒不到庭的上诉人，虽然在《民事诉讼法》二审程序中未明文规定，但根据《民事诉讼法》第 181 条的规定，第二审人民法院审理上诉案件，除依照本章规定外，适用第一审普通程序。因此应该依据《民事诉讼法》第 146 条的规定，由第二审人民法院裁定按自动撤回上诉处理。

撤回上诉的法律后果，通说认为上诉人撤回上诉即丧失了上诉权，不能再提起上诉。第二审人民法院准予上诉人撤回上诉，第一审裁判即发生法律效力，上诉人即使对第一审裁决再有异议，也不能再行上诉，只能向人民法院申请再审。

（二）第二审程序中撤回起诉

由于一审法院裁判的存在，原审原告能否在二审中撤回起诉，多年来在理论界与司法实务界一直存在争议，主要有肯定说与否定说两种观点。肯定说主要遵循当事人意思自治与诉讼程序主体性原则，认为程序的启动、撤回均为当事人自由处分的范畴，因此一审、二审程序中原告均可撤诉。允许原告在二审中撤回起诉也有比较法的支持，例如德国、日本的民事诉讼法中都有允许原告在二审中撤回起诉的程序设置。而否定说则认为，由于一审裁判已经作出，原告起诉请求法院裁判的目的已经实现，因此已经“无诉可撤”了。而上诉程序只有上诉权而无起诉权的空间，因此不能在二审中撤回起诉。同时，允许原审原告在二审中撤回起诉，可能侵害被告的程序利益以及实体利益。因为如果上诉是由一审被告提起，而又允许一审原告在已经启动的二审程序中撤回起诉，则有悖当事人平等保护原则。因为在这种情况下，对一审被告而言，不仅其支出的一、二审诉讼成本“付之东流”，还很可能基于原告的意愿再次被引入诉讼之中。同时，由于一审法院已经作出生效裁判，允许二审撤回起诉，对国家投入的诉讼资源也是一种严重的浪费。[1]

基于对当事人的处分权以及被告的平等保护权等权利的平衡考虑，《民诉法解释》中增设第二审中当事人撤回起诉制度。《民诉法解释》第 336 条第 1 款规定，在第二审程序中，原审原告申请撤回起诉，经其他当事人同意，且不损害国家利益、社会公共利益、他人合法权益的，人民法院可以准许。准许撤诉的，应当一并裁定撤销一审裁判。同时在第 2 款规定了原审原告在二审程序中撤回起诉后重复起诉的，人民法院不予受理。根据此项规定，人民法院基于客观中立的地位，在保护国家利益、社会公共利益及他人合法权益的基础上，在二审程序中主要尊重原告和被告的合意来决定是否允许一审原告撤诉。据此，当事人撤回起诉既可以发生在第一审程序中，也可以发生在第二审程序中。

但是，《民诉法解释》第 336 条第 2 款中不区分人身关系诉讼和财产关系争议，统一禁止原审原告再次起诉的规定存在一定的缺陷。例如，原审原告在一审中提起离婚诉讼，一审判决离婚。被告不服，提起上诉。在二审中，两者虽未和好，但愿意暂时维持婚姻关系，因此原审原告申请撤回起诉。6 个月以后，原审原告能否以同一事由再次提出离婚？根据《民诉法解释》第 336 条的规定，在此种情况下，原审原告失去了再次起诉请求法院判决离婚的权利，必然在实践中会引发当事人的困境。因此，有学者建议，当前适用《民诉法解释》第 336 条第 2 款时，应依据案件的性质设置不同的

---

[1] 王杏飞：《对民事二审中撤回起诉的再认识》，载《中国法学》2017 年第 3 期。

规则。[1]

第三节　上诉案件的审理

《民事诉讼法》第181条规定："第二审人民法院审理上诉案件，除依照本章规定外，适用第一审普通程序。"根据此规定，第二审法院审理上诉案件，民事诉讼法对第二审程序有规定的，优先适用该规定，没有规定的，适用对第一审普通程序的规定。

一、开庭审理前的准备工作

第二审人民法院收到第一审人民法院报送的上诉案件的全部案卷及上诉材料后，在开庭审理之前，应做好以下准备工作：

（1）组成合议庭或确定独任审判员。根据《民事诉讼法》第41条第1、2款的规定，人民法院审理第二审民事案件，由审判员组成合议庭。合议庭的组成人数必须是单数。

但中级人民法院对第一审适用简易程序审结或者不服裁定提起上诉的第二审民事案件，事实清楚、权利义务关系明确的，经双方当事人同意，可以由审判员一人独任审理。

（2）审阅案件、调查和询问当事人并确定上诉案件的审理方式。第二审法院组成合议庭或确认独任审判员后，应当及时审阅案卷，进行必要的调查，并询问当事人，在此基础上确定上诉案件的审理方式。如果认为案件事实已经清楚，无须开庭审理的，即可采取不开庭审理方式，否则应当开庭审理。

（3）进行必要的审查。审查内容如下：①进一步审查上诉人与被上诉人的资格，以及上诉是否超过上诉期间。如果发现上诉主体不符合法定条件或超过上诉期的，应裁定驳回其上诉。对于上诉状有欠缺的，应通知其补正。②审查上诉请求、答辩主张以及案卷的其他材料。

二、上诉案件的审理范围

（一）我国现行《民事诉讼法》规定的上诉案件的审理范围

《民事诉讼法》第175条规定，第二审人民法院审理上诉案件，应当对当事人上诉请求的有关事实和适用法律进行审查。按照"不告不理"的原则，第二审人民法院对上诉案件的审理范围限于当事人上诉请求的有关事实，以及与当事人上诉请求有关的法律适用情况。上诉请求的有关事实，包括上诉人在第一审中提出的事实和证据，也包括在上诉审中提出的新的事实和证据。上诉请求的法律适用，包括原审人民法院审理过程中对《民事诉讼法》的适用是否正确，以及对案件裁判所适用的实体法是否正确。对于一审中已经认定的事实和裁判的事项，如果当事人双方未提出异议，没有要

[1] 王杏飞：《对民事二审中撤回起诉的再认识》，载《中国法学》2017年第3期。

求第二审法院审查和处理的，二审法院对非上诉部分不再审理。这样，既有利于减轻第二审人民法院的工作负担，提高诉讼效率，同时也体现了现代民事诉讼中当事人处分权对法院审判权制约的理念。

但是，在我国现行的两审终审制的审级制度中，第二审人民法院还有权对第一审法院的审判活动进行法律监督，因此，《民诉法解释》第321条规定，第二审人民法院应当围绕当事人的上诉请求进行审理。当事人没有提出请求的，不予审理，但一审判决违反法律禁止性规定，或者损害国家利益、社会公共利益、他人合法权益的除外。当然，如果原审裁判的错误仅涉及双方权利义务的，或者违反的是法律许可性、倡导性规定，只要当事人未合法提起上诉请求改判或撤销，二审法院不予审理裁判。

（二）我国上诉审审理范围的历史沿革

我国最初上诉审审理范围实行的是全面的复审制。1982年《民事诉讼法（试行）》（已失效）第149条明确规定："第二审人民法院必须全面审查第一审人民法院认定的事实和适用的法律，不受上诉范围的限制。"这种全面的复审制与当时对案件客观真实的追求相配合，二审是对一审的重复审。这种上诉审审理结构客观上造成了一审功能的虚化，当事人可以完全"不打一审打二审"，从而使司法效率得不到保证。

1991年《民事诉讼法》的修法仍然延续了1982年《民事诉讼法（试行）》对二审程序的主要规定，但是限制了二审审理的范围，要求人民法院"对上诉请求的有关事实和适用法律进行审查"。[1]也就是说，二审在审查范围上应当以当事人请求的范围为限，从而实质上将我国的二审程序定位为对一审的事后审，体现了当事人主义的现代诉讼理念。但是，最高人民法院在1992年制定的《民诉法适用意见》第180条又规定："第二审人民法院依照民事诉讼法第一百五十一条的规定，对上诉人上诉请求的有关事实和适用法律进行审查时，如果发现在上诉请求以外原判确有错误的，也应予以纠正。"这一条司法解释在实质上又把二审审理模式推回了全面审查的老路。同时，司法实践的惯性使得在很多的法院，法官在二审程序中仍然忽视当事人诉讼请求对二审审理范围的限制，对二审仍然依职权实行全面审查，这既侵犯了当事人的处分权，又拖延了诉讼。

随着司法改革对当事人处分权的强调，1998年最高人民法院《审判方式改革规定》第35条规定："第二审案件的审理应当围绕当事人上诉请求的范围进行，当事人没有提出请求的，不予审查。但判决违反法律禁止性规定、侵害社会公共利益或者他人利益的除外。"此条规定的出台意味着最高人民法院重新规定了二审审理范围，明确了"当事人没有提出请求的，二审法院将不予审查"。

2012年修正的《民事诉讼法》第168条规定："第二审人民法院应当对上诉请求的有关事实和适用法律进行审查。"但由于司法解释对上诉审审查范围规定的模糊和反复，导致对如何理解和适用"上诉请求的有关事实和适用法律"存在很多争议，反映

〔1〕1991年《民事诉讼法》第151条。

到审判实践中则经常发生违背当事人意愿、扩大民事诉讼二审审理范围的情形，既影响二审程序功能的发挥，也损害了当事人的权益。

基于此，2015年最高人民法院在制定《民诉法解释》时将二审审理范围作为二审程序修改的主要内容之一。[1] 在此次解释起草调研过程中，各方普遍认为一审和二审的审理范围既有联系又有分工，而续审制克服了两审中诉讼行为互相孤立、诉讼操作重复的问题，符合我国审判实际和当今世界民事审判方式的发展趋势，且续审制已经深入到我国审判方式中，因而主张将续审制明确作为我国的二审审理模式。[2]因此，2015年《民诉法解释》吸收了最高人民法院《审判方式改革规定》的合理内容，对《民诉法适用意见》第180条进行了修改和完善，2015年《民诉法解释》第323条规定："第二审人民法院应当围绕当事人的上诉请求进行审理。当事人没有提出请求的，不予审理，但一审判决违反法律禁止性规定，或者损害国家利益、社会公共利益、他人合法权益的除外。"此项规定，既尊重了当事人的处分权，也要求在例外情况下即如果一审判决违反法律禁止性规定，或者损害国家利益、社会公共利益、他人合法权益的，二审人民法院应当依职权予以纠正，以确保法律的贯彻执行，实现二审程序的纠错功能，也防止和纠正了因规定不明而导致随意确定二审的审理范围问题。[3]

三、上诉案件的审理方式和审理地点

（一）上诉案件的审理方式

《民事诉讼法》第176条第1款规定："第二审人民法院对上诉案件应当开庭审理。经过阅卷、调查和询问当事人，对没有提出新的事实、证据或者理由，人民法院认为不需要开庭审理的，可以不开庭审理。"根据该规定，第二审人民法院审理上诉案件有两种方式，即开庭审理与不开庭审理。

1. 开庭审理

第二审人民法院对上诉案件，以开庭审理为原则，以更好地保障当事人辩论权的行使，保障第二审人民法院查明案件事实。第二审人民法院在依法传唤双方当事人和其他诉讼参与人到庭的情况下，对上诉案件经过开庭审理后作出裁判。

2. 不开庭审理

根据《民事诉讼法》第176条第1款的规定，第二审人民法院审理上诉案件，经过阅卷、调查和询问当事人，对没有提出新的事实、证据或者理由，人民法院认为不需要开庭审理的，可以不开庭审理。不开庭审理与开庭审理在程序上不同之处在于，

---

〔1〕 李相波：《关于〈民事诉讼法〉司法解释第二审程序修改内容的理解与适用》，载《法律适用》2015年第4期。

〔2〕 李相波：《关于〈民事诉讼法〉司法解释第二审程序修改内容的理解与适用》，载《法律适用》2015年第4期。

〔3〕 赵言荣：《我国民事诉讼审级制度及二审程序建构》，载中国政法大学民事诉讼法研究所：《民事诉讼法学的发展与走向：重点与展望》，中国政法大学出版社2018年版，第227页。

案件由案件承办人主持调查询问或核对事实证据，同时询问或核对的时间地点较为灵活且无须经由合法传唤等。

与2007年修正的《民事诉讼法》第152条关于径行裁判的规定相比，现行《民事诉讼法》明确了不开庭审理的具体条件，只有在当事人“没有提出新的事实、证据或者理由”时，才可以不开庭审理，否则，第二审人民法院应当开庭审理上诉案件。为防止二审法院滥用不开庭审理的审理方式，《民诉法解释》第331条进一步明确了可以不开庭审理的四种情形：①不服不予受理、管辖权异议和驳回起诉裁定的；②当事人提出的上诉请求明显不能成立的；③原判决、裁定认定事实清楚，但适用法律错误的；④原判决严重违反法定程序，需要发回重审的。

应当注意的是，不开庭审理不同于书面审理，合议庭仍然要询问当事人，听取当事人的陈述，在查清案件事实后，合议庭才能直接作出判决。

（二）上诉案件的审理地点

根据《民事诉讼法》第176条第2款的规定，第二审人民法院审理上诉案件，既可以在本院进行，也可以到案件发生地或者原审人民法院所在地进行。从司法实践来看，人民法院不开庭审理的案件一般在本院进行，而开庭审理上诉案件时，为了便于当事人进行诉讼，便于法院审理上诉案件，第二审人民法院可以根据上诉案件的具体情况到案件发生地或者原审人民法院所在地审理。

四、上诉案件的调解与和解

调解作为民事诉讼的一项基本原则，贯穿于民事审判的全过程，无论是一审法院还是二审法院，都可以根据自愿原则，在查明案件事实、分清是非的基础上进行调解。因此，《民事诉讼法》第179条规定，第二审人民法院审理上诉案件，可以进行调解。

与二审裁判的范围有限相比，二审调解可以就一审案件中的所有实体问题进行调解，不以上诉请求内容为限。

第二审程序中的调解与第一审程序中的调解也有所不同，主要体现在以下方面：

（1）第二审程序中达成调解协议的，都应当制作调解书，由审判人员、书记员署名，并加盖人民法院印章。而第一审程序中达成调解协议，一般情况下应制作调解书，但对调解和好的离婚案件、调解维持收养关系的案件，能够即时履行的案件及其他不需要制作调解书的案件，可以不制作调解书。

（2）第二审法院实行全案调解，不限于当事人上诉请求的范围，可以对当事人的原案请求实行全案调解，第二审人民法院可以对原审判决过的请求进行调解，也可以对原审应当判决而未予判决的请求进行调解。

（3）第二审人民法院对上诉案件经调解未能达成协议的，人民法院通常应当及时裁判，但是，在法律规定的特殊情形下，基于两审终审的审级制度，二审法院调解不成时，如果由二审法院直接对上诉案件作出裁判，则可能影响当事人上诉权的行使以及对当事人审级利益的保护。因此，根据《民诉法解释》第324条至第327条的规定，针对不同情况应当作出发回重审、告知当事人另行起诉等裁定。而一审案件经法院调解不能达成协议的，人民法院应当及时裁判。

五、上诉案件的审理期限

为保证上诉案件的及时审理，民事诉讼法对上诉案件的审理期限作出明确的规定。《民事诉讼法》第 183 条规定："人民法院审理对判决的上诉案件，应当在第二审立案之日起三个月内审结。有特殊情况需要延长的，由本院院长批准。人民法院审理对裁定的上诉案件，应当在第二审立案之日起三十日内作出终审裁定。"

第四节　上诉案件的处理

一、上诉案件的裁判

上诉案件的裁判，又分为针对一审判决提出上诉案件的裁判，以及针对一审裁定提出上诉案件的裁判。主要裁判类型如下：

（一）对一审判决提出上诉案件的裁判

第二审人民法院对上诉案件进行审理后，应当分别不同情况，作出裁判。

1. 判决驳回上诉，维持原判

第二审人民法院对上诉案件经过审理后，确认原审判决认定事实清楚，适用法律正确的，应判决驳回上诉，维持原判决。即确认一审法院的判决、裁定是正确合法的，当事人上诉的请求和理由不能成立，依法不予支持。此外，根据《民诉法解释》第 332 条的规定，原判决、裁定认定事实或者适用法律虽有瑕疵，但裁判结果正确的，第二审人民法院可以在判决、裁定中纠正瑕疵后，予以维持。

判决驳回上诉意味着上诉人在二审中已遭受实体上的败诉。

2. 依法改判

依法改判是第二审人民法院对上诉案件经过审理后，自行作出判决，改变原判决的内容。依据《民事诉讼法》第 177 条的规定，依法改判分为两种情况：

（1）原判决认定事实错误或者适用法律错误的，第二审人民法院可以作出变更原判决的判决。

（2）原判决认定基本事实不清的，第二审人民法院可以在查清事实后，直接予以改判。《民诉法解释》第 333 条对"基本事实"进行了规定，"是指用以确定当事人主体资格、案件性质、民事权利义务等对原判决、裁定的结果有实质性影响的事实"。可见，案件基本事实对案件裁判结果的正当性具有决定性异议，如果原判决对上述基本事实未查清，必然会影响到判决的实质性结果，因此，第二审人民法院可以在查清案件基本事实的基础上依法改判。

3. 裁定撤销原判决，发回重审

根据《民事诉讼法》第 177 条的规定，第二审人民法院对上诉案件经过审理后，裁定撤销原判决，发回重审适用于以下两种情况：

（1）原判决认定基本事实不清的，一般应裁定撤销原判决，发回原审人民法院重审。原判决存在基本事实未查清的状况，必然影响裁判结果的正当性，第二审人民法院如果认为原审人民法院便于查明案件基本事实，也可以裁定撤销原判决，发回原审人民法院重审。

（2）原判决遗漏当事人或者违法缺席判决等严重违反法定程序的，裁定撤销原判决，发回原审人民法院重审。诉讼程序的正当进行有利于保障当事人充分行使其诉讼权利，维护其合法权益，也有利于保证裁判结果的正确性。如果原审判决出现遗漏当事人或者违法缺席判决等情形，严重侵犯了当事人的辩论权等诉讼权利，第二审人民法院应当裁定撤销原判决，发回重审。《民诉法解释》第 323 条明确了可以认定严重违反法定程序的情形：第一，审判组织的组成不合法；第二，应当回避的审判人员未回避；第三，无诉讼行为能力人未经法定代理人代为诉讼的；第四，违法剥夺当事人辩论权利的。

在以下几种情形下，即便原判决没有违反法定程序，也没可能影响案件的正确判决的，也应当将案件发回原审人民法院重审：

（1）根据《民诉法解释》第 324 条的规定，对当事人在一审中已经提出的诉讼请求，如果原审人民法院未作审理、判决，第二审人民法院可以根据当事人自愿的原则进行调解；调解不成的，发回原审人民法院重审。

（2）根据《民诉法解释》第 325 条的规定，必须参加诉讼的当事人或者有独立请求权的第三人在一审中未参加诉讼，第二审人民法院可以根据当事人自愿的原则予以调解；调解不成的，发回原审人民法院重审。发回重审的裁定书不列应当追加的当事人。

（3）根据《民诉法解释》第 327 条的规定，一审判决不准离婚的案件，当事人提出上诉后，第二审人民法院认为应当判决离婚的，可以根据当事人自愿的原则，与子女抚养、财产分割问题一并调解；调解不成的，发回原审人民法院重审。双方当事人同意由第二审人民法院一并审理的，第二审人民法院可以一并裁判。

凡是发回重审的案件，原审人民法院应当按照第一审程序另行组成合议庭，原合议庭成员不得参加新组成的合议庭。作出的判决仍然是一审的判决、裁定，当事人对重审案件的判决、裁定不服的，有权提出上诉。如果第二审人民法院根据当事人提出的新证据对案件改判或者发回重审的，应当在判决书或者裁定书中写明对新证据的确认，不应当认为是第一审裁判的错误。并且对发回重审的，对方当事人有权要求其补偿误工费、差旅费等费用。

为防止因发回重审而影响诉讼效率，《民事诉讼法》第 177 条第 2 款对发回重审的次数作出了限制，即第二审法院将案件发回重审的，对同一案件，只能发回重审一次。

4. 裁定撤销原判决，驳回起诉

根据《民诉法解释》第 328 条的规定，人民法院依照第二审程序审理案件，认为依法不应由人民法院受理的，可以由第二审人民法院直接裁定撤销原判决，驳回起诉。依据该规定，第二审人民法院依法行使法律监督权，有权在第一审法院受理案件错误时，直接裁定撤销原判决，驳回起诉，而不必发回重审。

5. 裁定撤销原判决，移送有管辖权的人民法院

根据《民诉法解释》第 329 条的规定，人民法院依照第二审程序审理案件，认为第一审人民法院受理案件违反专属管辖规定的，应当裁定撤销原判决并移送有管辖权的人民法院。虽然 2012 年修正的《民事诉讼法》第 172 条第 2 款确定了应诉管辖制度，但由于专属管辖属于法律强制规定必须由一定地区的特定法院管辖，排除了协议管辖的适用，因此如果第一审人民法院违反专属管辖规定受理案件，即使被告应诉答辩，该人民法院管辖第一审民事案件也不具备正当性。第二审人民法院审理上诉案件发现此种情形，应裁定撤销原判决并移送有管辖权的人民法院。

（二）对一审裁定的处理

根据《民事诉讼法》第 177 条的规定，对于当事人不服第一审法院裁定提起的上诉案件，第二审人民法院经过审理后，根据不同情况，可以作出如下裁定：

（1）裁定驳回上诉，维持原判。原审裁定所依据的事实清楚，适用法律正确的，第二审人民法院裁定驳回上诉，维持原裁定。

（2）原审裁定所依据的事实错误或者适用法律错误，第二审人民法院撤销原裁定，作出变更裁定的裁定。其中，根据《民诉法解释》第 329 条的规定，法院依照第二审程序审理案件，认为第一审法院受理案件违反专属管辖规定的，应当裁定撤销原裁判并移送有管辖权的法院。根据《民诉法解释》第 330 条的规定，第二审法院查明第一审人民法院作出的不予受理的裁定有错误的，应在撤销原裁定的同时，指令第一审人民法院立案受理；查明第一审人民法院作出的驳回起诉的裁定有错误的，应在撤销原裁定的同时，指令第一审人民法院进行审理。

（三）上诉审裁判范围——不利益变更禁止原则的适用

诉讼程序的可资利用性是判断一个程序设置是否合理的指标之一。因此，一般而言，在上诉审程序中，很多国家在二审程序中设置了不利益变更禁止原则以保障当事人对上诉审程序的利用。所谓“不利益变更禁止原则”，是指当事人不能在二审获得比一审更不利的裁判。此原则可保证当事人不因担心上诉审中的更不利判决而害怕上诉，从而有利于实现上诉目的。《德国民事诉讼法》第 528 条体现了此原则。同时，确立不利益变更禁止原则也是对当事人处分权的尊重，使得法院在当事人上诉请求的范围内进行裁决，而不能在当事人请求范围以外对当事人作出更不利的判决。

但这一原则的适用并不是上诉审法庭不能够改变一审判决的理由。并且，如果一方当事人就一审法院基于程序理由驳回诉讼请求的判决提起上诉，如果上诉审法庭发现驳回判决的理由不充分，可以确认驳回判决缺乏实质理由。

在上诉审程序中，“不利益变更禁止原则”在保障提起上诉的当事人利益的同时，也意味着对方当事人不能够通过上诉审获得新的利益。例如，如果一审法院支持了原告的某一诉讼请求，但判决结果比原告诉讼请求的数额要小，一审判决后，被告提起上诉，在“不利益变更禁止原则”的支配下，在这种情况下，除非原告也提起上诉，否则原告不能要求上诉审法院判决满足他比一审更多的诉讼利益。因此，此原则导致当事人在对方当事人提起上诉的情况下，为保护自己的利益一般也会提出一个独立的上诉。为减轻独立上诉的提出，使双方当事人的争议能够尽量在一个二审程序中解决，德国民事诉讼程序法典设置了交叉上诉程序，允许未上诉的一方当事人在收到对方当事人上诉状副本后一个月内的任何时间提出交叉上诉。如果当事人超过一个月的期限提起交叉上诉，当对方当事人撤回上诉时其交叉上诉被视为自动撤回；如果当事人在一个月的时间限制内提起交叉上诉，则在对方当事人撤回上诉时，其交叉上诉作为一个独立的上诉而存在，诉讼继续进行。

二、上诉案件经调解结案

第二审人民法院在审理上诉案件过程中，可以根据双方当事人自愿原则进行调解。调解结果具体分为以下两种情况。

（一）调解成功时的处理

第二审人民法院对上诉案件经调解达成协议的，应当制作调解书。因为第二审人民法院制作调解书不仅解决了民事权利义务争议案件，而且直接影响原一审判决的效力。调解书由审判人员、书记员署名，加盖人民法院印章。

调解书送达后，原审人民法院的判决即视为撤销。视为撤销与撤销原判不同。撤销原判以原判决有错误为前提，而视为撤销是法院尊重当事人处分权的行使，根据当事人双方自愿协商的结果调解结案，从而在效果上产生了视为撤销一审判决的结果。一审判决是法院行使审判权作出的，当事人无权经双方协商撤销原判，因此，在二审调解书中，不写“撤销原判”字样。

（二）调解未成功时的处理

第二审人民法院对上诉案件经调解未能达成协议的，人民法院通常应当及时裁判。但是，在法律规定的特殊情形下，基于两审终审的审级制度，二审法院调解不成时，如果由二审法院直接对上诉案件作出裁判，则可能影响当事人上诉权的行使以及对当事人审级利益的保护。因此，《民诉法解释》第 324 条至第 327 条针对具体情况分别作了以下规定：

（1）对遗漏诉讼请求的处理。当事人在一审程序中已经提出的诉讼请求，原审人民法院未作审理、判决的，第二审人民法院可以根据当事人自愿的原则进行调解，调解不成的，发回重审。

（2）对遗漏必须参加诉讼的当事人或者有独立请求权第三人的处理。必须参加诉讼的当事人或者有独立请求权的第三人在一审程序中未参加诉讼，第二审人民法院可以根据当事人自愿的原则予以调解，调解不成的，发回重审；

（3）对当事人新增加的诉讼请求或反诉的处理。在第二审程序中，原审原告增加独立的诉讼请求或原审被告提出反诉的，第二审人民法院可以根据当事人自愿的原则就新增加的诉讼请求或反诉进行调解，调解不成的，告知当事人另行起诉。双方当事人同意由第二审人民法院一并审理的，第二审人民法院可以一并裁判。

（4）对离婚案件的处理。一审判决不准离婚的案件，上诉后，第二审人民法院认为应当判决离婚的，可以根据当事人自愿的原则，与子女抚养、财产问题一并调解，调解不成的，发回重审。双方当事人同意由第二审人民法院一并审理的，第二审人民法院可以一并裁判。

另外，在上诉审程序中，作为当事人的法人或者其他组织分立的，人民法院可以直接将分立后的法人或其他组织列为共同诉讼人；合并的，将合并后的法人或其他组织列为当事人，而不必将案件发回原审人民法院重审。

如果当事人在二审达成和解协议后上诉人直接撤回上诉，则一审裁判即成为生效裁判。如果对方当事人之后不履行和解协议，则撤回上诉的当事人失去了再次上诉的机会。因此，《民诉法解释》规定，当事人在第二审达成和解协议的，人民法院可以根据当事人的请求，对双方达成的和解协议进行审查，并制作调解书送达当事人；因和解而申请撤诉，经审查符合撤诉条件的，人民法院应予准许。

三、上诉审裁判的宣判及裁判的法律效力

（一）上诉审裁判的宣判

我国实行两审终审制，第二审人民法院对上诉案件经过审理作出二审判决、裁定后，自向当事人宣判之时立即发生法律效力。第二审人民法院宣告判决可以自行宣判，也可委托原审人民法院或者当事人所在地人民法院代行宣判。

在二审程序中通过调解结案的，经双方当事人签收后，调解书产生法律效力。

（二）上诉审裁判的法律效力

作为终审裁判，第二审人民法院的裁判具有如下法律效力：

（1）当事人不得再行上诉。第二审人民法院的裁判宣判之后，立即发生法律效力，当事人不得再以上诉的方式表示不服，只能在法定期间内依照审判监督程序的相关规定向人民法院申请再审或者依法提出申诉。

（2）不得重复起诉。当事人不得就同一诉讼标的，以同一事实和理由再提起诉讼，这是由民事诉讼实行的一事不再理原则决定的。

（3）具有给付内容的判决，依法产生强制执行的法律效力。如果义务人不履行生效裁判所确定的义务，则权利人可以向有管辖权的人民法院申请强制执行。

四、上诉案件的审结期限

为了保证上诉案件的及时审理，民事诉讼法对上诉案件的审理期限作了明确规定，

规定如下：

（1）第二审人民法院对不服判决的上诉案件，应在第二审人民法院立案之日起3个月内审结。如有特殊情况，在3个月内不能结案的，需要延长审结期限的，经本院院长批准可以延长审限。

（2）第二审人民法院对不服裁定的上诉案件，应当在第二审人民法院立案之日起30日内作出终审裁定。有特殊情况需要延长审限的，由本院院长批准。

【思考题】

一、概念题

二审程序　两审终审制

二、简答题

1. 简述第二审程序与第一审程序之间的关系。
2. 简述上诉的条件。
3. 简述不开庭审理的法定条件。
4. 简述我国第二审法院审理上诉的范围。

三、论述题

1. 试述第二审程序中的撤诉。
2. 试述上诉案件的裁判类型。

第十九章
再审程序

学习目的与基本要求 明确再审程序的基本含义，把握再审程序的基本特征，辨别再审程序与第一审程序、第二审程序之间的区别；充分认识民事再审事由的概念及意义，了解我国民事再审事由的分类；掌握再审启动程序、再审审查程序、再审审理程序的基本要义以及相互关系。

第一节 再审程序概述

一、再审程序的含义

再审程序是审级制度之外纠正法院错误生效裁判的特殊救济程序，再审程序不是一审、二审程序的继续和发展，也不是法院审理民事案件的必经程序。在通常情况下，裁判一旦作出并发生法律效力，就必须维护其稳定性和权威性，当事人不得再次对该裁判所认定的实体法律关系进行争议，法院也不得随意撤销或者变更该裁判的具体内容。不过，当生效裁判存在重大瑕疵而损害当事人合法权益时，如果继续承认裁判的效力并加以保护，则违背了法律的正义价值。因此，需要在实质结果公正与裁判终局稳定之间寻求平衡点，各国民事诉讼法都普遍规定了再审程序这一特殊的补救程序，且均对再审程序的启动设定了较为严格的限制条件。

所谓再审程序，是指法院基于一定的事由，对判决、裁定或者调解书已经发生法律效力的案件再一次进行审理并作出裁判所适用的审判程序。我国民事诉讼法在“审判监督程序”一章对当事人申请再审、法院依职权决定再审、检察院抗诉和检察建议启动再审等进行了规定。此外，在“执行程序”中对案外人申请再审作出了规定。例如，我国《民事诉讼法》第238条规定：“执行过程中，案外人对执行标的提出书面异议的，人民法院应当自收到书面异议之日起十五日内审查，理由成立的，裁定中止对该标的的执行；理由不成立的，裁定驳回。案外人、当事人对裁定不服，认为原判决、裁定错误的，依照审判监督程序办理；与原判决、裁定无关的，可以自裁定送达之日起十五日内向人民法院提起诉讼。”我国现行的民事诉讼立法中，再审程序的启动包括四种情形，即当事人申请再审、案外人申请再审、人民法院依职权决定再审及人民检察院检察监督启动再审。

世界各个国家或者地区均对再审程序作了规定，但称谓不一。我国民事诉讼法将纠正生效裁判文书的程序称为“审判监督程序”，“审判监督程序”的称谓根源于苏联。苏联立法中的“监督程序”是指“苏联法院对于法律赋予全权的公职人员（检察长、法院院长和副院长）就确定的裁判提出的抗议进行再审的程序”。从我国民事诉讼法的立法沿革上来看，1982 年《民事诉讼法（试行）》规定只有人民法院有权按照审判监督程序提起再审，1991 年、2007 年、2012 年、2017 年、2021 年及 2023 年的《民事诉讼法》沿用的名称依然是“审判监督程序”，而非“再审程序”。因此，对于审判监督程序是否与再审程序作同一看待，学界存在不同的看法。有学者认为，“审判监督程序是指人民法院对已经发生法律效力的判决、裁定，依照法律规定由法定机关提起，对案件进行再审的程序，它又称为再审程序”。也有学者认为，“审判监督程序只是再审程序的一个子程序，即启动再审程序的程序”。有学者甚至提出为保证审判监督程序的自我独立性与完整性，我国民事诉讼立法中可以尝试在再审程序名义下分别设立审判监督程序与当事人再审程序，或者直接采纳再审程序的提法。

从理论上看，审判监督程序与再审程序是存在区别的，再审程序概念的外延比审判监督程序更为宽泛。审判监督程序是具有审判监督权的机关，发现已经生效的判决、裁定、调解书确有错误，以抗诉、检察建议或者决定的形式提出对案件进行再审的程序，侧重点在于审判监督权。而再审程序的启动，则不仅包括基于审判监督权提出的再审，还包含当事人、案外人基于诉权提出的再审。尽管目前当事人、案外人的再审申请并非一律导致再审程序的启动，再审程序启动权依然掌握在法院手中，但“再审程序”的提法就目前来看更为妥当。

二、再审程序的立法沿革

我国关于再审程序的规定最早可追溯到 1954 年的《人民法院组织法》，《人民法院组织法》将审判监督程序作为一种纠错机制纳入了法院工作之中。1982 年的《民事诉讼法（试行）》首次规定了审判监督程序，但仅有 4 个条文，并且只规定人民法院享有再审启动权。此外，《民事诉讼法（试行）》（已失效）第 158 条第 1 款规定：“当事人、法定代理人对已经发生法律效力的判决、裁定，认为确有错误的，可以向原审人民法院或者上级人民法院申诉，但是不停止判决、裁定的执行。”根据此规定，当事人只享有向人民法院申诉的权利，当事人的申诉仅作为人民法院发现裁判错误从而启动再审程序的一种途径。1991 年制定的《民事诉讼法》对审判监督程序进行了更为具体的规定，相关条文增加到了 12 条，当事人申诉的权利被修改为申请再审的权利，将其作为启动再审程序的法定途径之一，同时增加了检察机关抗诉作为启动再审程序的另一法定途径，初步构建起了我国现行的再审制度。2007 年《民事诉讼法》进行了第一次修正，其重点之一是再审程序。此次修改将再审程序划分为了再审审查程序与再审审理程序两阶段，增加了当事人申请再审的事由。随后，最高人民法院颁布的《审判监督程序解释》对再审程序进行了更为具体的规定。2012 年《民事诉讼法》的第二次修正进一步推动了再审程序的改革，增设了检察机关通过检察建议方式启动再审的规定，强化了检察机关的法律监督职能。2017 年《民事诉讼法》的第三次修正针对的是公益诉讼，未涉及再审程序。2021 年《民事诉讼法》的第四次修正亦未涉及再审程序。2023 年《民事诉讼法》的第五次修正着重对涉外民事诉讼程序进行完善，未涉及再审程序。

现行《民事诉讼法》是我国再审程序的主要法律依据。此外，最高人民法院针对民事审判监督程序适用中所出现的问题也发布了大量司法解释，例如《最高人民法院关于民事审判监督程序严格依法适用指令再审和发回重审若干问题的规定》《审判监督程序解释》《民诉法解释》等。另外，人民检察院作为再审程序的合法启动主体，最高人民检察院就规范人民检察院在再审程序中的活动也出台了一系列规定，其中最主要的包括《人民检察院民事行政抗诉案件办案规则》（已失效）、《关于对民事审判活动与行政诉讼实行法律监督的若干意见（试行）》、《人民检察院民事诉讼监督规则》、《关于规范办理民事再审检察建议案件若干问题的意见》等。

三、再审程序的特征

再审程序是一种独立的审判程序，所谓独立并非是指再审程序存在特殊的审理程序。按照我国民事诉讼法的相关规定，人民法院审理再审案件时应适用第一审程序或者第二审程序。再审程序的独立性体现在其既不是一审、二审程序的继续与发展，也不是民事诉讼的必经程序。再审程序不是案件审理的通常程序，而是一个具有事后补救性质的非常纠错程序。相比一审程序和二审程序而言，再审程序具有以下特征：

（1）再审程序是一种非常规的审判程序。通常案件经过一审、二审的常规审判程序即可宣告终结。造成裁判错误的事由在一审程序中即存在，当事人不服一审裁判的，其完全可以通过上诉等方式寻求救济，而不应当等到裁判生效后向人民法院申请再审。例如，当事人在一审程序中就得知了审理案件的法院具有法定回避的情形，却没有提出回避的申请，在一审判决作出之后，该当事人也未就此提出上诉，而是等到一审判决生效后，以法官应当回避而未回避为由申请再审，对此种情形，根据再审的补充性原则，就不应当允许。立法上之所以规定再审程序，其目的在于对已经发生法律效力但存在特定事由的生效裁判进行再一次的审理，以在保证民事案件审判质量的同时维护当事人的合法权益。

（2）再审程序是一种事后的救济程序，其审理对象是已经生效的法律文书。根据民事诉讼法上的既判力原则，生效法律文书具有强制性和稳定性，当事人与法院均应受到生效裁判的约束。人民法院在审理再审案件之前，当事人之间争议的民事权利义务关系在法律层面上来说是处于确定状态的，因此再审程序是为了改变当事人之间民事权利义务关系的既定状态，对已发生法律效力的法律文书进行再次审理。

（3）再审程序启动主体的特殊性。根据我国《民事诉讼法》的规定，再审程序的启动主体包括特定机关、当事人与案外人。特定机关包括人民法院和人民检察院。相较于一审、二审程序而言，再审程序的启动在一定程度上突破了民事诉讼法上的处分原则，体现了国家权力本位的诉讼观念。

（4）再审程序的启动必须具备法定事由。再审程序的启动意味着已生效法律文书的效力受到质疑，通过再审审理程序生效裁判文书有可能被推翻。鉴于再审程序会在一定程度上会破坏生效裁判的稳定性，因此再审程序的启动应当慎重。只有案件具备法定的再审事由，才能启动再审程序。我国《民事诉讼法》第 211 条规定了当事人申请再审的法定事由，《民事诉讼法》第 219 条规定了人民检察院提出抗诉或者再审检察建议的法定事由。

（5）再审程序的提起期限具有特殊性。根据我国《民事诉讼法》的相关规定，当事人申请再审必须在发生法律效力的判决、裁定、调解书生效后 6 个月内提出，人民法院依职权决定再审或者人民检察院行使法律监督权提出抗诉或者检察建议的，则不受时间的限制。

（6）再审程序所适用的审判程序及审理法院具有特殊性。我国《民事诉讼法》第 218 条第 1 款规定："人民法院按照审判监督程序审理的案件，发生法律效力的判决、裁定是由第一审法院作出的，按照第一审程序审理，所作的判决、裁定，当事人可以上诉；发生法律效力判决、裁定是由第二审法院作出的，按照第二审程序审理，所作的判决、裁定，是发生法律效力的判决、裁定；上级人民法院按照审判监督程序提审的，按照第二审程序审理，所作的判决、裁定是发生法律效力的判决、裁定。"因此，再审审理程序根据不同的情形应适用一审程序或者二审程序。此外，再审案件的审理法院可以是上级人民法院，也可以是原审人民法院或者同级的其他人民法院。

四、再审程序的构造

对于再审程序构造，理论界有"一阶构说""二阶构说"和"三阶构说"的区别。"一阶构说"把整个再审过程视为一个程序，没有进行阶段性的划分，尽管从逻辑上讲法院须对当事人提出的再审事由先进行审查，在确认有再审事由的情况下才会对本案重新进行审理。"二阶构说"把整个再审过程区分为对再审事由的审查与本案的审理两个相对独立的阶段。对再审案件，法院先进行第一个阶段的审查，经审查如果确认不存在再审事由的，裁定驳回当事人的再审申请，程序就此终结；如果确认存在再审事由，则进入下一个阶段，在当事人声明不服的范围内对本案进行审理。"三阶构说"把整个再审过程分为三个阶段，第一阶段法院仅对当事人的再审申请进行形式审查，决定是否立案受理；第二个阶段是专门审查当事人的再审事由，根据再审事由是否成立决定是否进入下一阶段；第三个阶段是对本案的审理，法院对案件进行重新审理。

"一阶构说"的缺点在于未对再审程序的阶段作出区分，未能充分揭示程序的阶段性和递进性的特点，不利于法院有序、高效地处理再审案件；"二阶构说"将再审事由的审查程序与本案的审查程序划分为彼此独立的两个阶段，说明了法院在这两个阶段的不同任务、不同的审查对象，与"一阶构说"相比能够反映再审审理程序的特点；"三阶构说"把整个程序划分为三个阶段，是对再审程序更为精细的划分，用这样的程序去处理再审案件，既可以具体地向当事人说明为什么他们的再审申请会被驳回，或者为什么他们的诉能够进入本案审理，又能够通过前面两道程序，过滤掉那些不符合再审条件的申请，使之在较早的阶段就被驳回，使真正符合再审条件的案件经过严格的筛选后进入本案审理程序。因此，"三阶段说"是再审程序较为合理的构造。

根据我国《民事诉讼法》的相关规定和审判实践，我国的再审程序大体上符合"三阶构说"的观点。我国的再审程序包括三个阶段，即立案受理阶段、再审审查阶段和再审审理阶段。第一个阶段是对当事人的再审申请作形式审查，审查的内容包括当事人是否适格，生效裁判是否属于法律允许申请再审的客体，再审申请是否是在法定期限内提出以及再审申请是否属于受案法院管辖等。第二个阶段是对当事人申请再审的有关材料进行审查，以确定当事人主张的再审事由是否成立，案件是否应当被提起再审。第三个阶段是对本案进行审理，对生效裁判作出维持或者撤销、改判等的裁判阶段。

五、再审程序与一审程序、二审程序的区别

再审程序和第一审程序、第二审程序分别适用于人民法院审理案件的不同阶段，与第一审程序、第二审程序相比，再审程序主要具有以下特点：

（1）程序启动的原因不同。第一审程序的启动是因为当事人之间发生了民事权利义务关系争议，存在纠纷解决的需求，当事人为维护自身合法权益而向法院提起诉讼，请求司法救济与保护。第二审程序的启动是因为当事人不服一审未生效的裁判而提出上诉，由第二审法院对案件继续审理。再审程序的启动是由于已生效的法律文书确有错误，人民法院对已经生效的裁判文书进行的再次审理。

（2）启动的方式和主体不同。第一审程序的启动是基于当事人的主动起诉，启动主体是与案件有直接利害关系的公民、法人或者其他组织。第二审程序的启动是基于当事人的上诉行为，启动第二审程序的主体必须是享有上诉权的主体，即一审判决享有实体权利或者承担实体义务的当事人，包括原告、被告、有独立请求权第三人以及被判决承担责任的无独立请求权第三人。再审程序的启动则必须具备特定的事由，再审程序的启动主体既包括当事人、案外人，也包括人民法院和人民检察院。

（3）程序启动的时间不同。第一审程序中当事人的起诉时间不受限制，即使当事人起诉时已经超过了实体法中规定的诉讼时效，当事人的诉权仍不受影响。第二审程序的提起期限区分为判决和裁定的上诉期限，判决的上诉期为判决书送达之日起 15 日，裁定的上诉期为裁定书送达之日起 10 日，当事人只有在上诉期内才享有上诉的权利。在再审程序中，当事人申请再审的应当在判决、裁定、调解书生效之日后六个月内提出，人民法院和人民检察院启动再审程序则不受时间的限制。

（4）审理的对象不同。第一审程序的审理对象是当事人之间争议的实体法律关系，围绕当事人之间提出的事实及证据展开，目的在于查明案件事实，解决当事人之间的纠纷。第二审程序的审理对象是当事人提出的与上诉请求有关的事实和法律问题，侧重于审查当事人的上诉请求是否应当得到支持，就当事人在第一审程序中已经提出的经第一审人民法院审理后无异议的部分，第二审法院不再审查。再审程序的审理对象

是已经发生法律效力的判决书、裁定书、调解书，侧重点在于审查已生效的法律文书是否确有错误，是否应当给予当事人再次救济。在审理过程当中，人民法院审理再审案件应当围绕再审请求进行，如果当事人的再审请求超出原审诉讼请求，则不予审理；但符合另案诉讼条件的，应当告知当事人可以另行起诉。在另一方面，被申请人及原审其他当事人在庭审辩论结束前提出的再审请求，且符合《民事诉讼法》第 216 条规定的申请期限，人民法院应当一并审理。此外，人民法院经再审，发现已经发生法律效力的判决、裁定损害国家利益、社会公共利益、他人合法权益的，应当一并审理。

（5）审理的法院不同。适用第一审程序审理案件的人民法院应当符合民事诉讼法上关于地域管辖和级别管辖的规定。适用第二审程序审理案件的人民法院，只能是第一审人民法院的上一级人民法院。适用再审程序审理案件的法院，既包括上级人民法院，也包括作出原生效裁判的人民法院及其他同级人民法院。

（6）所作出的裁判效力不同。第一审法院所作出的判决、裁定，除了小额诉讼案件以及适用非讼程序的案件外，均为非立即生效的裁判，当事人可以提出上诉。第二审法院所作出的裁判是立即生效的终审裁判。再审程序所作出的裁判可分为再审审查阶段作出的裁决和再审审理阶段作出的裁判。再审审查阶段作出再审的裁定时，还应同时裁定中止原判决、裁定、调解书的执行，但追索赡养费、扶养费、抚养费、抚恤金、医疗费用、劳动报酬等案件除外。再审审理阶段作出的裁判，根据其所适用程序的不同而存有差异，适用一审程序作出的裁判，当事人可以提出上诉，适用二审程序作出的裁判属于终审裁判。

六、再审程序的意义和功能

再审程序不是民事案件的必经程序，由于民事案件的复杂性及其他可控或者不可控的原因，如果生效裁判确实存在错误并且必须予以纠正的情形，立法应当设置一定程序来纠正错误的裁判。不管从维护当事人合法权益的角度还是从保证人民法院正当行使审判权的角度来看，再审程序的设置均有重要意义。

首先，再审程序是人民法院审判工作自我纠错、自我监督的重要机制，是实现司法公正的有效手段。对于人民法院审理案件而言，尽管民事诉讼法已经确立的两审终审制度在一定程度上可以保证审判的公正性、正确性。但受审判人员的认知能力、业务素质以及案件的复杂性等不同因素的影响，人民法院出现裁判错误的情形不可避免，这种错误必然会影响到司法公正。再审程序的设置为人民法院纠正错误的生效裁判提供了手段，通过再审程序的纠错功能，使案件获得再一次的审判，最终实现司法公正。

其次，再审程序是维护当事人合法权益的重要手段。人民法院经审理后作出的裁判是对当事人所争议的民事权利义务关系的终局性确认。如果这种终局效力是存在瑕疵的，终局裁判认定的事实是存在错误的，那就会损害当事人的合法利益。再审程序对已生效的判决、裁定、调解书中存在的错误予以纠正，一方面能够切实维护当事人的合法权益，另一方面也有利于提高生效裁判的社会公信力，从而树立我国的司法权威。

尽管再审程序的设置具有重要意义，然而，再审程序的性质仍是一种事后救济程序，如果再审程序频繁启动，势必会极大地损害裁判文书的稳定性，从而影响民事法律关系的稳定。因此在法律文书生效后，只要当事人没有提出再审或者申请检察监督，并且当事人对其实体权利和诉讼权利的处分是合法的，人民法院与人民检察院不应过多地依职权进行干预，避免再审程序的异化。总而言之，应严格限制再审程序的适用，尤其是人民法院依职权主动提起的再审。

最后，再审程序走中国特色社会主义法治道路，贯彻中国特色社会主义法治理论，最根本的就是要贯彻实践好习近平法治思想。把握《中共中央关于全面推进依法治国若干重大问题的决定》确定的再审程序的定位，即重在解决依法纠错，维护审判权威。一方面，坚持以人民为中心的发展思想，实现个案的实质正义。在具体的审判监督工作中，畅通人民群众的申请再审渠道，坚持实事求是、有错必纠的基本原则，实现“努力让人民群众在每一个司法案件中感受到公平正义”的目标；另一方面，充分发挥再审程序的价值追求。坚持再审程序的有限性和补充性原则，正确处理好维护人民法院生效民事裁判的权威性和既判力与依法再审纠错之间的辩证逻辑关系，维护法律的安定。

第二节　民事再审事由

一、民事再审事由的概念及意义

所谓民事再审事由，是指启动本案再次审理的理由或者根据，是原裁判中存在的重大瑕疵，正是因为这些瑕疵的存在，使得原裁判缺乏正当性根据，所以必须通过本案再审加以纠正或者弥补。再审事由是启动再审程序的程序性事由，而未必是对案件进行改判的事由。人民法院受理当事人及案外人的再审申请后，应当依照民事诉讼法的规定对当事人及案外人主张的再审事由进行审查。

对已经生效的裁判进行再次或者重新审理意味着当事人将再次卷入诉讼程序，双方当事人需要再次投入时间、金钱和精力，也意味着人民法院等司法资源的再次投入。更为重要的是，启动再审必将导致原裁判所确定的法律关系重新处于波动的状态，影响着原裁判的终局性，对于司法权威也将产生消极影响。民事再审事由决定着哪些案件能够以牺牲裁判的终局性和法律关系的稳定性而进入到再审程序。可以说，再审事由直接关联着再审程序的性质问题，即是将再审程序作为普通的救济程序，还是作为特别的救济程序。因此，再审事由是开启民事再审程序大门的“钥匙”，是控制再审制度宽严程度的“阀门”，决定着再审这一救济程序特殊程度的高低，反映着再审程序的目的和价值，影响着再审程序功能的发挥。

二、我国民事再审事由的分类

根据再审启动主体的不同，可以将再审事由分为当事人申请再审的事由、人民法院依职权决定再审的事由、人民检察院检察监督启动再审的事由以及案外人申请再审的事由。我国民事诉讼法及其司法解释对当事人申请再审的事由、人民检察院检察监督启动再审的事由以及案外人申请再审的事由进行了明确的规定，但是对人民法院依职权决定再审的事由则规定得较为模糊，仅规定人民法院发现生效的判决、裁定、调解书"确有错误的"，应当依职权启动再审。

（一）当事人申请再审的法定事由

当事人对已经发生法律效力的判决、裁定申请再审，须具备法定事由，我国《民事诉讼法》第 211 条规定了 13 种当事人申请再审的法定事由。

1. 有新的证据，足以推翻原判决、裁定的

所谓"足以推翻"，是指新证据具有推翻原裁判的高度盖然性，而不是要求新证据必须推翻原裁判。根据《民诉法解释》第 385 条的规定，再审申请人提供的新的证据，能够证明原判决、裁定认定基本事实或者裁判结果错误的，应当被认定为符合这一再审申请事由。此时，人民法院应当责令再审申请人说明其逾期提供该证据的理由。再审申请人拒不说明理由或者理由不成立的，人民法院根据不同情形可以不采纳该证据或者采纳该证据但予以训诫、罚款。

再审申请人证明其提交的新的证据符合下列情形之一的，可以认定逾期提供证据的理由成立：①在原审庭审结束前已经存在，因客观原因于庭审结束后才发现的；②在原审庭审结束前已经发现，但因客观原因无法取得或者在规定的期限内不能提供的；③在原审庭审结束后形成，无法据此另行提起诉讼的。

然而，如果再审申请人提交的证据在原审中已经提供，而原审人民法院未组织质证且未作为裁判根据的，可以视为当事人逾期提供该证据的理由成立。但是，如果当事人在原审中逾期提供该证据且拒不说明理由或者理由不成立而导致的原审法院不予采纳该证据的，则不能视为新证据。

此外，新的证据证明原判决、裁定确有错误的，人民法院应当予以改判。申请再审人或者申请抗诉的当事人提出新的证据致使再审改判，被申请人等当事人因申请再审人或者申请抗诉的当事人的过错未能在原审程序中及时举证，请求补偿其增加的差旅、误工等诉讼费用的，人民法院应当支持。但是被申请人等当事人无权请求赔偿其由此扩大的直接损失，应当另行提起诉讼解决。

2. 原判决、裁定认定的基本事实缺乏证据证明的

根据《民诉法解释》第 333 条的规定，"基本事实"是指用以确定当事人主体资格、案件性质、民事权利义务等对原判决、裁定的结果有实质性影响的事实。案件的基本事实是人民法院作出判决和裁定的基础，如果案件的基本事实缺乏证据证明会导致人民法院所认定事实与案件客观事实相悖，案件理应进行再次审理。双方当事人恶意串通进行虚假诉讼导致人民法院作出错误裁判的，可以认为原裁判所认定的基本事实缺乏证据证明。此外，需要注意"证据不足"与"缺乏证据证明"之间的区别。"证据不足"是从原裁判认定事实是否有足够的证据支持角度而言的，"缺乏证据证明"

是从原裁判认定的基本事实是否有主要证据支持的角度而言的，两个概念的角度不同，相较之下，后者更具有客观性。

3. 原判决、裁定认定事实的主要证据是伪造的

主要证据是人民法院认定基本事实的依据，是双方当事人进行质证的对象。主要证据具有以下三个特征：一是主要证据是证明案件基本事实的证据，而不是证明案件次要事实、辅助事实的证据；二是主要证据的证明力较强，而不论其是直接证据或者间接证据；三是主要证据是认定案件事实必不可少的证据，缺少主要证据则无法认定案件基本事实。与主要证据相对应的是补强证据，它是指某一证据不能单独作为认定案件基本事实的依据。《民事证据规定》第 90 条规定了补强证据，具体包括以下几种证据：①当事人的陈述；②无民事行为能力人或者限制民事行为能力人所作的与其年龄、智力状况或者精神健康状况不相当的证言；③与一方当事人或者其代理人有利害关系的证人陈述的证言；④存有疑点的视听资料、电子数据；⑤无法与原件、原物核对的复制件、复制品。

如果人民法院认定事实的主要证据是伪造的，将动摇生效裁判所依据的基本事实，最终导致错误的裁判。伪造主要证据可以是证人提供虚假证言、当事人提供虚假书证、鉴定人伪造鉴定意见等。伪造证据的主体可以是当事人，也可以是其他诉讼参与人甚至是案外人。伪造证据的行为可以是单方实施的，也可以是串通实施的。

4. 原判决、裁定认定事实的主要证据未经质证的

依照《民诉法解释》第 103 条第 1 款的规定，证据应当在法庭上出示，由当事人互相质证。未经当事人质证的证据，不得作为认定案件事实的根据。由此可见，如果原判决、裁定认定事实的主要证据未经质证，则该证据不应当作为认定案件事实的根据。在质证制度中，程序保障主要是指由于从制度上保证了当事人能够按照自己意愿充分地展开攻击防御等诉讼活动，所以当事人必须对诉讼达到的结果承担风险或负有责任。人民法院将未经质证主张证据作为认定案件事实的根据，无疑剥夺了当事人的质证权，对当事人的程序保障不充分，当事人有权以此为由申请再审。所谓“未经质证”，是指当事人因客观原因而非主观原因未对主要证据进行质证的情形。如果当事人对原判决、裁定认定事实的主要证据在原审中拒绝发表质证意见或者质证中未对证据发表质证意见的，属于当事人放弃质证的情形。

此外，《民事诉讼法》第 68 条第 2 款规定：“人民法院根据当事人的主张和案件审理情况，确定当事人应当提供的证据及其期限。当事人在该期限内提供证据确有困难的，可以向人民法院申请延长期限，人民法院根据当事人的申请适当延长。当事人逾期提供证据的，人民法院应当责令其说明理由；拒不说明理由或者理由不成立的，人民法院根据不同情形可以不予采纳该证据，或者采纳该证据但予以训诫、罚款。”据此，人民法院有权对当事人逾期提供的证据作出是否组织质证的决定。如果人民法院决定组织质证的，对方当事人应当对这些证据进行质证、发表质证意见。若对方当事人对一方逾期提供的证据拒绝质证的，就是对质证权利的放弃，其在裁判生效后又以

裁判认定事实的主要证据未经质证为由申请再审的，人民法院应不予支持。

5. 对审理案件需要的主要证据，当事人因客观原因不能自行收集，书面申请人民法院调查收集，人民法院未调查收集的

我国现行民事诉讼立法尚未就当事人自行收集证据的手段予以明确规定，也未确立证据开示制度，使得司法实践中当事人自行收集证据的能力受到客观现实的阻碍。对此，《民诉法解释》第 94 条赋予了当事人因客观原因不能自行收集证据时向法院申请调查收集证据的权利，具体包括以下情形：①证据由国家有关部门保存，当事人及其诉讼代理人无权查阅调取的；②涉及国家秘密、商业秘密或者个人隐私的；③当事人及其诉讼代理人因客观原因不能自行收集的其他证据。因此，当人民法院未完全履行其职能而引起消极后果的，不应由当事人承担。关于“因客观原因不能自行收集”的判断，应结合案件的具体情况作出，包括当事人的具体情况、证据的具体情况等。此外，依照《审判监督程序解释》第 9 条的规定，“对审理案件需要的主要证据”是指人民法院认定案件基本事实所必须的证据。

6. 原判决、裁定适用法律确有错误的

人民法院根据案件的事实正确适用法律是作出公正裁判的重要前提，如果案件法律适用错误势必将影响裁判的公正性。对于如何认定“适用法律确有错误”，《民诉法解释》第 388 条规定了以下几种常见情形：

第一，适用的法律与案件性质明显不符的。案件性质是指当事人之间的民事法律关系的性质。一般来说，民事案件可以划分为物权、合同、侵权、婚姻家庭与继承等几个类型。人民法院在审理民事案件时，首先要根据案件的事实和证据确定当事人之间的民事法律关系，正确把握案件的性质。如果人民法院适用的法律与案件性质明显不相符合，导致裁判结果错误的，属于原裁判适用法律确有错误的情形。

第二，确定民事责任明显违背当事人约定或者法律规定的。民事审判的任务之一是确定案件当事人的民事责任。认定案件当事人的民事责任一方面不能违反法律的规定；另一方面也不能违背当事人之间有效合同的约定。人民法院在适用本项规定时，一要审查原裁判是否正确认定民事行为的效力，正确解释合同条款；二要审查原裁判是否正确适用有关归责原则、诉讼时效、责任构成、免责事由、责任形式与范围、第三人责任等事项的法律规定；三要审查原裁判确定当事人承担民事责任的方式是否符合民法的规定和合同的约定，并结合相应单行法的特别规定，进行综合审查。如果生效裁判确定民事责任明显违背了当事人之间的有效约定或者法律规定，导致裁判结果错误的，属于原裁判适用法律确有错误的情形。

第三，适用已经失效或者尚未施行的法律的。如果适用已经失效或者尚未施行的法律，导致裁判结果错误的，属于原裁判适用法律确有错误的情形。此种情形属于对法律的时间效力认识错误，人民法院适用的法律必须是已经生效并且尚未失效的法律。法律失效有三种情形：一是有权机关发布命令宣布废止；二是新法取代旧法，根据新法优于旧法的原则，新法施行后，旧法自然失效；三是法律本身规定了失效的日期，

如期限届满又无延期规定的，则自行失效。

第四，违反法律溯及力规定的。法律的溯及力是指法律颁布后对它生效前所发生的事件和行为可以加以适用的效力。一般而言，法律只适用于其生效后发生的行为，不适用其生效前的行为，即不具有溯及既往的效力。在特定情形下，立法可以在法律中作出法律有一定溯及力的规定。例如，《立法法》第 104 条规定："法律、行政法规、地方性法规、自治条例和单行条例、规章不溯及既往，但为了更好地保护公民、法人和其他组织的权利和利益而作的特别规定除外。"如果原裁判适用法律时违反了法律溯及力的规定，应适用而未适用法律施行之前的行为，或者不应适用而适用法律施行之前的行为，导致裁判结果错误的，属于原裁判适用法律确有错误的情形。

第五，违反法律适用规则的。所谓法律适用规则，是指当法律规范存在冲突时，法院适用法律时应采用的规则。法律适用规则包括上位法优于下位法、新法优于旧法、特别法优于普通法等规则。当原裁判违反法律适用规则，错误地适用了不应适用的法律或者没有适用应适用的法律，导致裁判结果错误的，属于原裁判适用法律确有错误的情形。

第六，明显违背立法原意的。立法原意是指一部法律在制定时的意旨。对法律规范的立法原意作出正确的解释需要根据颁布法律时的法律环境、立法动机及目的等因素来探究立法者的立法原意。如果裁判适用法律明显违背立法原意，导致裁判错误的，属于原裁判适用法律确有错误的情形。

上述所列举的六种情形并未穷尽"法律适用确有错误"的情形，只要是原裁判在适用法律上不正确达到一定程度，导致裁判结果错误的，即构成本项所规定的再审事由。

7. 审判组织的组成不合法或者依法应当回避的审判人员没有回避的

审判组织作为行使审判权的主体，应当在组成上符合民事诉讼法的相关要求，包括组成合议庭的人数应当是单数，发回重审的案件，原审人民法院应当按照第一审程序另行组成合议庭等。如果审判组织的组成不合法，违反法定程序，将导致裁判结果缺乏形式上的正当性。

回避制度的设立是为了保证审判人员在行使审判权时的公平、公正，如果应当回避的审判人员没有回避而参与案件的审理过程，将可能影响裁判结果的公平与公正。《民事诉讼法》第 47 条第 1 款规定："审判人员有下列情形之一的，应当自行回避，当事人有权用口头或者书面方式申请他们回避：（一）是本案当事人或者当事人、诉讼代理人近亲属的；（二）与本案有利害关系的；（三）与本案当事人、诉讼代理人有其他关系，可能影响对案件公正审理的。"此外，《民诉法解释》第 43 条至第 45 条对回避的情形还作了更为详细的规定。

8. 无诉讼行为能力人未经法定代理人代为诉讼或者应当参加诉讼的当事人，因不能归责于本人或者其诉讼代理人的事由，未参加诉讼的

在民事诉讼中，当事人合法参加诉讼是其行使辩论权、申请回避等各项诉讼权利

的基础，是程序正当性的基本要求，如果当事人因客观原因未能参加诉讼的，属于剥夺当事人程序参与权的情形，当事人有权申请再审。

9. 违反法律规定，剥夺当事人辩论权利的

辩论权是民事诉讼中当事人的一项重要诉讼权利，当事人有权就诉讼请求陈述事实与理由，也有权就对方当事人的诉讼请求进行反驳和答辩，人民法院应当保障当事人辩论权的行使。辩论权不仅抽象地存在于民事诉讼法所规定的“人民法院审理民事案件时，当事人有权进行辩论”，更为重要的是辩论权的行使应贯穿于民事诉讼的整个过程。依照《民诉法解释》第389条的规定，原审人民法院在开庭过程中有下列情形之一的，应当认定为剥夺当事人辩论权利：

第一，不允许当事人发表辩论意见的。民事诉讼法所规定的辩论原则集中体现在开庭审理阶段的法庭调查和法庭辩论，只有当事人在庭审中就案件的主要事实、主要证据及相关的法律问题进行了充分的陈述和辩论，才能保障案件正确裁判的作出。因此，在开庭审理过程中，审判人员不允许当事人发表辩论意见的，应当认定为剥夺当事人辩论权利的情形。当然，在庭审过程中，审判人员应当引导当事人围绕争议焦点进行辩论。当事人及其诉讼代理人的发言与本案无关或者重复未被法庭认定的事实，审判人员有权予以制止，这种情形不属于剥夺当事人的辩论权利。

第二，应当开庭审理而未开庭审理的。开庭审理是整个民事诉讼程序的中心环节，是实现直接、言词、集中原则的载体，是确保当事人充分行使辩论权利的重要制度安排。根据民事诉讼法的相关规定，人民法院审理案件的第一审程序都应当开庭审理；人民法院审理案件的第二审程序则以开庭审理为原则，只有经过阅卷、调查和询问当事人，对没有提出新的事实、证据或者理由，合议庭认为不需要开庭审理的，才可以不开庭审理。

第三，违反法律规定送达起诉状副本或者上诉状副本，致使当事人无法行使辩论权利的。当事人在民事中的诉讼地位、诉讼权利及义务平等，原告有提出诉讼请求的权利，被告则有针对原告起诉进行答辩的权利。虽然民事诉讼法规定了被告可以选择提交或者不提交答辩状，不提交答辩状也不影响法院对案件的审理，但是人民法院必须将起诉状副本或者上诉状副本依照法律的规定送达给被告，让被告了解对方的起诉或者上诉的内容，从而进行应诉的准备。如果人民法院没有依照法律规定向对方当事人送达起诉状副本或者上诉状副本，导致对方当事人无法知晓诉讼的开始或者进行情况，无法针对起诉或者上诉内容提出答辩等意见的，应当认定为剥夺当事人辩论权利的情形。

第四，违法剥夺当事人辩论权利的其他情形。前述三种情形是剥夺当事人辩论权利的具体情形，除此之外还存在其他违法剥夺当事人辩论权利的情形。不过需要注意的是，其他情形应当与前述三种情形的性质类似、程度相当。

10. 未经传票传唤，缺席判决的

两造对立是民事诉讼的基本结构，两方当事人参与庭审，各自提出自己的主张、

证据，并反驳对方的主张、证据，人民法院才能对案件的事实进行认定并作出正确的裁判。缺席判决的正当性在于当事人自我负责的机制，如果一方当事人经人民法院传票传唤，无正当理由拒不到庭，或者未经法庭许可中途退庭的，人民法院可以在审查到庭一方当事人提出诉状、证据后，依法作出缺席判决。但是，若当事人未经人民法院的传票传唤而缺席判决的，属于民事诉讼中重大的程序瑕疵，严重损害了当事人的程序性主体地位，应作为当事人申请再审的事由。对于简易程序，人民法院可以采用捎口信、电话、传真、电子邮件等非传票的方式传唤当事人，经当事人确认或者有其他证据足以证明当事人已经收到的，人民法院可以作出缺席判决。

11. 原判决、裁定遗漏或者超出诉讼请求的

处分原则是现代民事诉讼的基本原则之一，当事人对其提出诉讼请求享有处分权，人民法院进行审理和裁判的对象仅限于当事人提出的诉讼请求。所谓遗漏诉讼请求，是指对当事人提出的诉讼请求，原裁判不予审理、不予裁判的情形；而超出诉讼请求是指对当事人未提出的诉讼请求进行审判或者超出当事人诉讼请求的范围进行审判。

人民法院对于当事人已经提出诉讼请求没有裁判的构成漏裁，对于当事人没有提出的诉讼请求作出裁判的构成超裁，都违背了当事人处分原则。依照《民诉法解释》第 390 条的规定，此处的诉讼请求，包括一审诉讼请求、二审上诉请求，但当事人未对一审判决、裁定遗漏或者超出诉讼请求提起上诉的除外。民事诉讼程序应当尊重当事人的处分权，如果当事人对于一审判决、裁定遗漏或者超出诉讼请求并未在上诉中提出，除非该裁判涉及国家利益、社会公共利益，否则二审人民法院仅对上诉请求进行审理，所作的裁判是生效裁判。因此，当事人未对一审判决、裁定遗漏或者超出诉讼请求提起上诉的，不属于二审审理范围，以此事由申请再审的，人民法院应不予支持。

12. 据以作出原判决、裁定的法律文书被撤销或者变更的

如果原判决、裁定对基本事实和案件性质的认定系根据其他法律文书作出，而这些法律文书被撤销或者变更的，意味着据以作出原判决、裁定的依据不复存在或者发生了变化，势必会影响到原判决、裁定的正确性，因此有必要将其作为再审事由。依照《民诉法解释》第 391 条的规定，此处的“法律文书”包括三类：一是发生法律效力的判决书、裁定书、调解书；二是发生法律效力的仲裁裁决书；三是具有强制执行效力的公证债权文书。《审判监督程序解释》第 10 条规定，原判决、裁定对基本事实和案件性质的认定系根据其他法律文书作出，而上述其他法律文书被撤销或变更的，人民法院可以认定为《民事诉讼法》第 211 条第 12 项规定的情形。

13. 审判人员审理案件时有贪污受贿、徇私舞弊、枉法裁判行为的

当审判人员在审理案件的过程中实施了职务犯罪行为，严重损害了司法公信力时，该裁判的公正性显然会受到质疑，因此有必要将其作为再审事由。依照《民诉法解释》第 392 条的规定，审判人员的贪污受贿、徇私舞弊、枉法裁判行为应当由生效刑事法律文书或者纪律处分决定所确认，才构成法定的再审事由。之所以规定审判人员的贪

污受贿、徇私舞弊、枉法裁判的行为应当由生效刑事法律文书或者纪律处分决定确认，一方面是为了贯彻刑法上的罪刑法定原则，另一方面也是为避免当事人滥用申请再审权，影响正常的审判制度。对于审判人员仅因贪污受贿、徇私舞弊、枉法裁判的行为而正在接受调查或者进入刑事司法程序的，尚不符合本项事由的适用条件。

此外，关于当事人对生效调解书申请再审的事由，我国《民事诉讼法》第 212 条作了特别的规定。当事人对生效调解书申请再审的，其应提出证据证明调解违反自愿原则或者调解协议的内容违反法律，否则人民法院应当驳回当事人的再审申请。调解违反自愿原则通常是指调解协议的达成是受欺诈、胁迫的结果，包括审判法官、对方当事人及案外人实施的欺诈、胁迫行为，致使当事人违反本意作出让步的情形。调解协议的内容违反法律是指调解协议的内容违反法律、行政法规的强制性规定，而不包括任意性规定。

（二）人民法院依职权决定再审的事由

依照我国民事诉讼法及其司法解释的规定，人民法院可以行使审判监督权对于已审结的案件启动再审程序。提起再审的主体应当是依法享有审判监督权的法定机关，即作出原生效裁判的人民法院、该人民法院的上级人民法院及最高人民法院。同时，只有经初步审查后发现已经发生法律效力的判决、裁定和调解书确有错误时，才能对案件进行再审。因此，人民法院依职权决定再审的事由没有具体的规定，只要是人民法院经审查认为生效裁判“确有错误”即可启动再审程序。

（三）人民检察院检察监督启动再审的事由

依照宪法和民事诉讼法的规定，人民检察院是我国的法律监督机关，有权对民事诉讼实行法律监督，人民检察院启动再审程序即是其行使法律监督权的具体体现。依照《民事诉讼法》第 219 条的规定，人民检察院发现已经发生法律效力的判决、裁定具有法定情形或者调解书损害国家利益、社会公共利益的，有权通过提出抗诉或者向人民法院提出检察建议的方式进行法律监督。

人民检察院对生效裁判与生效调解书启动再审的法定事由有所不同，对于生效的判决、裁定，人民检察院抗诉的法定事由与当事人向人民法院申请再审的 13 种法定事由完全一致；对于生效调解书，人民检察院抗诉的法定事由是该调解书损害了国家利益、社会公共利益。

当事人除了可以向人民法院申请再审外，还可以向人民检察院申请检察监督，其应当具备以下任一条件：一是人民法院驳回再审申请的；二是人民法院逾期未对再审申请作出裁定的；三是再审判决、裁定有明显错误的。人民检察院对当事人的申请应当在 3 个月内进行审查，作出提出或者不予提出检察建议或者抗诉的决定，当事人不得再次向人民检察院申请检察建议或者抗诉。

（四）案外人申请再审的法定事由

案外人申请再审的法定事由不同于当事人申请再审的法定事由，因而不能适用《民事诉讼法》第 211 条的规定，其应适用《民事诉讼法》第 238 条和有关司法解释的规定。因此，案外人申请再审的法定事由应为案外人对原判决、裁定、调解书所确定的执行标的主张权利。所谓“案外人主张权利”，是指案外人主张保护其受到生效裁判侵害的权利。

第三节　再审程序的启动

根据我国民事诉讼法及其司法解释的有关规定，再审程序可以由人民法院、人民检察院、当事人和案外人启动。根据《民事诉讼法》第220条的规定，当事人申请再审与人民法院依职权决定再审、人民检察院检察监督启动再审之间的关系并不是平行关系，应遵循当事人申请再审优先的原则。只有在当事人向人民法院申请再审，人民法院驳回当事人再审申请或者逾期未对再审申请作出裁定的，当事人才能向人民检察院申请检察监督。而案外人申请再审，则是生效裁判侵害到了案外人合法权益时，案外人救济自身合法权益的一种途径。

一、当事人申请再审

（一）当事人申请再审的含义及意义

当事人申请再审，是指民事诉讼中的当事人，认为已经发生法律效力的判决、裁定确有错误或者认为已经发生法律效力的调解书违反自愿原则或者内容违法，依法提请原审人民法院或者上一级人民法院对该案件再行审理的行为。

当事人的申请再审权是一项重要的诉讼权利，有着重要的意义。当事人行使申请再审权，一方面有利于维护自身的合法权益，另一方面有利于实现裁判的公正。

申请再审权与申诉权是两种不同的权利，其存在以下区别：第一，权利的性质及行使依据不同。当事人的申请再审权是民事诉讼法所规定的一项法定权利；而申诉权则是宪法赋予公民的一项民主权利。第二，权利的行使主体不同。享有申请再审权的主体只能是当事人及符合特定条件的案外人；而享有申诉权的主体则没有具体的限制，可以是案件的当事人，也可以是案件当事人之外的任何人。第三，权利的行使时间不同。申请再审权的行使有明确的法定期限，当事人原则上应在裁判生效后的6个月之内行使，否则即丧失了申请再审权；而申诉权的行使则没有法定期限的限制。第四，行使权利的对象不同。申请再审权的行使对象只能是已经发生法律效力的判决、裁定和调解书；而申诉权的行使则没有具体对象的限制。第五，法律后果不同。申请再审权一旦行使，人民法院即应进行审查，只要符合法定再审条件的，应裁定再审从而启动再审审理程序；而申诉权的行使只作为人民法院或者人民检察院发现生效裁判存在错误的一种途径。

（二）当事人申请再审的条件

根据我国民事诉讼法及其司法解释的有关规定，当事人申请再审需满足主体条件、客体条件、事由条件、管辖条件、时间条件和形式条件等六方面的条件。

（1）主体条件。《民事诉讼法》第211条规定的当事人包括原审的原告、被告、上诉人、被上诉人、有独立请求权的第三人以及被判决承担民事责任的无独立请求权的第三人。根据《民诉法解释》第420条的规定，因不可归责于本人或者其诉讼代理人的事由未参加诉讼的必要共同诉讼人，适用当事人申请再审的规定。因此，被遗漏的必要共同诉讼人，也属于可以申请再审当事人的范畴，而不属于案外人。

此外，根据《民诉法解释》第373条的规定，当事人死亡或者终止的，其权利义务承继者可以申请再审。判决、调解书生效后，当事人将判决、调解书确认的债权转让，债权受让人对该判决、调解书不服申请再审的，人民法院不予受理。因此，对于继受当事人权利义务的一般继受人属于可以申请再审当事人的范畴，而对于仅继受生效裁判权利义务的特定继受人则不属于可以申请再审当事人的范畴。

（2）客体条件。当事人申请再审的裁判类型应属于民事诉讼法及其司法解释允许再审的裁判文书。首先，只有具备既判力的判决，才有通过再审加以推翻的必要。对于人民法院适用特别程序、督促程序、公示催告程序、破产程序等非讼程序作出的判决，因为其不具备既判力，而且民事诉讼法规定了其他的救济途径，因此不属于当事人申请再审的客体范畴。

对于人民法院作出的裁定，仅不予受理或者驳回起诉的裁定属于再审的客体。不予受理、驳回起诉的裁定是终局性的裁定，裁定生效后当事人不得以同样的诉讼请求及事实、理由向人民法院起诉，若该裁定存在错误，则严重损害了当事人寻求司法救济的权利，因而应赋予当事人就此类裁定申请再审的权利。至于管辖异议裁定则不属于可以申请再审的客体。这是因为管辖异议的审理有一审、二审程序，已充分保障了当事人的管辖异议权，若允许对该类裁定申请再审将导致诉讼程序的拖延。此外，对于按自动撤回上诉处理的裁定，也不属于可以申请再审的客体。这是因为当事人可以直接针对一审判决申请再审以获得救济，若允许对按自动撤回上诉处理的裁定申请再审，会导致已经生效甚至已经执行完毕的一审判决变为不生效这样的程序逆转。

根据《民事诉讼法》第212条的规定，生效的调解书也属于再审的客体。当事人可以对生效的调解书向人民法院申请再审。

根据《民事诉讼法》第213条的规定，当事人对已经生效的解除婚姻关系的判决、调解书，不得申请再审。因此，离婚判决、调解书不属于再审的客体。其理由是：①离婚判决、调解书生效后，任何当事人一方都可以与他人再结婚，另一方申请再审已无任何意义。②离婚判决、调解书生效后，如果当事人双方自愿恢复婚姻关系，完全可以向民政部门进行复婚登记，不需要通过再审程序来恢复婚姻关系。但是，如果当事人就离婚案件中的财产分割问题申请再审，如果涉及的是判决中已经分割的财产部分，当事人可以申请再审；如果涉及的是判决中未做处理的夫妻共同财产，当事人可以另行起诉。

（3）事由条件。当事人对生效的裁定、判决申请再审的，应当符合《民事诉讼法》第211条所规定的13种法定事由。当事人对生效调解书申请再审的，应当符合《民事诉讼法》第 212 条规定的法定事由。当事人对小额诉讼案件的裁判、裁定申请再审的，应当符合《民诉法解释》第 424 条的规定。当事人申请再审的事由不符合法律规定的，人民法院应当裁定驳回当事人的再审申请。

（4）管辖条件。当事人申请再审应当向有管辖权的人民法院申请再审。当事人申请再审的，原则上应当向原审人民法院的上一级人民法院申请。根据《民事诉讼法》第 210 条和《民诉法解释》第 377 条的规定，当事人对已经发生法律效力的判决、裁定，认为有错误的，可以向上一级人民法院申请再审；当事人一方人数众多或者当事人双方为公民的案件，也可以向原审人民法院申请再审，当事人分别向原审人民法院和上一级人民法院申请再审且不能协商一致的，由原审人民法院受理。《民事诉讼法》确立的以上一级人民法院管辖为原则、以原审人民法院管辖为补充的再审管辖制度，既切实保障了当事人的申请再审权，也有利于当事人行使再审权利，降低再审的成本以及方便查清案件事实。

另根据《民诉法解释》第 374 条的规定，人数众多的一方当事人，包括公民、法人和其他组织；当事人双方为公民，是指原告和被告均为公民。其中人数众多一般是指 10 人以上。

（5）时间条件。据《民事诉讼法》第 216 条的规定，当事人申请再审，应当在判决、裁定发生法律效力后 6 个月内提出。对于有新的证据，足以推翻原判决、裁定的，或者原判决、裁定认定事实的主要证据是伪造的，或者据以作出原判决、裁定的法律文书被撤销或者变更的，或者审判人员审理该案件时有贪污受贿、徇私舞弊、枉法裁判行为的，当事人可以自知道或者应当知道之日起 6 个月内提出。根据《民诉法解释》第 420 条第 1 款的规定，必须共同进行诉讼的当事人因不能归责于本人或者其诉讼代理人的事由未参加诉讼的，可以自知道或者应当知道之日起 6 个月内申请再审。

根据《民诉法解释》第 382 条的规定，当事人对已经发生法律效力的调解书申请再审，应当在调解书发生法律效力后 6 个月内提出。

（6）形式条件。当事人申请再审须为书面要式行为。当事人申请再审，应当向人民法院提交再审申请书等书面材料。当事人口头向人民法院申请再审的，不产生申请再审的效力。

二、人民法院依职权启动再审

（一）人民法院依职权启动再审的概念

人民法院依职权启动再审是指法院基于审判监督权，对于已发生法律效力的判决、裁定、调解书，发现确有错误，从而决定对案件进行再审。审判监督权作为一项“权力”，其行使是“自上而下”的，而不是“自下而上”的，所以只能是上级人民法院对下级人民法院行使审判监督权。同级人民法院之间由于没有上下级关系，不能互相行使审判监督权。但人民法院内部可以进行自我审判监督，因此原审人民法院可以对本院作出的生效裁判文书决定再审。

（二）人民法院依职权启动再审的条件

根据《民事诉讼法》第209条的规定，人民法院依职权启动再审须具备以下条件：

第一，启动再审的主体必须是依法享有审判监督权的法定机关，即原审人民法院、上级人民法院、最高人民法院。其中上级人民法院不限于上一级人民法院。

第二，启动再审的客体必须是已发生法律效力并确有错误的判决、裁定和调解书。如果一审裁判尚未生效，那么应通过第二审程序予以纠正，而不得直接启动再审程序。此外，裁判"确有错误"只是法院初步审查判断的结果，至于是否实际存在错误，需经过再审程序审理后才能最终确定。

（三）人民法院依职权启动再审的程序

根据《民事诉讼法》第209条的规定，人民法院依职权启动再审的程序因启动主体的不同而有所差异，具体可以分为以下两种情形：

（1）原审人民法院对本院作出的生效裁判文书，发现确有错误后提交本院审判委员会决定再审。各级人民法院院长发现本院作出的生效裁判确有错误的，应当提交审判委员会讨论，由审判委员会决定是否再审。由此可见，各级人民法院中享有审判监督权的是人民法院院长和审判委员会。

（2）上级人民法院依职权启动的再审。上级人民法院对下级人民法院享有审判监督权，其可以对下级人民法院的生效裁判启动再审。最高人民法院作为法院体系内的最高审判机关，是最特殊的上级人民法院，是其他所有人民法院的上级人民法院，其有权对地方各级人民法院进行审判监督，进而启动再审。上级人民法院依职权启动再审的程序是以裁定书的形式，提审或者指令下级法院再审。再审裁定书中应同时写明中止原裁判的执行；情况紧急的，可将中止执行的裁定口头通知负责执行的人民法院，但应在口头通知后10日内发出裁定书，该裁定书应通知案件的双方当事人。

三、人民检察院行使法律监督权启动再审

（一）人民检察院行使法律监督权启动再审概述

《民事诉讼法》第14条规定："人民检察院有权对民事诉讼实行法律监督。"人民检察院通过提出抗诉或者再审检察建议启动再审，是该基本原则的具体体现。抗诉或者再审检察建议均针对生效判决书、裁定书和调解书。调解书根据调解协议的内容制作，是双方当事人私权处分的结果，原不受检察监督，但人民检察院在民事诉讼中还可作为社会公共利益的代表，享有公共利益诉权，因此2012年修正《民事诉讼法》时将损害国家利益、社会公共利益的调解书纳入了检察监督的对象。

民事诉讼法规定的人民检察院抗诉或者再审检察建议启动再审程序的制度，一方面有利于检察监督原则的具体落实，另一方面也有利于维护当事人的合法权益。人民检察院提起抗诉或者提出检察建议，为当事人增加了一条司法救济的途径，一方面有利于维护当事人的合法权益，另一方面也能起到对存有错误的生效裁判的纠错作用。依据2018年10月24日发布的《最高人民检察院关于人民检察院加强对民事诉讼和执

行活动法律监督工作情况的报告》，全国检察机关在 2013 年 1 月至 2018 年 9 月间共办结各类民事申请监督案件 57.9 万件。其中，提出抗诉案件 21 795 件，再审改变率为 76.1%；提出再审检察建议 25 958 件，法院采纳率为 64.5%。可见，人民检察院通过抗诉或者再审检察建议启动再审确有实效。

（二）人民检察院行使检察监督权启动再审的方式

根据《民事诉讼法》第 219 条的规定，人民检察院启动再审的方式有两种：一是抗诉，二是再审检察建议。

抗诉是指享有法律监督权的人民检察院对已生效的判决、裁定、调解书，认为具有法定抗诉事由的，依法提请人民法院对案件再次进行审理的一种诉讼行为，是一种事后法律监督。人民检察院提出抗诉启动再审的制度不仅保障了检察监督原则的具体落实，还为当事人增加了司法救济的途径，有利于维护当事人的合法权益。

抗诉作为人民检察院对民事诉讼活动进行法律监督的主要方式，必须符合法定的条件，具体包括以下几个方面：第一，符合法定的抗诉事由。对于生效的判决书、裁决书，人民检察院提起抗诉的法定情形与当事人申请再审的法定情形一致，规定在《民事诉讼法》第 211 条。而对于生效的调解书，只有该调解书损害国家利益、社会公共利益的，人民检察院才能提出抗诉。第二，主体合法。提出抗诉的人民检察院只能是上级人民检察院，特殊的是最高人民检察院可对各级人民法院提出抗诉，包括对最高人民法院（同级之间）提出抗诉。例如，作出生效裁判的人民法院是甲市中级人民法院，其对应的同级人民检察院是甲市人民检察院，上级人民检察院则为该省人民检察院和最高人民检察院，只有最高人民检察院和该省人民检察院有权提出抗诉。第三，形式合法。人民检察院应当制作抗诉书，以书面的形式提出抗诉。

再审检察建议，是指享有法律监督权的地方各级人民检察院对同级人民法院已经发生法律效力的判决、裁定、调解书，认为具有法定再审事由的，依法向同级人民法院提出对案件再次进行审理的检察建议的一种诉讼行为。人民检察院对审判监督程序以外的其他审判程序中审判人员的违法行为所提出的检察建议，则是有别于再审检察建议的另一种检察建议。

检察建议是 2012 年修正《民事诉讼法》时新增的法律监督方式，是对抗诉的补充。再审检察建议所适用的范围与抗诉相同。再审检察建议较之抗诉，在程序上更方便、效力上更柔和。再审检察建议由同级人民检察院对同级人民法院提出，其并不必然启动再审，是否对案件进行再审最终由人民法院决定。如此一来，这样有利于协调检法关系，将检察机关的外部监督转为人民法院的内部监督，形成检法机关的良性互动。因此，对于再审检察建议与抗诉两种监督方式，人民检察院应优先适用再审检察建议。人民检察院提出再审检察建议的应当经过人民检察院检察委员会讨论决定。

（三）人民检察院启动再审的程序

1. 再审审查监督案件的来源

人民检察院提出抗诉或者再审检察建议，其案件的来源包括以下三种途径：一是人民检察院依职权发现；二是当事人以外的自然人、法人和非法人组织向人民检察院控告、举报；三是当事人向人民检察院申请再审检察建议或者抗诉，其前提是人民法院驳回当事人的再审申请或者逾期未对再审申请作出裁定，抑或者再审裁判有明显错误。检察机关作为法律监督机关，一般不应直接接受当事人申请，只有在其无法获得人民法院救济的前提下才能受理。因此，当事人向人民法院申请再审是申请检察监督的前置程序。此外，为保护裁判终局性，当事人向人民检察院申请再审检察建议或者抗诉，以一次为限。

根据《人民检察院民事诉讼监督规则》第 27 条的规定，当事人申请检察监督，存在下列情形之一的，人民检察院不予受理：①当事人未向人民法院申请再审的；②当事人申请再审超过法律规定的期限的，但不可归责于其自身原因的除外；③人民法院在法定期限内正在对民事再审申请进行审查的；④人民法院已经裁定再审且尚未审结的；⑤判决、调解解除婚姻关系的，但对财产分割部分不服的除外；⑥人民检察院已经审查终结作出决定的；⑦民事判决、裁定、调解书是人民法院根据人民检察院的抗诉或者再审检察建议再审后作出的；⑧申请监督超过本规则第 20 条规定的期限的；⑨其他不应受理的情形。另根据《人民检察院民事诉讼监督规则》第 37 条的规定，人民检察院在履行职责中发现民事案件有下列情形之一的，应当依职权启动监督程序：①损害国家利益或者社会公共利益的；②审判、执行人员有贪污受贿、徇私舞弊、枉法裁判等行为的；③当事人存在虚假诉讼等妨害司法秩序行为的；④人民法院作出的已经发生法律效力的民事公益诉讼判决、裁定、调解书确有错误，审判程序中审判人员存在违法行为，或者执法活动存在违法情形的；⑤依照有关规定需要人民检察院跟进监督的；⑥具有重大社会影响等确有必要进行监督的情形。人民检察院对民事案件依职权启动监督程序，不受当事人是否申请再审的限制。

2. 人民检察院对当事人申请的审查

对于人民检察院审查的范围，根据《人民检察院民事诉讼监督规则》第 43 条的规定，人民检察院审查民事诉讼监督案件，应当围绕申请人的申请监督请求、争议焦点以及本规则第 37 条规定的情形（检察院依职权启动监督程序的情形），对人民法院民事诉讼活动是否合法进行全面审查。其他当事人在人民检察院作出决定前也申请监督的，应当将其列为申请人，对其申请监督请求一并审查。

对于人民检察院审查的方式，根据《人民检察院民事诉讼监督规则》第 46、47 条的规定，人民检察院审查案件，应当通过适当方式听取当事人意见，必要时可以听证或者调查核实有关情况，也可以依照有关规定组织专家咨询论证；还可以依照有关规定调阅人民法院的诉讼卷宗。通过拷贝电子卷、查阅、复制、摘录等方式能够满足办案需要的，可以不调阅诉讼卷宗。人民检察院认为确有必要，可以依照有关规定调阅人民法院的诉讼卷宗副卷，并采取严格保密措施。

人民检察院对当事人的申请应当在 3 个月内审查终结并作出决定。人民检察院作出提出或者不予提出检察建议或者抗诉决定的，当事人不得再次向人民法院申请检察建议或者抗诉。也就是说，当事人申请人民检察院检察监督的次数以一次为限。

3. 人民检察院的调查核实权

根据《民事诉讼法》第221条的规定，人民检察院因履行法律监督职责提出检察建议或者抗诉的需要，可以向当事人或者案外人调查核实有关情况。根据《人民检察院民事诉讼监督规则》第62条的规定，对于民事判决、裁定、调解书可能存在法律规定需要监督的，仅通过阅卷及审查现有材料难以认定的情形，人民检察院可以向当事人或者案外人调查核实有关情况。

根据《人民检察院民事诉讼监督规则》第63条至第67条的规定，人民检察院可以采取以下调查核实措施：①查询、调取、复制相关证据材料。当存在可能损害国家利益、社会公共利益等情形，人民检察院可以向银行业金融机构查询、调取、复制相关证据材料。②询问当事人或者案外人。③咨询专业人员、相关部门或者行业协会等对专门问题的意见。人民检察院可以就专门性问题书面或者口头咨询有关专业人员、相关部门或者行业协会的意见。口头咨询的，应当制作笔录，由接受咨询的专业人员签名或者盖章。拒绝签名盖章的，应当记明情况。④委托鉴定、评估、审计。人民检察院对专门性问题认为需要鉴定、评估、审计的，可以委托具备资格的机构进行鉴定、评估、审计。在诉讼过程中已经进行过鉴定、评估、审计的，一般不再委托鉴定、评估、审计。⑤勘验物证、现场。人民检察院认为确有必要的，可以勘验物证或者现场。勘验人应当出示人民检察院的证件，并邀请当地基层组织或者当事人所在单位派人参加。当事人或者当事人的成年家属应当到场，拒不到场的，不影响勘验的进行。勘验人应当将勘验情况和结果制作笔录，由勘验人、当事人和被邀参加人签名或者盖章。⑥查明案件事实所需要采取的其他措施。但是，限制人身自由和查封、扣押、冻结财产等强制性措施，人民检察院不得采取。

案件需要人民法院调查核实的，由承办检察官在职权范围内决定，或者报检察长决定。人民检察院调查核实，应当由二人以上共同进行。调查笔录经被调查人校阅后，由调查人、被调查人签名或者盖章。被调查人拒绝签名盖章的，应当记明情况。此外，人民检察院还可以指令下级人民检察院或者委托外地人民检察院调查核实。

4. 抗诉或者再审检察建议的提出

《民事诉讼法》第219条第1、2款规定："最高人民检察院对各级人民法院已经发生法律效力的判决、裁定，上级人民检察院对下级人民法院已经发生法律效力的判决、裁定，发现有本法第二百一十一条规定情形之一的，或者发现调解书损害国家利益、社会公共利益的，应当提出抗诉。地方各级人民检察院对同级人民法院已经发生法律效力的判决、裁定，发现有本法第二百一十一条规定情形之一的，或者发现调解书损害国家利益、社会公共利益的，可以向同级人民法院提出检察建议，并报上级人民检察院备案；也可以提请上级人民检察院向同级人民法院提出抗诉。"据此，对于检察监督的案件，人民检察院可以提出抗诉、提请抗诉或者提出再审检察建议。

第一，提出抗诉。根据《人民检察院民事诉讼监督规则》第92条的规定，人民检察院提出抗诉，应当制作《抗诉书》，在决定抗诉之日起15日内将《抗诉书》连同案件卷宗移送同级人民法院，并由接受抗诉的人民法院向当事人送达再审裁定时一并送达《抗诉书》。人民检察院应当制作决定抗诉的《通知书》，发送当事人。上级人民检察院可以委托提请抗诉的人民检察院将决定抗诉的《通知书》发送当事人。

第二，提请抗诉。根据《人民检察院民事诉讼监督规则》第88条的规定，人民检察院提请抗诉，应当制作《提请抗诉报告书》，在决定提请抗诉之日起15日内将《提请抗诉报告书》连同案件卷宗报送上一级人民检察院，并制作决定提请抗诉的《通知书》，发送当事人。

第三，提出再审检察建议。根据《人民检察院民事诉讼监督规则》第87条的规定，人民检察院提出再审检察建议，应当制作《再审检察建议书》，在决定提出再审检察建议之日起15日内将《再审检察建议书》连同案件卷宗移送同级人民法院，并制作决定提出再审检察建议的《通知书》，发送当事人。人民检察院提出再审检察建议，应当经本院检察委员会决定，并将《再审检察建议书》报上一级人民检察院备案。

四、案外人申请再审

当生效裁判损害未参加诉讼的案外人的合法民事权益时，也应允许其申请再审。根据《民事诉讼法》第238条的规定，案外人申请再审可以分为执行程序中的案外人申请再审与执行程序外的案外人申请再审两类。

（1）执行程序中的案外人申请再审，其应符合下列条件：一是案外人应在执行过程中提出申请；二是案外人对执行标的提出书面异议，执行异议被人民法院裁定驳回；三是案外人对裁定不服，认为原判决、裁定、调解书存在错误；四是案外人应在执行异议裁定送达之日起6个月内提出申请；五是案外人应向作出原判决、裁定、调解书的人民法院申请。

（2）执行程序外的案外人申请再审，其应符合下列条件：一是案外人对原判决、裁定、调解书确定的执行标的物主张权利；二是案外人无法提起新的诉讼解决相关主体之间关于执行标的物的争议；三是案外人应在判决、裁定、调解书发生法律效力后六个月内，或者自知道或者应当知道利益被损害之日起6个月内提出申请；四是案外人应向作出原判决、裁定、调解书的人民法院的上一级人民法院申请。

第四节　再审审查程序

一、再审审查程序概述

（一）再审审查程序的含义

所谓再审审查程序，是指人民法院依法审查再审申请，确定再审事由是否成立，并依法作出裁定再审或者驳回再审申请的程序。当案件进入再审审查程序时，人民法院可以通过书面审查或者询问当事人等方式，审查当事人的再审申请是否符合法律规定，只有当再审事由成立，且符合法律规定的再审条件时，案件才会进入再审审理程序。再审审查程序是人民法院履行民事审判监督职能的重要内容，也是保障当事人合法权益的重要手段。

（二）再审审查的工作原则

人民法院在再审审查程序中应当坚持以下原则：

（1）坚持平等保护原则。人民法院在再审申请的审查过程中不仅要依法保障再审申请人的诉讼权利，也要平等保护对方当事人的合法权益。

（2）坚持依法裁定原则。民事诉讼法对再审审查条件的形式条件和实质条件都进行了明确的规定，当事人的再审申请符合形式与实质的双重条件的，应当依法裁定再审，不符合的应当裁定驳回再审申请。

（3）自愿调解原则。人民法院审查民事再审案件申请，可以根据案件情况组织当事人进行调解。当事人经调解达成协议或者自行达成和解协议的，应当出具调解书。

（三）再审审查程序与再审审理程序的关系

民事再审程序分为再审审查程序与再审审理程序两个环节，两者既有联系，也有区别，其主要存在以下区别：

（1）二者适用的任务不同。再审审查程序的任务在于依据民事诉讼法的相关规定决定案件是否进入再审审理。再审审理程序是在再审申请通过审查程序后对案件进行再一次的实体审理，确定生效裁判是否存在错误，并作出再审裁判，其主要任务在于纠正错误的生效裁判。

（2）二者适用的顺序不同。再审审查程序适用在前，再审审理程序适用在后，案件只有经过再审审查程序，才可能进入再审审理程序。

（3）二者适用的标准不同。再审审查程序关于再审事由是否成立的判断仅为初步的判断，不需要达到高度盖然性的标准。再审审理程序中，人民法院认定当事人诉讼请求的成立原则上应当达到高度盖然性的标准。

二、再审审查的程序环节

（一）再审的申请与受理

当事人申请再审时，应当提交以下材料：①再审申请书，并按照被申请人和原审其他当事人的人数提交副本。②再审申请人是自然人的，应当提交身份证明；再审申请人是法人或者其他组织的，应当提交营业执照、组织机构代码证书、法定代表人或者主要负责人身份证明书。委托他人代为申请的，应当提交授权委托书和代理人身份证明。③原审判决书、裁定书、调解书。④反映案件基本事实的主要证据及其他材料。其中，②③④中的材料可以是与原件核对无异的复印件。

当事人提交的再审申请书应当记明下列事项：①再审申请人与被申请人及原审其他当事人的基本信息；②原审人民法院的名称，原审裁判文书案号；③具体的再审请求；④申请再审的法定情形及具体事实、理由。再审申请书应当明确申请再审的人民法院，并由再审申请人签名、捺印或者盖章。再审申请书不具备上述内容的，人民法院应当告知当事人补正。

人民法院经审查，申请再审人提出的再审申请符合条件的，应当自收到再审申请书等材料之日起 5 日内向再审申请人发送受理通知书，并向被申请人及原审其他当事人发送应诉通知书、再审申请书副本等材料。当事人的再审申请不符合条件的，应当及时告知申请再审人。

按照《民诉法解释》第 381 条的规定，当事人申请再审，有下列情形之一的，人民法院不予受理：①再审申请被驳回后再次提出申请的；②对再审判决、裁定提出申请的；③在人民检察院对当事人的申请作出不予提出再审检察建议或者抗诉决定后又提出申请的。对于上述前两种情形，人民法院应当告知当事人可以向人民检察院申请再审检察建议或者抗诉，但因人民检察院提出再审检察建议或者抗诉而再审作出的判决、裁定除外。

（二）再审事由的审查

（1）从审判组织上看，人民法院受理申请再审案件后，应当组成合议庭进行审查。通过合议庭审查再审申请，是慎重对待当事人申请再审权的体现，同时也能够更好地维护双方当事人的合法权益。

（2）从审查范围上看，人民法院审查再审案件，应当围绕申请再审事由是否成立进行，申请再审人未主张的事由不予审查。经过审查，如果再审人所主张的事由不成立的，应当裁定驳回再审申请，但是，如果人民法院在审查过程中发现生效裁判确有错误的，应当依职权启动再审。

（3）从审查方式上看，根据《再审案件意见》第 13 条的规定，人民法院可以采用审查材料、审阅卷宗、询问当事人和听证等四种方式。具体而言：一是审查再审申请人提交的再审申请书、书面意见等材料。人民法院审查再审申请人提交的再审申请书等材料时，足以确定申请再审事由成立或者不成立的，即可以作出是否再审的裁定。二是审阅原审卷宗。人民法院对于单纯审查书面材料不能确定再审事由是否成立的，应当调取原审卷宗进行审查。根据《再审案件意见》第 16 条的规定，人民法院决定调卷审查的，原审法院应当在收到调卷函后 15 日内按要求报送卷宗。调取原审卷宗的范围可根据审查工作需要决定。必要时，在保证真实的前提下，可要求原审法院以传真件、复印件、电子文档等方式及时报送相关卷宗材料。三是询问当事人。再审案件审查期间，为了全面了解案情、听取当事人的意见、促使当事人和解或者达成调解协议，人民法院可以根据案件审查的需要决定是否询问一方或者双方当事人。根据《民诉法解释》第 395 条的规定，当事人以“新的证据”为由申请再审且新的证据可能推翻原判决、裁定的，人民法院应当询问当事人。四是组织当事人听证。根据《再审案件意见》第 18 条至第 20 条的规定，人民法院对以下列事由申请再审的案件，可以组织当事人进行听证：①有新的证据，足以推翻原判决、裁定的；②原判决、裁定认定的基本事实缺乏证据证明的；③原判决、裁定认定事实的主要证据是伪造的；④原判决、裁定适用法律确有错误的。合议庭决定听证的案件，应在听证5日前通知当事人。听证由审判长主持，围绕申请再审事由是否成立进行。

（4）从审查标准上来看。再审审查程序与再审审理程序是两个相对独立的阶段，因此再审审查与再审审理所采取的审查标准也存在重大区别，不应将裁定再审的标准与再审改判的标准等同起来。人民法院审查再审申请时，以能够确认再审事由是否成立为必要限度，只要经过审查能够确认当事人主张的再审事由成立，即应裁定再审。根据再审事由内容的不同，可以将《民事诉讼法》第211条规定的13种事由分为实体性事由和程序性事由，其中第1项至第6项及第12项事由属于实体性事由，第7项至第11项以及第13项属于程序性事由。对于实体性事由的审查，应当审查原裁判在证据采信、事实认定及法律适用等方面是否存在影响裁判结果情形，只有当原审人民法院行使自由裁量权显著不当，造成裁判明显不公的，才能启动再审。而对于程序性事由，只要确认其存在，即使原裁判的结果是正确的，人民法院也应裁定再审。

（5）多个再审事由的审查。当申请再审人同时主张多个再审事由时，人民法院在审查时可以采用先易后难的审查顺序。一般而言，人民法院应优先审查那些仅凭申请人提交的材料即可确定再审事由存在与否的再审事由，对于需要审阅卷宗、询问当事人等才能确定再审事由是否存在的再审事由应放置后续。经过审查，任一再审事由被人民法院确定存在时，即可裁定再审，而无需进一步审查其他的再审事由。此外，根据《民诉法解释》第396条的规定，审查再审申请期间，被申请人及原审其他当事人依法提出再审申请的，人民法院应当将其列为再审申请人，对其再审事由一并审查，审查期限重新计算。经审查，其中一方再审申请人主张的再审事由成立的，应当裁定再审。各方再审申请人主张的再审事由均不成立的，一并裁定驳回再审申请。

（三）再审审查的结果

人民法院对再审事由进行审查之后，根据具体情形可以作出如下裁定：

（1）裁定再审。当事人主张的再审事由成立，且符合民事诉讼法及其司法解释规定的申请再审条件的，人民法院应当裁定再审，并中止原判决、裁定、调解书的执行，但追索赡养费、扶养费、抚育费、抚恤金、医疗费用、劳动报酬等案件，可以不中止执行。根据《再审案件意见》第24条，人民法院审查过程中，申请再审人、被申请人及原审其他当事人自愿达成和解协议，当事人申请人民法院出具调解书且能够确定申请再审事由成立的，人民法院应当裁定再审并制作调解书。

根据《再审案件意见》第15条，符合以下情形之一的，根据申请再审人所提交的材料足以确定再审事由成立的案件，人民法院可以径行裁定再审：①违反法律规定，管辖错误的；②审判组织的组成不合法或者依法应当回避的审判人员没有回避的；③无诉讼行为能力人未经法定代理人代为诉讼，或者应当参加诉讼的当事人因不能归责于本人或者其诉讼代理人的事由未参加诉讼的；④据以作出原判决、裁定的法律文书被撤销或者变更的；⑤审判人员审理该案件时有贪污受贿、徇私舞弊、枉法裁判行为，并经相关刑事法律文书或者纪律处分决定所确认的。

（2）裁定驳回再审申请。当事人主张的再审事由不成立，或者当事人申请再审超过法定申请再审期限、超出法定再审事由范围等不符合民事诉讼法规定的申请再审条件的，人民法院应当裁定驳回再审申请。

根据《再审案件意见》第30条，人民法院驳回再审申请的裁定书，应当包括以下内容：①申请再审人、被申请人及原审其他当事人的基本情况；②原审法院名称、申请再审的生效裁判文书名称、案号；③申请再审人主张的再审事由、被申请人的意见；④驳回再审申请的理由、法律依据；⑤裁定结果。裁定书由审判人员、书记员署名，加盖人民法院印章。驳回再审申请的裁定一经送达，即发生法律效力。

（3）裁定准许撤回再审申请或者按撤回再审申请处理。审查再审申请期间，再审申请人撤回再审申请的，人民法院可以裁定准许。当事人撤回再审申请与原告申请撤回起诉不同。当事人撤回再审申请是撤回启动再审程序，恢复到生效裁判的状态；而原告撤回起诉则是撤回其最初提起的诉讼请求，其结果是诉讼溯及既往的消灭。

对于当事人申请撤回再审申请的，人民法院应当考虑再审事由是否查明，再审案件是否存在违反法律规定或者侵害国家利益、社会公共利益或者他人合法权益的情形等因素，作出是否准许撤回再审申请的裁定。

再审审查期间，再审申请人经传票传唤，无正当理由拒不接受询问的，人民法院可以按撤回再审申请处理。此外，根据《再审案件意见》第21条的规定，在听证程序中，申请再审人经传票传唤，无正当理由拒不参加询问、听证或者未经许可中途退出的，裁定按撤回再审申请处理。被申请人及原审其他当事人不参加询问、听证或者未经许可中途退出的，视为放弃在询问、听证过程中陈述意见的权利。

人民法院裁定准许撤回再审申请或者按撤回再审申请处理，再审申请人再次申请再审的，不予受理，但有下列情形的除外：①有新的证据，足以推翻原判决、裁定的；②原判决、裁定认定事实的主要证据是伪造的；③据以作出原判决、裁定的法律文书被撤销或者变更的；④审判人员审理该案件时有贪污受贿、徇私舞弊、枉法裁判行为的。有上述情形之一的，当事人自知道或者应当知道之日起6个月内，可以再次向人民法院申请再审。

（4）裁定终结审查。再审申请审查期间，有下列情形之一的，人民法院可以裁定终结审查：①再审申请人死亡或者终止，无权利义务承继者或者权利义务承继者声明放弃再审申请的；②在给付之诉中，负有给付义务的被申请人死亡或者终止，无可供执行的财产，也没有应当承担义务的人的；③当事人达成和解协议且已履行完毕的，但当事人在和解协议中声明不放弃申请再审权利的除外；④他人未经授权以当事人名义申请再审的；⑤原审或者上一级人民法院已经裁定再审的；⑥有《民诉法解释》第381条第1款规定情形的。再审审查期间发生上述情形之一的，人民法院对案件继续进行再审审查，已经变得没有必要或者无意义，因此对裁定终结审查。

（四）再审审查的期限

根据《民事诉讼法》第215条第1款的规定，人民法院应当自收到再审申请书之日起3个月内审查完毕。案件有特殊情况需要延长的，应报经本院院长批准。高级人民法院报请人民法院对案件再审提审的期间和最高人民法院审查处理的期间，不计入再审审查案件。最高人民法院对不同意再审提审的案件，自高级人民法院收到批复之日起，恢复申请再审审查案件的办理期限计算。另根据《民诉法解释》第537条的规定，人民法院对涉外民事案件的当事人申请再审进行审查的期间，不受3个月期限的限制。

三、人民法院对人民检察院抗诉的审核、对再审检察建议的审查

（一）人民法院对抗诉的审核

人民检察院认为生效判决、裁定存在《民事诉讼法》第211条情形之一或者生效调解书损害国家利益、社会公共利益而主动提出抗诉的案件，接受抗诉的人民法院应当自收到抗诉书之日起30日内作出再审的裁定。

当事人因人民法院驳回再审申请或者逾期未对再审申请作出裁定向人民检察院申请抗诉，人民检察院因此对生效判决、裁定提出抗诉的，人民法院应当在30日内审核是否符合以下四个条件：①抗诉书和原审当事人申请书及相关证据材料已经提交；②抗诉对象为依法可以进行再审的判决、裁定；③抗诉书列明该判决、裁定有《民事诉讼法》第219条第1款规定情形；④人民法院驳回再审申请或者逾期未对再审申请作出裁定。

人民法院经审核，对于符合上述条件的，裁定再审；不符合条件的，人民法院可以建议人民检察院予以补正或者撤回；不予补正或者撤回的，人民法院可以裁定不予受理。需要注意的是，人民法院对抗诉案件的审核是形式审查，而不是实质审查。

（二）人民法院对再审检察建议的审查

人民法院收到再审检察建议后，应当组成合议庭，在3个月内进行审查，发现原判决、裁定、调解书确有错误，需要再审的，应依法裁定再审，并通知当事人；经审查，决定不予再审的，应当书面回复人民检察院。

当事人因人民法院驳回再审申请或者逾期未对再审申请作出裁定向人民检察院申请再审检察建议，人民检察院因此对生效判决、裁定提出再审检察建议的，人民法院应当审查以下五个条件：①再审检察建议书和原审当事人申请书及相关证据材料已经提交；②建议再审的对象为依法可以进行再审的判决、裁定；③再审检察建议书列明该判决、裁定有《民事诉讼法》第219条第2款规定情形；④人民法院驳回再审申请或者逾期未对再审申请作出裁定；⑤再审检察建议经该人民检察院检察委员会讨论决定。

人民法院经审查，对于符合上述条件的，应予受理。不符合前款规定的，人民法院可以建议人民检察院予以补正或者撤回；不予补正或者撤回的，应当函告人民检察

院不予受理。

第五节　再审审理程序

一、再审案件的审理范围

如同上诉审中人民法院应当围绕上诉请求审理一样，人民法院审理再审案件应当围绕当事人的再审请求进行，对于超出原审诉讼请求的不予审理。如果当事人的诉讼请求符合另案诉讼条件的，人民法院应告知当事人另行起诉。当事人能否另行起诉，在于对重复起诉的认定。对此，《民诉法解释》第247条第1款规定："当事人就已经提起诉讼的事项在诉讼过程中或者裁判生效后再次起诉，同时符合下列条件的，构成重复起诉：(一）后诉与前诉的当事人相同；（二）后诉与前诉的诉讼标的相同；（三）后诉与前诉的诉讼请求相同，或者后诉的诉讼请求实质上否定前诉裁判结果。"对于原审裁判生效后产生的新的事实，当事人可以另诉解决。

此外，符合下列情形的，再审案件的审理范围不限于再审申请人的再审请求：一是被申请人及原审其他当事人在庭审辩论结束前提出的再审请求，符合提出再审申请的法定期限的，人民法院应一并纳入再审审理范围；二是人民法院经再审，发现已经发生法律效力的判决、裁定损害国家利益、社会公共利益、他人合法权益的，也应当一并纳入再审审理范围。

对于再审发回重审案件，人民法院应当围绕当事人的原审诉讼请求进行审理。当事人申请变更、增加诉讼请求或者提出反诉，根据《民诉法解释》第252条的规定，符合以下情形之一的，人民法院才予以准许：一是原审未合法传唤缺席判决，影响当事人行使诉讼权利的；二是追加新的诉讼当事人的；三是诉讼标的物灭失或者发生变化致使原诉讼请求无法实现的；四是当事人申请变更、增加的诉讼请求或者提出的反诉，无法通过另诉解决的。当事人变更其在原审中的诉讼主张、质证及辩论意见的，应说明理由并提交相应的证据，理由不成立或者证据不充分的，人民法院不予支持。

二、再审案件的审理程序

（一）再审审理立案与裁定中止原判决、裁定和调解书的执行

地方各级人民法院对本院或者上级人民法院对下级人民法院的生效裁判，经审查认为符合再审立案的，应当决定或者裁定再审，并且应当在作出再审、提审裁定（决定）的次日立案。最高人民法院或者上级人民法院发回重审或者指令再审的案件，下级人民法院应当在收到裁定及案件材料的次日立案。

人民法院裁定再审的案件应当同时裁定中止原判决、裁定和调解书的执行。这是因为案件经过再审审理后有可能撤销或者变更原审裁判，为了避免因生效裁判继续履行或者强制履行可能给当事人合法权益造成更大的损害，也为了避免再审裁判和原审

裁判之间的冲突，有必要暂时中止原生效裁判的执行。根据《民诉法解释》第 394 条的规定，人民法院对已经发生法律效力的判决、裁定、调解书依法决定再审，需要中止执行的，应当在再审裁定中同时写明中止原判决、裁定、调解书的执行；情况紧急的，可以将中止执行裁定口头通知负责执行的人民法院，并在通知后 10 日内发出裁定书。当然，并非所有裁定再审的案件都需要中止原裁判的执行，对于追索赡养费、扶养费、抚育费、抚恤金、医疗费用、劳动报酬等案件，人民法院可以不中止执行。此类案件涉及弱者权利的保护，不中止执行有利于防止当事人利用再审拖延案件的执行。

（二）再审案件的程序适用

再审案件没有独立的程序设置，根据《民事诉讼法》第 218 条的规定，人民法院按照审判监督程序再审的案件，发生法律效力的判决、裁定是由第一审法院作出的，按照第一审程序审理，所作的判决、裁定，当事人可以上诉；发生法律效力的判决、裁定是由第二审法院作出的或者由上级人民法院按照审判监督程序提审的，按照第二审程序审理。也就是说，除上级人民法院按照审判监督程序提审的案件，一律适用第二审程序审理外，人民法院再审案件时所适用的程序取决于原审案件的审级。当然，再审案件即使适用第一审程序，其也不适用简易程序。

（三）再审案件的当事人

再审案件的当事人按其地位分为再审申请、被申请人和原审其他当事人。依法提出再审申请的当事人为再审申请人，与再审申请人提出的再审请求有直接利益冲突的是被申请人，与再审请求没有利益冲突的其他当事人按照原审地位列明。在再审审理过程中，被申请人或者原审其他当事人提出符合条件的再审申请的，人民法院应当一并将其列为再审申请人。审查过程中，申请再审人或者被申请人死亡或者终止的，根据《再审案件意见》第 25 条的规定，人民法院应按下列情形分别处理：①申请再审人有权利义务继受人且该权利义务继受人申请参加审查程序的，变更其为申请再审人；②被申请人有权利义务继受人的，变更其权利义务继受人为被申请人；③申请再审人无权利义务继受人或其权利义务继受人未申请参加审查程序的，裁定终结审查程序；④被申请人无权利义务继受人且无可供执行财产的，裁定终结审查程序。

必要共同诉讼人因不能归责于本人或者其诉讼代理人的事由未参加诉讼，申请人民法院再审，人民法院依法裁定再审的，应当按照以下情形分别处理：①按照第一审程序再审的，应当追加其为当事人，作出新的判决、裁定；②按照第二审程序再审，经调解不能达成协议的，应当撤销原判决、裁定，发回重审，重审时应追加其为当事人。

案外人申请再审案件的当事人如何列明，受案外人是否属于原审裁判中遗漏的必要共同诉讼人及再审审理程序的审级的影响。具体而言，案外人属于原审裁判中遗漏必要共同诉讼人的，无须区分再审审理程序的审级，应追加案外人为当事人，诉讼地位依据原审裁判被追加一方的诉讼地位列明；案外人不属于原审裁判中遗漏的必要共同诉讼人的，按照一审程序审理的，案外人可以称为再审原告，按照二审程序再审的调解过程中，可以直接称其为案外人。

（四）再审审理的法院

再审审理的法院与再审审查的管辖法院有所不同。根据《民事诉讼法》第222条及《审判监督程序解释》第18、19条的规定，再审审理的管辖有提审、指令再审和指定再审三种形式。当然，三种形式并不是并列的关系，应以提审为原则，指令再审为补充，指定再审为例外。

（1）上一级人民法院提审。因当事人申请再审裁定再审的案件，一般应由上一级人民法院提审。根据《最高人民法院关于民事审判监督程序严格依法适用指令再审和发回重审若干问题的规定》第3条，具有以下情形之一的，人民法院应当提审，不得指令再审或者指定再审：①原判决、裁定系经原审人民法院再审审理后作出的；②原判决、裁定系经原审人民法院审判委员会讨论作出的；③原审审判人员在审理该案件时有贪污受贿、徇私舞弊、枉法裁判行为的；④原审人民法院对该案无再审管辖权的；⑤需要统一法律适用或者裁量权行使标准的；⑥其他不宜指令原审人民法院再审的情形。

人民检察院提出抗诉的案件，原则上由接受抗诉的人民法院审理，即由上一级人民法院提审。

此外，根据《最高人民法院关于加强和规范案件提级管辖和再审提审工作的指导意见》第15条的规定，上级人民法院对下级人民法院已经发生法律效力的民事、行政判决、裁定，认为符合再审条件的，一般应当提审。对于符合再审条件的民事、行政判决、裁定，存在下列情形之一的，最高人民法院、高级人民法院可以指令原审人民法院再审，或者指定与原审人民法院同级的其他人民法院再审，但法律和司法解释另有规定的除外：①原判决、裁定认定事实的主要证据未经质证的；②对审理案件需要的主要证据，当事人因客观原因不能自行收集，书面申请人民法院调查收集，人民法院未调查收集的；③违反法律规定，剥夺当事人辩论权利的；④发生法律效力的判决、裁定是由第一审法院作出的；⑤当事人一方人数众多或者当事人双方均为公民的民事案件；⑥经审判委员会讨论决定的其他情形。

根据《最高人民法院关于加强和规范案件提级管辖和再审提审工作的指导意见》第16条的规定，最高人民法院依法受理的民事、行政申请再审审查案件，除法律和司法解释规定应当提审的情形外，符合下列情形之一的，也应当裁定提审：①在全国有重大影响的；②具有普遍法律适用指导意义的；③所涉法律适用问题在最高人民法院内部存在重大分歧的；④所涉法律适用问题在不同高级人民法院之间裁判生效的同类案件存在重大分歧的；⑤由最高人民法院提审更有利于案件公正审理的；⑥最高人民法院认为应当提审的其他情形。最高人民法院依职权主动发现地方各级人民法院已经发生法律效力的民事、行政判决、裁定确有错误，并且符合前款规定的，应当提审。

根据《最高人民法院关于加强和规范案件提级管辖和再审提审工作的指导意见》第17条的规定，高级人民法院对于本院和辖区内人民法院作出的已经发生法律效力的民事、行政判决、裁定，认为适用法律确有错误，且属于本意见第16条第1款第1项至第5项所列情形之一的，经本院审判委员会讨论决定后，可以报请最高人民法院提审。

根据《最高人民法院关于加强和规范案件提级管辖和再审提审工作的指导意见》第18条的规定，高级人民法院报请最高人民法院再审提审的案件，应当向最高人民法院提交书面请示，请示应当包括以下内容：①案件基本情况；②本院再审申请审查情况；③报请再审提审的理由；④合议庭评议意见、审判委员会讨论意见；⑤必要的案件材料。

根据《最高人民法院关于加强和规范案件提级管辖和再审提审工作的指导意见》第19条的规定，最高人民法院收到高级人民法院报送的再审提审请示及材料后，由立案庭编立“监”字号，转相关审判庭组成合议庭审查，并在3个月以内作出下述处理：①符合提审条件的，作出提审裁定；②不符合提审条件的，作出不同意提审的批复。最高人民法院不同意提审的，应当在批复中说明意见和理由。

（2）指令再审。指令再审是指最高人民法院、高级人民法院将裁定再审的案件交由原审人民法院负责再审审理。根据《最高人民法院关于民事审判监督程序严格依法适用指令再审和发回重审若干问题的规定》第2条第1款，有下列情形之一的，最高人民法院、高级人民法院可以指令原审人民法院再审：①依据《民事诉讼法》第211条第1款第4项、第5项或者第9项裁定再审的；②发生法律效力的判决、裁定、调解书是由第一审法院作出的；③当事人一方人数众多或者当事人双方为公民的；④经审判委员会讨论决定的其他情形。

与此相对应，为了再审案件的公正审理，防止指令再审的滥用，《审判监督程序解释》第20条规定，再审案件存在下列情形之一的，上级人民法院不得指令原审人民法院再审：①原审人民法院对该案无管辖权的；②审判人员在审理该案件时有贪污受贿、徇私舞弊、枉法裁判行为的；③原判决、裁定系经原审人民法院审判委员会讨论作出的；④其他不宜指令原审人民法院再审的。

此外，对于人民检察院提出抗诉的案件，根据《最高人民法院关于民事审判监督程序严格依法适用指令再审和发回重审若干问题的规定》第2条第2款，具有《民事诉讼法》第211条第1项至第5项规定情形之一的，可以指令原审人民法院再审，包括：①有新的证据，足以推翻原判决、裁定的；②原判决、裁定认定的基本事实缺乏证据证明的；③原判决、裁定认定事实的主要证据是伪造的；④原判决、裁定认定事实的主要证据未经质证的；⑤对审理案件需要的主要证据，当事人因客观原因不能自行收集，书面申请人民法院调查收集，人民法院未调查收集的。以上五种情形都属于案件事实查明、证据认定问题，交由原审人民法院审理更为便利时，上级人民法院可以指令原审人民法院再审。

（3）指定再审。指定再审是指最高人民法院、高级人民法院将裁定再审的案件交由与原审人民法院同级的其他人民法院负责再审审理。《审判监督程序解释》第19条规定：“上一级人民法院可以根据案件的影响程度以及案件参与人等情况，决定是否指定再审。需要指定再审的，应当考虑便利当事人行使诉讼权利以及便利人民法院审理等因素。接受指定再审的人民法院，应当按照民事诉讼法第二百零七条第一款规定的程序审理。”由于指定再审在司法实践中发生了诸如发回重审时难以确定重审法院、涉诉信访责任不明等问题，因此指定再审应当谨慎适用。

（五）再审审理合议庭的组成

人民法院审理再审案件，一律实行合议制，不能适用独任制。根据《民事诉讼法》第41条第3款的规定，人民法院审理再审案件，原来是第一审的，应按照第一审程序另行组成合议庭；原来是第二审的或者是上级人民法院提审的，按照第二审程序另行组成合议庭。原合议庭成员或者独任审判员均不得参加新组成的合议庭，以防止其先入为主，保障再审案件得到公正的审判。

（六）再审案件的审理方式与进程

人民法院审理再审案件，无论适用第一审程序还是第二审程序，都应当开庭审理。根据《审判监督程序解释》第22条第2款，按照第二审程序审理的，有特殊情况或者双方当事人已经其他方式充分表达意见，且书面同意不开庭审理的，人民法院可以不开庭审理。相比于二审程序而言，按二审程序再审的案件不开庭审理的条件更为严格。这是给予当事人充分表达意见的需要，也有利于法庭查明案件事实，确保再审裁判的权威性与公正性。有下列两种情形之一的，人民法院可以不开庭审理：一是在再审审查阶段，人民法院已经对双方当事人进行了充分的询问，又没有新的事实、新的证据或者新的理由，再审可以在征得双方当事人书面同意后不开庭；二是人民法院对于损害国家利益、社会公共利益等的案件依职权启动再审的，可以作为“特殊情形”不开庭审理。

再审案件的当事人经传票传唤，无正当理由拒不到庭，或者未经法庭许可中途退庭的，除应按撤诉处理的情形外，人民法院应当开庭审理，并作出缺席判决。

人民法院开庭审理再审案件的，其开庭审理顺序，应当按照下列情形分别进行：①因当事人申请再审的，应当由再审申请人陈述申请请求及理由，后由被申请人答辩、其他原审当事人发表意见；②因抗诉再审的，先由抗诉机关宣读抗诉书，再由申请抗诉的当事人陈述，后由被申请人答辩、其他原审当事人发表意见；③人民法院依职权再审，有申诉人的，先由申诉人陈述再审请求及理由，后由被申诉人答辩，其他原审当事人发表意见；④人民法院依职权再审，没有申诉人的，先由原审原告或者原审上诉人陈述，后由其他原审当事人发表意见。

对于人民检察院抗诉引起的再审案件，人民法院开庭审理的，应当在开庭3日前通知人民检察院，同级人民检察院或者提出抗诉的人民检察院应当派员出庭。

检察人员出席再审法庭的任务，一是宣读抗诉书；二是对依职权调查的证据予以出示和说明，即人民检察院因履行法律监督职责向当事人或者案外人调查核实的情况，应当向法庭提交并予以说明，由双方当事人进行质证。值得注意的是，人民法院审理因人民检察院抗诉或者检察建议裁定再审的案件，不受此前已经作出的驳回当事人再审申请裁定的影响。

此外，检察人员发现人民法院的庭审活动存在违法情形的，应当待休庭或者庭审结束之后，以人民检察院的名义提出检察建议。

三、再审案件的审理结果

人民法院审理再审案件，应对原审人民法院认定事实、适用法律以及适用程序等方面进行全面审查，并根据下列情形分别作出处理：

（一）判决、裁定维持原判决、裁定

人民法院经再审审理认为，原判决、裁定认定事实清楚，适用法律正确的，应维持原裁判；对于原判决、裁定在认定事实、适用法律、阐述理由方面虽有瑕疵，但裁判结果正确的，人民法院应在再审判决、裁定中纠正上述瑕疵后维持原裁判。

（二）依法改判、撤销或者变更原裁判

人民法院经再审审理认为，原判决、裁定认定事实、适用法律错误，导致裁判结果错误的，应当依法改判、撤销或者变更原判决、裁定。

当事人提交新的证据致使再审改判，因再审申请人或者申请检察监督当事人的过错未能在原审程序中及时举证，被申请人等当事人请求补偿其增加的交通、住宿、就餐、误工等必要费用的，人民法院应予支持。规定再审申请人补偿其他当事人的必要费用，是平等保护被申请人等当事人利益的体现。

（三）裁定撤销原判决，发回重审

人民法院按照第二审程序审理再审案件，发现原判决认定基本事实不清的，一般应当通过庭审认定事实后依法作出判决。但原审人民法院未对基本事实进行过审理的，可以裁定撤销原判决，发回重审。对于原判决认定事实错误的情形，上级人民法院不得以基本事实不清为由裁定发回重审。

人民法院按照第二审程序审理再审案件，发现第一审人民法院有下列严重违反法定程序情形之一的，可以裁定撤销原判决，发回第一审人民法院重审：①原判决遗漏必须参加诉讼的当事人的，可以根据当事人自愿的原则予以调解，但调解不成的；②无诉讼行为能力人未经法定代理人代为诉讼，或者应当参加诉讼的当事人，因不能归责于本人或者其诉讼代理人的事由，未参加诉讼的；③未经合法传唤缺席判决，或者违反法律规定剥夺当事人辩论权利的；④审判组织的组成不合法或者依法应当回避的审判人员没有回避的；⑤原判决、裁定遗漏诉讼请求的。上级人民法院裁定发回重审的，应当在裁定书中阐明发回重审的具体理由。

对于一审程序合法，二审程序存在严重违反法定程序情形的，因再审程序适用的是二审程序，可以直接纠正原二审程序中的程序违法问题，因此不得发回一审法院重审。

（四）裁定撤销第一、二审判决，驳回起诉

按照第二审程序再审的案件，人民法院经审理认为不符合《民事诉讼法》第 122 条规定的起诉条件或者符合《民事诉讼法》第 127 条规定的不予受理情形的，应当裁定撤销第一、二审判决，驳回起诉。《民事诉讼法》第 122 条和第 127 条分别从正反两方面规定了民事案件的受理条件，案件不符合受理条件的应裁定驳回起诉。在再审审理阶段，尽管原审判决已经生效，但是案件符合受理条件是当事人寻求司法救济的前提，不符合受理条件，说明案件原本不应受理，应裁定撤销原裁判，驳回起诉。

（五）对其他特殊情况的处理

1. 人民法院对调解书裁定再审案件的处理

人民法院对调解书裁定再审后，按照下列情形分别处理：①根据《审判监督程序解释》第 28 条，当事人提出的调解违反自愿原则的事由不成立，且调解书的内容不违反法律强制性规定的，裁定驳回再审申请；②根据《审判监督程序解释》第 23 条第 2 款，人民检察院抗诉或者再审检察建议所主张的损害国家利益、社会公共利益的理由不成立的，裁定终结再审程序。

人民法院裁定中止执行的原调解书需要继续执行的，自动恢复执行。

2. 对一审原告在再审中申请撤回起诉的处理

根据《民诉法解释》第 408 条，在再审审理程序中，一审原告申请撤回起诉，经其他当事人同意，且不损害国家利益、社会公共利益、他人合法权益的，人民法院可以准许。人民法院裁定准许撤诉的，应当一并撤销原判决。一审原告在再审审理程序中撤回起诉后重复起诉的，人民法院不予受理。

民事诉讼是当事人之间关于私法上权利义务的争议，只要原告撤诉不侵犯公共利益和他人合法权益，又经过其他当事人同意的，人民法院没有必要进行干预，应予准许。但是，若允许当事人撤诉而使原裁判失去效力，进而使得此前进行的程序归于无效，有悖诉讼经济的原则，因此应对原告撤诉后的再行起诉的权利作出必要的限制，即原告撤诉后重复起诉的，人民法院应裁定不予受理。需要注意的是，即使再审审理是按一审程序审理的案件，也应适用上述规定，而不能适用《民事诉讼法》第 148 条关于原告在一审程序中撤回起诉的规定。

3. 裁定终结再审程序

在再审审理期间，人民法院遇到下列情形之一的，可以裁定终结再审程序：①再审申请人在再审期间撤回再审请求，人民法院准许的；②再审申请人经传票传唤，无正当理由拒不到庭的，或者未经法庭许可中途退庭，按撤回再审请求处理的；③人民检察院撤回抗诉的；④有《民诉法解释》第 400 条第 1 项至第 4 项规定情形的。

因人民检察院提出抗诉裁定再审的案件，申请抗诉的当事人有上述规定的情形，且不损害国家利益、社会公共利益或者他人合法权益的，人民法院应当裁定终结再审程序。

4. 人民法院对案外人申请再审案件的处理

根据《民诉法解释》第 422 条，对于案外人申请再审案件：

案外人属于必要的共同诉讼当事人的，按照第一审程序再审的，应当追加其为当事人，作出新的判决、裁定；按照第二审程序再审，经调解不能达成协议的，应当撤销原判决、裁定，发回重审，重审时应追加其为当事人。

案外人不是必要的共同诉讼当事人的，人民法院仅审理原判决、裁定、调解书对其民事权益造成损害的内容。经审理，再审请求成立的，撤销或者改变原判决、裁定、调解书；再审请求不成立的，维持原判决、裁定、调解书。

人民法院对案外人申请再审案件的处理，无论是执行程序中的案外人申请再审案件，还是执行程序外的案外人申请再审案件，都不是审理原判决、裁定、调解书的全部内容，而仅仅审理该案外人对原判决、裁定、调解书提出异议的部分，即查明原裁判的特定事项是否确实损害了该案外人的合法权益。如果原裁判的某一判项确实损害了该案外人的合法权益，人民法院应根据审理情况撤销或者改变原裁判的相关判项。人民法院撤销原裁判相关判项的，应告知案外人及原审当事人可以提出新的诉讼解决相关争议。对于原裁判未涉及案外人权益的事项，则应当判决维持。

四、再审案件的调解

民事诉讼调解制度是通过当事人自愿、合法地处分自身实体权利，达成协议，解决争议的一种结案方式。调解作为我国民事诉讼的一项基本制度，贯穿于诉讼的全过程。因此，人民法院在审理再审案件时，也可以进行调解。当事人在再审审理中经调解达成协议的，人民法院应当制作调解书。调解书经双方当事人签收后，即具有法律效力，原判决、裁定视为被撤销。

此外，由于再审案件往往距离案件事实发生时间较为久远，查找全部当事人的难度较大，案件的事实、证据也可能已经发生了变化。因此，再审审理中，有多方当事人时，往往会出现部分当事人到庭或者到庭的部分当事人达成调解协议，部分当事人未达成调解协议的情形。对于此类情形，人民法院还是应当作出全案判决，但是对调解部分的事实应当在判决中予以表述。也就是说，针对部分当事人到庭并达成调解协议，其他当事人未作出书面表示的，人民法院应当作出判决，并且在判决中对该事实作出表述；调解协议内容不违反法律规定，且不损害其他当事人合法权益的，可以在判决主文中予以确认。

五、再审审理的期限和次数

再审案件根据其适用程序的不同，分别适用第一审或者第二审审理期限的规定，审理期限自裁定再审的次日起计算。

再审案件的审理次数以一次为限。无论是依据当事人再审申请还是人民检察院再审检察建议或者抗诉抑或是人民法院依职权启动的再审程序作出的裁判，当事人都不能再次提出再审申请。如果人民法院作出的再审裁判有明显错误的，根据《民事诉讼法》第 220 条第 1 款第 3 项的规定和《民诉法解释》第 413 条的规定，当事人可以申请检察监督，但不得再次向人民法院申请再审。

【思考题】

一、概念题

当事人申请再审　案外人申请再审　再审检察建议　指令再审

二、简答题

1. 简述当事人申请再审的条件。
2. 简述检察院抗诉与检察建议启动再审之间的异同。
3. 简述人民法院依职权启动再审程序。
4. 简述再审程序的特征。
5. 简述再审审理的管辖法院的确定。
6. 简述当事人申请再审的事由。

三、论述题

1. 试述案外人申请再审的条件与程序。
2. 试述人民检察院的调查核实权。
3. 试述我国再审程序的修改和完善。

第六编

非讼程序与略式程序

第二十章
特别程序

学习目的与基本要求 了解特别程序的概念、特点及适用范围；掌握选民资格案件，宣告自然人失踪、宣告自然人死亡案件，指定遗产管理人案件，认定公民无民事行为能力、限制民事行为能力案件，认定财产无主案件，确认调解协议案件，实现担保物权案件的基本特点和具体适用程序。

依据我国《民事诉讼法》第十五章的规定，特别程序包括选民资格案件、宣告失踪和宣告死亡案件、指定遗产管理人案件、认定公民无民事行为能力和限制民事行为能力案件、认定财产无主案件、确认调解协议案件、实现担保物权案件。我国的特别程序以及其他特殊程序和通常的诉讼程序一起构成民事审判程序的全部内容。目前，在民事诉讼法典中规定特别程序或者非讼程序的有俄罗斯、法国等国家，这些国家适用特别程序或者非讼程序的案件范围比我国广泛。在德国、日本等国家，此类案件适用单独颁布的非讼程序法典，其适用非讼程序的案件类型远比我国丰富。

第一节 特别程序概述

一、特别程序的概念

所谓特别程序，是指我国民事诉讼法典规定的，人民法院审理部分特定非民事权益争议案件所适用的特殊审判程序。我国特别程序的性质，基本上属于非讼程序。

一般人认为，特别程序是相对于通常的民事诉讼程序而言的。通常的民事诉讼程序是审理双方当事人民事权益争议案件的程序，而特别程序审理的主要是一方当事人申请的非民事权益争议的案件。特别程序在程序制度上采取与通常诉讼程序截然不同的特殊设计，比如，实行独任审判、一审终审、不适用再审程序，并且程序简便、时间快捷、不收费用等。

特别程序的特殊性，还表现为每一种适用特别程序的案件分别适用各自的特殊程序。特别程序为不同种类的特殊案件各自设置了不同的特殊程序，相互之间并不通用。而在诉讼程序中，所有的民事权益争议案件都适用同样的普通程序或者简易程序。

特别程序与非讼程序有密切的关系。在域外的非讼程序立法中，适用非讼程序的案件包含了我国特别程序规定的大部分案件，除个别国家外一般并不包含选民资格案件；同时，其适用非讼程序的案件范围远远大于我国适用特别程序的案件范围，不仅非讼案件的适用范围广，而且还适用某些争讼案件。此外，从法言逻辑上而言，非讼程序与诉讼程序更具有对应性，特别程序与诉讼程序的对应性相对较差。

二、特别程序的特点

特别程序与通常诉讼程序相比较，具有以下八个明显的特点：

（1）特别程序的提起原因，是因为当事人请求法院确认某种法律事实或者某种权利是否存在，并不请求法院解决争议。依照通常诉讼程序提起的案件，是因为当事人之间的民事权益发生纠纷而请求法院解决争议。

（2）适用特别程序审理的案件，通常只有申请人一方，没有原告和被告，但少数案件也存在双方申请人，有时还存在被申请的相对人。适用通常诉讼程序的案件，必须有原告和被告双方当事人，有时还可以有诉讼第三人。

（3）每一种适用特别程序审理的案件，分别适用一种特殊类型的特别程序，不同种类的特殊案件的审判程序不具有通用性，但有些程序之间具有相类似的规定。依照通常诉讼程序审理的案件，只适用一种通用的普通程序，简单的民事诉讼案件适用简化的普通程序（简易程序）。

（4）特别程序的审判组织一般采用独任制。只有选民资格案件和重大、疑难的案件采用合议制。采用合议制组成合议庭的，全部由审判员组成，不吸收陪审员参与。通常诉讼程序的审判组织依据案件的难易分别适用合议制或者独任制，第二审程序、审判监督程序一律适用合议制。

（5）适用特别程序审理的案件实行一审终审，裁判一经宣布或者送达立即发生法律效力。申请人不得上诉，但可以依法向裁判法院提出异议。适用通常诉讼程序审理的案件实行两审终审制。

（6）适用特别程序审结的案件不得申请再审。如果在判决或者裁定发生法律效力后，出现了新的情况、需要撤销原判决、原裁定的，可以经申请人或者利害关系人提出申请，由原法院作出新判决、新裁定，撤销原判决、原裁定。适用通常诉讼程序审结的案件，当事人可以依法申请再审，案外人可以依法申请撤销之诉。

（7）特别程序的审限一般为 30 日。根据《民事诉讼法》第 187 条的规定，人民法院适用特别程序审理的案件，应当在立案之日起 30 日内或者公告期满后 30 日内审结。有特殊情况需要延长的，由本院院长批准。此外，审理选民资格的案件适用更加特别的审限规定。通常诉讼程序中，适用普通程序审理的审限一般为 6 个月，适用简易程序审理的审限一般为 3 个月。

（8）适用特别程序审理的案件免交案件受理费。根据国务院制定的《诉讼费用交纳办法》，按照特别程序审理的案件不交纳案件受理费。但是，特别程序中需要支付的公告费应当由申请人交纳。适用通常诉讼程序的案件一般都必须依法交纳诉讼费用，包括第一审受理费、第二审受理费以及诉讼中实际支出的其他费用。

三、特别程序的适用范围

特别程序的适用范围，是指民事诉讼法典规定的特别程序，由哪些范围内的人民法院适用、在哪些类型的案件范围内适用。

（一）适用特别程序的案件范围

我国特别程序适用的案件范围，目前包括：选民资格案件、宣告失踪或者宣告死亡案件、指定遗产管理人案件、认定公民无民事行为能力或者限制民事行为能力案件，以及认定财产无主案件、确认调解协议案件和实现担保物权案件。除此以外的其他案件目前不能适用《民事诉讼法》规定的特别程序。

从发展的角度看，参考域外的立法和司法经验，我国的特别程序将来有可能会包括：亲权、监护、收养、遗产等家事案件，以及其他非讼案件。

（二）适用特别程序的法院范围

从《民事诉讼法》的规定来看，适用特别程序审理的案件都是由基层人民法院管辖的。通常由法律事实的发生地或者关系人所在地的基层人民法院管辖。

我国法院级别管辖划分，依据案件性质、繁简程度、影响范围这三个主要因素，同时考虑两个“两便于”。适用特别程序的案件，一般比较简单、影响范围不大、没有民事权益争议，由基层人民法院审理，有利于贯彻“两便于”的方针。

第二节　选民资格案件的审判程序

一、选民资格案件的概念

所谓选民资格案件，是指公民对于选举委员会公布的选民名单有异议，经选举委员会申诉程序处理后，不服选举委员会作出的决定而向人民法院提起诉讼的案件。

选举权和被选举权是宪法赋予公民的一项重要的政治权利。我国《宪法》第 34 条规定：“中华人民共和国年满十八周岁的公民，不分民族、种族、性别、职业、家庭出身、宗教信仰、教育程度、财产状况、居住期限，都有选举权和被选举权；但是依照法律被剥夺政治权利的人除外。”据此，有选举权的公民应当被列入选民名单，没有选举权的不应当列入选民名单。

选举权和被选举权是我国公民享有的广泛的民主权利，同时公民对该民主权利还享有司法救济权。公民对选民名单有异议的，有权向选举委员会提出申诉，有权向人民法院提起诉讼。我国《选举法》第 29 条规定：“对于公布的选民名单有不同意见的，可以在选民名单公布之日起五日内向选举委员会提出申诉。选举委员会对申诉意见，应在三日内作出处理决定。申诉人如果对处理决定不服，可以在选举日的五日以前向人民法院起诉，人民法院应在选举日以前作出判决。人民法院的判决为最后决定。”我国《民事诉讼法》第 188 条也相应作出规定：“公民不服选举委员会对选民资格的申诉所作的处理决定，应当在选举日的五日以前向选区所在地基层人民法院起诉。”

实际上，选民资格案件是一种宪法权益争议案件，应当适用特别的诉讼程序。世界上多数国家将其列为宪法诉讼案件适用宪法诉讼程序审理。我国目前没有专门的宪法诉讼程序。选民资格案件列入民事诉讼法典中的特别程序，是一种特殊的立法安排。域外虽然也有少数国家有类似的立法例，但考虑到适用特别程序审理的案件主要是非讼案件，在未来的立法修订中将其移出特别程序，单独立法或另行设立宪法诉讼制度比较合理。

二、选民资格案件的特点

与特别程序中的其他案件的审理程序相比较，选民资格案件除具备特别程序的一般特点外，还具有以下特点：

（1）选民资格案件的提起，不是由申请人申请，而是由起诉人起诉。适用特别程序的其他案件，均由申请人申请。

（2）选民资格案件的提起原因，是涉及选举权益的争议，可以是为了起诉人自己的选举资格（选举权或被选举权），也可以是为了他人的选举资格（选举权或被选举权）。适用特别程序的其他案件均是无争议的案件，有争议的民事案件应当适用通常诉讼程序。

（3）选民资格案件实际上是有双方当事人的，一方为公民起诉人，另一方为选举委员会（但是在立法中没有直接点明选举委员会是另一方当事人）。特别程序中的其他案件，一般没有双方当事人，通常只有一方申请人或双方申请人（确认调解协议案件）。

（4）起诉人是不服选举委员会决定的公民。起诉人提起选民资格案件，必须以选举委员会作出申诉决定为前提。也就是说，公民不服选举委员会公布的选民名单的，必须先行向选举委员会提出申诉；未经申诉程序的，起诉人不得起诉。适用特别程序的其他案件，一般没有前置程序。

（5）选民资格案件实际上不是民事案件，而是宪法权益案件，但此种立法例，并非我国独创，世界上也有个别国家的立法例将其列入特别程序或非讼程序。适用特别程序的其他案件，均属于民事案件。

（6）人民法院审理选民资格案件，必须组成合议庭。因为选举权和被选举权是我国公民重要的政治权利，人民法院必须谨慎对待，以示特别重视。适用特别程序的其他案件，均由审判员一人独任审理，无需组成合议庭。

（7）选民资格案件的起诉时限、审理期间要求特别严格，起诉人必须在选举日的5日前起诉，人民法院必须在选举日前作出判决。特别程序的其他案件，虽然也有一定的期间要求（一般规定30日内审结），但没有这种紧急安排的必要。

三、选民资格案件的起诉与受理

选民资格案件的当事人，分别称为起诉人、选举委员会和有关公民；而非通常的诉讼程序中所称的原告、被告和第三人。

选民资格案件的起诉人，限于公民。本选区的公民对选举委员会公布的名单有意见的，均可以起诉，但是法人和其他组织不可以起诉。涉及本人的起诉，具有一般宪法诉讼案件的特点；涉及他人的起诉，具有公益宪法诉讼案件的特点。

申诉程序前置，对选民名单有意见的公民提起选民资格案件，必须经过选举委员会的申诉程序。经过申诉程序，公民对选举委员会作出的处理决定不服的，才可以向人民法院起诉。

选民资格案件的起诉时限，公民不服选举委员会对选民资格的申诉所作的处理决定，应当在选举日的 5 日之前向人民法院起诉。

选民资格案件由选区所在地的基层人民法院行使管辖权。

四、选民资格案件的审理与判决

审理选民资格案件的审判组织，采用合议制。必须由审判员组成合议庭，陪审员不得参与合议庭。

审理选民资格案件时，当事人必须到庭。根据《民事诉讼法》的规定，起诉人、选举委员会的代表和有关公民，在开庭审理选民资格案件时，必须出庭、不得缺席。

根据《民事诉讼法》的有关规定，法院审理选民资格案件必须在选举日前审结，同时还要求法院的判决书应当在选举日前送达选举委员会和起诉人，并通知有关公民。

选民资格案件的判决书一经送达，立即发生法律效力。

第三节 宣告失踪、宣告死亡案件的审判程序

一、宣告失踪案件的审判程序

（一）宣告失踪案件的概念

所谓宣告失踪案件，是指自然人离开自己的住所地后下落不明，持续达到法律规定的期限，经利害关系人申请，法院依法判决宣告该自然人为失踪人的案件。

自然人长期下落不明，与其相关的民事法律关系处于不稳定的状态，按照法定程序宣告其为失踪人，有利于保护被宣告失踪人的财产权益，也有利于保护与失踪人有关的民事主体的财产权益。可以避免失踪人的财产因长期无人管理而造成流失、毁损或被侵害的情况发生；可以使与失踪人有财产关系的他人的权利得以实现、受到保护，例如债权人实现其债权，税务机关收到税款，被赡养人、被抚养人和被扶养人从财产代管人那里取得赡养费、抚养费或扶养费。

（二）宣告失踪案件的申请和受理

根据《民法典》第 40 条和《民事诉讼法》第 190 条的规定，申请宣告自然人失踪，应当具备以下条件和要求：

（1）必须有自然人下落不明的事实。自然人离开自己的住所或居所，既无人知晓他的去处或所在，也无人能够获得他的任何音讯。

（2）自然人下落不明必须已满 2 年。自然人下落不明的时间，应当是持续不断已满 2 年。2 年期间应当从该自然人音讯消失之次日起算。在战争期间下落不明的，其下落不明的时间从战争结束之日起算。

（3）只能由利害关系人提出申请。此处的利害关系人，是指与下落不明的自然人之间存在人身关系或者民事权利义务关系的人，包括被申请宣告失踪人的配偶、父母、子女、兄弟姐妹、祖父母、外祖父母、孙子女、外孙子女，以及其他与被申请人有民事权利义务关系的人，比如债权人、合伙人等。多个利害关系人提出申请的，法院应将其列为共同申请人。

（4）必须向法院提交书面申请书和书面证明材料。根据《民事诉讼法》第 190 条的规定，申请宣告失踪的，利害关系人应当向法院提出书面的申请。申请书应当写明自然人失踪的事实、时间和请求，而且还要求附上公安机关或者其他有关机关关于该自然人下落不明的书面证明。

（5）由下落不明人住所地的基层人民法院行使管辖权。自然人的住所地与经常居住地不一致的，则由经常居住地的基层人民法院管辖。

对于符合法律规定的申请，人民法院应当予以受理；不符合法律规定的申请，人民法院应当裁定不予受理。人民法院受理后、作出判决前，申请人撤回申请的，人民法院应当裁定终结诉讼，但其他符合法律规定的利害关系人加入程序要求继续审理的除外。

（三）宣告失踪案件的审理与判决

（1）发出寻找下落不明人的公告。人民法院接受利害关系人的申请之后，应当发出寻找下落不明人的公告，公告期为 3 个月。公告的形式通常两种并用：在法院的公告栏内公开张榜招贴；在报纸上公开刊登昭告。寻找下落不明人的公告应当记载下列内容：一是被申请人应当在规定期间内向受理法院申报其具体地址及其联系方式，以及不申报将发生宣告失踪的后果；二是凡知悉被申请人音讯和踪迹的人，应当在公告期间内将其所知情况向受理法院报告。

（2）清理下落不明人的财产，并指定审理期间的财产管理人。人民法院审理宣告失踪案件期间，可以根据申请人的请求，清理下落不明人的财产，指定诉讼期间的财产管理人。财产管理人通常由被申请宣告失踪人的配偶、父母、成年子女或者关系密切的其他亲属、朋友担当。没有以上的人代管，或者对代管有争议的，由人民法院指定审理期间的财产代管人。

（3）作出判决。公告期限届满，被申请人仍然杳无音讯的，人民法院应当依法作出判决宣告该自然人为失踪人。如果在公告期内，发现被申请人音讯或踪迹的，人民法院应当作出判决驳回申请人的申请。

（4）为失踪人指定财产代管人。人民法院作出宣告失踪判决的同时，应当按照

《民法典》第42条的规定，为失踪人指定财产代管人。失踪人的财产代管人选任范围与审理期间的代管人范围相同。宣告失踪判决中指定财产代管人后,《民法典》第44条规定了以下情形可以变更财产代管人：①财产代管人不履行代管职责、侵害失踪人财产权益或者丧失代管能力的，失踪人的利害关系人可以向人民法院申请变更财产代管人；②财产代管人有正当理由的，可以向人民法院申请变更财产代管人。代管人申请变更代管的，法院比照《民事诉讼法》特别程序的规定审理。申请变更理由成立的，裁定撤销原代管人，同时另行指定新的代管人；申请变更理由不成立的，裁定驳回申请。失踪人的其他利害关系人申请变更财产代管人的，人民法院应当告知其以原指定的代管人为被告另行提起诉讼，另按照普通程序进行审理。

（四）宣告失踪判决的法律后果及判决的撤销

人民法院宣告失踪的判决一经宣告，立即发生法律效力。

宣告失踪的判决生效后，失踪人的财产由代管人代管。代管人应当依法保护失踪人的财产，不得据为己有，不得任意处置。遇有他人侵害失踪人财产的，或者他人所欠失踪人债务不予清偿的，保管人有权以当事人身份出面保护或者提起诉讼。代管人有义务以失踪人的财产清偿失踪人所欠税款、债务和其他必要的费用（主要包括赡养费、抚养费、抚育费和因代管财产所需的管理费等）。代管人拒绝支付以上费用的，权利人或债权人有权以代管人为被告提起诉讼。

根据《民法典》第45条、《民事诉讼法》第193条的规定，被宣告失踪的公民在宣告判决后重新出现的，经本人或者利害关系人申请，应由原判决宣告失踪的人民法院作出新判决，撤销宣告失踪的判决。失踪人重新出现，有权请求财产代管人及时移交有关财产并报告财产代管情况。

二、宣告死亡案件的审判程序

（一）宣告死亡案件的概念

所谓宣告死亡案件，是指自然人离开自己的住所或居所，持续下落不明已达法定期限，经利害关系人申请，人民法院依法判决宣告该自然人死亡的案件。

判决宣告自然人死亡是法律上推定的死亡，与自然死亡产生同样的法律效果。通常情况下，自然人被宣告死亡后，其民事权利能力被终止，与其相关的民事法律关系也随即被终止。宣告下落不明公民死亡的制度，对于消除民事法律关系和人身关系的不稳定状态，以及维护正常的生活秩序和社会秩序具有重要意义。

（二）宣告死亡案件的申请和受理

利害关系人向人民法院申请宣告自然人死亡的，根据《民法典》第46条和《民事诉讼法》第191条的规定，应当具备下列条件：

（1）必须有自然人下落不明的事实。与申请宣告失踪的案件一样，申请宣告自然人死亡必须具有下落不明的事实，自然人离开最后的住所或居所没有音讯并且不知所踪。

（2）自然人下落不明状况已满法定期限。根据法律和有关司法解释规定，宣告自然人死亡案件的下落不明法定期限有三种：一是非战争时期下落不明的状态持续满4年的（战争期间下落不明从战争结束之日起计算）；二是发生意外事故后下落不明的状态持续满2年；三是因意外事故下落不明，经有关机关证明该自然人不可能生存的，不受前述期限的限制。

（3）只能由利害关系人按法定程序提出宣告公民死亡的申请。多个利害关系人提出宣告死亡申请的，列为共同申请人。对同一自然人，有的利害关系人申请宣告死亡，有的利害关系人申请宣告失踪，《民法典》第47条规定，只要符合该法规定的宣告死亡条件的，人民法院应当宣告死亡。

（4）必须向人民法院提交书面申请书和书面证明材料。申请人申请宣告自然人死亡，应当向人民法院提出书面申请，申请书应当表明下落不明的事实、时间和请求，并附有公安机关或者其他有关机关关于该自然人下落不明的书面证明。

（5）由下落不明人住所地的基层人民法院行使管辖权。根据《民事诉讼法》第191条的规定，申请宣告自然人死亡的案件由下落不明人住所地基层人民法院管辖，根据《民事诉讼法》关于管辖的规定，自然人的住所地与居所地不一致的，由居所地人民法院管辖。该住所地或者居所地，是下落不明人在下落不明之前的最后的住所地或者居所地。

利害关系人提交的符合法律规定的申请，人民法院应当予以受理；对于不符合法律规定的，应当裁定不予受理。

宣告死亡的案件和程序，是一种独立类型的案件和程序。法院是否受理该申请，并不以是否经过宣告失踪的程序为前提。

（三）宣告死亡案件的审理及判决

（1）公告程序。法院受理宣告死亡的案件后，必须发出公告。公告的方式与宣告失踪案件的方式相同，但公告期限不同。宣告自然人死亡案件的公告期间为1年；因意外事故下落不明，经有关机关证明该自然人不可能生存的，宣告死亡的公告期间为3个月。依据司法解释的规定，寻找下落不明人的公告应当记载下列内容：被申请人应当在规定期间内向受理法院申报其具体地址及其联系方式，否则将被宣告死亡；凡知悉被申请人生存现状的人，应当在公告期间内将其所知情况向受理法院报告。

（2）清理下落不明人财产并指定审理期间财产管理人程序。此程序与宣告失踪的程序相同。

（3）判决程序。公告期间届满，被申请人仍无音讯的，人民法院依法作出判决，宣告被申请人死亡。判决书一经送达利害关系人，即发生法律效力。判决宣告之日为被宣告死亡人的死亡日期。判决书除了发给申请人外，还应当在被宣告死亡的人的住所地或居所地以及人民法院所在地进行公告。人民法院受理宣告死亡申请后、作出判决前，申请人撤回申请的，人民法院应当裁定终结案件，但其他符合法律规定的利害关系人加入程序要求继续审理的除外。如果在公告期间，被申请人有音讯、有踪迹的，或者法院经审理不能确定被申请人无音讯、无踪迹的，则判决驳回申请人的申请。

（四）宣告自然人死亡判决的法律后果及判决的撤销

人民法院宣告自然人死亡的判决一经宣告，立即发生法律效力。依据《民法典》第48条的规定，被宣告死亡的人，人民法院宣告死亡的判决作出之日视为其死亡的日期；因意外事件下落不明宣告死亡的，意外事件发生之日视为其死亡的日期。

自然人被判决宣告死亡，产生以下法律后果：其一，人身关系方面产生如同自然死亡后的法律后果。例如，被宣告死亡的人与配偶的婚姻关系，自死亡宣告之日消灭；其二，财产关系方面产生如同自然死亡后的法律后果，其遗产可以被继承，债务只在遗产范围内清偿；其三，自然人被宣告死亡但是并未死亡的，宣告死亡判决并不影响自然人在被宣告死亡期间实施的民事法律行为的效力。

判决的撤销及其法律后果。如果被宣告死亡的自然人重新出现，根据《民法典》第50条、《民事诉讼法》第193条的规定，经本人或者利害关系人申请，原判决宣告死亡人民法院应当作出新判决，撤销死亡宣告。

宣告死亡、撤销死亡宣告对婚姻关系的影响。《民法典》第51条规定，被宣告死亡的人的婚姻关系，自死亡宣告之日起消除。死亡宣告被撤销的，婚姻关系自撤销死亡宣告之日起自行恢复。但是，其配偶再婚或者向婚姻登记机关书面声明不愿意恢复的除外。

撤销死亡宣告对收养关系的影响。《民法典》第52条规定，被宣告死亡的人在被宣告死亡期间，其子女被他人依法收养的，在死亡宣告被撤销后，不得以未经本人同意为由主张收养行为无效。

死亡宣告撤销后的财产返还。《民法典》第53条规定，判决被撤销后，被撤销死亡宣告的人有权请求返还已被他人取得的财产。无法返还的，应当给予适当补偿。利害关系人隐瞒真实情况，致使他人被宣告死亡而取得其财产的，除应当返还财产外，还应当对由此造成的损失承担赔偿责任。

第四节　指定遗产管理人案件的审判程序

一、指定遗产管理人案件的概念

指定遗产管理人案件是指法院根据利害关系人申请，对遗产管理人的确定有争议的案件，按照有利于遗产管理的原则，判决指定遗产管理人。

遗产管理人应当履行清理遗产并制作遗产清单，向继承人报告遗产情况，向继承人报告遗产情况，处理被继承人的债权债务，按照遗嘱或者依照法律规定分割遗产以及实施与管理遗产有关的其他必要行为等职责。因故意或者重大过失造成继承人、受遗赠人、债权人损害的，遗产管理人应当承担民事责任。

二、指定遗产管理人案件的申请与受理

申请指定遗产管理人应当具备如下要件：

（1）具备法定申请事由。依据《民法典》第1145条规定，继承开始后，遗嘱执行人为遗产管理人；没有遗嘱执行人的，继承人应当及时推选遗产管理人；继承人未推选的，由继承人共同担任遗产管理人；没有继承人或者继承人均放弃继承的，由被继承人生前住所地的民政部门或者村民委员会担任遗产管理人。倘若对遗产管理人的确定有争议，可以申请法院指定。这里的争议主要指不认可遗嘱执行人作为遗产管理人、对继承人范围存在争议进而无法推选遗产管理人等情形。

（2）利害关系人提出申请。利害关系人主要包括继承人、受遗赠人、遗产债权人等。因无法确定遗产管理人，遗产可能存在毁损、灭失、侵占等风险，利害关系人为保护其合法权益可以向法院提出指定遗产管理人的申请。

（3）提交书面申请书。申请书应当载明被继承人死亡的时间、申请事由和具体请求；同时，还应当一并提交“被继承人死亡”的相关证据材料。

（4）向有管辖权的人民法院提出申请。根据《民事诉讼法》第194条的规定，利害关系人申请指定遗产管理人案件应当向被继承人死亡时住所地或者主要遗产所在地基层人民法院提出申请。

三、指定遗产管理人案件的审理程序

作为非讼程序，法院应当全面审查、核实被继承人死亡以及继承人的情况，并按照有利于遗产管理的原则，作出指定遗产管理人的判决。

（1）依职权进行实质审查。人民法院受理申请人的申请后，应当围绕对遗产当前的实时状态，确定适宜的遗产管理人。人民法院在审查时可以不限于申请人提供的材料，必要时依职权主动调查事实和证据。

（2）有利于遗产管理的原则。设立遗产管理人制度的目的在于确保遗产得到妥善管理、顺利分割，更好地维护继承人、债权人利益。因此，审理指定遗产管理人案件应当遵循有利于遗产管理的原则，综合考虑被继承人意愿、遗产管理和利害关系人的利益。

（3）作出判决。人民法院应当在遗嘱执行人、继承人以及民政部门或者村民委员会的范围内，按照《民法典》所规定的顺位，以判决形式指定遗产管理人。

四、指定遗产管理人案件的判决效力及撤销

根据《民事诉讼法》第195条规定，审理指定遗产管理人案件应当作出非讼判决。理论上，非讼程序中的终局判决能够产生形式上的确定力，非有法定事由不得撤销。只有经法院指定的遗产管理人存在“死亡、终止、丧失民事行为能力或者存在其他无法继续履行遗产管理职责情形”以及“严重侵害继承人、受遗赠人或者债权人合法权

益的情况”，法院才能依申请撤销判决，依法另行指定遗产管理人。

第五节　认定公民无民事行为能力、限制民事行为能力案件的审判程序

一、认定公民无民事行为能力、限制民事行为能力案件的概念

所谓认定公民无民事行为能力、限制民事行为能力案件，是指法院根据利害关系人的申请，对不能辨认或者不能完全辨认自己行为的公民，依照法定程序，判决认定并宣告该公民为无民事行为能力人或者限制民事行为能力人的案件。

公民被宣告为无民事行为能力人或者限制民事行为能力人后，可以为其设立监护人对其实施监护。监护人并作为其法定代理人，代理其参加民事活动，保护其民事权益。

认定公民无民事行为能力的案件和限制民事行为能力的案件是两种不同的案件，案件中的被申请人被认定丧失民事行为能力的程度不同，因此所产生的法律后果也不同。经法院认定为无民事行为能力的公民，其民事活动全部由其法定代理人代理。经法院认定为限制民事行为能力的公民，除可以进行一些简单的、日常的民事活动外，其他重大的民事活动由其法定代理人代理。但是，对于接受奖励、赠与、报酬等纯获利益的民事法律行为，不论是无民事行为能力的人，还是限制民事行为能力的人都可以有效进行。

二、认定公民无民事行为能力、限制民事行为能力案件的申请与受理

申请认定公民无民事行为能力、限制民事行为能力的，应当具备以下条件：

（1）具备法定申请事由。申请的理由必须是《民法典》第 21、22 条规定的，该公民不能辨认自己行为或者不能完全辨认自己行为。比如，被申请人因患有精神病、痴呆症或者其他辨认障碍疾病，致使被申请人完全无法辨认或者不能完全辨认自己的行为。

（2）利害关系人或者有关组织提出申请。利害关系人，主要包括该成年人的配偶、父母、子女、兄弟姐妹或者其他近亲属。有关组织，包括该成年人所在单位或者住所地的居民委员会、村民委员会、学校医疗机构、妇女联合会、依法设立的老年人组织、民政部门等。

（3）提交书面申请书。申请书应当载明申请人、被申请人的详细信息，并写明该公民无民事行为能力或者限制民事行为能力的事实及根据。如果有医院或有关部门出具的诊断证明、鉴定意见，也应一并提交人民法院。

（4）向有管辖权的人民法院提出申请。根据《民事诉讼法》第 198 条的规定，认定公民无民事行为能力案件和限制民事行为能力案件由该公民住所地基层人民法院管

辖，住所地与居所地不一致的，由居所地人民法院管辖。

三、认定公民无民事行为能力、限制民事行为能力案件的审理程序

（1）鉴定与调查。人民法院受理申请人的申请后，必要时应当对被申请认定的公民进行医学鉴定。申请人已提供鉴定意见的，人民法院应当对鉴定意见进行审查。但是，医学鉴定不是此类案件的必经程序。人民法院可以自行调查事实、核实证据，凭借生活经验，对被申请人的民事行为能力状况作出判断。

（2）确定或者指定代理人。人民法院审理认定公民无民事行为能力、限制民事行为能力案件，应当由该公民的近亲属担任其代理人，但申请人不得同时兼做代理人。近亲属互相推诿的，由人民法院指定其中一人为代理人。被申请人没有近亲属的，人民法院可以指定其他亲属为代理人。被申请人没有亲属的，人民法院可以指定经被申请人所在单位或者住所地的居民委员会、村民委员会同意，且愿意担任代理人的关系密切的朋友为代理人。没有前述规定的代理人的，由被申请人所在单位或者住所地的居民委员会、村民委员会或者民政部门担任代理人。代理人可以是一人，也可以是同一顺序中的两人。如果该成年人的健康状况允许，法院还应当征询其本人的意见。

（3）作出判决。人民法院经审理确认申请人的申请有事实根据的，应当作出判决认定该公民无民事行为能力或者限制民事行为能力。人民法院经审理认为申请人的申请无事实根据的，应当作出判决驳回申请人的申请。

四、认定公民无民事行为能力或者限制民事行为能力判决的后果及撤销判决

（1）判决生效。人民法院作出的认定公民无民事行为能力或者限制民事行为能力的判决，一经宣告，立即生效。

（2）确定或者指定监护人。公民被认定为无民事行为能力人或者限制民事行为能力人，应由其配偶、父母、成年子女或者其他近亲属担任监护人。有监护资格的人员对担任监护人存在争议，由该公民所在单位或者住所地的居民委员会、村民委员会从近亲属中指定，并以书面或者口头通知被指定人。被指定的监护人不服指定，应当自接到通知之日起30日内向人民法院提出异议。经审理，认为指定并无不当的，裁定驳回异议；指定确有不当的，判决撤销指定，同时另行指定监护人。判决书应当送达异议人、原指定单位及判决指定的监护人。

（3）恢复行为能力与撤销判决。人民法院依照法定程序，作出认定公民无民事行为能力或者限制民事行为能力的判决后，该公民恢复民事行为能力的，根据《民法典》第24条第2款和《民事诉讼法》第201条的规定，经本人、利害关系人或者有关组织申请，人民法院可以根据其智力、精神健康恢复的状况，作出新判决、撤销原判决，认定该公民恢复为限制民事行为能力人或者完全民事行为能力人。恢复公民民事行为能力的案件，实际上是一个新的案件。人民法院应当依照特别程序进行审理，应当进行必要的调查、核实，必要时可以开展医学鉴定。

第六节 认定财产无主案件的审判程序

一、认定财产无主案件的概念

所谓认定财产无主案件，是指人民法院根据自然人、法人或者其他组织的申请，对权利归属不明的财产，经法定程序认定为无主财产，将其收归国家或集体所有的案件。

无主财产通常存在以下几种情形：其一，无所有人或者所有人不明；其二，所有人不明的埋藏物或隐藏物；其三，捡拾的遗失物、漂流物、失散的饲养动物，而且这些财产在规定期间无人认领；其四，财产所有人死亡，无继承人、无遗赠人，或者继承人放弃继承、丧失继承权。在这些情况下，不仅财产的所有人不明，而且财产处于流失、闲置的状态。法律规定认定财产无主的制度，将无主财产收归国有，以便发挥该财产的价值、稳定社会经济关系。

二、认定财产无主的申请与受理

自然人、法人或者其他组织向人民法院提出认定财产无主申请，应当具备以下条件：

（1）被请求认定无主的财产，必须是有形财产，无形财产不能提出认定其无主的请求。

（2）被请求认定无主的财产，其所有人不明或者失去了其所有人，长期处于归属未定的状态。

（3）有权利向法院提出申请的可以是自然人，可以是法人，也可以是其他组织。法定的申请人范围虽然很广泛，但通常是由无主财产的发现者、保管者提出申请的。

人民法院对于符合条件的申请，应当依法予以受理；对于不符合条件的申请，应当裁定不予受理。

三、认定财产无主案件的审理程序

（1）申请与受理程序。符合上述条件的，由自然人、法人或者其他组织向人民法院提出认定财产无主的申请。申请人应当提出书面申请，申请书应当写明财产的种类、数量、名称，以及请求法院认定其无主的根据。认定财产无主的案件，依法应当由财产所在地的基层人民法院行使管辖权。

（2）公告程序。人民法院受理认定财产无主的申请后，应当发出财产认领公告。敦促可能存在的财产所有人前来主张并认领。财产认领公告的期限为 1 年。

（3）判决程序。公告期满无人认领的，人民法院作出判决认定该财产无主，收归国家或集体所有。如果在公告期内有人对该财产主张权利的，法院应当裁定终结特别程序；并告知申请人另行起诉，法院适用普通程序进行审理。

四、认定财产无主判决的效力及判决的撤销

人民法院作出认定财产无主的判决一经宣告，立即生效。

判决认定财产无主后，原财产所有人或者继承人出现，在《民法典》规定的诉讼时效期间对财产提出请求的，人民法院审查属实后，作出新判决，撤销原判决。原判决被撤销后，已收归国家或集体所有的财产应当归还其所有人，如果原物已不存在的，应按照财产的原值折价返还。

第七节　确认调解协议案件的审判程序

一、确认调解协议案件的概念与特征

所谓确认调解协议案件，是指经由人民调解委员会或其他依法成立的调解组织，对当事人之间的纠纷进行调解达成调解协议后，双方当事人向人民法院申请司法确认，由法院依照特别程序作出裁定确认该调解协议具有强制执行效力的案件。

2010 年颁布的《人民调解法》首次以立法的形式规定了对调解协议的司法确认、取得法院强制执行效力的制度。该法第 33 条规定：“经人民调解委员会调解达成调解协议后，双方当事人认为有必要的，可以自调解协议生效之日起三十日内共同向人民法院申请司法确认，人民法院应当及时对调解协议进行审查，依法确认调解协议的效力。人民法院依法确认调解协议有效，一方当事人拒绝履行或者未全部履行的，对方当事人可以向人民法院申请强制执行。人民法院依法确认调解协议无效的，当事人可以通过人民调解方式变更原调解协议或者达成新的调解协议，也可以向人民法院提起诉讼。”2012 年修正的《民事诉讼法》在“特别程序”一章中增设了第六节“确认调解协议案件”（2023 年《民事诉讼法》第七节），进一步规定了调解协议的司法确认程序。

与特别程序的其他案件相比较，我国确认调解协议案件的程序具有以下显著特征：

（1）确认调解协议案件是由双方当事人共同提出申请的，其他特别程序案件都是由一方提出申请的。

（2）确认调解协议案件的确认范围比较广泛，由依法成立的行政机关、人民调解组织、商事调解组织、行业调解组织或者其他具有调解职能的组织调解达成的具有民事合同性质的协议，经调解组织和调解员签字盖章后，当事人均可以申请有管辖权的人民法院确认其效力。但是，如果涉及《民诉法解释》第 358 条规定的六种情形的，人民法院不予受理（详见下文）。

（3）当事人申请确认调解协议，人民法院不予受理，或者裁定驳回的，当事人可以另行提起诉讼。

二、确认调解协议案件的申请与受理

（1）双方当事人共同提出确认申请。调解，是在第三方主持、敦促、斡旋下，由双方当事人自愿达成协议，从而解决纠纷的一种方式。当事人达成调解协议，协议具有合同效力，双方应当自觉履行。申请司法确认不是调解协议必经的程序，是当事人自主的需要和自愿的行为，因此需要当事人双方共同向人民法院提出申请。如果一方当事人向人民法院提出申请，另一方表示同意的，视为共同提出申请。

根据最高人民法院的规定，当事人申请司法确认调解协议，可以采用书面形式或者口头形式。当事人口头申请的，人民法院应当记入笔录，并由当事人签名、捺印或者盖章。

（2）申请人应当自调解协议生效之日起 30 日内提出申请。

（3）申请人应当提供必要的申请材料。根据最高人民法院的规定，当事人申请确认调解协议，应当向人民法院提交司法确认申请书、调解协议、调解组织主持调解的证明，以及与调解协议相关的财产权利证明等材料，并提供双方当事人的身份、住所、联系方式等基本信息。当事人未提交上述材料的，人民法院应当要求当事人限期补交。

委托他人代为申请的，必须向人民法院提交由委托人签名或者盖章的授权委托书。

（4）申请人应当向有管辖权的人民法院提出申请。根据《民事诉讼法》第 205 条的规定，人民法院邀请调解组织开展先行调解的，向作出邀请的人民法院提出；调解组织自行开展调解的，向当事人住所地、标的物所在地、调解组织所在地的基层人民法院提出；调解协议所涉纠纷应当由中级人民法院管辖的，向相应的中级人民法院提出。申请确认调解协议的案件，应当由调解组织所在地基层人民法院管辖。

根据《民诉法解释》第 352 条的规定，调解组织自行开展的调解，有两个以上调解组织参与的，符合《民事诉讼法》第 205 规定的各调解组织所在地人民法院均有管辖权。双方当事人可以共同向符合《民事诉讼法》第 205 条规定的其中一个有管辖权的人民法院提出申请；双方当事人共同向两个以上有管辖权的人民法院提出申请的，由最先立案的人民法院管辖。

（5）申请确认调解协议案件的范围。最高人民法院印发的《关于建立健全诉讼与非诉讼相衔接的矛盾纠纷解决机制的若干意见》第 20 条规定，经行政机关、人民调解组织、商事调解组织、行业调解组织或者其他具有调解职能的组织调解达成的具有民事合同性质的协议，经调解组织和调解员签字盖章后，当事人可以申请有管辖权的人民法院确认其效力。

根据《民诉法解释》第 355 条第 1 款的规定，当事人申请司法确认调解协议，有下列情形之一的，人民法院应当裁定不予受理：①不属于人民法院受理范围的；②不属于收到申请的人民法院管辖的；③申请确认婚姻关系、亲子关系、收养关系等身份关系无效、有效或者解除的；④涉及适用其他特别程序、公示催告程序、破产程序审理的；⑤调解协议内容涉及物权、知识产权确权的。

（6）人民法院收到申请后，应当在 3 日内决定是否受理。对于符合申请条件的，人民法院应当予以受理。人民法院决定受理的，应当编立“调确字”案号，并及时向当事人送达受理通知书。双方当事人同时到法院申请司法确认的，人民法院可以当即受理并作出是否确认的决定。

三、确认调解协议案件的审理与裁定

根据司法解释的规定，人民法院应当自受理当事人申请之日起 15 日内作出是否确认的决定。因特殊情况需要延长的，经本院院长批准，可以延长 10 日。

人民法院受理当事人司法确认申请后，应当指定一名审判人员对调解协议进行审查。

在审查期间，法院认为必要时可以通知双方当事人同时到场，询问当事人。当事人应当向人民法院如实陈述申请确认的调解协议的有关情况，保证提交的证明材料真实、合法。人民法院在审查中，认为当事人的陈述或者提供的证明材料不充分、不完备或者有疑义的，可以要求当事人补充陈述或者补充证明材料。必要时，人民法院可以向调解组织核实有关情况。

人民法院对调解协议的审查采取的是形式审查和有限的实体审查相结合，书面审查与庭审审查相结合。经审查，审判人员认为调解协议符合确认条件的，作出确认调解协议有效的裁定。对于案情复杂或者涉案标的额较大的案件，应当通知双方当事人到庭进行询问，采取必要的实质审查和证据调查。

在司法确认审查程序进行中，一方当事人或者双方当事人可以撤回申请。人民法院在作出是否确认的决定前，可以准许撤回。当事人无正当理由未在限期内补充陈述、补充证明材料或者拒不接受询问的，人民法院可以按撤回申请处理。

根据《民事诉讼法》第 206 条的规定，人民法院经审查，对符合法律规定的，裁定调解协议有效；对不符合法律规定的，裁定驳回申请。人民法院裁定驳回、不予确认的调解协议，当事人可以通过调解方式变更原调解协议或者达成新的调解协议，也可以向人民法院提起诉讼解决争议。

经审查，调解协议有下列情形之一的，人民法院应当裁定驳回申请：①违反法律强制性规定的；②损害国家利益、社会公共利益、他人合法权益的；③违背公序良俗的；④违反自愿原则的；⑤内容不明确，无法确认的；⑥其他不能进行司法确认的情形。

四、确认调解协议裁定的法律效力及救济途径

无论法院作出的是确认调解协议有效的裁定书还是驳回申请的裁定书，一旦送达双方当事人立即发生法律效力。

当事人对人民法院的裁定有异议的，应当自收到裁定之日起 15 日内提出；利害关系人有异议的，自知道或者应当知道其民事权益受到损害之日起 6 个月内提出。人民

法院经审查，认为异议成立或者部分成立的，作出新的裁定撤销或者改变原裁定；异议不成立的，裁定驳回。

第八节　实现担保物权案件的审判程序

一、实现担保物权案件的概念

所谓实现担保物权案件，是指担保物权人在债务人不履行到期债务，或者发生当事人约定的实现担保物权的情形时，担保物权人与债务人、担保人不能自行实现时，经当事人申请，人民法院作出实现担保物权的裁定并强制拍卖或变卖担保财产的案件。

所谓担保物权，是指当事人在债务人或第三人的特定物上或权利上设定的，用以保证债权人之债权得到清偿的优先受偿权。我国《民法典》规定的担保物权有三种：抵押权、质权、留置权。《民法典》在担保物权编中规定：担保物权是担保物权人在债务人不履行到期债务，或者发生当事人约定的实现担保物权的情形时，依法享有的就担保财产优先受偿的权利。债权人在借贷、买卖等民事活动中，为保障其债权实现，需要债务人担保的，可以依法设立担保物权。设立担保物权，应当依法订立担保合同。债务人不履行到期债务或者发生当事人约定的实现担保物权的情形，债权人有权按照约定实现债权。

从域外的立法看，担保物权的实现主要通过非讼的方式，当双方当事人对担保物权的实现方式有争议时，担保物权人或其他有权请求实现担保物权的人可以直接向法院申请拍卖、变卖担保财产，并不需要通过诉讼的方式实现。此前，根据我国《民法通则》《担保法》的规定，当抵押权人与抵押人协议不成的，抵押权人只能诉诸人民法院通过诉讼实现权利。其后，《合同法》第286条规定债权人在追索建设工程价款时可以直接请求法院拍卖该工程，开创了以非讼方式实现担保物权的立法先例。2007年实施的《物权法》全面确立了以非讼方式实现担保物权的制度。2020年5月28日颁布的《民法典》进一步整合了上述制度。为配合实体法的变革，《民事诉讼法》在“特别程序”一章中增加了“实现担保物权案件”一节，实现了实体法与程序法的配套统一，使抵押权人可以直接向法院申请实现担保物权。

二、实现担保物权案件的申请与受理

（一）实现担保物权案件的申请人

《民事诉讼法》第207条规定，由担保物权人以及其他有权请求实现担保物权的人向法院提出申请实现担保物权。依据最高人民法院的解释，《民事诉讼法》第207条规定的担保物权人，包括抵押权人、质权人、留置权人；其他有权请求实现担保物权的人，包括抵押人、出质人、财产被留置的债务人或者所有权人等。

依据《民法典》的规定，有些情况下债务人或担保人也可以作为申请人提出申请。

根据《民法典》第410条第1、2款的规定，债务人不履行到期债务或者发生当事人约定的实现抵押权的情形，抵押权人可以与抵押人协议以抵押财产折价或者以拍卖、变卖该抵押财产所得的价款优先受偿。协议损害其他债权人利益的，其他债权人可以请求人民法院撤销该协议。抵押权人与抵押人未就抵押权实现方式达成协议的，抵押权人可以请求人民法院拍卖、变卖抵押财产。《民法典》第437条第1款还规定，出质人可以请求质权人在债务履行期限届满后及时行使质权；质权人不行使的，出质人可以请求人民法院拍卖、变卖质押财产。《民法典》第454条规定，债务人可以请求留置权人在债务履行期限届满后行使留置权；留置权人不行使的，债务人可以请求人民法院拍卖、变卖留置财产。

（二）申请实现担保物权应当提交的材料

依据最高人民法院的要求，申请实现担保物权，应当提交下列材料：①申请书。申请书应当记明申请人、被申请人的姓名或者名称、联系方式等基本信息，具体的请求和事实、理由；②证明担保物权存在的材料，包括主合同、担保合同、抵押登记证明或者他项权利证书，权利质权的权利凭证或者质权出质登记证明等；③证明实现担保物权条件成就的材料；④担保财产现状的说明；⑤人民法院认为需要提交的其他材料。

（三）实现担保物权案件的管辖法院

《民事诉讼法》第207条规定："申请实现担保物权，由担保物权人以及其他有权请求实现担保物权的人依照民法典等法律，向担保财产所在地或者担保物权登记地基层人民法院提出。"其地域管辖确定为两个，即担保财产所在地和担保物登记地基层人民法院，可由当事人选择适用。

此外，实现票据、仓单、提单等有权利凭证的权利质权案件，可以由权利凭证持有人住所地基层人民法院管辖；无权利凭证的权利质权，由出质登记地基层人民法院管辖；实现担保物权案件属于海事法院等专门法院管辖的，由专门法院管辖。

还有，同一债权的担保物有多个且所在地不同，申请人分别向有管辖权的人民法院申请实现担保物权的，人民法院应当受理。其含义是：同一债权的多个担保物在多个所在地的，且该多个所在地分属不同人民法院辖区，当事人分别向几个有管辖权的人民法院提出实现担保物权申请的，各人民法院应当分别受理本辖区内的案件，不实行合并管辖；如果是同一债权下的同一担保物（无论是否还有其他担保物），当事人分别向几个有管辖权的人民法院申请实现担保物权的，先立案的人民法院有管辖权。

（四）申请费与执行费

根据《民事诉讼法》及相关规定，适用特别程序的案件不收取申请费。

此类案件往往涉及较大价值的执行标的物，并且在实现担保物权过程中必然耗去大量的人力、物力。因此，按照规定收取执行费用是合理、合法的。执行费应当按照相应的诉讼费用缴纳标准收取，由被执行人负担。

（五）实现担保物权案件的受理

对于符合法律规定的实现担保物权的申请，人民法院应当依法予以受理。

根据最高人民法院的解释，依照《民法典》第 392 条的规定，被担保的债权既有物的担保又有人的担保，当事人对实现担保物权的顺序有约定，实现担保物权的申请违反该约定的，人民法院裁定不予受理；没有约定或者约定不明的，人民法院应当受理。同一财产上设立多个担保物权，登记在先的担保物权尚未实现的，不影响后顺位的担保物权人向人民法院申请实现担保物权。

三、实现担保物权案件的审理与裁定

（一）审查事项

根据《民诉法解释》的相关规定，法院对当事人的申请进行审查，应当重点注意：

（1）权利告知。人民法院受理申请后，应当在 5 日内向被申请人送达申请书副本、异议权利告知书等文书。被申请人有异议的，应当在收到人民法院通知后的 5 日内向人民法院提出，同时说明理由并提供相应的证据材料。

（2）审查权的行使方式。人民法院审查实现担保物权案件，可以询问申请人、被申请人、利害关系人，必要时可以依职权调查相关事实。

（3）审查的事项。人民法院应当就主合同的效力、期限、履行情况，担保物权是否有效设立、担保财产的范围、被担保的债权范围、被担保的债权是否已届清偿期等担保物权实现的条件，以及是否损害他人合法权益等内容进行审查。被申请人或者利害关系人提出异议的，人民法院也应当一并审查。

（二）审理组织

根据《民事诉讼法》和《民诉法解释》的规定，实现担保物权案件适用特别程序，案件可以由审判员一人独任审查。但是，对于担保财产标的额较大的，应当组成合议庭进行审查。

（三）审限与审级

申请实现担保物权案件的审限，同样适用《民事诉讼法》第 187 条特别程序案件审限的规定，即应当在立案之日起 30 日内审结，有特殊情况需要延长的，须经本院院长批准。

申请实现担保物权案件，根据《民事诉讼法》第 185 条对特别程序的规定，实行一审终审。

（四）法院裁定

《民事诉讼法》第 208 条规定："人民法院受理申请后，经审查，符合法律规定的，裁定拍卖、变卖担保财产，当事人依据该裁定可以向人民法院申请执行；不符合法律规定的，裁定驳回申请，当事人可以向人民法院提起诉讼。"

根据《民诉法解释》第 370 条的规定，人民法院审查后，按下列情形分别处理：①当事人对实现担保物权无实质性争议且实现担保物权条件成就的，裁定准许拍卖、变卖担保财产；②当事人对实现担保物权有部分实质性争议的，可以就无争议部分裁定准许拍卖、变卖担保财产；③当事人对实现担保物权有实质性争议的，裁定驳回申请，并告知申请人向人民法院提起诉讼。

根据《民事诉讼法》第 208 条的规定，人民法院批准实现担保物权申请的裁定，一经送达，立即生效，具有强制执行的法律效力。

四、救济途径

人民法院裁定驳回实现担保物权的申请后，当事人可以按照普通诉讼程序向人民法院另行起诉。

根据《民诉法解释》第 372 条的规定，实现担保物权案件的申请人、利害关系人认为裁定有错误的，可以向作出该裁定的人民法院提出异议。人民法院经审查，异议成立或者部分成立的，作出新的裁定撤销或者改变原裁定；异议不成立的，裁定驳回。对人民法院作出的准许实现担保物权的裁定，当事人有异议的，应当自收到裁定之日起 15 日内提出；利害关系人有异议的，自知道或者应当知道其民事权益受到损害之日起 6 个月内提出。

【思考题】

一、概念题

特别程序　选民资格案件　宣告失踪和宣告死亡案件　指定遗产管理人案件　认定公民无民事行为能力和限制民事行为能力案件　认定财产无主案件　确认调解协议案件　实现担保物权案件

二、简答题

1. 简述我国特别程序有何自身的特点。
2. 简述宣告失踪案件与宣告死亡案件在程序上的区别。
3. 简述法院对申请宣告失踪和宣告死亡的案件予以驳回为何采用判决而不是裁定。
4. 简述指定遗产管理人的范围及顺位。
5. 简述认定公民无民事行为能力与认定公民限制行为能力案件的程序的异同。
6. 简述确认调解协议案件的救济程序。
7. 简述实现担保物权案件裁定的适用范围。

三、论述题

1. 请延伸阅读俄罗斯的特别程序、法国的非讼程序、德国的家事与非讼程序法典，并比较与我国特别程序的差异。
2. 延伸阅读域外宪法诉讼程序，比较我国选民资格案件与域外宪法诉讼程序的区别。

第二十一章
督促程序

学习目的与基本要求　了解督促程序的概念、特点、功能作用，分清督促程序与简易程序之间的区别；熟练掌握支付令的申请与受理程序，支付令的制作、发布与效力、支付令的异议与督促程序的终结。

第一节　督促程序概述

一、督促程序的概念

所谓督促程序，是指人民法院根据债权人的申请，向债务人发出支付令，责令债务人限期履行给付金钱或者有价证券义务的非讼程序。

督促程序的当事人，是申请人和被申请人双方。申请督促程序的债权人是本案的申请人，被请求偿还的债务人是本案的被申请人。

二、督促程序的特点

（一）程序性质的非诉讼性

依据《民事诉讼法》及司法解释的规定，其非诉讼性的具体特点表现如下：

（1）虽有双方当事人，即申请人（债权人）和被申请人（债务人），但双方之间不存在民事权益争议。

（2）人民法院不直接确认法律事实是否存在，只颁发支付令，督促债务人履行债务。

（3）实行独任审判、一审终审。

（二）适用范围的特定性

依照《民事诉讼法》第225条的规定，督促程序只适用于债权人申请给付金钱或者有价证券的案件，并且不是所有的给付金钱或者有价证券的案件都可以适用督促程序。

（三）程序制度的独特性

（1）支付令独特的生效程序。人民法院适用督促程序发出的支付令，是一种附条件、附期限生效的法律文书。人民法院的支付令送达被申请人后15日内，被申请人既不履行给付义务又未提出异议的，支付令才发生法律效力。如果被申请人在15日内履行了给付义务，或者提出了异议，支付令便不发生法律效力。

（2）程序结束方式独特。人民法院签发的支付令发生法律效力后，通常不需另行裁判，督促程序即告结束。督促程序结束后，债权人可以申请执行。但是，支付令不能生效的案件，人民法院应当裁定终结。

（3）审理程序简便、快捷。适用督促程序的案件，独任法官审查，不需要开庭审理。一般自申请之日起，债务人无异议的，经过最少 16 天、至多 35 天支付令便可生效。

（四）程序适用的可选择性

根据《民事诉讼法》第 225 条的规定，特定的请求给付金钱或者有价证券的案件，可以适用督促程序。但是，这类案件并不是都必须经过督促程序。督促程序只是给债权人增加了一条简便、快捷实现债权的途径。通过非诉讼的督促程序申请支付令，还是通过诉讼程序请求判决，或者是通过其他合法途径解决，由债权人自己选择。督促程序适用的选择性，不仅仅取决于债权人，还取决于债务人。债务人接到人民法院的支付令后，可以选择自觉履行支付令，也可以选择在法定的期间内提出书面异议致使支付令不再生效。

三、督促程序的作用

（一）及时保障债权人的权益，兼顾债务人的权益

督促程序能使债权人的实体权益及时获得保障。支付令发生法律效力后，债务人不自觉履行的，债权人便可以向人民法院申请强制执行。从提出申请到获得司法保护，其时间之快，是任何审判程序都无可比拟的。

督促程序在保护债权人利益的同时也兼顾了债务人的权益。债务人如果对债权债务关系有争议，可以在法定期间内向人民法院提出书面异议。人民法院应当据此异议裁定终结督促程序，并告知当事人可以依照诉讼程序另行起诉。

（二）避免当事人诉累，节约司法资源

支付令发生法律效力，当事人应当遵照执行，不得提起上诉，也不得申请再审。

适用督促程序，大大节省了当事人的时间、金钱，同时也减轻了人民法院的工作负担。

（三）加速资金流转，保障经济秩序

适用督促程序，使债权人的债权很快得到实现，加速了资金的正常流转，维护了市场经济的正常秩序。

四、督促程序与简易程序的区别

督促程序与简易程序都属于民事审判程序中的略式程序，都实行独任审判。两种程序不仅表面上有相像之处，而且在法律有规定的条件下还可以进行转化，但两者之间实际上也存在较大的差异，其主要区别如下：

（1）当事人向法院提起的方式不同。督促程序的提起，由债权人向人民法院提出申请；简易程序由当事人向人民法院提起诉讼。

（2）当事人对法律关系的争议态度不同。适用督促程序的案件，债权人与债务人之间对债权债务没有实质性的争议（适用督促程序案件，双方之间不仅不能存在争议，并且还不能存在对待给付的义务）；适用简易程序的案件，原告与被告之间对于双方之间的民事权利义务通常都存在争议。因此，督促程序属于非讼程序；简易程序属于诉讼程序。

（3）两种程序适用案件的范围不同。督促程序只适用于给付金钱或者有价证券的案件；简易程序几乎可以适用于所有权益争议的案件类型。

（4）两种程序涉案金额的限制不同。适用督促程序的案件不受涉案金额的限制；适用简易程序的案件，只能是案情简单、涉案金额较低的案件。

（5）两种程序的法律文书不同。人民法院适用督促程序是向债务人发出支付令；适用简易程序是向当事人双方发出判决书或者调解书。

（6）两种程序赋予当事人的救济方式不同。适用督促程序的债务人，不仅可以对未生效的支付令提出异议，而且可以对已经生效的支付令申请撤销；适用简易程序的当事人，可以对未生效的判决提起上诉，可以对已经生效的一审判决提出申诉。

第二节　支付令的申请与受理

一、申请支付令的条件

督促程序的启动，必须是经债权人向人民法院提出支付令的申请而开始，人民法院不得依职权主动提起。依照《民事诉讼法》和《民诉法解释》的规定，债权人向人民法院申请支付令，应当符合下列条件：

（1）请求给付的内容限于金钱或者汇票、本票、支票、股票、债券、国库券、可转让的存款单等有价证券。金钱和有价证券，具有便于认定、便于结算、便于执行的特点，符合督促程序简便、快捷的程序特征。涉及物质给付的债，因其认定、结算、执行的复杂性，不能适用督促程序。

（2）请求给付的金钱或者有价证券已经到期且数额确定，并写明了请求所根据的事实、证据。涉及金钱或者有价证券的债权到期，债权人可以随时请求债务人偿还。法律没有规定偿还期限，当事人双方又没有约定偿还期限的，债权人可以随时请求债务人偿还。尚未到期的债权，法院不得发布支付令，不得强制债务人提前支付。数额确定，是指债权数额在请求时已经明确，可以计算，无不确定因素。数额不确定的债务关系，属于有争议的或者需要调查确认的，不适用督促程序。

（3）债权人未向人民法院申请诉前保全。债权人申请诉前保全，说明债务人是以诉讼为前提的。本程序属于非讼程序，所以，债权人已向人民法院申请诉前保全的，不适用督促程序。

（4）债权人没有对待给付的义务。对待给付，是指债权人和债务人之间互有给付的义务，即双方互为债权人和债务人。互为给付的情况，一般存在于当事人之间的两个不同的债的关系，有时也见于同一债的关系中。当事人之间有互为给付的义务，说明本案法律关系比较复杂，不能适用简便、快捷的督促程序。

（5）支付令能够直接送达债务人，债务人在我国境内，且未下落不明。支付令能够直接送达债务人，是指支付令能够迅速并实际送达给债务人。债务人不在我国境内的，或者虽在我国境内但下落不明的，不适用督促程序。债务人不在我国境内，需要适用涉外的送达方式，不利于及时地将支付令送达给债务人，也不便于债务人适时地提出异议，更不便于对生效支付令的执行。对于下落不明的人，法院只能适用公告送达的方式送达。公告送达，不论受送达人是否知晓公告送达的内容，公告到期便视为送达。如果适用此种方式送达，债务人可能根本不知晓支付令的存在，自然也就不可能在法定的期限内提出异议。因此，支付令不适用涉外送达方式和公告送达方式。支付令的送达，一般应以直接送达债务人本人为宜。不能直接送达债务人本人的，也可以谨慎适用其他送达方式，如向债务人的法定代理人或者指定代理人送达，或者依法采用转交送达方式。但送达方式的选择，应以债务人能够迅速并实际收到支付令为前提。《民诉法解释》第 429 条还特别规定，向债务人本人送达支付令，债务人拒绝接收的，人民法院可以留置送达。

二、申请支付令的形式

债权人申请支付令，应当向人民法院递交书面的申请书，并提交债权文书及相关证据。

书面申请书应当写明下列内容：①债权人和债务人的基本情况；②明确的支付令申请；③请求给付的金钱或者有价证券的种类及数额；④申请支付令所根据的事实和证据；⑤递交申请书的人民法院全称；⑥申请人署名或者盖章、申请日期。

人民法院收到债权人的支付令申请书后，认为申请书不符合要求的，可以通知债权人限期补正。

三、支付令案件的管辖权

（一）级别管辖权

根据《民事诉讼法》第 225 条的规定，申请支付令的案件，一律由基层人民法院管辖。最高人民法院进一步明确规定，基层人民法院受理支付令案件不受债务金额的限制。

（二）地域管辖权

《民事诉讼法》第 225 条只规定了债权人可以向有管辖权的基层人民法院申请支付令，未对支付令案件的地域管辖作出特别规定。但是依据《民事诉讼法》第 26 条规定的精神，债权人申请支付令的案件，应当由票据支付地或者债务人住所地的基层人民法院管辖。因此，《民诉法解释》第 425 条进一步规定，两个以上人民法院都有管辖权的，债权人可以向其中一个基层人民法院申请支付令。债权人向两个以上有管辖权的基层人民法院申请支付令的，由最先立案的人民法院管辖。

四、支付令申请的审查

有管辖权的人民法院收到申请人递交的申请书和相关材料后，应当依照《民事诉讼法》和司法解释规定的申请条件进行审查。

人民法院对支付令申请的审查，包括形式上的审查和实质上的审查。对支付令形式上的审查，主要审查书面申请书是否写明下列内容：①债权人和债务人的基本情况；②明确的支付令申请；③请求给付的金钱或者有价证券的种类及数额；④申请支付令所根据的事实和证据；⑤递交申请书的人民法院全称；⑥申请人署名或者盖章、申请日期。

对支付令实质上的审查，主要是审查当事人之间对债权债务有无争议，债权债务是否到期，债权人与债务人之间是否存在对待给付的义务。同时，人民法院还应当对债权债务的合法性和有效性进行一定程度的审查，以免发出不恰当的支付令。

五、支付令申请的受理

人民法院对申请人的申请，应当在 5 日内确定是否受理，并通知申请人。人民法院通知债权人限期补正的，应当自收到补正材料之日起 5 日内通知债权人是否受理。

人民法院经审查，认为符合受理条件的，应当通知申请人缴纳申请费后予以受理，并正式立案。

人民法院经审查，认为不符合申请条件的，应当在收到申请书后 5 日内通知申请人不予受理。

六、支付令申请的撤回

依据最高人民法院的司法解释，申请人有权在提出支付令申请后，撤回申请。但是，应当在规定的期间内申请撤回申请。依据《民诉法解释》第 437 条的规定，在人民法院发出支付令之前，申请人撤回申请的，应当裁定终结督促程序。

债务人对撤回异议反悔的，人民法院不予支持。

第三节　支付令的制作、发布与效力

一、支付令案件的审查

人民法院受理支付令申请后，应当指定一名审判员对案件进行独任审理。

人民法院对支付令案件的审查，只就债权人提供的事实和证据进行书面审查，不进行开庭审理，不传唤双方当事人。

二、支付令的制作与发布

根据《民事诉讼法》第227条第1款的规定，人民法院受理申请后，经审查债权人提供的事实、证据，对债权债务关系明确、合法的，应当在受理之日起15日内向债务人发出支付令。

人民法院发布的支付令，应当载明以下事项：①债权人、债务人的姓名或名称等基本情况；②债务人应当给付的金钱、有价证券的种类、数量；③清偿债务或者提出异议的期限；④债务人在法定期间不提出异议的法律后果。⑤支付令须由审判员、书记员署名，并加盖人民法院印章。

三、驳回支付令的申请

依据《民诉法解释》第428条的规定，人民法院受理申请后，经审查，有下列情形之一的，裁定驳回申请：①申请人不具备当事人资格的；②给付金钱或者有价证券的证明文件没有约定逾期给付利息或者违约金、赔偿金，债权人坚持要求给付利息或者违约金、赔偿金的；③要求给付的金钱或者有价证券属于违法所得的；④要求给付的金钱或者有价证券尚未到期或者数额不确定的。

人民法院受理支付令申请后，发现不符合该解释规定的受理条件的，应当在受理之日起15日内裁定驳回申请。

人民法院作出的驳回申请的裁定，债权人不得上诉。但是，债权人可以另行起诉债务人，人民法院按照普通程序审理。

四、支付令的送达

人民法院制作完成支付令，应当依照法律规定向债务人送达支付令。人民法院向债务人送达支付令应当采用直接送达的方式；债务人指定代收人的，可以向代收人送达。债务人拒绝接受支付令的，人民法院可以留置送达。受案人民法院送达支付令有困难的，也可以委托其他人民法院代为送达。但是，支付令的送达不可以采用公告送达的方式。如果支付令无法送达债务人的，应当裁定终止督促程序，告知申请人可以另行起诉。

五、支付令的效力

（一）责令债务人限期清偿债务的效力

根据《民事诉讼法》第227条第2款的规定，人民法院的支付令送达债务人后，债务人如无异议，应当自收到支付令之日起15日内清偿债务。

（二）附条件、附期限发生强制执行的效力

根据《民事诉讼法》第227条第3款的规定，债务人自收到支付令之日起15日内，既不提出异议，又不清偿债务的，债权人有权向人民法院申请强制执行。申请人

申请强制执行的期限，适用执行程序的规定。

债务人在规定的15日期限内提出异议的，支付令不发生法律效力。

第四节 支付令的异议与督促程序的终结

一、支付令的异议

（一）支付令异议的概念

所谓支付令异议，是指督促程序中的被申请人对人民法院支付令责令其履行的给付义务，提出不同意见的行为以及文书。

债务人对支付令提出异议，是法律赋予当事人的程序救济权利。债务人如果对支付令存在异议，说明双方之间可能存在争议。人民法院有义务对债务人的异议予以审查和了解，如果异议成立，应当终结督促程序。因为，督促程序是非讼程序，不能存在争议。

（二）支付令异议的功能

《民事诉讼法》第227、228条规定的支付令异议制度，是对债务人合法权益的保护措施，也是人民法院依法适用督促程序的保障。支付令异议的具体功能如下：

（1）为债务人提供了申明权利主张的机会。督促程序是一种简便的督促还债程序，不开庭审理，被申请人无法在法庭上申明不同意见和理由。法律允许被申请人在一定期限内对支付令提出书面异议，为债务人提供了一个申明权利主张的机会。

（2）为维护债权人、债务人双方的权益提供了保障。人民法院适用督促程序，既要维护债权人的合法权利，又不能损害债务人的合法权益，应当做到公平、合理。人民法院通过审查债务人的异议，进一步确认本案可否适用督促程序。异议不成立，可以根据债权人的申请依法执行支付令，及时维护债权人的利益；异议成立，则支付令不能发生法律效力，人民法院不能依此对债务人强制执行。

（3）支付令异议可以发生终结督促程序的效力。督促程序是一种非讼程序，不解决民事争议。债务人对支付令责令其给付的债务提出异议，表示其与债权人之间就债权债务关系存有争议。被申请人对支付令提出的书面异议，依法成立的，人民法院应当裁定终结督促程序，支付令不发生法律效力。

（三）支付令异议成立的法定要件

人民法院对债务人提出的支付令异议，不作实质审查，不审查其理由是否成立，但需要进行一定的形式审查，确认其是否符合法律规定的形式要件。支付令异议成立的形式要件主要有以下几个方面：

（1）支付令异议的主体要件。有权提出支付令异议的主体，是支付令指定履行清偿债务的被申请人，即本案的债务人。案外人通常无权提出支付令异议。

（2）提出支付令异议的期间要件。债务人应当在法定期间内提出异议；逾期提出异议的，异议不能成立；未在法定期间内提出异议的，视为无异议。根据《民事诉讼法》第223条的规定，债务人对支付令有异议的，应当自收到支付令之日起15日内提出异议。

（3）支付令异议的书面要件。债务人对支付令有异议的，应当向人民法院提交书面的异议书。债务人仅仅口头表示异议的，异议不能成立。

（4）支付令异议的内容要件。支付令异议的内容应当包括以下两个方面：①对支付令指定清偿的债务提出明确反对或者异议的意思表示；②异议明确针对本债权债务关系或者对待给付的债权债务关系。债务人对债务本身没有异议，只是提出缺乏清偿能力、延缓债务清偿期限、变更债务清偿方式等异议的，不构成异议，不影响支付令的效力。

（5）递交支付令异议的管辖法院要件。债务人对支付令有异议的，应当向发出支付令的人民法院递交书面异议。债务人未在法定期间向发出支付令的人民法院递交书面异议，而向其他人民法院起诉的，不影响支付令的效力。其他人民法院无权受理督促程序未终结的民事案件。

（四）支付令异议的法律后果

支付令异议的法律后果又称支付令异议的法律效力，是指债务人提出支付令异议后对支付令和督促程序所产生的法律上的影响。

支付令异议的法律后果主要有失效和生效两种，最高人民法院对支付令失效的情形作出了具体明确的规定。依据《民诉法解释》第435条的规定，经形式审查，债务人提出的书面异议有下列情形之一的，应当认定异议成立，裁定终结督促程序，支付令自行失效：①该解释规定的不予受理申请情形的；②该解释规定的裁定驳回申请情形的；③该解释规定的应当裁定终结督促程序情形的；④人民法院对是否符合发出支付令条件产生合理怀疑的。

但是，依据最高人民法院的相关规定，以下三种情形除外：

（1）债权人基于同一债权债务关系，在同一支付令申请中向债务人提出多项支付请求，债务人仅就其中一项或者几项请求提出异议的，不影响其他各项请求的效力。

（2）债权人基于同一债权债务关系，就可分之债向多个债务人提出支付请求，多个债务人中的一人或者几人提出异议的，不影响其他请求的效力。

（3）对设有担保的债务的主债务人发出的支付令，对担保人没有拘束力，但是，债权人就担保关系单独提起诉讼的，支付令自人民法院受理案件之日起失效。

人民法院应对支付令异议进行必要的形式审查，支付令异议符合法定要件的，应当裁定终结督促程序，支付令不再生效。经审查，支付令异议不符合法定形式要件的，应当通知债务人。异议不成立，不影响支付令发生法律效力。

二、督促程序的终结

所谓督促程序的终结，是指发生了法定的情形或者其他特殊原因，致使督促程序无法或者没有必要进行下去，因而结束督促程序的活动及其制度。

（一）督促程序终结的原因

督促程序终结，有以下原因：

（1）债权人的申请不符合法定条件。人民法院受理债权人的支付令申请后，经审查，认为其申请不符合法定条件的，应当裁定予以驳回。人民法院在受理以前，发现不符合受理条件的，通知债权人不予受理即可。

（2）债权人撤回支付令申请。债权人在人民法院发出支付令以前，撤回申请的，人民法院应当裁定终结督促程序。债权人在支付令发生法律效力以前，撤回申请的，人民法院应当裁定终结督促程序，并通知债务人支付令自行失效。

（3）债务人在法定期间清偿债务。债务人在法定期间内清偿债务的，督促债务人还债的支付令已无必要继续生效，人民法院应当裁定终结督促程序。

（4）债务人在法定期间提出异议。债务人在法定期间提出异议，符合法定要件的，人民法院无须对异议进行实体审查，应当裁定终结督促程序。

（5）其他导致督促程序终结的法定原因。

（二）转入诉讼程序

督促程序一旦终结，支付令即行失效。依据《民事诉讼法》第 228 条第 2 款的规定，支付令失效的，转入诉讼程序，但申请支付令的一方当事人不同意提起诉讼的除外。依据《民诉法解释》的规定，支付令失效后，申请支付令的一方当事人不同意提起诉讼的，应当自收到终结督促程序裁定之日起 7 日内向受理申请的人民法院提出。申请支付令的一方当事人不同意提起诉讼的，不影响其向其他有管辖权的人民法院提起诉讼。支付令失效后，申请支付令的一方当事人自收到终结督促程序裁定之日起 7 日内未向受理申请的人民法院表明不同意提起诉讼的，视为向受理申请的人民法院起诉。债权人提出支付令申请的时间，即为向人民法院起诉的时间。

上述规定，免除了当事人另行起诉的诉累，同时也尊重了当事人的意思自治，体现了司法为民的社会主义法治原则。

三、支付令的撤销

依据《民诉法解释》第 441 条的规定，人民法院院长发现本院已经发生法律效力的支付令确有错误，认为需要撤销的，应当提交本院审判委员会讨论决定后，裁定撤销支付令，驳回债权人的申请。

人民法院自行撤销确有错误的支付令的行为，体现了有错必纠、实事求是的司法精神。该纠错程序是 2015 年初由最高人民法院创设的。不经过当事人申请，人民法院直接启动纠错程序，为我国社会主义法制的一大特色。

【思考题】

一、概念题

督促程序　支付令异议　督促程序的终结

二、简答题

1. 简述督促程序的特点。
2. 简述督促程序的作用。
3. 简述申请支付令必须具备的条件和方式。
4. 简述人民法院驳回支付令申请人的申请。
5. 简述人民法院审查债务人提出的支付令异议。
6. 简述人民法院终结督促程序。

第二十二章 公示催告程序

学习目的与基本要求 掌握公示催告程序的概念、特点、功能、适用范围，全面了解公示催告程序的具体应用；准确理解除权判决的概念及法律效力，了解利害关系人提起撤销除权判决的条件。

第一节 公示催告程序概述

一、公示催告程序的概念

所谓公示催告程序，是指人民法院将申请人申请的事项，以公示的方式，催告不明的利害关系人在一定的期限内申报权利，如果逾期无人申报权利，根据申请人的申请，依法作出除权判决的程序。

我国民事诉讼法规定的公示催告程序主要适用于可以背书转让的票据持有人，因票据被盗、遗失或者灭失的情形。因票据上的权利与对票据的占有有着不可分离的联系。易言之，非持有票据的人，不得行使票据上的权利，持票人一旦失去票据，就会丧失票据上的权利，并有可能被他人非法行使票据上的权利。因此，人民法院通过公示催告程序，宣告票据无效，可以及时解决因失去票据造成的法律关系的不稳定，使正当权利人的票据权利得以行使，免受因票据被盗、遗失或灭失而遭受的财产损失。而且，依照法律可以申请公示催告的其他事项，也适用这一程序。

公示催告程序实质是在票据丧失或权利人对相关事项失去掌控后，保护权利人权利的一种补救性手段。它是随着票据的产生和发展或相关事项的产生而发展起来的，是保护票据正常流通和相关事项权力的程序。

通过公示催告程序宣告票据无效是大陆法系国家采用的补救方法，如德国、日本的民事诉讼法中都有公示催告程序的规定。而英美国家则通过诉讼来解决票据丧失后的权利问题。我国对票据的丧失一直采用的是挂失的办法，虽然能起到一定的补救作用，但很有限。我国 1991 年《民事诉讼法》首次确定了公示催告程序，以此来解决票据丧失所带来的问题。从我国社会的客观实际来看，确立这一程序确有必要：①为了保障票据的正常流转，适应商品经济和改革开放的需要，为票据法提供配套的法律保护手段，有必要在《民事诉讼法》中确立公示催告程序。②票据在流通领域早已普及，票据作为一种支付工具和信贷工具，在我国经济建设中正起着重要作用。而票据使用得越广泛，票据的丧失以及因票据丧失引出的权利问题发生得也会越多。如果没有相应的法律调整，票据势必会遭到损害。③确立票据丧失后的法律保护手段是国际通用的做法，尽管具体的办法各不相同。为了使我国市场与国际市场顺利接轨，完备和健全法制，改善法律环境更是不容忽视的。

公示催告程序所适用的公示催告案件只有申请人，没有明确的对应一方当事人存在，即没有明确的被申请人存在，因而此类案件在申请之时不存在民事权利义务之争。在审理过程中，如果出现明确的对应一方利害关系人主张权利，则表明发生了民事权利义务的争议，公示催告程序便因此而终结。所以，公示催告程序具有非讼性质，属于民事非讼程序的范围。

二、公示催告程序的特点

公示催告程序除具有民事非讼程序的共同属性之外，还具有以下特点：

（一）公示催告程序只适用于特定的案件

公示催告程序所适用的案件由法律明确规定。根据《民事诉讼法》的规定，能够申请公示催告的事项有两种：一是可以背书转让的票据被盗、遗失或灭失的；二是依法可以申请公示催告的其他事项。

（二）公示催告程序所适用的案件以没有明确的对应利害关系人为前提

公示催告案件的构成要件之一，就是没有与申请人对应的另一方利害关系人存在。如果申请人在申请公示催告之时已经知晓其相对利害关系人是谁，就不能申请公示催告，只能按照通常的民事诉讼程序起诉。在公示催告过程中，如果相对利害关系人出现，公示催告程序即告终结。

（三）公示催告程序的审判组织具有变通性

人民法院适用公示催告程序审理案件，可以由审判员一人独任审判；判决宣告票据无效的，应当组成合议庭审理。据此规定，人民法院适用公示催告程序审理同一案件时，独任制和合议制两种审判组织形式可以变通。

（四）公示催告程序是一种独立的特殊程序

公示催告程序作为一种特殊程序，不同于民事诉讼法特别程序中规定的各种程序，如宣告公民无行为能力或限制行为能力程序，或认定财产无主程序等，这些特别程序只是基于利害关系人的申请对一定的法律事实或法律状态加以确认的程序。而公示催告程序虽然也有对丧失票据或其他事项事实的认定，但是通过认定的最终目的是要宣告票据无效，使申请人申请行使的权利与已丧失的票据相分离，从而保护权利人的权利。

（五）适用公示催告程序审判案件的方式特殊

公示催告程序具有与通常民事诉讼程序不同的两大阶段，即公示催告阶段和除权判决阶段。公示催告是公示催告程序的必经阶段，其主要表现形式为公告，目的是催促相对利害关系人向人民法院申报权利。除权判决不是公示催告的必经阶段，而且人民法院作出除权判决必须以申请人的专门申请为条件。

（六）公示催告程序实行一审终审制

通常诉讼程序实行两审终审制，而公示催告程序实行一审终审制。人民法院对公示催告案件无论以判决方式结案，还是以裁定方式结案，当事人均不得对判决或裁定提起上诉。而且，根据《民诉法解释》第 378 条的规定，当事人也不得对生效的除权判决或者终结公示催告程序的裁定申请再审。

三、公示催告程序的功能

公示催告程序具有以下几个方面的功能：

（一）维护利害关系人的合法权益

通过确认申请人申请公示催告的票据在一定期限内无人申报权利这一事实，进而作出除权判决，以实现失票人对丧失票据的权利救济，这固然是设立公示催告程序的重要目的。而与此同时，通过公示催告让处于不明状况的相对人向法院申报权利，以免使善意取得票据的第三人（即利害关系人）因票据被除权而影响其正当权利的行使，这同样是设立公示催告程序的意义所在。

（二）对失票人的合法权益进行救济

票据是一种完全有价证券，又是一种无因证券。因此，票据权利人一旦脱离对票据的实际占有，不仅会使持票人在行使票据权利时受到阻碍，而且还很可能被他人恶意利用，直接损害正当持票人的合法权益。所以，当票据权利人丧失对票据的占有后，就必须通过一定的程序——公示催告程序使票据权利与票据相分离，实现对其享有票据权利的有效救济。

（三）确保票据流通的安全

票据的流通性与票据是否能够实现快捷、安全地转让密切相关。如果票据权利人在丧失票据后不能得到有效的救济，或者善意取得票据的第三人的合法权益不能得到应有的保障，这都将严重阻碍票据实现快捷、安全地转让，进而影响票据流通功能的实现。如上所述，公示催告程序正是这样一种既能满足失票人对丧失票据的权利进行快速、有效救济的目的，又能确保利害关系人合法权益不受侵害的有效程序。

四、公示催告程序的适用范围

我国《民事诉讼法》第 229 条第 1 款规定：“按照规定可以背书转让的票据持有人，因票据被盗、遗失或者灭失，可以向票据支付地的基层人民法院申请公示催告。依照法律规定可以申请公示催告的其他事项，适用本章规定。”据此规定，人民法院适用公示催告程序的范围如下：

（一）按照规定可以背书转让的票据

按照规定可以背书转让的票据，是目前我国适用公示催告程序的主要对象。根据我国《票据法》的规定，该法所称的票据是指汇票、本票和支票。

（1）汇票。汇票是出票人签发的，委托付款人在见票时或者在指定日期无条件支付确定的金额给收款人或者持票人的票据。汇票分为银行汇票和商业汇票。根据《银行结算办法》（已失效）的规定，银行汇票，是指汇款人将款项交存当地银行，由银行签发给汇款人持往异地办理转账结算或支取现金的票据；商业汇票，是指由收款人或付款人（或承兑申请人）签发，由承兑人承兑，并于到期日向收款人或被背书人支付款项的票据。银行汇票和商业汇票均为记名式票据，在一般情况下可以背书转让。持票人丧失允许转让的汇票时，可以申请公示催告。

（2）本票。本票是出票人签发的，承诺自己在见票时无条件支付确定的金额给收款人或者持票人的票据。在我国，本票主要指银行本票。所谓银行本票，是指申请人将款项交存银行，由银行签发给其凭以办理转账结算或支取现金的票据。

（3）支票。支票是出票人签发的，委托办理支票存款业务的银行或其他金融机构，在见票时无条件支付确定的金额给收款人或者持票人的票据。支票分为普通支票（包括现金支票和转账支票）与定额支票。普通支票一律记名，定额支票则不记名。目前中国人民银行批准的地区的转账支票可以背书转让。

（二）依法可以申请公示催告的其他事项

依法可以申请公示催告的其他事项，属于《民事诉讼法》规定的预置性的弹性条款。根据我国《公司法》第164条的规定，记名股票被盗、遗失或者灭失，股东可以依照《民事诉讼法》规定的公示催告程序，请求人民法院宣告该股票失效。人民法院宣告该股票失效后，股东可以向公司申请补发股票。随着我国市场经济的发展，今后还可能会有一些法律对适用公示催告的事项作出规定。

第二节　公示催告程序

一、公示催告的申请

（一）公示催告申请的概念

所谓公示催告的申请，是指享有请求权的持票人（票据的最后持有人）依照法律规定，向有管辖权的人民法院提出公示催告的请求，从而引起公示催告程序发生的行为。

公示催告依申请人的申请而开始，人民法院不能依职权提起公示催告程序。

（二）公示催告申请的条件

按照《民事诉讼法》的规定，申请人申请公示催告，必须符合下列条件：

（1）公示催告的申请人应当是可以背书转让的票据或者其他事项被盗、遗失或者灭失前的最后持有人。

（2）公示催告程序只能适用于可以背书转让的票据以及法律规定允许公示催告的其他事项。

（3）向有管辖权的人民法院提出书面申请，该有管辖权的人民法院是指票据支付地基层人民法院。所谓票据支付地，是指票据上载明的付款地；票据上未载明付款地的，票据付款人的住所地或主要营业地为票据付款地。

申请人申请公示催告应当向人民法院递交申请书，即票据持有人只能以书面形式提出申请。申请人在申请公示催告时持有票据副本的，应当提交票据副本。书面申请应包括以下几方面的内容：

第一，票面金额。票面金额是指票据上记载的，付款人应支付的金钱数额。

第二，发票人或者出票人。发票人是指制成票据并交付收款人，而使收款人得以向付款人请求支付票据票面金额的人。

第三，持票人。持票人是指丧失票据前的最后票据持有人。

第四，背书人。背书人是指在票据上记明应记项从而转让票据权利的人。

第五，其他票据主要内容。如汇票的收款人、付款的账号、开户银行、到期日、汇票号码等。

第六，申请的理由、事实。主要写明本人如何获得票据，款项的主要用途，票据被盗、遗失或灭失的时间、地点、经过以及证据材料，同时还应写明申请公示催告的法律依据。

（4）申请公示催告必须是可以背书转让的票据或者其他事项被盗、遗失或者灭失的情况下，即发生票据或其他单证丧失的情形且相对人不明时方可申请公示催告。那么何谓“票据丧失”呢？一般认为，票据丧失就是指持票人非出于自己的本意而丧失对票据的占有情况。它分为相对丧失和绝对丧失两种。票据的相对丧失，是指票据作为一种实物还可能现实存在，但持票人无放弃票据权利的意思而失去对票据占有的情形，如票据的遗失、被盗、被抢等。票据的绝对丧失，是指票据作为一种实物形态已经不复存在，而使持票人无法对其实施占有的情形，如因焚烧、撕毁以及严重涂损而毁灭等。由此可见，票据丧失的一般构成要件除了票据的有效性这一当然性前提要件外，还应当具备以下要件：

第一，丧失票据非出于持票人的真实意愿。如果是合法持票人自愿主动放弃或转让该票据，则该行为将对持票人产生票据权利消灭或转让的积极法律后果。受票人由此而获取的票据权利将受法律的保护，而不可能存在对原持票人的权利救济问题。

第二，票据必须脱离持票人的占有。所谓“票据占有”，应包括直接占有和间接占有两种情况：直接占有是指事实上占有票据的状态。间接占有是指原持票人出于自己的本意将票据交付他人直接占有，但依法仍享有票据权利的状态。无论是票据的直接占有人还是间接占有人，一旦发生票据丧失，他们都应当属于我们所称的失票人范围。

第三，失票人对票据的占有应当是合法的占有。因为，我们不可能期待一个违法的票据持有人能够运用失票救济制度来主张其本来就是非法的利益。也就是说，持票人应当对丧失票据的占有具有正当性。

只有在同时具备上述要件的情况下，才能构成可接受司法救济的票据丧失情形。

二、公示催告申请的受理

（一）公示催告申请受理的程序规定

人民法院接到公示催告申请后，应当对该申请进行审查。经过审查，认为符合条件的，应当受理，并通知申请人；认为不符合条件的，应当在7日内裁定驳回申请。

（二）公示催告申请的审查

人民法院对公示催告申请的审查包括：

（1）申请人是否具备主体资格，即审查申请人是否享有请求权的票据持有人。

（2）申请的对象是否属于公示催告程序的适用范围。

（3）申请的事由是否符合法律规定。

（4）当事人的申请是否属该法院管辖。

总之，在决定是否受理的阶段，人民法院的审查主要是程序性审查，而不是实质性审查。对人民法院驳回申请的裁定，申请人不得上诉，也不得申请复议。

（三）公示催告申请的撤回

申请公示催告是申请人的一项权利，因此申请人有权撤回申请，但是撤回申请应当在人民法院作出除权判决之前提出。公示催告期间申请撤回的，人民法院可以径行裁定终结公示催告程序。

三、公示催告案件的审理

人民法院受理公示催告案件后，应当按照下列程序进行审理：

（一）停止支付的通知

根据《民事诉讼法》的规定，人民法院应当在受理案件的同时，向付款人发出停止支付的通知，直至公示催告程序终结。该停止支付通知构成付款人向持票人拒绝支付的书面凭证。非经发出止付通知的法院许可擅自解付的，不得免除票据责任。付款人及其代理付款人公示催告期间对公示催告的票据付款的或者收到人民法院的止付通知后付款的，应当自行承担责任。由此可见，止付通知，是一种具有强制力的司法决定，付款人或者代理付款人应当执行。付款人或者代理付款人收到止付通知后拒不止付的，除了可依照我国《民事诉讼法》的规定采取强制措施外，在法院作出除权判决后，付款人或者代理付款人仍应当对申请人承担支付义务。

民事诉讼法规定发出停止支付的通知，是因为，公示催告以丧失的票据上的权利尚未实现，亦即支付人尚未支付为前提。人民法院受理公示催告申请，则意味着票据权利尚未实现。但是，在法院作出除权判决之前，由票据的无因性决定，完全可能导致票据金额被非权利人取得，从而侵害正当权利人的利益，也使法院以后作出的判决无法执行。基于此，法院受理公示催告申请的同时，应当通知付款人或者代理付款人停止支付。

（二）发布公示催告的公告

所谓公告，是指公示催告案件立案后，人民法院向社会发出的敦促不明的利害关系人在法定期间内向本院申报权利的告示。

公告是公示催告程序中旨在保障不明的利害关系人合法权益的法定程序。根据我国《民事诉讼法》第 230 条及有关司法解释的规定，人民法院决定受理公示催告申请，自立案之日起 3 日内发出公告，催促利害关系人申报权利；公示催告的期间，国内票据自公告发布之日起不得少于 60 日；涉外票据可根据具体情况适当延长，但最长不得超过 90 日；海事公示催告案件的公示催告的期间由海事法院根据情况决定，但不得少于 30 日；而且公示催告期间届满日不得早于票据付款日后 15 日。

根据《民事诉讼法》的规定，人民法院发出的受理申请的公告应当包括以下内容：①公示催告申请人的姓名或者名称；②票据的种类、票面金额、发票人、持票人、背书人、付款期限等；③申报权利的期间；④在公示催告期间转让票据权利、利害关系人不申报权利的法律后果。如不在规定期间内向人民法院申报权利，人民法院将宣告票据无效，由申请人享有票据权利；⑤公告的法院及公告日期。

人民法院依据申请人的申请受理案件后，发出公示催告公告的目的在于催促不特定的利害关系人申报权利，为尽量保证利害关系人有可能得知该公告，从而维护利害关系人的合法权益，人民法院应将公示催告的公告张贴在人民法院的布告栏内，并在有关报纸和宣传媒介上刊登；人民法院所在地有证券交易所的，还要张贴在证券交易所门前。公示催告期间，票据处于被冻结状态，不得质押、贴现、转让、承兑和付款。因此，公示催告期间，因质押、贴现而接受该票据的持票人主张票据权利的，不受法律保护；转让票据权利的行为无效；付款人及其代理付款人对公示催告的票据付款的，自担其责。

（三）申报权利及其处理

申报权利，即受公示催告的利害关系人在指定期间内，向人民法院主张票据权利的行为。

申报权利的利害关系人是指除了申请人之外，对丧失的票据或法律规定的其他事项主张权利的公民、法人或其他组织。如果善意持票人既不知道也不应当知道票据让与人的票据权利有瑕疵，而且是经过背书取得票据的，也可以是利害关系人。对丧失的票据承担义务的人，如出票人、背书人、承兑人（付款人）、保证人等均不能成为利害关系人。

关于申报权利的条件，现行《民事诉讼法》虽无明确规定，但根据司法实践，申报权利应当符合以下三项条件：

（1）申报权利人应当是持票人；所谓持票人，是指被催告申报权利的失票持有人，即票据持有人丧失票据后，取得该票据的人。

（2）应在公示催告期间或除权判决前申报；《民事诉讼法》第 232 条第 1 款规定："利害关系人应当在公示催告期间向人民法院申报。"《民事诉讼法》第 232 条第 2 款规定："人民法院收到利害关系人的申报后，应当裁定终结公示催告程序，并通知申请人和支付人。"《民诉法解释》第 448 条延长了申报的时间，规定利害关系人在申报期届满后、除权判决作出之前申报权利的，同样应裁定终结公示催告程序。

（3）应以书面的形式申报，即应向人民法院提交票据权利申报书；申报书应当写明申报权利请求、理由和事实等事项，并应当向人民法院出示票据正本或者法律规定的证据。

在公示催告期间，或者公示催告期间届满后，人民法院尚未作出除权判决之前，对票据或者其他事项主张权利的人，可以向发出公示催告的人民法院申报权利。如果该申报无理由，人民法院应驳回申报；如果申报有理由，人民法院则应当裁定终结公示催告程序。

第三节　除权判决

一、除权判决的概念

所谓除权判决，是指人民法院依法宣告公示的票据无效的判决。这里的"除权"是指消除票据上的权利，使票据与票据权利相分离，持票人再不得以该票据向付款人行使票据权利，从而实现保护申请人合法权益的目的。

二、除权判决的申请与除权判决的作出

（一）除权判决的申请

公示催告期间届满，无人申报权利或者申报被驳回，申请人应当在公示催告期间届满后 1 个月内申请人民法院作出除权判决，期间届满未申请作出除权判决的，人民法院应当裁定终结公示催告程序。可见，除权判决不是人民法院依据公示催告的情况主动作出，而是根据申请人的申请作出的。

至于除权判决申请的形式和内容，法律并未作明确规定，一般认为除权判决申请书应包括以下内容：①除权判决申请人的姓名或名称；②票据种类、金额、发票人、持票人、背书人；③公示催告期届满无人申报权利或驳回的事实及有关证据等；④申请法院判决票据无效。

（二）除权判决的作出

法院在收到申请人的申请后，应当组成合议庭审理。法院作出除权判决应具备以下条件：

（1）在公示催告期间届满，无人申报权利或申报被驳回的。

（2）申请人必须在法定的期间内，亦即自权利申报期间届满的次日起 1 个月内，向法院申请作出除权判决。申请人逾期不申请判决的，法院应当终结公示催告程序。

三、除权判决的审判组织

公示催告程序是我国诸多民事诉讼程序中唯一的一个同一审判程序中审判组织形式不一致的程序。公示催告程序分为审理阶段与除权判决的作出阶段。在审理阶段中，由审判员独任进行；但是在除权判决的作出阶段，则需要由审判员组成合议庭。

四、除权判决的公告与效力

我国《民事诉讼法》第 233 条规定：“没有人申报的，人民法院应当根据申请人的申请，作出判决，宣告票据无效。判决应当公告，并通知支付人。自判决公告之日起，申请人有权向支付人请求支付。”《民诉法解释》第 451 条第 1 款规定：“判决公告之日起，公示催告申请人有权依据判决向付款人请求付款。”

由此可见，人民法院作出除权判决，应当进行公告。除权判决自公告之日起就将产生如下法律效力：

（1）除权判决后，申请人申请公示催告的票据或者其他事项无效。排除了所公示催告的票据或者其他事项上的原有权利。

票据的持有人不再是当然的票据权利人，因此，即使持有票据的人也不能依据该票据行使票据权利。而且，除权判决后，由于票据债务人不知道有除权判决存在而向票据持票人付款的，则不能免去付款责任。同时，任何人受让该失效票据的时候，即便是出于善意，且支付了对价的，善意取得也不能成立。

（2）依据该判决，在持有判决人与付款人之间重新恢复债权债务关系。

除权判决生效后，公示催告申请人有权依据判决向付款人请求付款。也就是说，取得除权判决的申请人就如同持有票据者一样，被推定为是当然的票据权利人，其无需用其他的方法（例如票据的持有、票据的提示等）来证明自己是票据权利者的情况之下就可行使票据权利。

五、除权判决的撤销

为了对利害关系人的权利进行救济，民事诉讼法规定，没有申报权利的利害关系人不服人民法院宣告票据无效的除权判决，在法定期间内，可以向作出除权判决的人民法院起诉。

根据《民事诉讼法》第 234 条的规定，利害关系人另行起诉必须同时具备下列条件：

（1）利害关系人在判决前没有向人民法院申报权利。如果利害关系人在除权判决前已经向人民法院申报权利，只是其申报被依法驳回的，该利害关系人就不得另行起诉。

（2）利害关系人没有申报权利有正当理由。利害关系人没有在法定期间申报权利，必须具有正当的理由，并由利害关系人为此承担举证责任。利害关系人故意或者因过失未能在公示催告期间申报权利的，不得另行起诉。

（3）利害关系人必须在知道或者应该知道判决公告之日起1年内另行起诉。超过该期间的，不得另行起诉。

（4）利害关系人必须向作出除权判决的人民法院提起诉讼。

（5）利害关系人只能以公示催告申请人为被告另行起诉。

《民事诉讼法》之所以规定除权判决的撤销程序，是由于除权判决只是根据在公示催告期间无人申报权利这一事实，对票据权利人作出的一种推定，即推定票据的权利人就是公示催告的申请人。这种推定可能与事实并不相符，该票据的真正持有人可能并不是公示催告的申请人，其真正票据持有人可能由于某种客观的原因未能在公示催告期间申报权利。因此，这也是对利害关系人权利的救济程序。

六、公示催告程序的终结

除人民法院作出除权判决，公示催告程序正常终结以外，下列情形可以引起公示催告程序的非正常终结：

（1）在申报权利的期间没有申报权利，或者申报权利被驳回的，公示催告申请人逾期不申请除权判决的，终结公示催告程序。

（2）申请人在公示催告期间申请撤回申请的，人民法院可以径行裁定终结公示催告程序。

（3）利害关系人在公示催告期间向人民法院申报权利的，人民法院应当裁定终结公示催告程序。

（4）利害关系人在申报期间届满后，判决作出之前申报权利的，同样应裁定终结公示催告程序。

利害关系人在公示催告期间向人民法院申报权利的，以及利害关系人在申报期间届满后，判决作出之前申报权利的，人民法院裁定终结公示催告程序后，申报人或申请人可以向人民法院起诉。但应注意，这里的申报人或申请人向人民法院起诉，与利害关系人因正当理由不能在判决前向人民法院申报的，自知道或应当知道判决公告之日起1年内，可以向作出判决的人民法院起诉，二者的性质是不同的。

利害关系人因正当理由不能在判决前向人民法院申报的，自知道或应当知道判决公告之日起1年内，可以向作出判决的人民法院起诉，属于撤销除权判决之诉，目的在于给利害关系人一定的救济手段，保证其不因公示催告期间的正当延误而遭到无可挽回的损失。而申报人或申请人向人民法院起诉，是公示催告程序因利害关系人申报权利而终结后，原已进行的程序活动归于消灭，申报人或申请人的起诉，其诉讼程序不受公示催告程序的影响。

人民法院应作出书面裁定终结公示催告程序，并及时通知申请人和支付人。

【思考题】

一、概念题

公示催告程序　停止支付　申报权利　除权判决

二、简答题

1. 简述公示催告程序的特点。

2. 简述申请公示催告应具备的条件。

3. 简述除权判决的法律效力。

4. 简述利害关系人提起撤销除权判决的条件。

第七编

执行程序

第二十三章
民事执行程序概述

学习目的与基本要求 深刻领会民事执行的概念、特征，分清民事执行与民事审判之间的关系；认识民事执行的基本类型，掌握民事执行法的概念、民事执行的基本原则。

第一节 民事执行

一、民事执行的概念

所谓民事执行，是指民事执行机关根据法律的规定，以生效的法律文书为依据，行使民事执行权，采取执行措施，迫使拒绝履行义务的当事人履行生效法律文书确定的义务、实现债权人权利并解决因此而产生的争议的法律行为。

民事执行是与履行相对而言的。履行是指负有义务的一方当事人主动完成生效法律文书确定的义务，从而使享有权利的一方当事人实现权利的法律行为。履行是一种不需要外力介入的、当事人自觉的行为，是债权实现的通常方式。民事执行则是一种在国家公权力作用下的、具有强制性的行为，是债权实现的特殊方式。

民事执行机关根据法律的规定，采取执行措施迫使拒绝履行义务的当事人履行义务、实现债权人权利并解决因此而产生的争议的阶段与过程的总和，就是民事执行程序。

二、民事执行的特征

从其概念可以看出，作为一种强制实现生效法律文书内容的行为，民事执行具有以下特征：

（一）执行机关的特定性

强制实现生效法律文书的内容，只能由专门的、具有国家民事执行权的机关实施，未经国家授权，任何机关或个人都不得采取执行措施迫使债务人履行义务。这就是执行机关的特定性。我国法律规定，人民法院是行使民事执行权的法定机关，只有人民法院才有权采取执行措施强制债务人履行义务，实现生效民事法律文书的内容。因此，在我国，只要是依法应当通过民事执行程序实现其内容的生效法律文书，必须统一由人民法院执行。

（二）执行依据的有限性

民事执行机关实施民事执行，必须具有执行依据。没有执行依据，民事执行就没有基础和内容。民事执行是通过国家公权力强制实现权利人权利的活动与程序，所以民事执行依据只能是确定当事人之间实体权利义务关系的法律文书。但是，并非所有的法律文书都能成为民事执行依据。首先，作为民事执行依据的法律文书必须是已经确定的法律文书。法律文书尚未确定，表明当事人之间的权利义务关系没有确定，民事执行机关不得据以执行。其次，作为民事执行依据的法律文书必须是依法应当由民事执行机关强制执行的法律文书。根据我国现行法律的规定，只有法院作出的具有民事给付内容的判决书、裁定书、调解书、支付令、决定书，仲裁机构作出的仲裁裁决书、仲裁调解书，公证机构作出的公证债权文书以及行政机关依法作出且按照法律规定应当由人民法院执行的行政处理决定书或者行政处罚决定书才能作为民事执行依据。因此，执行依据的有限性是民事执行的又一重要特征。

（三）执行手段的强制性

民事执行是当债务人拒绝履行义务时，由民事执行机关采取一系列强制性的措施与手段，迫使债务人履行义务，实现债权人权利的活动，因而强制性是民事执行的重要特征。民事执行的强制性，主要体现为执行措施或手段的强制性，即民事执行机关可以不经债务人同意，强制其交付一定的财产、作出或不作出一定的行为，债务人必须服从与容忍。执行措施或手段的强制性，直接来源于国家公权力的强制性。同时，民事执行的强制性，贯穿于民事执行过程的始终。民事执行机关实施民事执行的过程，就是对债务人的财产或行为采取强制性的措施的过程。

（四）执行程序的法定性

民事执行必须按照法律规定的程序与方式进行。具体来说，从执行程序的启动到执行措施的采取，从一种执行措施到另一种执行措施的更替，从执行程序中重大事项的处理到执行争议的解决等，民事执行机关都必须严格依照法律规定的程序与方式进行，不得任意增加或者省略程序，不得任意变更法定的方式。

三、民事执行与民事审判的关系

民事执行与民事审判是两种既有联系又有区别的法律程序和制度。二者的联系主要体现在以下三个方面：①两种程序都体现了国家公权力的作用，都是通过国家公权力维护私权的方式。②通过法院解决民事纠纷且债务人拒绝履行义务时，民事审判是民事执行的前提和基础，民事执行是民事审判的继续和发展。③民事执行与民事审判在特定情况下存在交叉。例如，在民事审判程序中采取保全措施；在民事执行中发现据以执行的法院裁判确有错误而启动再审程序的，都体现了民事执行与民事审判的交叉。

民事执行与民事审判之间的区别主要体现在以下五个方面：①权力基础不同。民事执行以民事执行权为基础，而民事审判以民事审判权为基础。②基本功能不同。民事执行的基本功能是实现生效法律文书确定的内容，即实现债权人的权利；民事审判的基本功能是确定当事人之间的实体权利义务关系，即确认债权人的权利。③价值取向不同。民事执行的基本价值取向应当是效益优先，而民事审判的基本价值取向应当是程序公正。④程序制度的基本内容不同。民事执行是由多种执行方式和执行措施构成的单一性的程序制度，民事审判则是由一审、二审、再审等多种程序制度构成的复合程序制度。⑤程序启动的前提条件不同。民事执行和民事审判的前提都是债务人拒绝履行义务，但是启动民事执行程序的前提条件是当事人之间的民事权利义务关系处于确定状态，启动民事审判程序的前提条件则是当事人之间的民事权利义务关系处于争执不明状态。

四、民事执行的类型

（一）终局执行与保全执行

根据执行的结果不同，民事执行可分为终局执行与保全执行两种。终局执行就是使债权人的债权获得实现的执行，也称满足执行。例如，民事执行机关根据确定的给付判决，拍卖或变卖债务人的财产，并将拍卖或变卖所得款项交付给债权人，以满足债权人的金钱给付请求，这就是终局执行。保全执行是指维持现状，以保证将来的终局执行得以顺利进行的执行。例如，民事执行机关根据财产保全的裁定，对当事人的财产予以查封，限制该当事人处分该财产，这就是保全执行。终局执行是根据确定当事人之间实体权利义务关系的法律文书进行的，如生效的判决书、仲裁裁决书、公证债权文书等；保全执行是根据要求维持财产或行为现状的法律文书进行的，如财产或证据保全裁定书等。通过终局执行，能够实现债权人的债权，最终解决当事人之间的纠纷；通过保全执行，能够维持现状，为最终实现权利人的权利奠定基础。因此，终局执行与保全执行都是民事执行的构成内容，但是，通常意义上的民事执行往往是指终局执行。

（二）实现金钱债权执行与实现非金钱债权执行

根据执行的内容，即实现的债权的性质不同，民事执行可分为实现金钱债权执行与实现非金钱债权执行两种。实现金钱债权执行是指以金钱为给付内容的执行，即强制债务人履行金钱给付义务的执行，也称为实现金钱执行。实现非金钱债权执行是指不以金钱为给付内容的执行，即强制债务人履行非金钱给付义务的执行，也称为实现非金钱执行。根据具体的执行内容不同，实现非金钱债权执行又可分为实现物的交付请求权的执行与完成行为的执行两种。强制债务人履行交付标的物的，称为实现物的交付请求权的执行；强制债务人履行完成行为义务的，称为完成行为的执行。由于实现的权利的性质不同，实现金钱债权执行与实现非金钱债权执行在执行标的上存在明显区别。一般来说，实现金钱债权执行的执行标的只能是财产，因此民事执行机关只能对债务人的财产采取执行措施；实现非金钱债权执行的执行标的既可能是财产，也可能是行为，因此民事执行机关既可能对债务人的财产采取执行措施，也可能对债务人的行为采取执行措施。实现金钱债权执行和实现非金钱债权执行，也分别称为实现金钱请求权执行和实现非金钱请求权执行。

（三）直接执行、间接执行与替代执行

根据民事执行机关的执行行为是否直接作用于执行标的，民事执行可分为直接执行、间接执行与替代执行三种。也有人认为，此种分类是以执行方法不同为标准的。直接执行是指民事执行机关直接对执行标的采取执行行为，从而实现债权人权利的执行。例如，民事执行机关对作为执行标的的债务人的财产实施查封、拍卖、变卖等执行措施，并将拍卖或变卖所得价款交付债权人。间接执行是指民事执行机关不直接对执行标的采取执行行为，而是对其他标的采取执行行为，最终实现债权人权利的执行。例如，在种类物的交付执行中，债务人拒绝交付该种类物的，民事执行机关可以强制债务人支付购买该种类物的金钱并对债务人的可转换为金钱的财产实施执行。替代执行是指债务人拒绝履行义务时，民事执行机关委托第三人替代债务人履行义务，并要求债务人负担由此产生的费用的执行。例如，法院判决债务人拆除围墙以排除妨害，但债务人拒绝拆除，于是执行机关委托他人拆除该围墙，并由债务人负担由此产生的费用。一般来说，直接执行时执行标的是财产，间接执行时执行标的只能是物和行为，替代执行时执行标的则只能是可替代的行为。同时，应当注意，间接执行措施不同于妨害执行的强制措施。笔者还认为，间接执行的实质是替代执行，尤其是从执行措施的角度看，只有替代执行措施没有间接执行措施。〔1〕

（四）对财产执行与对行为执行

根据执行标的的不同性质，民事执行可分为对财产执行与对行为执行两种。对财产执行就是以债务人的财产作为执行标的，要求债务人给付金钱或交付标的物的执行，如强制债务人以给付金钱的方式赔偿损失、强制债务人退出侵占的房屋等。对行为执行就是以债务人的行为作为执行标的，强制债务人履行某种行为义务的执行，如强制债务人赔礼道歉、排除妨害等。对财产执行，民事执行机关一般是对执行标的实施直接的执行措施（对特定物执行时可能实施间接执行措施）；对行为执行，民事执行机关一般只能实施间接的执行措施，或者通过替代执行的方法实施执行。值得注意的是，对行为执行不同于对人执行。所谓对人执行，是以债务人或应为债务人清偿债务的人的身体、名誉或自由等为执行对象，从心理上迫使其履行债务的执行措施或制度。我国法律禁止将人的身体、名誉、自由作为民事执行的标的。因此，在我国，对人执行已经不可能成为民事执行的一种。

（五）一般执行与个别执行

根据所涉及的债务人的财产的范围，民事执行可分为一般执行与个别执行两种。一般执行是指为满足全体债权人的债权，对债务人的全部财产实施的执行，也就是破产程序。个别执行是指为满足或保全债权人的个别债权，对债务人的个别财产实施的

---

〔1〕参见谭秋桂：《论通过媒体公布不履行义务信息措施的功能》，载《中国应用法学》2023年第6期。

执行。一般执行以债务人的财产不足以清偿其全部债务为条件，个别执行以债务人拒绝履行义务为条件，而不以债务人不能清偿全部债务为条件。一般执行制度往往由破产法加以规范，通常意义上的民事执行仅指个别执行。

第二节　民事执行法

一、民事执行法的概念

所谓民事执行法，是指国家制定或认可的，调整和规范民事执行机关行使民事执行权的行为以及由此而形成的法律关系的规范的总和。民事执行机关行使民事执行权的行为，就是民事执行机关根据法律的规定，以生效的法律文书为根据，采取执行措施，迫使拒绝履行义务的债务人履行义务，实现债权人权利的活动。民事执行机关行使民事执行权而形成的法律关系，就是在民事执行活动中产生的民事执行机关与执行当事人、利害关系人、案外人、协助执行人等之间以及他们相互之间的权利义务关系。

民事执行法有广义与狭义之分。狭义的民事执行法是指民事执行法典，即由国家立法机关依照立法程序制定的规范民事执行活动和民事执行法律关系的独立的、专门的规范性文件，如《日本民事执行法》。广义的民事执行法是指所有的有关民事执行的规范性文件，它既包括民事执行法典，也包括其他法律以及规范性文件中有关民事执行的规定。例如，在法国，除了《法国民事执行程序改革法》和《法国民事执行程序改革法实施法令》外，《法国新民事诉讼法典》《法国民法典》也包含一些民事执行规范，这些规范构成广义的民事执行法。我国目前尚未制定独立的民事执行法典，有关民事执行的法律规范规定在《民事诉讼法》第三编。为了满足民事执行实践的需要，最高人民法院又制定了大量的司法解释。目前，我国正在进行民事执行单独立法工作。2022 年 6 月 21 日，第十三届全国人大常委会第三十五次会议第一次审议了《中华人民共和国民事强制执行法（草案）》。因此，我国目前只有广义的民事执行法，尚没有狭义的民事执行法。

二、民事执行法的立法体例

由于法律传统不同，目前，从世界范围来看，民事执行法主要有以下三种立法体例，即民事执行单独立法、民事执行与民事诉讼（审判）混合立法以及民事执行与其他程序混合立法。

（一）民事执行单独立法

所谓民事执行单独立法，就是将民事执行的程序、制度、原则、方法等单独进行规范，并制定出独立的、单行的民事执行法典。目前，制定了独立的民事执行法典的国家主要有：奥地利、冰岛、列支敦士登、挪威、瑞典、日本、韩国、法国等。但是在这些国家，民事执行法的名称各不相同，有的称为强制执行法，有的称为民事执行法。

（二）民事执行与民事诉讼（审判）混合立法

在当今世界，一些国家的民事执行程序规定在民事诉讼法典之中，笔者称这种立法体例为民事执行与民事诉讼（审判）混合立法。德国、意大利、西班牙等都实行这种立法体例。而且，在已经实现民事执行单独立法的国家，除奥地利是在制定《奥地利民事诉讼法》的同时制定《奥地利强制执行法》外，多数国家的民事执行法都是从民事诉讼法典中分离而来的。

（三）民事执行与其他程序混合立法

在一些国家，关于民事执行的程序既没有单独立法，也不是规定于《民事诉讼法》之中，而是将其与其他程序混合在一起进行立法。这种立法体例又可分为三种：①与破产程序混合立法，如瑞士；②将民事执行程序分散规定在多项法律之中，如美国；③在法院法和法院规则之中规范民事执行程序，如英国。

三、我国的民事执行立法

我国早在1940年就由国民政府制定了单行的《强制执行法》。中华人民共和国成立后，旧法体系被废除，民事执行采取了与民事诉讼法混合立法的模式，将有关民事执行程序的规定包含在民事诉讼法典之中。《民事诉讼法》中关于民事执行的条文数量变化：1991年颁行时为30条，2007年修正增加到34条，2012年修正又增加到35条，2017年、2021年、2023年修正则无变化，仍然保持为35条。由于《民事诉讼法》有关民事执行的条文数量过少，相关规定的可操作性较差，最高人民法院又颁行了一系列的司法解释，以满足民事执行实践的需要。

最高人民法院颁行的民事执行司法解释主要包括：①《民诉法解释》第十五章和第二十一章；②《适用执行程序解释》；③《执行规定（试行）》；④《高院统一执行规定》；⑤《委托执行若干规定》；⑥《暂缓执行规定》；⑦《查封、扣押、冻结规定》；⑧《拍卖、变卖规定》；⑨《限制被执行人高消费规定》；⑩《公布失信被执行人名单信息规定》；⑪《计算迟延履行期间债务利息解释》；⑫《刑事裁判涉财产部分执行规定》；⑬《办理执行异议和复议案件规定》；⑭《网络司法拍卖规定》；⑮《变更追加当事人规定》；⑯《执行和解规定》；⑰《执行担保规定》；⑱《仲裁裁决执行规定》；⑲《确定财产处置参考价规定》；⑳《公证债权文书执行规定》；㉑《执行股权规定》，等等。除此之外，最高人民法院还颁行了规范民事执行工作的其他规范性文件。据统计，有关民事执行的现行司法解释和其他规范性文件的条文总数已经超过1000条。

总之，我国现行的民事执行法是广义的民事执行法，它是由法律和司法解释共同组成的规范体系。

在我国，民事执行法典缺位带来了诸多问题。一是规范民事执行的法律条文数量少，导致体系性和可操作性差，无法满足实践的需要；二是司法解释的效力层次低，有些规定缺乏法律依据，容易引起争议；三是司法解释文件数量和条文数量多，有些规定相互冲突、前后矛盾的问题比较突出，适用难以统一。因此，制定独立的民事执行法，已经成为理论界的一致呼声并得到了中国共产党中央委员会和国家立法机关的重视。1999 年中共中央转发的《中共最高人民法院党组关于解决人民法院“执行难”问题的报告》明确提出要加强民事执行立法工作，2014 年 10 月 23 日党的十八届四中全会通过的《中共中央关于全面推进依法治国若干重大问题的决定》再次明确提出“切实解决执行难，制定强制执行法，规范查封、扣押、冻结、处理涉案财物的司法程序”，第十三届全国人民代表大会常务委员会于 2018 年 9 月公布的立法规划将制定民事强制执行法列为第二类项目。2021 年 11 月原则通过、经 2021 年 12 月和 2022 年 4 月修改的全国人大常委会 2022 年度立法工作计划，将民事强制执行法列入 2022 年度初次审议的法律案。2022 年 6 月 21 日，第十三届全国人大常委会第三十五次会议首次审议了《中华人民共和国民事强制执行法（草案）》。由此看来，我国颁行单行的民事执行法即将成为现实。

第三节　民事执行的基本原则

一、民事执行基本原则的概念

民事执行的基本原则，就是体现民事执行的基本法理，在制定民事执行法和实施民事执行的整个过程和各个阶段都起指导作用的根本规则。在长期的民事执行实践中，逐渐形成了一系列的、作为民事执行机关及其人员的一切行为的基础和出发点的根本规则；在立法时，这些根本规则又成为统帅民事执行法的总依据和构建民事执行具体程序制度的指导方针。这些根本规则就是民事执行的基本原则。

二、有关民事执行基本原则的争议

目前，由于我国没有制定民事执行法典，理论上对民事执行的基本法理的认识也各不相同，理论界概括出来的民事执行的基本原则存在较大的差异。

有人认为，民事执行的基本原则包括：①以生效法律文书为依据原则；②严禁以人身作为执行标的原则；③坚决保护权利人利益，同时兼顾义务人合法权益原则；④申请执行与依职权主动执行相结合原则；⑤强制执行与说服教育相结合原则。

有人认为，民事执行的原则包括：①依法执行的原则；②执行标的有限的原则；③保护当事人合法权益的原则；④强制与说服教育相结合的原则；⑤法院执行与协助执行相结合的原则。

有人认为，民事执行的原则包括：①执行权独立行使与分工制约原则；②基本人权保障原则；③执行及时原则；④依法定程序执行原则。

也有人认为，民事执行的基本原则包括：①执行合法原则；②执行当事人不平等原则；③全面保护当事人合法权益原则；④执行及时原则；⑤执行穷尽原则。

还有人认为，民事执行的基本原则包括：①执行合法原则；②执行当事人不平等原则；③执行适度原则；④执行及时原则；⑤执行穷尽原则；⑥执行检察监督原则。

三、我国民事执行应当遵循的基本原则

依据民事执行的基本法理，结合我国民事执行实践，本书认为，民事执行的基本原则应当包括以下几项：

（一）依法执行的原则

民事执行是民事执行机关行使国家公权力的行为，只有严格按照法律规定的程序实施执行，才能确保公权力的恰当行使，保障当事人的合法权益，维护法律的权威与社会的秩序，防止发生滥用民事执行权、侵害当事人合法权益的执行乱问题。

依法执行原则是民事执行最根本的原则，是法治原则在民事执行程序中的要求与体现。这一原则有以下四个方面的含义与要求：①民事执行必须以生效的法律文书为依据；②民事执行必须严格依法定的方式启动；③民事执行必须严格依法定的程序进行，不得逾越任何法定的步骤、阶段或者过程，没有法定的原因不得中止或者结束执行；④民事执行必须严格依法适用执行措施，不得采取法律和司法解释没有规定的措施强制债务人履行义务。

（二）执行标的有限的原则

执行标的即执行对象，是指执行活动指向的客体。根据我国法律的规定，执行活动只能针对债务人的财产和行为，不能对债务人的人身采取执行措施，不得以羁押人身的方式迫使或者代替债务人履行义务；同时，执行债务人的财产时，也有一定范围的限制。这就是执行标的有限的原则。这一原则包括四层含义和要求：①执行标的由执行依据确定；②执行标的限于债务人的财产与行为；③法律规定豁免的财产不得作为执行标的；④不得以羁押人身的方式迫使或者替代债务人履行义务。

（三）全面保护当事人合法权益的原则

民事执行的任务在于迫使债务人履行义务，实现债权人的权利。因此，保护债权人的合法权益是民事执行的出发点与中心环节。但是，迫使债务人履行义务，实现债权人的权利，并不等于可以置债务人的合法权益于不顾。权利的平等性与法治的文明性决定了，在民事执行中，民事执行机关应当善意文明执行，既要保护债权人的合法权益，也要保证债务人能够维持正常的生产与生活，使其合法权益不因执行而受到损害，同时应当平等对待不同类型的当事人，保护其合法权益。全面保护当事人合法权益的原则，是确保法制严肃性，维护社会稳定与发展的重要保障。这一原则有以下三个方面的含义和要求：①保护债权人的合法权益；②保护债务人的合法权益；③平等保护不同类型的当事人的合法权益。

（四）强制执行与促进履行相结合的原则

强制性是民事执行的最基本的特点。离开了强制，就谈不上民事执行。民事执行

程序必须保持足够的强制性，对于拒绝履行义务的债务人，应当坚决、果断、及时地采取执行措施，迫使其履行义务，以体现和维护国家民事执行权的严肃性与权威性。

但是，强调民事执行的强制性，并不意味着民事执行机关可以简单地依赖执行措施。简单地、机械地依赖执行措施，不但难以收到良好的执行效果，有时还会造成当事人的对立情绪，给民事执行工作带来不利，难以实现办案的法律效果和社会效果的统一。因此，在以执行措施为后盾的同时，执行人员应当对债务人做好法制宣传和说服教育工作，尽量促使其自觉履行义务，坚持强制执行与促进履行相结合。通过法制宣传和说服教育促使债务人自觉履行义务，不仅有利于民事执行工作的顺利进行，优化执行效果，减少因民事执行工作带来的社会震荡，而且能起到教育公民自觉遵守法律、提高全社会法律意识水平的作用。

在民事执行程序中，强制执行与促进履行是互为补充、相辅相成的。强制执行是通过法制宣传和说服教育促进债务人主动履行义务的有力后盾，促进履行是强制执行的有效辅助手段。没有强制执行，法制宣传和说服教育就难以达到促进履行的效果，无法保证实现生效法律文书确定的内容；不进行必要的法制宣传和说服教育工作以促进履行，也无法提高当事人的法制观念，不利于执行工作的顺利进行，甚至形成机械执行的倾向。因此，我国法律规定，民事执行机关在执行时，首先要立足于法制宣传和说服教育，提高当事人的思想认识和法律意识，促使其自动履行法律文书所确定的义务。如经法制宣传和说服教育债务人仍不履行义务的，应采取执行措施，迫使债务人履行义务，以维护法律的尊严，保护当事人的合法权益。

（五）执行效益的原则

民事执行与民事审判在价值取向上存在重大的差异。迅速、廉价、适当是民事执行追求的基本价值目标。以最快的速度、最小的代价实现债权人的权利，尽量缩短执行周期，降低执行成本，是民事执行程序本质特征的反映，也是保护债权人合法权益、维护法律的权威性和社会安定的必然要求。所以，执行效益原则应当成为民事执行的基本原则之一。

执行效益原则对民事执行工作提出了以下要求：①坚持民事执行机关只对执行依据进行形式审查，不审查其实质内容，确保尽快开始执行；②保证民事执行机关迅速、及时、连续地采取执行措施，明确非依法律规定不得停止执行，尽量缩短执行周期；③坚持对债务人的财产按现金、动产、其他财产权利、不动产的顺序执行的原则，尽量减少执行程序中各项费用的支出、降低民事执行的直接成本；④控制执行行为对当事人生产、生活可能形成的震荡作用，尽量降低民事执行的间接成本。

值得注意的是，执行效益不同于执行效率，执行效益原则也不同于执行效率优先原则。民事执行效益原则与执行程序公正是统一的而不是矛盾的，效益本身包含公正，确立和坚持执行效益原则并不排斥执行程序公正。程序公正同样是民事执行的价值目标，只有通过公正的执行程序实现执行结果，才能谈得上执行效益。执行程序不公正，必然加大执行的经济成本和错误成本，民事执行就没有效益可言。所以，在民事执行法中，程序公正仍然应当受到特别重视，程序公正应当贯穿在民事执行的各个方面和各个环节。

【思考题】

一、概念题

民事执行的基本原则

二、简答题

1. 简述民事执行与民事审判的区别。
2. 简述对财产执行与对行为执行的区别。

三、论述题

1. 试述不同民事执行法立法体例的优劣比较以及对我国民事执行立法的未来展望。
2. 试述有关民事执行基本原则的不同学术观点及其应有内容。

第二十四章 民事执行主体

学习目的与基本要求 掌握民事执行主体的概念、范围，认识民事执行机关的概念与特征，正确界定民事执行机构与审判机构之间的关系，了解民事执行当事人的概念与特征以及执行当事人的程序权利和程序义务。

第一节 民事执行主体概述

一、民事执行主体的概念

在民事执行程序中，根据法律规定享有权利并承担义务，能够引起民事执行程序发生、变更或者消灭的组织或个人，就是民事执行主体。

任何程序都必须有主体的参与和推动。民事执行主体就是民事执行程序不可或缺的因素。民事执行主体引起、推动、终结民事执行程序的进行，没有民事执行主体民事执行将无法进行。民事执行主体不仅包括能够引起民事执行的主程序发生、变更或者消灭的组织和个人，而且包括能够引起民事执行的子程序发生、变更或者消灭的组织和个人。

二、民事执行主体的范围

一般认为，民事执行的主体包括民事执行机关、执行当事人、协助执行人、执行见证人、执行担保人、利害关系人等。其中，民事执行机关和民事执行当事人是民事执行程序最重要的、必不可少的主体。对这两种主体，本章将作专门分析，在此仅对其他的民事执行主体进行简要分析。

（一）协助执行人

协助执行制度是我国民事执行的一项基本制度。协助执行人是指根据法律规定或者民事执行机关的要求，协同、辅助民事执行机关采取民事执行行为，迫使债务人履行义务、实现债权人权利的组织或者个人，如负责办理产权证照登记的机构、掌握债务人住所信息的机关等。

协助执行人没有民事执行权，故不是民事执行机关；协助执行人没有履行执行依据确定的义务，故不是执行当事人。但是，由于其与债务人之间存在着某种财产关系，或者掌握着足以控制债务人处分财产的行为的权利或权力，或者具有采取执行措施的便利条件，根据法律规定或者经执行机关通知，协助执行人能够参与和推动民事执行程序。因此，协助执行人应当是民事执行主体。

我国《民事诉讼法》对协助执行制度作出了明确的规定。除规定了不同单位的协助执行义务外，《民事诉讼法》第 117 条还规定了拒绝协助执行的法律后果，即人民法院可以对拒绝协助执行的单位予以罚款，对其主要负责人或者直接责任人员予以罚款；对仍不履行协助义务的，可以予以拘留；并可以向监察机关或者有关机关提出予以纪律处分的司法建议。

（二）执行见证人

执行见证人是指根据民事执行机关及其人员的通知，亲赴执行现场，观察和证实民事执行机关及其人员实施执行的人员。根据《民事诉讼法》第 256 条的规定，民事执行机关查封、扣押财产时，应当通知有关人员到场见证。执行见证人的作用主要是三个方面：①证明执行的过程，确认查封财产的种类、数量及其品质状况等，防止产生争议；②监督民事执行机关及其人员的执行行为，确保公正、合法执行，维护执行当事人的合法权益；③使执行机关及其人员的执行行为产生公示效力。根据规定，执行见证人拒绝到场见证的，不影响民事执行的进行。执行见证制度对于提高执行行为的公信力、维护执行当事人的合法权益具有十分重要的作用，执行见证人也是重要的民事执行主体。

（三）执行担保人

执行担保人是指根据《民事诉讼法》第 242 条的规定，以自己的财产向人民法院提供担保，经债权人同意和民事执行机关批准，从而使民事执行程序暂时停止的除债务人以外的组织或者个人。根据《民事诉讼法》和《民诉法解释》的规定，执行担保人提供执行担保有两种方式：一是他人提供财产担保；二是他人提供保证。执行担保人应当具有代为履行或者代为承担赔偿责任的能力。他人提供财产担保的，应当参照《民法典》的有关规定办理相应手续；他人提供执行保证的，应当向执行法院出具保证书，并将保证书副本送交债权人。债务人在民事执行机关决定暂缓执行的期限届满后仍不履行义务的，民事执行机关可以直接执行担保财产，或者裁定执行担保人的财产，但执行担保人的财产以担保人应当履行义务部分的财产为限。由此可见，执行担保人的行为能够引起民事执行程序的变化，因此执行担保人也是民事执行主体之一。

（四）利害关系人

所谓利害关系人，是指在民事执行程序中，除执行当事人之外的，与执行事项有法律上的利害关系的人。所谓与执行事项有法律上的利害关系，是指因执行行为而产生权利义务关系，进而对其利益产生影响。执行标的物的占有人、对执行标的物享有优先权的人、执行标的物的竞买人和拍定人等，是典型的利害关系人。《民事诉讼法》第 236 条规定："当事人、利害关系人认为执行行为违反法律规定的，可以向负责执行的人民法院提出书面异议……"《办理执行异议和复议案件规定》第 5 条规定："有下列情形之一的，当事人以外的自然人、法人和非法人组织，可以作为利害关系人提出执行行为异议：（一）认为人民法院的执行行为违法，妨碍其轮候查封、扣押、冻结的债权受偿的；（二）认为人民法院的拍卖措施违法，妨碍其参与公平竞价的；（三）认为人民法院的拍卖、变卖或者以物抵债措施违法，侵害其对执行标的的优先购买权的；（四）认为人民法院要求协助执行的事项超出其协助范围或者违反法律规定的；（五）认为其他合法权益受到人民法院违法执行行为侵害的。”上述规定其实也是列举了利害关系人的范围。

应当说明的是，在日本、德国等的民事执行法中，并没有利害关系人的概念，而只有第三人的概念。根据笔者的理解，其他法域中的第三人，应当相当于我国《民事诉讼法》规定的利害关系人和案外人的总和。

第二节 民事执行机关

一、民事执行机关的概念与特征

采取执行措施，迫使债务人履行义务，实现债权人的权利，必须通过一定的组织来实施。依法行使民事执行权、办理民事执行事务的专门职能组织，被称为民事执行机关。在民事执行程序中，民事执行机关行使国家公权力，在享有法定职能的同时担负着法定职责，能够引起民事执行程序的发生、变更或消灭，在实现生效法律文书内容的过程中具有十分重要的作用，是民事执行的重要主体之一。

民事执行机关具有法定性和专门性两个基本特征。首先，民事执行机关是根据国家法律的规定设立的，其设定程序及职能、职责都是由法律明确规定的，因此具有法定性。其次，民事执行机关的职能、职责与其他国家机关的职能、职责之间存在重大区别，其他国家机关不能行使民事执行机关的职能、承担民事执行机关的职责，民事执行机关也不能行使其他国家机关的职能、承担其他机关的职责，因此具有专门性。

二、民事执行机关的设置

根据法定的职能、职责设置民事执行机关，是各国民事执行立法和实践不可或缺的内容。由于对民事执行权性质的认识以及法律传统不同，各国设置的民事执行机关各有特色：大多数国家由法院担任民事执行机关，但也有国家分别由具有自由职业性质的人员、行政机关担任民事执行机关，个别国家还设立了专门、独立的民事执行机关。

人民法院是我国的民事执行机关。以民事执行与审判的基本规律不同为理论基础，为了实现民事执行工作的专业化、提高民事执行的效益，地方各级人民法院和最高人民法院都设立了专门的执行机构即执行局。人民法院执行机构行使的其实就是国家民事执行机关的职权。换言之，人民法院是我国的民事执行机关，人民法院执行局是代表人民法院行使民事执行权的办事机构，也称为民事执行机构，其行使的职权就是民事执行机关的职权。

关于我国人民法院内设执行机构的法律规定有一个逐渐完善的过程。1979 年《人民法院组织法》第 41 条第 1 款规定：“地方各级人民法院设执行员，办理民事案件判决和裁定的执行事项，办理刑事案件判决和裁定中关于财产部分的执行事项。”1982 年《民事诉讼法（试行）》第 163 条第 1 款规定：“执行工作由执行员、书记员进行；重大执行措施，应当有司法警察参加。”1991 年《民事诉讼法》第 209 条规定：“执行工作由执行员进行……基层人民法院、中级人民法院根据需要，可以设立执行机构。执行机构的职责由最高人民法院规定。”此后，我国地方各级人民法院先后设立了执行庭，最高人民法院根据工作需要于 1995 年设立了执行工作办公室。1998 年最高人民法院发布的《执行规定（试行）》第 1 条规定：“人民法院根据需要，依据有关法律的规定，设立执行机构，专门负责执行工作。”此后，一些地方人民法院执行庭更名为执行局。2007 年修正的《民事诉讼法》第 205 条第 3 款规定：“人民法院根据需要可以设立执行机构。”从此，执行机构不再限于在基层人民法院和中级人民法院设立，高级人民法院和最高人民法院也可以根据需要设立执行机构。2008 年 10 月，最高人民法院执行工作办公室更名为执行局，从此人民法院执行机构全面统一称为执行局。

根据我国法律的规定，民事执行机构通常由执行员和书记员组成。执行机构的组成人员在执行工作中各自承担不同的任务，发挥不同的作用。根据执行规定，执行机构应当配备必要的交通工具、通信设备、音像设备和警械用具等，以保障其及时有效地履行职责。

三、民事执行机构与审判机构的关系

从权力基础、职能职责、人员构成等方面来看，民事执行机构与审判机构存在重大的区别。人民法院内部将民事执行机构与审判机构分开设立并明确其职能分工，有利于从体制上确保提高执行与审判的效率，实现程序与实体公正。

在人民法院是否需要单独设立执行机构的问题上，在理论界曾经存在“审执合一”与“审执分立”两种观点的争论。在司法实践中，也相应经历了“审执合一”与“审执分立”两个不同的阶段。1991 年颁行的《民事诉讼法》将“审执分立”作为一项基本制度确定了下来，并在实践中予以贯彻落实。2014 年 10 月 23 日通过的《中共中央关于全面推进依法治国若干重大问题的决定》提出“完善司法体制，推动实行审判权和执行权相分离的体制改革试点”，启动了“审执分离”体制改革。笔者认为，“审执分立”和“审执分离”是民事执行基本规律的要求，对于提高民事执行的效益、彻底解决执行难和治理执行乱问题具有十分重要的意义。

四、民事执行机关的职能与职责

我国《民事诉讼法》以及最高人民法院的司法解释通过规定民事执行机关的职责的方式明确了民事执行机关的职能。从内容来看，我国民事执行机关的职能可分为执行实施、执行命令、执行裁判、执行监督、执行协调等几个方面。但是，不同级别民事执行机关的具体职能有所不同。

（一）地方各级民事执行机关的职能与职责

根据《民事诉讼法》及《执行规定（试行）》的规定，地方各级民事执行机关的职能与职责包括三个方面：执行命令、执行实施和执行裁判。执行命令就是责令债务人、协助执行人及其他有关人员履行法定义务；执行实施就是采取强制性的执行措施迫使债务人履行实体义务；执行裁判则是对在民事执行程序中发生的争议和纠纷进行裁断与判定。

具体来说，地方各级民事执行机关的职能与职责包括：

（1）依法执行生效法律文书，包括人民法院制作的各种生效法律文书以及其他机关（机构）制作的依法应当由民事执行机关执行的各种生效法律文书。

（2）对仲裁裁决、公证债权文书是否具有不予执行的情形进行审查、裁定。

（3）对仲裁机构提交人民法院的财产保全和证据保全申请进行审查和裁定。

（4）对变更或追加执行债务人进行审查、裁定。

（5）对案外人异议进行审查、裁定。

（6）对第三人对到期债权的异议进行审查、裁定。

（7）中止和终结执行的裁定。

（8）对实施妨害执行行为的人决定采取强制措施的审查、决定。

（9）其他应由执行机关办理的事项。

（二）上级民事执行机关的职能与职责

《执行规定（试行）》第 8 条规定："上级人民法院执行机构负责本院对下级人民法院执行工作的监督、指导和协调。"可见，中级以上人民法院执行机构（即上级民事执行机关）除了具有执行命令、执行实施、执行裁判等职能与职责之外，还具有执行监督、执行协调、执行指导的职能与职责。

1. 执行监督

执行监督，就是上级民事执行机关有权对下级民事执行机关及其人员的执行行为的合法性、合理性进行查看与督促，以确保下级民事执行机关及其人员正确、合法地实施民事执行。根据《民事诉讼法》和《执行规定（试行）》的规定，上级民事执行机关的监督职能和职责主要体现为：

（1）下级人民法院自收到申请执行书之日起超过 6 个月未执行的，经债权人申请，上一级人民法院经审查，可以责令原人民法院在一定期限内执行，也可以决定由本院执行或者指令其他人民法院执行。

（2）上级民事执行机关发现下级民事执行机关在执行中作出的裁定、决定、通知或具体执行行为不当或者有错误的，应当及时指令下级民事执行机关纠正，并可以通知有关民事执行机关暂缓执行。下级民事执行机关收到上级民事执行机关的指令后必须立即纠正。如果认为上级民事执行机关的指令有错误，可以在收到该指令后 5 日内请求上级民事执行机关复议。上级民事执行机关认为请求复议的理由不成立，而下级民事执行机关仍不纠正的，上级民事执行机关可直接作出裁定或决定予以纠正，送达有关民事执行机关及当事人，并可直接向有关单位发出协助执行通知书。

（3）上级民事执行机关发现下级民事执行机关执行的非诉讼生效法律文书有不予执行事由，应当依法作出不予执行裁定而不制作的，可以责令下级民事执行机关在指定时限内作出裁定，必要时可直接裁定不予执行。

（4）上级民事执行机关发现下级民事执行机关的执行案件（包括受委托执行的案件）在规定的期限内未能执行结案的，应当作出裁定、决定、通知而不制作的，或应当依法实施具体执行行为而不实施的，应当督促下级民事执行机关限期执行，及时作出有关裁定等法律文书，或者采取相应措施。对下级民事执行机关长期未能执结的案件，确有必要的，上级民事执行机关可以决定由本院执行或与下级民事执行机关共同执行，也可以指定本辖区其他民事执行机关执行。

（5）上级民事执行机关在监督、指导、协调下级民事执行机关执行案件中，发现据以执行的生效法律文书确有错误的，应当书面通知下级民事执行机关暂缓执行，并按照审判监督程序处理。

2. 执行协调

执行协调，就是对于不同民事执行机关之间在民事执行工作中发生的争议、冲突和矛盾，上级民事执行机关有权进行处理，以确保整个民事执行工作的适当配合与和谐。上级民事执行机关直至最高人民法院执行机关对执行争议、冲突和矛盾的协调职能主要表现在以下几个方面：

（1）两个或两个以上民事执行机关在执行相关案件中发生争议的，应当协商解决。协商不成的，逐级报请上级民事执行机关，直至报请共同的上级民事执行机关协调处理。执行争议经高级人民法院协商不成的，由有关高级人民法院书面报请最高人民法院协调处理。

（2）执行中发现两地法院或人民法院与仲裁机构就同一法律关系作出不同裁判内容的法律文书的，各有关民事执行机关应当立即停止执行，报请共同的上级法院处理。

根据规定，上级民事执行机关协调处理有关执行争议案件，认为必要时，可以决定将有关款项划到本院指定的账户。上级民事执行机关协调下级民事执行机关之间的执行争议所作出的处理决定，有关民事执行机关必须执行。

3. 执行指导

执行指导，就是对于执行程序中的复杂、疑难问题，上级民事执行机关应当根据请示或者依职权，对下级民事执行机关的执行行为进行必要的指示和引导，确保执行案件顺利进行。最高人民法院以“答复”“复函”“批复”等方式对于下级人民法院提出的有关民事执行工作的问题进行的回答或者解答，就是进行执行指导的重要形式。近年来，各高级人民法院执行机关也越来越多地使用“解答”“答复”“复函”等方式对辖区内的人民法院和专门法院的执行工作进行指导。

第三节　民事执行当事人

一、民事执行当事人的概念与特征

所谓民事执行当事人，简称执行当事人，是指在民事执行程序中以自己的名义主张权利、履行义务并受民事执行机关的执行行为约束的自然人、法人或者非法人组织。在民事执行中，执行当事人往往体现为实体权利义务关系中处于对立状态的双方，其中一方享有实体权利，另一方应当履行实体义务。从其概念可以看出，民事执行当事人具有以下特征：

（一）以自己的名义参加民事执行程序

只有以自己的名义主张权利或者履行义务的自然人、法人或者非法人组织，才是民事执行当事人。不以自己的名义而以他人的名义主张权利或者履行义务的人，不是民事执行当事人。正因为执行当事人是以自己的名义主张权利或者履行义务的，因此执行的实体结果应当由执行当事人承受。

（二）参加民事执行程序的目的在于主张权利或者履行义务

执行当事人参加民事执行程序的目的在于主张权利或者履行义务，民事执行的结果直接关系到他们的利益。以自己的名义参加民事执行程序，但参加程序的目的并不是主张权利或者履行义务的人，不是民事执行当事人，而是其他执行参与人，如协助执行人、执行见证人等。

（三）受民事执行机关的执行行为约束

民事执行机关实施的民事执行行为对执行当事人具有拘束力，民事执行当事人必须根据该行为的指示行使权利或者履行义务，并承受由此而产生的一切后果。

二、民事执行当事人的称谓

在日本、法国、德国等国家的立法中，民事执行当事人均被分别称为“债权人”和“债务人”：享有权利的一方称债权人，应当履行义务的一方称为债务人。但是，在我国，法律对于民事执行当事人的称谓不统一，理论界在此问题上也存在较大分歧。

从立法上看，对享有权利的一方执行当事人，我国《民事诉讼法》有“申请人”“申请执行人”“债权人”“权利人”“被交付人”等数种称谓；对应当履行义务的一方执行当事人，我国《民事诉讼法》有“被执行人”“被申请人”等两种称谓。其中，用得最多的称谓分别是“申请人”和“被执行人”。

在我国理论界，执行当事人通常被视为诉讼当事人，或者诉讼当事人在执行程序的自然延伸。执行当事人完全失去了自己独立的性格，甚至很少有人提及执行当事人这一概念。

笔者认为，从其所处的程序及其享有的权利和承担的义务的具体内容来看，执行当事人不同于诉讼当事人。在具体称谓上，将执行当事人分别称为“债权人”与“债务人”最为恰当。首先，债权人和债务人的称谓反映了执行当事人的本质特点，即分别在执行程序中享有实体权利和承担实体义务。其次，债权人和债务人的称谓能够体现执行当事人身份与地位上的对立性。现行《民事诉讼法》将执行当事人称为“申请执行人”与“被执行人”不能体现他们之间地位的对立性。再次，债权人和债务人的称谓不会引起歧义与误解。无论是“申请人”与“被申请人”“权利人”与“义务人”，还是“执行权利人”与“执行义务人”的称谓，都有引起歧义、误解以致发生混乱的可能。最后，债权人和债务人的称谓具有较强的概括性，足以全面体现执行当事人在身份和地位方面所包含的全部信息。基于以上理由，除直接引用现行法律和司法解释的规定外，本书统一将执行当事人分别称为“债权人”和“债务人”。

三、民事执行当事人的确定

在民事执行中，必须首先明确哪一方是债权人、哪一方是债务人，才能确保民事执行的顺利进行。相对于民事诉讼当事人的确定而言，执行当事人的确定更为简便和明确。

（一）确定执行当事人的一般方法

一般来说，执行当事人是依执行依据的内容确定的。执行依据确定的权利人就是执行程序中的债权人，执行依据确定的义务人就是执行程序中的债务人。执行依据确定债权人应当履行对待给付义务的，并不影响其债权人的地位，只是为执行程序的启动规定了附加条件。

从实质上看，确定执行程序中的债权人和债务人，应当以当事人之间的实体权利义务关系为依据。只有具有给付请求权的一方，才能成为执行程序中的债权人；只有具有给付义务的一方，才能成为执行程序中的债务人。

（二）确定执行当事人的特殊方法

原则上，只有执行依据明确指出的权利人和义务人才能成为执行程序中的债权人和债务人。但是，执行依据的效力存在扩张性，即对一定范围内的非明确指出的利害关系人具有拘束力。例如，作为当事人的自然人死亡，法人或非法人组织终止、合并、分立，或者债务人自己没有履行义务的能力，但依法应当由他人替代履行义务，或者由他人承担连带责任。在这些情况下，执行依据没有明确指出的利害关系人也将成为执行程序中的债权人和债务人。利害关系人因执行依据效力的扩张而承受执行当事人的地位，享有执行依据确定的权利或者承担执行依据确定的义务，在理论上称为执行承担。

从其概念和内容可以看出，执行承担是确定执行当事人的另一种方法。由于执行承担，利害关系人继受债权人的权利，承担债务人的义务，从而成为执行当事人。因执行承担而成为执行当事人的，在我国司法解释中称为执行当事人的变更或追加，笔者倾向于称为执行当事人的变化。

从理论上看，执行承担包括两种基本类型：一是债权的继受；二是债务的承担。在实践中，前者体现为债权人的变更或者追加，后者体现为债务人的变更或追加。

1. 债权人的变化

生效法律文书确定的债权依法由他人继受，该他人就有权向执行机关申请执行而成为债权人。债权人的变更或者追加是由于权利主体的变更而形成的。根据《变更追加当事人规定》的规定，债权人的变更或者追加主要有以下几种情况：

（1）作为债权人的自然人死亡或被宣告死亡，可以变更或者追加该自然人的遗产管理人、继承人、受遗赠人或其他因该自然人死亡或被宣告死亡依法承受生效法律文书确定权利的主体为债权人。

（2）作为债权人的自然人被宣告失踪，可以变更或者追加该自然人的财产代管人为债权人。

（3）作为债权人的自然人离婚时，生效法律文书确定的权利全部或部分分割给其配偶的，可以变更或者追加该配偶为债权人。

（4）作为债权人的法人或非法人组织终止，可以变更或者追加因该法人或非法人组织终止依法承受生效法律文书确定权利的主体为债权人。

（5）作为债权人的法人或非法人组织因合并而终止，可以变更合并后存续或新设的法人、非法人组织为债权人。

（6）作为债权人的法人或非法人组织分立，可以变更或者追加依分立协议约定承受生效法律文书确定权利的新设法人或非法人组织为债权人。

（7）作为债权人的法人或非法人组织清算或破产时，生效法律文书确定的权利依法分配给第三人的，可以变更或者追加该第三人为债权人。

（8）作为债权人的机关法人被撤销，可以变更或者追加继续履行其职能的主体为债权人，但生效法律文书确定的权利依法应由其他主体承受的除外；没有继续履行其职能的主体，且生效法律文书确定权利的承受主体不明确的，可以变更或者追加作出撤销决定的主体为债权人。

（9）债权人将生效法律文书确定的债权依法转让给第三人，且书面认可第三人取得该债权的，可以变更或者追加该第三人为债权人。

2. 债务人的变化

在执行过程中，因发生法定事由而由其他自然人、法人或非法人组织履行生效法律文书确定的义务的法律制度，就是债务人的变化。变更或者追加债务人，对于保证债务的履行，维护债权人的合法权益，具有重要的意义。

根据我国《民事诉讼法》第 243 条、《民诉法解释》第 470 条至第 473 条、《变更追加当事人规定》第 10 条至第 25 条的规定，变更或者追加债务人主要有以下几种情形：

（1）作为债务人的自然人死亡或被宣告死亡，债权人申请变更或者追加该自然人的遗产管理人、继承人、受遗赠人或其他因该自然人死亡或被宣告死亡取得遗产的主体为债务人，在遗产范围内承担责任的。

（2）作为债务人的自然人被宣告失踪，债权人申请变更该自然人的财产代管人为债务人，在代管的财产范围内承担责任的。

（3）作为债务人的法人或非法人组织因合并而终止，债权人申请变更合并后存续或新设的法人、非法人组织为债务人的。

（4）作为债务人的法人或非法人组织分立，债权人申请变更或者追加分立后新设的法人或非法人组织为债务人，对生效法律文书确定的债务承担连带责任的，但债务人在分立前与债权人就债务清偿达成的书面协议另有约定的除外。

（5）作为债务人的个人独资企业，不能清偿生效法律文书确定的债务，债权人申请变更或者追加其出资人为债务人的。

（6）作为债务人的合伙企业，不能清偿生效法律文书确定的债务，债权人申请变更或者追加普通合伙人为债务人的。

（7）作为债务人的有限合伙企业，财产不足以清偿生效法律文书确定的债务，债权人申请变更或者追加未按期足额缴纳出资的有限合伙人为债务人，在未足额缴纳出资的范围内承担责任的。

（8）作为债务人的法人分支机构，不能清偿生效法律文书确定的债务，债权人申请变更或者追加该法人为债务人的。

（9）个人独资企业、合伙企业、法人分支机构以外的非法人组织作为债务人，不能清偿生效法律文书确定的债务，债权人申请变更或者追加依法对该其他组织的债务承担责任的主体为债务人的。

（10）作为债务人的营利法人，财产不足以清偿生效法律文书确定的债务，债权人申请变更或者追加未缴纳或未足额缴纳出资的股东、出资人或依公司法规定对该出资承担连带责任的发起人为债务人，在尚未缴纳出资的范围内依法承担责任的。

（11）作为债务人的营利法人，财产不足以清偿生效法律文书确定的债务，债权人申请变更或者追加抽逃出资的股东、出资人为债务人，在抽逃出资的范围内承担责任的。

（12）作为债务人的公司，财产不足以清偿生效法律文书确定的债务，其股东未依法履行出资义务即转让股权，债权人申请变更或者追加该原股东或依公司法规定对该出资承担连带责任的发起人为债务人，在未依法出资的范围内承担责任的。

（13）作为债务人的一人有限责任公司，财产不足以清偿生效法律文书确定的债务，股东不能证明公司财产独立于自己的财产，债权人申请变更或者追加该股东为债务人，对公司债务承担连带责任的。

（14）作为债务人的公司，未经清算即办理注销登记，导致公司无法进行清算，债权人申请变更或者追加有限责任公司的股东、股份有限公司的董事和控股股东为债务人，对公司债务承担连带清偿责任的。

（15）作为债务人的法人或非法人组织，被注销或出现被吊销营业执照、被撤销、被责令关闭、歇业等解散事由后，其股东、出资人或主管部门无偿接受其财产，致使该债务人无遗留财产或遗留财产不足以清偿债务，债权人申请变更或者追加该股东、出资人或主管部门为债务人，在接受的财产范围内承担责任的。

（16）作为债务人的法人或非法人组织，未经依法清算即办理注销登记，在登记机关办理注销登记时，第三人书面承诺对债务人的债务承担清偿责任，债权人申请变更或者追加该第三人为债务人，在承诺范围内承担清偿责任的。

（17）在执行过程中，第三人向执行法院书面承诺自愿代债务人履行生效法律文书确定的债务，债权人申请变更或者追加该第三人为债务人，在承诺范围内承担责任的。

（18）作为债务人的法人或非法人组织，财产依行政命令被无偿调拨、划转给第三人，致使该债务人财产不足以清偿生效法律文书确定的债务，债权人申请变更或者追加该第三人为债务人，在接受的财产范围内承担责任的。

四、执行当事人的程序权利和程序义务

在民事执行程序中，执行当事人除依执行依据享有实体权利或者承担实体义务外，还分别依民事执行法的规定享有程序权利和承担程序义务。

（一）民事执行当事人的程序权利

（1）执行请求权。在民事执行程序中，执行当事人享有的最重要的权利分别是债权人的执行请求权和债务人的执行抗辩权。执行请求权也称为申请执行权，是指在债务人拒绝履行义务时，债权人申请民事执行机关启动执行程序，实现其债权的权利。执行请求权是债权人享有的、与诉讼当事人享有的诉权类似的一项重要权利，它是债权人维护自己享有的、经执行依据确定的实体权利的重要基础。

（2）执行抗辩权。在民事执行程序中，与债权人享有的执行请求权相对应，债务人享有执行抗辩权。执行抗辩权，就是债务人对抗、辩驳债权人的执行请求，反对民事执行机关的执行行为的权利。债务人的执行抗辩权，与债权人的执行请求权相对抗。债务人通过行使执行抗辩权，反对债权人的执行请求行为，确保没有实体权利或者不符合法律规定条件的主体无法申请执行，或者反对债权人提出的非法要求，维护自己的合法权益。

（3）申请回避权。在民事执行程序中，为了确保执行程序公正，维护当事人的合法权益，双方当事人都有获得程序保障的权利。其中，申请执行人员回避，就是重要的程序保障权之一。对于执行当事人提出的回避申请，执行机关必须依法、及时作出裁定。执行当事人的申请有理由的，应当裁定准予申请，并及时更换执行人员；当事人的申请没有理由的，应当裁定驳回申请。

（4）执行和解权。所谓执行和解，是指在民事执行程序中，执行当事人就执行事项自主进行协商，自愿达成协议，以结束执行程序的活动。以和解的方式结束执行程序，是执行当事人对其程序权利和实体权利的一种处分。只要该处分行为不违反法律的禁止性规定，不损害国家、集体和他人的合法权益，民事执行机关就应当予以尊重。

因此，执行和解权是当事人在民事执行程序中享有的一项重要的程序权利。

（5）执行异议权。在执行程序中，执行当事人认为执行机关及其人员的执行行为违反法律规定的，可以提出不同意见并要求其改正或者采取补救措施。《民事诉讼法》第232条对执行当事人、利害关系人的执行异议权作出了明确规定，即“当事人、利害关系人认为执行行为违反法律规定的，可以向负责执行的人民法院提出书面异议”。

（二）民事执行当事人的程序义务

在民事执行程序中，执行当事人不但享有广泛的程序权利，也应当承担相应的程序义务，从而体现出权利与义务的一致性。一般来说，执行当事人应当承担的程序义务主要有以下几项：

（1）依法行使权利。在民事执行程序中，无论是债权人还是债务人都应当依法行使权利，即按照法律规定的程序、方式、期限行使权利，不得滥用权利，不得违反法律的禁止性规定，不得损害国家、集体和他人的合法权益。依法行使权利既是权利义务相一致原则的体现，也是依法执行原则的要求。

（2）遵守执行秩序。无论是在执行裁判程序还是执行实施程序中，执行当事人都必须遵守秩序，服从执行法官或者执行官的指挥，不得实施妨害民事执行的行为。例如，当执行官对债务人的财产实施查封时，当事人必须遵守秩序，债权人不得损害查封的财产，债务人应当经民事执行机关通知到达查封现场，协助维护现场秩序，并在有关笔录上签字盖章。

（3）债务人应当容忍民事执行机关的执行行为。在民事执行程序中，债务人应当按照民事执行机关的要求履行义务，并容忍民事执行机关对其采取的强制性的执行措施。债务人接到民事执行机关的执行通知后，应当按照民事执行机关的要求履行执行依据确定的义务，给付一定的财产或者实施一定的行为。在实施民事执行时，债务人必须服从民事执行机关的执行行为，不得实施逃避、妨害、对抗的行为。如不得隐藏、转移、变卖、毁损责任财产，不得对执行人员、协助执行人实施侮辱、诽谤、诬陷、打击报复等行为，更不得实施暴力抗法的行为。

（4）债务人应当报告财产状况。《民事诉讼法》第252条规定：“被执行人未按执行通知履行法律文书确定的义务，应当报告当前以及收到执行通知之日前一年的财产情况。被执行人拒绝报告或者虚假报告的，人民法院可以根据情节轻重对被执行人或者其法定代理人、有关单位的主要负责人或者直接责任人员予以罚款、拘留。”根据这一规定，在民事执行程序中，债务人应当履行报告财产状况的义务。

【思考题】

一、概念题

民事执行主体　民事执行机关　民事执行当事人　民事执行第三人

二、简答题

1. 简述民事执行主体的范围。

2. 简述民事执行第三人的范围。

3. 简述民事执行机关与民事执行机构之间的关系。

三、论述题

1. 试述审执分离的理论基础及其制度构建。

2. 试述执行当事人变更或者追加的理论基础。

3. 试述执行当事人的程序权利义务的具体内容及其与执行当事人的实体权利义务的关系。

第二十五章
民事执行开始

学习目的与基本要求 了解民事执行依据的概念，构成要件，种类，正确理解民事执行管辖的概念和意义、一般规定，把握民事执行开始的方式、委托执行的基本要义和具体应用程序。

第一节 民事执行依据

一、民事执行依据的概念

所谓民事执行依据，是指由有权机构依法制作的、表示存在一定的民事实体权利，债权人可据以请求执行的生效法律文书。从其作用来看，执行依据是债权人据以请求执行、民事执行机关据以采取执行措施的名义，因此，执行依据也称执行名义；从其内容来看，执行依据确定了债务人应为给付的具体内容，是债权人实现权利、债务人履行义务的根据，因此，执行依据也称为债务名义或者执行根据。

执行依据具有三个基本特征：①以法律文书为形式。执行依据总是体现为书面的法律文件，而且是由国家公权机关或者其他有权机构在其职权范围内依照法律规定制作的书面法律文件。②以确定实体权利为内容。执行依据的核心内容是确定当事人之间的实体权利义务关系，并明确、具体地载明权利人的权利和义务人的义务。③以体现权利的可执行性为功用。执行依据一方面表明法律文书具有执行力，另一方面表明义务人有履行义务，从而确定权利人可据以申请执行、民事执行机关可据以采取执行措施。

二、民事执行依据的构成要件

从形式上看，执行依据总是表现为法律文书。但是，并非所有的法律文书都是执行依据。法律文书要成为执行依据，必须符合一定的条件或者具备一定的要素，这些条件或要素，就是执行依据的构成要件。一般认为，执行依据的构成要件包括形式要件和实质要件两个方面。其中，形式要件是在形式上应当符合的条件或者具备的要素；实质要件是在实质内容上应当符合的条件或者具备的要素。一般认为，民事执行依据的形式要件包括：①须为公文书；②须指明债权人与债务人；③须表明应执行的事项。其实质要件包括：①法律文书已经发生法律效力；②法律文书具有给付内容；③法律文书确定的给付内容具有可执行性；④法律文书的自动实现受阻；⑤法律文书依法应当由民事执行机关强制实现。《民诉法解释》第461条规定，当事人申请人民法院执行的生效法律文书应当具备下列条件：①权利义务主体明确；②给付内容明确。法律文书确定继续履行合同的，应当明确继续履行的具体内容。该条有关执行依据的规定，既包括对执行依据形式要件的规定，也包括对执行依据实质要件的规定，但是又都不够全面。

三、民事执行依据的种类

根据我国法律和司法解释的规定，在我国，执行依据分为人民法院制作的发生法律效力的法律文书和其他机关（机构）制作的发生法律效力的法律文书两类。

（一）人民法院制作的发生法律效力的法律文书

人民法院制作的发生法律效力的法律文书是最基本的民事执行依据。具体来说包括：①人民法院制作的已经发生法律效力的、具有给付内容的民事判决书、裁定书、调解书、确认调解协议裁定书、实现担保物权裁定书、支付令和民事制裁决定书；②人民法院制作的行政判决书、裁定书以及赔偿决定书、调解书；③人民法院制作的已经发生法律效力的刑事判决书、裁定书中的财产部分以及刑事附带民事判决书、裁定书和调解书；④人民法院承认外国法院作出的判决、裁定以及外国仲裁机构作出的仲裁裁决的裁定书。

（二）其他机关（机构）制作的发生法律效力的法律文书

根据《民事诉讼法》及《执行规定（试行）》等相关司法解释的规定，其他机关（机构）依法制作的、发生法律效力的法律文书，也可成为民事执行依据。这些法律文书主要包括：①行政机关制作的依法应当由人民法院执行的行政处罚决定书和行政处理决定书；②我国仲裁机构作出的仲裁裁决书、仲裁调解书；③公证机关制作的依法赋予强制执行效力的关于追偿债款、物品的债权文书；④法律规定由人民法院执行的其他法律文书。

第二节　民事执行的管辖

一、民事执行管辖的概念和意义

所谓民事执行管辖，是指不同级别的民事执行机关之间以及同一级别不同地域的不同民事执行机关之间受理民事执行案件、实施民事执行行为的权限和分工。民事执行管辖是在民事执行机关内部具体落实民事执行权的一项制度，它体现了民事执行权在不同级别以及同一级别不同地域的民事执行机关之间的划分。我国的民事执行机关就是人民法院，民事执行管辖通常被表述为上下级人民法院之间以及同一级人民法院之间受理和执行民事案件的权限和分工。同时，根据我国现行法律的规定，人民法院除了执行人民法院作出的生效法律文书外，还执行仲裁裁决书、仲裁调解书、公证债权文书以及行政处罚决定书、行政处理决定书，因此民事执行管辖既包括人民法院作出的生效法律文书的执行管辖，还包括其他生效法律文书的执行管辖。

确定民事执行管辖具有重要的意义。首先，通过明确某一民事执行案件具体应当由哪一级的哪一个民事执行机关执行，有利于促使民事执行机关依法履行职责，防止相互推诿或者争夺管辖，从而提高民事执行的效率。其次，通过科学、合理地确定民事执行案件的管辖，有利于克服执行程序中可能遇到的干扰因素，从而确保案件的公正执行。最后，通过明确民事执行案件的管辖，有利于执行债权人方便、及时行使民事执行请求权，切实维护执行当事人的合法权益。

二、民事执行管辖的一般规定

根据《民事诉讼法》第235条及有关司法解释的规定，民事执行管辖分为以下几种基本类型：①执行依据为人民法院作出的判决书、裁定书、调解书的案件，由第一审人民法院或者与第一审人民法院同级的被执行的财产所在地人民法院管辖；②执行依据为人民法院作出的支付令、确认调解协议裁定、实现担保物权裁定的案件，由作出支付令、裁定的人民法院或者与其同级的被执行财产所在地的人民法院管辖；③执行依据为认定财产无主判决的案件，由作出判决的人民法院将无主财产收归国家或者集体所有；④刑事裁判涉财产部分执行案件，由第一审人民法院管辖，第一审人民法院可以委托财产所在地的同级人民法院执行；⑤执行依据为其他机构作出的生效法律文书的案件，由债务人住所地或者被执行的财产所在地人民法院管辖。

人民法院作出的生效法律文书，可以由与第一审人民法院同级的被执行的财产所在地人民法院执行，这是2007年修正《民事诉讼法》时增加的规定。增加这一规定有利于提高执行的效益，减少异地执行和委托执行，符合执行经济原则的要求。根据《适用执行程序解释》的规定，债权人向被执行的财产所在地人民法院申请执行的，应当提供该人民法院辖区有可供执行财产的证明材料。

三、共同管辖和选择管辖

两个以上的民事执行机关对同一民事执行案件都有管辖权时，就形成了民事执行的共同管辖。对于共同管辖案件，由债权人向其中一个民事执行机关申请执行，当事人向两个以上的民事执行机关申请执行的，由最先立案的民事执行机关管辖，这就是选择管辖。共同管辖和选择管辖是一个问题的两个方面，前者是前提，后者是解决问题的办法。共同管辖和选择管辖在民事执行的地域管辖中是一项不可或缺的管辖制度。

根据《适用执行程序解释》的规定，对两个以上人民法院都有管辖权的执行案件，人民法院在立案前发现其他有管辖权的人民法院已经立案的，不得重复立案；立案后发现其他有管辖权的人民法院已经立案的，应当撤销案件，已经采取执行措施的，应当将控制的财产交先立案的执行法院处理。

对人民法院采取财产保全措施的案件，债权人向采取保全措施的人民法院以外的其他有管辖权的人民法院申请执行的，采取保全措施的人民法院应当将保全的财产交执行法院处理。

四、裁定管辖

所谓民事执行中的裁定管辖，就是指根据民事执行机关作出的裁定确定案件的管辖法院。民事执行案件的管辖，原则上应当严格遵守法律的规定，但是，在特定的情况下，也可由民事执行机关以裁定的方式对案件的管辖予以确认或变更。裁定管辖是法定管辖的必要补充，也是完善民事执行管辖制度的重要方法。根据现行法律和司法解释的规定，民事执行中的裁定管辖主要分为指定管辖和提级执行两种。

（一）指定管辖

指定管辖就是指对于下级民事执行机关之间发生管辖权争议的案件，或者认为应当由其他民事执行机关执行的案件，上级民事执行机关通过裁定指明管辖该案的民事执行机关的管辖制度。根据现行法律和司法解释的规定，指定管辖主要适用于三种情况：

（1）解决执行管辖权的争议。民事执行机关之间因执行管辖权发生争议且协商不成的，由争议双方共同的上级民事执行机关指定管辖。《执行规定（试行）》第 14 条对此种指定管辖作出了明确规定："人民法院之间因执行管辖权发生争议的，由双方协商解决；协商不成的，报请双方共同的上级人民法院指定管辖。"通过指定管辖解决执行管辖权的争议，有利于提高执行程序的效率，维护当事人的合法权益。同时，由共同的上级人民法院指定管辖，有利于管辖权争议的顺利解决，提高指定管辖的权威性，克服不法因素的干扰。

（2）实现高级人民法院对执行工作的统一管理。《高院统一执行规定》第 8 条对此种指定管辖作出了规定："高级人民法院对本院及下级人民法院的执行案件，认为需要指定执行的，可以裁定指定执行。高级人民法院对最高人民法院函示指定执行的案件，应当裁定指定执行。"作为本辖区执行工作的整体部署、执行案件的监督和协调、执行力量的调度以及执行装备的使用等的统一管理者，对于本院以及下级人民法院管辖的执行案件，认为需要指定其他人民法院执行的，高级人民法院可以裁定指定其他人民法院管辖；对于最高人民法院函示指定执行的案件，应当裁定指定执行。

（3）实现执行监督。《民事诉讼法》第 237 条规定："人民法院自收到申请执行书之日起超过六个月未执行的，申请执行人可以向上一级人民法院申请执行。上一级人民法院经审查，可以责令原人民法院在一定期限内执行，也可以决定由本院执行或者指令其他人民法院执行。"此条规定的目的在于预防和解决人民法院消极执行的问题，促使案件尽快执结，确保实现民事执行的效益价值。对于下一级人民法院超过一定期限没有执结的案件，法律在赋予当事人向上一级人民法院申请执行的权利的同时，为上一级人民法院提供了三种解决办法：①责令原人民法院在一定期限内执行，理论上称为限期执行；②决定由本院执行，理论上称为提级执行；③指令本辖区其他人民法院执行，理论上称为指定管辖。如果上一级人民法院指令其他人民法院执行，就构成指定管辖。根据《适用执行程序解释》第 10 条的规定，所谓“超过六个月未执行”，是指具有下列情形之一：①债权人申请执行时债务人有可供执行的财产，执行法院自收到申请执行书之日起超过 6 个月对该财产未执行完结的；②执行过程中发现债务人可供执行的财产，执行法院自发现财产之日起超过 6 个月对该财产未执行完结的；③对法律文书确定的行为义务的执行，执行法院自收到申请执行书之日起超过 6 个月未依法采取相应执行措施的；④其他有条件执行超过 6 个月未执行的。同时，前述所谓“六个月”，不应当计算执行中的公告期间、鉴定评估期间、管辖争议处理期间、执行争议协调期间、暂缓执行期间以及中止执行期间。此外，根据《执行规定（试行）》第 74 条第 2 款的规定，对下级法院长期未能执结的案件，确有必要的，上级法院可以决定由本院执行或与下级法院共同执行，也可以指定本辖区其他法院执行。

（二）提级执行

所谓提级执行，就是基层人民法院和中级人民法院管辖的执行案件，因特殊情况需要由上级人民法院执行的，可以报请上级人民法院执行；上级人民法院在特殊情况下也可以决定执行依法应当由下级人民法院管辖的案件。根据《民事诉讼法》《适用执行程序解释》《执行规定（试行）》以及《高院统一执行规定》的规定，提级执行主要有以下几种情形：

（1）人民法院自收到申请执行书之日起超过 6 个月未执行，债权人向上一级人民法院申请执行的，上一级人民法院可以决定由本院执行。如前所述，债权人根据《民事诉讼法》第 233 条的规定向上一级人民法院申请执行，上一级人民法院决定由本院执行的，就构成提级执行。适用此种提级执行应当具备《民事诉讼法》第 233 条和《适用执行程序解释》第 10 条规定的条件。

（2）基层人民法院和中级人民法院管辖的执行案件，因特殊情况需要由上级人民法院执行的，可以报请上级人民法院执行。

（3）对下级人民法院长期未能执结的案件，确有必要的，上级人民法院可以决定由本院执行或者与下级人民法院共同执行。

（4）高级人民法院指令下级人民法院限期执结，逾期未执结需要提级执行的案件，高级人民法院可以决定提级执行。

（5）下级人民法院报请高级人民法院提级执行，高级人民法院认为应当提级执行的案件，可以决定提级执行。

（6）疑难、重大和复杂的案件，高级人民法院认为应当提级执行的，可以决定提级执行。

（7）最高人民法院函示高级人民法院提级执行的，收到函示的高级人民法院应当决定提级执行。

提级执行是民事执行案件管辖权转移的一种形式。从以上分析可以看出，执行管辖中的管辖权转移不同于诉讼管辖中的管辖权转移。在执行管辖中，管辖权的转移仅限于案件的管辖权由下级人民法院转移到上级人民法院，而不得从上级人民法院转移到下级人民法院。同时，除了“收到申请执行书之日起超过6个月未执行”的事由之外，只有基层人民法院和中级人民法院才能将案件的管辖权转移给上级人民法院，高级人民法院的管辖权不得转移到最高人民法院。因此，在民事执行程序中，一般不称管辖权的转移而直接称提级执行。提级执行对于排除地方保护主义等的阻力和干扰、确保案件的公正执行以及提高民事执行的效率具有重要的现实意义。

根据《适用执行程序解释》的规定，提级执行应当作出裁定，裁定书应当送达当事人并通知有关人民法院。

五、管辖权异议

所谓管辖权异议，就是当事人对人民法院就某一具体案件行使管辖权提出的不同意见，即当事人提出的否定人民法院对某一具体案件具有管辖权的动议。管辖权是人民法院实施执行的基础。没有管辖权，人民法院就不得启动执行程序，更不得实施执行。对人民法院就某一具体案件行使管辖权提出不同意见，是当事人享有的重要的程序性权利。

根据《适用执行程序解释》的规定，人民法院受理执行申请后，当事人对管辖权有异议的，应当自收到执行通知书之日起10日内提出。由此可见，在民事执行程序中，提出管辖权异议的当事人，应当是债务人，即法律上所称的被执行人。

对于当事人提出的异议，人民法院应当审查。异议成立的，应当撤销执行案件，并告知当事人向有管辖权的人民法院申请执行；异议不成立的，裁定驳回。当事人对裁定不服的，可以向上一级人民法院申请复议。管辖权异议审查和复议期间，不停止执行。

第三节　民事执行开始的方式

一、申请执行

所谓申请执行，是指债务人拒绝履行生效法律文书确定的给付义务时，债权人向民事执行机关提出申请，请求启动民事执行程序，采取强制性的执行措施迫使债务人履行义务的活动。

民事执行实现的是债权人的民事权利。为了尊重当事人的处分权，由债权人提出申请是民事执行程序最主要的启动方式。债权人不申请执行的，民事执行机关一般不会依职权主动开始执行。

债权人申请执行，应当在法定期间提出执行申请。根据我国《民事诉讼法》的规定，申请执行的期间为2年，从法律文书规定履行期间的最后一日起计算；法律文书规定分期履行的，从最后一期履行期间届满之日起计算；法律文书未规定履行期间的，从法律文书生效之日起计算。申请执行时效的中止、中断，适用法律有关诉讼时效中止、中断的规定。

但是，应当注意的是，“申请执行人在法定期间提出执行申请”是执行程序开始的条件而不是债权人申请执行的条件。这是因为，我国《民事诉讼法》规定的申请执行期间，就其性质而言是一种消灭时效而不是除斥期间。从理论上看，请求权超过时效的，只有债务人提出时效抗辩才能产生权利排除或者受制的法律效果。因此，即使超过申请执行期间，民事执行机关也应当受理债权人的执行申请。受理申请后，债务人对申请执行的时效期间提出抗辩，民事执行机关经审查认为抗辩成立的，应当裁定不予执行，从而拒绝启动执行程序。民事执行机关不得依职权主动对申请执行的时效期间进行审查并以超过申请执行时效期间为由拒绝受理执行申请。《民诉法解释》第 481 条第 1 款规定：“申请执行人超过申请执行时效期间向人民法院申请强制执行的，人民法院应予受理。被执行人对申请执行时效期间提出异议，人民法院经审查异议成立的，裁定不予执行。”同时，超过消灭时效，只是产生请求权排除或者受制效果，实体权利并不因此消灭。因此，超过消灭时效并不影响债务人自动履行义务，债权人的受领也不构成不当得利，债务人无权请求返还。《民诉法解释》第 481 条第 2 款规定：“被执行人履行全部或者部分义务后，又以不知道申请执行时效期间届满为由请求执行回转的，人民法院不予支持。”这是符合时效相关法理的。当然，随着《民法典》将诉讼时效调整为 3 年，申请执行时效期间是否也会发生变化，值得关注。

根据《执行规定（试行）》第 18 条的规定，债权人申请执行，应当向人民法院提交下列文件和证件：

（1）申请执行书。申请执行书是债权人请求启动民事执行程序、通过民事执行机关采取执行措施迫使债务人履行义务、实现自己的民事实体权利的书面意思表示。根据规定，申请执行书应当写明申请执行的理由、事项、执行标的，以及债权人所了解的债务人的财产状况。外国一方当事人申请执行的，应当提交中文申请执行书。当事人所在国与我国缔结或共同参加的司法协助条约有特别规定的，按照条约规定办理。

（2）生效法律文书副本。生效法律文书是执行依据的书面载体，它记载着债权人权利的具体内容，是债权人提出申请和民事执行机关实施执行的根据。要求债权人提供生效法律文书副本，有利于民事执行机关对债权人的申请是否合法进行审查，以便于正确、及时地作出是否受理的裁定。

（3）债权人的身份证明。债权人提供的身份证明，是民事执行机关确认债权人是否为执行依据确定的债权人的重要依据。根据规定，自然人申请的，应当出示居民身份证；法人申请的，应当提交法人营业执照副本和法定代表人身份证明；非法人组织申请的，应当提交营业执照副本和主要负责人身份证明。

（4）继承人或者权利承受人申请执行的，应当提交继承或者承受权利的证明文件。继承人、权利承受人不是执行依据确定的债权人，但是可以享有债权人的实体权利，他们因继受债权人的实体权利而享有执行请求权。继承人或者权利承受人申请执行时，应当提供继承或者承受权利的证明文件，以证明其主体适格。

（5）其他应当提交的文件或者证件。这是兜底条款，主要为人民法院要求债权人提交其他文件或者证件留下裁量空间。例如，根据《执行规定（试行）》第 19 条的规定，申请执行仲裁机构的仲裁裁决，应当向人民法院提交有仲裁条款的合同书或者仲裁协议书。申请执行国外仲裁机构的仲裁裁决的，应当提交经我国驻外使领馆认证或者我国公证机关公证的仲裁裁决书中文本。又如，根据《执行规定（试行）》第 20 条的规定，债权人可以委托代理人代为申请执行。委托代理的，应当向人民法院提交经委托人签字或者盖章的授权委托书，写明代理人的姓名或者名称、代理事项、权限和期限。委托代理人代为放弃、变更民事权利，或代为进行执行和解，或代为收取执行款项的，应当有委托人的特别授权。申请执行仲裁裁决、委托代理人代为申请执行时应当提交的文件，就属于“其他应当提交的文件或者证件”的范围。

当然，债权人应当提交的上述文件和证件中，申请执行书和生效法律文书副本是最核心的文件，它们是启动民事执行程序的必备文件。只要债权人提交了该两项文件，人民法院就应当接受申请。债权人提交上述两项文件的日期，应当视为债权人申请执行的日期，只要该日期在申请执行的期限范围内，就应当认定债权人的执行请求在法定的期间提出，提交其他文件的日期不应成为计算申请执行是否逾期的根据。同时，债权人提交身份证明文件是开始执行的必要条件，债权人没有提交身份证明的，民事执行机关不应当开始执行。

此外，债权人书写申请执行书确有困难的，可以口头提出申请。人民法院接待人员对口头申请应当制作笔录，由债权人签字或盖章。

根据《执行规定（试行）》第 16 条第 2 款的规定，对于符合条件的申请，人民法院应当在收到申请书的次日起 7 日内予以立案；对于不符合条件的申请，应当在 7 日内裁定不予受理。

《公证债权文书执行规定》第 5 条规定，债权人申请公证债权文书，有下列情形之一的，人民法院裁定不予受理；已经受理的，裁定驳回申请：①债权文书属于不得经公证赋予强制执行效力的文书；②公证债权文书未载明债务人接受强制执行的承诺；③公证证词载明的权利义务主体或者给付内容不明确；④债权人未提交执行证书；⑤其他不符合受理条件的情形。第 6 条规定，公证债权文书赋予强制执行效力的范围同时包含主债务和担保债务的，人民法院应当依法予以执行；仅包含主债务的，对担保债务部分的执行申请不予受理；仅包含担保债务的，对主债务部分的执行申请不予受理。根据《最高人民法院关于仲裁机构“先予仲裁”裁决或者调解书立案、执行等法律适用问题的批复》的规定，网络借贷合同当事人申请执行仲裁机构在纠纷发生前作出的仲裁裁决书或者调解书的，人民法院应当裁定不予受理；已经受理的，裁定驳回执行申请。

《仲裁裁决执行规定》还规定了以下几种可以裁定驳回申请的情形：①仲裁裁决或者仲裁调解书执行内容具有下列情形之一导致无法执行的：权利义务主体不明确；金

钱给付具体数额不明确或者计算方法不明确导致无法计算出具体数额；交付的特定物不明确或者无法确定；行为履行的标准、对象、范围不明确。②仲裁裁决或者仲裁调解书仅确定继续履行合同，但对继续履行的权利义务，以及履行的方式、期限等具体内容不明确，导致无法执行的。③对仲裁裁决主文或者仲裁调解书中的文字、计算错误以及仲裁庭已经认定但在裁决主文中遗漏的事项，可以补正或说明的，法院应当书面告知仲裁庭补正或说明，或者向仲裁机构调阅仲裁案卷查明。仲裁庭不补正也不说明，且法院调阅仲裁案卷后执行内容仍然不明确具体无法执行的。

二、移送执行

债务人拒绝履行生效法律文书确定的义务，审判机关直接将案件移交民事执行机构，从而启动民事执行程序，就是移送执行。移送执行是民事执行程序启动的职权进行主义的体现，是启动民事执行程序的一种补充方式。

移送执行是启动民事执行程序的一种特殊形式，它只适用于特殊类型的案件。尽管我国《民事诉讼法》第 247 条规定了移送执行的制度，但并未具体规定其适用范围。根据《执行规定（试行）》第 17 条第 2 款的规定，移送执行适用于以下三种生效法律文书：①具有给付赡养费、扶养费、抚育费内容的法律文书；②民事制裁决定书；③刑事附带民事判决、裁定、调解书。根据有关规定，审判庭移送执行，应当填写移交执行书，连同本案全部诉讼材料移送执行机构。对于审判庭移送执行的案件，执行机构应当立案执行。

根据自 2014 年 11 月 6 日起施行的《刑事裁判涉财产部分执行规定》的规定，由人民法院执行机构负责执行的刑事裁判涉财产部分，刑事审判部门应当及时移送立案部门审查立案。移送立案应当提交生效裁判文书及其附件和其他相关材料，并填写《移送执行表》。《移送执行表》应当载明以下内容：①债务人、被害人的基本信息；②已查明的财产状况或者财产线索；③随案移送的财产和已经处置财产的情况；④查封、扣押、冻结财产的情况；⑤移送执行的时间；⑥其他需要说明的情况。人民法院立案部门经审查，认为属于移送范围且移送材料齐全的，应当在 7 日内立案，并移送执行机构。

第四节　委托执行

一、委托执行的概念

所谓委托执行，是指债务人或者被执行的财产在受理执行申请的民事执行机关的辖区之外，受理执行申请的民事执行机关委托执行标的物所在地或者执行行为实施地的民事执行机关实施执行，以实现生效法律文书内容的一种执行制度。《民事诉讼法》第 240 条规定：“被执行人或者被执行的财产在外地的，可以委托当地人民法院代为执行……”

委托执行是与异地直接执行相对而言的跨辖区执行的一种基本方式。所谓异地直接执行，就是债务人或者被执行的财产在受理执行申请的民事执行机关的辖区之外（以下简称“外地”），受理执行申请的民事执行机关直接到债务人住所地、居所地或者被执行财产所在地（以下简称“当地”）实施执行，以实现生效法律文书的内容的一种执行制度。民事执行机关根据法律的规定取得对执行案件的管辖权，就有权对债务人的财产或者行为采取强制性的执行措施，迫使债务人履行义务，而不论债务人的财产是否在该民事执行机关的辖区范围内。因此，异地直接执行与民事执行权的性质并不冲突。但是，从实践上看，异地直接执行面临着许多困境与难题：①异地直接执行增加了执行机关和执行当事人的负担，降低了民事执行的效率和效益，甚至造成人力、物力和财力的巨大浪费。②异地直接执行造成了执行案件的久拖不决。在异地直接执行中，由于执行人员对被执行财产所在地或者执行行为实施地的情况不熟，加上地方保护主义的干扰，许多案件的执行遭遇巨大的阻力，甚至一拖再拖，严重损害当事人的利益。③异地直接执行埋下了腐败的隐患。个别执行人员利用异地直接执行索贿受贿，亵渎了法律的尊严，损害了民事执行机关的形象。

委托执行体现了民事执行机关之间的相互协作关系，体现了国家民事执行权的统一性，符合民事执行的基本原理。从实践来看，委托执行具有以下优点：①委托执行有利于减轻民事执行机关和执行当事人的负担。债务人或者被执行的财产在外地，通过委托执行使得受理执行申请的民事执行机关无需派人到当地实施执行，而是委托当地的民事执行机关采取强制性的执行措施，迫使债务人履行义务，既减轻了民事执行机关的人力、物力和财力耗费，也降低了执行当事人应当缴纳的执行费用，减轻了执行当事人的经济负担。②委托执行有利于充分利用执行资源，避免了人力、物力和财力的浪费，使民事执行机关能够集中精力投入本地案件的执行中，提高了案件的执行效益。③委托执行有利于避免民事执行工作中的矛盾与冲突。由当地的民事执行机关实施执行，不仅由于执行人员熟悉情况而便利执行，而且能够有效避免执行工作中可能发生的矛盾与冲突，使民事执行工作得以顺利进行。总之，债务人或者被执行的财产不在受理申请的民事执行机关辖区的，委托执行有利于减轻民事执行机关的负担、降低民事执行成本、实现民事执行经济、确保民事执行的顺利进行。

正是由于委托执行具有明显优越于异地直接执行的特点，我国《民事诉讼法》才将其作为跨辖区案件执行的基本方式。为了正确适用委托执行制度，《民诉法适用意见》《执行规定（试行）》分别用 6 个条文、13 个条文对其进行了详细的规定。2000 年 3 月 8 日，最高人民法院发布《委托执行规定》。2011 年 5 月 3 日，最高人民法院发布《委托执行若干规定》，对委托执行进行了重新规范，并规定“本规定施行之后，其他有关委托执行的司法解释不再适用”。2020 年，最高人民法院又对《委托执行若干规定》进行了修正，修正内容自 2021 年 1 月 1 日起施行。

根据《委托执行若干规定》的规定，委托执行分为两种：①案件的委托执行，即受理执行申请的法院将受理的执行案件整体委托执行标的物所在地或者执行行为实施地的同级人民法院执行；②事项的委托执行，即受理执行申请的法院委托异地法院协助完成查询、冻结、查封、调查或者送达法律文书等具体执行措施。但是，事项的委托执行其实是人民法院之间的协助执行，其程序、效力与案件的委托执行存在较大区别。因此，本节仅分析案件的委托执行，或者可称其为狭义的委托执行。

二、委托执行的条件

原则上，民事执行应当由受理申请的法院实施。只有符合法律或者司法解释明确规定的条件，受理申请的法院才能委托其他法院实施民事执行。法律或者司法解释规定的、受理申请的法院可以委托其他法院实施执行的情况，就是委托执行的条件。根据《民事诉讼法》及《委托执行若干规定》的规定，委托执行应当同时具备以下三个条件：

（一）委托法院对案件具有管辖权并已受理案件

首先，法院只能将自己具有管辖权的案件委托给其他法院执行。对于自己没有管辖权的执行案件，不得委托执行，而应当告知债权人向有管辖权的法院申请执行。其次，法院委托其他法院执行的案件，必须是已经受理的案件，即只有已经受理的执行案件才能委托其他法院执行。尚未受理申请的执行案件，法院发现自己没有管辖权的，应当告知债权人向有管辖权的法院提出申请，这样也就不存在委托执行的问题。

（二）债务人在本辖区内已无财产可供执行，且在其他省、自治区、直辖市内有可供执行的财产

委托执行是为了降低异地执行的成本，实现执行经济，确保异地执行案件的顺利执行而设立的一种执行方式。因此，只有当债务人在受理执行申请的法院的辖区内已无财产可供执行，且在其他省、自治区、直辖市内有可供执行的财产时，才能委托当地法院实施执行。在这种情况下，如果不实施委托执行，受理申请的法院就要在辖区以外实施执行，形成异地直接执行。因此，《委托执行若干规定》第 1 条第 1 款规定，执行法院经调查发现被执行人在本辖区内已无财产可供执行，且在其他省、自治区、直辖市内有可供执行财产的，可以将案件委托异地的同级人民法院执行。

（三）受委托法院具有实施执行的便利性

只有由受委托法院实施执行更为便利的案件，受理申请的法院才能委托执行。要求受委托的法院具有实施执行的便利性，是与委托执行的降低执行成本、实现执行经济并确保案件的顺利执行的目的相适应的。委托执行的这一条件，包含两个方面的要求：①委托执行的受托机关只能是法院。受理申请的法院只能委托法院实施执行，不得委托其他任何单位或者个人实施执行。根据民事执行权统一由法院行使的原则，除了法院，任何单位或者个人无权采取强制性的执行措施迫使债务人履行义务，也不得接受他人的委托实施民事执行。因此，当债务人或者被执行的财产不在受理申请的法院的辖区时，受理申请的法院只能委托其他法院实施执行，而不能委托非民事执行机

关实施执行。当然，这并不影响受理申请的法院要求有关单位或者个人协助执行。②受托执行的法院应当是便于实施执行的法院。即受委托法院应当与执行标的物或者执行行为具有关联性，因而具有实施执行的便利性。《委托执行若干规定》第 3 条规定："委托执行应当以执行标的物所在地或者执行行为实施地的同级人民法院为受托执行法院。有两处以上财产在异地的，可以委托主要财产所在地的人民法院执行。被执行人是现役军人或者军事单位的，可以委托对其有管辖权的军事法院执行。执行标的物是船舶的，可以委托有管辖权的海事法院执行。"这一规定正是"受托执行的法院应当具有实施执行的便利性"这一条件的体现。

只有同时具备以上三个方面的条件，才能委托执行。《委托执行若干规定》第 1 条第 2 款规定："执行法院确需赴异地执行案件的，应当经其所在辖区高级人民法院批准。"

三、委托执行的程序

委托执行关系到民事执行权的运行以及不同民事执行机关之间的协作与配合，关系到民事执行价值与功能的实现，对执行当事人的权益影响较大。因此，委托执行必须严格依照法定的程序进行。根据我国《民事诉讼法》和《委托执行若干规定》的规定，委托执行的程序包括以下几个阶段：

（一）办理委托执行的手续

受理执行申请的法院经调查发现债务人在本辖区已无财产可供执行，且在其他省、自治区或者直辖市内有可供执行的财产的，可以依法办理委托执行的手续，将案件委托异地的同级法院执行。办理委托执行手续是启动委托执行的必经程序，委托手续的主要内容是向受委托的法院说明委托事项、具体的执行内容和执行要求，以便于受委托的法院实施执行。根据《委托执行若干规定》第 5 条的规定，案件委托执行时，委托法院应当提供下列材料：①委托执行函；②申请执行书和委托执行案件审批表；③据以执行的生效法律文书副本；④有关案件情况的材料或者说明，包括本辖区无财产的调查材料、财产保全情况、被执行人财产状况、生效法律文书的履行情况等；⑤申请执行人地址、联系电话；⑥被执行人身份证件或者营业执照复印件、地址、联系电话；⑦委托法院执行员和联系电话；⑧其他必要的案件材料等。

委托执行案件应当由委托法院直接向受托法院办理委托手续，并层报各自所在的高级人民法院备案。

（二）移交已经查封、扣押、冻结的财产

委托执行时，委托的法院已经对债务人的异地财产采取查封、扣押、冻结等措施的，应当将其一并移交受托法院处理，并在委托执行函中说明。所谓债务人的异地财产，一般来说是指债务人在受托法院辖区内的财产。对这些财产采取的查封、扣押、冻结等措施，既可能是通过诉前保全程序或在诉讼阶段通过诉讼采取的，也可能是在执行阶段采取的。只要对债务人的异地财产采取了查封、扣押、冻结等措施，委托法

院在委托执行时，就应当一并移交受托民事执行机关处理。同时，查封、扣押、冻结等措施的有效期限在移交受托法院时不足1个月的，委托法院应当先行续封或者续冻，再移交受托法院。

委托执行后，委托法院对债务人财产已经采取查封、扣押、冻结等措施的，视为受托法院的查封、扣押、冻结措施。受托法院需要继续查封、扣押、冻结的，持委托执行函和立案通知书办理相关手续。续封续冻时，仍为原委托民事执行机关的查封冻结顺序。

（三）受托民事执行机关立案

《委托执行若干规定》规定，受托法院收到委托执行函后，应当在7日内予以立案，并及时将立案通知书通过委托法院送达债权人，同时将指定的承办人、联系电话等书面告知委托法院。委托法院收到受托法院的立案通知书后，应当在7日内书面通知债权人案件已经委托执行，并告知债权人可以直接与受托法院联系执行相关事宜。

根据《委托执行若干规定》的规定，委托法院应当在收到受托法院的立案通知书后作销案处理；委托异地法院协助查询、冻结、查封、调查或者送达法律文书等有关事项的，受托法院不作为委托执行案件立案办理，但应当积极予以协助。

（四）受委托法院实施执行

受委托法院因委托法院的委托行为而取得对案件的民事执行权。因此，受委托法院收到委托手续并立案执行后，应当依法履行职责，严格按照生效法律文书确定的内容和委托法院的要求，根据法律和司法解释规定的程序实施执行。

根据《民事诉讼法》的规定，民事执行案件应当在6个月内执结。因此，委托执行案件的执结期限也应当为6个月。《委托执行若干规定》规定，受托法院未能在6个月内将委托案件执结的，债权人有权请求受托法院的上一级法院提级执行或者指定执行。上一级法院应当立案审查，发现受托法院无正当理由不予执行的，应当限期执行或者作出裁定提级执行或者指定执行。

四、委托执行中特殊情况的处理

（一）委托执行的手续和材料的补办和退回

受托法院发现委托执行的手续、材料不全的，可以要求委托法院补办。委托法院应当在30日内完成补办事项。委托法院在30日内未完成补办的，应当作出书面说明。委托法院既不补办又不说明原因的，视为撤回委托，受托法院可以将委托材料送回委托法院。

（二）委托执行案件的退回

所谓委托执行案件的退回，是指受委托法院认为委托执行不当，如认为委托执行不符合条件、受托法院对本案没有管辖权、案件不具备执行的条件等，按照法定程序将案件退回委托法院的行为。

委托法院的委托函对受委托法院具有一定的拘束力，受委托的法院不得随意退回委托执行的案件。《委托执行若干规定》第 9 条规定："受托法院退回委托的，应当层报所在辖区高级人民法院审批。高级人民法院同意退回后，受托法院应当在 15 日内将有关委托手续和案卷材料退回委托法院，并作出书面说明。委托执行案件退回后，受托法院已立案的，应当作销案处理。委托法院在案件退回原因消除之后可以再行委托。确因委托不当被退回的，委托法院应当决定撤销委托并恢复案件执行，报所在的高级人民法院备案。"

（三）委托执行后债务人异地财产的执行

由于各种原因，债务人的财产总是处于变动状态。其中，委托执行后，发现债务人在受托法院辖区之外另有可供执行的财产，就是债务人财产变动的典型现象。根据《委托执行若干规定》的规定，案件委托执行后，委托法院又发现债务人在本辖区有可供执行的财产的，应当及时告知受托法院。受托法院发现债务人在受托法院辖区外另有可供执行财产的，可以直接异地执行，一般不再行委托执行。根据情况需要再行委托的，应当按照委托执行案件的程序办理，并通知案件当事人。

（四）委托执行工作的管理和协调

委托执行牵涉范围广，还面临着地方保护主义等多种因素的干扰。"委托执行难"是我国民事执行难的表现形式之一。在这种情况下，《委托执行若干规定》对委托执行工作的管理和协调问题作出了明确规定，以确保委托执行功能和效果的实现。《委托执行若干规定》规定，高级人民法院应当对辖区内委托执行工作实行统一管理和协调，履行下列职责：①统一管理跨省、自治区、直辖市辖区的委托和委托执行案件；②指导、检查、监督本辖区内的受托案件的执行情况；③协调本辖区内跨省、自治区、直辖市辖区的委托和委托执行争议案件；④承办需异地执行的有关案件的审批事项；⑤对下级法院报送的有关委托执行和受托执行案件中的相关问题提出指导性处理意见；⑥办理其他涉及委托执行工作的事项。

【思考题】

一、概念题

民事执行依据　民事执行管辖　申请执行　移送执行　委托执行

二、简答题

1. 简述民事执行依据的形式要件与实质要件。

2. 简述民事执行管辖与民事诉讼管辖之间的关系。

3. 简述申请执行与移送执行之间的关系。

三、论述题

1. 试述提级执行制度、移送执行制度的现实意义。

2. 试述委托执行制度的运行现状及其改革路径。

第二十六章 民事执行阻却

学习目的与基本要求 了解执行担保的概念以及担保成立的条件、暂缓执行的概念及暂缓执行的事由、执行中止的概念、法定事由；明确界定执行中止与暂缓执行之间的区别；认识和掌握执行和解的概念、特征、效力以及执行和解后的恢复执行的特征。

第一节 执行担保与暂缓执行

一、执行担保

（一）执行担保的概念

所谓执行担保，是指在民事执行程序中，债务人为请求暂时停止执行而向民事执行机关提供担保，经债权人同意后，民事执行机关决定暂缓执行的一种执行制度。在债务人暂时缺乏履行能力的情况下，由债务人提供担保并经债权人同意而暂缓执行，往往既有利于债务人恢复生机，防止债务人因暂时的支付困难而陷入危机，也有利于债权人实现债权。执行担保是民事执行程序中具有鲜明特色和重大现实意义的制度，但是，执行担保并不是执行阻却的形式，而只是一种执行阻却的原因。

（二）执行担保成立的条件

根据《民事诉讼法》第242条和《执行担保规定》的规定，成立执行担保必须同时具备以下几个条件：

（1）债务人提出申请。债务人基于对自己履行能力的评估，认为自己暂时没有履行能力，但在可以预见的时间内将具有或者恢复履行能力，且不希望民事执行机关立即采取进一步的执行措施的，可以向民事执行机关提供担保，请求民事执行机关暂时停止执行程序，待具备或者恢复履行能力时全面履行义务。债务人是否暂时没有履行能力，是否能够很快具有或者恢复履行能力，只有债务人自己清楚，因此，只有经债务人提出申请，才有可能启动相关程序而成立执行担保。

（2）债务人或者其他人向执行机关提供担保。债务人或者其他人提供的担保，既可以由债务人或者其他人提供财产担保，也可以由其他人提供财产担保，还可以由其他人提供保证。债务人或者其他人提供执行担保的，应当向执行机关提交担保书，并将担保书副本送交债权人。债务人或者其他人提供财产担保，可以依照《民法典》的规定办理登记等担保物权公示手续；已经办理公示手续的，债权人可以依法主张优先受偿权。担保人应当具有代为履行或者代为承担赔偿责任能力。债务人或者其他人提供财产担保的，应当参照《民法典》的有关规定办理相应手续；其他人提供执行保证的，应当向执行法院出具保证书，并将保证书副本送交债权人。

（3）债权人同意。债务人提供担保而导致暂缓执行的行为，将直接影响债权人实现债权的速度，甚至加大债权实现的风险，加之据以执行的法律文书已经发生法律效力，民事执行机关无权随意更改，因此，执行担保必须征得债权人的同意。债权人不同意债务人提供担保而暂缓执行的，民事执行机关不得决定暂缓执行。债权人同意债务人或者其他人提供执行担保的，应当向民事执行机关出具书面同意意见，也可以由执行人员将其同意的内容记入笔录，并由债权人签名或者盖章。

（4）民事执行机关决定暂缓执行。债务人的申请和担保能否导致暂缓执行以及暂缓执行的期限，最终由民事执行机关决定。只有民事执行机关决定暂缓执行的，执行担保才能成立。对于担保符合条件且经债权人同意的，执行机关可以决定暂缓执行以及暂缓执行的期间。除担保书另有约定外，执行机关决定暂缓执行的，可以暂缓执行全部执行措施的实施；执行机关决定的暂缓执行期限与担保书约定一致，但最长不得超过 1 年。

（三）执行担保的效力

执行担保对民事执行程序产生的影响或者后果，就是执行担保的效力。根据《民事诉讼法》及有关司法解释的规定，执行担保的直接效力是暂缓执行。也就是说，执行担保一旦成立，民事执行机关应当决定暂缓执行，即暂时停止对债务人的财产采取进一步的执行措施，除债务人主动履行义务外，债权人不得要求民事执行机关强制债务人履行义务。至于暂缓执行的期限，担保有期限的，暂缓执行的期限应当与担保期限一致，但最长不得超过 1 年；没有约定担保期限的，暂缓执行的期限由民事执行机关决定。

在暂缓执行期间，债务人或者担保人有转移、隐藏、变卖、毁损担保财产等行为的，民事执行机关可以继续执行。暂缓执行期限届满，债务人应当履行生效法律文书确定的义务。暂缓执行期间届满后债务人仍不履行义务，或者暂缓执行期间担保人有转移、隐藏、变卖、毁损担保财产等行为的，执行机关可以依债权人的申请恢复执行并直接裁定执行担保财产或者保证人的财产，但执行保证人的财产应当以保证人应当履行义务部分的财产为限。根据《执行担保规定》的规定，执行担保财产或者保证人的财产时，不得将担保人、保证人变更、追加为债务人。

二、暂缓执行

（一）暂缓执行的概念

所谓暂缓执行，也称延缓执行，是指民事执行程序启动后，经当事人合意约定或者由民事执行机关依职权决定，暂缓采取执行措施而导致执行程序暂时停止的一种执行制度。

（二）暂缓执行的事由

根据我国法律和司法解释的规定，暂缓执行主要有以下两种情形：

（1）因执行担保而暂缓执行。根据《民事诉讼法》第 242 条、《民诉法解释》第 467 条的规定，执行担保成立后，民事执行机关应当决定暂缓执行。对此前文已有论述，在此不再重复。

（2）执行或者审判监督中的暂缓执行。根据《执行规定（试行）》第 72、75、76 条的规定，执行或者审判监督中的暂缓执行主要有以下几种情况：①上级法院发现下级法院在执行中作出的裁定、决定、通知或具体执行行为不当或有错误的，应当及时指令下级法院纠正，并可以通知有关法院暂缓执行。②上级法院在监督、指导、协调下级法院执行案件中，发现据以执行的生效法律文书确有错误的，应当书面通知下级法院暂缓执行，并按照审判监督程序处理。③上级人民法院在申诉案件复查期间，为了防止错误后果的继续扩大，可以决定对生效法律文书暂缓执行。作出暂缓执行决定的审判庭，应当及时将暂缓执行的通知抄送民事执行机关。

根据《执行规定（试行）》第 77 条的规定，上级法院通知暂缓执行的，应同时指定暂缓执行的期限，且此种暂缓执行的期限一般不得超过 3 个月。有特殊情况需要延长的，应报院长批准，并及时通知下级法院。暂缓执行的原因消除后，应当及时通知执行法院恢复执行。期满后上级法院未通知继续暂缓执行的，执行法院可以恢复执行。

（三）暂缓执行后的继续执行

暂缓执行的期限届满后，债务人尚未履行执行依据确定的义务的，民事执行机关应当继续执行，债权人也可申请继续执行。《民诉法解释》称之为“恢复执行”，笔者认为称之为继续执行更为严谨。暂缓执行后继续执行的具体条件，因暂缓执行的具体情形不同而不同。

因执行担保而暂缓执行的，继续执行应当具备以下情形之一：①债务人逾期不履行义务；②债务人或者担保人在暂缓执行期间隐匿、转移、变卖、毁损用于担保的财产。

对于执行或者审判监督中的暂缓执行，其继续执行的条件因暂缓执行的原因不同而不同。其中，因上级民事执行机关认为在执行中作出的裁定、决定、通知或者具体执行行为不当或者有错误而被通知暂缓执行的，经复议，上级民事执行机关认为该裁定、决定、通知或者具体执行行为适当或者没有错误的，受通知的民事执行机关应当继续执行；因上级民事执行机关认为据以执行的生效法律文书确有错误而被通知暂缓执行的，经审查，据以执行的生效法律文书没有错误的，受通知的民事执行机关应当继续执行；因案件在申诉复查期间而被通知暂缓执行的，待复查完毕认为案件没有错误而不应当再审的，受通知的民事执行机关应当继续执行。

根据我国现行法律和司法解释的规定，因执行担保而暂缓执行的，继续执行时，既可执行原来查封的财产，也可执行债务人用于担保的财产或者担保人的财产。执行担保人的财产时，执行机关应当作出由担保人承担义务的裁定，并以担保人应当履行义务部分的财产为限，即不能超出担保人用于担保的财产的范围。因其他原因而暂缓执行的，继续执行时，既可执行原已采取执行措施的财产，也可对债务人的其他财产采取执行措施。

第二节　执行中止

一、执行中止的概念

所谓执行中止，也称执行停止，是指民事执行程序启动后，因出现法定的原因和事由，民事执行机关裁定中断执行程序的一种执行制度。中止执行必须严格按照法律的规定办理，没有出现法定事由不得中止执行。民事执行机关一旦裁定中止执行，就应当停止采取相关的民事执行措施，而仅仅维持执行程序的现状。因此，执行中止是执行阻却的形式之一。

尽管都是执行程序的暂时停止，但是执行中止与暂缓执行在性质上存在着重大的区别。根据我国现行法律和司法解释的规定，这些区别主要表现为：

（1）二者的内容不同。暂缓执行只是暂时停止采取执行措施，执行程序并未中断；而执行中止是执行程序的中断，包括对整个案件的执行程序的中断和对某个执行标的物的执行程序的中断两种情况。

（2）二者的原因和基础不同。暂缓执行的原因和基础是债务人提供担保并经债权人同意，或者民事执行机关暂时不能确定执行程序是应当继续还是应当中断；中止执行的原因和基础则是执行依据或者执行标的重新处于不确定状态，或者发生了致使执行当事人不明确的事实，或者债务人确实没有履行能力，失去了继续执行的可能性，或者执行程序与其他程序发生了冲突。

（3）暂缓执行的期间一般是明确而具体的，往往能够在决定暂缓执行的同时确定继续执行的时间；而执行中止的期间一般是不确定的，往往不能在裁定中止执行的同时确定恢复执行的时间，甚至可能不再恢复执行。

二、执行中止的法定事由

《民事诉讼法》第 217 条和第 267 条规定了中止执行的情形。综合这些条文的规定，中止执行的法定事由包括：①债权人表示可以延期执行的；②案外人对执行标的提出确有理由的异议的；③作为一方当事人的公民死亡，需要等待继承人继承权利或者承担义务的；④作为一方当事人的法人或者其他组织终止，尚未确定权利义务承受人的；⑤案件已经按照审判监督程序决定再审的，但追索赡养费、扶养费、抚养费、抚恤金、医疗费用、劳动报酬等案件，可以不中止执行；⑥民事执行机关认为应当中止执行的其他情形。

三、执行中止后的恢复执行

执行中止后的恢复执行，有时简称中止执行的恢复，是指中止执行的事由消灭后，民事执行机关根据当事人的申请或者依职权决定，恢复执行程序，采取进一步的执行措施，以迫使债务人履行义务，实现债权人权利的执行行为。造成中止执行的事由消灭后，民事执行机关应当以中止执行前的执行程序和执行措施为基础恢复执行，确保实现债权人的合法权益。根据《执行规定（试行）》的规定，中止执行的情形消失后，民事执行机关既可根据债权人的申请恢复执行，也可依职权恢复执行，恢复执行应当书面通知当事人。

第三节　执行和解

一、执行和解的概念

在民事执行程序中，经自愿、平等协商，执行当事人就变更义务履行主体、履行标的物及其数额、履行期限、履行地点、履行方式等问题达成协议，从而结束执行程序的活动，称为执行和解。执行当事人达成的以结束执行程序为目的的协议，称为执行和解协议。根据《执行和解规定》的规定，执行和解协议一般采用书面形式。

执行和解是当事人行使处分权的行为，它体现了当事人意思自治和诚实信用的原则。只要和解协议是当事人的真实意思表示，且其内容不违反法律的禁止性规定，不损害国家、集体或者他人的合法权益，民事执行机关就应当准许执行当事人进行和解。执行和解对于减轻执行当事人的负担，缓解社会矛盾，提高民事执行程序的效益具有重要作用。

执行当事人达成执行和解协议的最终目的是结束执行程序，即当事人双方一致同意不再通过民事执行机关采取强制性的执行措施来迫使债务人履行义务，实现生效法律文书确定的内容，而是由债务人按照双方达成的和解协议约定的方式、期限、内容履行义务，并在债务人全面履行该和解协议约定的义务时，视为原生效法律文书确定的内容已经实现。但是，当事人达成和解协议时预设的目的能否实现，还要看当事人能否履行和解协议，尤其是债务人是否按照和解协议的约定履行义务。在和解协议的履行过程中，债权人因受欺诈、胁迫与债务人达成和解协议，或者一方当事人反悔尤其是债务人拒绝履行和解协议的，当事人可申请恢复原生效法律文书的执行。因此，从当事人的意愿来看，执行和解是执行结束的原因；但从实际运作程序来看，执行和解是执行阻却的原因之一。在民事执行程序中，只要执行当事人达成并开始履行执行和解协议，民事执行机关就应当尊重执行当事人的处分权，停止采取强制性的执行措施。但是，只有当和解协议履行完毕时，民事执行机关才能裁定终结执行程序。《民诉法解释》还赋予执行和解后当事人对执行程序的选择权：债权人与债务人达成和解协议后请求中止执行或者撤回执行申请的，民事执行机关可以裁定中止执行或者终结执行。由此可见，达成执行和解后，执行当事人既可以申请中止执行，也可以申请撤回执行申请。申请中止执行，执行当事人不履行和解协议或者具有其他事由的，民事执行程序可以恢复；申请撤回执行申请的，民事执行机关应当裁定终结执行，从理论上看，执行程序就不可能再恢复了。《执行和解规定》则规定，达成和解协议后，执行机关可以裁定中止执行。中止执行后，债权人申请解除查封、扣押、冻结的，执行机关可以准许；和解协议履行完毕的，执行机关作结案处理，债权人因债务人迟延履行、瑕疵履行遭受损害的，可以向执行法院另行提起诉讼。

二、执行和解的特征

所谓执行和解，是执行当事人在执行程序中自愿、合意的法律行为，与作为公权力的民事执行权的行使无关。因此，执行和解应当以当事人自愿为原则。达成执行和解时，是否作出让步，作出多大的让步，都应当由执行当事人自主决定，任何一方都不得强迫对方作出让步。同时，执行和解应当坚持诚实信用原则，双方当事人都应当诚实、善意地维护双方利益的平衡，都应当忠实、自觉地履行和解协议约定的义务，不得中途反悔。

执行和解不是执行调解。在民事执行程序中，民事执行机关不得进行调解，更不得以调解为名，动员、强迫一方当事人让步。因为，在民事执行程序中进行调解，必然破坏生效法律文书具有的既判力，损害生效法律文书的权威性。无论是从法理还是从实践来看，民事执行程序都是不能适用调解的。

三、执行和解的效力

执行和解协议是执行当事人合意变更生效法律文书内容履行的结果，是当事人为实现生效法律文书内容而作出的一种变通性安排。根据我国《民事诉讼法》第 241 条、《民诉法解释》第 464 条、第 465 条以及《执行和解规定》的规定，执行和解的效力主要体现为两个方面：①在程序上，引起执行阻却，即中止执行或者终结执行；②在实体上，变更当事人之间的实体权利义务关系。债务人按照和解协议履行完毕后，当事人之间经生效法律文书确定的实体权利义务关系即视为实现。但是，执行和解变更当事人之间的实体权利义务关系是有条件的，即双方当事人自愿达成并履行和解协议。债权人因受欺诈、胁迫与债务人达成和解协议，或者当事人不履行和解协议的，人民法院可以根据当事人的申请，恢复对原生效法律文书的执行，当事人也可以就履行和解协议向执行法院提起诉讼。

执行当事人达成执行和解协议后，民事执行机关裁定恢复执行的，①对债权人就履行和解协议提起的诉讼，人民法院不予受理；②执行和解协议已经履行的部分应当依法扣除；③执行和解协议约定担保条款，且担保人向执行机关承诺在债务人不履行执行和解协议时自愿接受直接强制执行的，民事执行机关可以依债权人申请及担保条款的约定，直接裁定执行担保财产或者保证人的财产。

有下列情形之一的，不予恢复执行：①执行和解协议履行完毕的；②执行和解协议约定的履行期限尚未届满或者履行条件尚未成就的，但符合《民法典》第578条规定情形除外；③债务人一方正在按照执行和解协议履行义务的；④其他不符合恢复执行条件的。

债权人就履行执行和解协议提起诉讼，执行法院受理后，可以裁定终结原生效法律文书的执行，执行中的查封、扣押、冻结措施，自动转为诉讼中的保全措施。

当事人、利害关系人认为执行和解协议无效或者应予撤销的，可以向执行法院提起诉讼。执行和解协议被确认无效或者撤销的，债权人可以申请恢复执行。债务人以执行和解协议无效或者应予撤销为由提起诉讼的，不影响债权人申请恢复执行。

四、执行和解后的恢复执行

我国《民事诉讼法》第241条第2款规定，债权人因受欺诈、胁迫与债务人达成和解协议，或者当事人不履行和解协议的，民事执行机关可以根据当事人的申请，恢复对原生效法律文书的执行。《民诉法解释》第466条规定，申请恢复执行原生效法律文书，适用《民事诉讼法》第250条申请执行期限的规定。申请执行时效因达成执行中的和解协议而中断，其期间自和解协议约定履行期限的最后一日起重新计算。《执行和解规定》则规定，债务人一方不履行执行和解协议的，债权人可以申请恢复执行原生效法律文书，也可以就履行执行和解协议向执行法院提起诉讼。

综合现行法律和司法解释的规定来看，执行和解后的恢复执行具有以下特征：

（1）恢复执行的原因是债权人受欺诈、胁迫与债务人达成和解协议，或者当事人不履行和解协议。尽管在理论上存在着债权人不履行和解协议而由债务人、债权人申请恢复执行的可能性，但是从实践来看，往往都是因债务人拒绝履行执行和解协议约定的义务而由债权人申请恢复执行。同时，执行当事人达成执行和解协议后，民事执行机关不得依职权恢复执行。

（2）恢复执行的只能是执行依据确定的内容。在民事执行程序中，当事人达成的和解协议没有执行力，不能据以执行。因此，执行和解后的恢复执行，不能根据和解协议的内容执行，而只能以执行依据为根据原执行依据执行，不得直接以执行和解协议为依据执行，但可以就履行和解协议向执行法院提起诉讼，且当事人按照和解协议履行的部分应当扣除。

（3）执行和解具有中断时效的效力。当事人申请恢复执行的期限，应当自和解协议所定履行期限的最后一日起重新计算；当事人约定分期履行的，应当自约定的最后一期的履行期限的最后一日起重新计算。

笔者认为，执行当事人达成执行和解后，一方当事人拒绝履行和解协议的，到底是恢复执行还是继续执行，应依执行和解协议的内容而定。原则上，执行和解的法律后果是暂缓执行而不是中止执行，因此，一方当事人拒绝履行和解协议，另一方当事人应当申请继续执行而不是申请恢复执行。但是，当事人在和解协议中约定债权人向民事执行机关申请撤销已经采取的执行措施，或者由债权人撤回执行申请，民事执行机关据此撤销所采取的执行措施或者裁定终结执行，一方当事人拒绝履行和解协议的，另一方当事人有权申请恢复执行。而且，根据《民诉法解释》第 518 条的规定，即使民事执行机关已经裁定终结执行，恢复执行也没有障碍。该条规定，因撤销申请而终结执行后，当事人在《民事诉讼法》第 250 条规定的申请执行时效期间内再次申请执行的，人民法院应当受理。

【思考题】

一、概念题

民事执行阻却　执行担保　暂缓执行　执行中止　执行和解

二、简答题

1. 简述暂缓执行的类型及其现实意义。
2. 简述中止执行与暂缓执行之间的区别。
3. 简述中止执行的法定事由。
4. 简述执行和解与诉讼调解之间的区别。

三、论述题

1. 试述执行担保制度的现实意义及其应用问题。
2. 试述执行和解协议的法律效力及其争议的救济途径。

第二十七章
民事执行结束

学习目的与基本要求 掌握民事执行结束的概念和意义，具体了解民事执行结束的方式以及执行终结的概念、特征及法定事由、执行完毕的概念、执行撤销的概念及执行撤销的原因，明确认识民事执行结束的效力与期限。

第一节 民事执行结束概述

一、民事执行结束的概念

民事执行的结束，实践中一般称为执行结案，是指案件的执行到达最后阶段，与本案执行相关的程序、措施不再延续和发展的一种法律制度。从时间属性来看，民事执行的结束是指民事执行程序发展到最后阶段，即时间延续性上的终点；从效果属性来看，民事执行的结束标志着该民事执行程序的最终停止，即不再继续进行下去，也不可能重新再来。

民事执行结束是一种执行程序制度，它与案件涉及的实体法律关系并没有必然的联系。也就是说，民事执行结束并不意味着债权人的债权已经全部实现或者债务人已经全面履行义务。从理论上看，民事执行结束的方式包括不予执行、终结执行、执行完毕、执行撤销以及执行和解协议履行完毕等几种。《执行规定（试行）》第 64 条规定，执行结案的方式为：①执行完毕；②终结本次执行程序；③终结执行；④销案；⑤不予执行；⑥驳回申请。

二、民事执行结束的意义

为了实现效益价值，民事执行程序必须有一个明确的时间终点。这个时间终点到来，民事执行程序就最终停止，既不再继续发展，也不能重新再来。关于这个时间终点的法律规范的总和，构成了民事执行结束的制度。

规定民事执行结束制度，明确民事执行机关在何种条件下应当结束民事执行程序，并规范结束民事执行程序的方式与效力，既能确保民事执行程序的完整性，又能规范民事执行机关及其人员的行为，对于充分利用执行资源、实现民事执行的效益价值、维护民事执行的权威性具有十分重要的意义。

第二节　民事执行结束的方式

一、执行完毕

（一）执行完毕的概念

所谓执行完毕，是指当执行依据确定的债权人权利全面实现时，民事执行机关依法裁定结束执行程序的一种执行法律制度。《适用执行程序解释》称之为执行完结。民事案件执行完毕，就意味着据以执行的生效法律文书的内容得以全部实现，也就是生效法律文书确定的债权人的权利得以全面实现。因此，执行完毕标志着民事执行程序的自然结束，它是民事执行程序结束的最主要的方式。执行完毕的原因是债务人按照执行依据的规定全面履行义务，致使债权人的债权得以全面实现，因此，因执行完毕而结束民事执行程序，是民事执行程序结束的理想方式。

（二）执行完毕的体现方式

因执行的内容不同，执行完毕有不同的体现方式：在实现金钱债权的执行中，执行完毕体现为债权人的金钱债权全部获得清偿；在实现物的交付请求权的执行中，执行完毕体现为动产或不动产被分别取交或点交于债权人，并完成必要的产权变更手续；在实现作为请求权的执行中，执行完毕体现为债务人已作出特定的行为，或者已由他人代为完成特定行为，并已由债务人负担因此而发生的费用；在实现意思表示请求权的执行中，执行完毕体现为债务人已作出或者拟制作出某种意思表示；在实现不作为请求权的执行中，执行完毕体现为债务人没有作出某种禁止的行为，或者已容忍债权人作出某种行为。

二、终结本次执行程序

自 2015 年 2 月 4 日起施行的《民诉法解释》规定了一种新的执行结案方式，称为终结本次执行程序。2015 年《民诉法解释》第 519 条规定，经过财产调查未发现可供执行的财产，在债权人签字确认或者执行法院组成合议庭审查核实并经院长批准后，可以裁定终结本次执行程序。终结本次执行程序后，债权人发现债务人有可供执行的财产的，可以再次申请执行。再次申请执行不受申请执行时效期间的限制。

（一）终结本次执行程序的概念与特征

根据司法解释的规定，终结本次执行程序是指在债权人的债权没有全部实现的情况下，因没有发现债务人有可供执行的财产而结束执行程序的一种制度。

终结本次执行程序具有以下特征：①在债权人的债权没有全部实现的情况下结束执行程序；②执行法院作结案处理；③债权人发现债务人有可供执行的财产的，可以再次申请执行，且不受申请执行时效期间的限制。

（二）终结本次执行程序的适用条件

为了防止滥用终结本次执行程序，2016 年 10 月 29 日，最高人民法院印发《终结本次执行规定（试行）》。该规定第1条规定，民事执行机关终结本次执行程序，应当同时符合下列条件：①已向债务人发出执行通知、责令债务人报告财产；②已向债务人发出限制消费令，并将符合条件的债务人纳入失信债务人名单；③已穷尽财产调查措施，未发现债务人有可供执行的财产或者发现的财产不能处置；④自执行案件立案之日起已超过3个月；⑤债务人下落不明的，已依法予以查找；债务人或者其他人妨害执行的，已依法采取罚款、拘留等强制措施，构成犯罪的，已依法启动刑事责任追究程序。

（三）终结本次执行程序的处理程序

根据《终结本次执行规定（试行）》的规定，终结本次执行程序前，民事执行机关应当将案件执行情况、采取的财产调查措施、债务人的财产情况、终结本次执行程序的依据及法律后果等信息告知债权人，并听取其对终结本次执行程序的意见。终结本次执行程序应当制作裁定书并依法在互联网上公开。当事人、利害关系人认为终结本次执行程序违反法律规定的，可以提出执行异议，民事执行机关应当依照《民事诉讼法》第236条的规定进行审查。终结本次执行程序后，债务人应当继续履行生效法律文书确定的义务。债务人自动履行完毕的，当事人应当及时告知执行法院；债权人发现债务人有可供执行财产的，可以向执行法院申请恢复执行。申请恢复执行不受申请执行时效期间的限制。执行法院核查属实的，应当恢复执行。终结本次执行程序后的5年内，执行法院应当每6个月通过网络执行查控系统查询一次债务人的财产，并将查询结果告知债权人。符合恢复执行条件的，执行法院应当及时恢复执行。

三、执行终结

（一）执行终结的概念

在民事执行程序中，因具备法定的事由，民事执行机关构认为已经没有必要或者没有可能继续实施执行，从而裁定结束并不再恢复民事执行程序的一种执行制度，称为执行终结。

执行终结仅指在债权人的债权没有全部实现、债务人没有全面履行义务的情况下的执行程序的结束。债权人的债权全面实现的，就不属于执行终结了。

（二）执行终结的特征

根据我国《民事诉讼法》的规定，执行终结明显不同于执行完毕。首先，执行终结意味着债权人的权利没有全面实现，而执行完毕标志着债权人的权利已经全面实现；其次，执行终结是由于没有必要或者没有可能继续执行而结束民事执行程序的，是民事执行程序的非自然的结束，而执行完毕是民事执行程序的自然结束。

同时，执行终结也不同于执行中止。首先，执行终结是民事执行程序的最终结束，此后不可能再恢复执行（因撤销执行申请而终结执行的除外），而执行中止是民事执行程序的中断，待中止执行的原因消除后应当恢复执行。其次，执行终结的根本原因是民事执行程序已经没有必要或者没有可能继续进行，而执行中止的原因是民事执行程序暂时不能或者难以继续进行。

（三）执行终结的法定事由

执行终结的原因是继续实施执行已经没有实际效果，具体包括三个方面：①债权人的债权已经不可能实现。例如，作为债务人的自然人死亡，无遗产可供执行，又无义务承担人的；作为债务人的自然人因生活困难无力偿还借款，无收入来源，又丧失劳动能力的。②债权人放弃债权。如债权人撤销执行申请。③债权人的债权已经没有必要实现。例如，追索赡养费、扶养费、抚养费案件的权利人死亡的；债权人撤销执行申请或者据以执行的法律文书被撤销的。当债权人的权利已经没有可能或者没有必要实现时，及时结束民事执行程序，既有利于节省执行资源，又有利于尽快实现社会安定。因此，执行终结是结束民事执行程序的不可缺少的方式。

《民事诉讼法》第 270 条规定："有下列情形之一的，人民法院裁定终结执行：（一）申请人撤销申请的；（二）据以执行的法律文书被撤销的；（三）作为被执行人的公民死亡，无遗产可供执行，又无义务承担人的；（四）追索赡养费、扶养费、抚养费案件的权利人死亡的；（五）作为被执行人的公民因生活困难无力偿还借款，无收入来源，又丧失劳动能力的；（六）人民法院认为应当终结执行的其他情形。"《民诉法解释》第 464 条规定："申请执行人与被执行人达成和解协议后请求中止执行或者撤回执行申请的，人民法院可以裁定中止执行或者终结执行。"

四、执行撤销

（一）执行撤销的概念

所谓执行撤销，是指在民事执行程序中，由于发生特殊的情况或原因，民事执行机关全部或部分解除已经实施的执行措施，使债务人的权利全部或部分回复到执行程序启动之前的状态的一种制度。执行撤销之后，被撤销的执行措施不再恢复，因此，执行撤销是执行结束的一种方式。

执行撤销有全部撤销与部分撤销之分。全部执行撤销的，所有的执行措施都应解除，整个执行程序都不再恢复，因而导致整个执行程序结束；部分执行撤销的，被撤销的执行措施予以解除并不再恢复，因而导致部分执行程序结束。

（二）执行撤销的原因

尽管我国的法律和司法解释并没有明确使用"执行撤销"这一概念，但一些规定中事实上存在执行撤销的内容，或者具有相当于执行撤销的内容。例如，《民事诉讼法》第 104 条第 3 款规定："申请人在人民法院采取保全措施后三十日内不依法提起诉讼或者申请仲裁的，人民法院应当解除保全。"第 107 条规定："财产纠纷案件，被申请人提供担保的，人民法院应当裁定解除保全。"这里所谓的"解除保全"，其实就是一种执行撤销措施。《民事诉讼法》第 268 条其实暗含了执行撤销的内容，该条规定的第 1、2 项，即"申请人撤销申请的"和"据以执行的法律文书被撤销的"，其实应是执行撤销的事由。由此可见，执行撤销应当是民事执行程序结束的方式之一。《适用执行程序解释》第2条第2款规定："立案后发现其他有管辖权的人民法院已经立案的，应当撤销案件；已经采取执行措施的，应当将控制的财产交先立案的执行法院处理。"第3条第2款规定："人民法院对当事人提出的异议，应当审查。异议成立的，应当撤销执行案件，并告知当事人向有管辖权的人民法院申请执行；异议不成立的，裁定驳回。……"《执行立案结案意见》第18条规定，执行实施案件立案后，有下列情形之一的，可以以"销案"方式结案：①债务人提出管辖异议，经审查异议成立，将案件移送有管辖权的法院或债权人撤回申请的；②发现其他有管辖权的民事执行机关已经立案在先的；③受托法院报经高级人民法院同意退回委托的。"销案"的实质是执行撤销。

（三）执行撤销的后果

如前所述，执行撤销是执行案件的结案方式之一。执行案件一旦撤销，执行程序就结束，执行法院不得再采取执措施。但是，已经采取的执行措施的处理，因撤销的原因不同而不同。其中，根据《适用执行程序解释》第2、3条和《执行立案结案意见》第18条的规定，立案后发现其他有管辖权的法院已经立案，或者因当事人提出管辖权异议而移送有管辖权的法院的，已经采取执行措施的，应当将控制的财产交先立案或者移送的法院处理。

五、不予执行

（一）不予执行的概念

所谓不予执行，是指民事执行机关在执行仲裁裁决、公证债权文书或者其他非诉讼裁判文书的过程中，依当事人申请或依职权裁定停止执行行为并结束民事执行程序的一种执行制度。

不予执行是结束民事执行程序的一种方式。但是，根据我国《民事诉讼法》和《执行规定（试行）》的规定，不予执行只可能发生在对仲裁裁决、公证债权文书和其他非诉讼裁判文书的执行过程中。对人民法院制作的生效法律文书不存在不予执行的问题。同时，以不予执行的方式结束民事执行程序，民事执行机关应当按照法律规定的条件和方式作出裁定。

（二）不予执行的法定事由

1. 不予执行仲裁裁决的事由

根据现行法律的规定，不予执行国内仲裁裁决和不予执行涉外仲裁裁决的事由是不相同的。其中，根据《民事诉讼法》第248条第2款的规定，债务人提出证据证明国内仲裁裁决有下列情形之一的，经民事执行机关组成合议庭审查核实，裁定不予执行：①当事人在合同中没有订有仲裁条款或者事后没有达成书面仲裁协议的；②裁决的事项不属于仲裁协议的范围或者仲裁机构无权仲裁的；③仲裁庭的组成或者仲裁的程序违反法定程序的；④裁决所根据的证据是伪造的；⑤对方当事人向仲裁机构隐瞒了足以影响公正裁决的证据的；⑥仲裁员在仲裁该案时有贪污受贿、徇私舞弊、枉法裁判行为的。

根据《民事诉讼法》第 291 条第 1 款的规定，对我国涉外仲裁机构作出的仲裁裁决，债务人提出证据证明仲裁裁决有下列情形之一的，经民事执行机关组成合议庭审查核实，裁定不予执行：①当事人在合同中没有订有仲裁条款或者事后没有达成书面仲裁协议的；②被申请人没有得到指定仲裁员或者进行仲裁程序的通知，或者由于其他不属于被申请人负责的原因未能陈述意见的；③仲裁庭的组成或者仲裁的程序与仲裁规则不符的；④裁决的事项不属于仲裁协议的范围或者仲裁机构无权仲裁的。

此外，不管是国内仲裁机构作出的仲裁裁决，还是涉外仲裁机构作出的仲裁裁决，只要执行该裁决违背社会公共利益，民事执行机关就应当裁定不予执行。

根据《民诉法解释》第 475 条的规定，仲裁机构裁决的事项，部分有《民事诉讼法》第 248 条第 2、3 款规定的情形的，民事执行机关应当裁定对该部分不予执行。应当不予执行部分与其他部分不可分的，民事执行机关应当裁定不予执行仲裁裁决。

2. 不予执行公证债权文书的事由

根据《民事诉讼法》第 249 条第 2 款的规定，公证债权文书确有错误的，民事执行机关裁定不予执行，并将裁定书送达双方当事人和公证机关。《公证债权文书执行规定》第 12 条规定："有下列情形之一的，被执行人可以依照民事诉讼法第二百三十八条第二款规定申请不予执行公证债权文书：（一）被执行人未到场且未委托代理人到场办理公证的；（二）无民事行为能力人或者限制民事行为能力人没有监护人代为办理公证的；（三）公证员为本人、近亲属办理公证，或者办理与本人、近亲属有利害关系的公证的；（四）公证员办理该项公证有贪污受贿、徇私舞弊行为，已经由生效刑事法律文书等确认的；（五）其他严重违反法定公证程序的情形。被执行人以公证债权文书的内容与事实不符或者违反法律强制性规定等实体事由申请不予执行的，人民法院应当告知其依照本规定第二十二条第一款规定提起诉讼。"第 22 条规定："有下列情形之一的，债务人可以在执行程序终结前，以债权人为被告，向执行法院提起诉讼，请求不予执行公证债权文书：（一）公证债权文书载明的民事权利义务关系与事实不符；（二）经公证的债权文书具有法律规定的无效、可撤销等情形；（三）公证债权文书载明的债权因清偿、提存、抵销、免除等原因全部或者部分消灭。债务人提起诉讼，不影响人民法院对公证债权文书的执行。债务人提供充分、有效的担保，请求停止相应处分措施的，人民法院可以准许；债权人提供充分、有效的担保，请求继续执行的，应当继续执行。"第 24 条规定："有下列情形之一的，债权人、利害关系人可以就公证债权文书涉及的民事权利义务争议直接向有管辖权的人民法院提起诉讼：（一）公证债权文书载明的民事权利义务关系与事实不符；（二）经公证的债权文书具有法律规定的无效、可撤销等情形。债权人提起诉讼，诉讼案件受理后又申请执行公证债权文书的，人民法院不予受理。进入执行程序后债权人又提起诉讼的，诉讼案件受理后，人民法院可以裁定终结公证债权文书的执行；债权人请求继续执行其未提出争议部分的，人民法院可以准许。利害关系人提起诉讼，不影响人民法院对公证债权文书的执行。利害关系人提供充分、有效的担保，请求停止相应处分措施的，人民法院可以准许；债权人提供充分、有效的担保，请求继续执行的，应当继续执行。”由此可见，《公证债权文书执行规定》将不予执行公证债权文书分为两种程序，一是直接申请不予执行，二是通过诉讼请求判决不予执行。其中，债务人可以直接申请不予执行，也可以通过诉讼请求判决不予执行；债权人和利害关系人可以通过诉讼请求判决不予执行。

（三）不予执行的法律后果

民事执行程序启动后，债务人提出证据证明仲裁裁决具有依法应当不予执行的情形，或者民事执行机关认为公证债权文书确有错误的，民事执行机关有权裁定不予执行，从而结束执行程序。不予执行的裁定作出以后，据以执行的仲裁裁决或公证债权文书就失去了执行力，当事人不得再请求执行该仲裁裁决或公证债权文书，执行机关也不得再采取执行措施，更不得恢复执行。根据《民事诉讼法》第 248 条第 1 款第 5 项、《民诉法解释》第 476 条的规定，民事执行机关裁定不予执行仲裁裁决后，当事人对该裁定提出执行异议或者复议的，民事执行机关不予受理；当事人可以就该民事纠纷重新达成书面仲裁协议申请仲裁，也可以向人民法院起诉。

六、驳回申请

当事人的执行申请不符合法定条件的，民事执行机关应当裁定驳回。执行申请一旦被驳回，执行程序就应当结束。2020 年修正的《执行规定（试行）》将驳回申请作为执行结案方式加以规定。但是，值得注意的是，尽管《执行规定（试行）》规定了申请执行应当具备的条件以及应当提交的文件和证件，但是它只规定了不予受理，没有规定驳回申请。《公证债权文书执行规定》第 5 条、《仲裁裁决执行规定》第 3、4 条规定了驳回申请。因此，根据现行法律规范，只有涉及公证债权文书执行和仲裁裁决执行的案件，才可能以驳回申请的方式实现执行结案。

关于公证债权文书和仲裁裁决执行过程中驳回申请的条件与程序，本书前文已经作了分析，在此不再重复。

七、执行和解协议履行完毕

执行当事人达成执行和解协议并已经履行完毕的，民事执行机关不能继续采取民事执行行为，债权人也不能再要求民事执行机关继续执行，民事执行程序应当彻底结束。因此，执行和解协议履行完毕应当成为民事执行结束的方式之一。2020 年修正的《执行规定（试行）》关于执行结案方式的规定，删除了原有的“执行和解协议履行完毕”这一结案方式，但是从理论上看和在实践中，它还是一种执行结案的方式。关于执行和解协议履行情况对民事执行程序的影响，本书在前章中已有分析，在此不再重复。

第三节　民事执行结束的效力与期限

一、民事执行程序结束的效力

民事执行程序结束的效力，也就是民事执行程序结束产生的法律效果。这些法律效果主要体现为：

（一）结束执行程序

民事执行程序结束的最主要的效果就是彻底结束执行程序，民事执行机关不再因本案而采取执行行为。民事执行程序结束后，债权人不得请求继续或者恢复执行，民事执行机关也不得继续实施或者恢复执行。因此，执行结束与执行中止、暂缓执行存在重大区别。

（二）已为的执行视情况决定是否撤销

民事执行程序结束时，民事执行机关已经实施的执行措施及其效果，并不一律予以撤销。其中，因执行完毕而结束执行程序的，执行效果予以维持；因执行终结而结束执行程序的，已经完毕的执行措施的效果应予维持，尚未完毕的，应当立即停止实施，并解除或者撤销已经实施的部分执行行为，已经采取冻结、扣押等保全性措施的，应当立即解除或者撤销这些保全性措施；因不予执行、全部撤销执行而结束执行程序的，应撤销已为的执行行为，将执行效果恢复到执行之前的状态；因部分撤销执行而部分结束的，撤销部分已为的执行行为，将被撤销部分的执行效果恢复到执行前状态。

（三）不得恢复执行

民事执行程序的结束是一种彻底的和最终的结束。因此，一旦结束，该民事执行程序就不得恢复。债权人不得请求依同一执行依据再次请求执行，或者请求恢复执行；民事执行机关也不得依职权恢复执行。原执行确有错误的，应当执行回转而不是恢复执行。

二、民事执行结束的期限

对于民事案件应当在多长的时间范围内结束执行，民事诉讼法并没有作出明确的规定。但是,《执行规定（试行）》对执结期限作出了明确规定。《执行规定（试行）》第 63 条规定：“人民法院执行生效法律文书，一般应当在立案之日起六个月内执行结案，但中止执行的期间应当扣除。确有特殊情况需要延长的，由本院院长批准。”根据该规定，无论是不予执行、执行终结、执行完毕还是执行撤销，都应当在 6 个月内作出结束执行程序的裁定。

明确规定执行结案的期限，有利于促使民事执行机关及其人员履行职责，加快推动民事执行程序，从而提高民事执行的效率和效益。但是，民事案件能否执行完毕，与债务人的履行能力存在密切关系。从这个角度看，对于执行结案期限的规定，还必须具有一定的灵活性，以适应民事执行实践的需要。

【思考题】

一、概念题

民事执行结束　不予执行　执行撤销　终结执行　终结本次执行程序　执行结案

二、简答题

1. 简述执行结束的方式。
2. 简述执行终结与执行中止之间的区别。
3. 简述不予执行和执行撤销之间的区别。
4. 简述规定执行结案期限的现实意义。
5. 简述执行结束与执行阻却的区别。

第二十八章
民事执行措施

学习目的与基本要求　正确掌握执行措施的概念、特征及分类，了解实现金钱债权执行措施的概念及具体实施程序；准确理解拍卖、变卖与扣划、划拨的概念及具体实施程序，熟知查询、扣留、提取被执行人收入的概念及具体实施程序；准确掌握实现非金钱债权措施的概念、特征、分类以及参与分配的概念、性质；深入了解保障性的执行措施概念、特征以及其具体程序。

第一节　执行措施概述

一、执行措施的概念及特征

所谓执行措施，是指执行机关依法对被执行人的财产或应履行的行为所采取的强制性方法或手段，例如，查封、扣押或冻结被执行人的财产的查封、扣押或冻结方法。根据我国《民事诉讼法》的规定，我国的执行机关为人民法院。人民法院实施执行措施的行为为执行行为，执行措施主要具有以下特征：

（1）法定性。民事执行是执行机关采取强制性手段，强制被执行人履行执行依据确定的法律义务的行为，因此执行措施应当是法律规定的方法，执行机关和执行人员应当依法履行执行行为。由于执行措施具有强制性，具有法律后果，为避免不当或错误执行行为侵害执行当事人及案外人的合法权益，故执行机关不得任意采取法律规定之外的其他强制措施。

（2）强制性。强制性是执行措施的根本特征，表现为申请执行人根据法律规定的权利，请求执行机关对拒不履行法律文书确定的法律义务的被执行人的财产采取措施，强制实现申请执行人的法律权益。执行程序是因被执行人拒不履行法律文书确定的义务，申请执行人依法请求法院启动的程序。执行程序的启动与执行措施的实施均非被执行人的意愿，也非执行当事人双方的共同意愿。

（3）多样性。被执行的责任财产多种多样，将被执行人的责任财产强制转移至申请执行人名下，或者变价后清偿申请执行人的债权的途径也因此多种多样，执行措施也必然多种多样，即执行措施具有多样性的特征，以便强制实现申请执行人所持有的执行根据所确定的权利。

二、执行措施分类

执行措施有多种，这些不同形式的执行措施根据不同标准可以分类如下：

（一）对财产的执行措施与对行为的执行措施

民事强制执行标的为财产和行为，故以执行标的为标准，强制执行措施分为对被执行人财产的执行措施和对被执行人行为的执行措施。对被执行人财产的执行措施，例如，拍卖、变卖；对被执行人行为的执行措施，例如，强制腾退房屋或土地。

（二）对金钱债权的执行措施与对非金钱债权的执行措施

申请执行根据所确定的申请执行人的权益多种多样，以是否金钱给付为标准，可以划分为金钱债权和非金钱债权，即实现金钱债权的执行和实现非金钱债权的执行。实现不同的债权需要采取相同的或不同的执行措施，虽然实现金钱债权与非金钱债权的措施有些是相同的，但习惯上，学界往往将强制执行措施做这种分类。例如，查封、扣押措施，可以适用于非金钱债权的执行，也可以适用于金钱债权的执行。

（三）控制性执行措施与处分性执行措施

执行程序中，执行机关根据具体案件情况，为防止被执行人转移财产逃避执行，往往需要先采取一些强制措施，控制被申请执行人的财产，以便根据具体情况，采取进一步的强制措施，以清偿法律文书确定的对申请执行人的债务。暂时控制财产不得转让的措施与最终将被执行人的责任财产清偿其所负债务的措施不同，前者以暂时不得处分为目的，后者以实现执行申请权益为目的，故执行措施可以以控制为目的还是处分为目的分为控制性措施与处分性措施。

第二节　实现金钱债权的执行措施

所谓实现金钱债权的执行措施，是指对被执行人的财产采取法定的、可以采取的强制措施，以实现申请执行人的执行依据所确定的金钱债权的执行行为和方法。当被执行财产为金钱时，实现金钱债权往往需要通过财产控制、交付的两个阶段。当被执行财产为动产、不动产及其他非金钱的财产权时，往往需要通过财产控制、财产变价为金钱，然后再交付的三个阶段以实现金钱债权。

根据我国《民事诉讼法》及其司法解释的规定，为实现申请执行人的债权，针对被执行人不同的财产，可以分别采取以下强制措施：查询、扣押、冻结、划拨、变价被申请执行人的存款、债券、股票、基金份额等财产；扣留、提取被申请执行人的收入；查封、扣押、拍卖、变卖被申请执行人的动产、不动产等财产；裁定禁止转让、拍卖、变卖被执行人享有的专利权、商标权、著作权、发明权、发现权等。

一、查封、扣押及冻结

查封、扣押、冻结是我国《民事诉讼法》“执行程序编”规定的控制性执行措施，目的是控制被执行人的财产不得转移，以备向申请执行人履行义务或变价后履行义务。根据最高人民法院的《民诉法解释》，对被执行人的财产，法院非经查封、扣押、冻结不得处分，对银行存款等各类可以直接扣划的财产，法院的扣划裁定同时具有冻结的效力。

（一）查封、扣押、冻结的概念

所谓查封，是指执行机关对被执行人的财产就地封存，禁止任何人转移、处分的控制性强制措施。查封措施通常适用于不动产和体积较大不易移动的动产。

所谓扣押，是指执行机关对被执行人的财产运至其他场所予以扣留，禁止任何人占有、使用、转移、处分的控制性强制措施。扣押通常适用于适宜移动、适宜转移至特定场所的可扣留、保管的财产。对被执行人持有的其他股份有限公司的股份凭证，人民法院可以扣押，并强制被执行人按照公司法的有关规定转让。

所谓冻结，是指人民法院对被执行人的存款、债权、股票、基金份额、股权、股息、红利、投资权益、土地使用权等权益所采取的禁止提取、转移的措施。即冻结适用于银行存款，证券登记结算机构或者证券公司的资金和证券、期货交易账户内的资金和有价证券，投资企业应得的股息或红利，在有限责任公司、其他企业中的投资权益或股权，以及被执行人的未到期债权。

（二）查封、扣押、冻结的范围、原则与限制

1. 查封、扣押、冻结的范围

人民法院查封、扣押、冻结的财产应当是被执行人所有的财产，即人民法院可以查封、扣押、冻结的被执行人占有的动产、登记在被执行人名下的不动产、特定动产及其他财产权。未登记的建筑物和土地使用权，依据土地使用权的审批文件和其他相关证据确定权属。对于第三人占有的动产或者登记在第三人名下的不动产、特定动产及其他财产权，第三人书面确认该财产属于被执行人的，人民法院可以查封、扣押、冻结。对被执行人所有的其他人享有抵押权、质押权或留置权的财产，也可以采取查封、扣押的措施。但是，这些财产被拍卖或者变卖后所得的价款，应当在抵押权人、质押权人或留置权人优先受偿后，以余额部分清偿申请执行人的债权。

2. 查封、扣押、冻结的原则与限制

为保护双方当事人的合法权益，查封、扣押、冻结应当遵循以下原则：

（1）有限性原则。查封、扣押、冻结的有限性原则即实施查封、扣押、冻结措施应当在合理的范围内，应当给被执行人保留最低限度的生活必需财物等为限。

法院采取查封、扣押、冻结强制执行措施时，为保障被执行人的基本生存权，应当保留被执行人及其家属维持基本生存所必要的生活用品和金钱。因此，最高人民法院出台的《查封、扣押、冻结规定》第 3 条、第 5 条规定，对被执行人的下列财产不得查封、扣押、冻结：第一，被执行人及其所扶养家属生活所必需的衣服、家具、炊具、餐具及其他家庭生活必需的物品；第二，被执行人及其所扶养家属所必需的生活费用。当地有最低生活保障标准的，必需的生活费用依照该标准确定；第三，被执行人及其所扶养家属完成义务教育所必需的物品；第四，未公开的发明或者未发表的著作；第五，被执行人及其所扶养家属用于身体缺陷所必需的辅助工具、医疗物品；第六，被执行人所得的勋章及其他荣誉表彰的物品；第七，根据《中华人民共和国缔结

条约程序法》，以中华人民共和国、中华人民共和国政府或者中华人民共和国政府部门名义同外国、国际组织缔结的条约、协定和其他具有条约、协定性质的文件中规定免于查封、扣押、冻结的财产；第八，法律或者司法解释规定的其他不得查封、扣押、冻结的财产。但是，对于超过被执行人及其所扶养家属生活所必需的房屋和生活用品，人民法院根据申请执行人的申请，在保障被执行人及其所扶养家属最低生活标准所必需的居住房屋和普通生活必需品后，可予以执行。

另外，虽然《查封、扣押、冻结规定》第 4 条规定，对被执行人及其所扶养家属生活所必需的居住房屋，人民法院可以查封，但不得拍卖、变卖或者抵债。但是，《最高人民法院关于人民法院执行设定抵押的房屋的规定》（已失效）又规定，对被执行人所有的已依法设定抵押的房屋，人民法院可以查封，并可以根据抵押权人的申请，依法拍卖、变卖或者抵债。对已经依法设定抵押的被执行人及其所扶养家属居住的房屋，裁定拍卖、变卖或者抵债后，应给予被执行人 6 个月的宽限期。宽限期届满后，被执行人仍未迁出的，法院可以裁定强制执行。但是，强制迁出时，被执行人无法自行解决居住问题的，经人民法院审查属实，可由申请执行人为他们提供临时住房。临时住房应当计收租金，租金标准由双方当事人协商，协商不成的，由法院参照当地同类房屋租金标准确定，当地无此标准可参照的，则参照当地房屋租赁市场平均租金标准确定。但被执行人属于低保对象且无法自行解决居住问题的，法院不得强制迁出。

查封、扣押、冻结的有限性原则是执行标的有限原则的内容之一。执行标的有限原则包括两部分内容：一是指执行标的仅限于财产和行为；二是对被执行人的财产采取强制执行措施时，应当保留被执行人及其所抚养家属的生活必需用品和基本生活费用。

（2）相当性原则。查封、扣押、冻结被执行人的财产应当遵循相当原则，即法院采取查封、扣押、冻结措施时，应当注意保护双方当事人的合法权益，查封、扣押或冻结的被执行人的财产价值额应当相当于申请执行人债权额，不得超额查封、扣押或冻结，以保护被执行人的合法权益，以防止被执行人的合法权益受到侵害。

（3）轮候查封原则。我国《民事诉讼法》第 106 条规定："财产保全采取查封、扣押、冻结或者法律规定的其他方法。人民法院保全财产后，应当立即通知被保全财产的人。财产已被查封、冻结的，不得重复查封、冻结。" 但是，《查封、扣押、冻结规定》第 26 条第 1 款又规定，对已被人民法院查封、扣押、冻结的财产，其他人民法院可以进行轮候查封、扣押、冻结。查封、扣押、冻结解除的，登记在先的轮候查封、扣押、冻结即自动生效。以此司法解释为分界，之前，我国民事强制执行实行的是不再查封主义，之后实行了再查封主义。

我国因司法解释使用了"轮候"一词，故通常称为轮候查封，此处的查封概念包括了查封和冻结两种强制措施。另外，我国《民事诉讼法》根据不同客体，对不同执行标的的控制措施细分为查封、扣押、冻结，而在国外不加区分地一概称为查封。

轮候查封措施生效的时间点不在作出轮候查封裁定时，而在在先的查封、冻结解除时才生效，并且是自动生效。

（4）公示性原则。人民法院对被执行人的财产作出裁定并依法查封、扣押、冻结时，应当予以公示。最高人民法院司法解释要求，查封不动产，法院应当张贴封条或者公告，并可以提取保存有关财产权证照。查封、扣押、冻结已登记的不动产、特定动产及其他财产权，应当通知有关登记机关办理登记手续。未办理登记手续的，不得对抗其他已经办理了登记手续的查封、扣押、冻结行为。查封尚未进行权属登记的建筑物时，人民法院应当通知其管理人或者该建筑物的实际占有人，并在显著位置张贴公告。

（三）查封、扣押、冻结措施的实施程序

（1）裁定及其送达。人民法院采取查封、扣押、冻结措施前，根据我国《民事诉讼法》的规定，应当作出书面裁定，裁定应当写明申请执行人、被执行人和其他诉讼参加人的姓名或名称等基本信息，写明被执行财产名称、数量或数额、所在地等情况。裁定要求送达被执行人和申请执行人。

（2）发出协助执行通知书。法院采取查封、扣押或冻结措施时往往需要银行类金融机构、主管财产登记的政府行政部门等予以协助。需要有关单位或者个人协助的，人民法院应当制作协助执行通知书，连同裁定书副本一并送达协助执行人。查封、扣押、冻结裁定书和协助执行通知书送达时发生法律效力。

（3）公示及登记。查封不动产的，法院应当张贴封条或者公告，并可以提取保存有关财产权证照。查封、扣押、冻结已登记的不动产、特定动产及其他财产权的，应当通知有关登记机关办理登记手续。查封尚未进行权属登记的建筑物时，人民法院应当通知其管理人或者该建筑物的实际占有人，并在显著位置张贴公告。

（4）通知当事人、见证人等有关人员到场。根据我国民事诉讼法的规定，法院查封、扣押财产时，被执行人为公民的，应当通知其或其成年家属到场，其工作单位或者财产所在地的基层组织应当派人参加；被执行人是法人或其他组织的，应当通知其法定代表人或者主要负责人到场。

（5）制作笔录、清单。根据规定，查封、扣押、冻结被执行人的财产时，执行人员应当制作笔录。笔录载明下列内容：执行措施开始及完成的时间；财产的所在地、种类、数量；财产的保管人等其他应当记明的事项。对被查封、扣押的财产，执行人员必须造具清单，并由在场人或单位代表签名或盖章。清单应当交给被执行人一份。实务中，法院还会对查封、扣押过程录像。

（四）查封、扣押、冻结的期限

为了及时进行强制执行，为了保护被执行人的合法权益，查封、扣押、冻结措施应当具有时限。根据我国《民事诉讼法》及其司法解释的规定，法院冻结执行人的存款及其他资金的期限不得超过1年，查封、扣押动产的期限不得超过2年，查封不动产、冻结其他财产权的期限不得超过3年。法律、司法解释另有规定的除外。需要延长的，由申请人提出申请，人民法院应当在查封、扣押、冻结期限届满前办理续行查封、扣押、冻结手续，续行期限不得超过前款规定的期限。

为了保护申请执行人的利益，《民诉法解释》规定人民法院也可以依职权办理续行查封、扣押、冻结手续。

（五）查封、扣押、冻结裁定的效力及协助人的法律责任

法院作出的查封、扣押、冻结裁定送达当事人即生效。冻结期限届满，申请人未申请续冻的，法院也未依职权续冻的，冻结裁定自动解除。对诉讼保全、仲裁保全裁定的冻结，案件进入执行程序后，保全冻结自动转换为执行中的冻结。

查封、扣押、冻结被执行人财产需要银行等金融机构、政府行政管理机构或有关单位等协助，协助执行通知书送达协助执行人时生效。协助人不得违反法律协助义务擅自解冻、转移等，否则法院有权按照妨碍民事诉讼的行为予以处罚。

查封、扣押、冻结期限届满，人民法院未办理延期手续的，查封、扣押、冻结的效力消灭。查封、扣押、冻结期限届满，查封、扣押、冻结的财产已经被执行拍卖、变卖或者抵债的，查封、扣押、冻结的效力消灭。有下列情形之一的，人民法院应当作出解除查封、扣押、冻结裁定，并送达申请执行人、被执行人或者案外人：①查封、扣押、冻结案外人财产的；②申请执行人撤回执行申请或者放弃债权的；③查封、扣押、冻结的财产流拍或者变卖不成，申请执行人和其他执行债权人又不同意接受抵债的；④债务已经清偿的；⑤被执行人提供担保且申请执行人同意解除查封、扣押、冻结的；⑥人民法院认为应当解除查封、扣押、冻结的其他情形。

解除以登记方式实施的查封、扣押、冻结措施的，应当向登记机关发出协助执行通知书。

二、拍卖、变卖与扣划、划拨

（一）拍卖、变卖的概念

所谓拍卖，是指人民法院对已经查封、扣押、冻结的被执行人的责任财产，以公开竞价的方式出售，出售所得价款将交付申请执行人的强制措施。所谓变卖，是指人民法院强制对已经查封、扣押、冻结的被执行人的责任财产出售，出售所得价款将交付申请执行人的强制措施。

拍卖与变卖不同，拍卖是专门从事拍卖业务的组织接受售卖人的委托，将要拍卖的货物对买主展示，然后在规定的时间与场所，按照规定的流程和规则，通过公开叫价竞买，将拍卖物卖给出价最高的买主的一种现货交易方式。在强制执行程序中，法院以拍卖方式将被执行人的财产变价为金钱，以清偿申请执行人的债权。变卖是通过选择合适的买方，通过法院将被申请执行人的物品变价为金钱，以清偿申请执行人的债权。多数情况下拍卖可以卖得合理的价格，有利于使被拍卖物获得最大价额，有利于执行当事人双方。因此，最高人民法院司法解释要求：第一，拍卖优先。被执行人的财产变价时优先适用拍卖方式，法律、司法解释另有规定的除外；第二，网络拍卖优先。法院以拍卖方式处置财产的，应当采取网络司法拍卖方式。法律、行政法规和

司法解释规定必须通过其他途径处置，或者不宜采用网络拍卖方式处置的除外。

（二）拍卖、变卖程序

1. 拍卖的程序

（1）评估。评估程序又分为委托评估、确定评估机构、评估报告及其异议几部分。

第一，委托评估。根据最高人民法院的《拍卖、变卖规定》，委托评估拍卖的司法解释，以及《网络司法拍卖规定》，对拟拍卖的财产，人民法院应当委托具有相应资质的评估机构进行价格评估。财产价值较低或者价格依照通常方法容易确定的，可以不进行评估。当事人双方及其他执行债权人申请不进行评估的，人民法院应当准许。即拍卖原则上应当先进行评估，法定情况下可以不评估。

对被执行人的股权进行评估时，人民法院可以责令有关企业提供会计报表等资料；有关企业拒不提供的，可以强制提取。

第二，确定评估机构。最高人民法院的司法解释《拍卖、变卖规定》确定了由法院设立评估机构名册，即 2018 年最高人民法院制定实施的司法解释《确定财产处置参考价规定》所指的名单库〔1〕，法院委托评估的从司法评估机构名单库中选择。而且，对需要拍卖、变卖的被执行财产，不限于评估机构评估，人民法院确定财产处置参考价，可以采取当事人议价、定向询价、网络询价、委托评估等方式。目前能够网络询价的财产，一般不再委托评估。

第三，评估报告及其异议。根据上述司法解释的规定，人民法院收到评估机构作出的评估报告后，应当在 5 日内将评估报告发送当事人及其他利害关系人。当事人或者其他利害关系人对评估报告有异议的，可以在收到评估报告后 5 日内以书面形式向人民法院提出。

异议成立的后果。当事人或者其他利害关系人有证据证明评估机构、评估人员不具备相应的评估资质或者评估程序严重违法而申请重新评估的，人民法院应当准许。

（2）确定拍卖保留价。司法拍卖为有保留价拍卖，设拍卖保留价是为了维护委托人的利益。根据《拍卖、变卖规定》第 5 条规定以及最高人民法院于 2009 年、2011 年、2017 年实施的于委托评估拍卖、变卖的司法解释及《网络司法拍卖规定》，拍卖应当确定保留价。拍卖保留价由人民法院参照评估价确定；拍卖财产经过评估的，评估价即为第一次拍卖的保留价；未作评估的，参照市价确定，并应当征询有关当事人的意见。如果出现流拍，再行拍卖时，可以酌情降低保留价，但每次降低的数额不得超过前次保留价的 20%。保留价确定后，依据本次拍卖保留价计算，拍卖所得价款在清偿优先债权和强制执行费用后无剩余可能的，应当在实施拍卖前将有关情况通知申请执行人。申请执行人于收到通知后 5 日内申请继续拍卖的，人民法院应当准许，但应当重新确定保留价；重新确定的保留价应当大于该优先债权及强制执行费用的总额。

〔1〕 这里有两个名单库，一个是网络询价平台名单库，一个是司法评估机构名单库。该规定第 2 条："人民法院确定财产处置参考价，可以采取当事人议价、定向询价、网络询价、委托评估等方式。"

遇有流拍的，拍卖费用由申请执行人负担。另外，根据《网络司法拍卖规定》第 10 条中的规定：起拍价由人民法院参照评估价确定；未作评估的，参照市价确定，并征询当事人意见。起拍价不得低于评估价或者市价的百分之 70%。

（3）选择拍卖机构。根据最高人民法院关于评估拍卖变卖司法解释的规定，人民法院拍卖被执行人财产，应当委托具有相应资质的拍卖机构进行，并对拍卖机构的拍卖进行监督，但法律、司法解释另有规定的除外。

（4）发出公告与通知。根据《拍卖、变卖规定》第 8、9 条的规定，拍卖应当先期公告。拍卖动产的，应当在拍卖 7 日前公告；拍卖不动产或者其他财产权的，应当在拍卖 15 日前公告。拍卖公告的范围及媒体由当事人双方协商确定；协商不成的，由人民法院确定。拍卖财产具有专业属性的，应当同时在专业性报纸上进行公告。当事人申请在其他新闻媒体上公告或者要求扩大公告范围的，应当准许，但该部分的公告费用由其自行承担。《网络司法拍卖规定》的公告期较长，动产与不动产或其他财产权的公告期分别为 15 天和 30 天。《拍卖、变卖规定》第 11 条规定，人民法院应当在拍卖 5 日前以书面或者其他能够确认收悉的适当方式，通知当事人和已知的担保物权人、优先购买权人或者其他优先权人于拍卖日到场。优先购买权人经通知未到场的，视为放弃优先购买权。《网络司法拍卖规定》还要求通过司法拍卖平台发布与拍卖相关的各种信息以及对竞买人的特别提示等信息。

（5）拍卖。司法拍卖根据法律规定进行，由拍卖机构主持，以公开竞价的形式，将拍卖物品或者财产权利转让给最高应价者，拍卖所得价金用于清偿被执行人的债务，实现申请执行人的债权。根据《拍卖、变卖规定》第 13、14、15 条的规定，拍卖过程中，有最高应价时，优先购买权人可以表示以该最高价买受，如无更高应价，则拍归优先购买权人；如有更高应价，而优先购买权人不作表示的，则拍归该应价最高的竞买人。顺序相同的多个优先购买权人同时表示买受的，以抽签方式决定买受人。拍卖多项财产时，其中部分财产卖得的价款足以清偿债务和支付被执行人应当负担的费用的，对剩余的财产应当停止拍卖，但被执行人同意全部拍卖的除外。拍卖的多项财产在使用上不可分，或者分别拍卖可能严重减损其价值的，应当合并拍卖。《网络司法拍卖规定》第 21 条第 2、3 款则规定："顺序不同的优先购买权人以相同价格出价的，拍卖财产由顺序在先的优先购买权人竞得。顺序相同的优先购买权人以相同价格出价的，拍卖财产由出价在先的优先购买权人竞得。"

根据《拍卖、变卖规定》第 16 条的规定，拍卖时无人竞买或者竞买人的最高应价低于保留价，到场的申请执行人或者其他执行债权人申请或者同意以该次拍卖所定的保留价接受拍卖财产的，应当将该财产交其抵债（即以物折价抵债）。有两个以上执行债权人申请以拍卖财产抵债的，由法定受偿顺位在先的债权人优先承受；受偿顺位相同的，以抽签方式决定承受人。承受人应受清偿的债权额低于抵债财产的价额的，人民法院应当责令其在指定的期间内补交差额。网络拍卖也适用此规定。

流拍与重拍。根据《拍卖、变卖规定》第 23、24、25 条的规定，拍卖时无人竞买或竞买人的最高应价低于保留价，到场的申请执行人或者其他执行债权人不申请以该次拍卖所定的保留价抵债的，应当在60日内再行拍卖。对于第二次拍卖仍流拍的动产，人民法院可以依照该规定第16条的规定将其作价交申请执行人或者其他执行债权人抵债。申请执行人或者其他执行债权人拒绝接受或者依法不能交付其抵债的，人民法院应当解除查封、扣押，并将该动产退还被执行人。对于第二次拍卖仍流拍的不动产或者其他财产权，人民法院可以该规定第16条的规定将其作价交申请执行人或者其他执行债权人抵债。申请执行人或者其他执行债权人拒绝接受或者依法不能交付其抵债的，应当在60日内进行第三次拍卖。第三次拍卖流拍且申请执行人或者其他执行债权人拒绝接受或者依法不能接受该不动产或者其他财产权抵债的，人民法院应当于第三次拍卖终结之日起7日内发出变卖公告。自公告之日起60日内没有买受人愿意以第三次拍卖的保留价买受该财产，且申请执行人、其他执行债权人仍不表示接受该财产抵债的，应当解除查封、冻结，将该财产退还被执行人，但对该财产可以采取其他执行措施的除外。

《网络司法拍卖规定》则不同，其规定网络司法拍卖流拍的，再次网拍应在30日内进行。另外，《网络司法拍卖规定》不区分动产与不动产，再次拍卖流拍的可以变卖，不需要第三次拍卖。

（6）拍卖的停止与撤回。拍卖会因法定情形发生而停止，或者撤回。根据《拍卖、变卖规定》第18、19条的规定，下列情况下停止拍卖：

一是法院委托拍卖后，遇有依法应当暂缓执行或者中止执行的情形的，应当决定暂缓执行或者裁定中止执行，并及时通知拍卖机构和当事人。拍卖机构收到通知后，应当立即停止拍卖，并通知竞买人。暂缓执行期限届满或者中止执行的事由消失后，需要继续拍卖的，人民法院应当在15日内通知拍卖机构恢复拍卖。这种拍卖程序停止是暂时中止，停止拍卖情形消除后，程序恢复。

二是被执行人在拍卖日之前向人民法院提交足额金钱清偿债务，要求停止拍卖的，人民法院应当准许，但被执行人应当负担因拍卖支出的必要费用。这种停止拍卖是终止拍卖程序，因被申请执行人足额清偿了债务，拍卖程序不再恢复。

《网络司法拍卖规定》关于暂缓、中止拍卖的规定有所不同，且关于撤销拍卖，因网络拍卖的特征，《网络司法拍卖规定》的适用情形也有所不同。

2. 变卖的条件与程序

（1）变卖的适用情形。当申请执行人的债权为金钱债权时，被执行的非金钱财产应当变价为金钱。根据我国民事诉讼法及其司法解释的规定，对被执行人的非金钱财产应当优先适用拍卖，以便利益最大化。只有不适于拍卖或者双方当事人同意不进行拍卖的，法院才可以委托变卖或者由当事人自行变卖。变卖可以委托变卖或者法院自行变卖。对国家禁止自由买卖的物品，交有关单位按照国家规定的价格收购。即变卖以当事人双方同意为条件，这是一种情况；另一种情况是对第三次仍然流拍的不动产或者其他财产权，债权人仍然拒绝接受以物抵债的，法院可以进行变卖。

金银及其制品、当地市场有公开交易价格的动产、易腐烂变质的物品、季节性商品、保管困难或者保管费用过高的物品，人民法院可以决定变卖。

（2）变卖的程序。

第一，约定或评估价格。当事人双方及有关权利人对变卖财产的价格有约定的，按照其约定价格变卖；无约定价格但有市价的，变卖价格不得低于市价；无市价但价值较大、价格不易确定的，应当委托评估机构进行评估，并按照评估价格进行变卖。按照评估价格变卖不成的，可以降低价格变卖，但最低的变卖价不得低于评估价的1/2。

第二，流拍后发出公告。不动产或者其他财产权第三次拍卖流拍后，申请执行人或者其他执行债权人仍然拒绝接受或者依法不能接受抵债的，法院应当于第三次拍卖终结之日起7日内发出变卖公告。如前所述《网络司法拍卖规定》无第三次拍卖的要求。

第三，变卖所得交付申请执行人。

（3）扣划、划拨的概念、条件和程序。

第一，扣划、划拨的概念。扣划，是指扣押并划拨，即人民法院对申请被执行人的存款类金钱财产实施冻结措施，然后强制将被冻结金钱转移到申请执行人的账户内。划拨，是指人民法院通过金融机构协助，依法强制将被执行人名下的存款从被申请执行人的账户转移到申请执行人账户内的强制执行措施。

第二，扣划、划拨的程序。通常法院实施处分性强制执行措施前，先实施控制性强制执行措施，即先予以查封、扣押、冻结。被申请执行人的财产为银行等金融机构存款的，根据《民诉法解释》第484条的规定，法院执行机构对银行存款等各类可以直接扣划的财产，作出裁定并实施，此裁定同时具有冻结和强制划拨的法律效力。

三、查询、扣留、提取被执行人的收入

（一）查询、扣留、提取的概念

所谓查询，是指人民法院对被申请执行人的财产信息实施的查找、询问等措施，查询是我国《民事诉讼法》规定的对被执行人存款的执行措施之一。

1998年《执行规定（试行）》第32条规定，查询、冻结、划拨被执行人在银行（含其分理处、营业所和储蓄所）、非银行金融机构、其他有储蓄业务的单位的存款，依照最高人民法院与中国人民银行及其他司法机关的有关规定办理。当代网络科技又为法院查询提供了非常便利的条件，2014年底，我国法院正式开通了“总对总”网络查控系统，实现了对多种财产形式的网络查控。最高人民法院“总对总”网络查控系统已经与3600多家银行，以及公安部、交通部、市场监管总局、人民银行、地方银行等单位联网，可以查询被执行人在全国范围内的存款、车辆、证券、网络资金、理财产品、个人对外投资等14类18项信息。该系统还具有对3000多家银行上线冻结功能，2000多家上线扣划功能，极大地方便了法院的强制执行工作。

银行等金融机构及其有关单位对执行法院的协助义务。现行《民事诉讼法》第253

条："被执行人未按执行通知履行法律文书规定的义务，人民法院有权向有关单位查询被执行人的存款、债券、股票、基金份额等财产情况。人民法院有权根据不同情形扣押、冻结、划拨、变价被执行人的财产。人民法院查询、扣押、冻结、划拨、变价被执行人的财产不得超出被执行人应当履行义务的范围。""人民法院决定扣押、冻结、划拨、变价财产，应当作出裁定，并发出协助执行通知书，有关单位必须办理。"2012年修正之前的《民事诉讼法》第218条第1款原本这样规定："被执行人未按执行通知履行法律文书确定的义务，人民法院有权向银行、信用合作社和其他有储蓄业务的单位查询被执行人的存款情况，有权冻结、划拨被执行人的存款，但查询、冻结、划拨存款不得超被执行人应当履行义务的范围。"2012年修正的《民事诉讼法》扩大了法院执行措施实施的单位范围，不仅限于银行、信用合作社和其他有储蓄业务的单位，扩大为"有关单位"。强制措施的客体不仅限于存款，而扩大至"存款、债券 、股票、基金份额等财产"。而且还明示了银行类金融机构及其有关单位对法院作出的协助执行裁定"必须办理"的法律协助义务。

所谓扣留，是指法院执行人员将被执行人的财产带至法院或者法院确定的保管处所，由法院暂时控制，被执行人不得占有、处分、转移的强制措施。根据《民事诉讼法》第254条的规定，执行法院对被执行人的各种合法收入、所得，均可以采取强制措施扣留。我国《民事诉讼法》对查封、扣押、冻结、扣留这四个用语区别使用，与外国法规定用语不同，它们或者将这些措施统称为"查封"，例如意大利，或者统称为"扣押"，例如德国、日本。这些用语有共同之处，即被执行人财产因法院实施强制措施，被执行人失去控制权，无转移权、处分权，如若擅自转移或处分将受法律处分，可区别使用，也可不区别使用。我国民事诉讼法用语丰富，区别细微，用语符合中文字面意思表达，笔者认为不必像外国法那样统称为"查封"或"扣押"。

所谓提取，是指法院对被申请执行人尚未支取的收入、储蓄存款、股息或红利强制取得，以备清偿。

（二）查询、扣留、提取的程序

1. 查询程序

（1）一般查询程序。通常查询时，法院出具查询函或者通知书，网络查询被执行人的存款时，应当向金融机构传输电子查询存款通知书，不需要作出裁定。执行裁定通常适用于程序性决定事项，查询不属于决定性事项。

（2）网络查询程序。2013年，最高人民法院发布实施了《网络查询、冻结规定》。该司法解释第3条规定，人民法院通过网络查询被执行人存款时，应当向金融机构传输电子协助查询存款通知书。多案集中查询的，可以附汇总的案件查询清单。对查询到的被执行人存款需要冻结或者续行冻结的，人民法院应当及时向金融机构传输电子冻结裁定书和协助冻结存款通知书。对冻结的被执行人存款需要解除冻结的，人民法院应当及时向金融机构传输电子解除冻结裁定书和协助解除冻结存款通知书。

2. 扣留程序

扣留有直接扣留与协助扣留两种情形。当被执行人的收入处于法院可控制状态时，法院执行法官可以直接扣留。当被执行人的收入尚未领取或支取时，为了防止由其自行领取后以转移、消耗等方式流失而无法返回的，法院有权也应当责令有关单位协助扣留。对此，《执行规定（试行）》第 29 条规定："被执行人在有关单位的收入尚未支取的，人民法院应当作出裁定，向该单位发出协助执行通知书，由其协助扣留或提取。"

关于扣留程序，执行法院对被执行人的收入实施扣留措施时，根据《民事诉讼法》第 253 条第 2 款的规定，应当作出扣留裁定，裁定送达当事人时生效。如果被执行人的收入在单位、银行、信用合作社或其他有储蓄业务的机构的，需要它们协助执行的，执行法院应当向这些单位发出协助执行通知书，这些单位应当履行法律协助义务。

3. 提取程序

由法院强制提取被执行人收入的，法院应当作出裁定，裁定送达当事人时生效。对有关单位、银行等有储蓄业务的金融机构，人民法院应当向其发出协助执行通知书，令其协助提取，有关单位、银行等有储蓄业务的金融机构应当履行法律协助义务，必须办理提取。提取措施的实施，可以由有关单位、银行等金融机构将执行款项交付人民法院，也可以划转到人民法院指定的银行账户。

四、以物抵债、折价抵债

（一）以物抵债、折价抵债的概念

所谓以物抵债，是指申请执行人之债权为非金钱债权，被申请执行人之财产为非金钱财产，经双方当事人同意，将非金钱财产折价以抵偿申请执行人的金钱债权的执行措施。

所谓折价抵债，是指对有价证券这类可以自由转让，具有市场价值的财产，交付给申请执行人清偿债务的措施。《执行规定（试行）》第 37 条规定，对被执行人持有的股份有限公司的股票，人民法院可以扣押，并强制被执行人按照《公司法》的有关规定转让，也可以直接采取拍卖、变卖的方式进行处分，或直接将股票抵偿给债权人，用于清偿被执行人的债务。折价抵债的条件是执行标的物为股份有限公司的股票。

折价抵债与以物抵债的性质相同，均为将执行标的物折算出合理的价格，以抵偿被申请执行人的债务。只是两者适用的执行标的物有以下区别：

（1）以物抵债之物非有价证券，需要拍卖或变卖后变价为金钱以清偿金钱债务。而有价证券可以直接以金钱计算其价值额，不必评估后再变价，故而可以折价抵债。

（2）以物抵债之物的形态各种各样，而折价抵债的股票的形态为有价证券。

（二）以物抵债的适用情形

（1）双方当事人同意以非金钱财产折算其价金后抵偿申请执行的金钱债权。《民诉法解释》第 489 条规定，经申请执行人和被执行人同意，且不损害其他债权人合法权益和社会公共利益的，人民法院可以不经拍卖、变卖，直接将被执行人的财产作价交申请执行人抵偿债务。对剩余债务，被执行人应当继续清偿。

（2）被执行的财产无法拍卖或变卖的，经申请执行人同意，法院可以以物抵债执行。《民诉法解释》第 490 条规定，被执行人的财产无法拍卖或者变卖的，经申请执行人同意，且不损害其他债权人合法权益和社会公共利益的，人民法院可以将该项财产作价后交付申请执行人抵偿债务，或者交付申请执行人管理；申请执行人拒绝接收或者管理的，退回被执行人。

（3）被执行人的财产二次流拍后，申请执行人或者其他债权人同意的，法院可以将该财产作价交给申请执行人或者其他债权人。《拍卖、变卖规定》第 24 条、第 25 条第 1 款规定，对于第二次拍卖仍流拍的动产，人民法院可以依照该规定第 16 条的规定将其作价交申请执行人或者其他执行债权人抵债。申请执行人或者其他执行债权人拒绝接受或者依法不能交付其抵债的，人民法院应当解除查封、扣押，并将该动产退还被执行人。对于第二次拍卖仍流拍的不动产或者其他财产权，人民法院可以依照该规定第 16 条的规定将其作价交申请执行人或者其他执行债权人抵债。申请执行人或者其他执行债权人拒绝接受或者依法不能交付其抵债的，应当在 60 日内进行第三次拍卖。

（三）折价抵债的适用及其程序

根据《执行规定（试行）》第 37 条的规定，对被执行人持有的股份有限公司的股票，法院可以直接将股票抵偿给债权人，用于清偿被执行人的债务。折价抵债的条件是执行标的物为股份有限公司的股票。

（四）以物抵债的程序

（1）作出裁定。流拍的拍卖物品，申请执行人同意接受以物抵债的，法院作出以物抵债裁定。

（2）标的物所有权转移。动产拍卖成交或者抵债后，其所有权自该动产交付时起转移给买受人或者承受人。不动产、有登记的特定动产或者其他财产权以物抵债后，该不动产、特定动产的所有权、其他财产权以物抵债裁定送达承受人时起转移。

（3）移交期限。人民法院裁定以流拍的财产抵债后，除有依法不能移交的情形外，应当于裁定送达后 15 日内，将拍卖的财产移交给承受人。被执行人或者第三人占有拍卖财产应当移交而拒不移交的，强制执行。

五、强制管理

（一）强制管理的概念

所谓强制管理，是指法院对查封的不动产及特定动产，选任管理人进行经营管理，以所得收益应予清偿申请执行人的金钱债权的强制执行措施。强制管理，是将被执行人的财产强制交给法院选定的管理人经营管理，被执行人丧失其收益权。关于强制管理，我国民事诉讼法中未明确规定，但是在有关司法解释中有规定，如 1992 年《民诉法适用意见》第 302 条、2015 年《民诉法解释》第 492 条有具体规定。2015 年《民诉法解释》第 492 条（《民诉法解释》2022 年修正版第 490 条）在 1992《民诉法适用意见》第 302 条的基础上进一步规定："被执行人的财产无法拍卖或者变卖的，经申请执行人同意，且不损害其他债权人合法权益和社会公共利益的，人民法院可以将该项财产作价后交付申请执行人抵偿债务，或者交付申请执行人管理；申请执行人拒绝接收或者管理的，退回被执行人。"

（二）适用强制管理的条件

上述规定包含的适用强制管理的几个条件为：

（1）申请执行人的债权为金钱债权。

（2）适用对象为动产和特定不动产，原则上不包括企业经营权等其他财产权。强制管理的目的主要是收取租金，以清偿申请执行人的金钱债权。

（3）被执行人的财产无法拍卖或者变卖。拍卖和变卖是实施强制管理的前提条件，即应当先行拍卖，拍卖不成再行变卖，变卖不成的，申请执行人又不同意以物抵债，但是同意强制管理的，可以采取此措施。

（4）经申请执行人同意。从上诉司法解释的规定来看，强制管理需要申请执行人同意。

（5）不损害其他债权人的合法权益和社会公共利益。像变卖、以物抵债一样，实施强制管理执行措施还需要考虑其他债权人的合法权益，此外还要考虑符合社会公共利益。

（三）强制管理的程序

民事诉讼法中未明确规定强制管理措施及其适用对象、管理人的任免、管理人的权利义务以及法院监管等事项，司法解释也未规定。强制管理措施在强制执行实务中适用比较少。

实施强制管理措施时，应当依照如下程序：

（1）程序的启动。从现行的司法解释规定中看，强制管理程序的启动主体应当是法院，法院向申请执行人建议，申请执行人决定是否采用。

（2）作出强制管理裁定。从司法实务中看，需要法院作出强制管理的裁定，此裁定不可上诉。当事人不服的，可以提出执行异议。当事人对法院作出的执行异议裁定不服的，可以向上级法院申请复议。

（3）选定管理人。由于我国民事诉讼法中无强制管理的规定，司法解释的规定又极为简要，故缺失选定管理人的具体规定。从域外规定来看，不仅应当有选定管理人的程序规范，还需要有管理人的权利与义务的规定。

（4）法院监督。法院应具有监督权，防止管理人履行管理职责不力，不胜任管理职责或者管理不适当，而有损被管理人财产权益，有损执行当事人的合法权益等。

（5）管理程序终结。完整的强制管理程序，还需要制定管理程序终结规范。

六、裁定禁止转让

所谓裁定禁止转让，是指人民法院对可以转让的财产性权利可以采取的，不得转让的控制性措施。裁定禁止转让属于财产保全措施，即控制性强制执行措施。目的是防止被执行人在诉讼中或被强制执行前转移财产权，逃避财产权被执行，损害申请人的利益。《执行规定（试行）》使用了“裁定禁止转让”，有观点认为裁定禁止转让的性质属于“冻结”，应当归属于“冻结”措施之列。[1]笔者同意这一观点，因为“冻结”一词完全可以包含“裁定禁止转让”强制措施的实质内容。裁定禁止转让措施的性质属于冻结措施。

《执行规定（试行）》第35条第1款规定，被执行人不履行生效法律文书确定的义务，人民法院有权裁定禁止被执行人转让其专利权、注册商标专用权、著作权（财产权部分）等知识产权。上述权利有登记主管部门的，应当同时向有关部门发出协助执行通知书，要求其不得办理财产权转移手续，必要时可以责令被执行人将产权或使用权证照交人民法院保存。

2001年最高人民法院作出《商标保全解释》，根据该司法解释以及2015年实施的《民诉法解释》，商标保全包括以下主要内容：第一，协助执行主体为国家工商行政管理总局（现国家市场监督管理总局，下同）商标局；第二，保全措施的客体包括禁止转让、注销注册商标、变更注册事项和办理商标权质押登记等事项。第三，保全措施的期限为3年，可以申请延长。2001年《商标保全解释》规定的6个月的期限被2015年《民诉法解释》统一规定的3年所取代。2001年《商标保全解释》第1条规定：“人民法院根据民事诉讼法有关规定采取财产保全措施时，需要对注册商标权进行保全的，应当向国家工商行政管理局商标局（以下简称商标局）发出协助执行通知书，载明要求商标局协助保全的注册商标的名称、注册人、注册证号码、保全期限以及协助执行保全的内容，包括禁止转让、注销注册商标、变更注册事项和办理商标权质押登记等事项。”第2条规定：“对注册商标权保全的期限一次不得超过六个月，自商标局收到协助执行通知书之日起计算。如果仍然需要对该注册商标权继续采取保全措施的，人民法院应当在保全期限届满前向商标局重新发出协助执行通知书，要求继续保全。否则，视为自动解除对该注册商标权的财产保全。”2015年《民诉法解释》第485条统一规定，查封其他财产权的期限不得超过3年，商标权属于该规定中的其他财产权，故商标保全的期限不再使用“六个月”的规定。

七、裁定禁止转让的适用范围

根据最高人民法院司法解释的规定，强制禁止转让适用于对专利权、注册商标专

[1] 黄金龙：《关于人民法院执行工作若干问题的规定实用解析》，中国法制出版社2000年版，第148页。

用权、著作权（财产权部分）等知识产权的执行，对证券经营机构交易席位的执行。因为证券经营机构的交易席位是该机构向证券交易所申购的用以参加交易的权利，是一种无形财产，所以可以强制执行，强制转让。《执行规定（试行）》第36条还规定了裁定禁止支付措施，裁定禁止支付也属于冻结性的强制执行措施，但是，从司法解释规定的角度来看，两者适用的客体不同，裁定禁止支付适用于对被执行人从有关企业中应得的已到期的股息或红利等收益。

八、裁定禁止转让的程序

（1）程序的启动。裁定禁止转让，应当由当事人申请，法院也可以依职权进行。

（2）法院作出裁定。执行法院作出禁止转让裁定后要向执行当事人送达。

（3）法院向专利权、商标权和著作权登记部门发出协助执行通知书，向证券经营机构和期货交易经纪机构管理部门发出协助执行通知书。协助法院实施执行措施是法律规定的协助主体的法律义务，必须依法履行。不履行将承担法律责任，法院可以对有关部门的负责人采取妨害执行行为的强制措施。

九、参与分配

参与分配也是实现金钱债权的措施，因其内容丰富，故本章单列一节。

第三节　实现非金钱债权的执行措施

一、实现非金钱债权措施的概念、特征、分类

（一）实现非金钱债权措施的概念

所谓实现非金钱债权的措施，是指执行机关为实现申请执行人的财产交付、房屋或土地腾退等债权可以采取的各种强制措施。民事强制执行多为实现金钱债权，实现非金钱债权相对较少。实现金钱债权的，被执行人的财产如果是金钱，则直接划拨给申请执行人，如果无金钱可供执行，那么对被执行人所有的动产、不动产、知识产权、股权等采取拍卖或变卖措施，变价为金钱后交付申请执行人，或者对符合条件的以物抵债、折价抵债。而非金钱债权则有不同，具有其特征。

（二）实现非金钱债权的措施的特征

与实现金钱债权的强制措施相比较，实现非金钱债权的措施具有以下特征：

（1）非强制执行被申请执行人为金钱给付行为，而是要求被申请执行人完成一定行为义务，或者要求被申请执行人交付某项物品，特征是为履行具体行为义务。

（2）实现非金钱债权通常不需要变价程序，而是直接履行执行根据所确定的行为，或者完成特定财产的交付行为。在被申请执行人拒不履行特定的行为时，例如拒不搬迁或腾退房屋，法院选定第三人代替完成行为，因此所支付的劳务费由被申请执行人

支付。若其拒绝支付的，法院需要对这笔金钱债务强制执行。这种执行性质上不属于非金钱债务的执行。

（三）实现非金钱债权的执行措施分类

我国民事诉讼法及其司法解释规定的实现非金钱债权的措施，根据其所针对的不同客体，可以分为两大类：一是实现财产交付请求权的执行措施；二是实现行为请求权的措施。

为实现财产交付请求权而采取强制执行措施时，对无财产权登记的财产，强制交付即完成了强制执行，但是对依法具有财产权属登记的财产证照还需要办理转移手续，被申请执行人拒不履行转移登记义务的，需要法院强制转移登记，这种强制措施也是实现非金钱债权的执行措施。

二、实现财产交付执行措施的要素

从上述规定来看，财产交付的执行要素有：

（1）财产交付的内容包括财物的交付和票证的交付。

（2）财产交付的义务主体包括被申请执行人和持有应当交付的财物和票证的案外人，案外人包括单位和个人。

（3）财产交付的方式包括当面交付和通过法院转交。

三、持有应当交付财产的案外人的义务与异议权

（一）案外人的交付义务

案外人持有被申请执行人应当交付的财产的，必须履行交付的法律义务。法院依法向有关单位发出协助执行通知书，向有关公民发出通知。有关单位和公民应当履行交出义务，拒不履行者，法院有权强制执行，并对其以妨害民事诉讼而采取强制措施，根据其妨害情节处以罚款、拘留等措施。根据《执行规定（试行）》的规定，有关单位或公民持有法律文书指定交付的财物或票证，在接到人民法院协助执行通知书或通知后，协同被执行人转移财物或票证的，人民法院有权责令其限期追回；逾期未追回的，应当裁定其承担赔偿责任。《执行规定（试行）》是1998年制定的司法解释，那时审判权与执行权之间的界限尚不明晰，因此，这条司法解释规定“逾期未追回的，应当裁定其承担赔偿责任”。如今，审判权与执行权的界限比较明确，执行人员不再享有裁定承担赔偿责任（实际上为审判权）的审判权能，何况当事人可能对赔偿金额有争执，这种实体性争议应当由审判法官审理裁判。

（二）案外人的异议权

案外人负有协助执行的法律义务，拒不协助的，法院有权对其处罚。但是，案外人对要求其交付的财产提出权利主张的，为了维护其合法权益免受损害，《民诉法解释》第493条第3款规定：“他人主张合法持有财物或票证的，可以根据民事诉讼法第

二百三十四条[1]规定提出执行异议。”

四、应交付财产毁损、灭失的赔偿

有时候，应交付的财物或票证会发生毁损或灭失的情况，申请执行人因此要求赔偿。但是以什么标准赔偿，应交付的财产价值多少，执行当事人之间会发生争议。这就涉及两个问题：第一，此时财产交付强制执行转为对金钱债权的执行；第二，对毁损或灭失的财产价值的争议需要审理裁判。

在审判权与执行权界限不明的年代，1992 年《民诉法适用意见》第 284 条、第 291 条规定“执行的标的物为特定物的，应执行原物。原物确已不存在的，可折价赔偿”；“有关单位和个人持有法律文书指定交付的财物或票证，因其过失被毁损或灭失的，人民法院可责令持有人赔偿；拒不赔偿的，人民法院可按被执行的财物或者票证的价值强制执行”。即当执行当事人对应当交付的财物毁损或灭失的价值有争议时，执行人员有权作出判断，予以确定，即执行人员享有审判权职能。在后来确定的“审执分离”理念下，审判权与执行权应当由审判法官和执行人员分别行使，执行人员不能对实体权利义务争议行使审判权作出裁断，因此，2015 年《民诉法解释》第 495 条第 2 款，即 2022 年修正的《民诉法解释》第 493 条第 2 款规定：“他人持有期间财物或票证毁损、灭失的，参照本解释第四百九十四条规定处理。”即“执行标的物为特定物的，应当执行原物。原物确已毁损或者灭失的，经双方当事人同意，可以折价赔偿”，“双方当事人对折价赔偿不能协商一致的，人民法院应当终结执行程序。申请执行人可以另行起诉”。

五、实现财产交付请求权的执行措施

原告提起诉讼的请求各种各样，根据诉的种类理论，诉分为给付之诉、确认之诉和形成之诉（变更之诉）。给付之诉又可以分为物的给付和行为的给付。当执行依据为给付之诉的裁判文书，给付为物的给付时，法院所采取的强制执行措施的目的就是强制被申请执行人履行给付行为。

我国《民事诉讼法》第 260 条规定：“法律文书指定交付的财物或者票证，由执行员传唤双方当事人当面交付，或者由执行员转交，并由被交付人签收。有关单位持有该项财物或者票证的，应当根据人民法院的协助执行通知书转交，并由被交付人签收。有关公民持有该项财物或者票证的，人民法院通知其交出。拒不交出的，强制执行。”《执行规定（试行）》第 42 条规定：“有关组织或者个人持有法律文书指定交付的财物或票证，在接到人民法院协助执行通知书或通知书后，协同被执行人转移财物或票证的，人民法院有权责令其限期追回；逾期未追回的，应当裁定其承担赔偿责任。”《民诉法解释》第 493 条第 1 款规定：“他人持有法律文书指定交付的财物或者票证，

---

[1] 2023 年修正的《民事诉讼法》第 238 条。

人民法院依照民事诉讼法第二百六十条第二款、第三款规定发出协助执行通知后，拒不转交的，可以强制执行，并可以依照民事诉讼法第一百一十七条、第一百一十八条规定处理。”〔1〕

六、实现行为请求权的执行措施

（一）行为请求权的类型

民事执行行为给付以是否作为为标准，分为作为与不作为；以是否可以替代为标准，分为可替代行为与不可替代行为。执行根据的行为有作为与不作为，对被申请执行人拒不履行交付财物的作为行为，有的可以通过替代完成，替代的费用由被申请执行人负担；有的则不可替代完成，而需要转化为其他请求权或其他执行措施。

（二）一般行为的强制执行措施

1. 对作为的执行措施

（1）对可替代行为的执行。对要求被申请执行人完成某项行为的执行，例如，拆除妨害相邻权的设施，如果被申请执行人拒不拆除，法院可以委托其他单位或个人替代其拆除，因此支出的劳务费由被申请执行人承担。

（2）对不可替代行为的执行。对不可由他人替代，只能由被申请执行人完成的行为，法院先对其进行法治教育，敦促其履行义务。教育无效的，法院可以根据具体情节，按照妨害执行的规定对其采取强制措施，例如，罚款、拘留等。如果情节严重，还可以追究其拒不执行判决裁定罪的刑事责任。

2. 对不作为的执行措施

对执行根据确定被申请执行人不得为被诉行为的执行，被申请执行人停止其行为即为履行法律义务。如果被申请执行人仍然不停止执行根据令其停止的行为，即为拒不履行生效裁判的行为。不作为的行为也分为可替代的不作为与不可替代的不作为。对可替代的不作为行为义务，法院可以委托原告单位或个人完成。对不可替代的不作为行为义务，执行机关只能实施妨害执行的强制措施促使其停止违法行为或侵权行为。

（三）对迁出房屋或退出土地的执行措施

1. 概念

所谓迁出房屋或退出土地的执行措施，是指执行机关对负有迁出裁判文书令其迁出的房屋或退出的土地义务的被申请执行人，所采取的强制迁出或退出的措施。例如，判令承租人迁出承租期届满的出租房，如果被申请执行人拒绝履行义务，拒绝向房主交还房屋，法院可以强制其搬出，强制搬出所产生的劳务费由被申请执行人负担。

迁出房屋与退出土地的强制执行案件时有发生，早在1982年颁布实施的《民事诉讼法（试行）》中就有规定，现行民诉法及其司法解释延续了这项规定。

---

〔1〕 2023年修正的《民事诉讼法》条文序号为260条。

2. 程序

法院实施强制迁出房屋与退出土地的强制执行措施时，应当履行以下程序：

（1）发出执行公告。强制迁出房屋或者强制退出土地，由院长签发公告，责令被执行人在指定期间履行。逾期不履行的，由执行员强制执行。

（2）通知有关人员到场。强制执行时，被申请执行人为公民的，通知其成年家属到场，房屋、土地所在地的基层组织应当派人参加。被申请执行人是法人和其他组织的，应当通知其法定代表人或主要负责人到场。拒绝到场的，不影响执行。

（3）实施执行措施。强制迁出房屋或退出土地由执行员、书记员和司法警察共同进行。首先再一次对被申请执行人进行法治教育，经教育仍然拒绝迁出、腾退的，由法警强制搬迁，清点财物，造具清单。强制执行迁出的财物，由人民法院派人运至指定处所，交给被执行人或者他的成年家属；因拒绝接收而造成的损失，由被执行人承担。搬迁中所支出的劳务费由被申请执行人承担。

（4）交付。强制迁出的房屋或退出的土地，由执行法院交给申请执行人。

执行员应当将强制执行情况记入笔录，通常还要录像，笔录由在场人签名或者盖章。

第四节　参与分配

一、参与分配的概念、性质

（一）参与分配的概念

所谓参与分配，是指对金钱债务的执行案件，申请执行人向法院申请执行后，就法院采取执行强制措施所得的财产，其他债权人也对该财产申请执行，数位申请执行人对被执行的财产按比例共同受偿的制度。

根据我国《民事诉讼法》强制执行部分的规定，对一般被执行人采取优先清偿主义，即无法定优先权的申请执行人有数位，被执行财产不足以全部清偿他们的债权时，被申请执行人的财产由在先的申请执行人优先受偿。亦即多份生效法律文书确定金钱给付内容的多个债权人，分别对同一被执行人申请执行，各债权人对执行标的物均无担保物权的，按照执行法院采取执行措施的先后顺序受偿。多个债权人的债权种类不同的，基于所有权和担保物权而享有的债权，优先于金钱债权受偿。有多个担保物权的，按照各担保物权成立的先后顺序清偿。但是，对自然人和其他组织为被申请执行人时，适用参与分配制度，采用平等清偿主义。即被执行人为公民或其他组织，其全部或主要财产已被一个人民法院因执行确定金钱给付的生效法律文书而查封、扣押或冻结，无其他财产可供执行或其他财产不足清偿全部债务的，在被执行的财产被执行完毕前，对该被执行人已经取得金钱债权执行依据的其他债权人可以申请对被执行人的财产参与分配，按比例共同受偿。

我国民事诉讼法中无参与分配的明确规定，但是，1992 年《民诉法适用意见》、1998 年《执行规定（试行）》均有具体规定。2015 年《民诉法解释》沿用了相关规定，并进行了修改。即被执行人为公民或者其他组织，在执行程序开始后，被执行人的其他已经取得执行依据的债权人发现被执行人的财产不能清偿所有债权的，可以向人民法院申请参与分配。对人民法院查封、扣押、冻结的财产有优先权、担保物权的债权人，可以直接申请参与分配，主张优先受偿权。

（二）参与分配执行措施的性质

参与分配执行措施属于实现金钱债权的执行措施，非金钱债权的执行其他债权人无法参与分配，例如返还租赁物，其他债权人无权就租赁物参与分配。

二、参与分配的条件

因我国民事诉讼法关于强制执行的规定中优先清偿主义与平均清偿主义并存，故参与分配应当具备以下条件：

（一）有多数债权人

参与分配是被执行人的其他债权人，请求对已经开始执行程序的被申请执行人的财产也要求用来清偿其债权，否则不产生两个主体以上方可能发生的分配。

（二）被申请执行人为公民或其他组织

我国民事强制执行平等清偿原则下的参与分配适用主体范围有限，仅适用于公民和其他组织，不适用于企业法人。企业法人适用有限清偿原则，企业法人如果作为被申请执行人，其财产不足以清偿数位债权人的全部债权时，可以申请其破产，通过破产程序平均受偿。这种二元化的设置，是弥补我国《企业破产法》适用主体有限的不足。我国《企业破产法》采用了有限破产主义，未采用一般破产主义。

（三）被执行人的财产不足以清偿全部申请执行人的债权

这是参与分配制度的原因条件，只有当被申请执行人财产不足以清偿全部债权人的债权时，即没有其他财产供清偿，其他债权人才可以申请对被申请执行人正在进行的执行程序中的财产参与分配，平等受偿。

（四）申请执行人已经取得执行根据或者对执行财产享有优先权

这是参与分配申请人的资格条件，根据《执行规定（试行）》的规定，被执行人为公民或其他组织，其全部或主要财产已被一个人民法院因执行确定金钱给付的生效法律文书而查封、扣押或冻结，无其他财产可供执行或其他财产不足清偿全部债务的，在被执行财产被执行完毕前，对该被执行人已经取得金钱债权执行依据的其他债权人，可以申请对被执行人的财产参与分配。对人民法院查封、扣押或冻结的财产有优先权、担保物权的债权人，可以申请参加参与分配程序，主张优先受偿权。《民诉法解释》第 506 条规定："被执行人为公民或者其他组织，在执行程序开始后，被执行人的其他已经取得执行依据的债权人发现被执行人的财产不能清偿所有债权的，可以向人民法院申请参与分配。""对人民法院查封、扣押、冻结的财产有优先权、担保物权的债权人，可以直接申请参与分配，主张优先受偿权。”

（五）均为金钱债权

申请执行的债权和参与执行的债权均须为金钱债权方能适用参与分配，此乃他债权人可以参与分配已经开始的金钱债权的执行的特点所决定。非金钱债权，例如物品的交付就无参与分配的可能。因为当一个债权为金钱债权，另外的债权为非金钱债权时，物权优先原则决定了无参与分配的可能。同样，对行为的给付强制执行也不存在可以参与分配的可能，但是，会发生一个行为的执行满足数位申请执行人的请求，例如被申请执行人被诉侵害相邻权，数位被告都起诉其排除妨害，均胜诉，因被告拒不执行，数位债权人均申请强制执行。在此情形下，一个排除妨害的强制执行满足数位申请执行人的请求，但这种情形与参与分配无关。

（六）执行程序已经开始

作为被申请执行人的执行程序已经开始，其他债权人已经取得执行根据的债权人要求加入，对其财产共同按比例受偿，此为参与分配。如果对被申请执行人的财产尚未开始执行程序，有数位金钱债权的债权人均申请对其财产强制执行的，在先申请者启动执行程序后，在后者可以申请参与分配。《民诉法解释》第 506 条第 1 款规定，被执行人为公民或者其他组织，在执行程序开始后，被执行人的其他已经取得执行依据的债权人发现被执行人的财产不能清偿所有债权的，可以向人民法院申请参与分配。

三、参与分配的程序与效力

（一）参与分配的程序

1. 申请参与

《民诉法解释》第 506 条规定了参与分配由被执行人的其他已经取得执行依据的债权人向执行法院提出申请。即被执行人为公民或者其他组织，在执行程序开始后，被执行人的其他已经取得执行依据的债权人发现被执行人的财产不能清偿所有债权的，可以向人民法院申请参与分配。

对人民法院查封、扣押、冻结的财产有优先权、担保物权的债权人，可以直接申请参与分配，主张优先受偿权。

（1）申请形式。申请参与分配应当采用书面形式，即申请人应当提交申请书。申请书应当写明参与分配和被执行人不能清偿所有债权的事实、理由，并附有执行依据。

（2）申请时限。参与分配申请应当在执行程序开始后，被执行人的财产执行终结前提出。

2. 管辖法院

参与分配由查封、扣押或冻结被申请执行人财产的法院管辖。若申请参与分配的申请人已经开始执行程序的法院与主持分配的法院不一致的，根据《执行规定（试行）》第 56 条对参与被执行人财产的具体分配，应当由首先查封、扣押或冻结的法院主持进行。首先查封、扣押、冻结的法院所采取的执行措施如系为执行财产保全裁定，具体分配应当在该院案件审理终结后进行。

3. 分配方案及其送达

多个债权人对执行财产申请参与分配的，执行法院应当制作财产分配方案，并送达各债权人和被执行人，以便大家审查是否合理。分配方案主要内容有：各个债权人的名称、债权根据、债权总额、受偿比例、分配顺序等。

4. 对分配方案的异议及异议之诉

《民诉法解释》规定，债权人或者被执行人对分配方案有异议的，有权向执行法院提出异议。异议期限，应当自收到分配方案之日起 15 日内向执行法院提出。

债权人或者被执行人对分配方案提出书面异议的，执行法院应当通知未提出异议的债权人、被执行人。未提出异议的债权人、被执行人自收到通知之日起 15 日内未提出反对意见的，执行法院依异议人的意见对分配方案审查修正后进行分配；提出反对意见的，应当通知异议人。异议人可以自收到通知之日起 15 日内，以提出反对意见的债权人、被执行人为被告，向执行法院提起诉讼，此系分配方案异议之诉；异议人逾期未提起诉讼的，执行法院按照原分配方案进行分配。

异议之诉诉讼期间执行法院进行分配的，应当提存与争议债权数额相应的款项，以保障胜诉的异议之诉原告的合法权益。

5. 实施分配

分配方案送达各债权人和被申请执行人后，均无异议的，则按照各债权人的顺序和数额，将执行的金钱或变价的金钱予以分配。若有人提出异议的，他人不反对的，法院修正分配方案；若有人对异议有反对意见的，法院应当通知异议人。异议人应在收到通知之日起 15 日内，以提出反对意见的债权人或被申请执行人为被告提起异议之诉。若异议人逾期未起诉的，执行法院按照原分配方案进行分配。对人民法院查封、扣押或冻结的财产有优先权、担保物权的债权人，可以申请参加参与分配程序，主张优先受偿权。参与分配案件中可供执行的财产，在对享有优先权、担保权的债权人依照法律规定的顺序优先受偿后，按照各个案件债权额的比例进行分配。

（二）参与分配的效力

民事执行机关对被申请执行人的财产按照分配方案分配后，此次分配执行完毕，但是，未清偿的债权部分并不会被免除，当被申请执行人有其他财产被发现或者获得财产后，申请执行人仍然可以向法院申请强制执行。《民诉法解释》第 508 条规定，清偿后的剩余债务，被执行人应当继续清偿。债权人发现被执行人有其他财产的，可以随时请求人民法院执行。

参与分配与破产清偿不同，参与分配后未受清偿的债权部分不会被免除，被申请执行人有义务继续清偿。而进入破产程序的破产清偿后，债务人剩余的债务，即债权人剩余的债权不再清偿，破产程序终结。

四、执行程序与破产程序的衔接

通过强制执行程序清偿债务与通过破产程序清偿债务是两条不同的路径，前者的剩余债务不得免除，之后发现有财产的仍然可以申请强制执行，仍然应当继续清偿。但是，很多强制执行案件的被申请执行人为企业法人，其财产全部用于清偿申请执行人的债权后，或者清偿前已经进入资不抵债状态，这种情况下通过破产程序清理全部债权债务，将其所剩财产在各个债权人之间予以分配后终结，对社会民事流转、经济秩序稳定等方面均有益处。因此，《民诉法解释》创设了"执转破"程序制度，即将达到资不抵债、符合破产条件的被执行人为企业法人的案件，从执行程序转至破产程序，以提高效率，减少程序环节，减轻当事人讼累。

（一）执行程序转为破产程序的条件

《民诉法解释》第511条规定，在执行中，作为被执行人的企业法人符合《企业破产法》第2条第1款规定情形的，执行法院经申请执行人之一或者被执行人同意，应当裁定中止对该被执行人的执行，将执行案件相关材料移送被执行人住所地人民法院。此条规定包含了两个条件：

（1）被申请执行人为企业法人。因为我国《企业破产法》确定的破产主体为企业法人。

（2）作为被执行人的企业法人符合《企业破产法》第2条第1款规定的情形。《企业破产法》第2条第1款规定："企业法人不能清偿到期债务，并且资产不足以清偿全部债务或者明显缺乏清偿能力的，依照本法规定清理债务。"

（3）经申请执行人之一或者被执行人同意。执行程序转为破产程序应当符合破产程序开启的条件，即应当有债权人或债务人申请破产，否则法院不能依职权将执行案件转为破产案件。

（二）执行程序转至破产程序的启动

经申请执行人之一或者被执行人同意，执行法院作出裁定，中止对被申请执行人的执行，将案件材料移送至被申请执行人住所地人民法院。即执行法院经申请执行人之一或者被执行人同意，并非经过他们一方或双方申请，依职权将案件材料移送至有管辖权的法院。

（三）破产管辖法院

根据最高人民法院于2017年实施的《执转破指导意见》，执行案件移送破产审查，由被执行人住所地人民法院管辖。在级别管辖上，为适应破产审判专业化建设的要求，合理分配审判任务，实行以中级人民法院管辖为原则、基层人民法院管辖为例外的管辖制度。中级人民法院经高级人民法院批准，也可以将案件交由具备审理条件的基层人民法院审理。

（四）受移送法院审查

根据《民诉法解释》第512条的规定，被执行人住所地人民法院应当自收到执行案件相关材料之日起30日内，将是否受理破产案件的裁定告知执行法院。不予受理的，应当将相关案件材料退回执行法院。即受移送法院需要依照破产法的规定审查，符合条件的予以审理；不符合条件的将案件退回执行法院。

(五) 执行程序的终结与恢复

(1) 执行程序终结。根据《民诉法解释》第 513 条第 1 款的规定，被执行人住所地人民法院裁定受理破产案件的，执行法院应当解除对被执行人财产的保全措施。被执行人住所地人民法院裁定宣告被执行人破产的，执行法院应当裁定终结对该被执行人的执行。

(2) 执行程序恢复。根据《民诉法解释》第 513 条第 2 款、第 514 条的规定，被执行人住所地人民法院不受理破产案件的，执行法院应当恢复执行。当事人不同意移送破产或者被执行人住所地人民法院不受理破产案件的，执行法院就执行变价所得财产，在扣除执行费用及清偿优先受偿的债权后，对于普通债权，按照财产保全和执行中查封、扣押、冻结财产的先后顺序清偿。

第五节　保障性执行措施

一、保障性执行措施的概念及特征

所谓保障性执行措施，是指保障、强化强制执行措施实施的辅助性措施。

为了保障、强化强制执行措施的实施，我国民事诉讼法中的强制执行部分还规定了强制性的制度，称为保障性执行措施。但是，《民事诉讼法》并未将这些保障性措施与强制执行措施区分，立法上将它们统称为执行措施。学理上有学者将这些措施与那些直接强制执行措施区分开来，称为保障性执行措施。保障性执行措施具有以下特点：

(一) 非直接性的强制措施

保障性强制执行措施通常不是直接作用于执行标的，不是直接对被执行财产采取的强制措施。有的虽然直接作用于被执行财产，但并非直接执行措施。例如，搜查被执行人的财产，执行人员的搜查行为可能触及被执行财产，但是，搜查仅仅是查找被执行财产的措施，非直接执行措施，若有所获，则根据请求执行的债权的性质，采取相应的强制执行措施。

(二) 目的在于辅助强制执行措施的实施

保障性执行措施实施的目的在于辅助强制执行措施的事实，例如，搜查是为了找到被执行人的财产用于强制执行；拘传被申请执行人或被申请执行人的法定代表人、负责人或实际控制人，是为了要他们接受法院的调查、询问，或者要他们向法院报告其财产，进而找到他们的财产用于强制执行。

关于我国民事诉讼法及其司法解释规定的强制执行措施及执行威慑机制中哪些是强制执行措施，哪些是保障性执行措施，立法和司法解释并未分类。《执行规定（试行）》第十部分为“对妨害执行行为的强制措施的适用”，规定了可使用的强制措施有拘传、罚款、拘留以及对构成犯罪的追究刑事责任。拘传、罚款、拘留这些强制措施的目的是排除行为人妨碍法院强制执行的行为，与保障强制执行行为的措施有联系，但有区别。

二、保障性执行措施的类型

执行威慑机制是最高人民法院这些年来为了强化强制执行力度，为了震慑隐匿财产逃避执行的被申请执行人，促使其主动履行义务而制定实施的执行辅助措施，笔者认为属于保障性执行措施。

下列执行措施为保障性执行措施：

（一）搜查

所谓搜查，是指在强制执行程序中，人民法院执行人员对被申请执行人的人身、住所或工作场地及其他财产隐匿地等搜索、检查的措施。我国《民事诉讼法》第 259 条规定："被执行人不履行法律文书确定的义务，并隐匿财产的，人民法院有权发出搜查令，对被执行人及其住所地或者财产隐匿地进行搜查。""采取前款措施，由院长签发搜查令。"

1. 适用执行搜查措施的条件

（1）在强制执行程序中适用。

（2）根据《民事诉讼法》的规定，应当在被执行人不履行生效法律文书确定的义务的情况下，以及隐匿财产、会计账簿等反映财产状况材料的情况下适用。但是对不履行法律义务应当正确理解，并非指被执行人履行不能的情况下适用，而是指被执行人不履行及不完全履行的情形下适用。

（3）对被执行人人身、被执行人住所及其财产可能隐匿的地方搜查。被执行人为法人或其他组织的，其营业地为住所地，可以实施搜查。

2. 适用执行搜查措施的程序

（1）执行法院院长签发搜查令。法院采取搜查措施应当先由执行法院院长签发搜查令，由执行员带司法警察持搜查令进行搜查。搜查人员应当按照规定着装，并向被执行人出示搜查令和工作证件。

（2）通知有关人员到场。法院执行人员实施搜查措施时应当通知被执行人本人及其有关人员到场，搜查对象是公民的，应当通知被执行人或者他的成年家属以及基层组织派员到场；搜查对象是法人或者其他组织的，应当通知法定代表人或者主要负责人到场。拒不到场的，不影响搜查措施的实施。人民法院搜查时禁止无关人员进入搜查现场；搜查妇女身体的，应当由女性执行人员进行。

（3）搜查并造具清单。法院执行人员搜查中发现应当依法采取查封、扣押措施的财产，应当依法对搜查到的物品清点，造具清单，并由在场人签名或者盖章，交被执行人一份。被执行人是公民的，也可以交给其成年家属一份。

（4）对搜查到的财产作出裁定查封、扣押，按照民事诉讼法关于查封、扣押的规定办理。

（5）搜查应当制作搜查笔录，由搜查人员、被搜查人及其他在场人签名、捺印或者盖章。拒绝签名、捺印或者盖章的，应当记入搜查笔录。

（二）拘传被执行人

《民诉法解释》第482条规定，为查明被执行人的财产状况和履行义务的能力，可以传唤被执行人或被执行人的法定代表人或负责人到人民法院接受询问。对必须接受调查询问的被执行人、被执行人的法定代表人、负责人或者实际控制人，经依法传唤无正当理由拒不到场的，人民法院可以拘传其到场。人民法院应当及时对被拘传人进行调查询问，调查询问的时间不得超过8小时；情况复杂，依法可能采取拘留措施的，调查询问的时间不得超过24小时。人民法院在本辖区以外采取拘传措施时，可以将被拘传人拘传到当地人民法院，当地人民法院应予协助。由此可见，强制执行中的拘传应满足以下适用条件：

（1）被拘传者为自然人的被执行人，法人或其他组织的法定代表人、负责人或者实际控制人。

（2）拘传的前提条件是必须接受调查询问的被执行人、被执行人的法定代表人、负责人或者实际控制人，经依法传唤无正当理由拒不到场。

（三）责令被申请执行人报告财产状况

1.《民事诉讼法》及其司法解释的规定

现行《民事诉讼法》确定了被执行人财产报告制度："被执行人未按执行通知履行法律文书确定的义务，应当报告当前以及收到执行通知之日前一年的财产情况。被执行人拒绝报告或者虚假报告的，人民法院可以根据情节轻重对被执行人或者其法定代理人、有关单位的主要负责人或者直接责任人员予以罚款、拘留。"2017年最高人民法院制定发布的司法解释《执行财产调查规定》第3条至第10条，在2008年《适用执行程序解释》的基础上，具体规定了法院向被执行人发出的报告财产令及其内容，被执行人应当在报告财产令载明的期限内报告的内容、报告的补充与期限，申请执行人查询报告财产的权利与义务，被执行人拒绝被告、虚假报告、无正当理由逾期被告的法律后果，财产被告程序的终结等内容。

2. 被执行人报告财产的条件

根据上述规定，被执行人报告财产应当符合以下条件：

（1）被执行人未按执行通知履行法律文书确定的义务。

（2）人民法院依照《民事诉讼法》规定责令被执行人报告财产情况的，应当向其发出报告财产令。报告财产令中应当写明报告财产的范围、报告财产的期间、拒绝报告或者虚假报告的法律后果等内容。

3. 报告财产的范围

（1）收入、银行存款、现金、理财产品、有价证券。

（2）土地使用权、房屋等不动产。

（3）交通运输工具、机器设备、产品、原材料等动产。

（4）债权、股权、投资权益、基金份额、信托受益权、知识产权等财产性权利。

（5）其他应当报告的财产。

财产已出租、已设担保物权等权利负担，或者共有的、有权属争议等情形的；被执行人的财产若由第三人占有或登记在第三人名下的，应一并报告。

4. 财产报告的期间、财产变动报告及补充报告

财产报告应当报告当前以及收到执行通知之日前一年的财产情况。被执行人自收到执行通知之日前一年至当前财产发生变动的，应当对该变动情况进行报告。被执行人报告财产后，其财产情况发生变动，影响申请执行人债权实现的，应当自财产变动之日起10日内向人民法院补充报告。

5. 拒绝报告、虚假报告或无正当理由逾期报告财产的法律后果

被执行人拒绝向执行法院报告其财产真实状况，或者作出虚假报告的，抑或无正当理由逾期报告的，人民法院可以根据情节轻重对被执行人或者其法定代理人、有关单位的主要负责人或者直接责任人员予以罚款、拘留。构成犯罪的，依法追究刑事责任。被执行人拒绝被告、虚假报告或无正当理由逾期报告财产情况的，法院还要依法将其纳入失信被执行人名单。

6. 财产报告程序的终结

通常被执行人在报告财产期间履行全部债务的，人民法院应当裁定终结报告程序，《执行财产调查规定》增加了以下几种终结的情形：法院裁定终结执行的，法院裁定不予执行的，法院认为财产报告程序应当终结的。

7. 申请执行人的查询权及保密义务

对被执行人报告的财产情况，申请执行人请求查询的，人民法院应当准许。申请执行人对查询的被执行人财产情况，应当保密。

8. 人民法院的查核权

对被执行人报告的财产情况，执行法院可以依申请执行人的申请或者依职权调查核实。

（四）加倍支付迟延履行利息和责令支付迟延履行金

所谓迟延履行，是指被执行人未按生效法律文书确定的时间履行义务。为了促使被执行人主动履行生效法律文书确定的义务，我国《民事诉讼法》确定了迟延履行的处罚性措施——加倍支付迟延履行利息和责令支付迟延履行金。该法第264条规定："被执行人未按判决、裁定和其他法律文书指定的期间履行给付金钱义务的，应当加倍支付迟延履行期间的债务利息。被执行人未按判决、裁定和其他法律文书指定的期间履行其他义务的，应当支付迟延履行金。"

加倍支付迟延履行利息适用于被执行人未按判决、裁定和其他法律文书指定的期间履行给付金钱义务的情形。2014年最高人民法院发布的《计算迟延履行期间债务利息解释》详细规定了迟延履行期间债务利息的计算标准，迟延履行期间债务利息计算的起止期间及其扣除，迟延履行期间债务利息计算清偿顺序等标准。

责令支付迟延履行金适用于被执行人未按判决、裁定和其他法律文书指定的期间

履行其他义务的情形。支付迟延履行金的期间从生效法律文书确定履行期间的最后一日的次日起算。

（五）限制被执行人高消费及有关消费及有关消费

所谓限制被执行人高消费及有关消费措施，是指在强制执行程序中，对不履行或不完全履行法律文书确定的义务的被执行人，有消极履行、规避执行或者抗拒执行的行为的，限制其为一定金额、等级范围的消费及非生活或者非经营必需的有关消费的措施。限制被执行人高消费及有关消费的目的是促使其履行义务，积极清偿申请执行人的债权。为了强化强制执行，加大执行力度，推动社会信用机制建设，最大限度保护申请执行人和被执行人的合法权益，2010 年最高人民法院发布实施了《限制被执行人高消费规定》，2015 年进行了修正，这一规定在执行中发挥了积极功效。

1. 限制高消费及有关消费的对象

限制高消费及有关消费的对象为被执行人，包括自然人和法人及其他组织的法定代表人、主要负责人、影响债务履行的直接责任人员和实际控制人。

2. 高消费及有关消费行为

根据现行司法解释的规定，被执行人高消费及有关消费行为，是指被执行人为自然人的以下高消费及非生活和工作必需的消费行为：

（1）乘坐交通工具时，选择飞机、列车软卧、轮船二等以上舱位。

（2）在星级以上宾馆、酒店、夜总会、高尔夫球场等场所进行高消费。

（3）购买不动产或者新建、扩建、高档装修房屋。

（4）租赁高档写字楼、宾馆、公寓等场所办公。

（5）购买非经营必需车辆。

（6）旅游、度假。

（7）子女就读高收费私立学校。

（8）支付高额保费购买保险理财产品。

（9）乘坐 G 字头动车组列车全部座位、其他动车组列车一等以上座位等其他非生活和工作必需的消费行为。

被执行人为单位的，被采取限制消费及有关消费措施后，被执行人及其法定代表人、主要负责人、影响债务履行的直接责任人员、实际控制人不得实施前款规定的行为。因私消费以个人财产实施前款规定行为的，可以向执行法院提出申请。执行法院审查属实的，应予准许。

3. 限制高消费及有关消费程序的启动

限制高消费及有关消费措施一般由申请执行人提出书面申请，经人民法院审查决定；必要时人民法院可以依职权决定。即限制高消费程序启动有两种方式：一是由申请执行人申请，并且以书面形式申请；二是也可以由人民法院依职权启动。

4. 限制高消费及有关消费的程序

（1）人民法院决定采取限制高消费及有关消费措施的，应当向被执行人发出限制消费令。限制消费令由人民法院院长签发。限制消费令应当载明限制高消费及有关消费的期间、项目、法律后果等内容。

（2）向协助执行单位送达协助执行通知。人民法院决定采取限制高消费及有关消费措施的，可以根据案件需要和被执行人的情况向有义务协助调查、执行的单位送达协助执行通知书。

（3）发布公告。人民法院决定采取限制高消费及有关消费措施的，应当在相关媒体上进行公告。限制消费令的公告费用由被执行人负担；申请执行人申请在媒体公告的，应当垫付公告费用。

（4）限制消费令的解除。被限制高消费及有关消费的被执行人因生活或者经营必需而进行该规定禁止的消费活动的，应当向人民法院提出申请，获批准后方可进行。在限制高消费及有关消费期间，被执行人提供确实有效的担保或者经申请执行人同意的，人民法院可以解除限制消费令；被执行人履行完毕生效法律文书确定的义务的，人民法院应当在通知或者公告的范围内及时以通知或者公告解除限制消费令。

（5）社会监督与违反限制消费令的法律后果。关于社会监督，被执行人被限制高消费及有关消费的，人民法院应当设置举报电话或者邮箱，接受申请执行人和社会公众对被限制高消费及有关消费的被执行人违反该规定的举报，并进行审查认定。被执行人违反限制消费令进行消费的行为属于拒不履行人民法院已经发生法律效力的判决、裁定的行为，经查证属实的，依照我国《民事诉讼法》第 114 条的规定，执行法院可以予以罚款、拘留；情节严重，构成犯罪的，追究其刑事责任。

（6）协助限制高消费及有关消费的义务。有关单位在收到人民法院协助执行通知书后，仍允许被执行人进行高消费及有关消费的，人民法院可以依照我国《民事诉讼法》第 117 条的规定，追究其法律责任。

（六）限制被执行人出境

限制不履行或不完全履行生效法律文书确定的义务的被执行人出境，是我国《民事诉讼法》2007 年修正时增加的辅助执行措施，实践效果良好，也是以往司法实践经验的总结。《民事诉讼法》第 266 条规定：“被执行人不履行法律文书确定的义务的，人民法院可以对其采取或者通知有关单位协助采取限制出境，在征信系统记录、通过媒体公布不履行义务信息以及法律规定的其他措施。”

（1）程序启动。限制被执行人出境程序的启动有两种：一是由申请执行人提出书面申请；二是在情况紧急等必要情况下，法院依职权采取。

（2）限制出境的对象。被执行人为自然人，被执行人为法人或其他组织的法定代表人、主要负责人，或者影响债务履行的直接责任人员、实际控制人为限制出境的对象。

（3）限制出境措施的解除。在限制出境期间，被执行人履行全部义务的，执行法院应及时解除限制出境措施。被执行人提供了充分、有效的担保，而且申请执行人同意的，也可以解除限制出境措施。

（七）征信系统记录及媒体公布不履行义务信息

征信系统记录及媒体公布不履行义务信息，也是我国《民事诉讼法》2007 年修正时增加的辅助执行措施，实践效果良好，有利于促使被执行人自觉履行生效法律文书确定的义务，有利于推进社会信用体系建设。《民事诉讼法》第 266 条规定："被执行人不履行法律文书确定的义务的，人民法院可以对其采取或者通知有关单位协助采取限制出境，在征信系统记录、通过媒体公布不履行义务信息以及法律规定的其他措施。"2013 年，最高人民法院发布实施了《公布失信被执行人名单规定》，后经 2017 年修正，对有关内容作出了进一步的细化规定。

1. 纳入失信被执行人名单应当具备的条件

（1）被执行人未履行或未完全履行生效法律文书确定的义务。

（2）具有纳入失信被执行人名单的法定情形。根据规定，被执行人未履行生效法律文书确定的义务，并具有下列情形之一的，人民法院应当将其纳入失信被执行人名单，依法对其进行信用惩戒：①有履行能力而拒不履行生效法律文书确定义务的；②以伪造证据、暴力、威胁等方法妨碍、抗拒执行的；③以虚假诉讼、虚假仲裁或者以隐匿、转移财产等方法规避执行的；④违反财产报告制度的；⑤违反限制消费令的；⑥无正当理由拒不履行执行和解协议的。

2. 纳入失信被执行人名单的程序

（1）程序启动。启动被执行人纳入失信被执行人名单的主体有两种，一是申请执行人，申请执行人认为被执行人具有规定情形之一的，可以向人民法院申请将其纳入失信被执行人名单。人民法院应当自收到申请之日起 15 日内审查并作出决定。二是执行法院，执行法院认为被执行人具有规定情形之一的，也可以依职权决定将其纳入失信被执行人名单。

（2）作出决定书并送达。人民法院决定将被执行人纳入失信被执行人名单的，应当制作决定书，决定书应当写明纳入失信被执行人名单的理由，有纳入期限的，应当写明纳入期限。决定书由院长签发，自作出之日起生效。决定书应当按照民事诉讼法规定的法律文书送达方式送达当事人。

（3）向社会公布、向有关协助单位通报、记入征信系统。各级人民法院应当将失信被执行人名单信息录入最高人民法院失信被执行人名单库，并通过该名单库统一向社会公布。各级法院可以根据各地实际情况，将失信被执行人名单通过报纸、广播、电视、网络、法院公告栏等其他方式予以公布，并可以采取新闻发布会或者其他方式对本院及辖区法院实施失信被执行人名单制度的情况定期向社会公布。

人民法院应当将失信被执行人名单信息，向政府相关部门、金融监管机构、金融机构、承担行政职能的事业单位及行业协会等通报，供相关单位依照法律、法规和有关规定，在政府采购、招标投标、行政审批、政府扶持、融资信贷、市场准入、资质认定等方面，对失信被执行人予以信用惩戒。

人民法院应当将失信被执行人名单信息向征信机构通报，并由征信机构在其征信系统中记录。

国家工作人员、人大代表、政协委员等被纳入失信被执行人名单的，人民法院应当将失信情况通报其所在单位和相关部门。国家机关、事业单位、国有企业等被纳入失信被执行人名单的，人民法院应当将失信情况通报其上级单位、主管部门或者履行出资人职责的机构。

（4）删除失信信息。根据规定，具有下列情形之一的，人民法院应当在 3 个工作日内删除失信信息：被执行人已履行生效法律文书确定的义务或人民法院已执行完毕的；当事人达成执行和解协议且已履行完毕的；申请执行人书面申请删除失信信息，人民法院审查同意的；终结本次执行程序后，通过网络执行查控系统查询被执行人财产两次以上，未发现有可供执行财产，且申请执行人或者其他人未提供有效财产线索的；因审判监督或破产程序，人民法院依法裁定对失信被执行人中止执行的；人民法院依法裁定不予执行的；人民法院依法裁定终结执行的。

3. 错误更正及其程序

被纳入失信被执行人名单的公民、法人或其他组织认为不应将其纳入失信被执行人名单的，或者记载和公布的失信信息不准确的，或者失信信息应予删除的，可以向执行法院申请纠正。

公民、法人或其他组织对被纳入失信被执行人名单申请纠正的，执行法院应当自收到书面纠正申请之日起 15 日内审查，理由成立的，应当在 3 个工作日内纠正；理由不成立的，决定驳回。公民、法人或其他组织对驳回决定不服的，可以自决定书送达之日起 10 日内向上一级人民法院申请复议。上一级人民法院应当自收到复议申请之日起 15 日内作出决定。复议期间，不停止原决定的执行。

【思考题】

一、概念题

实现金钱债权的执行措施　轮候查封原则　以物抵债　折价抵债　强制管理　参与分配　保障性执行措施

二、简答题

1. 简述民事执行措施的主要特征。
2. 简述实现非金钱债权措施的特征。
3. 简述实现财产交付请求权的执行措施。
4. 简述参与分配的条件。
5. 简述限制被申请执行人高消费措施。

三、论述题

1. 试述实现行为请求权的执行措施。
2. 试述执行程序与破产程序的衔接。

第二十九章
民事执行救济与民事执行回转

学习目的与基本要求 了解民事执行救济的概念、意义及特点，系统掌握程序性的执行救济制度和实体性的执行救济制度的基本要素及基本原理；正确认识和理解民事执行回转的概念、条件及法定事由。

第一节 民事执行救济

一、民事执行救济概述

（一）民事执行救济的概念及特点

所谓民事执行救济，是指在民事执行程序中，执行当事人、利害关系人或案外人因主张其合法权益受到侵害，依法向有关机关提出采取保护和补救措施的请求，受请求的机关依法矫正业已发生或者业已造成损害的违法执行行为的法律制度。执行救济制度主要有以下特征：

（1）执行救济是矫正违法执行行为的法律制度。执行行为既是通过公权力实现生效法律文书确定的权利的活动与程序，又是践行法律权威的活动与程序。无论从哪个角度看，执行行为都必须严格遵守法律规定的方式与程序，否则既影响执行法律制度功能的发挥，又损害公权力和法律制度的权威性。因此，违法的执行行为必须予以矫正。执行救济是关于矫正违反法律规定的执行行为的方法、手段、途径和程序的法律制度。矫正违法执行行为的方法、手段、途径和程序多种多样，既包括在民事执行程序中进行矫正，也包括通过审判程序进行矫正。

（2）执行救济的前提条件是执行当事人、利害关系人或者案外人的合法权益受到或者可能受到侵害。救济的目的是矫正违法行为，恢复受侵害的权利，弥补已发生的损害。无违法行为或无损害，就没有救济的必要。然而，救济权具有普遍性，凡是认为自己的合法权益受到侵害的主体，都有权获得救济。因此，在损害被查明或者被证实之前，凡认为自己合法权益受到侵害的执行当事人、利害关系人和案外人，都可以请求执行救济，以查明或证实损害是否确实发生。但是，最终需要矫正的只是已经查明或者证实并确实造成损害的违法行为。

（3）执行救济程序的启动以当事人、利害关系人或者案外人提出请求为条件。根据处分原则，在民事执行程序中，执行当事人、利害关系人或者案外人的民事权益受到侵害或者可能受到侵害的，是否请求救济，应当由权利主体自己决定，民事执行机关一般不得主动依职权启动执行救济程序。因此，执行救济程序的启动以当事人、利害关系人或者案外人提出请求为条件。

（二）民事执行救济的意义

在执行法律制度乃至整个程序法律制度中，民事执行救济制度的意义重大，主要表现为：

（1）民事执行救济是维护执行当事人、利害关系人和案外人合法权益的重要保障。无救济即无权利，即使法律对实体权利和程序权利规定得再细密、再完备，如果权利主体不能平等、公正、全面地享有救济权，不能现实地获得救济并参与救济程序，那么法律规定的实体权利和程序权利都将化为乌有。在民事执行程序中，如果没有执行救济制度，作为权利主体所享有的实体权利和程序权利都只能是“画中之饼”，无法实现。只有通过执行救济，执行当事人、利害关系人或者案外人受侵害的主权利才能得以恢复，受损害的权益才能获得弥补。因此，执行救济是维护执行当事人、利害关系人和案外人合法权益的重要保障。

（2）民事执行救济是实现依法执行、维护执行权威的重要保障。在民事执行实践中，由于民事执行机构及其人员或者执行当事人的原因，执行瑕疵和错误总是在所难免。执行瑕疵与执行错误，会妨碍民事执行目的和价值的实现，与依法执行的基本原则背道而驰，执行的权威和法律的尊严会受到严重损害。通过执行救济制度消除执行瑕疵、矫正执行错误，显然有利于实现民事执行的目的与价值，确保依法执行，从而维护民事执行的权威和法律的尊严。换言之，执行救济是实现依法执行、维护执行权威的重要保障。

（3）民事执行救济有利于缓解执行当事人、利害关系人和案外人的对抗情绪，减少执行阻力。通过执行救济制度为执行当事人、利害关系人和案外人提供说理和申辩的机会，充分发挥执行程序自身具有的吸收不满的功能，能够有效地缓解执行当事人、利害关系人和案外人对于执行行为的对抗情绪，减少执行阻力，防止因强制执行措施采取可能会引起的暴力抗执事件发生。

二、民事执行救济的体系

在2007年《民事诉讼法》修正之前，我国法律和司法解释有关民事执行救济的规定很不全面，仅有一种执行救济制度，即案外人异议。2007年修正后的《民事诉讼法》增设了当事人、利害关系人异议和执行复议制度，并将案外人异议之诉、许可执行之诉作为执行异议之诉制度引入了执行救济体系。2008年《适用执行程序解释》又根据司法实践的需要，规定了分配方案异议和分配方案异议之诉。此外，《变更追加当事人规定》还规定了变更追加当事人的异议之诉，《执行和解规定》规定了执行和解异议之诉，使我国的民事执行救济制度逐步完善。

有人认为，《民事诉讼法》第237条规定的向上一级人民法院申请执行也属于执行救济的范畴。但是笔者认为，该规定应当属于执行监督的范畴，将其归入执行救济体系并不合适。还有人认为，《民事诉讼法》第244条规定的执行回转也应当属于民事执行救济的范畴。笔者认为，执行回转不是对执行错误的纠正，而是对裁判错误的结果的纠正。执行回转不是以执行程序和执行行为有错误为前提，而是以据以执行的生效法律文书被撤销为前提的。因此，执行回转不是执行救济，而是一种新的执行程序。

根据救济的方式、内容和程序不同，理论上一般将民事执行救济分为程序性的执行救济和实体性的执行救济两种类型。

三、程序性的执行救济制度

（一）当事人、利害关系人异议

《民事诉讼法》第236条规定："当事人、利害关系人认为执行行为违反法律规定的，可以向负责执行的人民法院提出书面异议。当事人、利害关系人提出书面异议的，人民法院应当自收到书面异议之日起十五日内审查，理由成立的，裁定撤销或者改正；理由不成立的，裁定驳回。当事人、利害关系人对裁定不服的，可以自裁定送达之日起十日内向上一级人民法院申请复议。"通过该条规定，《民事诉讼法》确立了两种程序性执行救济制度，即当事人、利害关系人异议和执行复议制度。

1. 当事人、利害关系人异议的概念

当事人、利害关系人异议，也称为执行行为异议，是指当事人、利害关系人认为民事执行机关及其人员的执行行为违反了法律规定，损害了自己的合法权益，向该民事执行机关及其人员声明不服的方式与程序。受民事执行机关及其人员的行为影响最大的是在民事执行程序中享有权利、承担义务的当事人和利害关系人，允许这些主体通过一定的方式与程序向民事执行机关及其人员的行为声明不服，是我国民事执行法的重大进步。有人主张将当事人、利害关系人异议统称为执行异议，并使之与案外人异议区别开来。但是，笔者认为，将案外人异议排斥在执行异议之外，既不符合执行异议的应有之义，也与其他法域的概念相差太大，并不可取。因此，将当事人、利害关系人异议与案外人异议并列作为执行异议的下位概念更为妥适。

2. 当事人、利害关系人异议的适用主体

当事人、利害关系人异议的适用主体包括两种：一是执行当事人，二是利害关系人。其中，执行当事人即生效法律文书确定的债权人和债务人。利害关系人的范围，法律没有作出明确规定，从理论的角度看，应当是指受执行行为直接影响、以自己的名义享有执行权利或者承担执行义务的、除执行当事人之外的单位或者个人。例如，执行当事人的权利义务承受人、被变更或者被追加为执行当事人的人、代位执行中的次债务人、执行标的共有权人或者优先权人等。首先，利害关系人不是执行依据确定的权利人或者义务人，故不是执行当事人；其次，利害关系人在执行程序中享有权利或者承担义务，且以自己的名义享有权利或者承担义务，故不同于对执行标的主张所有权或者有其他足以阻止执行标的转让、交付的实体权利的案外人；最后，利害关系人的权利因受执行行为的实质影响，故不同于普通的案外人。《办理执行异议和复议案

件规定》第5条其实是列举了实践中常见的利害关系人。

3. 当事人、利害关系人异议的条件

根据《民事诉讼法》第236条的规定，当事人、利害关系人提起执行异议应当具备以下四个条件：

（1）必须在执行程序中提起。当事人、利害关系人只有在执行程序进行中提起异议，才能促使执行机关及其人员及时纠正违法的执行行为，维护自身的合法权益。若执行程序尚未开始，执行异议不可能发生。若执行程序已经终结，当事人或案外人提起执行异议就无实质意义。即使其合法权益受到损害，也应当通过其他方式寻求救济。

（2）必须以执行行为违反法律规定为由提起。执行异议是一种程序性执行救济方式，只能针对执行机关及其人员的执行行为提起，凡是涉及实体权利义务关系的争议，不得适用执行异议寻求救济。这里所谓的“执行行为”应当指执行机关及其人员实施的、迫使债务人履行义务、实现债权人权利的行为。理论上一般将其分为执行命令、执行实施和执行裁判行为三类。对于执行行为之外的其他行为，如执行机关及其人员对妨害执行行为实施制裁的行为，不得依据《民事诉讼法》第236条的规定提起执行异议。

（3）必须向负责执行的民事执行机关提起。为了确保执行的效率和效益，当事人、利害关系人提起执行异议，应当直接向负责执行的民事执行机关提出，不得向其他人民法院或者其他机构提出。

（4）以书面形式提起。为了确保执行异议的严肃性，便于执行机关对当事人、利害关系人异议进行审慎的审查，《民事诉讼法》第236条规定认为执行行为违反法律规定的当事人、利害关系人可以书面的形式提起异议。

4. 对当事人、利害关系人异议的审查和裁判

《民事诉讼法》第236条规定，对当事人、利害关系人提出的异议，执行机关应当自收到书面异议之日起15日内进行审查。但是，对审查的具体方式，例如，是采取书面审查还是开庭审查，是否要听取对方当事人意见等，法律均未明确规定。就理论而言，执行异议仅针对执行行为提起，不涉及与对方当事人之间的实体权利义务关系。因此，执行机关对于当事人、利害关系人提出的异议，原则上不需要听取对方当事人的意见，也不必开庭进行审查。当然，为了确保审查的审慎性，执行机关可以进行必要的调查，并将听取当事人的意见作为调查的一部分，但这并不意味着对执行异议的审查要开庭进行。《适用执行程序解释》规定，执行法院审查处理执行异议，应当自收到书面异议之日起15日内作出裁定。这就说明，执行机关必须在收到书面异议之日起15日内审查完毕并作出裁定。

对于当事人、利害关系人提出的执行异议，执行机关应当以裁定作出判断。首先，关于裁定的具体形式，法律没有作出明确规定。既然《民事诉讼法》第236条规定当事人、利害关系人提起异议可以采取书面形式，对裁定不服可向上一级人民法院申请复议，那么，执行机关对当事人、利害关系人异议作出的裁定也应当是书面裁定。其

次，关于裁定的内容，执行机关对当事人、利害关系人提起的执行异议作出的裁定可分为两种：其一，异议理由成立的，裁定撤销或者改正执行行为；其二，异议理由不成立的，裁定驳回异议。最后，关于对裁定不服的救济，当事人、利害关系人对裁定不服的，可以自裁定送达之日起 10 日内向上一级人民法院申请复议。

（二）案外人异议

《民事诉讼法》第 238 条规定："执行过程中，案外人对执行标的提出书面异议的，人民法院应当自收到书面异议之日起十五日内审查，理由成立的，裁定中止对该标的的执行；理由不成立的，裁定驳回。案外人、当事人对裁定不服，认为原判决、裁定错误的，依照审判监督程序办理；与原判决、裁定无关的，可以自裁定送达之日起十五日内向人民法院提起诉讼。"此条前段即为案外人异议制度的规定。

1. 案外人异议的概念

案外人异议，是指案外人以对执行标的享有实体权利为由，对民事执行机关对该标的的执行提出不同意见，要求停止对该标的执行的申请。此类异议是针对执行标的而提出的，故案外人异议也称为执行标的异议；此类异议的目的是停止对执行标的的执行，故案外人异议也称为排除执行异议。案外人异议是广义的执行异议的组成部分。案外人异议制度在 2007 年修正《民事诉讼法》之前就已经存在，2007 年修正《民事诉讼法》之后，最高人民法院通过司法解释对其作了细化规定，增强了其操作性。

2. 案外人异议的适用主体

所谓案外人，是指本案执行当事人以外的人，即据以执行的生效法律文书没有载明的单位或者个人，但是，并不是所有的案外人都能提起案外人异议。根据《适用执行程序解释》第 14 条的规定，只有对执行标的主张所有权或者有其他足以阻止标的转让、交付的实体权利，才能提起案外人异议。也就是说，只有对执行标的主张所有权，或者主张具有其他足以阻止标的转让、交付的实体权利的人，才能成为案外人异议中的案外人。一般来说，被误作执行标的的财产的所有权人，被债务人占有的财产的所有权人，已经付清价款但尚未交付或者尚未办理所有权变更登记的财产的买受人等，是典型的案外人。

3. 案外人异议的条件

根据《民事诉讼法》第 238 条的规定，案外人提起执行异议必须具备三个条件：

（1）必须在执行过程中提出。如果执行程序尚未开始，或者执行程序已经结束，案外人不得提起执行异议，而应当通过其他途径寻求权利的救济。

（2）异议理由必须是对执行标的主张实体权利。案外人提起异议的内容必须是对执行标的主张实体权利，也就是认为正在执行的财产并不是执行标的。根据有关司法解释的规定，只有对执行标的主张所有权或者有其他足以阻止执行标的转让、交付的实体权利，才能提起案外人异议。

（3）必须采取书面形式。《民事诉讼法》第 238 条明确规定，案外人提起执行异议应当采取书面形式，根据《执行规定（试行）》的规定，提出异议的案外人应当提供相应的证据。明确规定案外人异议必须采取书面形式，有利于异议人充分说明理由，便于执行机关的审查和裁判。

4. 对案外人异议的审查和裁判

根据《民事诉讼法》《民诉法解释》及《适用执行程序解释》的规定，案外人对执行标的提出书面异议的，执行机关应当自收到书面异议之日起 15 日内审查。经审查，执行机关应当分别依据不同的情况作出不同的处理：

（1）案外人异议没有理由，即案外人对执行标的不享有足以排除强制执行的权益的，裁定驳回其异议。民事执行机关对于案外人提起的执行异议，应当通过询问案外人、当事人、调查核实有关证据的方法进行审查。如果案外人异议的理由不成立，如所提供的证据不真实，或者没有提供必要的证据、民事执行机关也没有查到必要的证据证明该案外人享有足以排除对该执行标的执行的实体权利的，或者案外人提供的证据与执行标的无关，等等，民事执行机关应当认定异议没有理由，并以裁定驳回其异议。驳回案外人异议的裁定送达案外人之日起 15 日内，民事执行机关不得对执行标的进行处分，确保案外人提起异议之诉的实益性。

（2）案外人对执行标的享有足以排除强制执行的权益的，裁定中止执行。“足以排除强制执行的权益”包括所有权和其他足以阻止执行标的转让、交付的权利。

5. 案外人异议的事后救济

根据《民事诉讼法》第 238 条的规定，案外人、当事人对执行机关就案外人异议作出的裁定不服，认为原判决、裁定错误的，依照审判监督程序办理；与原判决、裁定无关的，可以自裁定送达之日起 15 日内向人民法院提起诉讼。案外人、当事人提起的诉讼，就是实体性的执行救济制度。其中，案外人向人民法院提起的诉讼，称为案外人异议之诉，债权人向人民法院提起的诉讼，称为许可执行之诉。

（三）分配方案异议

为了满足司法实践的需要，《适用执行程序解释》和《民诉法解释》对参与分配程序可能出现争议的问题作出了一些具体规定。其中，赋予债权人和债务人对分配方案提起异议的权利，有利于确保分配程序高效、公正地进行，充分发挥参与分配的程序功能。

1. 分配方案异议的概念

所谓分配方案异议，是指在实现金钱债权的执行中，债权人、债务人对民事执行机关制作的财产分配方案提出不同意见并要求纠正的申请。在多个债权人对同一债务人申请执行或者对执行财产申请参与分配的，民事执行机关应当根据各债权人的债权额制作财产分配方案并送达各债权人和债务人。债权人或者债务人对该分配表或者分配方案有异议，如对其他债权人的参与分配权或者债权额有意见，或者认为自己的债权额有误等，可以向民事执行机关提出异议并要求纠正。这种异议称为分配方案异议，也称分配表异议。

2. 分配方案异议的条件

根据《适用执行程序解释》和《民诉法解释》的规定，债权人或者债务人提出分配方案异议，应当符合下列几个条件：

（1）在法定期间提出异议。根据规定，债权人或者债务人对分配方案有异议的，应当自收到分配方案之日起 15 日内提出异议。超过该期限的，异议不合法。

（2）向有管辖权的法院提出异议。分配方案异议只能向执行法院提出，向其他法院或者机关提出的，异议不合法。

（3）采取书面形式提出异议。债权人或者债务人提出分配方案异议，必须以书面形式提出。以口头形式提出的，异议不合法。

3. 分配方案异议对民事执行程序的影响

对于债权人或者债务人提出的分配方案异议，民事执行机关不需要进行实质的审查，而只要将异议情况通知未提出异议的债权人和债务人即可，然后根据未提出异议的债权人和债务人是否提出反对意见，决定执行程序是否继续：其一，未提出异议的债权人或者债务人收到通知后在法定期间对异议提出反对意见的，应当通知异议人，分配方案异议程序终结，提出异议的债权人或者债务人可以自收到通知之日起 15 日内，提起分配方案异议之诉，诉讼期间进行分配的，执行法院应当提存与争议债权数额相应的款项；异议人逾期未提起诉讼的，执行法院应当依原分配方案进行分配。其二，未提出异议的债权人和债务人收到通知后均未在法定期间对异议人的异议提出反对意见的，民事执行机关应当根据异议人的意见对分配方案进行修正并依修正后的方案进行分配。

（四）执行复议

《民事诉讼法》第 236 条不仅规定当事人、利害关系人可以提起执行异议，而且规定当事人、利害关系人对人民法院针对其异议作出的裁定不服的，有权向上一级人民法院申请复议。这种申请和复议发生在执行程序中，与之相关的制度可称为执行复议制度。

1. 执行复议的概念

在民事执行程序中，当事人、利害关系人对民事执行机关就其异议作出的裁定不服，向上一级民事执行机关提出对其异议进行再次审查和裁判的制度，称为执行复议制度。执行复议制度其实由两种程序制度构成：其一，当事人、利害关系人申请复议的程序制度；其二，上一级民事执行机关对复议申请进行审查和裁判的制度。从《民事诉讼法》的相关规定来看，现行的执行复议制度类似于日本的执行抗告制度。

2. 申请复议的条件

根据《民事诉讼法》以及《适用执行程序解释》的规定，当事人、利害关系人申请复议，应当符合以下几个方面的条件：

（1）申请复议针对的行为已经被提起异议。没有当事人或者利害关系人对执行机关的执行行为提出异议，就不能申请复议。从这个角度来看，复议针对的执行行为，必须是依法可以提起异议的行为，对于依法不能提起异议的行为，不可能通过复议来审查和判断，也就不可能被申请复议。当然，复议申请人并不一定是提起异议的当事人或者利害关系人。

（2）在法定期间内提出申请。当事人、利害关系人申请复议，应当自民事执行机关针对当事人、利害关系人异议作出的裁定送达之日起 10 日内提出。

（3）向有管辖权的民事执行机关提出申请。执行复议申请应当向执行法院的上一级人民法院提出。

（4）采取法定的形式提出申请。当事人、利害关系人申请复议应当采取书面形式。申请复议的书面材料，可以通过执行法院转交，也可以直接向执行法院的上一级人民法院提交。执行法院收到复议申请后，应当在 5 日内将复议所需的案卷材料报送上一级人民法院；上一级人民法院收到复议申请后，应当通知执行法院在 5 日内报送复议所需的案卷材料。

3. 对复议申请的审查和裁判

对于当事人、利害关系人提出的复议申请，上一级人民法院民事执行机关应当组成合议庭进行审查，并在收到复议申请之日起 30 日内审查完毕并作出裁定。有特殊情况需要延长的，经本院院长批准，可以延长，延长的期限不得超过 30 日。审查的方式既可以采取书面审查方式，也可以采取开庭审查方式。前者就是上一级民事执行机关调取与异议有关的案卷材料，组成合议庭对复议申请进行审查，并作出审查结论；后者则是调取案卷后，通知各方当事人到庭，合议庭公开听取各方意见，最后作出审查结论。由于复议申请针对的是执行行为，不服的事项属于执行程序性事项，因此，上一级人民法院民事执行机关应当以裁定的方式作出终局结论。

4. 申请复议的效力

对复议申请的审查期间，不停止执行。债务人、利害关系人提供充分、有效的担保请求停止相应处分措施的，人民法院可以准许；债权人提供充分、有效的担保请求继续执行的，应当继续执行。

四、实体性的执行救济制度

为了满足民事执行实践的需要，现行《民事诉讼法》将执行异议之诉制度引入民事执行救济体系，规定案外人和执行当事人不服民事执行机关所作的案外人异议裁定的，可以提起诉讼。在理论上，案外人因不服案外人异议裁定提起的诉讼称为案外人异议之诉；债权人因不服案外人异议裁定提起的诉讼称为许可执行之诉。《民诉法解释》将其分别称为案外人提起的执行异议之诉和申请执行人提起的执行异议之诉。此外，2008 年《适用执行程序解释》规定了分配方案异议之诉制度，2016 年《变更追加当事人规定》规定了变更追加当事人异议之诉制度，2018 年《执行和解规定》规定了执行和解异议之诉制度。其中，在变更追加当事人异议之诉中，申请变更追加的当事人提起的执行异议之诉，实际上是许可执行之诉，被申请变更追加的当事人提起的执行异议之诉，实际上是债务人异议之诉；执行和解异议之诉又分为履行执行和解协议之诉、确认执行和解协议无效之诉、撤销执行和解协议之诉。总之，我国现行的实体性执行救济制度包括：案外人异议之诉、许可执行之诉、分配方案异议之诉、债务人异议之诉与执行和解异议之诉。

（一）案外人异议之诉

1. 案外人异议之诉的概念

所谓案外人异议之诉，是指在执行程序中，案外人为维护自己的合法权益，向执行法院提出的、对争议的实体法律关系进行审理和裁判，以纠正执行错误的请求。

《民事诉讼法》第 238 条规定："执行过程中，案外人对执行标的提出书面异议的，人民法院应当自收到书面异议之日起十五日内审查，理由成立的，裁定中止对该标的的执行；理由不成立的，裁定驳回。案外人、当事人对裁定不服，认为原判决、裁定错误的，依照审判监督程序办理；与原判决、裁定无关的，可以自裁定送达之日起十五日内向人民法院提起诉讼。"根据该条后段的规定，紧接着案外人异议程序，可能形成两种类型的诉讼，即案外人提起的诉讼和当事人提起的诉讼。案外人提起的诉讼是案外人异议之诉，债权人提起的诉讼是许可执行之诉。

2. 提起案外人异议之诉的条件

（1）以民事执行机关驳回案外人异议为前提。案外人提起异议之诉，必须以案外人已经向民事执行机关提出异议并且民事执行机关驳回其异议为前提。案外人没有提起异议就不得提起异议之诉，案外人异议被人民法院裁定理由成立的，也就没有必要提起异议之诉。

（2）自案外人执行异议裁定送达之日起 15 日内提起诉讼。案外人执行异议裁定送达超过 15 日未起诉的，案外人不得再提起异议之诉。

（3）有明确的排除对执行标的执行的诉讼请求，且诉讼请求所依据的理由与原判决、裁定无关。案外人提起诉讼的诉讼请求应当是请求判决排除对执行标的的执行，以维护其所有权或者其他足以阻止执行标的转让、交付的实体权利。同时，案外人提出异议之诉所依据的理由必须与原判决、裁定无关。所谓"与原判决、裁定无关"，是指案外人提起异议之诉，不是由于作为执行依据的原判决、裁定有错误，而是由于案外人对执行标的享有所有权或者其他足以阻止执行标的转让、交付的实体权利。案外人认为据以执行的原判决、裁定确有错误的，应当按照审判监督程序办理，而不能提起异议之诉。

（4）由案外人提起。提起异议之诉的案外人，应当是提起案外人异议的案外人。没有提起异议的案外人，无权提起案外人异议之诉。

3. 案外人异议之诉的审理和裁判

根据《民诉法解释》和《适用执行程序解释》的规定，案外人异议之诉审理和裁判应当遵守下列规定：

（1）管辖。案外人异议之诉是执行救济制度的一种，案外人提起异议之诉的目的在于排斥或者促成对执行标的的执行。因此，为了便利当事人提起和参加诉讼，也便利于执行机关与审判机构的必要沟通，案外人异议之诉由执行法院专属管辖，其他法院没有管辖权，当事人也不能通过协议选择管辖法院。

（2）当事人的确定。案外人提起异议之诉、人民法院审理案外人异议之诉的目的在于解决案外人与执行当事人之间因执行标的的实体权利义务关系形成的纠纷。因此，案外人异议之诉必须以案外人和执行当事人为当事人。具体来说，案外人异议之诉的原告应当是提起案外人异议的案外人，被告应当是申请执行的债权人。债务人反对案外人对执行标的所主张的实体权利的，应当以债权人和债务人为共同被告；债务人不反对案外人异议的，可以列债务人为第三人。

（3）审理与裁判。人民法院应当在收到案外人异议之诉的起诉状之日起 15 日内决定是否立案受理。案外人异议之诉适用普通程序进行审理和裁判。根据《民诉法解释》第 309 条的规定，案外人提起异议之诉的，应当由案外人就其对执行标的享有足以排除强制执行的民事权益承担举证证明责任。根据《民诉法解释》第 310 条的规定，经审理，案外人异议之诉的理由不成立，即案外人对执行标的不享有足以排除强制执行的民事权益的，判决驳回其诉讼请求；理由成立，即案外人对执行标的享有足以排除强制执行的民事权益的，判决不得执行该执行标的。人民法院判决不得对执行标的执行的，执行异议裁定失效。案外人同时提出确认其权利的诉讼请求的，人民法院可以在判决中一并作出裁判。当事人对判决不服的，可以依法提起上诉。

4. 案外人异议之诉对执行程序的影响

案外人异议之诉的审理期间，民事执行机关不得对执行标的进行处分。债权人请求人民法院继续执行并提供相应担保的，人民法院可以准许。也就是说，案外人异议之诉的提起和审理，民事执行机关可以对执行标的实施查封、扣押、冻结等控制性执行措施并维持上述措施的法律效力，原则上不得实施拍卖、变卖或者以物抵债等处分性执行措施。但是，债权人提供相应担保并请求民事执行机关继续执行，包括实施处分性执行措施的，民事执行机关可以准许。债务人与案外人恶意串通，通过执行异议、执行异议之诉妨害执行的，民事执行机关应当依照《民事诉讼法》第 116 条的规定，以恶意串通逃避执行为由对债务人、案外人采取罚款、拘留等强制措施，构成犯罪的，依法追究刑事责任。债权人因此受到损害的，可以提起诉讼要求债务人、案外人给予赔偿。

（二）许可执行之诉

在民事执行程序中，民事执行机关认为案外人异议的理由成立，裁定中止对执行标的执行，债权人不服该裁定的，可以依据《民事诉讼法》第 234 条后段的规定另行提起诉讼，请求通过审判程序确定是否应当对该执行标的执行。债权人提起的这种诉讼称为许可执行之诉。

1. 许可执行之诉的概念

所谓许可执行之诉，是指债权人提起的，就是否应当对民事执行机关裁定中止执行的标的继续执行的问题进行审理和裁判的请求。法院对许可执行之诉进行审理和裁判的程序制度，称为许可执行之诉制度。在德国、日本，许可执行之诉制度主要用于解决关于生效法律文书有无执行力以及执行力是否扩张的争议，其称谓也各不相同：在德国称为“发给执行条款之诉”，在日本称为“付与执行签证之诉”。在我国，根据《民事诉讼法》第 238 条和《民诉法解释》的相关规定，许可执行之诉则被用于解决关于是否应当对特定的标的继续执行的争议：执行法院认为案外人异议的理由成立并裁定中止对该标的执行的，债权人不服该裁定，认为应当对该标的继续执行，可以自裁定书送达之日起 15 日内向执行法院提起诉讼，该诉讼就是许可执行之诉。因此，我国现行法律规定的许可执行之诉与德国、日本的许可执行之诉存在重大差别。同时还应当注意，根据《变更追加当事人规定》第 32 条第 1 款的规定，申请人对执行法院依据该规定第 14 条第 2 款、第 17 条至第 21 条规定作出的变更、追加裁定不服的，可以自裁定书送达之日起 15 日内，向执行法院提起执行异议之诉。该执行异议之诉也可归于广义的许可执行之诉的范畴。本部分仅依《民事诉讼法》第 238 条的规定分析许可执行之诉。

2. 提起许可执行之诉的条件

根据《民事诉讼法》第 238 条、《民诉法解释》第 304 条以及《适用执行程序解释》的有关规定，结合法理来看，提起许可执行之诉应当具备下列条件：

（1）起诉的一方应当为债权人。从理论上看，对于执行法院根据《民事诉讼法》第 238 条的规定作出的中止对标的执行的裁定，债权人和债务人被执行人都可能因不服裁定而与案外人形成争议。其中，债务人不服该裁定而与案外人形成的争议是关于该标的的所有权或者其他实体权利的争议，即使提起诉讼也是一个涉及实体权利义务关系纠纷的诉讼，与执行程序无关，不属于民事执行救济制度的范畴。债权人不服该裁定而与案外人形成的争议，是关于该标的是否为执行标的的争议而不是关于该标的实体权利的争议，债权人提起诉讼的目的是继续对该标的执行，而不是为了解决通常的实体权利义务关系纠纷，属于民事执行救济的范畴。因此，许可执行之诉的原告只能是债权人。

（2）民事执行机关已经依案外人异议请求裁定对执行标的中止执行。许可执行之诉以民事执行机关依案外人异议请求作出对债权人不利的裁定为前置程序。案外人没有提出异议，或者民事执行机关没有裁定中止执行的，债权人均不得提起许可执行之诉。

（3）有明确的对执行标的继续执行的诉讼请求，且诉讼请求与原判决、裁定无关。债权人提起许可执行之诉的目的在于继续对执行标的实施执行，以满足自己的债权。但是，债权人提出的继续对执行标的执行的请求所依据的理由，不能是认为原判决、裁定有错误。认为原判决、裁定有错误的，应当按照审判监督程序办理，而不是提起许可执行之诉。

（4）自执行异议裁定送达之日起 15 日内提起。民事执行机关认为案外人异议理由成立并裁定中止对该标的执行，债权人不服该裁定的，应当在裁定送达之日起15日内提起诉讼；超过该期间的，债权人不得提起许可执行之诉。

3. 许可执行之诉的审理和裁判

（1）管辖。许可执行之诉由执行法院专属管辖，其他法院没有管辖权，当事人也不能通过协议选择管辖。

（2）当事人的确定。许可执行之诉的原告只能是债权人，其被告应当是案外人。债务人在许可执行之诉中的诉讼地位，依其态度不同而不同：债务人反对债权人的主张的，应当以案外人和债务人为共同被告；债务人不反对债权人的主张的，可以列债务人为第三人。

（3）审理和裁判。人民法院应当在收到债权人的起诉状之日起15日内决定是否立案。人民法院决定受理的，应当适用普通程序进行审理和裁判。根据《民诉法解释》第309条的规定，许可执行之诉应当由案外人就其对执行标的享有足以排除强制执行的民事权益承担举证证明责任。经过审理，认为案外人就执行标的不享有足以排除强制执行的民事权益的，判决准许执行该执行标的；案外人就执行标的享有足以排除强制执行的民事权益的，判决驳回诉讼请求。

4. 许可执行之诉对执行程序的影响

民事执行机关裁定对执行标的中止执行后，在许可执行之诉审理期间，民事执行机关对该执行标的采取的执行措施的效力应当予以维持。人民法院判决准许对该执行标的继续执行的，执行异议裁定失效，执行法院可以根据债权人的申请或者依职权恢复执行。债权人在法定期间内未提起许可执行之诉的，民事执行机关应当自起诉期限届满之日起7日内解除对该标的采取的执行措施。

（三）分配方案异议之诉

在多个债权人对同一债务人申请执行，或者对执行财产申请参与分配的民事执行程序中，债权人和债务人可以对分配方案提出异议。未提出异议的债权人、债务人可以对该异议提出反对意见，异议人可以提出反对意见的债权人、债务人为被告，向执行法院提起诉讼。这种诉讼理论上称为分配方案异议之诉。

1. 分配方案异议之诉的概念

分配方案异议之诉，也称分配表异议之诉，是指提出分配方案异议的债权人或者债务人因不同意未提出异议的债权人或者债务人的反对意见而提起的，对其异议理由进行实体审理和裁判以确定是否修改分配方案的请求。执行法院对分配方案异议之诉进行审理和裁判的制度，称为分配方案异议之诉制度。它是在多个债权人对同一债务人申请执行或者对执行财产申请参与分配的实现金钱债权的执行程序中适用的一种实体性救济制度。

2. 分配方案异议之诉的条件

根据《适用执行程序解释》的规定并结合法理，提起分配方案异议之诉，应当具备下列条件：

（1）原告是提出分配方案异议的债权人或者债务人。只有对民事执行机关的分配方案提出不同意见的主体，才能提起分配方案异议之诉。没有提出分配方案异议的主体，不得提起分配方案异议之诉。这是因为，分配方案异议之诉的基础原因是没有对分配方案提出异议的债权人或者债务人对债权人或者债务人提出的分配方案异议提出了反对意见，民事执行机关因此拒绝按照分配方案异议人的意见更改分配方案。在这种情况下，坚持自己的异议主张的债权人或者债务人为维护自己的合法权益，只能请求审判机关对其异议理由进行实质审理以确定是否应当根据其意见修改分配方案。所以，提起分配方案异议之诉的主体必然是曾经提起分配方案异议的债权人或者债务人。其他主体因与提起诉讼的基础原因无关而不得提起分配方案异议之诉。

（2）被告是对分配方案异议提出反对意见的债权人或者债务人。如前所述，提起分配方案异议之诉的原因是分配方案异议人坚持自己的异议主张而不同意未提出异议的其他债权人或者债务人提出的反对意见。因此，对于提起分配方案异议之诉的债权人或者债务人来说，争议的对方当事人是对其异议提出反对意见的其他债权人或者债务人。没有提出反对意见的其他债权人或者债务人没有与分配方案异议人形成争议，因此没有必要进入分配方案异议之诉程序。

（3）在收到未提出异议的债权人或者债务人提出的反对意见通知之日起 15 日内提起诉讼。未提出异议的债权人或者债务人对分配方案异议提出反对意见的，民事执行机关应当将该反对意见通知提出异议的债权人或者债务人。提出异议的债权人或者债务人不同意该反对意见的，应当在收到通知之日起 15 日内提起诉讼。逾期起诉则诉讼不合法。

（4）向执行法院提起诉讼。分配方案异议之诉专属于执行法院管辖，其他法院无管辖权，也不能由当事人通过协议选择管辖法院。因此，提起分配方案异议的债权人或者债务人只有向执行法院提起诉讼，分配方案异议之诉才合法有效。

3. 分配方案异议之诉的审理和裁判

债权人或者债务人提起的分配方案异议之诉，涉及提出分配方案异议的债权人或者债务人与对该异议提出反对意见的其他债权人或者债务人之间关于分配方案异议的理由是否成立的实体性争议，因此，执行法院应当适用通常诉讼程序对该争议进行审理和裁判。经过审理，认定分配方案异议理由成立的，应当判决支持提起诉讼的债权人或者债务人的诉讼请求，判决主文应当明确如何对分配方案进行修改；认定分配方案异议理由不成立的，应当判决驳回提起诉讼的债权人或者债务人的诉讼请求。当事人对该判决不服的，可以依法上诉。

另外，根据《适用执行程序解释》的规定，在分配方案异议之诉的诉讼期间实施分配的，民事执行机关应当将与争议债权数额相应的款项予以提存，以维护提起分配方案异议之诉的债权人或者债务人的合法权益。

（四）债务人异议之诉

债务人异议之诉，也称债务人执行异议之诉，是指在民事执行程序中，债务人与债权人因生效法律文书执行力的有无及其范围大小、执行条件是否具备、债权人是否具有执行请求权等事项形成争议而形成的诉讼。我国现行《民事诉讼法》没有规定债务人异议之诉制度，但是《变更追加当事人规定》第32条第1款规定，被申请人对执行法院依该规定第14条第2款、第17条至第21条规定作出的变更、追加裁定不服的，可以自裁定书送达之日起15日内，向执行法院提起执行异议之诉。这一诉讼其实就是债务人异议之诉的一种类型，或者说是依据债务人异议之诉的原理设计的一种实体执行救济制度。该债务人异议之诉的原告是被申请变更或者追加为执行当事人的人（简称被申请人），被告是申请变更或者追加当事人的执行人（简称申请人）。根据《变更追加当事人规定》第33条第1款的规定，被申请人提起的执行异议之诉，人民法院经审理，认定被申请人异议理由成立的，判决不得变更、追加被申请人为债务人或者判决变更责任范围；认定被申请人异议理由不成立的，判决驳回诉讼请求。《变更追加当事人规定》已经打开了我国债务人异议之诉制度的口子，未来的民事执行法应当确立完善的债务人异议之诉制度。

（五）执行和解异议之诉

《执行和解规定》第9条规定："被执行人一方不履行执行和解协议的，申请执行人可以申请恢复执行原生效法律文书，也可就履行执行和解协议向执行法院提起诉讼。"第16条规定："当事人、利害关系人认为执行和解协议无效或者应予撤销的，可以向执行法院提起诉讼……"该两条规定新设了我国的执行和解异议之诉制度。

执行和解异议之诉包括三种类型：一是履行执行和解协议异议之诉，即因债务人不履行执行和解协议，债权人向执行法院提出的请求判令债务人按照执行和解协议履行义务的诉讼。二是执行和解损害赔偿之诉，即执行和解协议履行完毕后，债权人以债务人迟延履行、瑕疵履行执行和解协议对其造成损害为由，向执行法院提出的请求判令债务人给予损害赔偿的诉讼。三是执行和解协议效力异议之诉，即当事人、利害关系人认为执行和解协议存在无效或者可撤销事由，向执行法院提起的请求确认执行和解协议无效或者请求判令撤销执行和解协议的诉讼。

履行执行和解协议异议之诉的原告只能是债权人，被告应当是债务人。执行法院受理履行执行和解协议异议之诉的，可以裁定终结原生效法律文书的执行，执行中的查封、扣押、冻结措施，自动转为诉讼中的保全措施。

执行和解损害赔偿之诉的原告同样只能是债权人，被告应当是债务人。

执行和解协议效力异议之诉，债权人、债务人或者案外人均可提起。债务人提起执行和解协议效力异议之诉的，不影响债权人申请恢复执行原生效法律文书。无论是哪一方主体提起的执行和解协议效力异议之诉，执行和解协议被确认无效或者撤销的，债权人都可以申请恢复执行原生效法律文书。

执行和解异议之诉以执行和解协议的性质为民事合同为前提。但是，对于这一问题，目前理论上还存在争议。因此，关于执行和解异议之诉的合理性问题，理论上还存在争议。

第二节 民事执行回转

一、民事执行回转的概念

所谓民事执行回转，是指在民事执行过程中或执行结束后，由于据以执行的判决书、裁定书、调解书或其他法律文书被依法撤销或者变更，民事执行机关根据原债务人的申请或者依职权依法采取执行措施，强制原债权人将执行所得财产及其孳息的一部分或全部退还给原债务人，使财产权利恢复到执行程序开始时的状态的一种法律制度。

据以执行的生效法律文书被依法废弃或者变更的，原债权人失去了获得财产的根据，应当将通过执行程序获得的财产返还原债务人。原债权人拒绝返还的，民事执行机关可以依据原债务人的申请或者依职权采取执行措施迫使其返还。民事执行机关采取执行措施迫使原债权人返还财产的活动与程序，就是执行回转程序。

民事执行回转是民事执行制度中维护执行当事人的合法权益、确保法律权威与尊严的一项必不可少、具有补救功能的重要法律制度，故有人也将其归入广义的执行救济制度的范畴。

从性质上看，民事执行回转是独立、完整的民事执行程序。尽管执行回转以存在已经进行或者部分进行的民事执行程序为基础，但是毕竟原来的民事执行程序已经结束或者部分结束，执行回转不应当看成是原民事执行程序的继续或者恢复。之所以发生执行回转，是因为原债务人取得了推翻原执行依据的新执行依据，并以此为根据申请民事执行机关采取执行措施，或者民事执行机关依职权根据新执行依据强制原债权人返还财产。因此，民事执行回转具备民事执行程序的一切特征和要件，是在原民事执行程序之外启动的一种全新的执行程序。严格说来，民事执行回转并不属于通常意义上的民事执行救济制度的范围。

二、民事执行回转的条件

正因为执行回转是在原民事执行程序之外的又一个民事执行程序，它以存在已经进行或者部分进行的民事执行程序为基础，所以其提起条件与通常民事执行程序的提起条件有所区别。一般认为，启动执行回转应当同时具备以下三个条件，缺一不可：

（一）具有否定原执行依据内容的新的执行依据

执行回转的基本前提是原据以执行的生效法律文书被撤销或者变更，且由有权机关作出了明确否定原执行依据内容的新的法律文书。这是执行回转的实质要件。只有原生效法律文书被依法撤销或者变更时，才有可能发生执行回转。同时，民事执行以存在执行依据为前提，原执行依据被撤销或者变更的，依该执行依据取得的民事权益便失去了合法依据，原债权人应当返还依该执行依据取得的财产。因此，执行回转的基本前提是有新的生效法律文书作为执行依据。该新生效法律文书，既可能是原作出机关作出的，也可能是其上级机关作出的。同时，新的生效法律文书必须具有明确否定原法律文书的内容。当然，这种否定既可能是全部否定，也可能是部分否定。

（二）原民事执行程序已经结束或者部分结束

发生执行回转，必须是原法律文书已经由民事执行机关依照法律规定的程序执行结束或者部分结束，且原债权人取得了执行财产。只有执行程序已经结束或者部分结束，且执行机关已经将执行所得交付原债权人，才有必要执行回转。如果民事执行程序尚未结束，原债务人的财产尚未交付给原债权人，可由人民法院裁定撤销执行，并解除对财产的查封、扣押、冻结或者将财产发还原债务人，无需执行回转。当执行所得财产已经全部或者部分交付原债权人的，民事执行机关才能依当事人申请或者依职权决定执行回转，将财产权利恢复到执行开始时的状态。

（三）取得财产的原债权人拒绝返还财产

原执行依据被依法废弃或者变更后，根据新的生效法律文书，原债权人丧失了取得该财产的依据，原债权人依法应当返还。同时，执行回转是一种独立的民事执行程序，它的启动必须以债务人拒绝履行义务为条件。因此，只有取得财产的原债权人拒绝返还财产，才有必要通过执行回转程序维护原债务人的合法权益。换言之，只有取得财产的原债权人拒绝返还财产的，才有实施执行回转的必要。原债权人主动返还已经取得的财产的，就不需要启动执行回转程序。

三、民事执行回转的法定事由

在司法实践中，发生民事执行回转的原因主要有以下几种：

（1）人民法院制作的先予执行裁定书，在执行完毕后，又被本院的生效判决或二审人民法院的终审判决撤销。

（2）人民法院制作的判决书、裁定书、调解书等生效并执行完毕后，又被本院或上级人民法院依审判监督程序撤销。

（3）其他机关制作的法律文书，如仲裁裁决、公证债权文书、行政处理决定书、行政处罚决定书等，依法已由人民法院执行完毕，又被有关仲裁机构、公证机构、行政机关或者其上级机关依法撤销。

在上述情况下，人民法院应当采取执行回转措施，责令一方当事人将执行所得返还对方当事人，拒绝返还的，强制执行。

四、民事执行回转的程序

根据《民事诉讼法》和最高人民法院的司法解释，在执行程序中或执行结束后，据以执行的法律文书被人民法院或者其他机关撤销或变更的，原执行机关应当依据当事人申请或者依职权，按照新的生效法律文书，作出执行回转的裁定，责令原债权人返还已取得的财产及其孳息或其他民事权益。拒绝返还的，强制执行。

一般来说，人民法院制作的生效法律文书被依法撤销后，已经执行完毕的，人民法院应当依职权主动作出裁定，责令原债权人返还已经取得的财产或其他民事权益；其他机构制作的生效法律文书被依法撤销后，已经执行完毕的，民事执行机关不能主动裁定执行回转，但当事人提出申请的，民事执行机关应当执行回转。

执行回转案件，应当重新立案，并适用通常执行程序的有关规定予以强制执行。执行回转时，如果已执行的标的物系特定物的，应当强制原债权人返还原物。不能返还原物的，经双方当事人同意，可以折价赔偿；双方当事人对折价赔偿不能协商一致的，民事执行机关应当终结执行程序，原债务人可以另行提起诉讼解决。

此外，根据《计算迟延履行期间债务利息解释》第 6 条的规定，执行回转程序中，原申请执行人迟延履行金钱给付义务的，应当按照该解释的规定承担加倍部分债务利息。

【思考题】

一、概念题

民事执行救济　执行程序中的案外人异议　执行复议　许可执行之诉　分配方案异议之诉　民事执行回转

二、简答题

1. 简述民事执行救济的特点。
2. 简述程序性的执行救济制度。
3. 简述实体性的执行救济制度。
4. 简述提起案外人异议之诉的条件。
5. 简述许可执行之诉的条件。
6. 简述民事执行回转的条件。

三、论述题

1. 试述民事执行救济体系的构建。
2. 试述分配方案异议。

第八编

涉外民事诉讼程序

第三十章
涉外民事诉讼程序的有关规定

学习目的与基本要求 了解涉外民事诉讼的概念及特征，掌握涉外民事诉讼程序的概念及一般原则、涉外民事诉讼管辖的概念及原则；熟练把握涉外民事诉讼期间、送达问题的规定以及涉外民事诉讼的财产保全和调查取证。

现行《民事诉讼法》实施至今，先后进行了五次修正。其中，就涉外民事诉讼程序进行了两次较大的修改。2017 年《民事诉讼法》修正时，对涉外民事诉讼程序进行了结构和内容上的双重调整，涉及管辖、送达、保全等多方面，采用分章、合并等多种方式，以期规范涉外民事诉讼程序、完善国内立法。涉外民事诉讼程序考虑到其特殊的涉外因素存在，法律条文设置上更多地需要平衡国内外多方的利益。在维护国家公共政策的同时，借鉴国际社会通行之办法，从而公平、公正地解决国际民事纠纷。

为深入贯彻党的二十大精神，贯彻落实党中央关于统筹推进国内法治和涉外法治的决策部署，在全面总结涉外民商事审判实践经验基础上，2023 年《民事诉讼法》修正重点对“涉外民事诉讼程序的特别规定”一编的内容进行了修改完善。一是修改管辖的相关规定，进一步扩大我国法院对涉外民事案件的管辖权；二是顺应国际趋势，增加平行诉讼的一般规定、不方便法院原则等相关条款；三是进一步修改涉外送达的相关规定，着力解决涉外案件“送达难”问题，提升送达效率，切实维护涉外案件当事人的合法权益；四是完善涉外民事案件司法协助制度，增设域外调查取证相关规定；五是完善外国法院生效判决、裁定承认与执行的基本规则。这些修正有利于进一步提升涉外民事案件审判质效，更好保障当事人的诉讼权利和合法权益，更好维护我国主权、安全和发展利益。

第一节　涉外民事诉讼程序概述

一、涉外民事诉讼的概念及特征

涉外民事诉讼，简单来讲，就是具有涉外因素的民事诉讼。依据《民诉法解释》第 520 条的规定，有下列情形之一，人民法院可以认定为涉外民事案件：①当事人一方或者双方是外国人、无国籍人、外国企业或者组织的；②当事人一方或者双方的经常居所地在中华人民共和国领域外的；③标的物在中华人民共和国领域外的；④产生、变更或者消灭民事关系的法律事实发生在中华人民共和国领域外的；⑤可以认定为涉外民事案件的其他情形。满足以上条件之一的，即可认定为涉外民事诉讼案件。涉外民事诉讼与国内民事诉讼单从构成要件上来分析，具有诸多相同之处，但涉外民事诉讼由于有涉外因素的参与，又使得自身具有与国内民事诉讼相区别的特性。涉外民事诉讼与国内民事诉讼作为民事诉讼重要的组成因素，二者区分主要表现在以下几个方面。

（1）涉外民事诉讼与国家主权紧密相连。国家主权作为政治因素的存在，与法律法规的制定、实施存在密不可分的关系，正是由于涉外因素的存在，涉外民事诉讼在进行过程中不可避免地涉及与他国的主权或司法权关系，这便突破了一国领域范围，更多呈现的是横向国家之间的联系。法院在审理过程中不仅要考虑当事人与人民法院之间的民事诉讼法律关系，还要考虑到国家与国家之间的高层次关系，这便极有可能涉及政治、经济等多方面的影响。而与之相较，国内民事诉讼更多是限于一国范围之内，所体现的是一国法律体制之内的纵向联系，审判机关更多是依据国内民事诉讼规则去确定诉讼参与人之间的民事诉讼法律关系，从而确保程序正义。通过二者之间的区分比较，在涉外民事诉讼过程中应注重强调国家主权的维护，充分考虑因素的多元性。因此，维护司法的独立性，互相尊重主权和领土完整，是处理涉外民事诉讼时一贯坚持的原则。

（2）涉外民事诉讼涉及对外国法的适用。国内民事诉讼不必言说，自是在本国领域内依据本国民事诉讼法的规定进行诉讼程序，无论是在程序法还是实体法方面均是以本国法为依据。而涉外民事诉讼基于涉外特殊因素的存在，在程序法与实体法的选择上，多是区分设置、区别对待。在法律适用问题上，涉外民事诉讼程序法方面除国际协议的特殊约定外，一般适用受诉法院所在地法，便于受诉法院的效率性审理；而在实体法方面，涉外民事诉讼更多强调当事人自治，充分尊重当事人自由意志的表达，在某些问题上其对于实体法律选择具有自决性，或可能由于纠纷种类的多样而有所不同。并且在法律冲突的情形下，可能还会涉及准据法确认的问题，这与国内民事诉讼的法律冲突状况完全不同，是涉外民事诉讼较为突出的一个特点。

（3）涉外民事诉讼往往离不开司法协助。国内民事诉讼中的司法权由于其独特的地域性，往往将诉讼行为的实施限定在本国范围之内。国内民事诉讼有关程序上的规制仅适用于一国范围之内，更多是对本国诉讼程序的统一与规范，比如在庭前准备程序及举证阶段的规则设置等。而对于涉外诉讼而言，其更多体现其涉外性，强调国与国之间的交流与协作，诉讼程序不可避免地需要超出一国范围。例如文书送达、执行等都需要外国法院的配合与协助，涉外裁判等也都需要外国法院的承认及执行。因此，司法协助在涉外民事诉讼的进行过程中发挥着不可替代的作用。司法协助的实施过程更多地体现国家间的合作互助，其在涉外民事诉讼中的价值不可估量。

从《民诉法解释》第520条以及其他相关法律规范上看，我国涉外民事案件的认定标准是从主体、客体、内容三个方面进行考察的，对于任意一方面存在涉外因素的案件，即应认定为涉外民事诉讼案件，学理上称之为“法律关系三要件说”。最高人民法院于2020年修正的《涉外法律适用法解释（一）》对涉外民事关系的认定因素进行了更为细致的规定，具体规定为如下：

第一，当事人一方或双方是外国公民、外国法人或者其他组织、无国籍人。这与涉外民事关系的最初认定相同，属于从主体层面上对构成要件进行规范，增加了其他组织的表述，使得涉外民事关系主体范围更加全面。

第二，当事人一方或双方的经常居所地在中华人民共和国领域外。需要特别说明的是，在法人经常居所地的判定上，参照我国《涉外民事关系法律适用法》第14条第2款的内容，以主营业地为准。

第三，标的物在中华人民共和国领域外。标的物是指合同权利义务指向的对象，在司法实践中对于标的物是否存在、是否位于中华人民共和国领域外往往不存在争议。但也应考虑到在具体案件中标的物未清关是否影响涉外因素要件的成立，标的物为虚拟软件产品，运行平台位于境外的情形，是否被认定具有涉外因素等问题。

第四，产生、变更或者消灭民事关系的法律事实发生在中华人民共和国领域外。这主要是从内容方面对涉外因素的有无进行判定。

第五，可以认定为涉外民事关系的其他情形。作为兜底条款，其他情形的设定便于法院结合案件具体情况作自由裁量。主要是指人民法院审理的涉及我国港澳台地区的民事案件，如《涉外法律适用法解释（一）》第17条，涉及香港特别行政区、澳门特别行政区的民事关系的法律适用问题，参照适用该规定；《涉港澳问题解答》在案件范围问题中提到，居住在香港、澳门地区的外国人（包括持英国、葡萄牙本土护照的华人）或者港澳同胞在外国登记成立的企业、其他经济组织，与内地的企业、其他经济组织或者与在港澳地区登记成立的企业、其他经济组织之间的经济纠纷案件，不属于涉港澳经济纠纷案件，而是涉外经济纠纷案件等。

二、涉外民事诉讼程序概念及一般原则

所谓涉外民事诉讼程序，是指审理具有涉外因素民事案件所适用的程序，具有一定特殊性，各国法律一般都对此作了特别规定。广义的涉外民事诉讼程序包括国家所有适用于涉外民事案件的程序规定，狭义的涉外民事诉讼程序指专门适用于涉外民事案件的择序规定。涉外民事诉讼程序并不是一种独立的诉讼程序，它只是对涉外民事案件的审判和执行作了一些特别的补充规定，包括涉外民事诉讼的原则、仲裁、送达、期间、诉讼保全和司法协助等内容。人民法院在审理涉外民事案件时，适用涉外程序的特别规定；没有特别规定的，则适用民事诉讼的一般规定。

民事诉讼程序的进行离不开基础性的原则指引。涉外民事诉讼程序的一般原则指的是在涉外民事诉讼过程中具有指导意义的根本性规定。此类一般原则基于涉外民事诉讼程序的特殊性多以维护国家主权为核心，对当事人行为和法官行为进行规范，维护司法公正性。《民事诉讼法》第四编第二十三章集中规定了涉外民事诉讼程序的一般原则，主要包括：

（1）适用本法原则。“在中华人民共和国领域内进行涉外民事诉讼，适用本编规定。本编没有规定的，适用本法其他有关规定。”适用本法原则强调了本法的优先适用性，民事诉讼法作为诉讼程序的关键规制法律，在处理国内诉讼案件和涉外诉讼案件时都应体现其价值及地位。具体到司法实践中，这一原则包括以下三项基本要求：①外国人、无国籍人、外国企业和组织在我国起诉、应诉，适用我国民事诉讼法；②依照我国民事诉讼法规定，凡属我国人民法院管辖的案件，人民法院均享有司法管辖权；③任何外国法院的裁判和外国仲裁机构的裁决，必须经我国人民法院审查并承认后，才能在我国发生法律效力。适用本法原则这一规定不仅体现了对于国家主权的维护，也遵循了法院地法原则的国际惯例，从立法层面对国家司法主权给予肯定和保护。在司法实践中亦便于诉讼程序的顺利开展及纠纷的效率性解决。

（2）信守国际条约原则。此处的国际条约系国家之间、国家和地区之间，约定相互间对于特定国际事务的权利及义务的协定，对于所有参加该协定的国家和地区而言，均负有信守该协定的义务。涉外民事诉讼程序由于主体的多元性，在程序法及实体法方面规定各不相同，为促进国际民事纠纷的解决及维护和平稳定发展，各国针对涉外民事案件多采用协议或条约的方式，以达成统一认识，充分发挥法律的引导性功能。信守国际条约原则便是基于此而创设，约束各国遵循条约约定，平等公正地促进矛盾纠纷的解决。由于涉外民事诉讼涉及司法协助，对于国家之间关系的协调离不开条约的规范。一方面，我国对于参加或缔结的国际条约，除声明保留的之外，都予以遵守适用。我国《民事诉讼法》第 271 条明确规定：“中华人民共和国缔结或者参加的国际条约同本法有不同规定的，适用该国际条约的规定，但中华人民共和国声明保留的条款除外。”另一方面，该原则亦体现了我国赋予国际条约的优先适用性，充分体现我国对涉外司法协作的重视及国际社会责任的承担。

（3）司法豁免原则。司法豁免作为外交特权的表现形式之一，强调一个国家根据本国法律或者参加、缔结的国际条约，对在本国的外国代表和组织赋予的免受司法管辖或者司法审判的权利。而司法豁免原则是指一个国家或国际组织派驻他国的外交代表享有的免受驻在国司法管辖的权利，是主权平等原则在司法领域的突出体现，其设置旨在保障各国代表及国际组织职务的顺利履行，促进派驻国与驻在国司法交往与协作。在对司法豁免原则的设置上，我国涉外民事诉讼程序编以法条形式确立相关人员的司法特权。《民事诉讼法》第 272 条规定：“对享有外交特权与豁免的外国人、外国组织或者国际组织提起的民事诉讼，应当依照中华人民共和国有关法律和中华人民共和国缔结或者参加的国际条约的规定办理。”此处的有关法律主要是指 1986 年《中华人民共和国外交特权与豁免条例》和 1990 年《中华人民共和国领事特权与豁免条例》，对于未涉及部分将参考国际条约的相关内容，比如 1946 年《联合国特权和豁免公约》、1947 年《专门机构特权与豁免公约》、1961 年《维也纳外交关系公约》以及 1963 年《维也纳领事关系公约》等。司法豁免原则是国家外交在司法领域的具体反映，体现了国家间主权的平等，对于各国交往有着特殊意义。

司法豁免原则具体来说分为刑事司法豁免和民事司法豁免。刑事司法豁免权系完全的司法豁免权，即外交代表触犯其驻在国的刑法，依法不受驻在国的刑事司法管辖；而民事司法豁免相对而言则是不完全的。司法豁免的范围并非同刑事司法豁免一样具有完全性，其在适用人员及适用范围上是有一定界限的，依据我国加入的《维也纳外交关系公约》以及《中华人民共和国外交特权与豁免条例》的规定，外交代表民事管辖豁免的例外主要表现在以下几个方面：①派遣国政府明确表示放弃民事管辖豁免（不包括对判决的执行也放弃豁免，如要放弃，必须另作出明确表示），此种情形驻在国法院有权受理对其所提起的民事诉讼。②享有豁免权的外交代表主动提起诉讼，对与本诉直接相关的反诉不享有豁免权。③外交代表以私人身份进行的遗产继承诉讼，这包括其作为遗嘱执行人、遗产管理人、继承人或者受遗赠人所引起的诉讼。④外交代表因从事公务范围以外的职业或商业活动而引致的诉讼。⑤外交代表以私人名义所涉及的在我国的不动产的诉讼。⑥因车辆、船舶或者航空器在中国境内造成的事故而引起的诉讼。

司法豁免的范围限制是对外交人员的行为规范，在充分体现国家主权平等的同时，也维护了各国的司法秩序，避免因外交人员行为所造成的纠纷解决困难。在涉外民事诉讼程序过程中，司法豁免作为各国外交人员的保护措施，对于国家间利益维护及争议解决起到了不可或缺的作用。

（4）使用我国通用语言、文字原则。《民事诉讼法》第 273 条规定：“人民法院审理涉外民事案件，应当使用中华人民共和国通用的语言、文字。当事人要求提供翻译的，可以提供，费用由当事人承担。”该原则旨在说明在我国进行的民事诉讼程序的语言、文字规范。民事诉讼程序的进行需要司法工作人员及案件当事人的交流与配合，在通用语言、文字方面，涉外民事诉讼不免会涉及语言、文字的使用问题。依据该规定的精神延伸，外国当事人提交诉状时，应附有中文译本，其在诉讼过程中应适用我国通用的语言及文字。这在诉讼实践当中具有十分的必要性。涉外民事诉讼过程中使用受诉法院所在地语言、文字，一方面有利于提高法院审理效率，促进纠纷解决；另一方面也体现了对于国家主权的维护。我国涉外民事诉讼程序中另规定，对于不通晓我国语言、文字的外国当事人，人民法院可以为其提供翻译，以此来维护当事人之间的平等地位，促进争议案件的有效解决。

（5）委托中国律师代理诉讼原则。涉外民事诉讼程序中如果涉及委托律师的问题，我国民事诉讼法将委托范围限定在本国律师范围内，法条中明确表述“外国人、无国籍人、外国企业和组织在人民法院起诉、应诉，需要委托律师代理诉讼的，必须委托中华人民共和国的律师”。律师制度作为国家司法制度的重要组成部分，理应适用司法制度的相关规定，故律师制度也仅适用于一国范围之内，而没有延伸至国外情形的存在。也就是说，任何国家的律师只能在本国领域内从事诉讼代理业务，而不能到外国法院以律师身份代理诉讼。这并非强制外国当事人委托中国律师，而是在需要委托律师代理的情形下，对于律师选择范围进行限制。在无需委托律师代理诉讼时，当事人当然可以委托本国公民或中国公民代理诉讼。外国驻华使节、领馆官员，在受到本国公民委托时，也可以个人名义担任诉讼代理人，但其在诉讼中则不再享有外交特权与豁免权。另外，在委托律师或者其他人代理诉讼时，我国法律亦规定了相关授权委托程序，《民事诉讼法》第 275 条规定："在中华人民共和国领域内没有住所的外国人、无国籍人、外国企业和组织委托中华人民共和国律师或者其他人代理诉讼，从中华人民共和国领域外寄交或者托交的授权委托书，应当经所在国公证机关证明，并经中华人民共和国驻该国使领馆认证，或者履行中华人民共和国与该所在国订立的有关条约中规定的证明手续后，才具有效力。"委托中国律师代理诉讼原则，是出于对我国司法权独立性的维护，律师作为诉讼进行过程中的必要辅助角色，很大程度上将会影响诉讼的进展及结果。涉外民事诉讼程序将人民法院审理案件的委托律师范围限定在本国律师范围内：一方面有利于案件的纠纷解决，避免他国律师由于对我国法律的生疏而拖延诉讼进程；另一方面也与上一原则相辅相成，解决了交流障碍，更有利于维护案件当事人的合法权益。

第二节　涉外民事诉讼管辖程序的规定

涉外民事诉讼鉴于其特殊涉外因素的存在，其内涵的诸多方面会给国家社会带来不可磨灭的影响。单从涉外民事诉讼管辖程序上来说，涉外民事诉讼的管辖就直接关系到国家主权的维护问题。国际上各国在确定涉外管辖的实践中，普遍奉行国家主权的原则，并要求案件事实与本国具有连结因素，切实维护本国独立司法权，进而上升到维护主权的高度。另外，在相关管辖权的界定上，不仅要区分国内法院管辖与外国法院管辖，还要区分国内各层级、各地区法院的具体管辖权，以便确保审判活动的顺利进行，提高审判效率，从而实现公平正义。

一、涉外民事诉讼管辖的概念

所谓涉外民事诉讼管辖，是指我国人民法院对一定范围内涉外民事案件的审判权限和各级各类人民法院受理第一审涉外民事案件的分工权限。其包含协议管辖、应诉管辖、专属管辖等各不同类别。

单纯从概念解释上分析，涉外民事诉讼管辖不仅包括我国人民法院受理涉外民事案件的范围，也包括人民法院对所受理案件的分工和权限设置，即涉及横向及纵向两方面的问题。一方面涉外民事诉讼管辖要平衡与外国法院管辖权之间的关系，衡量具体案件与我国事实和法律上的关联性；另一方面也要解决国内法院之间的管辖争议问题，具体确定由何地的何级人民法院受理。作为案件受理的开端，有关民事诉讼管辖的相关规定关系到双方当事人的合法权益维护，并将直接影响到案件进程，对于社会稳定乃至国际关系都有十分重要的影响。

二、涉外民事诉讼管辖的原则

涉外民事诉讼管辖的确定，直接关系到维护国家主权的问题。司法实践中，由于各国所强调的管辖联系因素不同，为统一理解，便于适用，就形成了涉外民事诉讼管辖的确定原则。

（1）维护国家主权原则。司法管辖权是国家主权的重要组成部分，对涉外民事诉讼案件行使专属管辖权，充分体现了维护国家主权的原则。

（2）诉讼与法院所在地实际联系原则。凡是诉讼与我国法院所在地存在一定实际联系的，我国人民法院都有管辖权。

（3）尊重当事人原则。无论当事人一方是否为中国公民、法人和其他组织，在不违反级别管辖和专属管辖的前提下，都可以选择与争议有实际联系地点的法院管辖。

（4）不方便法院原则。指法院在处理民商事案件时，尽管其本身对案件具有管辖权，但如果法院发现其是审理案件的不适当法院且有审理案件的适当法院时，法院有权使用自由裁量权拒绝行使管辖权。不方便法院原则是国际民事诉讼中一个十分特殊和重要的制度，对于解决国际管辖权冲突、方便当事人诉讼、减轻法院负担以及促进国际合作和礼让都有重要的意义。

三、涉外民事诉讼管辖的类别

我国《民事诉讼法》对涉外民事诉讼管辖程序的规定，是在充分考虑国际惯例的基础上，加强对管辖关联性因素的考查，所建立起的适合于涉外案件管辖区分的一套制度。根据我国《民事诉讼法》第二十四章的规定，涉外民事诉讼管辖可分为一般地域管辖、特殊地域管辖、专属管辖和协议管辖。

（1）一般地域管辖。一般地域管辖是指依据被告住所地来确定管辖法院，在涉外民事诉讼过程中，即是以被告住所地所在国法院为管辖法院。我国有关一般地域管辖的规定多是依据《民事诉讼法》第二章的具体条文来进行规制的。在有关住所地的认定上，国际上多依赖于两个因素：久居的意图和久居的事实。后随着立法的发展，惯常居所地概念也逐渐被接受，成为影响管辖法院确定的又一必要因素。比如，《美洲国家关于国际私法中自然人住所的公约》第 2 条规定，自然人的住所应依下列顺序予以确认：①其惯常居所所在地；②其主营业所所在地；③在无上述所在地的情况下，其单纯的居所所在地；④在无单纯的居所所在地的情况下，其人所在的地方。

一般地域管辖的确定有利于涉案法院第一时间调查、核实证据事实，推动争议纠纷的效率性解决，并且依据一般地域管辖更加接近被告住所地或居所地，有利于传唤应诉等程序问题的解决，也给诉讼原告增加一定的诉讼负担，避免其滥用诉权，给对方造成不必要的损失。

（2）特殊地域管辖。特殊地域管辖又称特别地域管辖，是指以被告住所地、诉讼标的物所在地、法律事实所在地为标准而确定的管辖规范。在涉外民事诉讼管辖程序中，特殊地域管辖被规定在《民事诉讼法》第276条，具体表述如下："因涉外民事纠纷，对在中华人民共和国领域内没有住所的被告提起除身份关系以外的诉讼，如果合同签订地、合同履行地、诉讼标的物所在地、可供扣押财产所在地、侵权行为地、代表机构住所地位于中华人民共和国领域内的，可以由合同签订地、合同履行地、诉讼标的物所在地、可供扣押财产所在地、侵权行为地、代表机构住所地人民法院管辖。除前款规定外，涉外民事纠纷与中华人民共和国存在其他适当联系的，可以由人民法院管辖。"

首先，特殊地域管辖的适用范围限定在合同纠纷或者其他财产权益纠纷，对于其他纠纷的管辖解决另参照相关规定；其次，特殊地域管辖中要求被告是在我国领域内没有住所的，反之可参照"被告住所地"原则确立管辖；最后，条文规定了管辖的连结因素，将具体案件所涉及因素与管辖地相连，便于当事人起诉，也有利于法院审判的进行，从而维护我国的司法管辖权。

特殊地域管辖弥补了一般地域管辖的不足，使得涉外民事诉讼管辖范围进一步扩大，其所涉及的具体要素给涉外管辖的确立提供了指引，并细化了理论上的连结因素，使得法条本身更具实施可能性，促进纠纷的效率性解决。

（3）专属管辖。专属管辖在法律设置上具有优先性、排他性和强制性，它强调基于案件的特殊类型只能由法律强制规定的特定法院管辖，其他法院不享有管辖权，亦不受协议管辖的影响。除一般和特殊的管辖规则外，《民事诉讼法》另对某些特殊类型的合同设置了专属管辖。专属管辖意味着该类特定民事案件仅限于我国法院管辖，外国法院无管辖权，且当事人也不得以协议方式选择其他法院管辖。国内民事诉讼案件的专属管辖限于不动产纠纷、港口作业以及因继承遗产所产生的纠纷；而在涉外民事诉讼领域，适用专属管辖的诉讼包括因在中华人民共和国领域内设立的法人或者其他组织的设立、解散、清算，以及该法人或者其他组织作出的决议的效力等纠纷提起的诉讼，因与在中华人民共和国领域内审查授予的知识产权的有效性有关的纠纷提起的诉讼，以及因在中华人民共和国领域内履行中外合资经营企业合同、中外合作经营企业合同、中外合作勘探开发自然资源合同发生纠纷提起的诉讼。从法律上来讲仍是我国的企业法人，理应由我国人民法院行使管辖权；中外合作勘探开发自然资源合同则由于涉及资源的主权性，经由国内法院管辖更多是考虑到对环境的保护和可持续发展。另外，专属管辖规则的设定并不排斥当事人的协议仲裁，双方仍可通过协议仲裁的方式解决纠纷。

专属管辖的规范虽然一定程度上限制了当事人选择管辖法院的自由权利，但从实践角度分析，更有利于法院调查案件事实、勘验取证，对于纠纷的解决、诉讼效率的提高具有积极意义。

（4）协议管辖。涉外协议管辖包括明示协议管辖和默示协议管辖两种，前者是指当事人之间以书面协议约定管辖法院；后者是指双方当事人没有书面约定管辖法院的协议，一方当事人在一国法院起诉，另一方当事人对该国法院行使管辖权不提出异议，无条件应诉答辩或提出反诉，视为默示协议管辖。

四、现行《民事诉讼法》下管辖条款的规定

2007 年《民事诉讼法》在协议管辖方面对国内案件和涉外案件进行了区分，规定“涉外合同或者涉外财产权益纠纷的当事人，可以用书面协议选择与争议有实际联系的地点的法院管辖。选择中华人民共和国人民法院管辖的，不得违反本法关于级别管辖和专属管辖的规定。”但对“实际联系”的判断并无法律标准，而且在法院的选择上也并无本国和外国之分。2012 年《民事诉讼法》的修订将原规定删除，与国内管辖条款相整合，规定：“合同或者其他财产权益纠纷的当事人可以书面协议选择被告住所地、合同履行地、合同签订地、原告住所地、标的物所在地等与争议有实际联系的地点的人民法院管辖，但不得违反本法对级别管辖和专属管辖的规定。”2017 年《民事诉讼法》沿袭了 2012 年《民事诉讼法》的规定，对“实际联系”进行了解释，以五个典型地点——被告住所地、合同履行地、合同签订地、原告住所地、标的物所在地作为法条适用的参照，对法律适用给予了更明确的指引。另外，在法院的选择上，将管辖法院限定为人民法院，即协议管辖所选择的法院只能是我国法院。2023 年《民事诉讼法》的修正沿袭了上述规定。一方面通过缩小涉外民事诉讼协议选择管辖法院的范围，旨在加强国家司法权的独立性，有利于涉外案件本国当事人利益的维护；另一方面，也反映了我国在涉外管辖问题上的谨慎态度。但协议管辖本强调当事人的意思自治，法律应尊重合同双方的本意，现行法如此表述值得商榷。

应诉管辖作为涉外民事诉讼管辖程序的必要组成，第 130 条承继了一贯的规定：“人民法院受理案件后，当事人对管辖权有异议的，应当在提交答辩状期间提出。人民法院对当事人提出的异议，应当审查。异议成立的，裁定将案件移送有管辖权的人民法院；异议不成立的，裁定驳回。当事人未提出管辖异议的，并应诉答辩或者反诉的，视为受诉人民法院有管辖权，但违反级别管辖和专属管辖规定的除外。”

专属管辖作为涉外民事诉讼管辖程序的特别存在，是涉外民事纠纷解决不可或缺的一部分。2023 年《民事诉讼法》修正对原规定作出了改动，以符合我国社会经济发展的实际并做到与国际接轨。

第三节　涉外民事诉讼期间、送达问题的规定

一、涉外民事诉讼的期间

涉外民事诉讼中由于当事人包含涉外因素的特殊性存在，很可能造成文书送达或权利落实的困难，难以保障在我国无住所的当事人的权利维护。因此，民事诉讼法对于涉外民事诉讼的期间作了特别的规定，以充分保障涉外当事人的合法诉讼权益。

（一）被告和被上诉人的答辩期间

《民事诉讼法》第 285 条对涉外当事人的答辩期间规定为：“被告在中华人民共和

国领域内没有住所的，人民法院应当将起诉状副本送达被告，并通知被告在收到起诉状副本后三十日内提出答辩状。被告申请延期的，是否准许，由人民法院决定。”相较于国内民事诉讼被告15日的答辩期间，涉外民事诉讼程序中30日答辩期的设置更多考虑了涉外民事诉讼的独特性。对于在我国领域内没有住所的当事人而言，30日给予了其更多的时间去考虑分析答辩意见，更有利于对当事人利益的维护，并且这对于涉外民事案件的公正审理有着重要意义。答辩期间的延长，从理论上来讲，是对涉外当事人权利的重视和保障，不仅是个案正义实现的前提，也是国际社会司法平衡的重要体现。

（二）上诉期间

《民事诉讼法》第286条规定：“在中华人民共和国领域内没有住所的当事人，不服第一审人民法院判决、裁定的，有权在判决书、裁定书送达之日起三十日内提起上诉。被上诉人在收到上诉状副本后，应当在三十日内提出答辩状。当事人不能在法定期间提起上诉或者提出答辩状，申请延期的，是否准许，由人民法院决定。”该规定区别于第285条的规定，此条是对一审法院判决、裁定的上诉期间的规定。同样，对于上诉期间的规定，涉外民事诉讼相较于国内民事诉讼仍多设置了15日的考虑期限，对于涉外当事人上诉权利的维护起到了一定的作用。

关于当事人双方分别居住在我国领域内和领域外的情形，对第一审人民法院判决、裁定的上诉期间，《民诉法解释》第536条明确规定：不服第一审人民法院判决、裁定的上诉期，对在中华人民共和国领域内有住所的当事人，适用《民事诉讼法》第171条规定的期限，即判决的上诉期为判决书送达之日起15日，而裁定的上诉期为裁定书送达之日起10日；对在中华人民共和国领域内没有住所的当事人，适用《民事诉讼法》第276条（现行《民事诉讼法》第286条）规定的期限。当事人的上诉期均已届满没有上诉的，第一审人民法院的判决、裁定即发生法律效力。

（三）审查的期间

我国人民法院对涉外民事案件的当事人申请再审进行审查的期间，不受《民事诉讼法》第215条规定的限制，即不受该条所规定的3个月的审查期间的限制。

在审理期间的问题上，《民事诉讼法》第287条规定：“人民法院审理涉外民事案件的期间，不受本法第一百五十二条、第一百八十三条规定的限制。”《民事诉讼法》第152条和第183条分别是在充分考虑涉外案件的复杂性基础上，给予人民法院处理涉外民事案件的特许，亦是对于涉外民事诉讼案件公平、公正性的更高水平的要求。但立法也应考虑到，无具体限制在实践中将会给当事人合法权益的维护造成不利的影响，也一定程度上会降低诉讼效率，给案件审结带来困难。现行《民事诉讼法》保障涉外当事人利益，最大限度维护个案公正性的初衷是好的，但在条款的具体应用上，仍欠缺一定的考虑。因此，在涉外审理期间这个问题上，审限规定仍有讨论的空间。

从上述关于涉外期间的特别规定可以看出，涉外期间具有以下特点：

（1）涉外特别期间较长。与《民事诉讼法》所规定的相关期间相比较，涉外民事诉讼的期间设置期限较长，这主要是考虑到当事人的特殊因素。涉外民事案件的当事人在我国领域内没有住所，诉讼文书的往来所需要的时间往往较长。设置较长期间更符合涉外民事案件的特点，也是各国民事诉讼法的通例。

（2）答辩期与上诉期可以延长。民事诉讼期间的一般规定，对于答辩期与上诉期的期间设置为不变期间，不得延长，期间届满后，当事人在法定期间内的相应诉讼权利即丧失；而涉外民事诉讼中的答辩期与上诉期是可变期间，依申请可以延长，是否准许由人民法院决定。延长期限的适用并非以当事人的国籍为依据，而是以当事人在我国领域内是否有住所为依据，即只适用于在我国领域内没有住所的当事人，而不考虑国籍因素。

（3）对一审判决与裁定的上诉期相同。在民事诉讼期间的一般规定中，民事诉讼法对判决与裁定的上诉期作出了不同的规定，即当事人对一审判决的上诉期为 15 天，而对一审裁定的上诉期为 10 天；而在涉外民事诉讼中，考虑到当事人在我国领域内没有住所这一特殊因素，法律规定其对一审判决与裁定的上诉期均为 30 天。

（4）人民法院审理涉外民事案件无审限限制。一般民事诉讼案件，为保障当事人的合法权益、督促人民法院行使审判权，均设置了严格的审理期限。而在涉外民事诉讼案件中，人民法院在审理时，可能涉及需要向在我国领域内无住所的当事人送达诉讼文书或者需要到外国调查取证的问题，需要消耗一定的时间。因此，《民事诉讼法》对人民法院审理相应的涉外民事案件则没有规定具体的审限。

二、涉外民事诉讼的送达

（一）涉外民事诉讼的送达方式

所谓涉外民事诉讼的送达，是指在涉外民事诉讼中，人民法院依照法定方式向当事人或其他诉讼参与人送交诉讼文书的行为。涉外民事诉讼的送达，基于涉外案件当事人的涉外因素的存在，包括域内送达和域外送达两部分，在考虑送达方式及送达效果方面亦应将二者区别对待。域内送达部分，鉴于其与国内民事诉讼的送达无异，仍应按照国内民事诉讼程序的相关规定，参照《民事诉讼法》第七章的内容完成送达，因为此时的当事人与国内民事诉讼当事人并无不同；而域外送达，考虑到地域上的差异、送达的困难性及所涉及案件的复杂性，《民事诉讼法》第 283 条对其进行了特别规定，送达方式如下：

（1）依照受送达人所在国与中华人民共和国缔结或者共同参加的国际条约中规定的方式送达。其中，我国已参加《关于向国外送达民事或商事司法文书和司法外文书公约》，并就送达问题与多国签订了司法协助协定，在向公约参加国的当事人送达诉讼文书时，可按照公约或协定的内容进行。以事先约定方式规定国家间的送达义务，减少了涉外民事诉讼过程中的不必要纠纷，有利于促进国际司法协作，给案件双方当事人给予最大可能的权利保护。

（2）通过外交途径送达。这是对第一种送达方式的补充。对于受送达人所在国与我国没有签订有关送达的司法协助条约或协定，也非《关于向国外送达民事或者商事司法文书和司法外文书公约》的缔约国的情况，依据国家间的互惠原则，通过两国外交机关给予送达协助。依照《最高人民法院、外交部、司法部关于我国法院和外国法院通过外交途径相互委托送达法律文书若干问题的通知》，有关具体程序被规定为："经我国高级人民法院将应送达的诉讼文书，送交我国外交机关，然后由外交部领事司送交当事人所在国驻我国的外交机构，再由其转交给该国的外交机关，按照该国法律规定送达给当事人。"由此可见，外交送达途径程序较为繁琐，须经多个国家机关的协助，所耗费时间、精力较长，从效率上来说不利于送达行为的有效实施，很可能影响到涉外案件的处理进程，不利于双方合法权益的维护。

（3）对具有中华人民共和国国籍的受送达人，可以委托中华人民共和国驻受送达人所在国的使领馆代为送达。该方式所针对的是受送达人具有我国国籍的情形，由我国驻外使领馆代为送达，是最为直接的方式之一。

（4）向受送达人在本案中委托诉讼代理人送达。此种送达方式强调诉讼代理人的有权性，即能够享有代收诉讼文书的权利。诉讼代理人本身在无特别约定排除该权利的前提下，均享有对诉讼文书的代收权。以代收方式完成法律文书的送达，方便快捷，有利于审判程序的推进和终结，是较为普遍的方式之一。

（5）向受送达人在我国领域内设立的独资企业、代表机构、分支机构或者有权接受送达的业务代办人送达。涉外案件当事人仍存在不同的类型，针对企业或组织的送达在方式选择上应区别于自然人的送达。对于在我国境内没有住所的外国企业或组织，向其代表机构或分支机构、业务代办人送达是一种较为有效的代为送达方式。

（6）向受送达人设立的法人或其他组织送达。受送达人为外国人、无国籍人，其在中华人民共和国领域内设立的法人或者其他组织担任法定代表人或者主要负责人，且与该法人或者其他组织为共同被告的，向该法人或者其他组织送达。

（7）向受送达人的法定代表人或主要负责人送达。受送达人为外国法人或者其他组织，其法定代表人或者主要负责人在中华人民共和国领域内的，向其法定代表人或者主要负责人送达。

（8）邮寄送达。《民事诉讼法》对于邮寄送达的方式有较为严格的判断标准。首先要求受送达人所在国的法律允许；其次，对于邮寄送达，以3个月为最大期限。"自邮寄之日起满三个月，送达回证没有退回，但根据各种情况足以认定已经送达的，期间届满之日视为送达。"

（9）采用传真、电子邮件等能够确认受送达人收悉的方式送达。这是2017年《民事诉讼法》修正时新增加的一项送达方式，在电子信息技术如此发达的今天，应充分发挥电子送达的便捷作用，使之服务于涉外民事争议的解决。

（10）以受送达人同意的其他方式送达。在不违反受送达人所在国法律强制性规定的前提下以该方式送达，既尊重了当事人的意思自治，也极大提供了送达的效率，是一种灵活、便捷的送达方式。

（11）公告送达。公告送达在送达方式中为兜底条款。对于用尽上述七种方式仍无法送达的情形，适用公告送达。法律规定，自公告之日起满3个月，即视为送达。

另外，根据最高人民法院《涉外送达若干规定》的规定，还需注意以下几点问题：

第一，人民法院可以同时采取多种方式向受送达人进行送达，但应根据最先实现送达目的的方式确定送达日期。

第二，人民法院向受送达人在我国领域内的法定代表人、主要负责人、诉讼代理人、代表机构以及有权接受送达的分支机构、业务代办人送达司法文书，可以使用留置送达的方式。

第三，按照司法协助协定、《关于向国外送达民事或商事司法文书和司法外文书公约》或者外交途径送达司法文书，自我国有关机关将司法文书转递受送达人所在国有关机关之日起满6个月，如果未能收到送达与否的证明文件，且根据各种情况不足以认定已经送达的，视为不能用该种方式送达。

第四，受送达人未对人民法院送达的司法文书履行签收手续，但存在以下几种情形之一的，视为送达：受送达人书面向人民法院提及了所送达司法文书的内容；受送达人已经按照所送达司法文书的内容履行；其他可以视为已经送达的情形。

以上是《民事诉讼法》中对于涉外民事诉讼的送达方式的规定，送达作为诉讼程序的重要辅助行为、庭前准备阶段必不可少的阶段，其有效实施对于案件的公正、快捷审理有着不可忽视的作用。

（二）涉外民事诉讼送达条款的变化

2017年《民事诉讼法》对涉外民事诉讼程序期间、送达部分的修正多集中在第267条的送达方式上。即在原规定送达方式上新增加了传真、电子邮件等新通讯方式的送达，并且将邮寄送达和公告送达的期限，由原来的6个月缩短为3个月。这充分体现了法律的与时俱进，新送达方式的增加体现了法律条款设置的灵活性，通过新的通信方式来提高送达效率，进一步保障涉外民事诉讼送达的有效性，做好庭前准备的必需工作。

在涉外民事案件审判实践中，送达一直是制约审判效率提升的关键因素。本次《民事诉讼法》修正，着力解决这一涉外民事审判的痛点难点问题，在全面总结涉外案件送达审判实践经验的基础上，对涉外送达方式作了如下修改完善：

第一，针对实践中有的诉讼代理人通过在授权委托书中载明“不包括接收司法文书”以逃避送达的情形，删除原法中诉讼代理人必须“有权代其接受送达”的限定，明确只要是受送达人在本案中委托的诉讼代理人，都应接受送达。

第二，增加向受送达人在中华人民共和国领域内设立的独资企业送达的规定，同时删除分支机构接受送达须“有权接受送达”的限定。

第三，增加受送达人为外国人、无国籍人，其在中华人民共和国领域内设立的法人或者其他组织担任法定代表人或者主要负责人，且与该法人或者其他组织为共同被告的，向该法人或者其他组织送达的规定。

第四，增加受送达人为外国法人或者其他组织，其法定代表人或者主要负责人在中华人民共和国领域内的，向其法定代表人或者主要负责人送达的规定。

第五，增加以受送达人同意的其他方式送达的规定，但是受送达人所在国法律禁止的除外。

第四节 涉外民事诉讼的财产保全和调查取证

一、涉外民事诉讼财产保全

所谓涉外民事诉讼中的财产保全，是指人民法院在已经受理或者将要受理的涉外民事案件中，为保证判决的一致性而采取的一种临时性的对当事人财产进行控制的强制措施。涉外财产保全主要可以分为两种：一是诉讼中保全，二是诉前保全。这与国内民事诉讼法中所规定的财产保全基本相同。

根据《民事诉讼法》《民诉法解释》及《财产保全规定》的内容，并无“涉外财产保全仅限于当事人申请，人民法院不依职权进行”的规定；另外，根据《民事诉讼法》第104条第3款的规定，申请人在人民法院采取保全措施后30日内不依法提起诉讼或者申请仲裁的，人民法院应当解除保全。因此，无论是国内还是涉外的诉前财产保全，人民法院裁定准许后，申请人提起诉讼的期间均为30日。

对采取扣押船舶等大型现代化交通运输工具的，由于其具有特殊性能，人民法院应当通知有关单位负责监督，如港务监督部门或航空管理部门等。监督的费用由被申请人负担。

关于财产保全的具体方法，一般对争议标的物在国内的，可以采用查封、扣押、冻结等方法。对拟保全的财产属于珍贵文物等特定物的，可以将全部标的物鉴定估价后，予以扣押；对不易毁损的一般生活用品等种类物，可先进行清点，财产清单由当事人签字后，再由当事人之一保管。

二、涉外民事诉讼调查取证

域外调查取证涉及被调查人、被调取的证据所在国的主权和该国有关法律规定等多种问题，较涉外民事诉讼的域外送达更为复杂，司法实践中更多有赖于国家间的司法协助，如《关于从国外调取民事或商事证据的公约》等。

关于涉外民事诉讼调查取证的依据，《民事诉讼法》第293条第1款规定：“根据中华人民共和国缔结或者参加的国际条约，或者按照互惠原则，人民法院和外国法院可以相互请求，代为送达文书、调查取证以及进行其他诉讼行为。”如我国与法国、波兰、意大利、蒙古等多个国家签订的双边司法协助协议都规定了两国法院代为调查取证的内容。

涉外民事诉讼调查取证的途径主要规定于《海牙取证公约》中，一种是通过司法协助途径，另一种是由外交官、领事人员或者特派员直接取证。我国涉外民事诉讼域外调查取证主要通过三种途径进行：一是依照我国缔结或者参加的国际条约所规定的途径；二是没有条约关系的，通过外交途径进行；三是对居住在国外的我国公民进行调查取证。

另外，域外调查取证受一定的范围限制，我国与外国签订的司法协作协定对互相代为调查取证的范围一般规定为：代为询问当事人、证人、鉴定人，代为调取证据，以及代为进行鉴定和司法勘验。有的司法协作协定还规定可以收集其他证据，如中国与波兰关于民事和刑事司法协助协定；有的规定为可以进行被请求的缔约一方法律允许的其他取证活动，如中国和西班牙民事、商事司法协助条约。

涉外民事诉讼的域外调查取证从理论上来讲，属于国家间一般司法协助范围，对于请求协助事项有损于中华人民共和国的主权、安全或者社会公共利益的，人民法院不予执行。为此，2023 年修正的《民事诉讼法》第 284 条对域外调查收集证据作出了具体规定，即当事人申请人民法院调查收集的证据位于中华人民共和国领域外，人民法院可以依照证据所在国与中华人民共和国缔结或者共同参加的国际条约中规定的方式，或者通过外交途径调查收集。在所在国法律不禁止的情况下，人民法院可以采用下列方式调查收集：（1）对具有中华人民共和国国籍的当事人、证人，可以委托中华人民共和国驻当事人、证人所在国的使领馆代为取证；（2）经双方当事人同意，通过即时通讯工具取证；（3）以双方当事人同意的其他方式取证。

【思考题】

一、概念题

涉外民事诉讼　涉外民事诉讼专属管辖

二、简答题

1. 简述涉外民事诉讼管辖权原则包含的内容。
2. 简述涉外民事诉讼的种类划分。
3. 简述不方便法院原则的设置意义。

三、论述题

1. 试述现行法律所规定的涉外诉讼送达方式及其应用问题。
2. 试述对涉外民事诉讼中牵连管辖制度的理解。

第三十一章
司法协助

学习目的与基本要求 正确认识司法协助的概念及其基本内涵，了解一般司法协助的概念及基本原理，掌握一般司法协助的途径和流程以及特殊司法协助的概念、途径和流程。

所谓司法协助，是指不同国家的法院之间，根据本国缔结、参加的国际条约或根据互惠原则，互相代为实施一定诉讼行为或者与诉讼有关行为的制度。

司法协助主要包括四个方面：第一，代为送达司法文书；第二，代为调查取证；第三，根据请求向对方提供本国的民事法律、法规以及本国在民事诉讼程序方面司法实践的信息资料；第四，承认和执行外国法院、仲裁机构作出的已经发生法律效力的民事判决、裁定或仲裁裁决。其中，前三者称为一般司法协助，后者称为特殊司法协助。不过，一般司法协助与特殊司法协助只是我国学理上约定俗成的一种分类模式，所谓“一般”和“特殊”并无特别的意义。因此，也可以将一般司法协助理解为“审判程序进行中”的司法协助，把特殊司法协助理解为“审判程序结束后”的司法协助，或者抛开一般、特殊的分类，直接记忆和理解司法协助的四项内容。

第一节 一般司法协助

一、司法协助的概念

当民事诉讼具备涉外因素时，某些诉讼行为的实施就需要外国法院的协作。司法权的行使是一种主权行为，具有严格的地域性，一国法院只能在本国领域内实施诉讼行为，不能到外国实施诉讼行为。例如，中国公民向中国法院提起诉讼，要求法院判决其与居住在德国的瑞士籍妻子离婚的，由于被告在我国领域内无住所，起诉状等诉讼文书的送达需要获得德国司法机关的协助。又如，中国公民在伊朗旅游时遭遇车祸死亡，其继承人向中国法院提起诉讼要求中国的保险公司支付保险金的，由于事故认定等证据是由伊朗作出的，获取这些证据必须依靠伊朗司法机关的协助。《民事诉讼法》第 294 条第 3 款规定：“除前款规定的情况外，未经中华人民共和国主管机关准许，任何外国机关或者个人不得在中华人民共和国领域内送达文书、调查取证。”这一条款体现了司法权的主权特征，因此世界各国的涉外民事诉讼程序普遍设置了类似的规定。

一般司法协助的种类规定于《民事诉讼法》第 293 条第 1 款，该款规定："根据中华人民共和国缔结或者参加的国际条约，或者按照互惠原则，人民法院和外国法院可以相互请求，代为送达文书、调查取证以及进行其他诉讼行为。"在实践中，"其他诉讼行为"主要指请求他国提供该国民事法律、法规以及本国在民事诉讼程序方面司法实践的信息资料。一般司法协助的三个主要方面与"审判程序进行中"司法协助的定义有关。首先，民事诉讼程序可以分为判决阶段和执行阶段，一般司法协助解决的是判决阶段的问题，特殊司法协助解决的是执行阶段的问题。其次，司法协助的本质是司法主权，换言之，只有在诉讼行为的实施超出中国法院的地域管辖范围时才需要外国司法机关的协助。开庭、辩论、判决等涉外民事诉讼程序的绝大多数环节都可以在一国领域内实施。此外，在送达环节，即使对在我国领域内没有住所的当事人的送达，也并不一定需要借助国际司法协助。当满足公告送达的要件，外国人或者外国企业、组织的代表人、主要负责人位于我国领域内或者受送达人的所在国允许邮寄送达时，我国法院可以直接实施送达。

司法权的行使是主权行为的具体体现，因而一国法院向他国法院请求司法协助时，不得损害被请求国的国家利益。对此，《民事诉讼法》第 293 条第 2 款规定："外国法院请求协助的事项有损于中华人民共和国的主权、安全或者社会公共利益的，人民法院不予执行。"在实践中，外国法院的某些请求协助事项可能损害我国的主权、安全或者公共利益。例如，外国法院受理了专属于我国法院管辖的案件或者受理了对享有司法豁免权的我国公民提起的诉讼后，请求我国法院送达文书或者委托我国法院调查取证。又如，外国法院要求调查取证的内容涉及我国的国家机密等。对于这些违反《民事诉讼法》第 293 条第 2 款规定的协助请求，我国法院应当拒绝送达和调查，并将拒绝的理由通知请求国。

二、司法协助的途径和流程

对于外国法院向我国法院请求司法协助，我国法律规定了两种途径。

（1）按照国际条约的约定实施。《民事诉讼法》第 294 条第 1 款前段规定："请求和提供司法协助，应当依照中华人民共和国缔结或者参加的国际条约所规定的途径进行。"通常认为，一般司法协助领域最重要的多边条约是《关于向国外送达民事或商事司法文书和司法外文书公约》和《关于从国外调取民事或商事证据的公约》，我国已加入批准了两个公约。除了前述两个多边条约之外，我国还缔结了一些双边条约。在条约的缔约国之间，不同国家法院之间的司法协助应当在条约的框架内进行。需要注意的是，国际司法协助虽然是"司法"的协助，但其本质是一种"外交"行为。因此，作为司法机关的法院通常不直接接受外国的一般司法协助申请，而是由外交部门或者中央司法行政部门等行政机关代表国家接受之后，再在本国内部转交给司法机关。以送达为例，《关于执行海牙送达公约的实施办法》规定，由司法部代表中国接受国外的申请书（在比较法上，也有国家将外交部门作为接收国外申请书的中央行政机关，例如日本)，具体流程如下：①司法部收到国外的请求书后，对于有中文译本的文书，应于5日内转给最高人民法院；对于用英文或法文写成，或者附有英文或法文译本的文书，应于7日内转给最高人民法院；对于不符合《关于向国外送达民事或商事司法文书和司法外文书公约》规定的文书，司法部将予以退回或要求请求方补充、修正材料。②最高人民法院应于5日内将文书转给送达执行地高级人民法院；高级人民法院收文后，应于3日内转有关的中级人民法院或者专门人民法院；中级人民法院或者专门人民法院收文后，应于10日内完成送达，并将送达回证尽快交最高人民法院转司法部。③执行送达的法院不管文书中确定的出庭日期或期限是否已过，均应送达。如受送达人拒收，应在送达回证上注明。④对于国外按《关于向国外送达民事或商事司法文书和司法外文书公约》提交的未附中文译本而附英、法文译本的文书，法院仍应予以送达。除双边条约中规定英、法文译本为可接受文字者外，受送达人有权以未附中文译本为由拒收。凡当事人拒收的，送达法院应在送达回证上注明。⑤司法部接到送达回证后，按《关于向国外送达民事或商事司法文书和司法外文书公约》的要求填写证明书，并将其转回国外请求方。⑥司法部在转递国外文书时，应说明收到请求书的日期、被送达的文书是否附有中文译本、出庭日期是否已过等情况。⑦我国法院需要向在公约成员国居住的该国公民、第三国公民、无国籍人送达文书时，应将文书及相应文字的译本各一式三份（无需致外国法院的送达委托书及空白送达回证）按《司法部、最高人民法院、外交部关于印发〈关于执行海牙送达公约的实施办法〉的通知》规定的途径送最高人民法院转司法部。译文应由译者签名或翻译单位盖章证明无误。⑧司法部收到最高人民法院转来向国外送达的文书后，应按《关于向国外送达民事或商事司法文书和司法外文书公约》附录中的格式制作请求书、被送达文书概要和空白证明书，与文书一并送交被请求国的中央机关；必要时，也可由最高人民法院将文书通过我国驻该国的使馆转交该国指定的机关。⑨我国法院如果需要通过我驻公约成员国的使领馆向居住在该国的中国公民送达文书，应将被送达的文书、致使领馆的送达委托书及空白送达回证按《司法部、最高人民法院、外交部关于印发〈关于执行海牙送达公约的实施办法〉的通知》规定的途径转最高人民法院，由最高人民法院径送或经司法部转送我驻该国使领馆送达当事人。⑩司法部将国内文书转往公约成员国中央机关两个半月后，如果未收到证明书，将发函催办；请求法院如果直接收到国外寄回的证明书，应尽快通报最高人民法院告知司法部。

（2）外交途径。《民事诉讼法》第294条第1款后段规定："没有条约关系的，通过外交途径进行。"在我国与外国之间没有共同参加的多边条约，也没有缔结双边条约的，但已建立外交关系的情况下，司法协助可通过外交途径进行。外交途径的一般司法协助，主要的依据是《最高人民法院、外交部、司法部关于我国法院和外国法院通过外交途径相互委托送达法律文书若干问题的通知》（1986年）和《最高人民法院、外交部、司法部关于我国法院接受外国法院通过外交途径委托送达法律文书和调查取证收费的通知》（1992年）。已建立外交关系国家的法院之间通过外交途径相互委托向对方公民或在对方境内的第三国或无国籍当事人（包括个人和法人）送达民、商事司法文书或调查取证，一般是通过本国外交部指示驻被委托国使馆将有关文书送给该国的外交部转交该国的管辖法院执行送达。以外国法院委托中国法院为例，通过外交途径转递司法文书或调查取证，一般根据互惠原则并按下列程序和要求办理：其一，由有关国家驻华使馆将其本国法院的请求中国法院协助送达司法文书的委托书和司法文书或要求调查取证的文书送中国外交部领事司，外交部领事司转有关省、自治区、直辖市高级人民法院指定有管辖权的地方法院或专门法院执行送达；受送达人须在所附“送达回证”上签字（如未附“送达回证”，有关法院应出具“送达证明”）；如有关法院拒绝送达或送不达，应说明理由。送达回证由原途径返回。其二，委托书内容应包括：①外国委托法院的名称和地址；②受委托的中国法院的名称和地址。如受委托的中国法院名称不明，可委托受送达人的住所或经常居住地的法院；③受送达人的姓名、性别、国籍、年龄、地址及其在诉讼中的地位；④委托送达的司法文书的名称和数量；⑤通过外交途径向中国公民或法人送达出庭传票，送至外交部时，距传票指定出庭日期应不少于两个月；⑥委托书及附送的司法文书应加盖外国委托法院的公章并均须附有中文译本（向中华人民共和国香港特别行政区送达司法文书须附有中文译本或英文译本）。其三，外国法院通过外交途径委托中国法院协助调查取证出具的委托书，除须符合上述规定外，还应载明向中国有关法院作出互惠协助的承诺并提供案情简介及调查取证询问提纲。其四，外国法院委托送达的司法文书内容有违中国法律规定的，受送达人享有外交特权和豁免的，不予送达。

除此之外，一般司法协助还需要在实务操作上遵循被请求国的一些具体规定。以外国法院向我国法院请求司法协助为例，这些规定主要包括，应当附有中文译本或者国际条约规定的其他文字文本（《民事诉讼法》第 295 条）、特殊方式的司法协助不得违反中国法律（《民事诉讼法》第 296 条）等。此外，最高人民法院印发的《关于依据国际公约和双边司法协助条约办理民商事案件司法文书送达和调查取证司法协助请求的规定实施细则（试行）》是一般司法协助的操作指南，对我国法院委托外国协助送达民商事案件司法文书、外国委托我国法院协助送达民商事案件司法文书、我国法院委托外国法院协助进行民商事案件调查取证、外国法院委托我国法院协助进行民商事案件调查取证的详细流程与提交资料等问题，作了比较详细的规定。

第二节　特殊司法协助

一、特殊司法协助的概念

所谓特殊司法协助，是指“审判程序结束后”的司法协助，具体是指对外国判决、裁定或仲裁裁决作出承认和执行。对于民事诉讼的原告或民事仲裁的申请人来说，获得胜诉判决、裁定或仲裁裁决并非终极目的，只有当判决、裁定或仲裁裁决被执行时，其权利才能得到真正的实现。但是，受到司法主权空间范围的约束，一国的法院或仲裁机构作出的判决、裁定或仲裁裁决原则上只能于法院、仲裁机构所在国发生效力，任何国家都不能强迫他国接受本国司法权的约束。此时，如果民事诉讼或仲裁的债务人或者其财产等位于他国时，就需要得到他国司法机关的协助。

特殊司法协助是多面体的复合型制度，包含三个角度。首先，特殊司法协助是不同国家之间的相互行为。在主体角度，一是中国法院承认和执行外国的判决、裁定或仲裁裁决，二是外国法院承认和执行中国的判决、裁定或仲裁裁决。其次，特殊司法协助的对象既可以是作为公权力机关的法院，也可以是作为民间机构的仲裁组织，包括常设仲裁机构和临时仲裁机构。具体到客体层面，一是对外国法院作出的判决、裁定的协助，二是对外国仲裁机构作出的仲裁裁决的协助。最后，特殊司法协助包括承认与执行两个不同的阶段。虽然承认与执行通常被一并提及，实践中当事人也会一并申请，但在理论上二者存在独立运作的可能。

二、特殊司法协助的途径与流程

就判决、裁定的承认与执行而言，无论是中国向外国请求协助，还是外国向中国请求协助，当事人都有直接向有管辖权的法院申请、依照中国与外国共同缔结或者参加的国际条约申请、依照互惠原则申请三种途径可供选择。其中，直接向我国法院请求承认和执行的，中级人民法院拥有级别管辖权。

就仲裁裁决的承认与执行而言，无论是中国向外国请求协助，还是外国向中国请求协助，均应直接向有管辖权的法院申请。在我国，中级人民法院拥有相关案件的级别管辖权。

三、特殊司法协助的审查

当事人向我国法院申请对外国判决、裁定或仲裁裁决作出承认和执行，需要满足一定的要件。

（1）判决、裁定的承认与执行。在2023年《民事诉讼法》修正中，立法者对外国法院判决、裁定的承认与执行问题进行了较大幅度的调整，将原有的2个条款（原288条、第289条）扩充为6个条款（新第298条至第303条）。根据现行法的规定，外国法院判决、裁定的承认与执行基本流程大致分为四个步骤。

首先，程序启动。外国法院判决、裁定的承认与执行有两种启动方式，即可以由当事人直接向有管辖权的法院提出，也可以由外国法院按照条约的规定或者互惠原则请求我国的法院承认与执行（《民事诉讼法》第298条）。但值得注意的是，外国仲裁裁决的承认与执行申请只能由当事人提出，外国法院不作为申请主体。

其次，初步审查。具体包括三个方面，即外国判决、裁定已经发生法律效力；我国与外国共同缔结或参加了相关国际条约或存在互惠关系；承认和执行该外国判决、裁定不违反我国法律的基本原则或者国家主权、安全、社会公共利益（《民事诉讼法》

第 299 条)。当事人向我国有管辖权的中级人民法院申请承认和执行外国法院作出的发生法律效力的判决、裁定的，如果该法院所在国与我国没有缔结或者共同参加国际条约，也没有互惠关系的，裁定驳回申请，但当事人向人民法院申请承认外国法院作出的发生法律效力的离婚判决的除外。承认和执行申请被裁定驳回的，当事人可以向人民法院起诉，不违反禁止重复起诉的规定。

再次，一般审查。关于外国法院判决、裁定的内容审查模式，大致可分为三种。①实质审查主义认为，内国法院在承认外国判决、裁定时，可以审查该外国判决、裁定的事实认定和法律适用，这种立法模式目前鲜有国家采用。②形式审查主义认为，内国法院在承认外国判决、裁定时，只审查该外国判决、裁定是否符合内国法律规定的承认要件，至于该外国判决、裁定认定事实及适用法律是否正确，则不在审查范围。该模式的代表为德国、日本。③折中审查主义认为，内国法院原则上依据形式审查主义实施审查，但在少数例外情形下，亦保留对外国判决、裁定的实质审查权限。意大利、希腊等国采这一立场。2023 年《民事诉讼法》修正前，立法者对外国判决、裁定的承认和执行制度仅作了原则性规定，没有提及到底采取哪种审查模式，具体有赖于国际条约的规定和互惠原则的界定。2023 年《民事诉讼法》修正中，立法者对我国实践上的形式审查原则进行了确认，即认为承认与执行的条件主要包括：①该外国法院的判决、裁定已经生效；②作出判决、裁定的外国法院对案件有管辖权；③败诉一方当事人的诉讼权利获得了充分的保障；④外国法院的判决、裁定非经欺诈手段获得等；⑤人民法院已对同一纠纷作出判决、裁定，或者已经承认第三国法院对同一纠纷作出的判决、裁定（《民事诉讼法》第 300 条第 1 项至第 4 项、第 301 条）等。但是，保留了违反我国法律的基本原则或者损害国家主权、安全、社会公共利益的情形下实质审查的余地（《民事诉讼法》第 300 条第 5 项)。

最后，作出裁定。人民法院根据案件的具体情况，可以作出如下裁判：①裁定承认（《民事诉讼法》第 299 条)；②裁定不予承认（《民事诉讼法》第 300 条)；③发出执行令（《民事诉讼法》第 299 条)；④裁定不予执行（《民事诉讼法》第 300 条)；⑤裁定中止诉讼（《民事诉讼法》第 302 条第 1 款)；⑥裁定驳回起诉（《民事诉讼法》第 302 条第 2 款)。当事人对承认和执行或者不予承认和执行的裁定不服的，可以自裁定送达之日起 10 日内向上一级人民法院申请复议（《民事诉讼法》第 303 条)。

（2）就仲裁裁决的承认与执行而言，《民事诉讼法》第 304 条规定："在中华人民共和国领域外作出的发生法律效力的仲裁裁决，需要人民法院承认和执行的，当事人可以直接向被执行人住所地或者其财产所在地的中级人民法院申请。被执行人住所地或者其财产不在中华人民共和国领域内的，当事人可以向申请人住所地或者与裁决的纠纷有适当联系的地点的中级人民法院申请。人民法院应当依照中华人民共和国缔结或者参加的国际条约，或者按照互惠原则办理。"通常认为，《承认及执行外国仲裁裁决公约》(即《纽约公约》）是仲裁裁决的特殊司法协助领域最重要的多边条约，我国已批准该公约。《纽约公约》在世界范围内广受认可，截至2023年东帝汶加入，已经有172个成员。对《纽约公约》成员的仲裁裁决，中国法院将适用《纽约公约》的规定予以承认和执行。此外，在双边条约领域，截至2021年中国已经和39个国家签署了双边民商事司法协助条约，且普遍含有相互承认和执行仲裁裁决的内容。

四、互惠原则

互惠原则是在荷兰法学家胡伯的“国际礼让说”的基础上发展而来的，强调受惠国与施惠国之间利益或义务之等价性，即通过赋予彼此相当的权利或承担义务来维持待遇平衡的基本规则。《民事诉讼法》第288、289、290条均规定以互惠原则为承认和执行外国判决、裁定或仲裁裁决的前提条件。需要注意的是，虽然互惠原则的初衷是促使各国在承认与执行领域的合作，从而在更大范围和程度上保护当事人的合法权益，但是，对互惠原则的不当理解反过来也可能影响和阻碍特殊司法协助的国际合作。

在我国，由于法律并没有对互惠原则作出明确解释，对互惠原则如何理解和把握，实践中存在较大争议。通常认为，我国实践采取“事实互惠”的理解，即外国法院实际承认并执行了我国法院作出的生效判决、裁定是我国法院按照互惠原则承认执行外国判决裁定的前提和基础。[1]然而，这种所谓事实互惠的做法，在逻辑上并不缜密。因为，事实互惠的认定方式实际上将互惠原则变成了“外国优先给惠原则”，除非一国法院率先迈出一步，否则互惠将永远不会发生。

我国司法实践“事实互惠”的做法较为保守。在中国的企业、自然人等作为诉讼或仲裁的被告或被申请人时，由于境外的诉讼、仲裁即便胜诉，也可能因欠缺互惠要件而无法得到中国法院的承认与执行，境外的诉讼原告或仲裁申请人只能专门在中国境内启动一个诉讼或者仲裁。[2]此时，境外的诉讼原告或仲裁申请人有可能就同一案件在境外也提起了一个诉讼或仲裁，从而形成境内外的平行诉讼或平行仲裁的局面。这种做法将跨国案件半强制性地纳入了中国法院、仲裁机构的管辖范围，看似维护了我国的司法主权和法院权威，但在结果上，反而可能削弱中国司法的国际权威、降低以我国企业、自然人等作为当事人的跨国案件的效率。

不过，值得欣喜的是，近一段时间我国法院对互惠原则的把握呈现愈发宽松的趋势，开始从防守型策略的“事实互惠”向竞争型策略的“推定互惠”“法律互惠”转型。

2015年《最高人民法院关于人民法院为“一带一路”建设提供司法服务和保障的若干意见》第6条提出：“加强与‘一带一路’沿线各国的国际司法协助，切实保障中外当事人合法权益。要积极探讨加强区域司法协助，配合有关部门适时推出新型司法

〔1〕 重要先例参见《最高人民法院关于我国人民法院应否承认和执行日本国法院具有债权债务内容裁判的复函》。

〔2〕 中国境内的涉外诉讼、涉外仲裁无须经过“对外国判决、裁定或仲裁裁决的承认与执行”，直接在中国领域内发生效力。

协助协定范本，推动缔结双边或者多边司法协助协定，促进沿线各国司法判决的相互承认与执行。要在沿线一些国家尚未与我国缔结司法协助协定的情况下，根据国际司法合作交流意向、对方国家承诺将给予我国司法互惠等情况，可以考虑由我国法院先行给予对方国家当事人司法协助，积极促成互惠关系，积极倡导并逐步扩大国际司法协助范围。要严格依照我国与沿线国家缔结或者共同参加的国际条约，积极办理司法文书送达、调查取证、承认与执行外国法院判决等司法协助请求，为中外当事人合法权益提供高效、快捷的司法救济。”2017 年在广西南宁举行的第二届中国—东盟大法官论坛通过了《南宁声明》，其第 7 条规定：尚未缔结有关外国民商事判决承认和执行国际条约的国家，在承认与执行对方国家民商事判决的司法程序中，如对方国家的法院不存在以互惠为理由拒绝承认和执行本国民商事判决的先例，在本国国内法允许的范围内，即可推定与对方国家之间存在互惠关系。也就是说，《南宁声明》采取了“推定互惠”的标准，即只要没有证据证明东盟成员曾有以互惠为由拒绝承认和执行中国法院判决的先例，则推定两国之间存在互惠关系。

2021 年《全国法院涉外商事海事审判工作座谈会会议纪要》第 44 条进一步提出：“人民法院在审理申请承认和执行外国法院判决、裁定案件时，有下列情形之一的，可以认定存在互惠关系：（1）根据该法院所在国的法律，人民法院作出的民商事判决可以得到该国法院的承认和执行；（2）我国与该法院所在国达成了互惠的谅解或者共识；（3）该法院所在国通过外交途径对我国作出互惠承诺或者我国通过外交途径对该法院所在国作出互惠承诺，且没有证据证明该法院所在国曾以不存在互惠关系为由拒绝承认和执行人民法院作出的判决、裁定。人民法院对于是否存在互惠关系应当逐案审查确定。”虽然该纪要仅适用于涉外商事、海事案件，暂未涉及破产、知识产权、不当竞争、婚姻家庭等其他类型案件，但其在推定互惠的基础上再进一步，明确采用了更加开放、包容的法律互惠原则，无疑具有重要的理论和实践意义。

特殊司法协助是我国建立开放包容的国际司法形象的必要基础，也是维护当事人权益、增进国际司法合作的重要保障。互惠原则在我国理解的转向，具有重要的意义。

【思考题】

一、概念题

一般司法协助　特殊司法协助　互惠原则

二、简答题

1. 简述一般司法协助的途径。

2. 简述特殊司法协助包含哪些内容。

三、论述题

1. 试述承认与执行外国判决、裁定或仲裁裁决的审查模式及其比较。

2. 试述互惠原则在司法协助问题上的功能作用。